INCLUS DANS VOTRE ACHAT
VOTRE OUVRAGE ACCESSIBLE EN LIGNE

sur **www.rfedition.com**

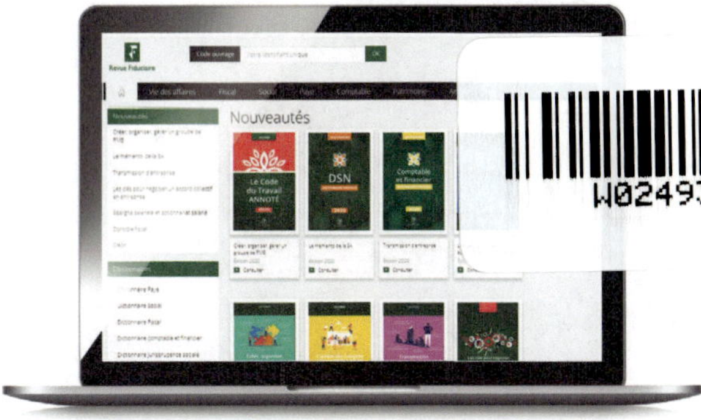

W0249362

> **Accédez à la dernière version** à jour de la réglementation*

> **Consultez votre ouvrage** où que vous soyez

> **Recherchez rapidement** par mots clés

> Retrouvez **l'ensemble de vos éditions**

1 SCANNEZ ce QR Code

OU

1 ENTREZ CE CODE UNIQUE sur le site

IDENTIFIANT UNIQUE

00B6-BA5C-4E23-BACF-9144

2 REMPLISSEZ LE FORMULAIRE et recevez vos identifiants** par e-mail

Revue Fiduciaire

320195012

PRATIQUES D'EXPERTS

La gestion fiscale des holdings

— 6e édition —

À jour au 1er octobre 2022

Réalisé sous la direction d'Yves de La Villeguérin

Collection dirigée par
Jean-Pierre Casimir

Hervé Kruger

Expert-comptable et commissaire aux comptes, associé Mazars,
Docteur en droit, ancien avocat spécialiste en droit fiscal,
Professeur associé à l'université de Bourgogne

Groupe Revue Fiduciaire
100, rue La Fayette - 75485 Paris Cedex 10
www.revue-fiduciaire.com

Attention

la photocopie tue le livre

Nous alertons nos lecteurs sur la menace que représente pour l'avenir de l'écrit, tout particulièrement dans les domaines du droit et de la gestion, le développement massif du « photocopillage ».

Le code de la propriété intellectuelle interdit en effet, expressément, la photocopie à usage collectif sans autorisation des ayants droit. Or, cette pratique s'est développée dans de nombreux cabinets, entreprises, administrations, organisations professionnelles et établissements d'enseignement, provoquant une baisse notable des achats de livres et de revues au point que la possibilité même de créer des œuvres nouvelles et de les faire éditer est aujourd'hui menacée.

100 rue La Fayette - 75485 Paris Cedex 10

Dépôt légal Novembre 2022 - ISBN 978-2-7579-0948-5

Achevé d'imprimer sur les presses de l'imprimerie Snel Grafics SA -
ZI des Hauts-Sarts - Zone 3 - Rue Fond des Fourches, 21 B - 4041 Vottem - Belgique - Octobre 2022

Préface

La recette du succès d'un ouvrage est simple : confier un sujet qui mérite une étude approfondie à un auteur de qualité.

Hervé Kruger en fait une brillante démonstration avec « La gestion fiscale des holdings », ouvrage devenu, phénomène rarissime, un classique en seulement quelques mois.

Le sujet traité est, il est vrai, particulièrement sensible, compte tenu de la place prise par les sociétés holding dans la vie des affaires. Les raisons de cet engouement sont bien connues et Hervé Kruger les rappelle fort opportunément dans son introduction. En revanche, les difficultés fiscales que ces sociétés engendrent sont souvent source d'interrogations, voire de stress, pour les professionnels chargés d'en assurer le fonctionnement et le suivi.

Les sociétés holding ont en effet le mérite, si l'on peut dire, d'obliger celui qui veut en maîtriser la gestion fiscale à effectuer une synthèse permanente de ses connaissances dans des domaines aussi différents que les impôts directs, la TVA, la taxe sur les salaires ou l'impôt sur la fortune, cette liste n'étant d'ailleurs pas limitative. Mais si l'exercice est déjà en soi difficile, il faut bien admettre qu'il ne s'agit que d'un prérequis. Reste également à aborder des problèmes plus spécifiques, tels par exemple, que celui posé par la notion de société holding animatrice.

Les attentes d'un ouvrage complet sur ce sujet étaient donc fortes. Encore fallait-il trouver la personne capable d'y répondre dans la mesure où pour satisfaire à cette exigence, trois conditions sont incontournables : l'expérience, la pédagogie et l'écriture.

Concernant la première condition, il suffira de noter qu'Hervé Kruger possède une longue pratique des holdings, il ne m'en voudra pas de le faire remarquer, et que cette pratique s'est révélée particulièrement féconde, sa réussite professionnelle en atteste.

Mais, et c'est la deuxième condition, Hervé Kruger sait faire profiter les autres de son expérience en cultivant un don inné de la pédagogie qui lui permet d'animer avec succès de nombreux séminaires, sans compter les enseignements universitaires, notamment à l'université de Bourgogne.

Toutefois, expérience et sens pédagogique ne suffisent pas pour réaliser un bon livre. Encore faut-il savoir rédiger en rendant simple ce qui est en fait compliqué, et clair ce qui a vocation à être obscur. Tout le monde remarquera que cette définition convient parfaitement à « La gestion fiscale des holdings » d'Hervé Kruger. C'est pourquoi, la recette du succès d'un ouvrage vous ayant été fournie, il ne vous reste plus qu'à le savourer sans modération.

Jean-Pierre Casimir
Professeur Émérite à l'Université de Bourgogne

Introduction

50 Les sociétés holding ne constituent pas une catégorie juridique particulière : il s'agit simplement de sociétés dont le rôle est de détenir des participations (d'où leur nom, venant de l'anglais « to hold », tenir, détenir). Sur le plan juridique, elles peuvent être aussi bien des sociétés civiles que des sociétés commerciales, et, dans ce dernier cas, revêtir de nombreuses formes (SA, SARL, SAS, etc.).

51 Elles se rencontrent très souvent dans la vie des affaires, où elles s'avèrent utiles à plusieurs points de vue, qu'il s'agisse de détenir des titres dans le cadre d'une **opération d'achat** (on parle alors souvent de « holdings de rachat »), de **préparer une cession** de titres au meilleur coût fiscal, ou encore de regrouper des participations en vue de centraliser leur détention, ou leur gestion. Il peut aussi arriver qu'une holding détienne plusieurs autres holdings, elles-mêmes détentrices d'un portefeuille de titres (on parle alors de « sous-holdings »).

52 Les sociétés holding sont donc tantôt parées de toutes les vertus, tantôt vouées aux gémonies : on leur reproche dans certains cas d'être de simples « boîtes aux lettres » dépourvues de toute « substance », d'être parfois constituées dans un but principalement fiscal, voire de faciliter certains schémas d'évasion fiscale internationale. C'est la raison pour laquelle, nous le verrons, de nombreux dispositifs « anti-abus » institués par le législateur peuvent leur être applicables.

53 Par ailleurs, la notion générale de société « holding » recouvre une multitude de situations de fait. Certaines holdings sont dites « **pures** », en cela qu'elles se bornent à détenir des titres, et ne disposent pas de moyens opérationnels particuliers. D'autres sont des holdings dites « **mixtes** » car, en plus de la détention des titres, elles disposent de moyens humains leur permettant de rendre différents services à leurs filiales. En outre, ces holdings peuvent avoir un rôle de financement des sociétés du groupe, voire leur proposer d'autres services, comme la mise à disposition de biens immobiliers (locations), ou encore d'éléments d'actif incorporels (concession de marques ou de brevets).

54 Nous traiterons dans cet ouvrage des sociétés holding soumises à l'**impôt sur les sociétés**, étant précisé néanmoins que certaines holdings peuvent être des sociétés civiles n'ayant pas opté pour cet impôt. Cependant, cette situation est plutôt rare en pratique car, bien souvent, l'application du régime de l'impôt sur les sociétés constitue précisément l'un des principaux intérêts des holdings : le régime de l'IS permet en effet, nous le verrons, la déduction des frais financiers, l'exonération quasi totale des dividendes perçus des filiales, et une très large exonération de plus-values de cession des titres de ces mêmes filiales. Il permet également d'opter pour le régime de l'intégration fiscale, qui présente lui-même de nombreux avantages.

55 Nous traiterons successivement des différentes modalités de **constitution** des sociétés holding, puis de la **gestion des titres** de participation (qui constitue bien évidemment la première raison d'être de ces holdings). Nous envisagerons

ensuite le cas des sociétés holding qui exercent **d'autres fonctions** (prestations de services, financement), avant de terminer en examinant quelques difficultés spécifiques susceptibles de se poser en ce qui concerne ces sociétés (TVA, taxe sur les salaires et ISF notamment).

S'agissant plus particulièrement de fiscalité patrimoniale, nous ferons le point sur la très importante notion de « **holding animatrice** », qui a perdu de l'importance avec l'abrogation de l'ISF mais demeure néanmoins d'actualité avec notamment l'IFI et surtout avec le dispositif Dutreil-transmission.

Nous étudierons également la fiscalité des **personnes physiques associées** de holdings, notamment au travers de la question de savoir dans quelle mesure les « abattements renforcés » prévus par la législation relative aux plus-values sur titres des particuliers peuvent être applicables aux titres des sociétés holdings.

La gestion fiscale des holdings

PARTIE 1

CONSTITUTION DE LA SOCIÉTÉ HOLDING

Apport de titres à une société à l'IS : **report ou sursis d'imposition ?**

REPORT D'IMPOSITION OBLIGATOIRE
(SOCIÉTÉ CONTRÔLÉE PAR L'APPORTEUR)

SURSIS D'IMPOSITION OBLIGATOIRE
(SOCIÉTÉ NON CONTRÔLÉE PAR L'APPORTEUR)

— AU MOMENT DE L'APPORT —

Report d'imposition obligatoire

PLUS-VALUE D'ÉCHANGE FIGÉE

DANS SON MONTANT
= VALEUR DES TITRES REÇUS - PRIX DE REVIENT DES TITRES APPORTÉS

DANS SON TAUX D'IMPOSITION
= PFU DE 12,8 % (SI APPORT RÉALISÉ DEPUIS 2018)
—
OU OPTION POUR LE BARÈME (BARÈME DE PLEIN DROIT SI APPORT < 2018)
= TAUX SPÉCIFIQUE [(IR THÉORIQUE DE L'ANNÉE DU REPORT INTÉGRANT LA PLUS-VALUE EN REPORT - IR RÉEL)/MONTANT DE LA PLUS-VALUE EN REPORT]
+
PRÉLÈVEMENTS SOCIAUX AU TAUX HISTORIQUE

DURÉE DE DÉTENTION
DÉCOMPTÉE DEPUIS L'ACQUISITION DES TITRES APPORTÉS JUSQU'À L'APPORT

Sursis d'imposition obligatoire

NEUTRALITÉ DE L'OPÉRATION D'APPORT
= LA PLUS-VALUE D'APPORT N'EST PAS CONSTATÉE

LA DURÉE DE DÉTENTION
CONTINUE DE COUR
COMPTER DE L'ACQUIS
DES TITRES REMIS EN ÉC

!

SI SOULTE REÇUE PAR L'APPORTEUR > À 10 % NOMINAL TITRES REÇUS : PLUS-VALUE TAXABLE IMMÉDIATEMENT

+

SI SOULTE REÇUE PAR L'APPORTEUR ≤ À 10 % : PLUS-VALUE TAXABLE À HAUTEUR DE LA SOULTE
—
DIFFÉRÉ D'IMPOSITION POUR LE SURPLUS

— SI L'APPORTEUR CÈDE LES TITRES REÇUS —

Report d'imposition obligatoire

FIN DU REPORT :
- EXIGIBILITÉ DE L'IMPÔT SUR LA PLUS-VALUE D'APPORT
- LIQUIDATION DE LA PLUS-VALUE DE CESSION ET EXIGIBILITÉ DE L'IMPÔT DE PLUS-VALUE

Sursis d'imposition obligatoire

FIN DU SURSIS
1 SEULE PLUS-VALUE DE CESSION À DÉCLARER
= PRIX DE CESSION - PRIX DE REVIENT DES TITRES REMIS À L'ÉCHANGE

SI LA SOCIÉTÉ BÉNÉFICIAIRE CÈDE LES TITRES APPORTÉS

Report d'imposition obligatoire

DANS LES 3 ANS DE L'APPORT :
EN PRINCIPE FIN DU REPORT, SAUF RÉINVESTISSEMENT D'AU MOINS 60 % DU PRIX DE CESSION DANS UNE ACTIVITÉ ÉCONOMIQUE

APRÈS 3 ANS :
MAINTIEN DU REPORT MÊME SANS RÉINVESTISSEMENT ÉCONOMIQUE

Sursis d'imposition obligatoire

MAINTIEN DU SURSIS D'IMPOSITION.

! À L'ABUS DE DROIT SI CESSION CONCOMITANTE À L'ÉCHANGE LORSQUE LE CONTRIBUABLE CONTRÔLE LA HOLDING (ÉCHANGES < 14.11.2012)

Revue Fiduciaire

Chapitre 1-1

CONSTITUTION PAR APPORT DE TITRES

L'essentiel

Une personne physique ou morale qui possède les titres d'une ou de plusieurs sociétés peut souhaiter les détenir par l'intermédiaire d'une société holding, par exemple pour des raisons juridiques ou fiscales, ou tout simplement pour des raisons d'organisation. L'un des moyens les plus commodes de constituer cette holding est de lui faire apport des titres détenus.

L'opération d'apport permet le plus souvent de dégager les plus-values latentes sur les titres apportés, ce qui permet de constituer le capital de la société holding. Une telle opération ne présente généralement un intérêt que lorsque la plus-value correspondante n'est pas imposée à l'occasion de l'apport, qu'elle soit placée sous un régime de report ou de sursis.

La réglementation fiscale concernant les opérations d'apport de titres a sensiblement évolué ces dernières années, tout au moins en ce qui concerne les apports consentis par des personnes physiques.

Apport de titres par des personnes physiques

100 L'apport par une personne physique des titres de sociétés soumises à l'IS que cette personne détient dans son patrimoine privé dégage une plus-value d'apport qui, précédemment, bénéficiait dans la plupart des cas d'un **sursis** d'imposition, en application de l'article 150-0 B du CGI.

Les facilités offertes par ce régime de sursis ont conduit à la multiplication d'opérations « d'apport-cession » souvent contestées par l'administration sur le terrain de l'abus de droit.

C'est la raison pour laquelle une nouvelle législation, comportant un **report** d'imposition obligatoire, a été mise en place pour les opérations réalisées depuis le 14 novembre 2012 lorsque l'apporteur contrôle la société à laquelle les titres sont apportés.

Nous présenterons donc successivement le régime applicable jusqu'à cette date, qui s'applique d'ailleurs toujours en cas d'apport par un associé « non contrôlant » *(voir § 101)*, puis le régime actuel des apports réalisés par un associé « contrôlant » *(voir § 110)*.

Cas général

101 Il s'agit de la législation comportant un sursis d'imposition :
– applicable à la généralité des apports de titres réalisés par des personnes physiques avant le 14 novembre 2012 ;

– et toujours applicable aux apports de titres réalisés depuis cette date dès lors que l'apporteur ne détient pas le contrôle de la société bénéficiaire des apports.

Cette législation, introduite par la loi 99-1172 du 30 décembre 1999, s'applique aux plus-values réalisées depuis le 1er janvier 2000. Auparavant, la loi prévoyait un **report** d'imposition pour les échanges de titres réalisés à l'occasion d'une offre publique, d'une fusion, d'une scission ou d'un apport en société : les plus-values en report d'imposition à la date du 1er janvier 2000 continuent d'être soumises à ce régime jusqu'à la survenance d'un événement entraînant l'expiration du report en question.

102 **L'imposition n'est en effet pas applicable, en vertu de l'article 150-0 B du CGI, au titre de l'année de l'échange des titres, aux plus-values réalisées notamment dans le cadre d'une opération d'offre publique, de fusion, de scission, ou d'apport de titres à une société soumise à l'impôt sur les sociétés.**

Le sursis d'imposition s'applique de la même manière que les titres soient détenus en **pleine propriété**, en usufruit ou en nue-propriété ; par ailleurs il n'y a pas lieu de distinguer selon que les titres reçus en échange sont eux-mêmes reçus en pleine propriété, en usufruit ou en pleine propriété [BOFiP-RPPM-PVBMI-30-10-20-10-§ 10-20/12/2019 ; Rescrit du 7 février 2006 n° 2006/8 (FP) BOFiP-RPPM-PVBMI-30-10-20-10-§ 20-20/12/2019].

103 **Le sursis s'applique dans les mêmes conditions en cas d'apport de valeurs mobilières ou de droits sociaux à une société de capitaux ou assimilée établie hors de France et soumise à un impôt équivalant à l'impôt sur les sociétés** (CGI art. 150-0 B, 2e al.).

Dans ce cas, l'opération doit être réalisée dans un État de l'Union européenne ou dans État ayant conclu avec la France une convention fiscale comportant une clause d'assistance administrative en vue de lutter contre la fraude ou l'évasion fiscales.

Lorsque la société bénéficiaire des apports est établie hors de France, les critères relatifs à sa forme sociale et à son assujettissement à un impôt équivalant à l'IS français s'apprécient par comparaison avec la situation des sociétés établies en France (BOFiP-RPPM-PVBMI-30-10-20-10-§ 100-20/12/2019).

104 **Par ailleurs, le sursis d'imposition ne peut s'appliquer qu'aux opérations pour lesquelles la soulte reçue par le contribuable apporteur n'excède pas 10 % de la valeur nominale des titres reçus** (CGI art. 150-0 B, 3e al.).

Cette condition s'apprécie au niveau de chaque contribuable concerné ; il convient dès lors de comparer globalement, pour l'ensemble des titres qu'il a échangés, la soulte reçue avec la somme de la valeur nominale des titres reçus (BOFiP-RPPM-PVBMI-30-10-20-10-§ 270-20/12/2019).

En cas d'absence de valeur nominale des titres reçus, la soulte s'apprécie par rapport au « pair » comptable de ces mêmes titres : cette notion, qui se substitue dans certains États à celle de valeur nominale, s'entend de la valeur qui résulte de la division du montant du capital libéré d'une société par le nombre de titres émis (BOFiP-RPPM-PVBMI-30-10-20-10-§ 280-20/12/2019).

À noter que l'Administration, comme dans ses commentaires sur le régime du report d'imposition *(voir § 112)*, a indiqué se réserver la possibilité de mettre en œuvre la procédure de l'**abus de droit** dans le cas de certains apports avec soulte (BOFiP-RPPM-PVBMI-30-10-20-10-§ 300-20/12/2019 « Remarque »).

De fait, le Comité de l'abus de droit fiscal a examiné ces dernières années de très nombreuses affaires « d'abus de soulte », en tranchant très souvent dans le sens de l'existence d'un abus, sauf lorsque le versement de la soulte conditionne la réalisation même de l'opération. La jurisprudence a en général fait de même (CAA Nantes 27 mai 2021 n° 19NT04896 ; CAA Lyon 17 juillet 2021 n° 19LY01413 A. c. DiRCoFi Rhône-Alpes-Bourgogne ; CAA Versailles 21 juin 2021 n° 19VE03178 Roullier). On notera cependant que dans cette dernière affaire, qui concernait plusieurs opérations, la Cour a donné partiellement raison aux contribuables en acceptant de considérer, comme l'avaient fait les premiers juges (TA Montreuil 16 juillet 2019, n° 1706787,

SC Famille Roullier Avenir Développement ; Voir Olivier Fouquet, « Versement d'une soulte sans abus de droit : une justification admise par la juridiction », Revue de Droit fiscal 2019 n° 42, inf. 442) que, dans les holdings familiales, les actionnaires auteur de l'apport subissent parfois un certain nombre d'inconvénients et de préjudices par rapport à une détention en direct (perte de liquidité notamment), et que dans ce cas le versement de la soulte constitue un moyen de les inciter à adhérer à l'opération d'apport.

Le Conseil d'État, de son côté, saisi d'un recours pour excès de pouvoir à l'encontre de la doctrine administrative relative à « l'abus de soulte », a validé cette dernière (CE 9 novembre 2020, n° 440527).

105 **Pour les apports réalisés avant le 1er janvier 2017, si la condition relative à l'importance de la soulte était remplie, le sursis d'imposition s'appliquait à l'intégralité de la plus-value d'apport, y compris par conséquent à hauteur du montant de la soulte reçue : cette soulte, bien que représentant des fonds immédiatement disponibles (généralement sous forme de compte courant d'associés), n'était donc pas immédiatement imposable chez l'apporteur.**

En cas de cession ultérieure des titres reçus en échange, le montant de la soulte reçue est pris en compte pour la détermination du prix d'acquisition des titres remis à l'échange (BOFiP-RPPM-PVBMI-30-10-20-§ 300-04/03/2016).

Dans le cas des apports avec soulte réalisés à compter du 1er janvier 2017, la loi prévoit désormais que la plus-value doit être imposée au titre de l'année de l'échange à hauteur du montant de cette soulte : modification applicable aussi bien dans le cadre des plus-values d'apport placées en sursis que des plus-values d'apport placées en report en cas d'apport à une société contrôlée, que nous examinerons au § 110 (loi 2016-1918 de finances rectificative pour 2016 du 29 décembre 2016, art. 32).

Cela signifie que si le montant de la soulte reçue se révèle supérieur ou égal au montant de la plus-value d'apport, cette dernière est imposable en totalité (BOFiP-RPPM-PVBMI-30-10-20-20-§ 40-20/12/2019). **En revanche, si la plus-value réalisée est supérieure à la soulte reçue, la base de l'impôt est égale au montant de la soulte et le report d'imposition ne s'appliquer qu'à la différence entre le montant de la plus-value et celui de la soulte** (BOFiP-RPPM-PVBMI-30-10-20-20-§ 40-20/12/2019).

EXEMPLE

a) Apport pour 1 000 K€ de titres acquis pour 920 K€, cet apport étant rémunéré à hauteur de 910 K€ par des titres et de 90 K€ par une soulte.

Dans ce cas, la plus-value d'apport de 80 K€ est entièrement imposable, puisqu'elle est inférieure au montant de la soulte reçue (90 K€).

b) Apport pour 1 500 K€ de titres acquis 900 K€, opération rémunérée par des titres à hauteur de 1 380 K€ et pour 120 K€ par une soulte.

Sur 600 K€ de plus-value d'apport constatée, 120 K€ sont imposés immédiatement (montant de la soulte) et 600 - 120 = 480 K€ sont placés en sursis ou en report.

En cas de cession ultérieure des titres reçus, le prix de revient des titres cédés est le prix d'acquisition des titres remis à l'échange, diminué du montant de la soulte reçue qui n'a pas fait l'objet d'une imposition au titre de l'année de l'échange, ou majoré de la soulte versée lors de cet échange.

106 **Précisons qu'en cas d'apport des titres d'une société en vue de l'inclusion de cette dernière dans un groupe d'intégration fiscale, le montant de la soulte, dans la mesure où il ne correspond pas à une acquisition à titre gratuit, est susceptible de**

tomber sous le coup du mécanisme de réintégration de charges financières connu sous le nom d'amendement Charasse *(voir § 1091)*.

107 La notion de soulte ne doit pas être confondue avec celle de **rompus**. Lorsque dans certaines opérations d'échange, le porteur possède un nombre de titres excédant celui prévu par la parité d'échange pour obtenir un nombre entier de titres nouveaux, il est susceptible de monnayer ces « rompus » (ou au contraire d'en acquérir d'autres pour obtenir des titres à l'échange).

Les sommes reçues au titre de l'indemnisation des rompus ont toujours été **immédiatement imposables** dans les conditions de droit commun alors même que l'opération d'échange était elle-même éligible au régime de sursis, y compris avant 2017. Par ailleurs, les sommes en question n'ont pas à être retenues pour la détermination de l'importance de la soulte, c'est-à-dire pour le dépassement ou non du seuil de 10 % susceptible de faire perdre à l'apporteur le bénéfice du régime de sursis (BOFiP-RPPM-PVBMI-30-10-20-10-§ 330-20/12/2019).

Soulignons que la **cession des titres apportés,** par la société bénéficiaire de l'apport, ne fait pas perdre à l'apporteur le bénéfice du sursis d'imposition.

C'est cette particularité qui a motivé un certain nombre de contribuables à apporter des titres à des holdings constituées à cet effet, juste avant que ces holdings cèdent les titres reçus en apport : il s'agit des opérations qualifiées « d'apports-cessions », qui ont pu s'avérer d'autant plus tentantes que les régimes d'imposition des plus-values sur titres s'étaient alourdis, avant de connaître un allégement relatif dans la période récente.

Exemple

Cas d'une personne physique détentrice dans une société A de 10000 titres acquis pour un prix unitaire de 10 €, qu'elle envisage de céder pour un prix unitaire de 150 €, soit une plus-value globale de (150 € - 10 €) X 10000 = 1400000 €, normalement imposable à l'impôt sur le revenu (désormais, à 30 % maximum, plus application éventuelle de la CHR, contribution sur les hauts revenus : *voir § 1809*).

Les titres A peuvent être apportés préalablement à une holding H, société soumise à l'IS, pour une valeur de 1,4 million d'euros, pour être revendus aussitôt après à l'acquéreur pressenti.

La plus-value d'apport des titres A n'était pas (en tout cas jusqu'au 14 novembre 2012) soumise à l'impôt sur le revenu, compte tenu du caractère intercalaire de l'apport : cette plus-value était placée en sursis.

La cession par la holding H n'est quant à elle génératrice d'aucune plus-value imposable, puisque la société cède ses titres pour leur valeur d'inscription en comptabilité, c'est-à-dire leur valeur d'apport (1,4 M€).

108 De telles opérations sont, comme nous l'avons indiqué plus haut, susceptibles de tomber sous le coup des dispositions de l'article L. 64 du Livre des procédures fiscales relatives à l'**abus de droit** *(voir encadré)*.

Cependant, cette question est désormais privée d'une grande partie de son intérêt car, en tout état de cause, le régime de sursis **ne s'applique plus** aux opérations effectuées depuis le 14 novembre 2012 dès lors que l'apporteur possède le **contrôle** de la société bénéficiaire des apports.

109 Signalons par ailleurs que le **transfert**, par un contribuable ayant apporté des titres et bénéficié d'un sursis, de son **domicile hors de France** est susceptible d'entraîner l'imposition immédiate des plus-values d'échange en sursis d'imposition, en application du mécanisme de « l'exit tax » prévu à l'article 167 bis du CGI (loi 2011-900 du 29 juillet 2011, art. 48 ; loi 2011-1978 du 28 décembre 2011, art. 38 ; décret 2012-457 du 6 avril 2012).

ÉTUDE PARTICULIÈRE

Apport-cession et abus de droit

Le Conseil d'État, dans deux arrêts du 8 octobre 2010 (n° 301934 Bazireet n° 313139 Bauchart) a posé l'essentiel des règles applicables en la matière.

Il a considéré que « le placement en report d'imposition d'une plus-value réalisée par un contribuable lors de l'apport de titres d'une société qu'il contrôle et qui a été suivi de leur cession par cette société est constitutif d'un **abus de droit** s'il s'agit d'un montage ayant pour seule finalité de permettre au contribuable, en interposant une société, de disposer effectivement des liquidités obtenues lors de la cession de ces titres, tout en restant détenteur des titres de la société reçus en échange lors des apports ».

Il n'a en revanche pas ce caractère, ajoute le Conseil d'État, « s'il ressort de l'ensemble de l'opération que cette société a, conformément à son objet, effectivement **réinvesti** le produit de ces cessions **dans une activité économique.** »

Par la suite, le Conseil d'État a complété cette jurisprudence pour, notamment, indiquer ce qu'il fallait entendre par réinvestissement dans une « activité économique », et à quelle hauteur ce réinvestissement devait être effectué pour qu'il soit possible d'échapper à l'application de l'abus de droit. (Dans l'affaire Bauchart ci-dessus, la société bénéficiaire des apports avait investi davantage que le montant des titres cédés, ce qui l'avait tout naturellement fait échapper à l'incrimination d'abus de droit !)

L'activité « économique » s'oppose à l'activité « patrimoniale ». Il doit s'agir d'une « part significative » du produit de la cession des titres :

– ce n'est pas le cas pour un réinvestissement de 4 % en actions et 60 % en compte courant (CE 3 février 2011 n° 329839 min. c/Conseil) ;

– ni d'un réinvestissement de 15 % en titres de sociétés opérationnelles et 40 % en comptes courants (CE 24 août 2011, n° 316928 Ciavatta) ;

– ni a fortiori d'un réinvestissement dans l'acquisition de parts de SCI et d'un immeuble considéré comme ayant un caractère « patrimonial » (CE 24 août 2011, n° 314579, Moreau et Girault).

En revanche, un réinvestissement de 39 % paraît suffisamment « significatif » pour le Comité de l'abus de droit fiscal (CADF avis n° 2011-17, BOFiP 13-L-2-12-07/05/2012).

Par ailleurs, la Cour administrative d'appel de Lyon a jugé comme un remploi significatif un réinvestissement de 31 % du produit de la cession en titres d'une entreprise, accompagné au surplus d'un prêt bloqué 3 ans, portant globalement le réinvestissement économique à 58 % du montant de la cession (CAA Lyon 28 juin 2012, n° 11-1874, Farel).

Enfin, l'acquisition par la société holding de **titres appartenant au contribuable** auteur de l'apport ne peut pas être regardée comme un réinvestissement à caractère économique ; Cependant, la Cour administrative d'appel commet une erreur en jugeant par ailleurs *« que, en l'absence de circonstances particulières de nature à lui retirer son caractère patrimonial, un prêt ne peut, par principe, constituer un investissement économique.* **Un prêt peut**, *au regard de la qualité de l'emprunteur, de son objet et de ses modalités,* **s'analyser comme un investissement à caractère économique** »(CE 10 juillet 2019, n° 411474).

D'autre part, il peut être tenu compte des difficultés d'investissement rencontrées : n'a pas été considéré comme abusif l'apport fait à une société n'ayant pas réinvesti, mais qui avait donné mandat à un cabinet externe de procéder à ce réinvestissement, des circonstances indépendantes de sa volonté ayant conduit à l'interruption du processus d'acquisition (CE 22 février 2013, n° 335045, Clairet).

Autre point important, notamment en matière de **prescription** : en cas de remise en cause de l'opération par l'Administration sur le terrain de l'abus de droit, à quelle date cette remise en cause doit-elle s'opérer, à la date de l'apport, ou à celle de la cession ?

Réponse : Lorsqu'elle entend remettre en cause l'interposition d'une société soumise à l'IS au motif qu'elle a eu pour seul objet de créer l'apparence d'un échange de droits sociaux, l'Administration doit imposer la plus-value constatée à cette occasion au titre de l'année au cours de laquelle les titres ont quitté le patrimoine du contribuable, donc l'année de l'**apport** (CE 10 mai 2012, n° 329693, Dupuis-Bardinal).

Dans le cadre de ces dispositions, le contribuable peut obtenir un sursis de paiement de l'impôt correspondant.

Ce sursis est « de droit » en cas de transfert du domicile fiscal au sein de l'Union européenne (ou d'un État « coopératif » de l'Espace économique européen), mais il doit être demandé à l'Administration dans les autres cas, moyennant la désignation d'un représentant fiscal et la constitution de garanties.

Le contribuable est cependant dispensé de ces garanties à condition que l'État du transfert de domicile ait conclu avec la France une convention d'assistance administrative en vue de lutter contre la fraude et l'évasion fiscales, et une convention d'assistance mutuelle en matière de recouvrement (ayant une portée similaire à celle prévue par la directive 2010/24/EU du 16 mars 2010), et que cet État ne soit pas non coopératif au sens de l'article 238-0 A du CGI.

Apport à une société contrôlée

110 Les plus-values d'échange de titres réalisées à compter du 14 novembre 2012 à l'occasion d'un apport à une société **contrôlée** par l'apporteur sont exclues du sursis d'imposition mentionné ci-dessus *§ 101*, et soumises à un **report** d'imposition de plein droit (CGI art. 150-0 B ter issu de la loi 2012-1510 du 29 décembre 2012, art. 18).

Obligations déclaratives

S'agissant d'un report d'imposition, et non d'un sursis, il est soumis à des obligations déclaratives. La plus-value d'apport est déterminée et déclarée sur la déclaration 2074-I annexée à la déclaration 2074 souscrite au titre de l'année au cours de laquelle l'apport est intervenu, et reportée sur la déclaration générale des revenus 2042, case 8UT. Chaque année jusqu'à l'expiration du report, le contribuable doit continuer de déclarer l'ensemble de ses plus-values en report dans cette même case 8UT (BOFiP-RPPM-PVBMI-30-10-60-40-§ 40-20/12/2020).

111 Pour l'application de ces dispositions, un contribuable est considéré comme contrôlant une société :

a) lorsque la **majorité** des droits de vote ou des droits dans les bénéfices sociaux de la société est détenue, directement ou indirectement, par le contribuable ou par l'intermédiaire de son conjoint ou de leurs ascendants ou descendants ou de leurs frères et sœurs ;

b) lorsqu'il dispose seul de la majorité des droits de vote ou des droits dans les bénéfices sociaux de cette société en vertu d'un **accord** conclu avec d'autres associés ou actionnaires ;

c) ou lorsqu'il y exerce en fait le **pouvoir de décision**.

Par ailleurs, le contribuable est présumé exercer ce contrôle lorsqu'il dispose, directement ou indirectement, d'une fraction des droits de vote ou des droits dans les bénéfices sociaux égale ou supérieure à **33,33 %** et qu'**aucun autre** associé ou actionnaire ne détient, directement ou indirectement, une fraction supérieure à la sienne.

Enfin, le contribuable et une ou plusieurs personnes **agissant de concert** sont considérés comme contrôlant conjointement une société lorsqu'ils déterminent en fait les décisions prises en assemblée générale.

Lorsque les titres reçus en rémunération de l'apport sont des obligations convertibles en actions (ou des obligations échangeables ou remboursables en actions) et qu'ainsi le contribuable ne dispose pas du contrôle de la société bénéficiaire de l'apport, l'Administration se réserve la possibilité de mettre en œuvre la procé-

dure de l'abus de droit afin de replacer l'opération dans le champ du mécanisme de report d'imposition qui nous occupe (BOI-RPPM-PVBMI-30-10-60-10-§ 90-20/12/2019).

112 **La question du contrôle mise à part, le dispositif de report s'applique aux mêmes apports que ceux visés par le régime du sursis, à savoir les apports :**
– réalisés en France, dans un État membre de l'Union européenne ou un État ou territoire ayant conclu avec la France une convention fiscale comportant une clause d'assistance administrative ;
– à des sociétés soumises à l'IS (ou à un impôt équivalent).

De la même manière également, le report ne s'applique qu'aux opérations d'apport dans lesquelles la soulte reçue ne dépasse pas 10 % de la valeur nominale des titres reçus.

L'Administration s'est réservé la possibilité de mettre en œuvre l'abus de droit, notamment pour imposer la soulte reçue, s'il s'avère que l'opération ne présente pas d'intérêt économique pour la société bénéficiaire de l'apport, et est uniquement motivée par « la volonté de l'apporteur d'appréhender une somme d'argent en franchise immédiate d'impôt et d'échapper ainsi notamment à l'imposition de distributions du fait de ce désinvestissement » (BOFiP-RPPM-PVBMI-30-10-60-10-§ 160-20/12/2020). Cela ne peut cependant concerner que les opérations réalisées avant 2017, puisque la loi prévoit désormais l'imposition immédiate des plus-values d'apport à hauteur du montant de la soulte reçue *(voir § 105)*.

113 **Le report d'imposition prend fin lors de la cession à titre onéreux, du rachat, du remboursement ou de l'annulation des titres reçus en rémunération de l'apport.**

En revanche, un nouvel apport des titres reçus à une société soumise à l'IS ne met pas fin au report : celui-ci prend fin en cas de cession, rachat, remboursement ou annulation des titres reçus en échange du nouvel apport. Le nouvel apport est soumis au régime du sursis ou à celui du report, selon que l'apporteur contrôle ou non la société bénéficiaire des apports.

114 **Le report d'imposition prend également fin, tout comme le sursis** *(voir § 109)*, **en cas de transfert hors de France du domicile fiscal du contribuable détenteur des titres reçus en contrepartie de l'apport (application du dispositif de « l'*exit tax* » prévu à l'article 167 bis du CGI déjà mentionné au** *§ 109*).

Sauf bien sûr si les titres reçus, ou les titres apportés, ont été cédés avant ce transfert, auquel cas le report aura déjà pris fin, étant précisé qu'en cas de cession des titres reçus en apport, la société aura pu prendre l'engagement d'un réinvestissement économique, dans les conditions ci-dessous.

115 **Le report prend fin aussi lors de la cession par la société bénéficiaire des apports (cession à titre onéreux, rachat, remboursement ou annulation) des titres apportés dans un délai de 3 ans à compter de l'apport, sauf si la société qui cède les titres prend l'engagement de procéder au réinvestissement d'une partie du produit de la vente dans certaines conditions.**

116 **Elle doit en effet s'engager à réinvestir dans un délai de 2 ans à compter de la cession au moins 60 % du produit de cette cession (50 % pour les cessions de titres apportés réalisées avant le 1er janvier 2019) dans une activité économique, à savoir :**
– dans le financement des moyens permanents d'exploitation d'une activité commerciale, industrielle, artisanale, libérale, agricole ou financière, à l'exception de la gestion d'un patrimoine mobilier ou immobilier ;
– dans l'acquisition d'une fraction du capital d'une société exerçant une telle activité (avec la même exception à l'égard de la gestion d'un patrimoine mobilier ou immobilier), et qui a pour effet de lui en conférer le contrôle au sens indiqué au *§ 111* **ci-dessus ;**

– ou dans la souscription en numéraire au capital initial ou à l'augmentation de **capital d'une ou de plusieurs sociétés** répondant aux conditions suivantes (prévues au b du 3° du II de l'article 150-0 D bis du CGI) :

- être passible de l'impôt sur les sociétés ou d'un impôt équivalent ou être soumise sur option à cet impôt,
- exercer une activité commerciale, industrielle, artisanale, libérale, agricole ou financière (à l'exception de la gestion de son propre patrimoine mobilier ou immobilier), ou avoir pour objet social exclusif de détenir des participations dans des sociétés exerçant de telles activités,
- avoir son siège social dans un État membre de l'Union européenne ou dans un autre État partie à l'accord sur l'Espace économique européen ayant conclu avec la France une convention d'assistance administrative en vue de lutter contre la fraude et l'évasion fiscales.

Par ailleurs, le champ du réinvestissement a été élargi aux souscriptions dans des **fonds de capital investissement** (FCPR, FPCI, SCR...). L'actif de ces fonds doit notamment être composé à hauteur de **75 %** au moins de parts ou d'actions de sociétés exerçant une activité opérationnelle, et les fonds doivent détenir le contrôle du capital des sociétés dans lesquelles ils ont investi, ou à tout le moins détenir plus de **25 %** du capital et des droits de vote en présence d'un pacte d'actionnaire (dispositions issues de la loi 2018-1317 de finances pour 2019, art. 115, applicables aux cessions de titres apportés réalisées depuis le 1er janvier 2019, modifiées par la loi 2019-1479 de finances pour 2020, art. 106, applicable aux cessions de titres apportés réalisées depuis le 1er janvier 2020).

La loi prévoit expressément que les biens ou titres acquis en réinvestissement doivent être **conservés** pendant un délai minimum de **12 mois**, sous peine de mettre fin au report d'imposition (loi 2016-1918 de finances rectificative pour 2016, art. 33).

À noter que l'Administration imposait déjà, sans aucune base légale, un délai de conservation de 24 mois puisqu'elle indiquait dans sa doctrine que le réinvestissement devait être effectué « dans une perspective d'investissement de long terme », et que cette condition était « présumée satisfaite lorsque les biens ou les titres objet du réinvestissement sont conservés pendant au moins 24 mois, ce délai étant décompté depuis la date de leur inscription à l'actif de la société » (BOFiP-RPPM-PVBMI-30-10-60-§ 295-04/03/2016).

117 Le non-respect de la condition de réinvestissement met fin au report d'imposition au titre de l'année au cours de laquelle le délai de 2 ans expire.

L'imposition de la plus-value d'apport est assortie du paiement de l'intérêt de retard, décompté à partir de la date d'apport des titres.

118 Précisons par ailleurs qu'aussi bien en cas de cession des titres reçus en contrepartie de l'apport, qu'en cas de cession par la société des titres reçus, il n'est mis fin au report d'imposition qu'**à proportion des titres cédés** (CGI art. 150-0 B ter V).

119 Lorsque le contribuable **transmet à titre gratuit** la pleine propriété des titres grevés d'une plus-value en report d'imposition, il est, normalement, définitivement **exonéré** de l'impôt sur le revenu et des prélèvements sociaux au titre de cette plus-value. Cependant, lorsque le donataire cède trop rapidement les titres qui lui ont été transmis, il est susceptible de devoir supporter l'imposition.

C'est ainsi que si les titres reçus en contrepartie de l'apport font l'objet d'une donation (ou d'un don manuel), et si le donataire contrôle la société bénéficiaire de l'apport objet de la donation, la plus-value en report est imposée au nom du donataire s'il **cède les titres** en question (cession à titre onéreux, apport, remboursement ou annulation des titres) dans un délai de **18 mois** à compter de la donation (sauf en cas de licenciement, d'invalidité ou de décès du donataire ou de son conjoint ou partenaire de PACS soumis à imposition commune).

C'est également au nom du donataire que la plus-value en report doit être imposée en cas de cession dans les 3 ans par la société des titres apportés, si ladite société ne prend pas l'engagement de réinvestissement mentionné au *§ 116* ci-dessus, ou si, l'ayant souscrit, elle ne procède pas dans les deux années de la cession aux réinvestissements prescrits.

Ces dispositions ont été sensiblement aggravées pour les donations réalisées à compter du 1er janvier 2020. D'une part, le délai de conservation des titres par le donataire a été porté de 18 mois à **5 ans** à compter de leur acquisition à titre gratuit. D'autre part, dans le cas où les titres apportés ont été cédés dans les 3 ans et fait l'objet d'un réinvestissement indirect dans un fonds de capital investissement *(voir § 116)*, le délai en question a été porté à **10 ans** (loi 2019-1479 de finances pour 2020, art. 106).

EXEMPLE

Exemple 1. Monsieur X réalise le 1er février 2020 un apport de titres à la holding H qu'il contrôle, et la plus-value d'apport est placée en report d'imposition (CGI art. 150-0 B ter).

Il fait ensuite donation à son fils, le 15 janvier 2022, des titres H reçus en contrepartie de l'apport.

Le fils de M. X vend les titres de la holding H le 15 mars 2025.

Solution : Le fils de M. X devient redevable de l'imposition qui avait été placée en report suite à l'apport réalisé par son père, car il a cédé les titres de la holding H qu'il a acquis en 2022 moins de 5 ans après les avoir reçus à titre gratuit (même si, observera-t-on, la cession des titres apportés a eu lieu plus de 5 ans après l'apport).

Exemple 2. Monsieur X réalise le 1er février 2020 un apport de titres A à la holding H qu'il contrôle, et la plus-value d'apport est placée en report d'imposition (CGI art. 150-0 B ter).

Il fait ensuite donation à son fils, le 15 janvier 2022, des titres H reçus en contrepartie de l'apport.

Le 30 juin 2022, la holding cède les titres A qui lui avaient été apportés en 2020, et elle réinvestit le 30 novembre 2022 plus de 60 % du produit de la vente dans l'acquisition de titres de FCPR.

Le 18 juillet 2031, le fils de M. X vend ses titres de la société holding H.

Solution : Le fils de M. X devient redevable de l'imposition qui avait été placée en report suite à l'apport réalisé par son père, car il a cédé les titres de la holding H qu'il a acquis en 2022 moins de 10 ans après les avoir reçus à titre gratuit, alors qu'un tel délai de 10 ans était nécessaire pour « purger » le report d'imposition car la holding a réinvesti le produit de la cession des titres A (même si, observera-t-on, la cession des titres apportés a eu lieu plus de 10 ans après l'apport).

En cas de donation des titres de la holding consentie avec réserve d'usufruit, le sort de la plus-value en report est le suivant :
– la fraction de la plus-value en report d'imposition correspondant à l'usufruit que s'est réservé le donateur continue à bénéficier du report d'imposition dans les conditions de droit commun ;
– la fraction de la plus-value en report correspondant à la nue-propriété transmise gratuitement est définitivement exonérée entre les mains du donateur. En revanche, l'imposition en report afférente à cette fraction de plus-value est, le cas échéant, transférée sur la tête du donataire dans les conditions évoquées ci-dessus (BOFiP-RPPM-PVBMI-30-10-60-30-§ 130-18/08/2020).

120 **(Réservé)**

Apport de titres par des personnes morales

Cas général

130 L'échange consécutif à l'apport de titres isolés par une société soumise à l'IS à une autre est normalement considéré, comptablement et fiscalement, comme une **cession** des titres apportés : la plus-value (ou la moins-value) d'échange est dûment constatée. Elle correspond à la différence entre le prix de revient des titres et leur valeur d'apport, qui constitue la valeur d'entrée à l'actif des titres reçus.

Le prix de revient des titres correspond à leur valeur fiscale si ces titres ont été antérieurement reçus à la suite d'une opération ayant généré une plus-value d'échange placée en sursis d'imposition.

131 En effet, les échanges de titres consécutifs à leur apport à une société ne figurent pas dans les cas dans lesquels les articles 38-7 et 38-7 bis du CGI prévoient un sursis d'imposition (à titre facultatif ou obligatoire).

Rappelons que ces cas de sursis sont les suivants :
– à titre obligatoire (CGI art. 38-7) les échanges d'actions effectués dans le cadre d'une offre publique d'échange (OPE), de la conversion ou de l'échange d'obligations en actions, réalisé conformément à la réglementation en vigueur ;
– à titre facultatif (CGI art. 38-7 bis) les échanges de droits sociaux résultant d'une fusion ou d'une scission de sociétés *(voir § 461)*.

132 Dès lors, la plus-value d'apport sera imposée dans les conditions de droit commun, c'est-à-dire :
– soumise à l'IS au taux de droit commun (ou déduite du résultat imposable au taux de droit commun s'il s'agit d'une moins-value) ;
– ou, s'il s'agit d'une plus-value réalisée sur des **titres de participation** détenus depuis au moins 2 ans, imposée au taux de **0 %**, sous réserve de la réintégration d'une quote-part de frais et charges *(voir § 400)*.

Il ne peut en aller autrement que pour les apports de titres assimilables à des **apports partiels d'actifs**, que nous allons à présent examiner.

Cependant, dans de nombreuses situations, la réglementation comptable prescrivant de réaliser les opérations d'apport à valeur comptable (et non à valeur réelle), l'opération ne dégagera aucune plus-value d'apport *(voir § 222)*.

Apports de participations assimilés à une branche complète d'activité

133 Nous verrons plus loin que le régime de faveur des fusions bénéficie aux opérations d'apport partiel d'actif, ce qui suppose qu'il soit fait apport d'une branche complète d'activité *(voir § 227)*.

Cependant, l'apport de titres représentant une **participation significative** dans une société peut aussi, sous certaines conditions, être assimilé de plein droit à l'apport d'une branche complète d'activité (CGI art. 210 B, 1, 6e al.).

134 Il en va ainsi, comme nous allons le voir à présent :
– pour les participations portant sur **plus de 50 %** du capital de la société dont les titres sont apportés, ou venant renforcer une telle participation *(voir § 135)* ;
– pour les participations qui confèrent à la société bénéficiaire des apports la détention directe de **plus de 30 %** des droits de vote de la société dont les titres sont apportés, dès lors qu'**aucun autre associé** ne détient, directement ou indirectement, une fraction des droits de vote supérieure *(voir § 138)* ;

– ou encore pour les participations conférant à la société bénéficiaire des apports, qui détient d'ores et déjà plus de 30 % des droits de vote de la société dont les titres sont apportés, la fraction des droits de vote la **plus élevée** dans la société *(voir § 141)*.

135 **La loi assimile tout d'abord à un apport de branche les apports de participations portant sur plus de 50 % du capital de la société dont les titres sont apportés.**

Le seuil de 50 % s'apprécie en prenant en compte l'ensemble des apports de titres effectués de manière concomitante à une même société (BOFiP-IS-FUS-20-40-20-§ 10-03/10/2018).

Il en va d'ailleurs de même pour les seuils mentionnés ci-dessous aux *§§ 138 et 141* (BOFiP-IS-FUS-20-40-20-§ 250-03/10/2018).

136 **Par ailleurs, il n'est pas nécessaire, pour la détermination de ce seuil, que l'ensemble des apports effectués bénéficie du régime spécial prévu à l'article 210 B du CGI.**

Sont donc également pris en compte, pour l'appréciation dudit seuil, les apports effectués par les particuliers, les entreprises individuelles, les sociétés de personnes et les sociétés étrangères qui ne sont pas imposables en France ainsi que les sociétés françaises soumises à l'IS qui ne demandent pas à bénéficier du régime de faveur (BOFiP-IS-FUS-20-40-20-§ 20-03/10/2018).

Idem, là aussi, pour les seuils mentionnés ci-dessous aux §§ 138 et 141 (BOFiP-IS-FUS-20-40-20-§§ 270 et 280-03/10/2018).

Exemple

Cas de l'apport des titres d'une société F1, consenti à une société holding H.

Cet apport est consenti à la fois :
- par une personne physique, détenant 15 % du capital de F1 ;
- par une société A, détenant 30 % du capital de F1 ;
- et par une société B, détenant 10 % du capital de F1, et qui ne souhaite pas que son apport soit soumis au régime de faveur.

Les apports opérés par la société A pourront bénéficier du régime de faveur des apports partiels d'actifs prévu à l'article 210 B du CGI, car l'apport global porte sur 55 % du capital de la société F1 dont les titres sont apportés.

137 **D'autre part, le régime fiscal applicable à la société dont les titres sont apportés est indifférent : les apports portant sur des titres de sociétés de personnes ou de sociétés étrangères non imposables à l'IS en France peuvent, le cas échéant, être assimilés à des apports de branches complètes d'activité** (BOFiP-IS-FUS-20-40-20-§ 40-03/10/2018).

Idem pour les seuils mentionnés ci-dessous aux §§ 138 et 141 (BOFiP-IS-FUS-20-40-20-§ 290-03/10/2018).

En revanche, l'Administration considère que le régime de faveur ne peut pas s'appliquer aux apports de parts de groupements d'intérêt économique (GIE), dans la mesure où ces groupements ne sont pas des sociétés (rép. min. Dubernard, JO AN 25 novembre 1996, p. 6159 n° 40554 a ; BOFiP-IS-FUS-20-40-20-§ 50-03/10/2018).

Le Conseil d'État a cependant censuré cette position, dans une affaire dans laquelle une société avait apporté 51 % des parts d'un GIE en plaçant cet apport sous le régime de faveur (CE 16 mai 2012, n° 325370, Sté GDF Suez Énergie Services, conclusions D. Hedary BDCF 8-9/12 n° 99). Pourtant, l'Administration maintient sa doctrine dans la dernière édition du Bofip.

Pour les opérations d'apport réalisées à compter du 1er janvier 2018, sont également assimilés à des apports de branches complètes d'activité les apports de titres venant **renforcer une participation majoritaire** (de plus de 50 %) déjà détenue par la société bénéficiaire de l'apport (loi 2017-1775 du 28 décembre 2017 de finances rectificative pour 2017, art. 23).

L'Administration précise qu'il n'est pas nécessaire que la détention de la majorité du capital résulte d'une précédente opération d'apport ayant bénéficié du régime de faveur, et que, par ailleurs, le régime fiscal applicable à la société dont les titres sont apportés est indifférent (possibilité pour une société soumise à l'IS d'apporter des titres de sociétés de personnes ou des titres de sociétés étrangères non imposables à l'IS en France) (BOFiP-IS-FUS-20-40-20-§ 55-03/10/2018).

EXEMPLE

donné par l'Administration (BOFiP-IS-FUS-20-40-20-§ 57-03/10/2018) :

Cas d'une société A dont le capital est détenu à la fois par les sociétés B (pour 10 %), C (pour 51 %), D (pour 11 %) et E (pour 28 %) :

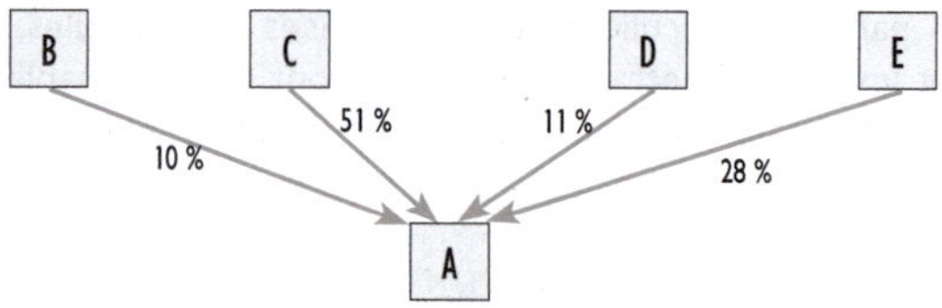

La société D apporte les actions A qu'elle détient à la société C :

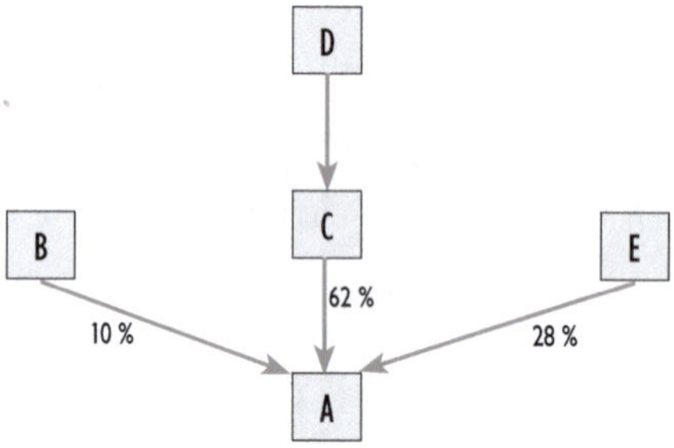

Cet apport pourra être soumis au régime de faveur puisque la société C, bénéficiaire de l'apport, détenait une participation de plus de 50 % (51 %) : l'apport qu'elle reçoit vient compléter cette participation majoritaire.

138 Le texte assimile également à une branche complète les apports de participations qui confèrent à la société bénéficiaire des apports la détention directe de **plus de 30 %** des droits de vote de la société dont les titres sont apportés lorsqu'**aucun autre associé** ne détient, directement ou indirectement, une fraction des droits de vote supérieure.

Il n'est pas exigé que l'apport porte sur une quotité minimale de titres, car les **titres déjà détenus** par la société bénéficiaire des apports sont décomptés pour l'appréciation du pourcentage de 30 % (BOFiP-IS-FUS-20-40-20-§ 80-03/10/2018).

EXEMPLE

donné par l'Administration (BOFiP-IS-FUS-20-40-20-§ 90-03/10/2018) :

Cas d'une société A dont le capital est détenu à la fois par les sociétés B (pour 20 %), C (pour 20 %), D (pour 30 %) et E (pour 30 %) :

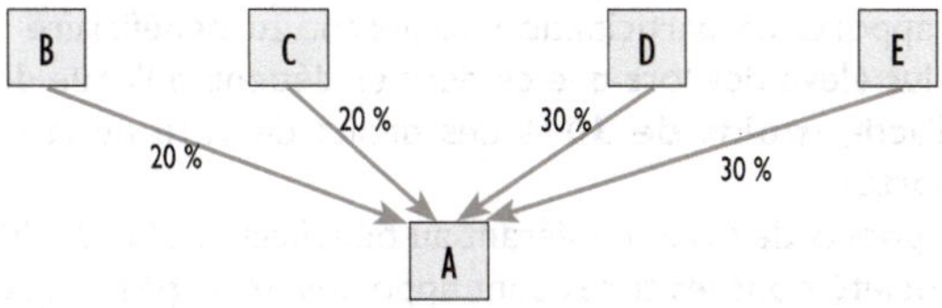

La société B apporte les actions A qu'elle détient à la société C :

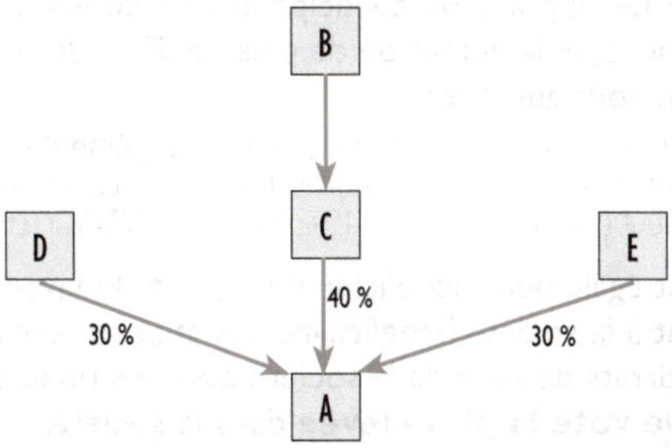

Cet apport pourra être soumis au régime de faveur, puisque :
- la société C, bénéficiaire de l'apport, détiendra alors directement plus de 30 % des droits de vote de la société A (soit 40 %) ;
- et qu'aucun autre actionnaire ne détiendra, directement ou indirectement, une fraction des droits de vote supérieure.

139 **L'Administration précise également que pour l'appréciation de la détention de la quote-part la plus élevée, il n'est pas tenu compte de la détention indirecte de la société cible par la société ayant réalisé l'apport** (BOFiP-IS-FUS-20-40-20-§ 130-03/10/2018).

EXEMPLE

Cas d'une société A dont le capital est détenu à la fois par les sociétés B (pour 40 %), C (pour 30 %) et D (pour 30 %) :

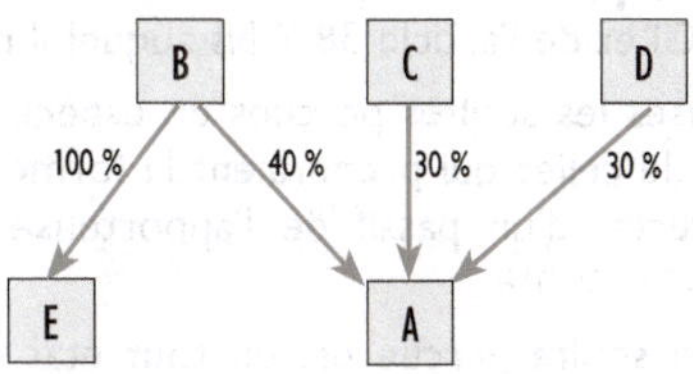

La société B apporte les actions A qu'elle détient à hauteur de 25 % à la société E, qui est sa filiale à 100 % :

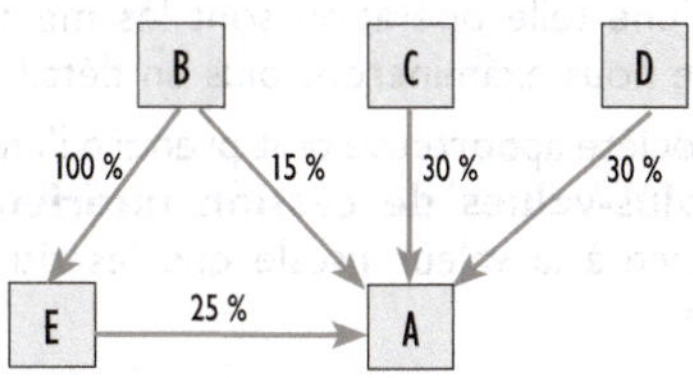

Cet apport ne pourra pas être soumis au régime de faveur, puisque la société E ne détiendra pas au moins 30 % après l'apport, alors même que la société apporteuse B détiendra, de manière directe et indirecte, 40 % du capital de la société A.

140 Ne peuvent bénéficier du régime de faveur au titre de la disposition qui nous occupe :
– ni les apports de participation conférant au bénéficiaire le niveau de droit de vote le plus élevé dès lors que ce dernier détient, à l'issue de l'opération d'apport partiel d'actif, **moins de 30 %** des droits de vote de la société dont les titres sont apportés ;
– ni les apports de titres conférant au bénéficiaire plus de 30 % des droits de vote dans la société dont les titres sont apportés, mais **pas** la quotité de droit de vote **la plus élevée** ;
– ni *a fortiori* les apports de participation ne conférant ni le niveau de droit de vote le plus élevé, ni la détention de plus de 30 % des droits de vote de la société dont les titres sont apportés.

Dans ces situations, seul le recours à la procédure d'**agrément** prévue au 3 de l'article 210 B du CGI sera susceptible, le cas échéant, de placer l'opération d'apport partiel d'actif envisagée sous le régime de faveur (BOFiP-IS-FUS-20-40-20-§ 150-03/10/2018).

141 Enfin, peuvent également bénéficier du régime de faveur les apports de participation conférant à la société bénéficiaire des apports, qui détient d'ores et déjà plus de 30 % des droits de vote de la société dont les titres sont apportés, la **fraction des droits de vote la plus élevée** dans la société.

Attention

Lorsque les titres apportés ont donné lieu antérieurement à un **transfert** de compte à compte *(voir § 340)*, toute cession, y compris effectuée sous la forme d'un apport en société (et même si cet apport bénéficie d'un report d'imposition) rend imposable la plus-value constatée lors du transfert *(voir § 348)*.

En outre, il s'agit généralement d'une imposition au taux de droit commun, dès lors que le transfert a été réalisé d'un poste de « titres de placement » à destination d'un poste de « titres de participation ».

142 Il importe cependant que la société apporteuse ne reçoive pas une **soulte** dépassant **10 %** de la valeur nominale des parts ou actions qui lui sont attribuées, ou supérieure à la **plus-value** qu'elle a réalisée (application combinée de l'article 210 B du CGI et de l'article 38-7 *bis* auquel il renvoie).

Sont seules admises les soultes perçues en espèces par la société apporteuse, à l'exclusion donc de celles qui prendraient la forme d'une prise en charge isolée, directe ou indirecte, d'un passif de l'apporteuse par la bénéficiaire (BOFiP-IS-FUS-20-40-20-§ 300-03/10/2018).

Le montant de la soulte perçue est en tout état de cause **imposable** chez la société apporteuse.

143 Les conditions d'une telle opération sont les mêmes que celles de tout apport partiel d'actif, que nous examinerons plus en détail au *§ 220* ci-dessous.

Notamment, la société apporteuse doit prendre l'engagement dans l'acte d'apport de calculer les **plus-values de cession ultérieures** afférentes à ces mêmes titres par référence à la valeur fiscale que les titres apportés avaient dans ses propres écritures.

En revanche, pour les opérations réalisées depuis le 1er janvier 2018, l'engagement de conservation pendant 3 ans des titres reçus en contrepartie de l'apport n'est plus exigé (loi 2017-1775 du 28 décembre 2017 de finances rectificative pour 2017, art. 23).

S'agissant des apports de titres consentis à une société étrangère, *voir § 246.*

144 **En raison de ces conditions, et en raison du faible coût fiscal d'un apport de titres de participation ne bénéficiant pas du régime de faveur (taxation à 0 % sous réserve de la quote-part de frais et charges), certaines sociétés pourront préférer ne pas soumettre des apports de titres au régime de l'article 210 B du CGI même si l'opération aurait pu y être éligible.**

En outre, les règles comptables exigeront dans certains cas un apport à la valeur nette comptable *(voir § 222).*

Attention cependant au cas dans lequel la valeur fiscale des titres diffère de leur valeur comptable en raison d'opérations de fusion ou d'apports antérieures *(voir § 225).*

Par ailleurs, la réglementation comptable réserve l'apport aux valeurs comptables aux seuls « apports de titres de participation conférant le contrôle de cette participation à la société bénéficiaire des apports », assimilés à des apports partiels d'actif constituant une branche (règlement ANC n° 2019-06 du 8 novembre 2019 modifiant le règlement n° 2014-03). Dès lors, en cas d'apport complémentaire de titres à une société détenant déjà le contrôle d'une filiale, cet apport ne conduit pas à conférer le contrôle à la société bénéficiaire, et « l'opération n'est donc pas assimilée à une branche complète d'activité et n'entre donc pas dans le champ d'application » du règlement ANC n° 2019-06. Dès lors, « l'apport de titres est considéré comme un apport d'actifs isolés et est évalué conformément à l'article 213-3 » (règlement précité p. 28 cas n° 2), c'est-à-dire en valeurs réelles.

D'autre part, en cas d'apports de titres concomitants dont un ne donne pas le contrôle, si la notion de contrôle (nécessaire le cas échéant à la caractérisation d'un « élément assimilé » à un apport partiel d'actifs) doit être appréciée en faisant masse de **l'ensemble** des apports de titres, en revanche la valeur à retenir pour comptabiliser ces apports doit être analysée au niveau de **chaque opération** : les apports réalisés entre entités sous contrôle commun doivent être évalués à valeur comptable, alors que les apports réalisés entre entités sous contrôle distinct doivent l'être aux valeurs réelles (CNCC, EC 2020-22 du 9 avril 2021).

145 **En matière de droits d'enregistrement, dans tous les cas les apports de titres, précédemment soumis à l'application d'un droit fixe, sont enregistrés gratuitement depuis le 1er janvier 2019** (loi 2018-1317 du 28 décembre 2018 de finances pour 2019, art. 26.V).

C'est pourquoi, bien que figurant toujours dans le Code général des impôts (CGI art. 301 C et 301 F de l'annexe II), le régime dit des « fusions à l'anglaise » ne trouve plus à s'appliquer. Ces dispositions prévoient que l'apport de titres représentant 75 % au moins du capital d'une société est éligible au régime des fusions, en matière de droits d'enregistrement, à condition que les titres reçus soient conservés 5 ans.

146 **(Réservé)**

Chapitre 1-2

CONSTITUTION PAR ACHAT DE TITRES

L'essentiel

L'un des principaux avantages des holdings tient aux possibilités qu'elles offrent en matière de rachats d'entreprises, raison pour laquelle les « holdings de rachat » ou « holdings de reprise » sont très fréquemment utilisées, même pour la reprise de petites sociétés. Elles permettent de pallier la quasi-absence, dans la législation fiscale française, d'avantages fiscaux pour les rachats d'entreprises par des personnes physiques.

La constitution d'une holding permet à la fois d'obtenir l'exonération des dividendes perçus de la filiale reprise, et de déduire les frais financiers liés à l'emprunt de rachat dans des conditions satisfaisantes. En outre, ces avantages sont encore accentués en cas d'option pour le régime de l'intégration fiscale.

Avantages fiscaux de la structure holding pour les rachats d'entreprises

160 Si l'on veut se convaincre de l'intérêt de constituer une société holding en vue du rachat d'une société, il suffit de comparer sommairement le régime fiscal d'un rachat en direct par une personne physique *(voir § 161)* avec celui du rachat *via* une société holding constituée à cet effet *(voir § 175)*.

Inanité de l'achat « direct » par une personne physique

161 Le diagnostic tient en deux constatations :

– une personne physique qui rachète directement et personnellement les titres d'une société ne peut pas déduire fiscalement les **frais financiers** liés à l'emprunt d'acquisition, ou dans des conditions très peu incitatives (a) ;

– en outre, les **dividendes** qu'elle percevra devront d'abord être soumis à l'impôt sur le revenu, dans des conditions elles aussi peu favorables, avant que leur produit net ne puisse être consacré au remboursement des emprunts bancaires contractés pour l'acquisition des titres (b).

a) Déduction des intérêts

162 Les personnes physiques ne sont en effet autorisées à déduire les **intérêts des emprunts** souscrits pour acquérir des parts et actions que dans des conditions très restrictives.

La jurisprudence du Conseil d'État est en effet longtemps restée très réservée sur ce point (CE 28 février 1968, n° 72470 ; CE 20 juillet 1971, n° 81146 ; CE 4 juin 1976, n° 97732), même si elle a pu évoluer favorablement dans certains cas particuliers.

Les tempéraments apportés à cette jurisprudence n'ont longtemps concerné que les professionnels médicaux détenteurs de parts des cliniques dans lesquelles ils exercent leur activité, et se sont donc limités au cas des sociétés de personnes (CE 11 octobre 1978, n° 9489), solution aussitôt consacrée par le droit positif (CGI art. 151 nonies). C'est la raison pour laquelle le Professeur Cozian, déplorant l'existence d'un véritable « apartheid fiscal », a pu souligner que le seul remède à cette impossibilité de déduction consiste à la contourner grâce au « miracle des holdings de reprise » (M. Cozian, « Financement du rachat d'entreprises : pour en finir avec un apartheid fiscal », Dr. fisc. 2006 n° 38, com. 57).

Le Conseil d'État a fini par assouplir sa jurisprudence dans le cas d'experts-comptables exerçant leur activité sous forme de société de capitaux (CE 25 octobre 2004, n° 255092 Boutourlinsky et n° 255093 François). La doctrine administrative (instruction du 23 novembre 2006, BOI 5 F-20-06) a par la suite admis que « les salariés, ainsi que les dirigeants fiscalement assimilés, (...) peuvent déduire de leur rémunération les intérêts d'emprunts contractés pour l'acquisition (...) des titres de la société dans laquelle ils travaillent en vue de la poursuite de leur contrat de travail, voire de la conclusion de celui-ci », avant que le Code général des impôts soit finalement aménagé en ce sens.

163 **Désormais, la législation prévoit expressément que « les frais, droits et intérêts d'emprunt versés pour acquérir ou souscrire des parts ou des actions d'une société ayant une activité industrielle, commerciale, artisanale, agricole ou libérale dans laquelle le salarié ou le dirigeant exerce son activité professionnelle principale sont admis, sur justificatifs, au titre des frais professionnels réels dès lors que ces dépenses sont utiles à l'acquisition ou à la conservation de ses revenus »** (CGI, art. 83, 3°, dernier al.).

Encore ce texte vient-il préciser que « les intérêts admis en déduction sont ceux qui correspondent à la part de l'emprunt dont le montant est **proportionné à la rémunération** annuelle perçue ou escomptée au moment où l'emprunt est contracté ».

164 Pour l'application de cette déduction, l'administration fiscale précise qu'il doit exister un lien direct entre la conclusion ou la poursuite du contrat de travail ou du mandat social, l'acquisition ou la souscription des titres et enfin la souscription de l'emprunt (BOFiP-RSA-BASE-30-50-30-30-§ 180-21/06/2017) : le seul fait pour un salarié ou un dirigeant d'**exercer son activité** professionnelle dans une société n'est **pas suffisant** pour établir « l'utilité » de l'achat des titres de cette société quant à l'acquisition ou la conservation de la rémunération perçue de cette société.

165 En revanche, l'Administration considère cette condition comme remplie :

– dans le cas des salariés et dirigeants membres des **professions réglementées** (avocats, experts-comptables, pharmaciens, huissiers par exemple) exerçant notamment sous la forme de sociétés d'exercice libéral (SEL) dont la moitié du capital au moins doit être détenue par des professionnels inscrits et dont les dirigeants et deux tiers des membres des organes sociaux doivent être des associés exerçant leur profession au sein de la société (BOFiP-RSA-BASE-30-50-30-30-§ 200-21/06/2017) ;

– en cas de **reprise ou création d'entreprise**, c'est-à-dire lorsqu'une personne « acquiert des actions ou parts d'une société déjà existante, en vue d'y exercer son activité professionnelle principale en qualité de salarié ou dirigeant, et que l'exercice de cette activité découle directement de cette acquisition » (BOFiP-RSA-BASE-30-50-30-30-§ 230-21/06/2017).

Dans tous les autres cas, l'utilité de l'achat ou de la souscription des titres pour l'acquisition et la conservation de la rémunération perçue doit être effectivement établie. Tel pourra être le cas, indique l'Administration, lorsque l'acquisition ou la souscription des titres et, par voie de conséquence, l'emprunt a pour objet d'assurer la **pérennité** de la société confrontée à des **difficultés financières**, constatées par l'ouverture d'une procédure collective, et donc, en définitive, de permettre à l'intéressé de préserver son revenu (BOFiP-RSA-BASE-30-50-30-30-§ 240-21/06/2017).

166 S'agissant de la question de la proportionnalité des intérêts d'emprunt supportés par rapport à la rémunération annuelle perçue ou escomptée au moment où l'emprunt est contracté, l'Administration indique, à titre de règle pratique, et par analogie avec les pertes sur engagement de caution, que le montant des intérêts déductibles est celui qui correspond à la fraction de l'emprunt qui n'excède pas le **triple de la rémunération** annuelle perçue ou escomptée lors de la souscription de l'emprunt (BOFiP-RSA-BASE-30-50-30-30-§ 330-21/06/2017).

Pour effectuer cette comparaison, doivent être retenus :
– le montant total du capital emprunté ;
– et le montant de la rémunération perçue ou escomptée à court terme l'année où l'emprunt est contracté.

167 Lorsque le montant de l'emprunt est supérieur au triple de la rémunération annuelle de l'intéressé, seuls les intérêts correspondant à la part de l'emprunt qui n'excède pas cette limite sont déductibles.

EXEMPLE

donné par l'Administration (BOFiP-RSA-BASE-30-50-30-30-§ 340-21/06/2017). En 2021, un salarié qui opte chaque année pour le régime des frais réels et justifiés, a perçu une rémunération de 100 000 € et acquis 600 000 € de titres de la société dans laquelle il travaille par un emprunt de même montant représentant au total 80 000 € d'intérêts.

Le montant de l'emprunt qu'il a contracté (600 000 €) est supérieur au triple de la rémunération qu'il a perçue en 2021 (300 000 €).

En 2021, le salarié verse 10 000 € d'intérêts. Le montant d'intérêts déductibles au titre des frais réels sera de : [(100 000 × 3) / 600 000] × 10 000 = 5 000 €

En 2022, le salarié verse 8 000 € d'intérêts. Le montant des intérêts déductibles au titre des frais réels sera de : [(100 000 × 3) / 600 000] × 8 000 = 4 000 €

168 En ce qui concerne la **rémunération** à retenir pour le calcul du plafond de déduction, il s'agit des revenus imposables selon les règles de droit commun applicables aux **traitements et salaires**, à l'exclusion de toutes les autres catégories de revenus, notamment des revenus de capitaux mobiliers ou des gains de cessions de valeurs mobilières (BOFiP-RSA-BASE-30-50-30-30-§ 380-21/06/2017).

Cela inclut la totalité des primes et indemnités imposables.

En revanche, ne sont pris en compte :
– ni les sommes versées ou les gains réalisés dans le cadre des dispositifs d'épargne salariale ou d'actionnariat salarié (intéressement, participation, plan d'épargne entreprise et assimilés, options sur titres, attributions d'actions gratuites, etc.) ;
– ni les éléments de rémunération exonérés, notamment, pour les personnes impatriées, la prime d'impatriation et la rémunération correspondant à l'activité effectuée à l'étranger exonérées (BOFiP-RSA-BASE-30-50-30-30-§ 390-21/06/2017).

169 La rémunération de référence est la rémunération annuelle perçue ou **escomptée à court terme** l'année au cours de laquelle l'emprunt est souscrit (BOFiP-RSA-BASE-30-50-30-30-§ 400-21/06/2017).

L'Administration indique que lorsque l'emprunt est souscrit en N et que la prise de fonctions du salarié ou du dirigeant intervient en N + 1, la rémunération à prendre en compte est celle qu'il percevra en N + 1 et les intérêts d'emprunt seront déductibles des traitements et salaires en N, le déficit catégoriel éventuellement constaté étant imputable sur son revenu global.

Lorsque le salarié **exerce déjà** son activité dans la société lors de l'acquisition ou de la souscription des titres, la rémunération de référence est celle perçue au cours de l'année d'acquisition ou de la souscription des titres, ou celle escomptée à compter du moment où il devient associé.

170 Signalons par ailleurs que les deux autres dispositifs spécifiques, antérieurement prévus par le Code général des impôts pour les **sociétés nouvelles** (2° quater de l'article 83) et pour les **SCOP** (coopératives ouvrières) (2° quinquies de l'article 83), ont été abrogés (loi 2016-1917 du 29 décembre 2016, art. 71).

171 On constate donc que, si les intérêts peuvent dans une certaine mesure être déduits du revenu imposable de la personne physique reprenant une société « en direct », cette déduction est en tout état de cause d'un montant limité, et elle s'opère uniquement sur les revenus salariaux ou assimilés, et jamais sur les dividendes perçus de la société reprise.

Pourtant, comme nous allons le voir, la taxation des dividendes pour une personne physique peut se traduire par un niveau très élevé d'imposition.

b) Imposition des dividendes

172 Les dividendes perçus par une personne physique sont dans un premier temps soumis, au moment de leur versement, à un **prélèvement forfaitaire** obligatoire qui est de **12,8 %** pour les revenus perçus depuis le 1er janvier 2018.

À ce prélèvement fiscal s'ajoutent les **prélèvements sociaux** au taux de **17,2 %**, dont 6,8 % déductibles, d'où un prélèvement total de **30 %**.

Au moment de l'imposition définitive, le contribuable a le choix entre deux options :
– il peut se contenter de l'imposition au **prélèvement forfaitaire unique** (PFU) de 12,8 %. Dans ce cas, le prélèvement forfaitaire libératoire s'imputant sur l'imposition définitive, la taxation opérée à la source solde l'impôt dû, qui demeure au total de **30 %** (prélèvements sociaux inclus) ;
– il peut aussi préférer opter pour une imposition au **barème de l'impôt sur le revenu**, applicable à une distribution réduite par le jeu de l'**abattement de 40 %**, étant précisé par ailleurs que, dans ce cas, la CSG prélevée lors du prélèvement forfaitaire est déductible à hauteur de 6,8 % (le surplus de la CSG payée, à savoir 3,1 %, n'étant pas déductible). Cette option n'est bien évidemment avantageuse que lorsqu'elle se traduit par une imposition inférieure à celle qui résulte du prélèvement forfaitaire.

Le prélèvement forfaitaire unique (PFU) représente donc une baisse sensible du taux d'imposition des dividendes pour les contribuables dont le taux marginal d'imposition est élevé : Pour un contribuable imposable au taux marginal de 45 %, l'imposition des dividendes pouvait en effet dépasser 40 % : elle est désormais **plafonnée à 30 %**.

À noter cependant qu'à l'imposition proprement dite peut s'ajouter la contribution exceptionnelle sur les hauts revenus applicable à certains contribuables (elle s'élève à **3 %** de la fraction du revenu fiscal de référence comprise entre 500 000 et 1 million d'euros pour un couple marié, plus 4 % du revenu fiscal de référence supérieur à 1 million d'euros).

173 Il va sans dire que, même avec un niveau de prélèvements plafonné à 30 %, il sera très difficile, sauf avec un **apport personnel** très important, d'acquérir une entreprise en empruntant, car le **dividende net** d'impôt ne suffira pas à couvrir les annuités bancaires correspondantes.

EXEMPLE

Cas d'un contribuable qui souhaite acheter les titres d'une société pour 700 000 €. Il dispose d'un apport initial de 200 000 € et contracte un emprunt bancaire de 500 000 €, souscrit pour 7 ans à un taux d'intérêt de 3 %. Il est soumis à l'impôt sur le revenu au taux marginal de 41 %.

Le repreneur peut escompter un salaire de 50 000 €, et la société en question dégage un bénéfice net annuel de 100 000 €.

Compte tenu de sa durée et de son taux, l'emprunt bancaire de 500 000 € générera des annuités bancaires de 80 253 € (dont, la première année, 15 000 € d'intérêts).

Les intérêts versés seront déductibles (du salaire de 50 000 €) à hauteur de 150 000 € (triple du salaire annuel) /500 000 €, soit 30 % seulement de leur montant : la première année, donc, à hauteur de 15 000 € × 150/500 = 4 500 €.

Le dividende de 100 000 € subira une imposition totale de 30 000 € (PFU et prélèvements sociaux).

La déduction d'une partie des intérêts sur les traitements et salaires procurera néanmoins une économie d'impôts de 4 500 × 41 % = - 1 845 €.

En définitive, le dividende net perçu par le repreneur sera de 100 000 - 30 000 + 1 845 = 71 845 €.

On constate donc que, malgré son apport initial non négligeable de 200 000 €, le repreneur ne pourra pas financer l'opération de reprise, car ses dividendes nets perçus de 71 845 € ne lui permettront pas de couvrir l'annuité bancaire de 80 253 €.

174 **C'est pourquoi la constitution d'une holding de reprise est privilégiée la plupart du temps dans les schémas de rachat de titres de sociétés, compte tenu des possibilités offertes par ces holdings en termes d'optimisation fiscale (à tel point que l'on parle parfois, les concernant, « d'effet de levier fiscal »).**

Le Conseil d'État, appelé à se prononcer dans une affaire où les associés d'une société avaient vendu leurs titres à une holding constituée par eux, laquelle avait contracté un emprunt bancaire qui avait été remboursé en grande partie par une distribution massive de la société cible, a jugé que l'opération n'était pas constitutive d'un abus de droit. L'Administration considérait quant à elle que l'opération avait pour unique objectif de remplacer l'imposition (à taux progressif) des dividendes par celle (à taux proportionnel à l'époque) des plus-values. Le Conseil d'État a indiqué que les motifs non fiscaux de l'opération (intérêt financier et patrimonial de la constitution d'une holding qui permettrait de dégager une capacité d'emprunt supérieure à celle des associés, ou de faciliter la création ou l'acquisition éventuelle d'autres entreprises) n'étaient pas démentis par les circonstances que la holding n'avait pas d'autre activité économique que la détention des titres (CE 27 janvier 2011, n° 320313 M. et Mme Bourdon). Voir aussi, dans le même ordre d'idées, la réponse ministérielle Turk (infra § 186).

Avantages du rachat par l'intermédiaire d'une société holding

175 **Le rachat effectué par l'intermédiaire d'une société holding soumise à l'IS permet d'échapper très largement aux inconvénients signalés ci-dessus.**

176 **En premier lieu, la taxation des dividendes remontés à la société holding est réduite au minimum grâce à l'application du régime « mère-filiale » qui sera décrit *infra* § 590 : les dividendes attachés aux titres de participation détenus au moins 2 ans sont en effet exonérés d'impôt sur les sociétés, sous réserve seulement de la réintégration d'une quote-part de frais et charges de 5 %.**

En définitive, avec un impôt sur les sociétés de 28 %, la taxation de ces dividendes se limite à 25 % × 5 % = 1,25 %.

Cette taxation est évidemment encore moins élevée en cas d'application du taux de 15 % sur tout ou partie du bénéfice.

177 **Ensuite, les intérêts des emprunts bancaires souscrits pour financer la reprise sont pleinement déductibles du résultat imposable de la holding, sauf application de l'un ou l'autre des dispositifs de limitation énumérés *infra* §§ 950 et s.**

EXEMPLE

Reprise de l'exemple précédent, d'un contribuable souhaitant acheter les titres d'une société pour 700 000 € et disposant d'un apport initial de 200 000 €.

Ce contribuable décide de créer une holding de reprise, au capital de 200 000 €. Les frais de fonctionnement annuels de cette holding s'élèvent à 5 000 €. La holding souscrit un emprunt bancaire de 500 000 €, pour 7 ans assorti d'un taux d'intérêt de 3 %.

La première année, le résultat comptable avant impôt de la holding s'élèvera à :

- Dividendes perçus :	100 000 €
- Frais financiers :	- 15 000 €
- Frais de fonctionnement :	- 5 000 €
Résultat avant impôt :	80 000 €

Le résultat fiscal sera de :

- Résultat comptable avant IS :	80 000 €
- Déduction des dividendes (régime mère-filiale) :	- 100 000 €
- Réintégration de la quote-part de frais et charges :	+ 5 000 €
Résultat fiscal (déficit) :	- 15 000 €

La société en question ne paiera pas d'impôt sur les sociétés.

En trésorerie, les dividendes perçus seront seulement réduits des frais de fonctionnement de la holding : cette dernière disposera donc de produits nets de 95 000 € pour faire face à son annuité bancaire (intérêt + remboursement) de 80 253 €, soit une confortable marge de sécurité.

178 Cette « optimisation » fiscale obtenue par le rachat par l'intermédiaire d'une société holding est encore plus avantageuse, comme nous allons le voir à présent, lorsque la holding de reprise et la société cible sont réunies dans un même groupe d'intégration fiscale.

179 (Réservé)

Avantages (et inconvénients) de l'option pour l'intégration fiscale

184 Après avoir exposé les avantages de l'intégration fiscale *(voir § 185)*, puis nuancé notre propos en examinant certains inconvénients présents surtout dans les groupes de PME *(voir § 190)*, nous indiquerons de quelle manière optimiser le cas échéant la date de démarrage de l'intégration fiscale *(voir § 203)*.

Principaux avantages de l'intégration fiscale

185 Le principal avantage de l'intégration fiscale est bien évidemment la **compensation** opérée **entre les résultats** des sociétés qui composent le groupe, la société mère tête de groupe étant seule redevable de l'IS dû par l'ensemble des sociétés membres de ce groupe. Ainsi, les résultats des sociétés déficitaires peuvent immédiatement se compenser avec ceux des sociétés bénéficiaires.

Cet avantage ressort avec force dans le cas d'un groupe formé entre une holding de reprise et la société cible dont elle a racheté les titres : compte tenu de ce qui a déjà été indiqué plus haut, la **société cible** est normalement **bénéficiaire** (puisque c'est grâce à ses bénéfices, remontés sous forme de dividendes, que la holding pourra honorer les échéances de son emprunt bancaire), alors que la

société holding se trouve « naturellement » **déficitaire**, surtout lorsqu'elle se trouve encore au début de la phase de remboursement de sa dette bancaire.

En effet, la holding aura pour principale (et souvent pour seule) recette des produits presque totalement exonérés, à savoir les dividendes perçus (auxquels s'applique le régime d'exonération mère-filiale), alors qu'elle aura un certain nombre de charges déductibles, tout particulièrement les intérêts de l'emprunt contracté pour le rachat des titres.

Dès lors, pour le calcul de l'impôt sur les sociétés dû par le groupe, le déficit de la holding viendra réduire la base imposable représentée par le bénéfice de la filiale.

Les avantages et inconvénients de l'intégration fiscale présentés dans ce chapitre ne sont pas uniquement valables pour les holdings « de reprise » mais également, bien entendu, pour les holdings constituées « par apport » présentées dans le chapitre 2-1 ci-dessus, ainsi que pour les holdings constituées « par le bas » présentées dans le chapitre 2-3 *infra*.

Il a été jugé que n'était pas abusif le fait, pour une société étrangère, de constituer une société holding en France à seule fin de constituer un groupe fiscalement intégré avec les filiales françaises acquises par voie d'endettement : le caractère fictif de la holding n'est pas établi dès lors qu'elle exerce régulièrement une activité de détention de titres de participation et que ses organes sociaux fonctionnent régulièrement (TA Montreuil, 16 juin 2011, n°s 0905509 et 1007116, Sté Nordstrom European Capital Group).

186 L'Administration proclame d'ailleurs elle-même expressément l'intérêt de former un groupe intégré en cas de rachat de sociétés, comme le montre la réponse du ministre du Budget à un parlementaire s'inquiétant du manque de dispositifs fiscaux incitant à de telles opérations de rachat (rép. min. Turk, JO Sénat 31 août 1995, p. 1671) :

« Les charges financières afférentes aux emprunts finançant les rachats d'entreprises peuvent dans certaines situations être déduites du résultat des entreprises rachetées. Il en est ainsi par exemple en cas de rachat d'une société par une société constituée à cet effet par le repreneur. Cette société peut opter pour le régime fiscal des groupes de sociétés prévu à l'article 223 A du Code général des impôts si elle remplit les conditions fixées pour en bénéficier et, notamment, si elle détient 95 % au moins du capital de la société rachetée ; ce régime **permet**, en pratique, **d'imputer les intérêts des emprunts** contractés par la société cessionnaire **sur le bénéfice réalisé par la société rachetée** et constitue à ce titre une incitation fiscale au rachat d'entreprise. »

187 Ajoutons qu'en plus de cette compensation des résultats, le régime de l'intégration fiscale permet d'obtenir une remontée des dividendes presque affranchie de tout prélèvement fiscal, dans la mesure où la réintégration de la **quote-part de frais et charges** se trouve réduite à 1 % en régime de groupe *(voir § 623)*.

EXEMPLE

Reprise de l'exemple présenté aux §§ 173 et 177 ci-dessus, mais en considérant cette fois que la société cible et sa holding de reprise sont fiscalement intégrées.

On suppose que le résultat fiscal avant IS de la société cible est de 133 333 €, d'où, après un IS de 25 % (soit 33 333 €), un résultat net de 100 000 € remonté annuellement sous forme de dividendes à la holding.

Le résultat fiscal individuel des deux sociétés est :

Pour la société cible :	133 333 €
Pour la holding :	- 19 000 €

(Quote-part de frais et charges réduite à 1 % : + 80 000 - 100 000 + 1 000)

Le résultat d'ensemble sera donc de 133 333 - 19 000 = 114 333 €, d'où un IS de 28 583 € s'il est calculé à 25 %, et une économie de 4 750 € par rapport à l'impôt de 33 333 € acquitté par la société cible en cas d'imposition séparée.

188 Les deux points ci-dessus (compensation des résultats, et réduction de la quote-part de frais et charges) sont les avantages les plus marquants du régime de l'intégration fiscale pour une holding de rachat.

Signalons également dès maintenant que l'intégration fiscale comporte un dispositif d'exonération spécifique pour les dividendes intragroupe ne bénéficiant pas du régime mère-filiale *(voir § 624)*.

Conventions d'intégration fiscale

Il convient d'établir des conventions entre la société mère et ses filiales intégrées, prévoyant un mode de répartition des conséquences financières de l'intégration fiscale, notamment en ce qui concerne l'éventuelle indemnisation des sociétés sortant du groupe, qui peuvent se trouver privées du déficit fiscal légué au groupe.

Pour plus de détails, on se reportera à l'ouvrage complet relatif à « *L'intégration fiscale* », édité par le Groupe Revue Fiduciaire.

189 On citera également parmi les avantages de l'intégration fiscale, la neutralisation de certaines plus ou moins-values intragroupe, qui sera abordée plus en détail dans les chapitres qui suivent.

Cependant, le régime de l'intégration fiscale, malgré ces nombreux avantages, présente un certain nombre d'éléments négatifs qu'il importe de passer sommairement en revue avant de prendre la décision de constituer un groupe intégré.

Nous n'abordons ici que les grandes lignes de l'intégration fiscale : pour davantage de précisions et d'analyses, il convient de se référer à l'ouvrage cité ci-dessus.

Quelques inconvénients pouvant nuancer l'avantage d'une option pour l'intégration fiscale

190 Le premier point à mentionner concerne l'acquisition d'une société ayant subi antérieurement des **déficits** fiscaux. On rappelle en effet que le déficit subi par une société avant son entrée dans le groupe ne peut pas être imputé sur le résultat d'ensemble, mais seulement sur le résultat propre de la société en question.

Nous verrons un peu plus loin *(voir § 203)* que cette particularité doit conduire à se montrer particulièrement vigilant quant à la date de démarrage de l'intégration fiscale d'une holding de reprise et de sa société cible.

191 Par ailleurs, le régime de l'intégration fiscale comporte une mesure « anti-abus » (dite « amendement Charasse ») qui restreint la déduction des **charges financières** du groupe en cas de rachat à une société qui contrôle le groupe (ce régime sera présenté en détail *§§ 1090 et s.*).

192 Surtout, il convient de prendre en considération le fait que de nombreux dispositifs fiscaux comportent des **seuils** d'application afin d'avantager (ou d'épargner) les petites et moyennes entreprises (PME), et que ces seuils sont plus rapidement atteints dans le cadre des groupes intégrés.

193 S'agissant de ces seuils, on peut citer en premier lieu la réglementation applicable en matière de **taux réduit d'IS** de 15 %. Ce taux réduit s'applique sur les premiers 38 120 € de bénéfices passibles de l'impôt sur les sociétés.

Ce taux réduit s'applique aux PME qui réalisent au cours de l'exercice un chiffre d'affaires hors taxes (ramené le cas échéant à 12 mois) **inférieur à 7 630 000 €.**

Les autres conditions étant que le capital soit entièrement libéré, et que la société soit détenue à plus de 75 % par des personnes physiques, ou par des sociétés elles-mêmes éligibles.

En cas d'application du régime de l'intégration fiscale :
– non seulement le taux réduit ne s'applique qu'une seule fois (puisqu'il n'y a plus qu'un seul « contribuable », à savoir la société tête de groupe) et non autant de fois que de sociétés composant le groupe ;
– mais, en outre, le seuil de chiffre d'affaires mentionné ci-dessus est constitué par **l'ensemble des chiffres d'affaires** des sociétés membres du groupe.

La condition de libération du capital demeure, quant à elle, prise en compte uniquement au niveau de la société mère tête de groupe.

EXEMPLE

Exemple 1. Cas d'un groupe intégré constitué entre la société H et deux sociétés F1 et F2.

Le résultat fiscal individuel de la société H est de + 10000 € ; la société n'a pas de chiffre d'affaires propre.

La société F1, dont le chiffre d'affaires est de 2 millions d'euros, affiche un résultat fiscal individuel de 120000 €.

La société F2, dont le chiffre d'affaires est de 3 millions d'euros, affiche un résultat fiscal individuel de 150000 €.

On suppose que toutes les conditions d'application de l'IS à 15 % (détention par des personnes physiques, libération du capital) sont par ailleurs respectées.

Imposées séparément, les trois sociétés auraient acquitté un IS de, respectivement :
- Pour H : 10000 € × 15 % = 1500 €.
- Pour F1 : (38120 × 15 %) + (120000 - 38120) × 25 % = 26188 €.
- Pour F2 : (38120 × 15 %) + (150000 - 38120) × 25 % = 33688 €.

Soit, au total, 1500 + 26188 + 33688 = 61376 €.

Intégrées fiscalement, les sociétés en question seraient imposées sur leur résultat d'ensemble de 10000 + 120000 + 150000 = 280000 €.

L'IS serait alors de (38120 × 15 %) + (280000 - 38120) × 25 % = 66188 €, soit un impôt additionnel de 66188 - 61376 = **4812 €**.

Exemple 2. Même exemple que ci-dessus, mais avec l'hypothèse que le chiffre d'affaires de la société F1 est de 4,5 millions d'euros et celui de la société F2 de 3,5 millions d'euros.

Intégrées fiscalement, les sociétés en question seraient imposées sur leur résultat d'ensemble de 10000 + 120000 + 150000 = 280000 €, sans application de l'IS à 15 % puisque le chiffre d'affaires « groupe » (4,5 M€ + 3,5 M€ = 8 M€) **dépasse 7630000 €**.

L'IS d'ensemble serait alors de 280000 × 25 € = 70000 €, soit un impôt additionnel de 70000 - 61376 = **8624 €**.

194 En outre, à partir d'une certaine taille, les sociétés peuvent être soumises à la **contribution sociale sur l'impôt sur les sociétés** (CGI art. 235 ter ZC). Cette contribution n'est due que par les redevables de l'IS ayant réalisé un chiffre d'affaires d'au moins 7630000 € au cours de l'exercice : dans le cas des groupes intégrés, cette limite s'apprécie par référence à la **somme des chiffres d'affaires** réalisés par chacune des sociétés membres du groupe.

De plus, la contribution en question, dont le taux est de **3,3 %**, est assise sur l'IS calculé sur les résultats réalisés au titre de l'exercice, diminué d'un **abattement** annuel de 763000 € : il va sans dire que dans un groupe fiscal l'abattement ne s'applique qu'une seule fois, alors que lorsque les entreprises sont imposées séparément, il s'applique pour chacune des sociétés concernées.

EXEMPLE

Exemple 1. Cas d'un groupe intégré constitué entre la société holding H et deux sociétés F1 et F2.

Le chiffre d'affaires annuel de H est de 200000 €, les chiffres d'affaires de F1 et de F2 sont respectivement de 5,3 M€ et de 7,5 M€.

Imposées séparément, aucune des trois sociétés ne se serait trouvée dans le champ de la contribution sociale, aucune ne réalisant un chiffre d'affaires supérieur à 7630000 €.

Intégrées fiscalement, les sociétés en question vont devoir subir la contribution, puisque le chiffre d'affaires cumulé de l'ensemble intégré s'élève à 13 M€.

Exemple 2. Cas d'un groupe intégré constitué entre la société holding H et deux sociétés F1 et F2.

Le chiffre d'affaires annuel de H est de 500000 €, et les chiffres d'affaires de F1 et de F2 sont respectivement de 20 M€ et de 50 M€, c'est-à-dire que ces sociétés entrent dans le champ d'application de la contribution sociale, qu'elles soient intégrées ou pas.

Le résultat imposable de H s'élève à 200000 €, celui de F1 est de 1 M€ et celui de F2 est de 3,1 M€.

Si les trois sociétés étaient imposées séparément, seule F2 acquitterait la contribution.

En effet, son impôt sur les sociétés étant de 3,1 M€ × 25 % = 775000 €, elle devrait une contribution de (775000 - 763000) × 3,3 % = 396 €.

Si les trois sociétés sont intégrées fiscalement, leur contribution sociale sera calculée sur l'IS d'ensemble.

Celui-ci étant de 1,075 M€, soit (0,2 + 1 + 3,1) × 25 %, la contribution s'élèvera à : (1075000 - 763000) × 3,3 % = 10296 €.

L'écart d'imposition s'élève donc à 10296 - 396 = 9900 €.

195 Ces particularités doivent être gardées à l'esprit toutes les fois que l'on se trouve en présence d'un groupe formé par des PME bénéficiaires, donc sans l'avantage de la compensation des bénéfices et des déficits.

Cela est d'autant plus vrai lorsqu'il n'y a pas de distributions intragroupe, donc pas de nécessité de réduire l'imposition de la quote-part de frais et charges. Mais il est vrai que cette situation n'est pas la plus courante, pour les « holdings de rachat » qui nous occupent.

En outre, d'autres « effets de seuil » sont susceptibles de s'appliquer, dans lesquels les règles propres à l'intégration fiscale peuvent encore se montrer désavantageuses.

196 Tel peut être le cas par exemple en matière d'imputation des **déficits** fiscaux. On rappelle en effet que si le droit au report en avant des déficits subis par les sociétés est illimité dans le temps, les facultés d'imputation de ces déficits comportent une **limite de montant**.

En effet, le déficit subi au titre d'un exercice est considéré comme une charge de l'exercice suivant et déduit du bénéfice réalisé pendant ledit exercice dans la limite d'un montant **d'un million d'euros**, majoré de **50 %** de la fraction du bénéfice excédant ce montant (CGI art. 209, I).

La part fixe du plafond d'imputation (1 M€) est cependant majorée des **abandons de créances** consentis à une société en application d'un accord homologué ou dans le cadre d'une procédure de sauvegarde, de redressement ou de liquidation judiciaires ouverte à son nom : *voir § 808*.

Dans le cadre d'un groupe fiscalement intégré, la limite fixe d'un million d'euros s'applique une fois, au **résultat d'ensemble** du groupe, et elle est donc plus rapidement atteinte que dans le cas de sociétés imposées séparément. Cependant, il peut aussi arriver que les règles de l'intégration fiscale s'avèrent favorables, par exemple si une des sociétés du groupe subit individuellement un déficit important, qu'elle ne pourrait imputer qu'incomplètement par la suite si elle était imposable séparément (voir ci-après).

197 La même remarque peut être formulée en ce qui concerne le système du **report en arrière** des déficits (« carry back »), qui permet à une entreprise d'imputer le déficit constaté sur son bénéfice antérieur, faisant naître à son profit une créance sur le Trésor qui peut être immédiatement constatée à l'actif (CGI art. 220 quinquies) : le déficit constaté au cours d'un exercice ne peut être reporté en arrière que dans la limite du montant le plus faible entre le bénéfice de l'année précédente et un montant d'**un million d'euros**.

198 **A *contrario*, on fera cependant observer que compte tenu du mécanisme de compensation des résultats applicable dans les groupes intégrés, les déficits reportables (en avant ou en arrière) s'y rencontrent beaucoup moins fréquemment, puisque les déficits subis par telle ou telle société du groupe sont, le cas échéant, compensés immédiatement par les bénéfices des autres sociétés intégrées.**

En outre, une société ayant rejoint un groupe intégré échappe au risque de perdre son déficit (puisqu'il a été transmis au groupe) en cas d'opération de restructuration assimilée fiscalement à une cessation d'activité, ou en cas de **changement d'activité** (sur cette question des changements d'activité, *voir §§ 260 et s.*).

EXEMPLE

Exemple 1 : (Cas dans lequel l'intégration fiscale s'avère **favorable**)

Cas d'un groupe de sociétés composé de la holding H et de ses deux filiales F1 et F2. Ces sociétés ont réalisé, au cours des exercices 2021 et 2022, les résultats fiscaux suivants (K€) :

Exercice	H	F1	F2
2021	– 200	– 5 000	6 000
2022	200	5 000	2 000

Sans intégration fiscale, la société F2 a dû supporter dès 2021 une cotisation d'IS calculée sur son résultat de 6 M€.

Par ailleurs, la société F1 ne pourra pas, en 2022, imputer sur son bénéfice fiscal de 5 M€ la totalité de son déficit fiscal 2021 : L'imputation sera en effet limitée à 1 M€ + (50 % × 4 M€) = 3 M€.

Exercice	M	F1	F2	Total
2021	0	0	6 000	6 000
2022	0	2 000	2 000	4 000
				10 000

Avec l'option pour l'intégration fiscale, le bénéfice de 6 M€ réalisé par F2 en 2021 aura pu être largement compensé par les déficits de M et de F1, et le plafonnement de l'imputation des déficits ne trouvera pas à s'appliquer.

Exercice	M	F1	F2	Rés. ensemble
2021	– 200	– 5 000	6 000	800
2022	200	5 000	2 000	7 200
				8 000

Exemple 2 : (Cas dans lequel l'intégration fiscale s'avère **défavorable**)

Cas d'un groupe de sociétés composé de la holding H et de ses deux filiales F1 et F2. Ces sociétés ont réalisé, au cours des exercices 2021 et 2022, les résultats fiscaux suivants (K€) :

Exercice	M	F1	F2	Rés. ensemble
2021	– 1 000	– 2 000	– 1 500	– 4 500
2022	800	1 000	1 000	2 800
				- 1 700

Sans intégration fiscale, aucune des sociétés du groupe n'aura d'IS à acquitter en 2022, puisque chacune pourra imputer sur son bénéfice 2022 la totalité de son déficit 2021 (pas d'application du plafond d'imputation puisqu'aucune des imputations ne dépasse 1 million d'euros, s'agissant de petites sociétés).

Avec l'option pour l'intégration fiscale, le bénéfice d'ensemble 2022 (2,8 M€) ne pourra être effacé par le déficit antérieur du groupe qu'à hauteur de 1 M€ + (50 % × 1,8 M€) soit 1,9 M€

Le groupe intégré devra donc dans ce cas acquitter l'IS sur 2 800 K€ - 1 900 K€ = 900 €.

199 Le même phénomène de globalisation des « seuils » fiscaux s'observe également en ce qui concerne le régime de réintégration des **charges financières** : nous verrons ainsi *(voir §§ 950 et s.)* que la réglementation fiscale prévoit une réintégration forfaitaire de charges financières nettes, laquelle ne s'applique qu'à partir du moment où lesdites charges atteignent 3 millions d'euros.

Pour les groupes fiscalement intégrés, le montant des charges financières nettes servant de base de calcul à la réintégration est normalement la **somme** des charges ou produits financiers nets de **chaque société membre** du groupe, ce qui peut faire que la réintégration s'applique alors au groupe (pour un exemple, *voir § 1004*).

200 (Réservé)

201 (Réservé)

202 Tous les éléments ci-dessus doivent donc être pris soigneusement en considération pour mesurer les avantages d'une intégration fiscale.

Mais pour autant et sauf situation très particulière, en ce qui concerne le cas des « holdings de reprise » le régime de l'intégration fiscale est normalement beaucoup plus favorable qu'une imposition isolée des sociétés en cause.

Reste à optimiser les dates de clôture pour tirer parti au mieux des règles de l'intégration fiscale.

Optimisation de la date de démarrage de l'intégration fiscale

203 Dans le cas du rachat d'une société qu'il est envisagé de rendre membre d'un groupe intégré, il est important d'accélérer l'entrée dans l'intégration fiscale pour optimiser fiscalement l'opération.

En effet, comme nous l'avons indiqué *supra§ 190*, les déficits antérieurs à l'entrée dans l'intégration fiscale ne peuvent pas être imputés sur le résultat d'ensemble, puisqu'ils peuvent être imputés uniquement sur les bénéfices individuels ultérieurs de la société qui les a subis.

Or, une société holding, et tout particulièrement une holding de reprise, n'a pas vocation à réaliser de bénéfices fiscaux avant longtemps, pour les raisons déjà indiquées (déduction des frais financiers, perception de dividendes exonérés).

Dès lors, tous les frais comptabilisés **avant l'intégration fiscale** ne pourront pas être imputés sur les résultats du groupe intégré formé avec la filiale acquise.

Tel est le cas notamment :
– des **intérêts courus** jusqu'à l'entrée dans l'intégration sur l'emprunt souscrit pour le rachat des titres ;
– d'une partie des **frais d'acquisition** des titres, dont la déduction est étalée *prorata temporis* sur une durée de 5 ans *(voir §§ 355 et s.)*.

Il est donc important d'accélérer l'entrée dans l'intégration fiscale. Pour autant, les modalités seront différentes selon les sociétés à intégrer.

204 Il importe tout d'abord de rappeler sommairement les principales règles applicables pour la mise en place d'un groupe d'intégration fiscale, notamment en matière de dates de clôture des sociétés membres du groupe.

La société mère et les filiales intégrées doivent avoir la **même date de clôture** de leurs exercices comptables, et ceux-ci doivent normalement être de **12 mois**.

Les groupes sont cependant autorisés à tout moment à écourter ou à allonger la durée d'un exercice afin de modifier leur date de clôture, mais cette modification ne peut intervenir qu'une seule fois au titre de la période de 5 ans couverte par l'option pour l'intégration fiscale.

L'**option** pour l'intégration fiscale (accompagnée de la liste des filiales qui seront membres du groupe, et de leur accord formel) peut être notifiée jusqu'à la date de dépôt de la déclaration de résultat de l'exercice précédant celui au titre duquel elle est exercée.

La déclaration de résultat doit être déposée dans les 3 mois de la clôture de l'exercice ou, pour un exercice clos le 31 décembre, au plus tard le deuxième jour ouvré suivant le 1er mai.

205 Par ailleurs, les titres de la société intégrée doivent répondre aux conditions légales (détention à 95 % **de manière continue**, directement ou indirectement par l'intermédiaire de sociétés du groupe) pendant toute la durée de l'intégration fiscale, donc ils doivent normalement être déjà détenus avant l'ouverture du premier exercice d'intégration *(voir § 210 cependant)*.

206 Le cas le plus courant est celui de l'achat d'une société qui n'est **pas déjà intégrée** fiscalement, par une holding à créer.

La tendance « naturelle », et la plus simple, serait de faire coïncider la date de clôture de la société holding avec celle de la société acquise, afin de pouvoir commencer l'intégration fiscale dès le début du prochain exercice.

Cependant, cette manière de faire est de nature à retarder l'entrée dans l'intégration fiscale, ce qui peut s'avérer dommageable pour les raisons évoquées plus haut.

Exemple

Une personne physique souhaite acheter une société F1, qui clôture ses comptes au 31 décembre.

L'opération doit intervenir en juin 2022, et la holding de reprise H est donc créée au mois de mai.

Le repreneur décide de clôturer les comptes de H au 31 décembre, pour que la date de clôture de la holding coïncide avec celle de la société cible. L'intégration fiscale des deux sociétés pourra donc commencer le 1er janvier 2023.

Inconvénient : les charges exposées par la holding pendant l'exercice qui sera clos le 31 décembre 2022 (frais divers de fonctionnement, frais financiers liés à l'acquisition de F1, frais d'acquisition des titres F1 constatés *prorata temporis*) vont générer un déficit qui, étant antérieur à l'intégration, ne pourra plus être imputé que sur le bénéfice fiscal individuel de H, qui a toutes les chances de rester très longtemps inexistant...

207 Pour accélérer le démarrage de l'intégration fiscale, il conviendrait plutôt de modifier la date de clôture de la société cible afin qu'elle clôture son exercice aussitôt que possible, et de faire en sorte que la holding aligne la clôture de son premier exercice sur cette date (quitte à ce que son premier exercice soit ainsi très raccourci).

Exemple

Reprise de l'exemple précédent.

Il serait souhaitable que F1 décide, dès avant la fin du mois de juin, de clôturer son exercice social le 30 juin 2022 (la formalisation de cette décision juridique peut d'ailleurs être négociée avec le vendeur des titres F1).

Dans le même temps, le repreneur fera en sorte que la date de clôture de la holding H coïncide avec celle de la société cible, donc au 30 juin 2022 également : le premier exercice de H ne comptera donc que quelques semaines.

Les deux sociétés pourront ainsi être intégrées fiscalement dès le 1er juillet 2022, soit avec 6 mois d'avance par rapport à la date « normale » (décision à notifier à l'Administration avant le 30 septembre 2022, date limite de dépôt de la déclaration fiscale de l'exercice clos en juin).

208 Si la nouvelle date de clôture, ainsi déterminée en fonction de la date d'acquisition des titres, ne convient pas aux sociétés concernées, elle pourra toujours être modifiée ultérieurement, en application de la règle mentionnée ci-dessus au *§ 204*, qui autorise les groupes à modifier leur date de clôture, une fois par période de 5 ans.

209 Un autre cas peut être envisagé : celui de l'acquisition d'une **société déjà intégrée**.

Dans ce cas, il est probable que le groupe cédant préférera céder ses titres juste après la clôture de l'exercice, pour que la filiale en cause ne sorte pas du groupe de manière rétroactive à l'ouverture de l'exercice en question.

Il est alors impératif que la holding clôture son exercice à la même date, pour prendre aussitôt le relais avec une nouvelle intégration, et surtout que l'acquisition des titres se fasse **dès le premier jour** de l'exercice.

210 En effet, alors que, comme nous l'avons indiqué plus haut *(voir § 205)*, la loi dispose que peuvent être membres d'un groupe les sociétés détenues à 95 % au moins, **de manière continue**, directement ou indirectement par l'intermédiaire de sociétés du groupe (CGI art. 223 A, 1er al.), d'où la nécessité de détenir les titres **avant** l'ouverture du premier exercice d'intégration, la doctrine administrative prévoit un tempérament à cette règle.

Elle admet en effet que, dans l'hypothèse où une filiale est cédée le **premier jour de l'exercice** et que cette cession entraîne sa sortie du groupe cédant, cette filiale puisse entrer dans le groupe auquel appartient la société cessionnaire dès l'exercice ayant enregistré la cession, l'exercice de l'achat pouvant être par ailleurs le premier exercice d'intégration de la société acheteuse et cette dernière pouvant être la société mère ou une filiale (BOFiP-IS-GPE-10-20-10-§ 200-24/03/2021). Cette tolérance a d'ailleurs été étendue en cas d'apport des titres d'une filiale réalisé au premier jour de l'exercice qui entraîne sa sortie du groupe.

L'Administration ajoute que cette solution est admise sous réserve que l'ensemble des conditions d'appartenance à un groupe intégré soit rempli et notamment le fait que les sociétés du groupe doivent ouvrir et clore leurs exercices aux mêmes dates : la solution n'est donc applicable que si le jour de la cession est à la fois la date d'ouverture de l'exercice de la société cédée et la date d'ouverture de l'exercice de la société cessionnaire.

EXEMPLE

Cas d'une holding H, clôturant son exercice le 31 décembre, qui fait connaître fin 2021 son souhait de racheter les titres d'une société F1 faisant déjà partie d'un groupe intégré, lequel clôture également les exercices de ses sociétés le 31 décembre.

L'opération pourra être effectuée le **1er janvier 2022**. De cette manière, la société F1 pourra continuer d'être fiscalement intégrée en 2021 auprès de son précédent groupe, puis elle rejoindra le groupe formé avec H, dans lequel elle pourra être intégrée dès 2022.

L'Administration a par ailleurs précisé, par dérogation au principe selon lequel, en cas de cession de titres d'une filiale le **dernier jour de l'exercice**, la sortie du groupe est normalement réputée prendre effet au premier jour dudit exercice, qu'elle admet le maintien de la filiale au titre de l'exercice considéré sous réserve du respect des autres conditions prévues à l'article 223 A du CGI (BOFiP-IS-GPE-10-

20-10-§ 230-24/03/2021 ; **solution admise dans un rescrit n° 2012/20 publié le 27 mars 2012).**

Pour les conséquences en matière de provisions, voir *§ 554*.

211 Dernier cas de figure : la cible dont il est prévu d'acquérir les titres peut déjà être elle-même la **mère d'un groupe** fiscalement intégré.

Cette situation emporte **cessation du groupe antérieur** (puisque l'ancienne société mère ne remplit plus les conditions pour demeurer tête de groupe, étant elle-même détenue à plus de 95 % par une société soumise à l'IS).

Des règles particulières sont prévues pour que la société ayant acquis les actions de l'ancienne tête de groupe puisse reconstituer un groupe dès l'exercice suivant avec les sociétés membres de l'ancien groupe.

212 Dans cette situation, la législation prévoit :
– que la nouvelle société mère doit **exercer l'option** pour l'intégration fiscale au plus tard à l'expiration du délai prévu pour le dépôt de la déclaration de résultat de l'exercice de la prise de contrôle (option accompagnée de la liste des sociétés intégrées) ;
– et que la **durée du premier exercice** des sociétés du nouveau groupe peut être **inférieure ou supérieure à 12 mois** (CGI art. 223 L, 6.d, 3e al.).

Toutefois, en application de l'article 37 du CGI, en l'absence de bilan au titre d'une année, pour l'une quelconque des sociétés du groupe, une déclaration provisoire du résultat d'ensemble doit être souscrite par la société mère.

213 Ces dispositions constituent une dérogation importante par rapport aux règles de droit commun rappelées au *§ 204*, non seulement parce que la durée du premier exercice du nouveau groupe peut être supérieure ou inférieure à 12 mois, mais aussi parce que les **dates d'ouverture** de l'exercice des sociétés membres du groupe peuvent être différentes.

EXEMPLE

Cas d'une holding H, clôturant son exercice le 30 avril, qui souhaite racheter au 15 octobre 2021 les titres d'une société M, laquelle se trouve être à la tête d'un groupe fiscal constitué avec ses filiales F1 et F2.

Les sociétés du groupe M-F1-F2 clôturent leurs exercices le 31 décembre.

Dans cette situation, la holding H aura intérêt à prolonger sa date de clôture (au 31 décembre 2022 au lieu du 30 avril 2022), afin de faire coïncider sa date de clôture avec celle des sociétés du groupe racheté.

Ce groupe rejoindra l'intégration fiscale formée sous H à compter du **1er janvier 2022**, pour peu que le nouveau groupe dépose son option pour l'intégration avant l'expiration du délai de déclaration de l'exercice 31/12/2021 (soit le 3 mai 2022).

Le premier exercice d'intégration du nouveau groupe comprendra donc :
- les résultats de la société H pour la période du 1er mai 2021 au 31 décembre 2022 ;
- et les résultats des sociétés M, F1 et F2 pour la période du 1er janvier au 31 décembre 2022.

214 **(Réservé)**

Chapitre 1-3

CONSTITUTION PAR FILIALISATION DE L'ACTIVITÉ

L'essentiel

On parle parfois de constitution de la holding « par le haut » pour qualifier les opérations décrites ci-dessus aux chapitres 1-1 et 1-2, à savoir les apports ou les cessions de titres à une société, qui devient ainsi une société holding car détentrice de titres.

Il existe une autre manière de constituer une société holding, que l'on peut qualifier de constitution de holding « par le bas » : il s'agit de la « filialisation » des activités exercées jusque-là par une société, par apport de ces activités dans une ou plusieurs autres sociétés, qui deviennent alors ses filiales. Ces opérations de filialisation prennent généralement la forme d'apports partiels d'actifs. L'examen de ces opérations nous amènera à examiner par ailleurs de manière plus générale le sort des déficits fiscaux en cas de restructurations.

Filialisation par apport partiel d'actifs

220 **Il arrive que des sociétés, au fur et à mesure de leur développement, se trouvent exercer peu à peu en leur sein des activités très diversifiées. Or, la plupart du temps, l'exercice de plusieurs activités différentes au sein de la même entité juridique n'est pas souhaité :**

– aussi bien pour des raisons organisationnelles (car il est souvent plus aisé de suivre les performances d'entités juridiques distinctes que de suivre analytiquement plusieurs activités au sein d'une même entité juridique) ;

– que pour des raisons stratégiques (car une organisation par sociétés distinctes permet plus facilement de se séparer d'une société dont la conservation n'est plus à l'ordre du jour, cette séparation prenant alors la forme d'une simple cession de titres).

En outre, une telle séparation des activités en plusieurs sociétés distinctes ne présente plus guère d'inconvénients en matière fiscale, compte tenu des avantages offerts par le régime de l'intégration fiscale en matière de compensation des résultats fiscaux *(voir § 185)*.

La filialisation peut servir à préparer la cession d'une branche d'activité, les **droits d'enregistrement** applicables à la cession d'actions (0,1 %) étant nettement inférieurs à ceux qui frappent la cession d'un fonds de commerce (jusqu'à 5 %).

La Cour de cassation a jugé que la filialisation avant cession n'était pas abusive (cass. com. 21 avril 1992, Saphymo Stel n° 88-16905, Bull. Joly 1992, p. 685 note Ph. Deroin), dans le cas d'une société ayant fait apport d'une branche d'activité puis cédé les actions reçues en contrepartie à une tierce société qui avait ensuite absorbé la société bénéficiaire des apports. Elle a cependant adopté une position plus rigoureuse dans un arrêt ultérieur (cass. com. 20 mars 2007, n° 05-20599 SAS Distribution Casino France c/ DGI, JCP-E 2007, 1698 note H. Hovasse), la Cour soulignant l'enchaînement très rapide des opérations et le fait que la société n'avait pris aucun risque inhérent à la qualité d'associé. On relèvera cependant que ce second arrêt concernait une opération d'apport pur et simple de fonds de commerce, et non un apport partiel d'actif.

221 **Pour « extraire » ces différentes activités de la société qui les abrite et procéder à leur « filialisation » en différentes sociétés, la voie généralement retenue est celle du recours à la technique juridique de l'apport partiel d'actifs.**

Il n'est d'ailleurs pas nécessaire qu'existent plusieurs activités pour recourir à cette technique. Une société exerçant une seule activité opérationnelle peut très bien apporter cette activité à une société, afin de devenir « holding pure » à l'issue de cette opération.

Par ailleurs, une société qui exerce plusieurs activités peut choisir de ne pas filialiser toutes ces activités, mais seulement certaines d'entre elles : elle devient alors « holding mixte » puisqu'elle conserve une activité opérationnelle, tout en possédant des filiales.

Cette technique consiste à faire apport à une société (existante ou à créer) de différents actifs (et passifs) formant une « branche complète d'activité » et à recevoir des titres de ladite société en échange de ces apports.

Nous n'aborderons ci-dessous que les points essentiels du régime des apports partiels d'actifs. Pour une présentation beaucoup plus complète, nous renvoyons à l'ouvrage de Martial Chadefaux « *Les fusions de sociétés : régime juridique et fiscal* », *Revue Fiduciaire, 2016.*

EXEMPLE

Cas d'une société H qui exploite deux branches complètes d'activité, la branche A et la branche B.

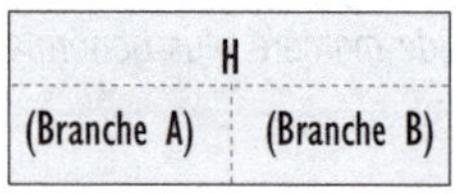

Elle peut envisager d'apporter :
- sa branche A à une société F1 (existante ou à créer), qui devient ainsi sa filiale ;
- et sa branche B à une société F2.

Suite à ces opérations, la holding H se trouve à la tête d'un groupe composé de deux filiales, chacune exploitant une branche d'activité :

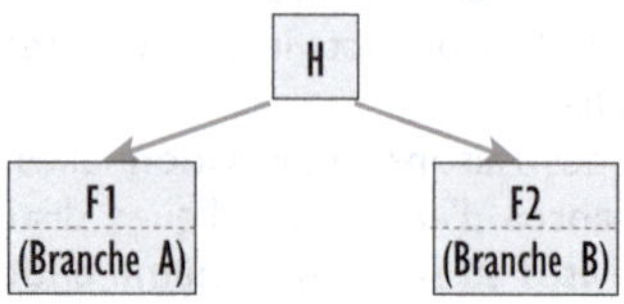

Valorisation des apports

222 **Cette opération d'échange est susceptible de générer une plus-value d'apport, toutes les fois que la valeur des titres reçus (qui dépend de la valeur d'apport de l'actif net apporté) se révèle supérieure à la valeur comptable (historique) de l'actif net en question dans les livres de la société apporteuse.**

Ceci n'est vrai, bien évidemment, que dans le cas des opérations effectuées « à valeur réelle » puisque, par définition, les opérations d'apport effectuées à valeur nette comptable ne dégagent pas de plus-values.

Ces règles comptables ont été reprises par la doctrine administrative (BOFiP-IS-FUS-20-40-30-§§ 30 à 60-10/04/2019) et entérinées par le Conseil d'État (CE 8 juin 2005, n° 270967, SAS Sofinad).

Apports à « valeur réelle » ou à « valeur nette comptable » ?

La réglementation comptable (règlement ANC n° 2019-06 du 8 novembre 2019 modifiant le règlement ANC n° 2014-03 relatif au plan comptable général) **prévoit que les apports sont évalués à la valeur comptable ou à la valeur réelle, selon la situation du contrôle au moment de l'opération, et le sens de l'opération (cette réglementation est en vigueur depuis de nombreuses années,** voir règlement CRC n° 2004-01).

Les opérations réalisées entre sociétés sous **contrôle commun** sont obligatoirement réalisées à la valeur **comptable**.

À l'inverse, les opérations réalisées sous **contrôle distinct** sont obligatoirement réalisées à la valeur **réelle**.

Cependant, même réalisées entre sociétés à contrôle distinct, les opérations « à l'envers » doivent obligatoirement être réalisées à la valeur comptable (PCG art. 743-1).

223 Ainsi, seules sont susceptibles de dégager une plus-value d'apport les opérations réalisées à valeur réelle, donc les opérations réalisées sous **contrôle distinct** (à condition qu'elles soient réalisées « à l'endroit »).

Notion de Contrôle - Contrôle commun et contrôle distinct

L'opération est réputée impliquer des sociétés sous **contrôle commun**, lorsque l'une des sociétés participant à l'opération **contrôle** préalablement l'autre, ou les deux sociétés sont préalablement sous le contrôle d'une même société mère.

La notion de contrôle d'une société est définie au paragraphe 1002 du règlement n° 99-02 du CRC (modifié par le règlement n° 2004-03) relatif aux comptes consolidés.

Il peut s'agir soit d'un contrôle « exclusif », soit d'un contrôle « conjoint » (tel que le définit le Code de commerce dans son article L 233-16 : *voir § 992*).

À l'inverse, dans une situation de **contrôle distinct**, aucune des sociétés participant à l'opération ne contrôle préalablement l'autre, ou ces sociétés ne sont pas préalablement sous le contrôle d'une même société mère.

Dans la situation qui nous occupe, il importe donc de savoir si l'apport partiel d'actifs est ou non effectué auprès d'une société que l'apporteuse contrôle préalablement.

Opérations « à l'envers »

Une opération d'apport est dite « **à l'endroit** » lorsque, après l'apport, l'actionnaire principal de la société bénéficiaire des apports, bien que dilué, conserve son pouvoir de contrôle sur celle-ci :

- la cible est la société dont une branche d'activité est apportée ;
- l'initiatrice est la société bénéficiaire des apports ou l'une de ses filiales.

À l'inverse, une opération d'apport est dite « **à l'envers** » lorsque, après l'apport, la société apporteuse prend le contrôle de la société bénéficiaire des apports, ou renforce son contrôle sur celle-ci :

- la cible est la société bénéficiaire des apports ;
- l'initiatrice est la société apporteuse ou sa société mère.

224 Il résulte de ce qui précède que les opérations d'apport partiel d'actifs réalisées dans le cadre d'une filialisation d'activité sont pratiquement toujours réalisées aux **valeurs comptables**.

Seuls certains apports, notamment d'éléments « isolés » ne représentant pas une branche complète d'activité ou assimilée [cas par exemple d'un apport de titres de participation non représentatifs d'un contrôle *(voir § 144)*, ou encore un apport isolé d'immeuble (CNCC, EC 2010-30, octobre 2011)] doivent devoir être constatés pour leur valeur réelle.

La réglementation comptable édicte une dérogation en obligeant à réaliser une opération d'apport à valeur réelle lorsque la filiale ayant reçu l'apport a vocation à être cédée (opération d'**apport-cession**) : filialisation suivie d'une cession à une société sous contrôle distinct (PCG art. 741-1 et 743-1). Cette dérogation est soumise à la condition qu'il existe un engagement préalable de cession (ou d'introduction en Bourse) à la date de filialisation, et que cet engagement soit mentionné explicitement dans le traité d'apport.

Par ailleurs, une autre exception est édictée en faveur des opérations dans lesquelles l'actif net apporté est insuffisant pour permettre la **libération du capital** : dans ce cas, les valeurs réelles doivent être retenues. Cependant, cette dérogation ne s'applique qu'au seul cas d'apports à une société ayant une activité préexistante, et ne peut pas s'appliquer en cas de création ***ex nihilo*** d'une société, ni en cas d'aménagement d'une société préexistante.

Par ailleurs, lorsque les apports doivent être évalués à la valeur nette comptable mais que l'actif net comptable apporté est insuffisant pour permettre la libération du capital, les valeurs réelles doivent être retenues (PCG, art. 741-3). Mais si l'actif net comptable apporté est insuffisant mais néanmoins positif, cette dérogation ne s'applique qu'au seul cas d'apport à une entité ayant une activité préexistante.

225 On signalera cependant que même un apport réalisé aux valeurs comptables peut se traduire dans certains cas par la mise en évidence d'une **plus-value fiscale**.

Tel est le cas, par exemple, lorsque les éléments apportés ont antérieurement fait l'objet d'une précédente opération de restructuration (fusion ou apport partiel d'actif), réalisée aux valeurs réelles et ayant dégagé une plus-value mais placée sous le régime de faveur.

En pareil cas, il est important de pouvoir placer l'opération, même réalisée aux valeurs comptables, sous le **régime de faveur** des fusions, afin de maintenir les reports existants et d'échapper ainsi à la taxation immédiate des opérations antérieures.

Par ailleurs, il y a lieu d'opérer une distinction entre **transcription** des apports (et donc mise en évidence d'une éventuelle plus-value) et **rémunération** des apports.

L'Administration a indiqué que si les règles de transcription comptable des apports, étant fixées par l'Autorité des normes comptables (ANC), aucune disposition fiscale ne permet d'y déroger, mais il n'en va pas forcément de même des règles de rémunération des apports. En effet, la rémunération d'une fusion, d'une scission ou d'un apport partiel d'actif est déterminée par la **parité d'échange** calculée sur la base de la **valeur réelle** des apports et de la société qui les reçoit (BOFiP-IS-FUS-30-20-§ 20-15/04/2020). Ainsi, lorsque la valeur réelle des titres remis en rémunération est inférieure à la valeur réelle de l'apport, la société apporteuse doit constater, à concurrence de la différence, un produit taxable dans les conditions de droit commun qui correspond à la **libéralité** consentie (BOFiP-IS-FUS-30-20-§ 30-15/04/2020).

Cette position a été confirmée par un récent arrêt du Conseil d'État (CE 1er juillet 2020, n° 418378 Sté Lafarge SA), qui a considéré, dans le cadre d'un apport effectué au sein d'un groupe intégré, que la société apporteuse avait consenti une subvention à sa filiale.

Il ne peut en aller autrement, estime l'Administration, que lorsque l'opération est placée sous le régime de faveur de l'article 210 A du CGI, et sous réserve du respect de trois conditions (BOFiP-IS-FUS-30-20-§ 40-15/04/2020) :

– les titres reçus par la société apporteuse en contrepartie de son apport doivent représenter au moins 99 % du capital de la société émettrice tel qu'il résulte de l'opération ;

– la participation détenue par la société apporteuse dans la société bénéficiaire des apports doit représenter au moins 99,99 % du capital de cette dernière société après réalisation de l'opération d'apport ;
– tous les titres de la société bénéficiaire des apports doivent présenter les mêmes caractéristiques.

Sur les risques liés à la **valorisation** des apports et cessions, et notamment des apports et cessions de titres, *voir §§ 458 et s.*

Rétroactivité éventuelle des apports

226 **La date d'effet de l'opération d'apport peut dans certains cas être rétroactive.**

Sur le plan juridique, si l'apport est soumis au régime juridique des scissions (ce qui est le cas le plus courant), l'article L. 236-4 du Code de commerce prévoit que l'opération prend effet :
– en cas de création d'une ou de plusieurs sociétés nouvelles, à la date d'immatriculation, au registre du commerce et des sociétés, de la nouvelle société ou de la dernière d'entre elles ;
– dans les autres cas, à la date de la dernière assemblée générale ayant approuvé l'opération, sauf si le contrat prévoit que l'opération prend effet à une autre date, laquelle ne doit être ni postérieure à la date de clôture de l'exercice en cours de la ou des sociétés bénéficiaires ni antérieure à la date de clôture du dernier exercice clos de la ou des sociétés qui transmettent leur patrimoine.

En cas d'apport à une société créée pour l'occasion, l'administration fiscale considère que la rétroactivité ne peut pas remonter avant la date d'immatriculation de la société nouvelle.

Cependant, le Conseil d'État a invalidé cette position en jugeant que l'article L. 236-4 précité ne faisait pas obstacle à ce que les sociétés participant à l'opération lui confèrent un effet fiscal antérieur (CE 29 juin 2011, n ° 317234, Sté AM Finances ; CE 29 juin 2011, n° 317212, Sté Maurice Agofroy, conclusions Emmanuelle Cortot-Boucher BDCF 10/2011 n° 111). **Il fixe cependant une limite à cette rétroactivité, en précisant qu'elle doit rester sans effet sur le bilan de clôture du ou des exercices précédents de la société apporteuse. Par ailleurs, si la société apporteuse n'a pas clos d'exercice au cours de l'année civile précédant celle de l'apport, la loi s'oppose à ce que l'effet rétroactif donné conventionnellement à l'opération d'apport puisse remonter antérieurement au 1er janvier de l'année au cours de laquelle l'opération est conclue** (CE 19 septembre 2021, n° 451564 Sté Adis).

Application de plein droit du régime de faveur

227 **Le régime de faveur s'applique de plein droit aux apports partiels d'actifs qui portent sur une branche complète d'activité (ou des éléments assimilés,** *voir § 133*)**, lorsque la société apporteuse prend l'engagement dans l'acte d'apport de calculer ultérieurement les plus-values de cession afférentes à ces mêmes titres par référence à la valeur que les biens apportés avaient du point de vue fiscal dans ses propres écritures** (CGI art. 210 B).

La condition tenant à la conservation pendant au moins trois ans des titres reçus en contrepartie de l'apport a été supprimée, pour les opérations bénéficiant de plein droit du régime de faveur (portant sur une branche complète d'activité), pour les opérations réalisées depuis le 1er janvier 2018 (loi 2017-1775 de finances rectificative pour 2017 du 28 décembre 2017, art. 23).

Par ailleurs, la loi comporte désormais une clause **anti-abus** générale (CGI art. 10-0 A) qui exclut du bénéfice des régimes de faveur les opérations de fusion, scission ou apport partiel d'actif ayant comme objectif principal ou comme l'un de ses objectifs principaux la fraude ou l'évasion fiscale.

228 La branche complète d'activité se définit comme « l'ensemble des éléments d'actif et de passif d'une division d'une société qui constitue, du point de vue de l'organisation, une exploitation autonome, c'est-à-dire un ensemble capable de fonctionner par ses propres moyens ».

Cette définition, qui est celle de la directive « fusions » du 19 octobre 2009, codifie la directive initiale du 23 juillet 1990 et ses modifications ultérieures (Directive n° 2009/133/CE). Elle est reprise mot pour mot par les textes comptables (Avis CNC n° 2005-B du 5 juillet 2006) et par la doctrine administrative (BOFiP-IS-FUS-20-20-§ 10-03/10/2018).

Cette notion est l'objet de nombreux commentaires administratifs, et d'un certain nombre de décisions de jurisprudence, qu'il ne saurait être question de reprendre intégralement ici : nous nous contenterons donc d'en rappeler quelques éléments essentiels.

Comme l'indique la définition ci-dessus, il importe que l'apport concerne une « exploitation autonome », et qu'il porte sur « l'ensemble des éléments d'actif et de passif » y afférents.

229 Une branche complète d'activité doit tout d'abord représenter une **exploitation autonome** du point de vue de l'organisation. Elle doit constituer, indique l'Administration (BOFiP-IS-FUS-20-20-§§ 70 à 90-03/10/2018) :

– une organisation distincte des autres divisions de la société apporteuse (critère de l'**autonomie interne**) ;

Il s'agit d'une unité qui se caractérise notamment par une clientèle, du personnel, des installations propres. Cette unité d'exploitation comprend, le cas échéant, les services administratifs qui lui sont propres (service comptable d'une usine, service du personnel décentralisé...).

– un ensemble capable de fonctionner par ses propres moyens dans des conditions pouvant être qualifiées de normales dans le secteur économique considéré (critère de l'**autonomie externe**).

L'autonomie de l'exploitation apportée s'apprécie au regard de l'organisation de la société apporteuse et non de la société bénéficiaire des apports.

Le Conseil d'État indique que la branche complète d'activité doit être susceptible de faire l'objet d'une exploitation autonome « chez la société apporteuse comme chez la société bénéficiaire des apports » (CE 27 juillet 2005, n° 259052, Sté B.L., conclusions L. Olléon BDCF 11/05 n° 127).

À l'inverse, on peut relever que la définition (communautaire) de la branche fait référence à un ensemble « capable de fonctionner par ses propres moyens » sans exiger particulièrement, nous semble-t-il, que l'ensemble en question soit déjà constitué en tant que tel chez la société apporteuse.

À noter que, dans un arrêt concernant, il est vrai, non pas un apport mais une cession (exonération prévue par l'article 238 quaterdecies du CGI pour certaines plus-values lorsque, notamment, la cession porte sur une branche complète d'activité), la cour de Versailles a reconnu le caractère d'autonomie alors même que les achats de la société cédante représentaient 90 % des ventes de la branche d'activité cédée (CAA Versailles 1er avril 2014, n° 12-4118).

230 Par ailleurs, l'apport doit porter sur **l'ensemble des éléments** d'actif et de passif liés directement ou indirectement à l'exploitation autonome apportée (BOFiP-IS-FUS-20-20-§ 110-03/10/2018).

En d'autres termes, l'apport doit porter sur **tous** les éléments nécessaires à l'exploitation de la branche, mais aussi, porter **uniquement** sur ces éléments.

Compte tenu de la variété des situations de fait rencontrées, cette exigence ne peut manquer de provoquer d'importantes difficultés pratiques, aussi bien du point de vue des actifs que des passifs transférés.

Rappelons que s'il existe un doute quelconque sur le fait de savoir si une opération est effectivement éligible de plein droit au régime de faveur, il peut être opportun de solliciter l'Administration pour que ladite opération soit validée par voie d'**agrément**.

231 **S'agissant des actifs, il est nécessaire notamment que les éléments incorporels nécessaires à l'exploitation, à défaut d'être transférés en toute propriété, fassent l'objet de contrats permettant leur exploitation à long terme par la société apporteuse.**

Le Conseil d'État a ainsi jugé que ne peut pas être considéré comme un apport partiel d'actifs portant sur une branche complète et autonome d'activité l'apport d'un fonds de commerce constitué par un magasin de vente de vêtements dès lors que la société apporteuse conserve la propriété des marques correspondantes et que la filiale ainsi constituée n'a qu'un droit d'usage précaire du nom commercial (CE 27 juillet 2005 précité).

La doctrine administrative n'exige pas la transmission en pleine propriété des **marques** sous lesquelles sont commercialisés les produits de la branche apportée, dès lors que ces marques ne sont pas exclusivement utilisées par la branche apportée, mais conjointement avec d'autres branches ou par d'autres sociétés. Mais dans ce cas, la société apporteuse doit concéder la ou les marques en cause à la société bénéficiaire de l'apport pour une durée suffisamment longue, au moins égale à 10 ans (BOFiP-IS-FUS-20-20-§ 200-03/10/2018).

Il en va de même pour les constructions (locaux d'exploitation ou administratifs) nécessaires à l'activité : la société apporteuse peut en conserver la propriété dès lors qu'elle en consent l'usage à la société bénéficiaire de l'apport, lui permettant ainsi d'exploiter de manière autonome et pérenne la branche apportée (BOFiP-IS-FUS-20-20-§ 190-03/10/2018).

232 **L'Administration considère d'ailleurs qu'une division qui ne comprend pas d'éléments incorporels lui garantissant des débouchés (clientèle) ne constitue jamais une branche complète et autonome d'activité, de même d'ailleurs qu'une division qui ne disposerait pas des éléments nécessaires lui garantissant un approvisionnement pérenne** (BOFiP-IS-FUS-20-20-§ 250-03/10/2018). **Elle considère par ailleurs que l'apport d'une activité donnée en location-gérance ne peut pas bénéficier du régime de faveur** (BOFiP-IS-FUS-20-20-§§ 270, 280-03/10/2018).

Une société exploitant un supermarché peut faire apport de son activité sans transmettre le contrat d'enseigne et d'approvisionnement exclusif précédemment conclu avec un groupe de distribution, qu'elle n'a pas renouvelé à son expiration : la société bénéficiaire de l'apport ayant immédiatement conclu un accord similaire avec un autre groupe, le contrat antérieur ne peut être regardé comme indispensable à l'exploitation autonome de cette activité chez la société apporteuse comme chez la société bénéficiaire de l'apport (CE 22 septembre 2017, n° 400613, Sté Discount Gestion Conseil).

233 **Une autre question susceptible de se poser concerne la nécessité d'apporter les créances détenues par la société apporteuse et relatives à une activité apportée. Le Conseil d'État considère que le défaut d'apport de ces créances ne peut remettre en cause le caractère autonome de la branche transmise que s'il peut être démontré que les créances transmises étaient indispensables à l'exploitation autonome de l'activité chez la société apporteuse** (CE 10 juin 2013, n° 337137, Sté Fresenius Medical Care Groupe France).

234 **La branche complète d'activité ne comprend, en revanche, ni les éléments afférents aux autres branches d'activité de la société apporteuse, ni les éléments relatifs à la gestion patrimoniale de la société apporteuse. Ne peuvent pas ainsi**

être apportés en régime de faveur les immeubles et les placements financiers **sans lien avec l'exploitation**, même s'ils ont été financés par le réinvestissement des bénéfices de cette exploitation (BOFiP-IS-FUS-20-20-§ 120-03/10/2018).

235 S'agissant, d'autre part, des **passifs**, ceux-ci doivent normalement faire partie de l'apport.

Selon l'Administration, il est admis que les éléments de passif qui ne sont pas directement et exclusivement liés à l'exploitation autonome apportée peuvent être conservés par la société apporteuse « sous réserve qu'il n'existe pas de justification économique ou juridique à leur transfert » (BOFiP-IS-FUS-20-20-§ 220-03/10/2018). Il s'agit notamment des dettes financières d'ensemble de la société apporteuse qui ne se rattachent pas directement à la branche complète d'activité apportée ou à l'un de ses éléments d'actif (emprunts généraux, soldes créditeurs bancaires, etc.).

Inversement, la prise en charge d'un passif non attaché à la branche d'activité apportée fait obstacle à l'application du régime de faveur (BOFiP-IS-FUS-20-20-§ 130-03/10/2018).

236 En ce qui concerne les **services administratifs communs** de la société apporteuse, ils sont considérés comme affectés à l'exploitation et doivent être répartis entre les différentes branches d'activité en fonction de leur affectation. Toutefois, il est admis que les éléments d'actif et de passif qui relèvent des services administratifs communs de la société apporteuse ne soient pas répartis entre les différentes branches d'activité à l'occasion d'une opération d'apport partiel d'actifs pour tenir compte du caractère général des prestations rendues. Dans ce cas, aucun élément d'actif et de passif afférent aux services administratifs communs n'est compris dans l'apport partiel d'actifs (BOFiP-IS-FUS-20-20-§§ 230 et 240-03/10/2018).

237 L'une des questions susceptibles de se poser également concerne le transfert du **personnel** à la société bénéficiaire des apports.

L'Administration indique que le transfert des éléments d'actif et de passif de la branche doit nécessairement être accompagné de celui du personnel affecté à l'activité apportée (BOFiP-IS-FUS-20-20-§ 60-03/10/2018).

Le Conseil d'État a précisé quant à lui qu'en cas de refus de certains membres du personnel d'être transférés, il convient d'apprécier dans chaque cas si ce refus est de nature à faire obstacle à ce que le transfert des éléments essentiels de l'activité puisse néanmoins être regardé comme complet (Avis CE 13 juillet 2012, n° 358931, SAS Ondupack, concl. B. Bohnert BDCF 11/12 n° 122, obs. J. Turot BGFE 6/12 p. 3).

La cour administrative d'appel de Douai a validé (dans une opération de cession réalisée sous le régime de l'article 238 quindecies du CGI, qui s'applique aux branches complètes d'activité) la cession par une société de son fonds de commerce de vêtements, en vertu d'un contrat stipulant expressément qu'il n'y aurait pas de personnel attaché au fonds de commerce vendu le jour de la prise de possession, dès lors que la cession concernait l'ensemble des éléments, corporels et incorporels, d'actif et de passif composant le fonds de commerce en cause et que la poursuite de l'exploitation d'un tel fonds dépend essentiellement du droit d'utiliser la marque commerciale, les locaux et aménagements commerciaux (CAA Douai 18 septembre 2014, n° 13-1806, SARL Michael). Cette décision a été rendue à la suite d'un premier arrêt du 13 mars 2012 (n° 10-886). Cet arrêt avait été censuré par le Conseil d'État dans une décision du 23 octobre 2013 (n° 359516) qui avait considéré que la CAA ne pouvait énoncer comme règle générale la possibilité de transférer une branche sans personnel, l'appréciation du caractère autonome de cette branche ne pouvant s'opérer qu'in concreto.

Application du régime de faveur sur agrément

238 Si le régime de faveur ne peut pas s'appliquer de plein droit, l'opération peut être soumise à **agrément** (CGI art. 210 B, 3), lequel ne peut être délivré que si les trois conditions suivantes sont réunies :
– l'opération est justifiée par un **motif économique**, se traduisant notamment par l'exercice par la société bénéficiaire de l'apport d'une activité autonome ou l'amélioration des structures, ainsi que par une association entre les parties ;
– l'opération n'a pas pour objectif principal ou comme l'un de ses objectifs principaux la fraude ou l'évasion fiscales ;
– les modalités de l'opération permettent d'assurer l'imposition future des plus-values mises en sursis d'imposition.

Conditions et conséquences de l'opération d'apport

241 En contrepartie du régime de faveur, qui permet d'assurer la neutralité de l'opération, la **société apporteuse** doit s'engager à calculer les plus-values de cession afférentes aux titres reçus en contrepartie de l'apport par référence à la valeur que les biens apportés avaient du point de vue fiscal dans ses propres écritures.

Par ailleurs, la **société bénéficiaire des apports** doit s'engager, dans l'acte d'apport, à :
– reprendre à son bilan certaines écritures de la société apporteuse ;
– se substituer à la société auteur de l'apport pour réintégrer dans ses résultats imposables les plus-values et profits dont l'imposition avait été différée chez cette dernière ;
– calculer les **plus-values** réalisées ultérieurement à l'occasion de la cession d'éléments **non amortissables** qui lui sont apportés d'après la valeur qu'ils avaient, du point de vue fiscal, dans les écritures de la **société apporteuse** ;
– si des plus-values ont été dégagées sur l'apport des éléments amortissables, réintégrer, de manière échelonnée, dans ses bénéfices imposables les plus-values dégagées lors de l'apport de ces éléments.

Attention à la double imposition des plus-values d'apport en régime de faveur

Dans le cas de l'apport d'immobilisations non amortissables aux valeurs réelles, l'application du régime de faveur est susceptible de se traduire par une double imposition.

En effet, nous avons vu ci-dessus :
– que la société apporteuse doit s'engager à calculer les plus-values de cession afférentes aux titres reçus par rapport à la valeur fiscale de ces titres dans ses livres ;
– et que la société bénéficiaire des apports doit calculer les plus-values réalisées sur la cession de biens non amortissables qui lui sont apportés d'après la valeur fiscale de ces biens dans les écritures de la société apporteuse (c'est-à-dire la même valeur).

Il est vrai que la première plus-value est généralement imposée suivant le régime du long terme, s'agissant de titres de participation (détenus par hypothèse plus de 2 ans), donc à un taux de 0 %. Cependant, une telle taxation s'avère de moins en moins neutre, au fur et à mesure de l'augmentation du taux de la quote-part de frais et charges réintégrée sur les plus-values sur titres, laquelle est actuellement de 12 % *(voir § 416)*.

EXEMPLE

Cas d'une société H qui, en vue d'une opération de filialisation, apporte une branche complète d'activité à une société F1, qu'elle ne contrôle pas.

Cet apport doit être réalisé aux valeurs réelles. La valeur comptable des biens apportés était de 10 millions d'euros ; cependant, l'apport est valorisé pour 30 millions d'euros, en raison de la présence parmi les éléments apportés d'une marque commerciale créée par l'apporteuse, évaluée à 20 M€ alors qu'elle n'était pas valorisée dans des comptes de la société apporteuse H.

Cinq ans après, la société bénéficiaire des apports F1 vend la marque en question, inscrite à son bilan pour 30 millions d'euros à la suite de l'apport, pour un prix de 36 millions d'euros. Peu de temps après, la société H vend ses titres F1, pour une valeur de 30 M€ (pas de plus-value supplémentaire par rapport à l'opération d'apport).

En cédant la marque inscrite à son actif, la société F1 réalisera une plus-value comptable de 36 - 30 = 6 M€, mais elle devra s'imposer sur une plus-value « fiscale » de 36 - 0 = 36 M€, d'où une imposition, calculée au taux de 25 %, de 9 millions d'euros.

En cédant ses titres F1, la société H ne réalisera pas de plus-value comptable, mais devra s'imposer sur une plus-value « fiscale » de 30 - 10 (valeur fiscale des apports dans ses livres) = 20 M€.

Elle devra acquitter une imposition, calculée à 25 %, de :

20 M€ × 12 % × 25 % = 600 000 €.

Opérations particulières

242 Parmi les opérations d'apport partiel d'actifs, deux catégories d'opérations particulières méritent quelques précisions complémentaires, à savoir :

- les opérations se traduisant par l'attribution des titres reçus en rémunération de l'apport (a) ;
- les opérations impliquant des sociétés étrangères (b).

a) Attribution des titres reçus en contrepartie de l'apport

243 Pour certaines restructurations, il peut s'avérer judicieux :

- de réaliser, dans un premier temps, l'apport d'une branche complète d'activité (ou de titres) prenant la forme d'un apport partiel d'actifs ;
- puis d'attribuer les titres reçus en contrepartie de l'apport aux associés de la société apporteuse.

Une telle opération peut permettre en réalité d'opérer la **scission** de la société apporteuse.

EXEMPLE

Cas d'une société F1, ayant pour actionnaire la holding H.

Cette société F1 exploite deux branches complètes d'activité, la branche A et la branche B.

Elle peut envisager de procéder successivement :
- à l'apport de la branche A à une société F2 (existante ou à créer), qui devient ainsi sa filiale ;
- de distribuer ensuite à son associé la holding H les titres F2 reçus en contrepartie de son apport.

Suite à ces opérations, la holding H se trouve à la tête d'un groupe composé de deux filiales, chacune exploitant une branche d'activité :

Situation de départ :

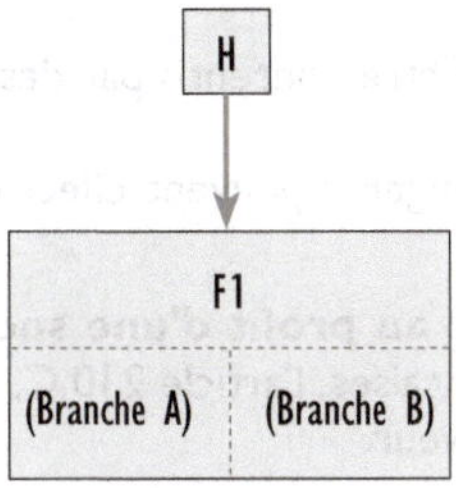

Première étape :

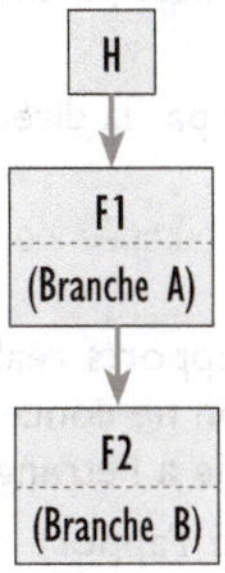

Seconde étape et résultat final :

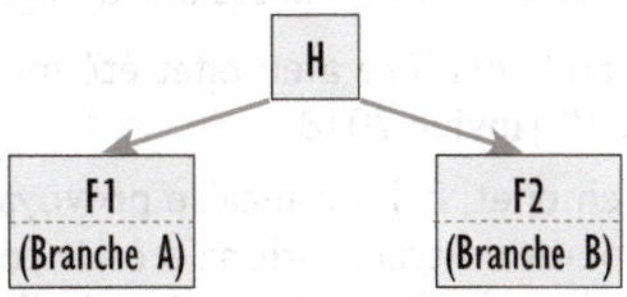

244 **L'article 115, 2 du CGI facilite ce genre d'opérations, puisqu'il prévoit qu'il est possible de ne pas traiter comme une distribution l'attribution de titres représentatifs d'un apport partiel d'actifs aux membres de la société apporteuse, lorsque cette attribution, proportionnelle aux droits des associés dans le capital, a lieu dans un délai d'un an à compter de la réalisation de l'apport et que l'opération a été réalisée en régime de faveur.**

En effet, à compter de 2018, cette possibilité n'est plus soumise à un agrément (loi 2017-1775 du 28 décembre 2017). Auparavant, le texte exigeait un agrément, qui était délivré lorsque :

- l'apport et l'attribution étaient justifiés par un **motif économique**, se traduisant notamment par l'exercice par chacune des deux sociétés d'au moins une activité autonome ou l'amélioration de leurs structures, ainsi que par une association entre les parties ;
- l'apport était placé sous le **régime de faveur** ;
- l'apport et l'attribution n'avaient pas comme objectifs principaux la fraude ou l'évasion fiscales.

245 **(Réservé)**

b) Apports partiels d'actifs impliquant des sociétés étrangères

246 Les apports partiels d'actifs peuvent impliquer des sociétés étrangères, à savoir que :
– des apports peuvent être consentis par des actionnaires français à des sociétés étrangères ;
– ou des sociétés étrangères peuvent effectuer des apports à des sociétés françaises.

247 S'agissant des **apports au profit d'une société étrangère** consentis par des personnes morales françaises, l'article 210 C, 2 du CGI prévoit la possibilité d'appliquer le régime de faveur.

Il s'agit le plus souvent d'apports de **participations** *(voir §§ 130 et s.)*, opérations qui permettent de placer lesdites participations dans une holding ou sous-holding étrangère.

De tels échanges sont prévus par la directive européenne 2009/133 du 19 octobre 2009.

Cette directive codifie la directive européenne 90/434 du 23 juillet 1990, modifiée par la directive 2005/19 du 17 février 2005.

S'agissant, d'autre part, des apports réalisés par des **sociétés étrangères** à des sociétés françaises, la question ne concerne pas normalement la fiscalité française, mais celle de la société établie à l'étranger qui apporte ses titres.

La seule exception concerne l'apport par une société étrangère de sa branche d'activité exploitée au sein d'un **établissement stable** français (filialisation dudit établissement), qui, en pratique, nécessitait un agrément avant 2018.

248 La réglementation en la matière a en effet été modifiée pour les opérations réalisées à compter du 1er janvier 2018.

Jusqu'à cette date en effet, la loi française prévoyait que l'obtention du régime de faveur pour une opération transnationale était conditionnée par l'obtention d'un **agrément**. Cependant, la Cour de justice de l'Union européenne, saisie par le Conseil d'État d'une question préjudicielle, a jugé contraire au traité de l'UE et à la directive « fusions » la législation française qui, dans le cas d'une opération de fusion transfrontalière, soumet l'octroi des avantages fiscaux de la directive (report de l'imposition des plus-values) à une procédure d'agrément préalable dans laquelle le contribuable doit démontrer que l'opération concernée est justifiée par un motif économique, qu'elle n'a pas comme objectif principal ou comme l'un de ses objectifs principaux la fraude ou l'évasion fiscales et que ses modalités permettent d'assurer l'imposition future des plus-values mises en sursis d'imposition, alors que, dans le cas d'une opération de fusion interne, un tel report est accordé sans condition (CJUE 8 mars 2017, C-14/16 Euro Park Service).

249 L'agrément est donc désormais supprimé (loi 2017-1775 du 28 décembre 2017 de finances rectificative pour 2017, art. 23). Il est cependant remplacé par une **déclaration spéciale** n° 2260-SD : en cas d'opération de fusion, de scission ou d'apport partiel d'actif placée sous le régime de faveur, réalisée au profit d'une personne morale étrangère, la société apporteuse doit souscrire par voie électronique une déclaration permettant d'apprécier les motifs et conséquences de l'opération, dont le contenu est précisé à l'article 46 quater-0 ZS ter de l'annexe III au CGI.

Par ailleurs, le texte prévoit que le régime de faveur ne peut s'appliquer aux opérations réalisées au profit de personnes morales étrangères que si les éléments apportés sont effectivement rattachés à un établissement stable de cette personne morale situé en France (CGI art. 210 C, 2).

Cependant, s'agissant des opérations d'apport partiel d'actif qui nous occupent plus particulièrement ici, il a été précisé (Rapport AN n° 432) que l'obligation d'inscription à l'actif d'un établissement stable français ne vise que les apports portant sur une branche complète d'activité proprement dite, et non les **apports de participations** considérés comme des « éléments assimilés » *(voir §§ 133 et s.)*.

La même précision figure dans la doctrine administrative, qui précise que les éléments apportés doivent être exclusivement constitués de titres de participations. En revanche, dans le cas d'apports qui ne seraient pas composés exclusivement de tels titres (tels que les fusions de holdings lorsque les activités de ces dernières seraient constitutives d'un établissement stable si elles étaient exercées par une société étrangère), l'Administration indique qu'ils resteraient soumis à l'obligation de rattachement à un établissement stable situé en France (BOFiP-IS-FUS-10-20-20-§ 100-10/04/2019).

250 **(Réservé)**

Opérations de scission

251 **Nous n'aborderons pas spécialement ici les opérations de scission, dans la mesure où ces opérations, sauf exception, ne permettent pas la « filialisation » d'activités, donc la création « par le bas » d'une société holding.**

En effet, dans une opération de scission la société apporteuse disparaît, ce qui n'est pas le cas dans une opération d'apport partiel d'actif.

252 **(Réservé)**

Question des déficits fiscaux

260 **En théorie, lorsqu'une société titulaire de déficits fiscaux reportables procède à un apport partiel d'actifs, elle conserve normalement (contrairement à ce qui se produit par exemple dans le cas d'une fusion pour la société absorbée) le droit d'utiliser ces déficits, quel que soit le régime dans lequel l'opération a été placée (régime de droit commun ou régime de faveur).**

261 **Mais en réalité, il n'en va ainsi que quand la société en question ne peut pas être considérée, compte tenu de la ou des opérations d'apport réalisées, comme ayant subi un changement d'activité réelle** (CGI art. 221-5). **Dans cette situation en effet, ses déficits fiscaux sont définitivement perdus.**

Tel est bien évidemment le cas, par exemple, lorsque toutes les activités exercées précédemment par une société sont filialisées par apports, la société apporteuse devenant ainsi une pure holding.

262 **Cependant, lorsque l'opération est placée sous le régime de faveur, un régime d'agrément permet de conserver la faculté d'imputer les déficits réalisés avant l'opération d'apport.**

Il convient donc d'examiner successivement :

– les conditions dans lesquelles un changement d'activité réelle peut être caractérisé et donc, les conditions dans lesquelles un apport réalisé en régime de droit commun fait perdre à la société apporteuse ses déficits reportables *(voir § 263)* **;**

– et les conditions dans lesquelles, l'apport ayant été placé sous le régime de faveur, l'agrément pour le report des déficits peut être obtenu *(voir § 278)*.

Changement d'activité emportant perte du report des déficits

263 L'article 221, 5 du CGI prévoit depuis très longtemps que « le changement de l'objet social ou de l'activité réelle d'une société emporte cessation d'entreprise ».

Ce texte a donné lieu au cours du temps à une abondante jurisprudence, qui n'est pas toujours allée, loin s'en faut, dans le sens souhaité par l'Administration.

264 C'est la raison pour laquelle cette disposition a été largement complétée depuis pour préciser la notion de « changement d'activité », et étendre ainsi la gamme des opérations faisant perdre aux sociétés concernées la possibilité d'imputer leurs déficits antérieurs (deuxième loi de finances rectificative pour 2012, 2012-958 du 16 août 2012, art. 15).

Ces dispositions s'appliquent pour la détermination des résultats des exercices clos depuis le 4 juillet 2012.

On rappelle d'ailleurs que les possibilités d'imputation des déficits font désormais l'objet d'un plafonnement : *voir § 196*.

En application de ce texte, codifié à l'article 221, 5-a du CGI, outre le changement de l'objet social, la cessation d'entreprise se trouve caractérisée :
– non seulement en cas de changement d'activité réelle, notion désormais largement précisée *(voir § 265)* ;
– mais également en cas de disparition des moyens de production pendant une durée de plus de douze mois, sauf en cas de force majeure, ou lorsque cette disparition est suivie d'une cession de la majorité des droits sociaux *(voir § 272)*.

a) Changement d'activité réelle par adjonction ou abandon d'activité

265 Le changement d'activité réelle s'entend désormais notamment (CGI art. 221, 5-b) :

1°) de **l'adjonction d'une activité** entraînant, au titre de l'exercice de sa survenance ou de l'exercice suivant, une **augmentation de plus de 50 %** par rapport à l'exercice précédant celui de l'adjonction :
– soit du chiffre d'affaires de la société ;
– soit de l'effectif moyen du personnel et du montant brut des éléments de l'actif immobilisé de la société ;

2°) ou au contraire de **l'abandon ou du transfert**, même partiel, d'une ou de plusieurs activités entraînant, au titre de l'exercice de sa survenance ou de l'exercice suivant, une **diminution de plus de 50 %** par rapport à l'exercice précédant celui de l'abandon ou du transfert :
– soit du chiffre d'affaires de la société ;
– soit de l'effectif moyen du personnel et du montant brut des éléments de l'actif immobilisé de la société.

266 L'adjonction d'activité peut, précisément, résulter de la **réception d'une branche** d'activité apportée dans le cadre d'un apport partiel d'actif (BOFiP-IS-CESS-10-§ 270-02/08/2017).

Elle peut également résulter d'une fusion, ou de l'acquisition d'une activité auprès d'une autre entreprise, mais aussi de la simple création d'une nouvelle activité par l'entreprise, développée en interne (BOFiP-IS-CESS-10-§ 270-02/08/2017).

267 L'Administration admet cependant que l'adjonction d'une activité **strictement identique** à celle exercée initialement par la société ne s'analyse pas comme une adjonction susceptible de caractériser un changement d'activité.

Le caractère « strictement identique » d'une activité est notamment satisfait lorsque les moyens d'exploitation nouvellement mis en œuvre et la clientèle cible sont identiques, et qu'en toute hypothèse l'activité est maintenue.

L'Administration illustre son propos par les exemples suivants :
- une société de vente de chaussures faisant l'acquisition d'une autre activité de vente de chaussures ne sera pas considérée comme ayant procédé à l'adjonction d'une activité nouvelle ;
- en revanche, une société de transport de marchandises faisant l'acquisition d'une activité de transport de personnes sera regardée comme ayant réalisé une adjonction d'activité nouvelle, car ces deux activités ne peuvent être regardées comme étant strictement identiques (BOFiP-IS-CESS-10-§ 280-02/08/2017).

268 **Quant à l'abandon ou au transfert d'activité, il peut résulter notamment de scissions, d'apports partiels d'actifs, de la filialisation des activités opérationnelles, de la cession ou de la cessation d'une ou de plusieurs activités** (BOFiP-IS-CESS-10-§ 320-02/08/2017).

Il peut aussi résulter de l'**externalisation** d'une partie de l'activité jusqu'alors réalisée par la société en interne, ou encore du recentrage sur une activité déjà exercée, et ce, même si l'activité conservée est celle qui est à l'origine des déficits (BOFiP-IS-CESS-10-§ 330-02/08/2017).

269 **Par ailleurs, sauf si elle conclut une convention de location-gérance, la société qui, ayant une activité opérationnelle, met à disposition ou loue ses équipements et son personnel est considérée comme abandonnant son activité initiale et s'adjoignant une activité nouvelle de gestion de ses ressources** (BOFiP-IS-CESS-10-§ 360-02/08/2017).

270 **Les critères caractérisant un changement d'activité (en cas de variation de plus ou moins 50 %) sont, comme nous l'avons vu :**
– soit le chiffre d'affaires ;
– soit l'effectif moyen et le montant brut des éléments de l'actif immobilisé.

Ainsi, le changement d'activité pourra être caractérisé par la seule variation du chiffre d'affaires (si elle atteint 50 %).

En revanche, la seule variation de 50 % de l'effectif ne suffit pas : il faut en outre que le montant brut des immobilisations ait varié de 50 % également pour que le changement d'activité puisse être caractérisé.

271 **Il convient de comparer les montants de chiffre d'affaires, d'effectifs et d'immobilisations :**
– déclarés au titre de l'exercice précédant celui de l'adjonction, de l'abandon ou du transfert d'activité ;
– par rapport à ceux déclarés soit au titre de l'exercice de survenance de cet événement, soit au titre de l'exercice suivant (BOFiP-IS-CESS-10-§ 440-02/08/2017).

Tant que ces événements ne sont pas intervenus, les déficits antérieurs peuvent encore être imputés, y compris le cas échéant sur l'exercice au cours duquel l'entreprise a réalisé l'adjonction d'activité (BOFiP-IS-CESS-10-§§ 460, 470-02/08/2017).

EXEMPLE

a) Soit une entreprise F, clôturant avec l'année civile, ayant reçu un apport partiel d'actifs pendant son exercice 2022.

Pour savoir si elle devra être considérée comme ayant réalisé un changement d'activité, elle devra comparer :
- les montants de chiffre d'affaires, d'effectifs et d'immobilisations déclarés au titre de l'exercice 2021 (année précédant l'opération) ;
- avec ces mêmes montants déclarés en 2022 (exercice de l'opération) et 2023 (année suivant l'opération).

b) En 2022, ses immobilisations brutes ont effectivement augmenté de 50 % par rapport à 2021, mais pas ses charges de personnel. En revanche, c'est au cours de l'exercice 2023 que ses charges de personnel augmentent de 50 % par rapport à celles de 2021.

Dans ce cas, F pourra encore imputer ses déficits antérieurs sur le résultat de 2022, et ne sera affectée par la législation relative aux changements d'activité que pour la détermination de son résultat de l'exercice 2023.

b) Disparition des moyens de production (« mise en sommeil »)

272 Une autre situation, en plus du changement d'activité réelle, entraîne « cessation d'activité » au sens de l'article 221, 5-a du CGI : il s'agit de la disparition des moyens de production :
– pendant une durée de **plus de douze mois**, sauf en cas de force majeure ;
– ou suivie d'une **cession** de la majorité des droits sociaux.

273 Les **« moyens de production »** en question s'entendent, indique l'Administration, de « l'ensemble des immobilisations corporelles, incorporelles et financières, des stocks et des moyens humains sans lesquels l'exploitation, quelle que soit sa nature (industrielle, commerciale, financière ou autre), ne peut être déployée par la société » (BOFiP-IS-CESS-10-§ 90-02/08/2017).

Ainsi, constituent notamment des moyens de production :
– en toutes hypothèses, le fonds de commerce ;
– pour une société dont l'activité principale consiste à donner en location ou mettre à disposition à titre principal des biens : les biens objets des contrats (de location ou de mise à disposition) ;
– pour une société ayant une activité de fabrication de pièces mécaniques : les machines ainsi que le personnel nécessaire au fonctionnement desdites machines (BOFiP-IS-CESS-10-§ 90-02/08/2017). À noter qu'une édition antérieure du BOFiP (10/07/2013) mentionnait également, parmi les moyens de production dont la disparition entraîne cessation d'activité, « pour une holding : les titres inscrits à son actif ». Cette précision n'a pas été reprise dans les éditions ultérieures.

A contrario, la disparition d'actifs immobilisés et circulants ou de moyens humains non affectés ou non nécessaires à l'entreprise dans le cadre de l'exercice de son exploitation n'est pas prise en compte pour caractériser ou non la cessation d'entreprise (BOFiP-IS-CESS-10-§ 100-02/08/2017).

274 S'agissant des immobilisations et des stocks, la disparition peut résulter d'une opération de cession, d'échange, d'**apport**, de transfert ou de mise au rebut sans remplacement.

En revanche la mise en **location-gérance** d'un fonds de commerce n'est pas de nature à caractériser un changement d'activité (BOFiP-IS-CESS-10-§ 110-02/08/2017).

275 S'agissant des moyens humains, la disparition peut notamment résulter d'une procédure de licenciement, de la mise à disposition d'une autre entreprise du personnel ou du non-renouvellement de contrats de travail à durée déterminée. En revanche, la mise au chômage partiel n'est pas de nature à caractériser une disparition du personnel (BOFiP-IS-CESS-10-§ 120-02/08/2017).

La mise à disposition des moyens humains, sans lesquels l'exploitation ne peut être déployée par la société, depuis au moins un an, est considérée comme emportant disparition des moyens humains pour la société titulaire des contrats de travail puisque ces salariés sont pris en compte dans l'effectif de la société utilisatrice du personnel (BOFiP-IS-CESS-10-§ 130-02/08/2017).

276 La mise en sommeil ainsi caractérisée doit dépasser **douze mois** consécutifs, décomptés de date à date, pour emporter « cessation d'entreprise » et perte des déficits.

Cependant, cette cessation n'est pas caractérisée en cas de **force majeure**.

Un événement ne peut être qualifié de cas de force majeure, rappelle l'Administration, qu'à la double condition :
– d'être imprévisible, insurmontable et indépendant de la volonté de la société ;
– et de constituer la cause déterminante de la disparition de l'ensemble des moyens de production (BOFiP-IS-CESS-10-§ 180-02/08/2017).

Ainsi, la disparition de l'intégralité des moyens de production imputable à un événement climatique pourra être considérée comme un cas de force majeure de cette nature.

277 Par ailleurs, la même conséquence est encourue en cas de disparition des moyens de production, même moins de douze mois, lorsque cette disparition est suivie de la cession de la majorité des droits sociaux (CGI art. 221-5 a).

La cession s'entend de tout acte juridique (vente, échange apport, partage, donation) ayant pour effet de transférer la propriété des droits sociaux composant le capital de la société (BOFiP-IS-CESS-10-§ 190-02/08/2017).

En cas de ventes fractionnées, c'est à compter de la date de cession du lot qui emporte le franchissement de seuil de 50 % que la condition est considérée comme remplie (BOFiP-IS-CESS-10-§ 210-02/08/2017).

Agréments autorisant le transfert des déficits

278 Lorsque les opérations effectuées sont de nature à entraîner fiscalement une cessation ou un changement d'activité, donc une perte des déficits reportables, il peut être possible d'échapper à cette dernière conséquence en sollicitant un agrément auprès de l'administration fiscale :
– cet agrément peut traditionnellement être obtenu dans le cadre d'opérations de fusion ou assimilées (apports partiels d'actifs notamment) placées sous le **régime de faveur** ;

Cette possibilité d'agrément est codifiée à l'article 209, II du CGI. Ses conditions ont été notablement modifiées par la deuxième loi de finances rectificative pour 2012 (loi 2012-958 du 16 août 2012, art. 15).

– cette possibilité d'agrément existe aussi, désormais, pour certains des **changements d'activité** que nous venons d'examiner ci-dessus *§§ 263 et s.*

Cette possibilité d'agrément est codifiée à l'article 221-5, c du CGI, tel que modifié par la même loi du 16 août 2012.

Avant d'examiner ces deux situations, signalons que la loi (CGI art. 209, II-2, dernier alinéa) prévoit désormais, pour les opérations réalisées à compter du 1er janvier 2020, une **dispense d'agrément** pour certaines opérations d'ampleur limitée (loi 2019-1479 du 28 décembre 2019 de finances pour 2020).

Cette dispense s'applique non seulement aux opérations de fusion, mais aussi aux opérations d'absorption de la société mère d'un groupe intégré.

Le transfert de déficit à la société absorbante s'effectue en effet de plein droit, lorsque la fusion est placée sous le **régime de faveur** de l'article 210 A du CGI, dès lors que les trois conditions suivantes sont respectées :
– l'opération doit porter sur un **montant de déficits** antérieurs (cumulé le cas échéant avec les charges financières nettes en report et les capacités de déduction inemployées) **inférieur à 200 000 €** ;

– les déficits susceptibles d'être transférés ne doivent provenir ni de la gestion d'un patrimoine mobilier par des sociétés holdings, ni de la gestion d'un patrimoine immobilier (condition identique à celle qui prévaut en matière d'agrément : les déficits de sociétés holdings ou à prépondérance immobilière ne peuvent pas faire l'objet d'un transfert, *voir § 282*) ;
– la société absorbée ne doit pas avoir cédé ou cessé l'exploitation d'un fonds de commerce ou d'un établissement, durant la période au cours de laquelle les déficits ont été constatés.

a) Agrément pour les restructurations en régime de faveur

279 En cas d'apport partiel d'actifs placé sous le régime de faveur (ou de toute opération de fusion ou assimilée placée sous ce régime), les déficits antérieurs non encore déduits par la société apporteuse sont **transférés**, sur agrément, aux **sociétés bénéficiaires des apports**, et imputables sur leurs bénéfices ultérieurs dans les conditions de droit commun (CGI art. 209, II).

Il en va de même, le cas échéant, des intérêts différés dont il sera question *§§ 1058* et s.

280 L'agrément est délivré lorsque l'opération est **justifiée** du point de vue **économique** (et qu'elle « obéit à des motivations principales autres que fiscales ») (CGI art. 209, II, a).

L'Administration indique à ce sujet que l'agrément est susceptible d'être refusé notamment dans le cas des « fusions rapides », dans lesquelles une société déficitaire s'est endettée de manière significative pour acquérir la société cible bénéficiaire, absorbée par celle-ci peu de temps après l'acquisition (BOFiP-SJ-AGR-20-30-10-10-§ 130-13/02/2019).

281 Par ailleurs, l'agrément est accordé sous réserve que **l'activité à l'origine des déficits** dont le transfert est demandé :
– n'a pas fait l'objet par la **société apporteuse**, pendant la période au titre de laquelle ces déficits ont été constatés, de **changement significatif**, notamment en termes de clientèle, d'emploi, de moyens d'exploitation effectivement mis en œuvre, de nature et de volume d'activité ;

Il va sans dire qu'il peut être difficile de déterminer l'origine des déficits en cause et de démontrer qu'ils se rattachent bien à l'activité transférée. L'Administration indique que la demande d'agrément pourra s'appuyer sur la comptabilité analytique de l'entreprise (BOFiP-SJ-AGR-20-30-10-10-§ 150-13/02/2019).

– est **poursuivie par les sociétés bénéficiaires** des apports pendant un délai minimal de trois ans, sans faire l'objet pendant cette période de **changement significatif**, notamment en termes de clientèle, d'emploi, de moyens d'exploitation effectivement mis en œuvre, de nature et de volume d'activité (CGI art. 209, II, b et c, dans la rédaction issue de la loi du 16 août 2012 précitée).

En ce qui concerne les conditions et modalités d'exercice de l'activité, elles ne doivent pas traduire un changement de nature (critère qualitatif, traduisant une perte d'identité de l'activité), ni de volume (critère quantitatif comme l'évolution du chiffre d'affaires).

S'agissant du maintien des effectifs, son appréciation s'effectue non seulement en volume (critère quantitatif du nombre d'emplois maintenu) mais également en termes de fonctions poursuivies (critère qualitatif, par exemple évolution de la masse salariale en proportion de celle des emplois).

Les autres moyens d'exploitation mis en œuvre sont également examinés, à savoir notamment les actifs mis en œuvre, les produits fabriqués ou services rendus, les lieux d'exploitation, les zones géographiques desservies, etc. (BOFiP-SJ-AGR-20-30-10-10-§ 160-13/02/2019).

282 Enfin, les déficits susceptibles d'être transférés ne doivent pas provenir d'une **activité « patrimoniale »** : la loi exige qu'ils ne proviennent ni de la gestion d'un patrimoine mobilier par des sociétés dont l'actif est principalement composé de participations financières dans d'autres sociétés ou groupements assimilés (sociétés dites « à prépondérance financière », *voir § 405*), ni de la gestion d'un patrimoine immobilier (CGI art. 209, II, d, introduit par la loi du 16 août 2012 précitée).

La Cour administrative d'appel de Paris a cependant jugé que pour les sociétés dont l'actif est principalement composé de participations financières, ce qui est le cas des sociétés holdings, le transfert de déficit sur agrément n'est exclu que pour les seuls déficits provenant de la gestion du patrimoine mobilier ou immobilier de ces sociétés, et qu'il résulte des travaux préparatoires de la loi de 2012 que l'intention du législateur était d'exclure les seules « holdings financières », et non l'ensemble des holdings. La loi ne fait donc pas obstacle par principe à ce qu'une société holding puisse bénéficier de l'agrément dès lors que les déficits concernés ne proviennent pas d'une activité de gestion d'un patrimoine mobilier ou immobilier. Or, une société **holding « animatrice »** doit être regardée comme exerçant une activité distincte de la gestion d'un patrimoine mobilier, et donc ses déficits susceptibles de bénéficier de l'agrément ne se limitent pas aux seuls déficits provenant d'une activité opérationnelle distincte de son activité de gestion de ses filiales et réalisée au seul profit de clients tiers (CAA Paris 8 juin 2021, n° 18PA03711 Sté Sopra Group).

Agrément : Attention au respect des conditions

Il est impératif que le dépôt de la demande d'agrément s'effectue **préalablement** à l'opération, sous peine de forclusion (CGI art. 1649 nonies). Un envoi en recommandé avec avis de réception constitue donc une précaution indispensable.

Par ailleurs, la demande doit, sous peine de rejet, être contresignée par le représentant légal de la société absorbée ou apporteuse, lequel doit en outre, s'agissant des apports partiels d'actifs, renoncer expressément à la déduction des déficits (BOFiP-SJ-AGR-20-30-10-10-§ 280-13/02/2019).

Lorsque l'opération intervient entre une société apporteuse et plusieurs sociétés bénéficiaires, des demandes distinctes doivent être établies par chaque société bénéficiaire (BOFiP-SJ-AGR-20-30-10-10-§ 290-13/02/2019).

Cependant, il n'est pas indispensable de déposer immédiatement l'intégralité du dossier dès l'introduction de la demande d'agrément, puisqu'il est parfaitement possible d'adresser des éléments complémentaires à l'Administration, en cours d'instruction (BOFiP-SJ-AGR-20-30-10-10-§ 250-13/02/2019).

Le modèle du dossier à fournir pour l'agrément est diffusé par l'Administration sur la base BOFiP (BOFiP-LETTRE-000119-07/10/2013).

283 À noter que les apports (ou toute autre opération de fusion ou restructuration) réalisés entre sociétés filiales d'un **groupe fiscalement intégré** ne relèvent pas de ces règles, puisque, en tout état de cause, les déficits réalisés par ces sociétés ont été transmis à la société mère tête de groupe, s'incorporant au résultat d'ensemble.

Les seuls déficits susceptibles d'être perdus sont, le cas échéant, les déficits provenant d'exercices antérieurs à l'entrée dans le groupe.

Une procédure d'agrément existe cependant pour permettre de conserver les déficits dans certaines opérations réalisées par la société mère, comme l'absorption ou la scission de cette société, ou en cas de scission partielle du groupe (CGI art. 223, I, 6).

Cependant, depuis les modifications opérées par la loi du 16 août 2012 précitée, cet agrément ne peut être délivré que si ces opérations respectent les conditions mentionnées aux *§§ 281* et *282* **ci-dessus.**

Nous renvoyons pour plus de détails à l'ouvrage « ***L'intégration fiscale* », *Revue Fiduciaire.***

b) Agrément pour certains changements d'activité

284 **Parmi les changements d'activité décrits ci-dessus** *§§ 263* et s. **(qui peuvent advenir suite à une opération d'apport ou de restructuration, mais aussi comme nous l'avons vu indépendamment de toute opération de ce type), certains peuvent, le cas échéant, bénéficier d'un agrément permettant de conserver la possibilité d'imputer les déficits antérieurs** (CGI art. 221, 5.c).

Il s'agit :

– des « mises en sommeil » (disparition temporaire des moyens de production pendant une durée de plus de 12 mois) lorsque l'interruption et la reprise sont « justifiées par des motivations principales autres que fiscales » ;

En revanche, aucun agrément ne peut être délivré en cas de disparition des moyens de production suivie de la cession de la majorité des droits sociaux (BOFiP-IS-CESS-10-§ 250-02/08/2017).

– des changements d'activité réelle par adjonction ou abandon d'activité *(voir § 265)* **lorsque les opérations concernées « sont indispensables à la poursuite de l'activité à l'origine des déficits et à la pérennité des emplois. »**

Agréments multiples

Il peut advenir qu'une même opération, pour pouvoir être réalisée, nécessite l'obtention de **plusieurs agréments** :

– agrément pour l'obtention du régime de faveur, par exemple en cas de doute sur l'existence d'une branche complète d'activité éligible à ce régime, situation évoquée *supra § 230* (CGI art. 210 B, 3) ;

– agrément pour le maintien des déficits suite à une opération de restructuration opérée en régime de faveur, comme mentionné au *§ 279*(CGI art. 209, II) ;

– agrément pour changement d'activité mentionné ci-dessus *§ 284*(CGI art. 221, 5, c).

Dans cette situation, l'Administration précise qu'il y a lieu de solliciter distinctement chacun des agréments concernés, même si, pour des raisons pratiques, un seul dossier peut être déposé (BOFiP-SJ-AGR-20-30-10-10-§ 300-13/02/2019).

285 **(Réservé)**

PARTIE 2
HOLDING ET IMPÔTS DIRECTS : GESTION DES TITRES DE PARTICIPATION

Chapitre 2-1

INSCRIPTION DES TITRES À L'ACTIF

L'essentiel

Les titres acquis par la société holding doivent être inscrits dans la rubrique comptable correspondant à leur nature, et cette inscription revêt une grande importance, notamment en ce qui concerne les titres de participation, puisqu'elle conditionne dans une large mesure le traitement fiscal de ces titres. Des règles fiscales spécifiques permettent la neutralisation des transferts de titres d'une catégorie à une autre. Par ailleurs, la réglementation fiscale prévoit des règles particulières pour le traitement des frais exposés pour l'acquisition des titres de participation.

Classement fiscal des titres : la notion de « titres de participation »

300 **Les titres de sociétés suivent, selon leur nature, un classement comptable et fiscal différent, qui aura une influence sur leur traitement fiscal, notamment en termes de plus et moins-values** *(voir § 400)*, **en matière de provisions** *(voir § 510)*, **en ce qui concerne le traitement des frais d'acquisition** *(voir § 355)*, **et même, dans certains cas, pour la déduction des frais financiers** *(voir § 985)*.

301 **La distinction la plus importante concerne les titres de participation, qu'il faut distinguer des titres de placement.**

D'autres distinctions sont opérées, fondées sur le fait que la société dont les titres sont détenus est ou non une société à prépondérance immobilière, et dans le cas où elle l'est, s'il s'agit d'une société cotée. Un régime spécifique existe également pour les titres de capital-risque. Nous reviendrons plus tard sur ces différents aspects et nous nous concentrerons pour l'instant sur les caractéristiques des « titres de participation ».

Définition des titres de participation

302 **La règle est fixée par le Code général des impôts, qui indique que constituent des titres de participation les parts ou actions de sociétés « revêtant ce caractère sur le plan comptable »** (CGI art. 219, I-a ter). **Le même article ajoute qu'il en va de même des actions acquises en exécution d'une offre publique d'achat ou d'échange par l'entreprise qui en est l'initiatrice ainsi que des titres ouvrant droit au régime des sociétés mères, si ces actions ou titres sont inscrits en comptabilité au compte de titres de participation ou à une subdivision d'un autre compte de bilan correspondant à leur qualification comptable.**

Il résulte de la jurisprudence du Conseil d'État que si l'inscription de titres « ouvrant droit au régime mère-fille » dans un sous-compte spécial constitue une décision de gestion, opposable au contribuable, en revanche l'inscription en

tant que « titres de participation » peut être corrigée dès lors qu'une **erreur comptable** est constatée (CE 29 mai 2017, n° 405083, Sté Vivendi). Cette correction peut d'ailleurs être opérée aussi bien par l'Administration que par le contribuable.

303 La **qualification comptable** des titres est donc un élément déterminant de leur régime fiscal.

Du point de vue comptable, constituent des titres de participation ceux dont la **possession durable** est estimée **utile** à l'activité de l'entreprise, notamment parce qu'elle permet d'exercer une **influence** sur la société émettrice ou d'en assurer le **contrôle** (PCG 82, p. I. 42).

304 Cette définition est reprise dans la doctrine administrative (BOFiP-BIC-PVMV-30-10-03/05/2017), qui précise la portée de chacun de ces critères.

305 S'agissant de la **possession durable**, elle indique que les titres de participation sont acquis pour des raisons au rang desquelles la recherche d'une rentabilité financière à court terme est absente ou accessoire. Les titres détenus pour être cédés à brève échéance, en réalisant un gain doivent être classés parmi les valeurs mobilières de placement. Il est précisé que cette possession durable constitue une condition nécessaire, mais non suffisante : cas des titres que l'entreprise entend conserver durablement sans chercher à exercer une quelconque influence sur la société émettrice (cas par exemple des TIAP, « titres immobilisés de l'activité de portefeuille » visés par l'avis CNC du 13 février 1987). Ces titres ne constituent pas des titres de participation.

La Cour administrative d'appel de Versailles a jugé que lorsqu'une société, **en vue de la cession** des titres de sa filiale, est contrainte de recapitaliser cette dernière, les titres correspondant à cette augmentation de capital peuvent être portés en « **titres de placement** » (compte tenu de l'absence d'intention de conservation durable), et donc faire l'objet d'une dépréciation fiscalement déductible (CAA Versailles 17 mai 2018, n° 15VE04052, Sté Crédit Agricole). Dans cette affaire, la société avait d'ailleurs porté dans un premier temps les titres dans une rubrique « titres de participation » comme pour sa participation d'origine, puis demandé la rectification de ce qu'elle considérait comme une erreur comptable. Cette décision a été confirmée par le Conseil d'État (CE 8 novembre 2019, n° 422377, min. c. Crédit Agricole).

Ces arrêts contredisent la doctrine administrative d'après laquelle, en cas de « *recapitalisation d'une filiale afin de la céder à plus ou moins brève échéance, les titres nouvellement émis et acquis reçoivent la même nature de titres de participation que l'ensemble des titres déjà détenus au sein de la filiale* » (BOFiP-BIC-PVMV-30-10-§ 98-03/05/2017). Ils concernent cependant un cas particulier, dans lequel les autorités publiques bancaires du pays de la filiale avaient imposé la recapitalisation comme condition nécessaire à la cession des titres.

306 S'agissant du fait que la détention des titres doit être utile à l'activité de l'entreprise, l'Administration indique : « Les titres de participation constituent des investissements qui en permettant la création de liens durables avec la société émettrice sont susceptibles d'avoir un impact favorable sur l'activité industrielle ou commerciale de l'entreprise en concourant notamment au maintien ou au renforcement de sa rentabilité, à son développement ou à la diversification de ses domaines d'activité. Il en est ainsi, notamment, des participations au capital de sociétés présentes dans le ou les secteurs d'activité de l'entreprise mais égale-

ment dans des secteurs d'activité connexes ou complémentaires, susceptibles de permettre le développement de synergies industrielles ou commerciales (prises de participation dans le cadre de stratégies d'intégration verticale ou horizontale). »

Elle ajoute que, bien entendu, les titres de sociétés présentes dans des secteurs où l'entreprise n'exerçait pas d'activité jusque-là peuvent constituer des titres de participation si leur acquisition relève pour l'entreprise d'une stratégie de diversification et que la remise en cause ultérieure de cette stratégie ne permet pas pour ce seul motif de considérer que les titres ne constituaient pas, dès l'origine, des titres de participation (BOFiP-BIC-PVMV-30-10-§ 70-03/05/2017).

Cette utilité peut résulter, comme l'indique le texte comptable, de l'influence ou du contrôle exercés sur la société émettrice des titres.

307 En ce qui concerne tout d'abord la notion d'**influence**, celle-ci doit résulter d'une participation effective à la gestion et à la politique financière de la société émettrice. Elle peut se caractériser par la présence de représentants au sein des organes de direction, par l'existence d'opérations réalisées dans des conditions particulières en raison des liens entre les deux sociétés, d'échange de personnel de direction ou encore d'une dépendance technique ou économique, par exemple *via* un contrat de sous-traitance (BOFiP-BIC-PVMV-30-10-§ 80-03/05/2017).

308 Le Conseil d'État a jugé que l'**utilité** peut notamment être caractérisée si les conditions d'achat des titres révèlent l'intention de l'acquéreur d'exercer une telle influence sur la société émettrice et lui donnent les moyens d'exercer une telle influence : condition remplie dans un cas où la société ayant acquis les titres avait, au même moment, conclu un **protocole d'accord** dans lequel elle avait accepté de participer aux augmentations de capital et de ne pas céder ses titres à des tiers dans le but d'obtenir, au terme de huit années, une minorité de blocage avec le groupe d'investisseurs dont elle faisait partie (CE 20 octobre 2010, n° 314248, Sté Hyper Primeurs, conclusions E. Geffray BDCF 1/11 n° 1).

À noter que dans cette affaire, où l'arrêt rendu a été défavorable au contribuable (qui, ayant réalisé une moins-value, entendait la déduire de son résultat imposable au taux plein), plusieurs éléments allaient à l'encontre de la thèse de ce dernier, et notamment le fait qu'il avait inscrit les titres en question dans la rubrique comptable « Titres de participation » au moment de leur acquisition. À l'inverse, il n'avait pas participé aux organes de direction et avait revendu les titres avant la période de huit ans prévue dans le protocole ; mais on peut dire que l'**intention** prévalant au moment de l'acquisition des titres s'avère plus importante que la manière dont les titres seront finalement gérés.

On retrouve cette prééminence de l'intention dans une affaire dans laquelle, malgré un faible taux de détention, les titres ont été considérés comme constituant bien une participation : il s'agissait du cas d'une société holding qui avait acquis 5,17 % du capital d'une société, et dont le gérant et unique associé avait été désigné comme membre du conseil de surveillance de la cible en vertu d'un pacte d'actionnaires, mais qui, à l'issue d'une une augmentation de capital à laquelle elle n'avait pas souscrit, s'était retrouvée diluée à **4,34 %** du capital. Le Conseil d'État a considéré que la Cour administrative d'appel avait commis une erreur de droit en se déterminant au vu des conditions d'exercice du mandat au conseil de surveillance, alors qu'il lui appartenait d'apprécier, au vu des conditions d'achat des titres, **l'intention initiale** de la holding d'exercer une influence et ses moyens de l'exercer (CE 25 mai 2019, n° 411209, SARL Montisambert).

Cependant, toute participation à un pacte d'actionnaires ne permet pas automatiquement de considérer les actions concernées comme des titres de participation (CE 26 janvier 2018, n° 408219, Sté EBM).

309 Quant au **contrôle**, celui-ci est établi :
– lorsque l'entreprise détient directement ou indirectement une fraction du capital lui conférant la majorité des droits de vote dans les assemblées générales de la société émettrice ;
– lorsqu'elle dispose seule de la majorité des droits de vote dans cette société en vertu d'un accord conclu avec d'autres associés ou actionnaires ;
– lorsqu'elle détermine en fait, par les droits de vote dont elle dispose, les décisions dans les assemblées générales de cette société ; cas des sociétés, notamment cotées, dont le capital est dispersé de telle sorte qu'une participation limitée suffit à l'exercice d'un contrôle (BOFiP-BIC-PVMV-30-10-§ 90-03/05/2017).

310 Il peut advenir que la société exerce **conjointement** avec d'autres sociétés une influence ou un contrôle sur la société émettrice des titres : dans ce cas, les titres correspondants doivent être considérés comme des titres de participation, alors même que l'influence ou le contrôle n'est pas exercé personnellement par l'une ou l'autre des sociétés détentrices (BOFiP-BIC-PVMV-30-10-§ 100-03/05/2017).

Par ailleurs, lorsqu'à l'intérieur d'un groupe une société détient des titres d'une société sœur et qu'elle participe ainsi au contrôle de cette dernière, sans toutefois détenir à elle seule une participation importante, les titres en question ont bien le caractère de titres de participation (dès lors que bien entendu ils sont inscrits dans la bonne rubrique comptable et sont détenus durablement) : « l'appartenance à un groupe permet de présumer que la société détentrice participe à l'exercice concerté du contrôle sur la société sœur émettrice des titres » (BOFiP-BIC-PVMV-30-10-§ 110-03/05/2017).

311 Les parts détenues dans le capital de **sociétés de personnes**, et même dans des groupements sans capital tels que les groupements d'intérêt économique (à l'exception des droits détenus dans des entités dépourvues de personnalité morale : copropriétés, fiducies, etc.), peuvent être considérées comme des titres de participation si elles remplissent par ailleurs les critères exposés ci-dessus (BOFiP-BIC-PVMV-30-10-§ 200-03/05/2017). Des précisions sur le traitement de ces titres seront données *infra* au § 446.

312 En revanche ne peuvent constituer des titres de participation ni les actions propres, ni les actions d'autocontrôle, ni les divers titres privés du droit de vote (comme les actions à dividende prioritaire sans droit de vote).

Présomption comptable

313 Le plan comptable considère que, sauf preuve contraire, constituent des titres de participation :
– les titres acquis en tout ou partie par offre publique d'achat (OPA) ou par offre publique d'échange (OPE) ;
– et les titres représentant au moins **10 % du capital** d'une entreprise (PCG 82, p. I. 42) ; cette présomption figure désormais expressément à l'article R. 123-184 du Code de commerce, suite aux modifications opérées par le décret 2015-903 du 23 juillet 2015.

314 **L'Administration considère que la présomption comptable est susceptible d'être écartée lorsqu'il apparaît que la possession des titres ne sera pas durable, que leur détention n'est pas directement utile à l'activité de l'entreprise mais a été réalisée dans une optique de placement financier ou que, nonobstant le franchissement du seuil de 10 %, l'entreprise ne dispose pas d'un pouvoir d'influence ou de contrôle sur la société émettrice** (BOFiP-BIC-PVMV-30-10-§ 120-03/05/2017).

C'est à l'Administration qu'il appartient de combattre cette présomption, ce qu'elle ne peut pas faire en se contentant par exemple de relever que la société mère n'a pas participé au pacte d'actionnaires existant ou demandé des sièges d'administrateurs (CE 28 décembre 2017, n° 393623, Sté GDF Suez).

315 **À l'inverse, des titres représentant moins de 10 % du capital pourraient, dans certains cas, être considérés comme des titres de participation dès lors que l'entreprise qui les détient est en mesure d'apporter la preuve que leur possession lui permet d'exercer une influence ou un contrôle sur la société émettrice, y compris lorsque le seuil de détention n'est pas suffisant pour bénéficier du régime des sociétés mères** (BOFiP-BIC-PVMV-30-10-§ 120-03/05/2017).

Ce genre de situation devrait s'avérer assez rare en pratique. On relèvera cependant que le tribunal administratif de Paris a eu l'occasion de valider le traitement en tant que titres de participation d'actions représentant moins de 5 % du capital de deux sociétés détenues par une entreprise, au motif :
- que les associés avaient des liens historiques et familiaux avec les sociétés en cause ;
- et que la société était membre du conseil de surveillance de ces sociétés.

En effet, le tribunal a considéré que si le conseil de surveillance n'a pas en principe de pouvoir de gestion, il exerce néanmoins un pouvoir de contrôle et, dans certains cas, d'autorisation préalable sur les décisions du directoire dont il nomme les membres et choisit le président, ce qui lui confère une influence certaine sur les choix de l'entreprise (TA Paris 26 juin 2001, n° 01-16911).

On relèvera également que le caractère de titres de participation a été reconnu dans le cas d'une participation de **0,88 %** seulement, mais dans un contexte très particulier : il s'agissait de la participation d'une SELARL médicale dans une société exploitant une clinique dont le règlement intérieur médical prévoyait que les praticiens actionnaires disposaient d'un droit de priorité sur les lits disponibles pour l'hospitalisation de leurs patients, ainsi que pour l'utilisation des vacations libres du plateau technique (CE 20 mai 2016, n° 392527, min. c. SELARL Lemaire).

On rappellera aussi le cas, mentionné au § 308, d'une détention de 5,17 % tombée à 4,34 % qui a été reconnue comme participation (CE 25 mai 2019, n° 411209 précité).

À l'inverse, la Cour administrative d'appel de Nantes a refusé ce caractère pour une participation qui, de 8 % à l'origine, était tombée à 3,65 %, en relevant que la société holding n'était pas présente dans les organes de direction et n'exerçait aucune influence sur les choix de l'entreprise (CAA Nantes 5 février 2007 n° 05NT00515).

Dans le cas d'une société détenant directement 4,95 % du capital d'une autre, et indirectement 6,35 % via des filiales contrôlées, il a été jugé que cette société était réputée détenir plus de 10 % du capital, et que dès lors, il revenait à l'Administration de combattre cette présomption (CAA Versailles 21 juillet 2015, n° 14VE02708).

Enfin, le Conseil d'État a jugé que l'utilité peut être caractérisée non seulement si les conditions d'achat des titres révèlent l'intention de l'acquéreur d'exercer une influence sur la société émettrice et lui donnent les moyens d'exercer une telle influence, mais aussi lorsque ces conditions d'acquisition révèlent l'intention de la société acquéreuse de **favoriser son activité** par ce moyen, notamment par les **prérogatives juridiques** qu'une telle détention lui confère ou les avantages qu'elle lui procure pour l'exercice de cette activité. Ainsi, doit être annulée la décision de Cour administrative d'appel estimant qu'une acquisition de titres n'avait conféré à la société acquéreuse aucune prérogative juridique, alors que son niveau de participation lui permettait de demander l'inscription d'une résolution aux assemblées générales. Tranchant l'affaire au fond, le Conseil d'État a jugé que représentait une participation, en dépit du faible pourcentage du capital détenu, les droits de vote s'élevant à 3,7 % détenus par la société Areva dans le groupe Suez, qui faisait d'elle le cinquième plus important actionnaire dudit groupe (les deux principaux actionnaires détenant respectivement 11,5 % et 5,5 % des droits de vote sans qu'aucun pacte d'actionnaire n'ait été conclu), étant précisé que les deux groupes entretenaient des relations d'affaires et que le chiffre d'affaires réalisé par la société Areva avec le groupe Suez dans les années qui ont suivi l'opération, s'il était resté modeste au regard de son activité d'ensemble, avait néanmoins été multiplié par trois entre 2005 et 2009 (CE 22 juillet 2022 n° 449444 Société Areva).

Par ailleurs, les titres de participation conservent ce caractère même après la mise en liquidation judiciaire de la société émettrice : commet une erreur de droit la Cour administrative d'appel ayant jugé que les titres avaient « perdu leur utilité » du fait de cette mise en liquidation (CE 12 mars 2012 n° 342295, concl. N. Escaut BDCF 6/12 n° 67).

Importance du traitement comptable retenu

316 Bien que, comme nous l'avons vu plus haut, l'Administration considère que l'inscription au compte « Titres de participation » constitue une présomption simple, elle a indiqué à ses agents que la requalification de ces titres devrait rester **exceptionnelle**, en cas d'erreur manifeste : « La rectification de la position retenue par l'entreprise ne doit intervenir que si des indices permettant d'établir que l'affectation comptable des titres ne correspond manifestement pas à leur qualification réelle » (BOFiP-BIC-PVMV-30-10-§ 130-03/05/2017). Cela étant, ces positions constituent de simples recommandations de prudence adressées aux services et non une interprétation de la loi opposable à l'Administration (CAA Paris 6 avril 2017, n° 15PA04767 SARL Montisambert).

317 Nous allons voir, par ailleurs, que les modalités d'inscription en compte sont déterminantes en ce qui concerne les titres qui ne revêtiraient pas normalement ce caractère du point de vue comptable.

Titres de participation au sens fiscal ne présentant pas ce caractère sur le plan comptable

318 Comme on l'a vu, certains titres sont susceptibles de revêtir la qualité de titres de participation du point de vue fiscal, alors qu'ils peuvent ne pas être considérés comme tels au regard de la définition comptable : tel est le cas, par exemple, des titres représentant une participation de **plus de 5 %** (éligible au régime des sociétés mères) mais n'atteignant **pas 10 %** (seuil à partir duquel des titres sont présumés constituer, on l'a vu, une participation au plan comptable).

La condition de détention d'au moins 5 % doit être remplie au moment de la cession (CE 26 janvier 2018, n° 408219, Sté EBM). S'agissant de la condition tenant à la détention des titres pendant 2 ans, il semble que le bénéfice du régime des sociétés mères (et donc l'application du régime du long terme) ne s'attache qu'à ceux des titres qui ont été conservés pendant 2 ans (CE 26 janvier 2018, précité et concl. R. Victor).

319 Tel n'est pas le cas, en revanche, des lignes de titres qui représentent une participation d'au moins 22,8 millions d'euros et qui sont éligibles au régime fiscal des sociétés mères *(voir § 603)*. Ces lignes de titres ne sont plus éligibles au régime du long terme depuis 2006 (loi 2006-1666 du 21 décembre 2006, art. 22).

320 S'agissant des titres reçus à la suite d'une OPA ou d'une OPE, le Code général des impôts précise que sont considérés comme des titres de participation les titres reçus à la suite d'une offre publique « par l'entreprise qui en est l'initiatrice » (CGI art. 219. I. a quinquies, 3e al.). Cependant, le PCG considère comme tels tous les

titres acquis par voie d'OPA ou d'OPE. Il ne devrait donc pas y avoir de différence, au plan fiscal, dès lors que les titres en question ont bien été inscrits comptablement dans la rubrique « Titres de participation », cette inscription devant entraîner le même traitement au plan fiscal.

321 S'ils répondent aux conditions de la qualification fiscale, les titres en question doivent être considérés comme des titres de participation dès lors qu'ils sont inscrits en comptabilité au compte « Titres de participation » ou à une **subdivision spéciale d'un autre compte** du bilan correspondant à leur qualification comptable (CGI art. 219, I-a ter, 3e al.).

322 En pratique, indique l'Administration, les titres qui ne répondent pas à la définition comptable des titres de participation doivent en principe être inscrits à un sous-compte spécial « Titres relevant du régime des plus-values à long terme » (TRPVLT).

Cette inscription matérialise une **décision de gestion**, opposable au contribuable qui la prend. Peu importe, d'ailleurs, que la société détentrice exerce effectivement son option pour le régime mère-filiale (BOFiP-BIC-PVMV-30-10-§ 250-03/05/2017).

323 Par prudence, les entreprises pourront souhaiter joindre à leur déclaration de résultat un document indiquant les montants inscrits dans chacune des subdivisions spéciales « Titres relevant du régime des plus-values à long terme » à la clôture de l'exercice (doc. adm. 4 B-2243, n° 65, 7 juin 1999 ; précision non reprise au BOFiP à notre connaissance).

324 À noter que dans certaines situations, il peut y avoir lieu de transférer les titres à un autre compte (*voir § 340*). Tel peut être le cas notamment, estime l'Administration, lorsque la quotité détenue dans le capital devient inférieure aux seuils d'application du régime des sociétés mères, ou encore lorsqu'une société prend le caractère de « société à prépondérance immobilière ».

Par ailleurs, le régime des sociétés mères et filiales s'appliquait antérieurement à la condition que la société mère détienne des titres représentant au moins 5 % du capital et ouvrant droit au même pourcentage de droits de vote de la société émettrice. Depuis le 3 février 2016, la condition tenant à la détention des droits de vote pour bénéficier dudit régime a été supprimée. Par conséquent, les titres constatés dans une subdivision spéciale « titres relevant du régime des PVLT » qui ne représentent pas 5 % des droits de vote de la société émettrice ont dû faire l'objet d'un transfert hors de cette subdivision au cours du premier exercice ouvert à compter du 1er janvier 2017 (BOFiP-BIC-PVMV-30-10-§ 270-03/05/2017).

325 **(Réservé)**

Classement fiscal des titres : la notion de « prépondérance immobilière »

330 En ce qui concerne les titres détenus par des sociétés soumises à l'IS, certains sont susceptibles de sortir du droit commun pour être rattachés à la catégorie fiscale particulière des « titres de sociétés à prépondérance immobilière » (étant précisé par ailleurs que, comme nous le verrons plus loin, ces titres sont encore susceptibles de se voir appliquer deux régimes différents en matière de plus-values, selon qu'il s'agit de sociétés cotées ou non cotées : *voir § 402*).

En outre, les cessions de titres de sociétés à prépondérance immobilière font l'objet d'un traitement spécifique en matière de droits d'enregistrement, avec un taux de 5 %. Cependant, la définition de la prépondérance immobilière au sens des droits d'enregistrement diffère en plusieurs points de la définition retenue en matière de plus-values *(voir § 332)*.

331 Pour autant, ces titres conservent leur qualification comptable et peuvent donc demeurer, le cas échéant, des **titres de participation** sur le plan comptable s'ils en revêtent les caractéristiques (titres dont la possession durable est estimée utile à l'activité de l'entreprise, notamment parce qu'elle permet d'exercer une influence sur la société émettrice ou d'en assurer le contrôle : *voir § 303*).

C'est pourquoi, si l'on excepte les dispositions spécifiques en matière de plus et moins-values à long terme codifiées à l'article 219 I a quinquies du Code général des impôts, les autres dispositions fiscales applicables aux titres de participation leur restent, à notre avis, applicables : cas notamment des règles fiscales relatives à la déduction échelonnée des **frais d'acquisition** de titres *(voir § 356)*.

Nous verrons d'ailleurs plus loin qu'un traitement spécifique existe pour les titres de sociétés à prépondérance immobilière cotés qui, eux, relèvent du régime du long terme mais dont l'assimilation fiscale aux titres de participation peut nécessiter l'inscription à un sous-compte spécial « TRPVLT ».

332 Au regard de la disposition qui nous occupe, sont considérées comme des sociétés à prépondérance immobilière les sociétés dont l'actif est, à la date de la cession des titres, ou a été à la clôture du dernier exercice précédant cette cession, constitué pour **plus de 50 %** de sa valeur réelle par des immeubles, des droits portant sur des immeubles, des droits afférents à un contrat de crédit-bail conclu dans les conditions prévues à l'article L. 313-7, 2 du Code monétaire et financier ou par des titres d'autres sociétés à prépondérance immobilière.

Cependant, ne sont pas pris en considération les immeubles, les droits portant sur des immeubles ou les droits afférents à un contrat de crédit-bail lorsque ces biens ou droits sont affectés par l'entreprise à sa **propre exploitation** industrielle, commerciale ou agricole ou à l'exercice d'une profession non commerciale (CGI art. 219 I. a sexies-0 bis).

ATTENTION

Le Code général des impôts comprend plusieurs dispositions fiscales distinctes, s'agissant de la « prépondérance immobilière », avec des définitions différentes de ladite prépondérance. C'est ainsi que des titres pourront ne pas être considérés comme « à prépondérance » en matière de plus-values parce que l'immeuble inscrit au bilan de la société concernée sert à sa propre exploitation, alors qu'ils pourront être considérés comme « à prépondérance » en matière de droits d'enregistrement. En effet, l'article 726 du CGI, applicable en la matière, prévoit qu'au regard des droits d'enregistrement, la prépondérance concerne les personnes morales non cotées « dont l'actif est, ou a été au cours de l'année précédant les cessions en cause, principalement constitué d'immeubles ou de droits immobiliers situés en France » (ou de participations dans des personnes morales, quelle que soit leur nationalité, dont les droits sociaux ne sont pas négociés sur un marché réglementé et elles-mêmes à prépondérance immobilière), sans prévoir l'exclusion des biens ou droits qui sont affectés par l'entreprise à sa propre exploitation.

333 S'agissant de l'exception prévue en ce qui concerne les « immeubles d'exploitation », c'est-à-dire ceux que la société affecte à sa propre activité, l'Administration n'admet pas de l'appliquer aux relations à l'intérieur d'un groupe de sociétés.

Elle a en effet précisé que devaient être exclus de cette catégorie des immeubles d'exploitation les actifs immobiliers utilisés par l'entreprise pour en retirer des loyers ou valoriser le capital, y compris lorsque ces immeubles sont mis à la disposition de sa **société mère** ou d'une **société sœur ou du même groupe** ou bien si la détention de ces actifs entre dans le cadre de l'objet social de la société (BOFiP-IS-BASE-20-20-10-30-§ 100-31/12/2013).

334 Soulignons par ailleurs que la prépondérance immobilière d'une société doit être évaluée non pas à partir de ses éléments comptables mais, comme l'indique le texte, à partir de la **valeur réelle** des différents actifs figurant au bilan. Il y a donc lieu d'effectuer une évaluation détaillée desdits actifs en cas de cession des titres d'une société dont on soupçonne qu'elle pourrait s'avérer être à prépondérance immobilière.

EXEMPLE

Soit une société holding détenant une participation dans une filiale dont l'actif du bilan se compose des éléments suivants (les valeurs indiquées sont les valeurs nettes comptables) :

Immeuble A utilisé par la société	1 000 K€
Immeuble B loué à une société sœur	500 K€
Autres actifs corporels	700 K€
Titres d'une société sœur	800 K€
Stocks et en-cours	2 000 K€
Créances et disponibilités	600 K€
Total du bilan	5 600 K€

Au vu de leur seule valeur bilancielle, les actifs immobiliers « hors exploitation » ne représentent que 500/5 600 = 8,9 % de l'actif total de la société.

Cependant, la valeur réelle de certains de ces actifs s'avère différente de celle qui figure au bilan, dans la mesure où, d'une part, les immeubles sont détenus de longue date et ont été largement amortis (alors que le marché immobilier a pu connaître des hausses importantes) et où, d'autre part, les titres de la société sœur sont évalués à leur prix de revient d'origine alors que leur valeur réelle peut être beaucoup plus élevée.

Ainsi, la valeur vénale de l'immeuble A est en réalité de 3 millions d'euros, celle de l'immeuble B de 9 millions d'euros et celle des titres de la société sœur de 2 millions d'euros. La valeur des autres actifs est conforme à celle qui figure au bilan.

Dans ces conditions, le pourcentage des actifs immobiliers, au sens du texte, atteint : 9000/(3000 + 9000 + 700 + 2000 + 2000 + 600) = **52 %**.

Les titres de cette filiale représentent donc bien, pour la holding qui les détient, des titres de société à prépondérance immobilière.

335 (Réservé)

Transferts de compte à compte

340 Le classement des titres détenus par la holding dans l'une ou l'autre des catégories qui ont été examinées ci-dessus ne présente pas un caractère définitif : certains titres peuvent **devoir être transférés** d'une catégorie à l'autre.

Ainsi, alors qu'elle détenait une participation réduite dans une société, une holding peut acquérir un complément de titres afin d'atteindre le pourcentage lui permettant d'inscrire la ligne concernée dans la rubrique « Titres de participation ».

Inversement, une holding peut être amenée, à la suite de la cession partielle d'une ligne de titres de participation, à retirer les titres résiduels de cette rubrique parce qu'ils ne remplissent plus les conditions de détention minimale pour y figurer *(voir § 324)*.

341 Par ailleurs, la holding peut, dans certains cas, **choisir de transférer** des titres d'une rubrique à une autre sans y être contrainte par une opération de cession partielle : tel peut être le cas en ce qui concerne les titres qui remplissent les critères fiscaux permettant d'être éligibles au régime des plus-values à long terme sans pouvoir figurer comptablement en « Titres de participation. » En effet, le classement de ces titres dans la catégorie des « Titres relevant du régime du long terme » (sous-compte spécial « TRPVLT »), mentionné *supra* § 322, constitue une option qui peut être exercée à n'importe quel moment. Le fait de transférer des titres déjà inscrits au bilan dans le sous-compte TRPVLT constitue un transfert de compte à compte, au regard de la réglementation qui nous occupe.

En revanche, les transferts pouvant s'opérer entre le compte de titres de participation et le sous-compte spécial « TRPVLT » ne relèvent pas de ce dispositif, dès lors qu'ils sont effectués à valeur comptable (BOFiP-IS-BASE-20-30-30-§ 130-18/07/2013). En effet, le régime fiscal applicable aux titres n'est pas modifié : il s'agit dans les deux cas du régime des plus ou moins-values à long terme.

342 Le transfert de compte à compte peut aussi devoir être envisagé à la suite d'un échange de titres consécutif à une opération de fusion dans laquelle l'actionnaire se trouve « dilué », les titres reçus ne représentant plus un pourcentage du capital suffisant pour pouvoir prétendre à la qualification de titres de participation, ni même être inscrits en TRPVLT. Mais dans ce cas, la réglementation qui nous occupe ne s'applique pas car l'opération se traduit par une plus-value d'échange, et non par une plus-value de transfert *(voir § 464)*.

343 Cette réglementation prévoit :

– que tout transfert de compte à compte entraîne la **constatation d'une plus ou moins-value** égale à la différence entre la valeur réelle des titres au moment de leur transfert et celle qu'ils avaient sur le plan fiscal ;

– et que cette plus ou moins-value n'est **pas retenue pour le calcul du résultat** imposable (ou de la plus ou moins-value à long terme), au titre du résultat du transfert, mais comprise dans le résultat de l'exercice de cession des titres, selon le régime fiscal applicable jusqu'au transfert (CGI art. 219, I-4 ter, al. 5 à 12).

344 Ainsi, en cas de transfert **depuis un compte de titres de participation** (ou d'un sous-compte spécial « TRPVLT ») vers un autre type de compte (de titres de placement le plus souvent), le résultat de transfert constitue une plus ou moins-value à **long terme** si les titres en question ont été détenus au moins **2 ans** à la date du transfert (CGI art. 219, I-a ter, 5e al. ; les conséquences en matière de frais d'acquisition non encore amortis sont examinées au § 367). On précise qu'en cas de retrait d'un sous-compte spécial « TRPVLT », le délai est décompté à partir de la date d'inscription des titres au sous-compte en question (instr. adm. 4 B-3-95 n° 78, précision non reprise au BOFiP) et non à partir de la date d'acquisition des titres par l'entreprise si elle est antérieure.

345 Inversement, en cas de transfert **vers un compte de titres de participation** (ou d'un sous-compte spécial « TRPVLT ») depuis un autre type de compte, le résultat de transfert constitue un profit ou une perte soumis à l'impôt sur les sociétés au **taux normal**.

346 La question du sort des **provisions** pour dépréciation constituées sur des titres faisant l'objet d'un transfert est mentionnée *infra* § 523.

347 Le résultat constaté lors du transfert est, comme nous l'avons indiqué plus haut, placé en **report d'imposition** jusqu'à la cession des titres concernés. Cependant,

le bénéfice de ce report d'imposition est soumis à la condition que l'entreprise produise, au titre de l'exercice du transfert et des exercices suivants, un **état de suivi** indiquant notamment la date du transfert, le nombre de titres transférés et leur valeur, le montant du résultat de transfert et le régime d'imposition qui lui est applicable (CGI, art. 219, I-a ter, 11e al. ; BOFiP-FORM-000035-18/07/2013).

Le défaut de production de cet état de suivi entraîne, outre l'**imposition immédiate** des plus-values et profits constatés lors du transfert (et la réintégration immédiate des provisions non encore rapportées au résultat imposable, mais pas la déduction des pertes ou moins-values éventuellement constatées, qui est en tout état de cause reportée à la date de cession des titres), une **amende** fiscale égale à **5 %** des valeurs qui auraient dû figurer sur cet état (CGI art. 1763, I-f).

348 Toute **cession** des titres transférés **met fin au report** d'imposition, y compris lorsqu'elle est consécutive à certaines opérations pourtant elles-mêmes placées en report d'imposition.

C'est ainsi que le report d'imposition du résultat de transfert prend fin lorsque les titres transférés sont apportés en société, ou échangés, ou encore en cas de partage, retrait au profit d'un actionnaire ou associé, rachat ou annulation des titres par la société émettrice (BOFiP-IS-BASE-20-30-30-§ 220-18/07/2013). Il prend également fin en cas de cession d'un droit (nue-propriété ou usufruit) issu du démembrement des titres (BOFiP-IS-BASE-20-30-30-§ 220-18/07/2013). En revanche, lorsque les titres transférés font l'objet d'un **prêt de titres** visé à l'article 38 bis du CGI, le retrait de ces titres du bilan de la société prêteuse n'emporte pas la réintégration du résultat du transfert tant que les titres font l'objet du prêt (BOFiP-IS-BASE-20-30-30-§ 220-18/07/2013).

EXEMPLE

Une holding a acquis en mars 2016 pour 500 000 € une ligne de titres (10 000 actions) représentant 2 % du capital social d'une société A (la valeur unitaire de l'action A est donc de 50 €).

En mai 2018, la holding se porte acquéreur de 50 000 autres titres de la même société A, représentant 10 % du capital, pour un prix global de 3 250 000 € (l'action est désormais valorisée à 65 €).

En septembre 2020, elle cède la quasi-totalité de sa participation, se séparant de 58 000 titres pour un prix global de 4 060 000 € (prix de vente unitaire des titres : 70 €).

En décembre 2022, elle cède les 2 000 titres encore détenus, pour un prix unitaire de 68 €, soit au total 136 000 €.

Exposé du traitement de ces différentes opérations :

a) Lors de l'acquisition initiale de 2016, les 10 000 titres de la société A auront été comptabilisés en tant que « Titres de placement » puisque la holding ne détient que 2 % du capital de la société.

b) Lors de la seconde acquisition de 2018, la holding aura eu la faculté d'inscrire la totalité de sa ligne de titres, représentant désormais 13 % du capital de la société A, dans un sous-compte spécial « Titres relevant du régime des plus-values à long terme ».

Cette inscription entraîne le transfert de compte à compte des 10 000 titres précédemment détenus. Ce transfert se traduit par un résultat de transfert égal à la différence entre le prix des actions à la date du transfert (65 € × 10 000 = 650 000 €) et leur valeur fiscale d'origine (500 000 €). Le bénéfice correspondant (150 000 €) est imposable au taux plein de l'impôt sur les sociétés, mais il est placé en report jusqu'à la cession des titres en question.

c) La cession partielle de 2020 va entraîner trois conséquences :

• cessation du report d'imposition constaté sur le transfert comptable opéré en 2018, donc imposition du résultat de transfert.

Si l'on considère que la cession de 2020 porte en priorité sur les titres acquis les premiers, c'est-à-dire ceux acquis en 2018 (application de la règle légale « premier entré, premier sorti », *voir § 387*), la totalité de la plus-value de transfert constatée en 2018 (soit 150 000 €) doit être rattachée au résultat imposable à l'IS au taux plein de l'exercice 2020 ;

• imposition des titres cédés, à raison de la plus-value acquise entre la date du transfert et la date de la cession.

58 000 titres ont été cédés, dont 10 000 avaient fait l'objet du transfert de compte à compte opéré en 2018. Le prix de revient de ces titres est de 65 € (valeur de transfert pour les 10 000 titres transférés, valeur d'achat pour les 48 000 autres titres). La plus-value de cession est donc de (70 - 65) × 58 000 = 290 000 €. Il s'agit d'une plus-value à long terme, puisque les titres cédés, du fait de leur classement comptable (ils sont inscrits dans le sous-compte spécial « TRPVLT »), sont assimilés à des titres de participation et qu'ils figurent dans cette rubrique depuis plus de 2 ans. Cette plus-value sera soumise au taux de 0 %, donc exonérée sous réserve de la réintégration dans le résultat imposable au taux de droit commun d'une quote-part de frais et charges de 12 % de la plus-value *(voir § 415)*, soit 34 800 € (imposition de 34 800 € × 28 % = 9 744 €) ;

• constatation d'un transfert de compte à compte des titres que la holding a conservés. En effet, ces titres, qui ne représentent plus que 0,4 % du capital de la société A, ne peuvent plus être maintenus dans le sous-compte spécial « TRPVLT » et doivent être reclassés dans les titres de placement.

Le résultat de ce transfert se calcule par différence entre la valeur des titres à la date du transfert qui nous occupe (70 € par action) et leur valeur d'acquisition (65 €). Il s'agit donc d'une plus-value à long terme de 2 000 × (70 - 65) = 10 000 €. La prise en compte de cette plus-value à long terme sera différée jusqu'à la cession des titres en question (report d'imposition prévu par le régime des transferts de titres).

d) La cession finale de 2022 va elle-même entraîner deux conséquences :

• cessation du report d'imposition constaté sur le transfert comptable opéré en 2020, donc imposition du résultat de transfert. La plus-value à long terme de 10 000 € mise en report en 2020 devient imposable en 2022, ce qui se traduit par une imposition au taux de 0 % et par la réintégration dans le résultat imposable au taux plein d'une quote-part de frais et charges de 1 200 € ;

• imposition des titres cédés, à raison de la moins-value subie entre la date du transfert et la date de la cession.

Cette moins-value est égale à la différence entre la valeur de transfert des titres en 2020 (70 € × 2 000 = 140 000 €) et la valeur de cession de ces mêmes titres en 2022 (68 € × 2 000 = 136 000 €). Cette moins-value de 4 000 € est une moins-value à court terme puisqu'elle ne concerne pas des titres de placement ou assimilés ; elle viendra en déduction du résultat 2022 imposable au taux plein.

Si l'on résume l'opération, la holding aura acquis des titres pour 500 000 € + 3 250 000 € = 3 750 000 €, qu'elle a ensuite revendus pour 4 060 000 € + 136 000 € = 4 196 000 €. Elle a donc réalisé globalement une plus-value de 446 000 €.

Fiscalement, l'opération se décompose entre :

Une plus-value de transfert (à court terme) de	150 000 €
Une plus-value de cession (à long terme) de	290 000 €
Une plus-value de transfert (à long terme) de	10 000 €
Une moins-value de cession (à court terme) de	- 4 000 €
Total :	446 000 €

349 Lorsque des titres sont transférés alors qu'ils avaient été **acquis par une fusion ou une opération assimilée** soumise aux dispositions de l'article 210 A du CGI, le résultat de transfert est calculé par rapport à la **valeur fiscale** qu'avaient ces titres pour la société absorbée, apporteuse ou scindée. De même lorsque les titres transférés avaient été acquis par une opération d'échange ayant bénéficié des dispositions des 7 ou 7 bis de l'article 38 du CGI, le résultat de transfert est calculé par rapport à la valeur fiscale des titres remis à l'échange (BOFiP-IS-BASE-20-30-30-§ 280-18/07/2013).

Lorsque des titres qui avaient été transférés d'un compte de titres de participation ou d'un sous-compte spécial TRPVLT à un autre compte du bilan (ou inversement) viennent à être **apportés ou échangés**, l'apport et l'échange sont **assimilés à une cession** et entraînent donc la prise en compte du résultat de transfert au titre de l'exercice de ces opérations, même lorsque l'apport ou l'échange bénéficie des dispositions de l'article 210 A du CGI ou du 7 ou 7 bis de l'article 38 du CGI (BOFiP-IS-BASE-20-30-30-§ 290-18/07/2013).

350 En revanche, en cas de cession entre sociétés membres d'un **même groupe intégré** de titres ayant fait l'objet antérieurement d'un transfert de compte à compte, le résultat de transfert devenu imposable à l'occasion de cette cession fait l'objet d'une neutralisation dans le cadre du dispositif prévu à l'article 223 F du CGI *(voir § 485)*.

351 (Réservé)

Traitement des frais d'acquisition

355 Du point de vue **comptable**, il existe une **option** pour le traitement des frais d'acquisition des titres (droits de mutation, honoraires ou commissions et frais d'actes). En effet, ces frais peuvent être :
– inclus dans le coût d'acquisition des titres ;
– ou comptabilisés en charges (PCG art. 221-1 et 213-8).

Cette option peut être différente pour les titres de participation au sens fiscal et pour les autres titres (Avis du Comité d'urgence du CNC du 15 juin 2007, n° 2007-C) ; elle est normalement irrévocable.

356 Du point de vue **fiscal** en revanche, la loi oblige les sociétés soumises à l'IS à **incorporer au prix de revient** des titres de participation les frais liés à leur acquisition (CGI art. 209, VII).

Le même article précise que les frais en question peuvent, en revanche, faire l'objet d'un **amortissement sur 5 ans** à compter de la date d'acquisition des titres.

357 Les titres concernés sont ceux mentionnés plus haut, à savoir non seulement les titres qui revêtent le caractère de titres de participation sur le plan comptable, mais également les titres éligibles au régime des sociétés mères et qui ont été inscrits au « sous-compte spécial » déjà évoqué.

358 Quant aux **frais d'acquisition** concernés, ce sont, ainsi que l'indique l'Administration (reprenant les termes d'un avis du Comité d'urgence du CNC du 21 décembre 2000 n° 2000-D) :
– les frais de conseils : honoraires relatifs à des conseils de nature comptable, juridique, fiscale, en stratégie et études de marché, en environnement, en ressources humaines ;
– les frais bancaires : honoraires relatifs à des conseils, commissions d'engagement, garanties de bonne fin de l'opération ;
– les formalités légales et dépenses liées : formalités légales, prospectus, frais d'impression, redevances des autorités régulatrices et entreprises de marché ;
– les frais de communication et de publicité (BOFiP-IS-BASE-30-10-§ 40-12/09/2012).

359 Le traitement des frais en question diffère selon l'option comptable retenue par l'entreprise concernée.

Cas où l'entreprise a incorporé les frais d'acquisition au prix de revient

360 Dans ce cas, la fraction du prix de revient des titres de participation correspondant aux frais d'acquisition obligatoirement incorporés peut être **amortie** linéairement sur **5 ans** à compter de la date d'acquisition des titres, avec un calcul *prorata temporis* en ce qui concerne l'année d'acquisition et la dernière année d'amortissement (années comptées pour 360 jours par mesure de simplification : BOFiP-IS-BASE-30-10-§ 140-12/09/2012).

361 Cet amortissement doit obligatoirement être **comptabilisé** pour respecter la règle de l'amortissement minimal obligatoire fixée à l'article 39, 1-2° du CGI. Dans la mesure où, du point de vue comptable, aucune écriture de dépréciation n'est pratiquée, la dotation doit impérativement être constituée sous forme d'amortissement **dérogatoire**.

EXEMPLE

Une holding dont l'exercice coïncide avec l'année civile a fait l'acquisition de titres de participation pour 500 000 € le 1er avril 2021. Divers droits de mutation, honoraires de conseil et commissions d'intermédiaires lui ont été facturés pour un montant total HT de 20 000 €.

L'amortissement dérogatoire comptabilisé sur la fraction du prix de revient des titres de participation correspondant aux frais d'acquisition sera de :

Pour l'exercice 2021 : 20 000 € × 1/5 × 9/12 = 3 000 €.

Pour chacun des exercices 2022 à 2025 : 20 000 € × 1/5 = 4 000 €.

Pour l'exercice 2026 : 20 000 € × 1/5 × 3/12 = 1 000 €.

Cas où l'entreprise a porté les frais d'acquisition en charges

362 Si l'entreprise a opté sur le plan comptable pour la déduction immédiate des frais d'acquisition, elle doit tout d'abord **réintégrer** extra-comptablement ces frais au bénéfice imposable de l'exercice d'acquisition des titres, puis procéder à leur déduction échelonnée sur cinq exercices.

363 Comme les frais correspondants n'ont pas été immobilisés, il paraît difficilement envisageable de comptabiliser des amortissements dérogatoires. L'Administration admet donc, dans cette situation, que soit pratiquée directement une **déduction** extra-comptable : la « dotation » doit donc être directement portée par l'entreprise sur le tableau 2058 A de détermination du résultat fiscal, dans la case XG « Déductions diverses ».

EXEMPLE

Une holding dont l'exercice coïncide avec l'année civile a fait l'acquisition de titres de participation pour 200 000 € le 1er juillet 2021. Divers droits de mutation, honoraires de conseils et commissions d'intermédiaires lui ont été facturés pour un montant total HT de 10 000 €.

L'année d'acquisition des titres, elle devra :
- réintégrer extra-comptablement le montant des frais d'acquisition passé en charges, soit 10 000 € (tableau 2058 A, case WQ « Réintégrations diverses ») ;
- déduire extra-comptablement le montant correspondant à « l'amortissement » de ces charges, à savoir pour l'exercice : 10 000 € × 1/5 × 6/12 = 1 000 € (tableau 2058 A, case XG « Déductions diverses »).

Pour chacun des exercices 2022 à 2025, elle devra encore pratiquer une déduction extra-comptable de : 10 000 € × 1/5 = 2 000 €.

Et enfin, pour l'exercice 2026 : 10 000 € × 1/5 × 6/12 = 1 000 €.

Impact sur le provisionnement des titres et sur leur cession ultérieure

364 En cas de dépréciation des titres de participation, si la société a opté comptablement pour l'incorporation des frais d'acquisition dans le prix de revient, la provision déductible ne pourra être calculée que sur le prix de revient fiscal des titres de participation, minoré par conséquent des amortissements admis en déduction (BOFiP-IS-BASE-30-10-§ 108-12/09/2012).

365 Par ailleurs, en cas de cession ultérieure des titres, la plus ou moins-value de cession doit, indique l'Administration, être calculée d'après la valeur nette fiscale des titres, c'est-à-dire après déduction de la fraction déjà amortie des frais d'acquisition.

Attention

Si une cession des titres intervient moins de 5 ans après leur acquisition, la fraction de frais d'acquisition non encore amortie est susceptible de ne jamais être déduite. Ceci s'avère surtout préjudiciable pour les titres détenus pour une durée comprise entre 2 et 5 ans, comme le montre l'exemple ci-dessous.

Exemple

Reprise du cas précédent : une holding a fait l'acquisition de titres de participation pour 200 000 € le 1er juillet 2021. Des frais d'acquisition lui ont été facturés pour un montant HT de 10 000 €.

En 2021, elle a, rappelons-le :
- réintégré extra-comptablement le montant des frais d'acquisition passé en charges, soit 10 000 € ;
- et déduit extra-comptablement le montant correspondant à « l'amortissement » de ces charges, à savoir pour l'exercice : 10 000 € × 1/5 × 6/12 = 1 000 €.

1er cas : Les titres sont cédés dès le 1er octobre 2022 pour 250 000 €

Un amortissement *prorata temporis* est encore déductible au titre de l'exercice 2022, à hauteur de : 10 000 € × 1/5 × 9/12 = 1 500 €.

Le prix de revient fiscal des titres est de : (200 000 + 10 000) - (1 000 + 1 500) = 207 500 €.

La plus-value fiscale réalisée est donc de : 250 000 - 207 500 = 42 500 €.

Comme cette plus-value est taxée à l'IS au taux normal compte tenu du délai de détention inférieur à 2 ans, les frais d'acquisition non encore amortis se trouvent déduits *de facto* : ils ont en effet majoré le prix de revient, donc minoré la plus-value imposable à l'IS au taux plein.

Second cas : Les titres sont cédés le 1er octobre 2023, pour 250 000 €

Un amortissement de 2 000 € aura été déduit au titre de l'exercice 2022, auquel s'ajoutera un amortissement *prorata temporis* de 1 500 € au titre de l'exercice 2023.

Le prix de revient fiscal des titres est de : (200 000 + 10 000) - (1 000 + 2 000 + 1 500) = 205 500 €.

La plus-value fiscale réalisée est donc de : 250 000 - 205 500 = 44 500 €.

Les frais d'acquisition non encore amortis (soit 5 500 €) viennent majorer le prix de revient, donc minorer la plus-value imposable. Cependant, comme cette plus-value n'est imposable qu'à hauteur de 12 % de son montant (quote-part de réintégration du régime des plus-values à long terme : *voir § 400*), on peut dire que les frais d'acquisition non encore amortis ne seront entrés en déduction du résultat imposable qu'à hauteur de 12 % de leur montant.

366 Par ailleurs, aucun aménagement n'est prévu par l'Administration en cas de cession des titres entre sociétés d'un **groupe fiscalement intégré**. La plus-value (par ailleurs neutralisée dans le résultat d'ensemble : *voir § 476*) est déterminée selon les règles de droit commun indiquées ci-dessus et la société cédante **ne peut plus amortir** la fraction des frais d'acquisition non encore déduits, pas plus que la société cessionnaire membre du groupe ne peut poursuivre l'amortissement de ces mêmes frais (BOFiP-IS-BASE-30-10-§ 280-12/09/2012 ; BOFiP-IS-GPE-20-20-50-10-§ 180-15/04/2020).

La réglementation relative aux frais d'acquisition est ainsi susceptible, dans certaines situations, de porter atteinte au principe de neutralité des cessions d'immobilisations réalisées à l'intérieur d'un groupe intégré.

367 Les mêmes règles sont appliquées en cas de **transfert de compte** à compte *(voir § 340)*, c'est-à-dire en cas de transfert d'un compte « Titres de participation » à un autre compte de titres figurant au bilan : la valeur fiscale des titres transférés doit s'entendre du prix de revient intégrant les frais d'acquisition, minorés des amortissements admis en déduction. Par ailleurs, comme ces titres ne peuvent plus être qualifiés de titres de participation à la date du transfert, l'entreprise ne peut plus, à compter de cette même date, continuer de déduire la fraction non encore amortie du prix de revient correspondant aux frais d'acquisition (BOFiP-IS-BASE-30-10-§ 360-12/09/2012).

Cela étant, pourquoi interdire, alors, la déduction des frais non encore amortis alors que les titres en question ne sont plus des « titres de participation » et que cette qualification, seule, fondait l'interdiction de déduction ?

368 À l'inverse, en cas de transfert vers un compte de titres de participation (ou assimilés : TRPVLT), les frais qui avaient été engagés pour l'acquisition des titres en question ne font l'objet d'aucun retraitement (BOFiP-IS-BASE-30-10-§ 370-12/09/2012).

369 L'Administration admet cependant qu'en cas d'**échange d'actions** effectué dans le cadre d'une offre publique d'échange placée sous le régime de l'article **38-7** du CGI, ou encore dans le cadre d'une fusion ou d'une scission (CGI art. 38-7 bis), la société détentrice des titres échangés peut **continuer d'amortir** les frais d'acquisition incorporés au prix de revient des titres de participation remis à l'échange sur la durée d'amortissement restant à courir (BOFiP-IS-BASE-30-10-§ 330-12/09/2012). Sur le traitement général de ces opérations d'échange, on se reportera aux développements *infra § 460*.

370 (Réservé)

Chapitre 2-2

CESSIONS DE TITRES

L'essentiel

Lorsqu'une société holding vient à céder des titres, le produit ou la perte retiré de cette cession est rattaché au résultat de droit commun si les titres cédés sont des titres de placement, ce qui n'appelle pas de commentaires particuliers. En revanche, s'il s'agit de titres de participation, la plus ou moins-value de cession obéit à des règles particulières, puisqu'elle relève généralement du régime du long terme, avec exonération des plus-values (les moins-values éventuellement réalisées n'étant pas, quant à elles, déductibles). La réintégration d'une quote-part de frais et charges est cependant exigée, mais cette réintégration est neutralisée en cas d'appartenance à un groupe fiscalement intégré.

Détermination de la plus ou moins-value

380 La plus-value ou moins-value réalisée sur la cession de titres est normalement égale à la différence entre le prix de cession de ces titres et leur prix de revient net fiscal.

Si la question du prix de cession n'appelle que peu de commentaires *(voir ci-après § 392)*, la détermination du prix de revient apparaît plus complexe.

Prix de revient des titres

381 Tout d'abord, le prix de revient peut se trouver affecté par le traitement fiscal retenu en ce qui concerne les **frais d'acquisition** des titres.

En effet, comme nous l'avons vu précédemment, la plus ou moins-value de cession doit être calculée d'après la valeur nette fiscale des titres, c'est-à-dire après déduction de la fraction déjà amortie des frais d'acquisition. L'application de cette règle peut se traduire, le cas échéant, par la perte de la déduction fiscale des frais d'acquisition non encore amortis : cas des titres dont la cession intervient moins de 5 ans après leur acquisition *(voir § 365)*.

382 Ensuite, il existe un certain nombre de situations dans lesquelles le prix de revient fiscal des titres peut être différent de leur valeur comptable.

383 Tel est le cas tout d'abord lorsque les titres cédés ont précédemment fait l'objet d'un **transfert** de compte à compte.

Dans ce cas :
– pour le calcul de la plus-value de cession, le prix de revient fiscal des titres est égal à leur valeur à la date du transfert ;
– cette cession rend, par ailleurs, imposable la plus-value constatée à la date du transfert, précédemment mise en report dans les conditions indiquées au *§ 347*.

384 Autre situation dans laquelle le prix de revient fiscal des titres est différent de leur valeur comptable : lorsque les titres cédés ont été l'objet antérieurement d'une opération ayant donné lieu à un sursis d'imposition.

Tel est le cas *(voir § 460)* de titres ayant fait l'objet d'un échange dans le cadre d'une opération d'apport ou de fusion (CGI art. 38-7 bis).

385 Par ailleurs, conformément à la jurisprudence du Conseil d'État, le prix de revient fiscal des titres doit être majoré, le cas échéant, des **abandons de créances** à caractère financier **non déductibles** consentis postérieurement à l'acquisition desdits titres (CE 16 mars 2001, n° 199580, SA Rexel ; CE 26 mars 2008, n° 301413, min. c/SA Financière Fauvernier ; BOFiP-BIC-BASE-50-20-10-§ 60-29/01/2013).

386 Une autre question susceptible de se poser est celle du prix de revient des titres de sociétés ayant fait l'objet d'un « **coup d'accordéon** », c'est-à-dire d'une réduction de capital, suivie d'une augmentation de capital.

Dans ce cas, l'apport complémentaire correspondant à l'augmentation de capital vient augmenter le prix de revient des titres (CE 22 janvier 2010, n° 311339, Sté Prédica). Cet apport peut se traduire par une ventilation de la plus ou moins-value entre court terme et long terme *(voir § 408)*.

Titres acquis ou souscrits à des dates différentes

387 Lorsque des titres ont été acquis ou souscrits à des dates différentes, la détermination de leur coût de revient doit normalement s'effectuer par application de la règle PEPS « premier entré, premier sorti » (ou FIFO « first in, first out »). Ceci résulte de l'article 39 *duodecies* 6 du Code général des impôts, qui précise que pour les titres immobilisés, « les cessions de titres compris dans le portefeuille sont réputées porter par priorité sur les titres de même nature acquis ou souscrits à la date la plus ancienne. » Cependant, l'administration fiscale admet, sous certaines conditions, l'application de la règle du « coût moyen unitaire pondéré » *(voir § 390)*.

EXEMPLE

Holding ayant acquis successivement des titres d'une société A :
- en 2015, 15 000 titres (15 % du capital) d'une valeur unitaire de 16 €, soit au total 240 000 € ;
- en 2020, 60 000 titres (60 % du capital) d'une valeur unitaire de 20 €, soit au total 1 200 000 €.

Soit au total 1 440 000 €.

En 2021, la holding a cédé 18 000 titres de la société A pour un prix unitaire de 22 € (prix de cession total 396 000 €).

Calcul de la plus-value de cession

a) Dans le cas où la holding évalue ses titres selon la règle « FIFO », ce qui est la méthode normalement applicable, la cession intervenue en 2021 est réputée porter sur :
- 15 000 titres (les plus anciens) d'une valeur unitaire de 16 €, soit 240 000 € ;
- et 3 000 titres d'une valeur unitaire de 20 €, soit 60 000 €. Le coût de revient total des titres cédés s'élève donc à 300 000 €.

Cette cession a donc dégagé une plus-value de 396 000 - 300 000 = **96 000 €**.

b) Dans le cas où la holding évalue ses titres selon la règle du « coût moyen pondéré » (CMP), la valeur unitaire des titres cédés est de (1 200 000 + 240 000)/(60 000 + 15 000) = 19,20 €, et leur valeur totale de 18 000 × 19,20 = 345 600 €. La cession a donc dégagé une plus-value de 396 000 - 345 600 = **50 400 €**.

Durée de détention

388 Le régime des plus-values à long terme ne s'applique qu'aux titres détenus pendant **2 ans**. La méthode FIFO ne sert pas uniquement à déterminer le prix de revient des titres cédés : elle sert également, le cas échéant, à déterminer la durée de détention de ceux-ci, puisque les titres les plus anciennement acquis sont réputés être les premiers cédés.

EXEMPLE

Cas d'une holding ayant acquis successivement :
- en mars 2016, 1 400 titres d'une valeur unitaire de 50 €, soit 70 000 € ;
- en décembre 2020, 1 500 titres d'une valeur unitaire de 55 €, soit 82 500 € ;
- en 2021, 600 titres d'une valeur unitaire de 55 €, soit 33 000 €.

Elle procède ensuite à la cession, en février 2022, de 1 600 titres, à un prix unitaire de 60 €.

a) En utilisant la méthode « FIFO », cette cession sera réputée constituer :
- à hauteur des 1 400 titres acquis en 2016, une plus-value à long terme, exonérée (sous réserve de la quote-part de frais et charges) :
- 1 400 × (60 - 50) = 14 000 € (PVLT),
- à hauteur de 200 titres acquis en 2020, une plus-value à court terme, soumise à l'impôt sur les sociétés au taux normal :
- 200 × (60 - 55) = 1 000 € (PVCT).

b) Si l'on utilise la méthode « CUMP », on obtient non seulement un montant de plus-value différent, mais également une proportion court terme/long terme différente :

Les 3 500 titres possédés au moment de la cession sont en effet réputés détenus à hauteur de 1 400/3 500, soit 40 %, depuis plus de 2 ans, et à hauteur de (1 500 + 600)/3 500, soit 60 %, depuis moins de 2 ans.

Le prix de revient unitaire des titres, calculé selon la méthode CUMP, est de (70 000 + 82 500 + 33 000)/(1 400 + 1 500 + 600) = 53 €. La plus-value CUMP est donc de 1 600 × (60 - 53) = 11 200 €.

Cette plus-value sera soumise au taux de 0 % pour 6 720 €, soit 60 % de son montant, et à l'IS au taux plein pour le reste, soit 4 480 €.

Dans le premier cas (FIFO), la plus-value totale est de 15 000 €, dont 1 000 € de plus-value imposable (à court terme).

Dans le second cas (CUMP), la plus-value totale est de 11 200 €, dont 4 480 € de plus-value à court terme imposable.

389 En cas de cession de titres de participation reçus à l'occasion d'une fusion ou d'une opération assimilée placée sous le régime de l'article 210 A du CGI, le délai de détention de 2 ans est décompté à partir de la date d'entrée des titres dans le patrimoine de la **société absorbée** ou apporteuse.

Par ailleurs, la transformation d'une société (par exemple de SA en SNC) n'ayant pas pour effet de créer une personne morale nouvelle, elle n'a pas d'effet sur le calcul de la durée de détention de ses titres (CAA Versailles, 18 novembre 2014 n° 11VE02931 ; BOFiP-BIC-PVMV-20-10-§ 100-02/08/2017).

Conditions d'application de la méthode du « coût unitaire moyen pondéré »

390 La doctrine administrative autorise les entreprises à utiliser la méthode du « coût unitaire moyen pondéré » pour la détermination du prix de revient des titres cédés lorsque les conditions suivantes sont réunies (BOFiP-BIC-PVMV-30-30-10-§ 180-11/03/2013) :

– la méthode ne s'applique pas en cas de cession de la totalité d'une ligne de participation en l'absence de cession partielle antérieure ;

On distingue mal la portée de cette restriction puisque, dans ce cas, le prix de revient des titres, qu'il soit calculé selon la méthode FIFO ou la méthode CUMP, sera de toute manière identique.

– la même méthode doit être également appliquée sur le plan comptable ; l'option s'effectue pour chaque catégorie de titres de même nature (ou ligne de titres) et, lorsqu'elle est appliquée à une ligne de titres, elle doit l'être pour la détermination du résultat de l'ensemble des cessions ultérieures jusqu'à la cession de la totalité des titres de la ligne ;

– l'application de la méthode ne peut avoir pour conséquence de faire apparaître une moins-value à court terme (ou d'en majorer le montant) par rapport aux montants qui seraient déterminés par application de la méthode FIFO (cas d'une ligne de titres dont, au moment de la cession, une partie a été acquise depuis moins de 2 ans).

EXEMPLE

Cas d'une holding ayant acquis des titres de participation en deux temps :
- en juin 2018, 10 000 titres pour un prix unitaire de 30 €, soit 300 000 € ;
- en octobre 2021, 10 000 titres pour un prix unitaire de 25 €, soit 250 000 €.

La holding cède 5 000 titres en 2022 pour un prix unitaire de 20 €, soit au total 100 000 €.

a) Si la règle du CUMP était utilisée, le prix de revient unitaire des titres cédés s'élèverait à (300 000 + 250 000)/(10 000 + 10 000) = 27,50 €.

La moins-value de cession serait de 5 000 × (27,50 - 20) = 37 500 €.

Elle serait réputée à court terme à hauteur de la moitié, soit 18 750 €, et par conséquent entièrement déductible du résultat imposable à due concurrence.

b) Cependant, ce résultat s'avère nettement plus favorable que dans le cas de l'application de la règle FIFO, puisque cette dernière se traduit par une moins-value, certes, plus élevée, 5 000 × (30 - 20) = 50 000 €.

Mais cette moins-value est intégralement à long terme, puisque les 5 000 titres cédés sont réputés provenir intégralement de ceux acquis en 2018, c'est-à-dire depuis plus de 2 ans.

L'utilisation de la méthode CUMP est donc proscrite puisqu'elle a bien, au cas particulier, « pour conséquence de faire apparaître une moins-value à court terme » qui n'existerait pas en cas d'utilisation de la méthode légale du FIFO.

La holding devra obligatoirement calculer sa moins-value en utilisant ladite méthode FIFO (et pratiquer des rectifications extra-comptables en cas d'utilisation de la méthode CUMP en comptabilité).

Cession partielle d'une ligne de titres

391 La cession partielle d'une ligne de titres (comme d'ailleurs l'acquisition de titres venant compléter une ligne déjà détenue) peut nécessiter un « **transfert** » de ces titres de compte à compte : tel est le cas, par exemple, lorsque la cession partielle en question fait chuter le taux de détention en dessous du pourcentage nécessaire pour un maintien dans la rubrique des « titres de participation » ou des « TRPVLT ». Le transfert se traduira alors par une plus ou moins-value de cession mais sa prise en compte sera différée jusqu'à l'exercice de cession des titres conservés (sur ces aspects, *voir § 340*).

Frais de cession des titres

392 Il résulte de la jurisprudence du Conseil d'État que pour le calcul des plus ou moins-values sur titres, le prix de cession à retenir est un prix de cession **net** des frais et taxes qui ont grevé l'opération de cession elle-même (CE 21 juin 1995, n° 132531, SA Sofige). Il s'agit là des frais « inhérents » à la cession, dont la jurisprudence ne donne pas de définition précise.

En tout cas, les charges préparatoires exposées en vue de la réalisation de la cession (honoraires d'expertise notamment) ne doivent pas être déduites du prix de vente retenu pour le calcul de la plus ou moins-value (CE du 21 juin 1995 précité).

En revanche, les honoraires versés à des établissements financiers et rémunérant une prestation d'intermédiation pour la réalisation de la vente constituent des **frais « inhérents »** à cette vente et doivent donc venir en déduction du prix de vente (CE 7 février 2007, n° 279588, min. c/Sté Weil Besançon).

Il va sans dire que ce dernier traitement s'avère très généralement désavantageux, puisqu'en cas d'application du régime du long terme les frais en question viennent alors diminuer le montant de la plus-value exonérée (ou celui de la moins-value non déductible), au lieu de venir en déduction du résultat taxable à l'IS au taux de droit commun.

Titres non inscrits au bilan

393 Le régime des plus-values à long terme est bien entendu applicable normalement aux titres qui ont été dûment inscrits à l'actif du bilan, depuis au moins 2 ans. Cependant, le Conseil d'État a eu l'occasion, dans un cas assez particulier il est vrai, d'indiquer que l'application de ce régime n'était pas nécessairement exclue pour des titres non inscrits au bilan.

Il s'agissait du cas d'une société détentrice de longue date d'une participation dans le capital d'une SCI, participation qui n'avait pas été inscrite à son actif dès l'origine, probablement à la suite d'une erreur comptable due à la modicité des sommes en cause. Cette société avait par la suite inscrit à son bilan le 30 juin 1992 ces parts de SCI pour la contrevaleur de 100 F, et les avait revendues le même jour pour 3 180 000 €.

L'Administration avait refusé le bénéfice du régime des plus-values à long terme au motif que les titres n'avaient pas été **inscrits au bilan** pendant **2 ans**, et la Cour administrative d'appel lui avait donné raison. Le Conseil d'État a censuré cet arrêt, au motif que la Cour aurait dû vérifier si les parts étaient bien des **actifs immobilisés** détenus depuis plus de 2 ans, au vu des statuts et des différents éléments produits, l'inscription au bilan n'étant qu'un indice de leur qualité d'actifs immobilisés (CE 23 décembre 2016, n° 375746, Sté Cap Gemini).

394 (Réservé)

Titres réévalués

395 Afin d'améliorer la situation financière et de renforcer leurs fonds propres des entreprises, la loi n° 2020-1721 du 29 décembre 2020 de finances pour 2021 a mis en place un dispositif optionnel de neutralisation des conséquences fiscales de la **réévaluation d'actifs** (CGI art. 238 bis JB). Il s'agit d'un dispositif temporaire, puisqu'il s'applique à la première opération de réévaluation constatée au terme d'un exercice clos à compter du 31 décembre 2020 jusqu'au 31 décembre 2022. Ce dispositif s'applique uniquement aux réévaluations d'ensemble des immobilisations **corporelles et financières** réalisées dans les conditions prévues à l'article L. 123-18 du Code de commerce (et à l'article 214-27 du PCG), à l'exclusion par conséquent des immobilisations incorporelles (fonds de commerce, brevets, marques, etc.).

Les **titres de participation** peuvent donc être faire l'objet d'une réévaluation en toute neutralité fiscale (à condition que l'opération porte sur l'ensemble des immobilisations corporelles et financières de la société qui la pratique : les réévaluations partielles d'immobilisations ne sont pas autorisées). En revanche, les **valeurs mobilières de placement** ne sont pas concernées (BOFiP-BIC-PVMV-40-10-60-30-§ 10-09/06/2021).

Une société holding détenant des participations dans des sociétés détentrices d'actifs incorporels (marques ou brevets par exemple) doit pouvoir réévaluer ces participations, alors même que ses filiales ne sont pas en mesure de réévaluer lesdits actifs.

En principe, lorsqu'une entreprise procède à une réévaluation de ses actifs, l'écart de réévaluation constaté doit être intégré au résultat imposable de l'exercice au titre duquel l'entreprise procède à la réévaluation. Par dérogation, le texte qui nous occupe autorise l'entreprise qui procède à une réévaluation dans les conditions mentionnées ci-dessus à ne pas prendre en compte l'écart de réévaluation qu'elle constate pour la détermination du résultat imposable, à condition qu'elle s'engage à calculer la plus-value ou la moins-value réalisée lors de la cession ultérieure des immobilisations non amortissables (ce qui est le cas des titres) d'après leur valeur non réévaluée (et à réintégrer l'écart de réévaluation afférent aux immobilisations amortissables dans ses bénéfices imposables, par parts égales sur une durée de 15 ou 5 ans selon la nature de l'immobilisation).

S'agissant des titres de participation, le régime des plus-values à long terme s'applique à la plus-value de cession ultérieure constatée sur les titres de participation réévalués, en ce compris la fraction correspondant à l'écart de réévaluation dont l'imposition a été mise en sursis dès lors que les conditions d'application du régime des PVLT sont remplies (BOFiP-BIC-PVMV-40-10-60-30-§ 70-09/06/2021).

L'opération de réévaluation d'actifs n'a pas pour effet d'interrompre le délai de détention de 2 ans requis pour bénéficier du régime des plus-values à long terme de cession de titres de participation (BOFiP-BIC-PVMV-40-10-60-30-§ 70-09/06/2021).

EXEMPLE

Cas d'une société holding détentrice d'une participation dans le capital d'une filiale A, acquise pour 2 M€ plusieurs années auparavant. Cette participation constitue son seul actif immobilisé.

À la clôture de son exercice arrêté le 31 décembre 2021, la société holding, constatant que la valeur des titres A est désormais de 5 M€, décide de réévaluer cet actif : elle constate donc dans ses comptes un écart de réévaluation de 3 M€.

En 2023, les titres A, qui figurent désormais pour 5 M€ à l'actif de la holding, sont cédés pour un prix de 6 M€.

La holding réalise de ce fait une plus-value comptable de 6 M€ - 5 M€ = 1 M€.

En revanche, du point de vue fiscal, sa plus-value s'élève à 6 M€ - 2 M€ = 4 M€ (plus-value traitée fiscalement en tant que plus-value à long terme).

396 **(Réservé)**

Régime fiscal de la plus-value de cession

400 Dans la généralité des cas, les plus-values de cession de **titres de participation** *(voir §§ 300 et s.)* détenus depuis au moins **2 ans** relèvent du régime des plus ou moins-values à **long terme**, et sont imposées au **taux de 0 %**, sous réserve de

la réintégration dans l'assiette du résultat imposable au taux plein de l'IS d'une **quote-part de frais et charges**, actuellement égale à 12 % de la plus-value *(voir § 415)*.

401 Corrélativement, les moins-values nettes à long terme ne sont pas déductibles du résultat imposable au taux plein, mais imputables sur les éventuelles plus-values à long terme taxées à 15 % ou 19 % (voir ci-après) réalisées au cours des dix exercices suivants.

402 Par exception à la règle générale d'exonération des plus-values de cession de titres de participation, sont soumises à un régime particulier les plus-values de cession de titres de participation à **prépondérance immobilière** *(voir § 330)* :
– les plus ou moins-values de cession de titres de sociétés à prépondérance immobilière **cotées** détenus depuis au moins 2 ans sont soumises au régime du long terme au taux spécifique de **19 %** ;
– les plus ou moins-values de cession de titres de sociétés à prépondérance immobilière **non cotées** relèvent de l'impôt sur les sociétés au taux plein.

403 Les cessions de titres de participation détenus depuis **moins de 2 ans** relèvent du régime du court terme (impôt sur les sociétés au taux plein), sous réserve, pour les opérations réalisées au sein d'un groupe et générant une moins-value, de l'application du régime « anti-abus » exposé *infra* au *§ 438*.

404 De même, relèvent de l'impôt sur les sociétés au taux normal les cessions de titres autres que les titres de participation (titres de placement notamment).

405 Sont également exclus du régime du long terme les titres de **sociétés de gestion de portefeuille** (parfois appelées à « prépondérance financière »), c'est-à-dire de sociétés dont l'actif est constitué principalement par des titres exclus de ce régime ou dont l'activité consiste de manière prépondérante en la gestion des mêmes valeurs pour leur propre compte (CGI art. 219 I. a ter, 2e al.).

L'Administration a précisé qu'il s'agissait des sociétés remplissant l'une des conditions suivantes :
– la valeur brute réelle des titres exclus du régime des plus-values à long terme représente 50 % ou plus de la valeur brute réelle totale de leurs actifs à la date de cession des titres ;
– la gestion de ces valeurs constitue l'essentiel des activités économiques de la société, étant précisé que ce caractère prépondérant est établi à partir d'un faisceau d'indices : importance des revenus de cette activité, importance des diligences exercées, importance du salariat affecté à ces opérations (BOFiP-IS-BASE-20-20-10-10-§ 60-03/05/2017).

Cette exclusion a été instituée par la loi de finances rectificative n° 2012-958 du 16 août 2012 (art. 16). Cela étant, le Conseil d'État a jugé que constituait un abus de droit le fait pour une société mère de se faire distribuer l'intégralité des liquidités de sa filiale puis de déduire une provision pour dépréciation sur les titres de la filiale ainsi vidée de sa trésorerie (CE 17 juillet 2013, n° 356523, min. du Budget c/SAS Garnier Choiseul Holding, conclusions F. Aladjidi, BDCF 11/13, n° 119, Chron. E. Bokdam-Tognetti, RJF 11/13, p. 883) *(voir § 640)*.

406 **Le régime du long terme ne s'applique pas non plus aux plus ou moins-values provenant de la cession de titres de sociétés établies dans un État ou territoire non coopératif** (CGI art. 219 I a sexies-0 ter).

Il s'agit des États ou territoires non coopératifs (ETNC) au sens de l'article 238-0 A du CGI, c'est-à-dire d'États dont la situation au regard de la transparence et l'échange d'informations en matière fiscale a fait l'objet d'un examen par l'OCDE, et n'ayant pas conclu avec la France une convention d'assistance administrative permettant l'échange de renseignements fiscaux, ni signé une telle convention avec au moins douze États : *voir § 1347*.

Cependant, le Conseil constitutionnel a jugé que ces dispositions ne peuvent pas faire obstacle à ce que le contribuable puisse apporter la preuve que la prise de participation dans une société établie dans l'ETNC correspond à des opérations réelles qui n'ont ni pour objet ni pour effet de permettre, dans un but de fraude fiscale, la localisation de bénéfices dans un ETNC (Cons. constit. 20 janvier 2015 n° 2014-437 QPC).

407 Par ailleurs, les plus ou moins-values de cession de parts de **fonds communs de placement à risque** (FCPR) ou d'actions de **sociétés de capital-risque** (SCR) détenues depuis au moins **5 ans** sont exonérées dans la proportion de leur actif détenu depuis au moins 2 ans en titres de participation (hors titres de sociétés à prépondérance immobilière), sans réintégration de quote-part de frais et charges. La fraction excédentaire est, quant à elle, taxée à **15 %**. Les moins-values de cession sont imputables sur toute plus-value à long terme taxable à 15 % ou 19 %.

408 Dans le cas d'une cession intervenant plus de 2 ans après l'acquisition des titres mais moins de 2 ans après un « coup d'accordéon » *(voir § 386)*, la cession est réputée porter à la fois sur des titres détenus depuis plus de 2 ans et sur des titres détenus depuis moins de 2 ans. Dans ce cas, une plus ou moins-value doit normalement être répartie au prorata du prix de revient des titres (CE 22 janvier 2010, n° 311339 précité).

409 Cependant, pour les apports effectués depuis le 19 juillet 2012, la loi **neutralise** l'avantage qui pourrait résulter de l'application de ce principe (CGI art. 39 quaterdecies 2 bis, issu de la loi n° 2012-958 du 16 août 2012, deuxième loi de finances rectificative pour 2012).

Elle précise que la moins-value résultant de la cession, **moins de 2 ans** après leur émission, de titres de participation acquis en contrepartie d'un apport réalisé et dont la valeur réelle à la date de leur émission est inférieure à leur valeur d'inscription en comptabilité n'est **pas déductible**, dans la limite du montant résultant de la différence entre la valeur d'inscription des titres en comptabilité et leur valeur réelle à la date de l'émission.

Exemple

Cas d'une holding H détenant 100 % des titres d'une filiale F, dont la situation nette est négative à hauteur de 1 million d'euros.

La société F réalise une augmentation de capital pour 2 millions d'euros, intégralement souscrite par la holding H, qui inscrit donc les nouveaux titres à son bilan pour 2 millions d'euros.

Un an après, H vend les titres de la société F pour leur valeur réelle à cette date, soit 1,8 million d'euros.

a) Sous l'empire de la législation applicable aux apports réalisés jusqu'au 18 juillet 2012, la holding H aurait constaté une moins-value à court terme (déductible) de 1,8 M€ (prix de cession) - 2 M€ (prix de revient) = 200 000 €.

b) La législation actuelle interdit désormais la déduction d'une moins-value dans la limite de la différence entre la valeur d'inscription des titres F en comptabilité (2 M€) et leur valeur réelle à la date de leur émission, soit - 1 (situation nette négative antérieure) + 2 (nouvel apport) = 1 M€.

Au cas particulier, la moins-value comptable de 200 000 € n'est donc pas déductible du résultat imposable.

410 **(Réservé)**

Modalités d'imposition

415 La cession de titres de participation détenus depuis plus de 2 ans se traduit, comme nous l'avons vu, par une taxation à 0 %, sous réserve de la réintégration d'une quote-part de frais et charges dans le résultat imposable de la société cédante.

416 Initialement fixée à 5 % du résultat net des plus-values de cession, la quote-part de frais et charges à réintégrer a été portée :
– à 10 % pour les exercices ouverts à compter du 1er janvier 2011 (loi de finances rectificative pour 2011, n° 2011-1117 du 19 septembre 2011, art. 4) ;
– à **12 %** désormais, pour les exercices clos à compter du 31 décembre 2012 (loi de finances pour 2013, n° 2012-1509 du 29 décembre 2012, art. 22).

417 Cette dernière modification législative s'est accompagnée d'une modification de la **base de calcul** de la quote-part réintégrée. Le calcul de cette quote-part ne s'opère plus désormais sur le « résultat net » des plus-values de cession, mais sur leur **montant brut**.

Dès lors, les moins-values issues de cessions de titres de participation réalisées au cours du même exercice ne peuvent plus venir diminuer le montant de la quote-part calculée à raison des cessions génératrices de plus-values.

Exemple

Cas d'une holding qui, au cours de son exercice clos le 31 décembre 2022, a réalisé :
- une plus-value de 500 000 € sur la cession de titres de sa filiale F1 ;
- et une moins-value de 300 000 € sur la cession de titres de sa filiale F2.

Dans le système antérieur à 2012, la société holding aurait calculé le montant de la quote-part de frais et charges sur sa plus-value nette de l'exercice, à savoir 500 000 - 300 000 = 200 000 €.

Sous l'empire de la législation désormais applicable, la quote-part de frais et charges à réintégrer doit être calculée sur la plus-value « brute » réalisée sur la cession des seuls titres F1, d'où une quote-part calculée sur 500 000 €. Le montant de la réintégration s'élèvera donc à 12 % × 500 000 = 60 000 €.

418 Cependant, il n'y a pas lieu de réintégrer une quote-part de frais et charges dans le cas particulier où l'entreprise, tout en réalisant des plus-values sur la cession de telle ou telle participation, réalise globalement une **moins-value nette** au cours de l'exercice.

419 En effet, l'article 219 a *quinquies* du CGI, dans sa rédaction en vigueur depuis la modification législative de décembre 2012, est désormais libellé ainsi :

« Pour les exercices ouverts à compter du 1er janvier 2006, le **montant net des plus-values** à long terme afférentes à des titres de participation fait l'objet d'une imposition séparée au taux de 8 %. Ce taux est fixé à 0 % pour les exercices ouverts à compter du 1er janvier 2007.
Une quote-part de frais et charges égale à 12 % du montant brut des plus-values de cession est prise en compte pour la détermination du résultat imposable. »

Cette rédaction montre que le législateur a prévu un principe général, à savoir l'imposition des **seules plus-values nettes** (lorsqu'elles existent), puis une modalité d'application de cette imposition, c'est-à-dire la réintégration de la quote-part de frais et charges, qui lorsqu'elle est applicable doit alors être calculée sur la plus-value brute.

Telle est d'ailleurs très clairement la position retenue dans les **travaux parlementaires** ayant conduit à l'élaboration de la loi de finances pour 2013.

420 Pourtant, la **doctrine administrative** considérait qu'une quote-part de frais et charges devait, en tout état de cause, être réintégrée au résultat imposable, « quel que soit le résultat net des plus ou moins-values de cession de titres éligibles », donc même lorsque l'entreprise a subi une **moins-value nette** au cours de l'exercice de cession (BOFiP-IS-BASE-20-20-10-20-§ 125-03/02/2016).

Tel n'a pas été l'avis du Conseil d'État, qui a **annulé** ce BOFiP pour excès de pouvoir, jugeant que la réintégration de la quote-part de frais et charges égale à 12 % du montant brut des plus-values de cession est subordonnée à la réalisation par l'entreprise d'une **plus-value nette** au cours de l'exercice de cession (CE 14 juin 2017, n° 400855, Sté Orange Participations).

EXEMPLE

Cas d'une holding qui, au cours de son exercice clos le 31 décembre 2022, a réalisé :
- une plus-value de 500 000 € sur la cession de titres de sa filiale F1 ;
- et une moins-value de 600 000 € sur la cession de titres de sa filiale F2.

Dans cette situation, étant donné que la holding ne réalise pas globalement de plus-value imposable, mais une moins-value nette de 500 000 - 600 000 = - 100 000 €, aucune quote-part de frais et charges ne doit être réintégrée.

421 (Réservé)

Cas particuliers

Cession ou acquisition assortie d'une clause de garantie de passif

430 Une société holding peut se trouver confrontée à une opération impliquant une garantie de passif, soit parce qu'elle a vendu des titres en consentant une telle garantie à l'acheteur, soit parce qu'elle a acquis des titres dans le cadre d'une convention prévoyant une telle garantie.

On précise que la clause de garantie de passif est définie par le Code général des impôts (CGI art. 150-0 D, 14, applicable en matière de plus-values des personnes physiques), comme la clause « par laquelle le cédant s'engage à reverser au cessionnaire tout ou partie du prix de cession en cas de révélation, dans les comptes de la société (...), d'une dette ayant son origine antérieurement à la cession ou d'une surestimation de valeurs d'actif figurant au bilan (...) à la date de la cession ».

Ces clauses doivent être distinguées des clauses de « révision de prix » dont il sera question *infra* *§ 434*.

431 **Du point de vue de l'entreprise cédante**, qui verse l'indemnité prévue par la clause de garantie de passif, la jurisprudence indique que les sommes versées présentent un caractère de dommages et intérêts, constituant une charge déductible au taux de droit commun, à tout le moins pour la **part qui excède le prix de cession** des titres (CAA Paris, 10 juin 1993, n° 91-973 SA Gallay).

En revanche, aucune jurisprudence n'a clairement tranché le sort fiscal de la partie des sommes reversées n'excédant pas le prix de cession des titres, pour indiquer si elles constituent une charge déductible, comme dans l'arrêt ci-dessus, ou au contraire une diminution de la plus-value (non imposable le cas échéant) ou une augmentation de la moins-value (éventuellement non déductible) constatée par l'entreprise cédante.

On relèvera cependant que la Cour administrative d'appel de Douai a jugé déductible la somme versée par une holding ayant cédé les titres de l'une de ses filiales pour 1,6 M€, et qui avait dû reverser à l'acquéreur 650 000 € au titre de la garantie de passif (CAA Douai, 31 juillet 2012, n° 11-DA00407 SA Pafic, conclusion c/Baes Honoré, BDCF 12/12, n° 136). Toutefois l'Administration, qui avait tout d'abord soutenu que la somme versée constituait un élément du prix de cession, s'était finalement fondée sur l'existence d'un acte anormal de gestion que la cour n'a pas reconnu.

432 **Du point de vue de l'entreprise cessionnaire**, ayant acquis des titres aux termes d'un contrat prévoyant une clause de garantie de passif, il y a lieu de considérer que le prix d'acquisition n'est pas définitivement fixé et qu'il peut être modifié (PCG, art. 332-1 et 321-1). Dès lors, les sommes perçues en application de la garantie de passif devraient pouvoir, en application des règles comptables, venir en déduction du coût d'entrée des titres au bilan.

Pour autant, telle n'est pas la position du Conseil d'État, qui considère qu'une telle indemnité est **imposable au taux de droit commun** (CE 24 avril 1981, n° 18-346). Cette position a été reprise par la doctrine administrative (BOFiP-BIC-PVMV-30-20-20-§ 90-12/09/2012), et a été de nouveau confirmée plus récemment par le Conseil d'État (CE 24 juin 2013, n° 350451, Caron, conclusions N. Escaut et chron. R. Poirier, Rev. Dr. Fiscal n° 37 du 12 septembre 2013, pp. 40-44).

433 Lorsque l'indemnité est perçue **directement par la société** dont les titres ont été cédés, ladite société doit s'imposer sur le produit en question, qui vient d'ailleurs compenser la charge subie, couverte par la garantie.

Cependant, ce produit peut être considéré comme **non imposable** (et donc, déduit extra-comptablement du résultat fiscal) lorsqu'il vient compenser une **charge non déductible**, comme c'est le cas par exemple lorsque la garantie de passif vient compenser un redressement fiscal portant sur l'impôt sur les sociétés, ou des pénalités non déductibles (Rm Grau, JOAN 9 février 2021 n° 28652).

Cette position se fonde sur la jurisprudence du Conseil d'État (CE 12 mars 1982, n° 17074, plénière), d'après laquelle « les indemnités versées à un contribuable pour réparer une diminution de ses valeurs d'actif qu'il a subie, une dépense qu'il a exposée ou une perte de recettes, dès lors que leur versement a été effectué non pour concourir à l'équilibre de l'exploitation, mais en vertu d'une obligation de réparation incombant à la partie versante, ne constituent des recettes concourant à la formation du bénéfice imposable que si la perte ou la charge qu'elles ont pour objet de compenser est elle-même de la nature de celles qui sont déductibles pour la détermination des bénéfices imposables ».

Cession ou acquisition assortie d'une clause de complément de prix

434 Le prix de cession des titres par la holding (ou son prix d'acquisition, en cas de holding achetant des titres) peut également être affecté par le jeu d'une clause de révision de prix.

Cette clause, ou clause « d'intéressement » ou « d'earn out », est celle « par laquelle le cessionnaire s'engage à verser au cédant un complément de prix exclusivement déterminé en fonction d'une indexation en relation directe avec l'activité de la société dont les titres sont l'objet du contrat » (CGI art. 150-0 A, I. 2., applicable en matière de plus-values des personnes physiques).

435 La même définition est reprise en ce qui concerne les entreprises, puisque l'Administration considère que la somme acquise par une entreprise en exécution d'une clause en vertu de laquelle le cessionnaire s'engage à verser au cédant un complément de prix attaché à la valorisation des titres au moment de la cession et exclusivement déterminé en fonction d'une **indexation en relation directe avec l'activité de la société** dont les titres sont cédés est imposable au titre de l'exercice au cours duquel ce complément de prix est acquis et **selon le même régime qui a été appliqué au prix initial** (BOFiP-BIC-PVMV-10-20-10-§ 250-11/03/2013).

L'Administration précise également que ce complément de prix, qui peut être plafonné, doit présenter un caractère aléatoire à la date de réalisation de la cession, et ne doit pas constituer en réalité la rémunération de l'activité ou d'une prestation fournie par le cédant.

436 S'agissant de la compensation des plus et moins-values sur titres de participation et du calcul de la plus-value nette soumise au taux de 0 %, l'Administration indique que toutes les plus et moins-values à long terme concernées doivent faire l'objet de la compensation, c'est-à-dire « les plus ou moins-values à long terme afférentes aux cessions des titres de participation éligibles, y compris les plus ou moins-values à long terme antérieurement en report ou en sursis qui deviennent imposables au titre de l'exercice considéré ou celles provenant de l'annulation d'une cession, **d'un complément ou d'une réduction de prix** (...) ».

437 Ainsi, lors de la cession des titres, si la plus ou moins-value a été soumise au régime du long terme (au taux de 0 % le cas échéant), la plus-value (ou la diminution de moins-value) issue du complément de prix est soumise au même régime, selon le taux applicable au titre de l'exercice au cours duquel ce complément est acquis (avec réintégration d'une quote-part de frais et charges en cas de réalisation d'une plus-value taxable au taux de 0 %).

Cession entre sociétés liées de titres de participation détenus depuis moins de deux ans entraînant une moins-value

438 Comme on l'a vu plus haut, la cession **après 2 ans** avec moins-value de titres de participation est fiscalement désavantageuse car elle crée un décalage entre le traitement comptable (perte sur cession, qui vient diminuer le résultat) et son traitement fiscal (interdiction de déduire cette perte, puisqu'il s'agit d'une moins-value à long terme).

439 Pour pallier cet inconvénient, certaines sociétés ont pu faire en sorte de céder les titres recelant des moins-values, avant d'atteindre leurs deux années de détention, à d'autres sociétés de leur groupe, dans le but de dégager, compte tenu de ce court délai de détention, une **moins-value à court terme** pleinement déductible.

440 Le législateur a donc mis en place un dispositif « anti-abus » visant à éviter ce genre de pratiques. En cas de cession de titres de participation détenus depuis moins de 2 ans, la moins-value correspondante est en effet **mise en suspens** s'il existe des **liens de dépendance** entre l'entreprise cédante et l'entreprise cessionnaire (CGI, art. 219, 2-a septies, issu de la loi n° 2010-1657 du 29 décembre 2010, art. 13, et modifié par la loi n° 2011-1978 du 28 décembre 2011, art. 44). **Le dispositif actuel s'applique aux résultats des exercices ouverts depuis le 1er janvier 2012.**

Le dispositif institué initialement prévoyait un suspens applicable aussi bien aux plus-values qu'aux moins-values, mais du fait de la modification législative opérée en 2011, le dispositif actuellement applicable ne concerne plus que les moins-values.

À noter qu'en cas de fusion, l'échange de titres qui en résulte présente le caractère de cession au sens du dispositif qui nous occupe, ce qui peut avoir pour effet de rendre non-déductible une moins-value d'échange sur titres de participation alors même que ces titres sont détenus depuis moins de 2 ans (CE 10 juillet 2019, n° 412964, Sté HighCo SA).

441 Cette disposition s'applique lorsqu'il existe des **liens de dépendance** entre l'entreprise cédante et l'entreprise cessionnaire au sens du § 12 de l'article 39 du CGI, c'est-à-dire :
– lorsque l'une des entreprises détient directement ou par personne interposée la majorité du capital social de l'autre ou y exerce en fait le pouvoir de décision ;

– lorsqu'elles sont placées l'une et l'autre sous le contrôle d'une même tierce entreprise.

442 Dans ce cas, la déduction des moins-values de cession de titres de participation détenus depuis moins de 2 ans intervient à la première des dates suivantes :

– la date à laquelle les titres cédés **cessent d'être détenus** par une entreprise liée à l'entreprise cédante (à l'exception du cas où la société dont les titres ont été cédés a été absorbée par une autre entreprise liée ou qui le devient à cette occasion et pour toute la période où elle demeure liée) ;

– la date correspondant à l'expiration d'un **délai de 2 ans**, décompté à partir du jour où l'entreprise cédante a acquis les titres.

Le texte indique un troisième événement, moins fréquent : la date à laquelle l'entreprise cédante cesse d'être soumise à l'impôt sur les sociétés (ou est absorbée par une entreprise qui, à l'issue de l'absorption, n'est pas liée à l'entreprise détenant les titres cédés).

443 Autrement dit, les moins-values à court terme résultant d'une cession entre entreprises liées ne sont pas immédiatement déductibles mais sont placées « sous surveillance » : si l'entreprise liée à laquelle les titres ont été cédés **les cède elle-même** à une entreprise non liée **dans un délai de 2 ans** (à compter de leur acquisition par l'entreprise cédante), le caractère de **moins-value à court terme** est confirmé, et la première entreprise pourra en opérer la déduction (au titre de l'exercice de cession à l'extérieur du groupe).

Si au contraire l'entreprise liée à laquelle les titres ont été cédés **conserve** ces titres jusqu'au terme du délai de **2 ans** (toujours décompté à partir de leur acquisition par l'entreprise cédante), ce deuxième anniversaire de l'acquisition au sein du groupe entraîne la requalification de la moins-value réalisée en **moins-value à long terme**, à rattacher à l'exercice au cours duquel la « détention groupe » de 2 ans est atteinte.

EXEMPLE

Cas d'une holding ayant acquis des titres de participation le 10 janvier 2021 pour une valeur de 900 000 €.

Ces titres sont revendus à une filiale pour 500 000 € à la date du 15 décembre 2021, générant ainsi une moins-value de 400 000 €.

a) Premier cas : La filiale cède ces titres au mois de juin 2022, c'est-à-dire moins de deux années après l'acquisition de janvier 2021 par la holding : dans ce cas, la holding est reconnue avoir effectivement une moins-value à court terme, pleinement déductible de son résultat imposable, au titre de l'exercice 2022.

b) Second cas : La filiale conserve les titres jusqu'au 10 janvier 2023 et au-delà. Dans cette situation, la holding est considérée comme ayant réalisé une moins-value à long terme de 400 000 €, non déductible, à la date du 10 janvier 2023.

Ce dispositif est par ailleurs susceptible de se combiner avec la mesure correctrice prévue en cas de cession de titres provenant d'un apport à une société en difficulté *(voir § 470)*, et/ou avec les neutralisations prévues en intégration fiscale *(voir § 481)*.

444 L'entreprise qui cède des titres à une entreprise liée dans les conditions rappelées ci-dessus doit joindre à sa déclaration de résultat, au titre de chacun des exercices concernés, un **état de suivi** faisant apparaître les éléments nécessaires au calcul des moins-values et les renseignements relatifs à l'entreprise liée à laquelle les titres ont été cédés. En application de l'article 1763 du CGI, le défaut de production de cet état, ou son caractère incomplet ou inexact, entraîne l'application d'une **amende** forfaitaire égale à **5 %** des sommes non déclarées ou omises.

Cession de titres évalués par équivalence

445 La cession de titres de participation évalués globalement selon la méthode de la « mise en équivalence » est soumise à des règles particulières examinées *infra* § 542.

Cession de titres de sociétés soumises au régime fiscal des sociétés de personnes

446 Lorsqu'une holding soumise à l'IS cède des titres de sociétés relevant du régime fiscal des sociétés de personnes, cette cession est soumise aux règles fiscales de droit commun, c'est-à-dire que le résultat de la cession est soumis :
– au régime fiscal des plus-values à long terme exonérées (sous réserve de la taxation d'une quote-part de frais et charges) si les titres en question constituent des titres de participation (ou TRPVLT) et ont été détenus au moins pendant deux années ;
– au régime fiscal des plus-values à long terme imposables à 19 % en cas de titres répondant aux conditions ci-dessus détenus dans des sociétés à prépondérance immobilière cotées ;
– à la taxation à l'impôt sur les sociétés au taux de droit commun si les titres cédés ne sont pas des titres de participation ou TRPVLT, ou n'ont pas été détenus pendant deux années au moins, ou encore concernent des sociétés à prépondérance immobilière non cotées.

Ce dernier cas est d'ailleurs le plus courant, en tout cas dans les petits groupes familiaux, car les participations dans des sociétés non soumises à l'IS sont le plus souvent des parts de sociétés civiles immobilières, en général non cotées.

447 L'administration fiscale a précisé qu'elle entendait exclure du bénéfice du régime du long terme les droits dans des **sociétés en participation** ou dans des **sociétés créées de fait**, dépourvues de personnalité morale (BOFiP-BIC-PVMV-30-10-§ 200-03/05/2017).

448 En revanche, elle n'adopte pas la même position restrictive à l'égard des groupements sans capital tels que les **groupements d'intérêt économique** (GIE) ou les groupements d'intérêt public, dès lors que les parts détenues remplissent par ailleurs les conditions d'application du régime du long terme (BOFiP-BIC-PVMV-30-10-§ 200-03/05/2017).

449 Cependant, le calcul du montant de la plus-value imposable selon ces règles générales obéit à des principes particuliers quant à la détermination du **prix de revient** des titres cédés.

En effet, pour éviter les risques de double imposition ou de double déduction, un arrêt de principe du Conseil d'État a précisé que le prix de revient des titres utilisé pour le calcul de la plus ou moins-value de cession devait être (CE 16 février 2000, n° 133296, SA Éts Quemener) :
– majoré des bénéfices précédemment imposés et des pertes antérieurement comblées par l'associé ;
– et minoré des déficits déduits ainsi que des bénéfices répartis.

450 Cette jurisprudence avait été rendue à l'origine en matière de plus-values privées, mais le Conseil d'État a eu l'occasion de préciser par la suite qu'elle était bien applicable également **aux plus-values professionnelles**, dans le cadre d'un arrêt rendu au sujet d'une société de personnes soumise au régime des bénéfices

industriels et commerciaux (BIC) ayant cédé les parts qu'elle détenait dans une autre société de personnes (CE 25 octobre 2004, n° 243841, Le Men).

EXEMPLE

En janvier 2020, une holding souscrit au capital initial d'une société civile immobilière non soumise à l'IS, à hauteur de 9800 parts (98 % du capital) d'une valeur unitaire de 10 €.

Cette SCI a réalisé, au titre de chacun des exercices 2020 et 2021, un bénéfice (comptable et fiscal) de 25000 €, qui n'a pas été réparti aux associés.

Les parts sont revendues en mai 2022 pour un prix intégrant simplement le montant des réserves non distribuées, soit 15 € (capital initial de 100000 € + deux années d'un bénéfice de 25000 € non réparti, le tout divisé par les 10000 parts émises).

Si **aucune correction** n'était apportée au prix de revient fiscal des titres, la holding serait réputée, au moment de la cession de ces titres, réaliser une plus-value égale à la différence entre leur prix de cession, soit 98000 × 15 € = 147000 €, et leur prix de souscription, soit 98000 €. Le montant de la plus-value (qui est celui de la plus-value comptable) est de 49000 € (plus-value imposable au taux de droit commun si la société civile remplit les conditions permettant de la considérer comme à prépondérance immobilière).

Or, la holding a déjà été imposée, au titre des exercices 2020 et 2021, sur sa quote-part dans les résultats de la SCI, soit pour chaque année 25000 € × 98 % = 24500 €, et au total pour 49000 € : La plus-value représente exactement le montant des résultats pour laquelle la holding a déjà été taxée, soit une **double imposition** manifeste.

En application des principes dégagés par la jurisprudence *Quemener*, le **prix de revient** des titres devra donc être **corrigé à la hausse** : il s'élèvera à 98000 € + 49000 € = 147000 €. La cession des titres ne dégagera donc aucune plus-value imposable.

451 **La jurisprudence a donné quelques autres précisions sur cette question complexe. Elle a notamment indiqué qu'en présence de déficits dans la société de personnes dont les parts sont cédées, le prix de revient fiscal de ces parts ne doit être minoré que des seuls déficits ayant donné lieu à une déduction effective chez l'associé, sans prise en compte de la portion de ces déficits restant reportables à cette date** (CE 15 décembre 2010, n° 297513, min. c/Ferreira d'Oliveira).

Dans ses conclusions, le rapporteur public Mme Nathalie Escaut indique que cette décision « ne tranche pas la question des effets de l'utilisation par le contribuable des déficits reportables, postérieurement à la cession de ses parts. S'il paraît difficile d'exclure, de façon prétorienne, l'imputation ultérieure de ces déficits dès lors qu'elle est expressément prévue par la loi, devra-t-elle alors conduire à remettre en cause le calcul de la plus-value, à supposer que les règles de prescription le permettent, ou les deux opérations devront-elles rester indépendantes, même si le contribuable use de son droit à déduction au titre de la même année que celle où a lieu la cession de ses parts ? Ces questions difficiles demeurent à régler. Elles nous semblent nécessiter une intervention du législateur ».

Elle a aussi précisé que le correctif prévu par la jurisprudence Quémener ne doit pas être restreint aux cas dans lesquels il évite une « double imposition », ce qu'avait eu l'air de juger dans un premier temps le Conseil d'État (CE 6 juillet 2016, n° 377904-377906, SARL Lupa Immobilier France ; voir critiques de D. Gutmann, FR 39/16 n° 5). **Ce correctif doit s'appliquer plus généralement pour assurer la neutralité de la loi fiscale : ainsi jugé à propos dans le cas où les parts d'une SCI avaient été apportées à une société soumise à l'IS avant que l'immeuble fasse l'objet d'une réévaluation libre, et enfin que la SCI soit dissoute avec transmission universelle de patrimoine à l'associé. Dans ce cas, la plus-value d'annulation des titres doit être calculée sous déduction de la plus-value de réévaluation** (CE 24 avril 2019, n° 412503, Sté Fra SCI).

Cession à la société émettrice des titres

452 Le **rachat par une société de ses propres actions** est juridiquement possible dans un certain nombre de situations prévues par le Code de commerce (loi 98-546 du 2 juillet 1998, art. 41) :
– rachat réalisé en vue d'une réduction de capital non motivée par des pertes (c. com. art. L. 225-207) ;
– rachat en vue d'une attribution aux salariés des titres ainsi rachetés (c. com. art. L. 225-208) ;
– rachat par les sociétés cotées dans le cadre d'un plan de rachat d'actions (c. com. art. L. 225-209).

Une société mère peut donc céder à l'une de ses filiales les titres de cette dernière, en vue de leur annulation (premier des cas évoqués ci-dessus).

453 Traditionnellement, les sommes ainsi appréhendées par l'actionnaire dans le cadre du rachat étaient susceptibles d'entraîner la constatation, d'une part, d'un **revenu distribué**, et, d'autre part, **d'un profit ou d'une perte**, mais ce régime a été modifié pour les rachats opérés depuis le 1er janvier 2015 *(voir § 457)*. Il continue à s'appliquer en ce qui concerne les opérations de remboursements d'apport, notamment dans le cas d'une dissolution de société.

454 Pour les rachats opérés jusqu'au 31 décembre 2014 (et encore aujourd'hui pour les réductions de capital), la somme attribuée à l'associé dans le cadre du rachat devait tout d'abord faire l'objet d'une analyse du côté de la société qui rachète ses titres afin de déterminer ce qui, dans la somme ainsi attribuée, présente le caractère de **remboursement d'apport**.

En effet, l'article 112-1° du CGI précise que ne sont pas considérées comme des revenus distribués les répartitions présentant pour les associés ou actionnaires le caractère de remboursements d'apports ou de primes d'émission.

455 (Réservé)

457 Pour les rachats effectués depuis le **1er janvier 2015**, les sommes reçues par les associés ou actionnaires dans le cadre d'un rachat par une société de ses propres titres relèvent du seul régime des **plus-values** et non du régime des revenus distribués (deuxième loi de finances rectificative pour 2014 n° 2014-1655 du 29 décembre 2014, art. 88).

Dans le cas d'un rachat réalisé auprès d'un actionnaire passible de l'IS pour lequel les titres rachetés étaient des **titres de participation**, cette mesure s'est traduite par un alourdissement de la charge fiscale, car désormais :
– au lieu de s'analyser (en tout ou partie) comme une **distribution** relevant du régime mère-filiale, non imposable et passible seulement d'une **quote-part de frais et charges de 5 %** ;
– le gain s'analysera comme une **plus-value à long terme**, certes imposée au taux de 0 % mais passible d'une réintégration de **quote-part de frais et charges de 12 %**.

La pénalisation est bien évidemment beaucoup plus forte pour les associés personnes morales de sociétés à **prépondérance immobilière**, qui ne peuvent se prévaloir du régime du long terme *(voir § 402)*.

À l'inverse, pour certains contribuables, le passage à un régime de plus-values peut s'avérer **avantageux**. Tel est le cas :
– pour les associés **non résidents**, puisque dans ce cas la retenue à la source appliquée le cas échéant aux distributions *(voir § 1451)* n'a plus lieu d'être ;

– et pour les associés **personnes physiques**, qui peuvent se prévaloir le cas échéant d'abattements renforcés pour le calcul de leur plus-value *(voir § 1821)*.

L'Administration paraît cependant décidée à combattre sur le terrain de l'**abus de droit** certaines de ces opérations, considérées par elle comme par trop avantageuses. Voici quelques années, le Comité de l'abus de droit fiscal avait considéré l'abus non constitué dans un cas dans lequel un rachat d'actions avait été financé par l'émission d'un prêt participatif (CADF aff. n° 2010-13 SAS Z France Holding). Plus récemment, le Comité a été saisi de nombreuses autres affaires mettant en jeu des rachats pour annulation. Dans l'une d'entre elles, l'Administration avait fait valoir que, d'après elle, la réduction de capital était en réalité exclusivement motivée par la volonté de l'associé d'appréhender des dividendes sous le régime fiscal plus favorable des plus-values de cession, en contrariété avec l'intention du législateur. Le Comité a considéré au contraire que le rachat pour annulation ne caractérise pas un abus de droit au seul motif que l'associé aurait choisi la voie la moins imposée, et qu'il ne pourrait en aller autrement que si l'opération, en particulier si elle est effectuée de manière récurrente, constitue un montage artificiel, contraire de ce fait à l'intention poursuivie par le législateur. Au cas particulier, l'opération avait suivi la cession de la principale activité de la société, et avait eu pour effet de diminuer ses capitaux propres afin de les adapter à son nouveau périmètre, ce qui signifie qu'elle était motivée par une finalité économique propre (CADF aff. n° 2020-24, séance n° 1 du 14 janvier 2021 ; voir également CADF aff. n° 2020-23, même séance). Malgré cela, l'Administration a décidé de ne pas suivre l'avis du Comité et de poursuivre le contentieux, indiquant notamment que la réduction de capital avait été immédiatement compensée par une augmentation d'un montant supérieur. Dans une autre affaire, le Comité a au contraire validé l'approche de l'Administration, en relevant que la société avait procédé, dans la même assemblée, à une affectation des bénéfices de l'exercice en réserves, à une réduction de capital non motivée par des pertes et à une augmentation du capital pour le même montant (CADF aff. n° 2021-20, séance du 1er octobre 2021). Au cours de la même séance, le Comité s'est prononcé contre l'abus de droit dans deux autres affaires d'augmentation et de réduction concomitantes du capital, soulignant que ces opérations s'étaient inscrites dans un schéma global, motivé par une finalité économique propre (CADF aff. nos 2021-18 et 2021-19). Là encore, l'Administration a décidé de ne pas suivre l'avis du Comité. Voir H. Kruger « Financement des entreprises : l'administration fiscale veille », RFC Mars 2022 pp. 10-12.

Cession de titres pour un prix inférieur à leur valeur vénale

458 L'administration fiscale peut remettre en cause le prix de cession de titres si elle considère que le prix stipulé ne reflète pas leur valeur réelle, puisqu'une telle opération constitue un **acte anormal de gestion** : une société peut être regardée comme commettant un acte contraire à une gestion normale en cédant des titres pour un prix décoté.

459 Dans une telle situation, l'écart entre la valeur réelle des titres et leur prix de cession est réintégré au **résultat imposable au taux plein** de la société cédante. Le Conseil d'État le considère en effet comme une libéralité, et non comme une plus-value pouvant être soumise au taux de 0 % (CE 21 novembre 1980, n° 17055 ; CE 26 février 1990, n° 76860, Cie financière de Suez). Ce principe est repris par la doctrine administrative (BOFiP-BIC-PVMV-10-20-10-§ 120-11/03/2013 ; CE QPC 26 décembre 2018, n° 424570).

On notera par ailleurs que le même raisonnement d'acte anormal de gestion peut être appliqué en cas d'**apport** de titres pour une valeur décotée (CE 14 juin 1978, n° 9403 ; CE 14 novembre 2005, n° 233489, Dannoot ; CE 22 février 2012, n° 315156, Sté Générale Textile Balsan). Voir aussi *§ 225* le cas des apports aux valeurs nettes comptables. Cependant, à la différence des opérations de cession, dans le cas des apports la qualification d'acte anormal de gestion n'entraîne pas une réintégration au taux plein dans le résultat de la société cédante, mais une taxation complémentaire selon le régime des **plus-values**. Le Conseil d'État a jugé par exemple que l'apport d'un immeuble en société pour une valeur décotée par un entrepreneur individuel *« doit être regardé comme une renonciation à la réalisation de la plus-value correspondante, et par suite comme une libéralité consentie par l'entreprise individuelle (...) à la société anonyme »* ; il s'ensuit que cette opération a constitué pour l'entreprise apporteuse « un acte anormal de gestion, non opposable à l'Administration, et qu'elle doit être imposée dans les mêmes conditions que la plus-value qui serait normalement résulté de l'opération d'apport » (CE 14 juin 1978 n° 9403, précité). Dans un autre arrêt, le Conseil d'État a indiqué que *« si la valeur réelle du bien apporté est supérieure à celle des titres reçus en contrepartie, la différence ainsi constatée doit être regardée comme une renonciation à la réalisation de la plus-value correspondante »* : l'Administration est en droit *« de prendre en compte, pour le calcul de la plus-value réalisée, la valeur réelle du bien apporté »*(CE 14 novembre 2005, n° 233489 Dannoot, précité).

Cette différence de traitement entre les cessions et les apports à valeur décotée a été relevée dans les conclusions du rapporteur public dans une affaire concernant une opération de cession (CE 15 octobre 2020 n° 425150, min. c/Sté Kerry, concl. Céline Guibé) : *« Estimer que l'insuffisance du prix de cession doit être imposée chez la cédante selon le régime des plus-values (...). C'est de cette façon que vous raisonnez dans le cas d'une opération d'apport. Lorsque la valeur réelle de l'apport est supérieure à celle des titres remis en contrepartie, vous regardez la différence ainsi constatée comme une renonciation à la réalisation de la plus-value correspondante. Et vous jugez que l'avantage consenti au bénéficiaire de l'apport doit être imposé dans le chef de l'apporteur, s'il ne relève pas d'une gestion commerciale normale, dans les mêmes conditions que la plus-value qui serait normalement résultée de l'opération d'apport ». « Sans que les raisons de ce choix n'apparaissent absolument évidentes, vous avez retenu une solution différente dans le cas des opérations de cession » (...) « Les minorations du prix de cession d'un actif peuvent conduire, lorsqu'elles ne relèvent pas d'une gestion normale, à un rehaussement, à concurrence de l'insuffisance du prix stipulé, du bénéfice de la société cédante, imposable dans les conditions de droit commun (...). Vous avez précisé que ces minorations ne peuvent, dès lors qu'elles constituent des libéralités, être imposées selon les régimes particuliers applicables aux plus-values professionnelles. ».*

Par ailleurs, en cas de vente des titres à un prix décoté par une filiale à sa société mère, l'Administration peut aussi considérer que ladite société mère a profité d'une distribution : la taxation de cette distribution chez la mère ne bénéficie pas, dans ce cas, du régime mère-filiale : *voir § 610*.

Précisions - Du point de vue de l'acquéreur

a) En cas d'**acquisition** qu'elle estime réalisée pour un **prix insuffisant**, l'Administration peut remettre en cause la valeur d'entrée d'un actif tel que des titres chez la société les ayant acquis, en considérant que cette dernière a bénéficié, compte tenu de la modicité du prix, d'une **libéralité** de la part de la société cédante. Le Conseil d'État a en effet jugé que *« dans le cas où le prix d'acquisition d'une immobilisation a été volontairement minoré par les parties pour dissimuler une libéralité (...) l'administration est fondée à corriger la valeur d'origine de l'immobilisation (...) pour y substituer sa valeur vénale »*. (CE 5 janvier 2005, n° 254556, min. c/Sté Raffypack).

Cette remise en cause peut s'appliquer également dans le cadre de titres reçus en **apport** (CE 9 mai 2018, n° 387071, Sté Cérès).

Il faut normalement que l'Administration démontre, outre l'écart de valorisation, l'existence d'une libéralité, laquelle se caractérise par un **élément intentionnel** apprécié au vu des conditions de l'opération et constitué par la double intention, pour l'une des parties d'octroyer, et pour l'autre de recevoir une telle libéralité (CE 28 février 2001, n° 199295, min. c/Thérond). La preuve de la libéralité résulte en effet, d'une part de l'existence d'un écart **significatif** entre le prix convenu et la valeur vénale, et d'autre part *« d'une* ***intention****, pour l'apporteur » [ou le cédant] « d'octroyer, et, pour la société bénéficiaire, de recevoir une libéralité, du fait des conditions de l'apport » [ou de la cession], étant précisé que « cette intention est présumée lorsque les parties sont en relations d'intérêt »*(CE 9 mai 2018 précité). Il importe de prêter d'autant plus attention à la valorisation des titres dans les groupes, et tout particulièrement dans les groupes **familiaux** que la jurisprudence estime que des liens familiaux entre cédant et cessionnaire créent une présomption d'intention libérale (CE 23 juillet 2010, n° 308019-308020, Marmajou).

Il ne s'agit cependant que d'une présomption simple, comme le rappelle d'ailleurs la décision Société Cérès :

– cette présomption ne joue pas, par exemple, lorsque les membres de la famille ne sont qu'associés minoritaires des sociétés cédante ou cessionnaire (CE 5 octobre 2016, n° 390706 et 390707, M. et Mme Petermann) ;

– le juge doit donc tenir compte des éléments de nature à renverser cette présomption et ne peut a fortiori se dispenser de rechercher, même en présence de liens familiaux, si l'intention pour l'apporteur d'octroyer, et pour le bénéficiaire, de recevoir une libéralité est établie (CE 26 juillet 2018, n° 410166, Société Nouvelle Cap Management).

En tout état de cause, Il va sans dire que de tels redressements peuvent s'avérer gravement pénalisants pour les sociétés concernées, dans la mesure où ils se traduisent par un **double rehaussement**, d'égal montant, une première fois à l'encontre de la société cédante ou apporteuse (acte anormal de gestion), puis une seconde fois à l'encontre de la société cessionnaire ou bénéficiaire de l'apport (libéralité). En outre, ces redressements s'accompagnent le plus souvent, pour les deux sociétés concernées, de l'application de la pénalité de 40 % pour manquements délibérés.

b) L'Administration peut aussi remettre en cause sur le fondement de l'acte anormal de gestion l'**acquisition** de titres pour un **prix excessif**, supérieur à leur valeur vénale. Mais, dans cette situation, les conséquences sont beaucoup moins marquées dès lors que les titres concernés sont des titres de participation relevant du régime du long terme :

– les provisions constituées sur la participation acquise pour un prix excessif peuvent être remises en cause, mais cette remise en cause n'a pas de conséquence, s'agissant de provisions en tout état de cause non déductibles ;

– la plus ou moins-value ultérieure peut également être remise en cause, mais avec une conséquence uniquement sur le calcul de la quote-part de frais et charges en cas de plus-value à long terme.

Cela étant, en cas d'achat de titres pour un prix excessif, puis de revente peu de temps après (donc sans application du régime du long terme), la moins-value de cession perd son caractère déductible (CAA Versailles 18 novembre 2014, n° 11VE02931).

Par ailleurs, dans le cas d'une filiale achetant des titres à sa holding pour un prix excessif, l'Administration pourra considérer l'avantage qui est consenti à ladite holding comme une distribution indirecte de bénéfices, n'ouvrant pas droit au régime mère-filiale.

Opérations d'échange de titres

460 Du point de vue fiscal, un échange de titres constitue normalement une cession, imposable selon les règles exposées ci-dessus.

Cependant, dans un certain nombre de cas, le Code général des impôts prévoit un régime de neutralité, sous la forme d'un sursis d'imposition : la plus-value d'échange n'est pas imposée au moment de l'opération, mais au moment de la cession des titres reçus lors de l'échange.

461 Tel est le cas notamment lorsque la société dont les titres sont détenus participe à une opération de **fusion** (ou de scission), par application de l'article **38-7** *bis* du CGI.

Ces dispositions autorisent les entreprises détenant des titres de sociétés impliquées dans ces opérations, **sur option** (il s'agit d'un dispositif facultatif), à neutraliser fiscalement la plus ou moins-value d'échange constatée en comptabilité.

Cette possibilité est réservée aux échanges sans soulte, ou avec une soulte n'excédant pas 10 % (dans ce cas, la plus-value sur titres peut être placée en sursis mais la soulte reçue est imposable).

Par ailleurs, il est important de préciser que le sursis est susceptible de s'appliquer aussi bien aux fusions et scissions placées sous le régime de faveur de l'article 210 A du CGI qu'aux fusions qui n'ont pas été placées sous ce régime (BOFiP-IS-FUS-50-10-§ 1-03/10/2012).

Sont cependant exclus de ce dispositif les échanges de titres résultant d'opérations de scission n'entrant pas dans le champ d'application de la directive du Conseil des communautés européennes n° 90-434 du 23 juillet 1990 puis de la directive 2009/133/CE du 19 octobre 2009 lorsqu'une société scindée ou bénéficiaire d'un apport a son siège dans un État ou territoire n'ayant pas conclu avec la France une convention fiscale contenant une clause d'assistance administrative en vue de lutter contre la fraude et l'évasion fiscales (BOFiP-IS-FUS-50-10-§ 20-03/10/2018).

462 L'option pour ce régime de sursis constitue une décision de gestion dont les paramètres de choix doivent être soupesés avec attention.

Parmi les raisons de préférer la prise en compte immédiate de la plus ou moins-value dégagée lors de la fusion figurent notamment les points suivants :
– l'opération peut ne se traduire par aucune conséquence fiscale particulière parce qu'elle se solde par une **moins-value**, voire dégager une **perte déductible** si les titres échangés ne relèvent pas du régime du long terme, soit parce qu'ils ne constituent pas des titres de participation ou des TRPVLT, soit parce qu'ils ont été détenus depuis moins de 2 ans ;
– l'opération peut dégager une plus-value devant être incluse dans le résultat imposable au taux plein car relevant du régime du court terme, mais la société détentrice des titres échangés peut disposer **de déficits fiscaux** importants susceptibles de venir effacer l'imposition correspondante ;

L'attrait d'une telle taxation immédiate de la plus-value d'échange a été renforcé par la réforme des modalités d'imputation des déficits opérée par la loi 2011-1117 du 19 septembre 2011 (limitation de l'imputation à un montant d'un million d'euros, majoré de 50 % de la fraction de bénéfice excédant ce seuil : *voir § 196*).

– l'opération peut se traduire par la constatation d'une **plus-value à long terme** taxée au taux de 0 % sous réserve de la réintégration de la quote-part de frais et charges de 12 %, d'où une imposition limitée.

463 En revanche, le fait d'opter ou non pour le régime de sursis est sans incidence sur le sort des **titres antérieurement transférés** de compte à compte, dans

la mesure où l'échange de titres consécutif à la fusion fait tomber ce « sursis de transfert » en tout état de cause, que l'échange soit ou non soumis au régime de l'article 38-7 *bis* du CGI *(voir § 349)*.

464 Il convient cependant de prêter attention au cas particulier des participations subissant une **dilution** à la suite d'un échange consécutif à une opération de fusion et qui devraient, de ce fait, faire l'objet d'un **transfert** de compte à compte. Une telle opération, si elle est soumise au régime de sursis prévu à l'article 38-7 *bis* du CGI, peut se traduire à terme par une imposition au taux plein de la plus-value sur les titres, alors que la taxation immédiate du montant de plus-value constaté au moment de la fusion aurait été effectuée sous le régime du long terme.

EXEMPLE

Cas d'une société holding détentrice depuis plusieurs années d'une participation de 15 % dans une société A. Cette participation, acquise pour 300 000 €, a été inscrite au bilan dans le sous-compte spécial « TRPVLT ».

Suite à l'absorption de la société A, la holding s'est vu remettre en échange de sa participation des titres représentant 4 % du capital de la société absorbante B, valorisés pour 600 000 €. Quelques années plus tard, la holding cède les titres de la société B pour 1 000 000 €.

Première possibilité

La holding décide de ne pas placer la plus-value d'échange sous le régime de sursis prévu à l'article 38-7 *bis* du CGI.

Elle va imposer sa plus-value selon le régime du long terme (plus-value de 300 000 € exonérée sous réserve de la réintégration d'une quote-part de frais et charges de 12 % dans son résultat imposable).

Suite à la fusion, les titres devront être transférés dans un autre compte (puisque le pourcentage de participation détenu n'est plus suffisant pour justifier d'une inscription en TRPVLT), pour une valeur de 600 000 €. La plus-value ultérieure (de 1 000 000 - 600 000 = 400 000 €) sera soumise au régime du court terme et relèvera donc de l'impôt sur les sociétés au taux normal.

Seconde possibilité

La holding décide de placer la plus-value d'échange sous le régime de sursis prévu à l'article 38-7 *bis* du CGI.

Ce choix ne modifie rien au fait que les titres détenus doivent faire l'objet d'un transfert dans un compte relevant du court terme. Dès lors, l'imposition ultérieure de la plus-value relèvera intégralement du régime d'imposition dont relèveront les titres à la date de leur cession, c'est-à-dire de l'imposition à l'IS au taux normal. La plus-value ainsi taxée s'élèvera à 1 000 000 - 300 000 = 700 000 €, au lieu de 400 000 € dans le cas précédent.

465 Bien entendu, dans certaines opérations, l'échange de titres peut se traduire au contraire par une augmentation du pourcentage de participation détenu, justifiant le transfert dans un compte de titres de participation ou de TRPVLT d'actions précédemment inscrites en comptabilité sous une rubrique de titres de placement.

Dans ce cas, l'option pour le sursis de l'article 38-7 *bis* présente un intérêt tout particulier puisque, dans ce cas, la cession ultérieure pourra relever dans son intégralité du régime des plus-values à long terme (le régime fiscal applicable dépendant, comme nous l'avons indiqué, de la qualification fiscale des titres à la date de leur cession).

466 D'autres opérations peuvent se traduire par des échanges de titres. Tel est le cas des échanges d'actions effectués dans le cadre d'une **offre publique d'échange** (OPE) ou de la conversion ou de l'échange d'obligations en actions.

Dans ces cas, un régime de sursis d'imposition s'applique automatiquement (sans possibilité d'option), puisque l'article 38-7 du CGI prévoit que le profit ou la perte

résultant de l'échange doit être compris dans le résultat de l'exercice au cours duquel les actions reçues en échange sont cédées.

Comme dans le cas de l'article 38-7 *bis* dont il vient d'être question, le sursis ne s'applique qu'en présence d'une soulte ne dépassant pas 10 %, et le montant de la soulte est en tout état de cause imposable immédiatement.

Liquidation d'une filiale

467 **Lorsque les titres détenus par la société mère sont annulés à la suite de la liquidation de sa filiale, la société mère peut constater une moins-value égale au prix de revient de ses titres, et cette moins-value relève, selon la nature et la durée de détention des titres en question, du régime du long terme ou du court terme** *(voir §§ 400 et s.)*.

L'ouverture d'une procédure de liquidation judiciaire à l'encontre d'une filiale n'est pas suffisante pour justifier la constatation de la perte ou de la moins-value dans les résultats des entreprises actionnaires, mais elle peut seulement justifier la constitution d'une provision pour dépréciation des titres (CE 26 octobre 1983, n° 33457 ; CAA Nancy 8 avril 1993, n° 91-591, Filature Saint-Lievin). Rappelons que les « titres de participation » conservent ce caractère même après la mise en liquidation de la société concernée (CE 12 mars 2012) *(voir § 315)*.

En revanche, cette moins-value paraît pouvoir être constatée avant même **la clôture** des opérations de liquidation, dès lors qu'il apparaît que celles-ci ne dégageront aucun produit de nature à limiter les pertes des actionnaires (CAA Paris 26 mars 2004, n° 99-2481, Sté TWI France).

468 **Si jamais la clôture de la liquidation s'accompagne d'un remboursement au profit des actionnaires, il y a lieu d'appliquer les règles applicables aux distributions, le profit constaté à cette occasion constitue :**

– un revenu mobilier ouvrant droit, le cas échéant, au régime mère-filiale à hauteur du boni de liquidation (différence entre le produit net de la liquidation et le montant des apports réels ou assimilés, ou la valeur comptable des titres si elle est supérieure) ;

– et, dans la mesure où la valeur comptable des titres est inférieure au montant des apports, une plus-value à hauteur de la différence entre ce montant (ou le prix de remboursement s'il lui est inférieur) et la valeur comptable des titres.

Cession de titres provenant d'un apport à une filiale en difficulté

470 **La loi prévoit que la moins-value (par hypothèse à court terme) résultant de la cession, moins de 2 ans après leur émission, de titres de participation acquis en contrepartie d'un apport réalisé et dont la valeur réelle à la date de leur émission est inférieure à leur valeur d'inscription en comptabilité n'est pas déductible dans la limite du montant résultant de la différence entre la valeur d'inscription en comptabilité desdits titres et leur valeur réelle à la date de leur émission** (CGI art. 39 quaterdecies 2 bis, issu de la loi n° 2012-958 du 16 août 2012 ; **dispositif applicable aux cessions de titres reçus en contrepartie des apports réalisés depuis le 19 juillet 2012).**

EXEMPLE

Une holding H détient 100 % des actions de sa filiale F, qu'elle a souscrites 5 ans auparavant pour une valeur d'émission de 100 000 €.

Les comptes de la filiale F arrêtés au 31 décembre 2021 font apparaître une situation nette de négative à hauteur de - 500 000 €. La holding décide alors de souscrire à une augmentation de capital de sa filiale, pour un montant de 700 000 €.

Les titres émis en reçus en contrepartie de cet apport sont alors inscrits en comptabilité chez H pour leur coût de revient, à savoir 700 000 €, alors que leur valeur réelle peut être estimée à 200 000 € si l'on s'en tient au montant de la situation nette de F, redevenue positive de ce montant.

H décide ensuite de céder les titres de sa filiale à la fin de l'année 2022, pour un prix de 150 000 €.

La holding H subit donc une moins-value totale de 650 000 €, car égale à la différence entre :
- le prix de vente de 150 000 €
- et le prix de revient total des titres, lequel est de 100 000 € (capital d'origine) + 700 000 € (capital nouvellement souscrit) = 800 000 €.

a) Sans dispositif correctif, la holding H serait réputée avoir réalisé :
- une moins-value à long terme de 100 000 €, non déductible,
- et une moins-value de 550 000 € considérée comme à court terme, donc entièrement déductible, car correspondant à la souscription récente (moins de 2 ans) au capital de la filiale.

b) Mais compte tenu du dispositif correcteur qui nous occupe, la moins-value de 550 000 € est réputée **non déductible** dans la limite du montant résultant de la différence entre la valeur d'inscription en comptabilité desdits titres (700 000 €) et leur valeur réelle à la date de leur émission (200 000 €) soit 700 000 - 200 000 = 500 000 €.

La moins-value de 550 000 € réalisée sera donc **déductible** à hauteur de **50 000 €** seulement, somme correspondant en réalité à la seule perte de valeur subie postérieurement à l'augmentation de capital.

471 **Les titres concernés par ce dispositif sont les titres de participation, c'est-à-dire, d'après l'Administration :**
– non seulement les titres de participation au sens strict, c'est-à-dire les parts ou actions revêtant ce caractère sur le plan comptable, ainsi que les actions acquises en exécution d'une offre publique d'achat ou d'échange dont l'entreprise détentrice est l'initiatrice (si ces actions sont inscrites en comptabilité au compte titres de participation ou à une subdivision spéciale d'un autre compte du bilan correspondant à leur qualification comptable) ;
– mais aussi les titres ouvrant droit au régime des sociétés mères, s'ils sont inscrits en comptabilité au compte titres de participation ou à une subdivision spéciale d'un autre compte du bilan correspondant à leur qualification comptable (BOFiP-BIC-PVMV-30-30-120-§ 30-03/05/2017).

En revanche, l'Administration n'exclut pas expressément du champ d'application de ce dispositif de neutralisation (défavorable) les titres exclus du régime du long terme, ou ceux qui bénéficient de ce régime mais ne bénéficient pas du taux de 0 %, alors qu'elle énonce une telle exclusion pour le régime de neutralisation (favorable) des apports de créances pour une valeur décotée *(voir § 875)*.

Les apports en contrepartie desquels les titres de participation sont reçus peuvent être réalisés sous différentes formes : en numéraire aussi bien qu'en nature (par exemple par compensation avec des créances liquides et exigibles), y compris lorsqu'ils sont réalisés par voie d'apports partiels d'actifs portant sur des branches complètes d'activité (BOFiP-BIC-PVMV-30-30-120-§ 40-03/05/2017).

Quant aux cessions visées, ce sont, indique l'Administration, toutes les opérations se traduisant par une sortie d'actif (BOFiP-BIC-PVMV-30-30-120-§ 60-03/05/2017), **qu'elle énumère par ailleurs** (BOFiP-BIC-PVMV-10-10-20-12/09/2012 ; BOFiP-BIC-PVMV-10-10-30-01/03/2017) **: vente, apport, échange, donation, retrait d'actif, annulation (par exemple consécutive à une fusion), conversion, échange ou prêt de titres.**

472 **Le dispositif est susceptible de s'appliquer à des cessions réalisées entre sociétés liées, lesquelles sont également visées par le dispositif de « mise en suspens » des moins-values évoqué au** *§ 440*. **Dans ce cas, l'Administration indique que la mesure qui nous occupe ne fait pas obstacle au mécanisme du report** (BOFiP-BIC-PVMV-30-30-120-§ 170-03/05/2017) **: une moins-value de cession de titres de**

participation, entrant dans le champ d'application du présent dispositif de limitation de la moins-value déductible, peut être soumise à la mesure de « suspens » évoquée au *§ 440* pour l'intégralité de son montant.

Dès lors, si la cession intervient **après les 2 ans** qui suivent la date d'acquisition des titres par la société cédante, le dispositif de limitation que nous venons de décrire n'est pas applicable (il n'est pas nécessaire car la moins-value est alors en tout état de cause considérée comme à long terme, donc non déductible) ; en revanche, si elle intervient **dans les 2 ans**, le calcul de la moins-value est effectué en utilisant la limitation exposée au *§ 470* (BOFiP-BIC-PVMV-30-30-120-§ 180-03/05/2017).

S'agissant de la combinaison du dispositif avec la neutralisation des plus-values applicable en intégration fiscale, *voir § 481*.

Ce dispositif est également susceptible de se combiner avec le régime fiscal spécifique prévu pour en ce qui concerne les rachats de créances à un prix minoré : *voir § 877*.

Titres de sociétés étrangères

473 La cession par une holding française de titres de participation dans une société étrangère obéit aux règles générales rappelées ci-dessus (sauf cession des titres d'une société établie dans un État ou territoire non coopératif : *voir § 406*).

Cependant, dans certains cas, l'imposition n'est pas exclusivement réservée à la France, État de résidence du cédant, car la convention fiscale bilatérale comporte des clauses visant les « participations substantielles » ou les participations dans des sociétés à prépondérance immobilière, attribuant concurremment le pouvoir de taxer la plus-value à l'État dans lequel est établi le siège de la société dont les titres sont cédés. Dans ce cas, l'élimination de la double imposition est assurée par voie d'imputation de l'impôt prélevé à l'étranger sur l'IS acquitté en France au titre de la même opération.

Cependant, conformément à la règle du « butoir » applicable en pareil cas, le crédit d'impôt ne peut pas excéder le montant de l'impôt français correspondant à ces revenus.

Selon l'Administration, dans la mesure où les plus-values à long terme sont imposées au taux de 0 % et donc exonérées, aucune imputation de l'impôt étranger éventuellement acquitté au titre de la plus-value réalisée ne peut être effectuée dès lors qu'aucune double imposition ne peut être constatée. En revanche, le montant de l'impôt acquitté à l'étranger est considéré doit être pris en compte pour le calcul de la plus-value nette taxable à 0 % et être extourné du résultat imposable. La quote-part de frais et charges est calculée sur la même plus-value nette (BOFiP-IS-BASE-20-20-10-20-§ 180-03/02/2016).

EXEMPLE

Exemple donné par l'Administration - BOFiP-IS-BASE-20-20-10-20-§ 190-03/02/2016)

Une société soumise à l'impôt sur les sociétés en France cède des titres de participation dans une société étrangère détenus depuis plus de 2 ans.

Prix de cession : 100.

Prix d'acquisition : 30.

Impôt acquitté à l'étranger du fait de la cession : 10.

La société a comptabilisé le produit de la cession (+ 100) ainsi que la sortie des titres de l'actif (- 30) et la charge liée à l'impôt étranger (- 10).

L'impôt étranger n'est pas imputable sur l'IS dû.

En revanche, pour le calcul de la plus-value nette imposable au taux de 0 %, il est tenu compte de l'impôt acquitté à l'étranger qui est considéré comme un frais inhérent à la cession.

Ainsi, la société doit déduire extra-comptablement de son résultat comptable la plus-value exonérée, à hauteur de 60 au cas particulier.

En contrepartie, elle doit réintégrer dans son résultat imposable une quote-part de frais et charges calculée sur la base de 60.

Cette position n'est pas partagée par le Conseil d'État, qui a annulé pour excès de pouvoir les §§ 180 et 190 du BOFiP précité (CE 15 novembre2021 n° 454105 SA L'Air Liquide), en considérant que la quote-part de frais et charge de 12 % ne doit pas être regardée comme ayant pour objet de neutraliser de manière forfaitaire la déduction de frais exposés pour l'acquisition ou la conservation d'un revenu afférent à une opération exonérée, mais comme visant à **soumettre à l'IS**, à un taux réduit, les plus-values de cession de titres de participation. Ainsi, la jurisprudence admet que l'impôt étranger peut s'imputer sur l'IS dû au titre de la quote-part de frais et charges (et les entreprises qui ont fait application de la doctrine administrative sont fondées à déposer une réclamation visant à demander la restitution du trop-payé d'IS correspondant).

474 (Réservé)

Application du régime de l'intégration fiscale

475 En cas d'application du régime de l'intégration fiscale, une réglementation particulière s'applique à la cession de titres entre sociétés membres d'un groupe intégré (que la cession porte sur des titres de sociétés intégrées ou sur des titres de sociétés qui ne sont pas incluses dans le périmètre du groupe fiscal).

Présentation du dispositif de neutralisation

476 Le Code général des impôts prévoit en effet un dispositif de neutralisation du résultat de cession, puisqu'il dispose que « la fraction de la plus-value ou de la moins-value afférente à la **cession entre sociétés du groupe** d'un élément d'actif immobilisé, acquise depuis sa date d'inscription au bilan de la société du groupe qui a effectué la première cession, n'est pas retenue pour le calcul de la plus-value ou de la moins-value nette à long terme d'ensemble au titre de l'exercice de cette cession ». Il en va de même pour le résultat afférent à la cession entre sociétés du groupe de titres de portefeuille exclus du régime du long terme (CGI art. 223 F, 1er al.).

477 En pratique, ce dispositif de neutralisation implique :

– lorsqu'une cession intragroupe se traduit par une plus-value à **court terme**, que celle-ci soit **déduite** du résultat d'ensemble (ou, en cas de moins-value à court terme, que la perte correspondante soit réintégrée audit résultat d'ensemble) ;

– lorsqu'une cession intragroupe se traduit par une plus-value à **long terme**, que celle-ci soit **déduite** de la plus-value à long terme d'ensemble (ou inversement, pour une moins-value).

En outre, la loi précise que les titres du portefeuille exclus du régime des plus-values ou moins-values à long terme sont assimilés à des éléments de l'actif immobilisé pour l'application du régime de neutralisation des plus ou moins-values de cessions intragroupe (CGI art. 223 F, 2e phrase).

Pour les exercices ouverts avant le 1er janvier 2019, le régime de l'intégration fiscale prévoyait également la neutralisation de la quote-part de frais et charges applicable en cas de plus-value à long terme. Cette neutralisation est désormais abrogée (loi 2018-1317 du 28 décembre 2018 de finances pour 2019, art. 32).

Il peut paraître paradoxal de continuer de neutraliser les plus-values à court terme, alors que les plus-values à long terme ne sont plus neutralisées puisqu'elles subissent, désormais sans correction, l'imposition de la quote-part de frais et charges. Cette distinction s'explique sans doute par le fait que, dans le cas du court terme, la neutralisation s'applique dans les deux sens (aux plus-values comme aux moins-values), alors que dans le cas du long terme l'imposition (réduite à celle de la quote-part) ne s'applique qu'aux plus-values puisque les moins-values ne sont pas déductibles. On précise aussi que la neutralisation n'est pas définitive, comme nous allons le voir à présent.

478 **Cette neutralisation prendra fin :**

– lorsque les titres en cause seront cédés hors du groupe intégré ;

– ou lorsque l'une des sociétés intervenues dans l'opération de cession (la société cédante ou la société cessionnaire) viendra à sortir du groupe.

Cependant, la « déneutralisation » n'est pas encourue en cas de sortie de groupe consécutive à la fusion, placée sous le régime de faveur de l'article 210 A du CGI, de l'une des sociétés concernées (la cédante ou la cessionnaire) avec une autre société membre du groupe intégré : dans ce cas, le report d'imposition est maintenu jusqu'à la sortie du groupe de la société absorbante.

479 **Précisons que le champ d'application du dispositif de neutralisation qui nous occupe a été élargi aux « sociétés intermédiaires » : les cessions de titres consenties par des sociétés du groupe intégré à une société intermédiaire ne doivent pas être retenues dans le résultat d'ensemble, ou dans la plus ou moins-value nette d'ensemble, et doivent donner lieu à neutralisation de la quote-part de frais et charges.**

Il s'agit de sociétés qui, bien qu'établies à l'étranger et ne pouvant donc pas, en raison des règles de territorialité de l'IS, être intégrées dans le groupe fiscal, répondent par ailleurs aux conditions (détention à 95 %, identité de date de clôture, etc.) qui leur auraient permis de faire partie du groupe fiscal si elles avaient été des sociétés françaises : les participations détenues par ces sociétés intermédiaires dans des sociétés françaises peuvent désormais être retenues pour l'obtention du seuil de 95 % permettant d'intégrer fiscalement ces dernières sociétés (loi 2009-1674 du 30 décembre 2009 ; BOFiP-IS-GPE-10-30-30-§§ 1 et s.-06/05/2015).

Est ainsi considérée comme « société intermédiaire » une société étrangère :

- dont le capital est détenu à 95 % au moins par la société mère, de manière continue au cours de l'exercice, directement ou indirectement par l'intermédiaire de sociétés du groupe (ou de sociétés intermédiaires) ;
- soumise, de plein droit ou sur option mais sans en être exonérée, à un impôt équivalant à l'impôt sur les sociétés dans un État de l'Union européenne (ou dans un autre État partie à l'accord sur l'Espace économique européen ayant conclu avec la France une convention qui contient une clause d'assistance administrative en vue de lutter contre la fraude et l'évasion fiscales) ;
- ouvrant et clôturant ses exercices aux mêmes dates que les autres sociétés du groupe ;
- ayant donné son accord pour être considérée comme une société intermédiaire (cet accord devant être notifié au service des impôts).

480 **La société mère doit joindre à la déclaration de résultat d'ensemble un état des rectifications liées à ces plus ou moins-values de cession** (CGI art. 223 Q). **Il s'agit de l'imprimé n° 2058 PV. Le défaut de production de cet état, ou son caractère incomplet ou inexact, expose la société à l'amende de 5 % prévue par l'article 1763 du CGI, pour le seul exercice au titre duquel l'infraction est mise en évidence** (BOFiP-IS-GPE-70-20-§ 300-15/04/2020).

Mise en œuvre du dispositif

481 S'agissant des plus ou moins-values **à court terme** (ou des plus ou moins-values sur titres de sociétés à prépondérance immobilière non cotées), leur neutralisation n'appelle pas de commentaire particulier : les rectifications du résultat d'ensemble sont à opérer par la société tête de groupe (à mentionner sur l'état n° 2058 ER souscrit par ladite société au titre du résultat d'ensemble et par chacune des sociétés concernées par les rectifications).

Cependant, on notera que le régime de neutralisation des plus et moins-values applicable en intégration fiscale est susceptible de se combiner, en cas de moins-value à court terme :
– avec le dispositif de surveillance et de « mise en suspens » (report de déduction) des moins-values à court terme résultant de cessions entre sociétés liées prévu à l'article 219, 2-a septies du CGI *(voir §§ 438 à 444)*,
– et au surplus le cas échéant, avec le dispositif de correction des moins-values à court terme prévu à l'article 39 quaterdecies 2 bis du CGI, applicable en cas de cession de titres provenant d'un apport à une filiale en difficulté *(voir §§ 470 à 472)*.

En pareil cas, il y a lieu d'appliquer dans un premier temps le premier des deux dispositifs évoqués ci-dessus : la moins-value étant « mise en suspens » (report de déduction), elle n'a pas à faire l'objet d'une neutralisation dans le résultat d'ensemble (BOFiP-BIC-PVMV-30-30-120-§ 190-03/05/2017). Ensuite, deux hypothèses sont à envisager (BOFiP-BIC-PVMV-30-30-120-§ 200-03/05/2017) :

a) Si le report de déduction prend fin **avant la fin** de la période de **2 ans** suivant la date d'acquisition des titres par la société cédante, ce qui au demeurant suppose une cession à une société **non liée** (et a fortiori non membre du groupe intégré), cela se traduit par deux conséquences :
– la moins-value est considérée comme à **court terme** ;
– et il n'y a **pas lieu** par ailleurs de la **neutraliser** puisque les titres concernés sont cédés hors du groupe.

Néanmoins, le montant de la moins-value à court terme **déductible** est susceptible d'être **limité** par le jeu des dispositions évoquées aux *§§ 470 à 472*, si les titres en question proviennent d'un apport à une filiale en difficulté réalisé depuis moins de 2 ans avant la première cession.

b) Si le report de déduction prend fin à la date d'**expiration** de la période de **2 ans** évoquée ci-dessus, la moins-value est en définitive considérée comme étant à **long terme**, donc non déductible, et il n'y a donc lieu d'appliquer ni neutralisation du résultat d'ensemble, ni bien entendu le dispositif correctif mentionné au *§ 470*.

482 S'agissant des plus-values **à long terme**, le dispositif de neutralisation peut paraître sans portée pratique, dans la mesure où ces plus-values sont soumises au taux d'imposition de 0 %, sans élimination désormais de la quote-part de frais et charges *(voir ci-dessus)*.

Rappelons par ailleurs que les cessions de titres de participation à l'intérieur du groupe sont susceptibles d'être affectées par l'amortissement des **frais d'acquisition**. En effet, lorsque l'amortissement des frais d'acquisition des titres cédés n'est pas achevé, la société cédante ne peut plus amortir la fraction des frais d'acquisition non encore déduits, pas plus que la société cessionnaire ne peut poursuivre l'amortissement de ces mêmes frais *(voir § 366)*. Nous verrons aussi que la cession peut se traduire par une imposition dans le cas où existent des plus-values antérieures à l'entrée dans le groupe *(voir § 486)*.

483 Cependant, ce dispositif de neutralisation conserve un intérêt en ce qui concerne les éventuelles plus-values intragroupe réalisées sur la cession de titres de participation **ne relevant pas du taux de 0 %**, à savoir :

– les titres de sociétés à prépondérance immobilière cotés relevant du taux de 19 % *(voir § 402)* ;

– et les titres de sociétés de capital-risque, pour la fraction de plus-value de cession relevant du taux de 15 % *(voir § 407)*.

484 En outre, même en ce qui concerne les titres relevant du taux de 0 %, le suivi des plus-values ou moins-values à long terme intragroupe demeure nécessaire.

En effet, en cas de neutralisation avant 2019 de la quote-part afférente à une plus-value imposable à 0 %, les textes exigent la réintégration de cette quote-part de frais et charges dans le résultat de l'exercice de cession des titres hors du groupe, ou en cas de sortie de l'une ou l'autre des sociétés impliquées dans la cession (CGI art. 223 F, 3e al.).

485 En ce qui concerne la cession intragroupe de titres ayant fait l'objet d'un **transfert** de compte à compte, l'article 223 F du CGI prévoit expressément l'application du dispositif de neutralisation au résultat de transfert devenu imposable à l'occasion de cette cession *(voir § 350)*.

EXEMPLE

Cas d'une société F2 ayant acquis en 2018, pour une somme de 100 000 €, 4 % des actions d'une société F1, laquelle est membre d'un groupe fiscal formé avec sa holding M. Ces titres ont été comptabilisés en tant que titres de placement.

En 2019, cette même société F2, par ailleurs filiale de M, a rejoint le groupe déjà formé par M et F1 ; à cette occasion, elle a transféré les titres F1 qu'elle détenait dans un compte de titres de participation. La valeur de ses actions détenues dans F1 étant à cette époque de 150 000 €, l'opération a généré un résultat de transfert de 150 000 - 100 000 = 50 000 €, qui ont été placés en report dans le cadre des dispositions de l'article 219, I-4 ter du CGI.

En 2022, un reclassement des titres F1 au sein du groupe ayant été décidé, la société F1 a cédé ses titres F2 à la holding M, pour un prix de 180 000 €.

Cette cession se traduira, pour la société F2, par une plus-value globale de 180 000 - 100 000 = 80 000 €, qui se décomposent de la manière suivante :

- un profit de 50 000 € correspondant au résultat de transfert dont le report prend fin du fait de la cession ;

- et une plus-value à long terme de 30 000 € correspondant à la valeur prise par les actions F1 entre leur inscription dans les titres de participation et leur cession à la holding M.

Cette plus-value doit donner lieu à la réintégration, au niveau du résultat fiscal individuel de la société F2, d'une quote-part de frais et charges de 3 600 €.

Pour le calcul du résultat d'ensemble, la holding M devra opérer la neutralisation du profit de transfert de 50 000 € réalisé par la filiale F2.

En revanche, il n'y aura pas de neutralisation de la quote-part de frais et charges réintégrée dans le résultat individuel de cette même filiale F2.

486 S'agissant du **montant de la plus-value (ou moins-value) neutralisée** au moment de la cession entre sociétés fiscalement intégrées d'un élément d'actif, l'article 223 F du CGI indique qu'il s'agit de la fraction de la plus-value ou de la moins-value « acquise depuis sa date d'inscription au bilan de la société du groupe qui a effectué la première cession » à une autre société du groupe.

Pour l'Administration, cette règle a notamment pour conséquence d'exclure du montant de la plus-value neutralisée en application de l'article 223 F les plus ou moins-values en sursis d'imposition à la suite d'apports de biens non amortissables (titres notamment) placés sous le régime de l'article **210 A** du CGI, lorsque ces apports ont été transmis par une société non membre du groupe (BOFiP-IS-GPE-20-20-50-10-§ 10-15/04/2020).

La même règle devrait s'appliquer en ce qui concerne les plus-values ayant fait l'objet des sursis prévus par les articles **38-7** et **38-7** bis du CGI (l'un des exemples pris par l'Administration dans sa documentation de base **4 H 6623**, n° **131**, concernait d'ailleurs des plus-values placées en sursis à la suite d'un échange de titres réalisé dans le cadre d'une OPE, en application de l'article **38-7** du CGI ; cet exemple n'a cependant pas été repris dans le BOFiP).

487 **(Réservé)**

Chapitre 2-3

DÉPRÉCIATION DES TITRES

L'essentiel

S'agissant des holdings, les dépréciations les plus courantes sont celles qui affectent les titres de participation : ces dépréciations sont le plus souvent sans effet sur le résultat fiscal, car elles ne sont pas déductibles. Elles ne sont donc pas, le cas échéant, affectées par les règles de neutralisation qui s'appliquent dans le cas de l'intégration fiscale.

Il en va tout différemment en ce qui concerne les titres du portefeuille exclus du régime du long terme et, notamment, des titres de participation détenus dans des sociétés à prépondérance immobilière : ces titres relèvent du régime de droit commun et peuvent donc donner lieu à des dépréciations déductibles (à condition qu'il ne s'agisse ni de parts de sociétés de personnes, ni de titres cotés, qui relèvent d'un régime spécifique). Encore ces dépréciations sont-elles encadrées par des règles particulières et neutralisées le cas échéant dans le cadre du régime de l'intégration fiscale.

Règles générales

500 **La valorisation des titres à la clôture** *(voir § 501)* **peut justifier la constitution de dépréciations** *(voir § 507)* **dont le traitement fiscal varie selon la nature des titres concernés** *(voir § 510)*.

Valorisation des titres à la clôture

501 À la clôture de chaque exercice, les entreprises doivent évaluer leurs titres (de participation, ou de placement), et comparer leur valeur d'inventaire (c'est-à-dire leur valeur à la clôture de l'exercice) à leur valeur historique figurant au bilan.

S'agissant du prix de revient des titres, *voir § 381*.

502 Si cette évaluation annuelle fait ressortir une moins-value latente, il y a lieu de constater dans les comptes une **provision** pour dépréciation, dont nous examinerons le régime ci-après.

Les plus-values latentes en revanche, en vertu du principe de prudence, ne donnent lieu à aucune comptabilisation et n'ont aucun impact sur le résultat comptable ou fiscal, sous réserve de certains cas particuliers que nous examinerons un peu plus loin.

503 S'agissant de l'évaluation des **titres de participation**, l'Administration précise que la valeur réelle des titres détenus s'entend de « celle qu'un chef d'entreprise prudent et avisé accepterait de décaisser pour obtenir l'immobilisation correspondant à sa participation s'il avait à l'acquérir », ce qui correspond à la « valeur d'utilité » du titre en question (BOFiP-BIC-PVMV-30-20-10-10-§ 40-12/09/2012).

Ainsi, s'il s'agit de **titres cotés**, la constatation d'une décote boursière par rapport au prix de revient d'une participation ne suffit pas à elle seule, d'après l'Administration, à justifier une provision pour dépréciation : l'entreprise doit établir que la valeur réelle des titres est devenue inférieure à leur valeur comptable (BOFiP-BIC-PVMV-30-20-10-10-§ 40-12/09/2012).

504 Pour l'évaluation des **titres de placement**, l'estimation est différente selon que ces titres sont cotés ou non cotés.

En ce qui concerne les titres cotés, ils sont évalués au cours moyen du dernier mois de l'exercice (CGI, ann. III, art. 38 septies ; BOFiP-BIC-PVMV-30-20-20-§ 130-12/09/2012).

Les titres non cotés doivent être évalués à leur valeur probable de négociation, c'est-à-dire à leur valeur réelle à la clôture de l'exercice (BOFiP-BIC-PVMV-30-20-20-§ 160-12/09/2012).

505 S'agissant de cette « valeur probable de négociation », l'Administration précise qu'elle doit être appréciée en fonction de tous les éléments permettant d'obtenir un chiffre aussi voisin que possible de celui qu'aurait entraîné, à la clôture de l'exercice, le jeu normal de l'offre et de la demande, c'est-à-dire normalement, compte tenu :
– du prix stipulé lors de transactions intervenues sur les titres considérés à des dates récentes ;
– de la valeur mathématique du titre ou valeur intrinsèque ;
– du rendement des titres, de l'importance des bénéfices, de l'activité de la société émettrice, de l'ampleur et du crédit de l'entreprise (BOFiP-BIC-PVMV-30-20-20-§ 170-12/09/2012).

506 En ce qui concerne la **date de constatation** de la provision, l'Administration indique, tant en ce qui concerne les titres de participation (BOFiP-BIC-PVMV-30-20-10-10-§ 50-12/09/2012) que pour les titres de placement (BOFiP-BIC-PVMV-30-20-20-§ 280-12/09/2012), que la provision (ou le complément de provision) n'est admise en déduction du bénéfice imposable qu'au titre de l'exercice au cours duquel l'événement rendant la perte probable est intervenu, c'est-à-dire l'exercice à la clôture duquel l'estimation dégage une moins-value.

Cette position paraît contraire à la jurisprudence du Conseil d'État, qui a reconnu aux entreprises la possibilité de constater à la clôture d'un exercice l'intégralité d'une provision pour dépréciation des titres, alors même que la dépréciation était apparue, en tout ou partie, à la clôture d'un exercice antérieur (CE plén., 2 décembre 1977, n° 1247). L'arrêt est ancien, mais le Conseil d'État a eu l'occasion de confirmer ce principe dans le cas des provisions pour créances douteuses (CE 27 mai 1983, n° 27412).

En cas de dépréciation des titres d'une société à **prépondérance immobilière** *(voir § 528)*, la **date** à laquelle doit être examinée cette prépondérance dans l'actif de la société (ce qui détermine le caractère déductible ou non de la provision) se situe :
– soit à la clôture, par la société dont les titres sont détenus, du dernier exercice précédant la constitution de la provision ;
– soit à la date à laquelle la provision est constituée, c'est-à-dire à la date de clôture de l'exercice de la société qui détient les titres (avis CE 22 novembre 2019 n° 432053, Sté L'Auxiliaire).

Calcul de la provision

507 Le calcul de la provision s'effectue en comparant, élément par élément, la valeur d'inventaire des titres à la clôture de l'exercice et leur coût d'entrée dans le patrimoine de l'entreprise. En cas de constatation d'une moins-value, celle-ci justifie la constatation d'une provision pour dépréciation.

508 S'agissant du coût d'entrée, rappelons que les **frais d'acquisition** des titres de participation doivent être incorporés à leur coût de revient *(voir § 356)*, ce qui peut se traduire par certaines conséquences, déjà évoquées plus haut, en matière de provisions.

Rappelons, en effet, qu'en cas de dépréciation des titres de participation, lorsque la société a opté pour l'incorporation des frais d'acquisition dans le prix de revient des titres, la provision déductible ne peut être calculée que sur le prix de revient fiscal des titres de participation, minoré, par conséquent, des amortissements admis en déduction *(voir § 364)*.

509 Lorsque des titres ont été acquis ou souscrits à des dates différentes, la détermination de leur coût de revient doit normalement s'effectuer par application de la règle PEPS « premier entré, premier sorti » (ou FIFO « first in, first out »). Ceci résulte de l'article 39 *duodecies* 6 du Code général des impôts, qui précise que pour les titres immobilisés, « les cessions de titres compris dans le portefeuille sont réputées porter par priorité sur les titres de même nature acquis ou souscrits à la date la plus ancienne. » Cependant, l'administration fiscale admet, sous certaines conditions, l'application de la règle du « coût moyen unitaire pondéré » *(voir § 390)*. L'application de l'une ou l'autre de ces deux méthodes est susceptible d'affecter le calcul des provisions toutes les fois que des titres ont été cédés depuis l'acquisition de titres de la même catégorie.

EXEMPLE

Holding ayant acquis successivement des titres d'une société A :
- en 2015, 15 000 titres (15 % du capital) d'une valeur unitaire de 16 €, soit 240 000 € ;
- en 2019, 60 000 titres (60 % du capital) d'une valeur unitaire de 20 €, soit 1 200 000 €.

Soit au total 1 440 000 €.

En 2021, la holding a cédé 18 000 titres de la société A pour un prix unitaire de 22 € (prix de cession total : 396 000 €) ; à la clôture de l'exercice 2022, elle constate que la valeur unitaire des titres A est ramenée à 18 €.

Calcul de la plus-value de cession 2021

a) Dans le cas où la holding évalue ses titres selon la règle « FIFO », ce qui est la méthode normalement applicable, la cession intervenue en 2021 est réputée porter sur :
- 15 000 titres (les plus anciens) d'une valeur unitaire de 16 €, soit 240 000 € ;
- et 3 000 titres d'une valeur unitaire de 20 €, soit 60 000 €. Le coût de revient total des titres cédés s'élève donc à 300 000 €.

Cette cession a donc dégagé une plus-value de 396 000 - 300 000 = 96 000 €.

b) Dans le cas où la holding évalue ses titres selon la règle du « coût moyen pondéré » (CMP), la valeur unitaire des titres cédés est de : (1 200 000 + 240 000)/(60 000 + 15 000) = 19,20 €, et leur valeur totale de : 18 000 × 19,20 = 345 600 €. La cession a donc dégagé une plus-value de : 396 000 - 345 600 = 50 400 €.

Calcul de la provision 2022

a) En cas d'application de la méthode FIFO, la valeur comptable résiduelle des titres demeurant au bilan est de : 57 000 × 20 € = 1 140 000 €. Comme leur valeur de marché à fin 2017 est de : 57 000 × 18 € = 1 026 000 €, la provision à constituer sera de : 1 140 000 - 1 026 000 = 114 000 €.

b) En cas d'application de la méthode CMP, la valeur comptable résiduelle des titres est de 57 000 × 19,20 € (ou de 1 440 000 - 345 600) = 1 094 400 €, la provision à constituer sera donc de : 1 140 000 - 1 094 400 = 46 000 €.

Traitement fiscal des provisions

510 Ce traitement varie en fonction de la catégorie fiscale à laquelle appartiennent les titres qui sont provisionnés, c'est-à-dire selon que ces titres sont ou non admis au régime fiscal des plus ou moins-values à **long terme**.

511 S'agissant des titres relevant du régime du long terme :
– les **dotations** aux provisions pour dépréciation des titres sont considérées comme des moins-values à long terme ;
– et les **reprises** de ces mêmes provisions, comme des plus-values à long terme (CGI art. 39.1, 5°).

À noter que le traitement ne dépend pas de la durée de détention des titres : dès lors qu'il s'agit de titres de participation, le texte interdit toute déduction de la provision, même si les titres en question sont détenus depuis moins de deux ans (rép. min. Courrière, JO Sén. 23 juin 2005).

512 Les titres concernés par le régime du long terme sont, rappelons-le, les titres qui revêtent le caractère de **titres de participation** *(voir §§ 300 et 400)*, à l'exception notamment des titres de sociétés à prépondérance immobilières non cotées. En outre, les titres de sociétés de capital-risque relèvent d'un régime particulier.

513 Ainsi, comme les moins-values, les provisions sur titres sont susceptibles de relever de plusieurs régimes d'imposition :
– les **titres de participation** proprement dits relèvent du régime des plus et moins-values à long terme au taux de 0 %. Les dotations aux provisions les concernant sont donc **non déductibles** et les reprises de provisions correspondantes, non imposables ;
– les titres de participation détenus au sein de sociétés à **prépondérance immobilière cotées** relèvent également du régime des plus et moins-values à long terme mais, comme nous l'avons déjà indiqué, au taux spécifique de 19 %. Les dotations aux provisions les concernant ne sont donc pas non plus déductibles du résultat imposable au taux plein mais elles sont considérées comme des moins-values à long terme **au taux de 19 %**, déductibles seulement de plus-values à long terme imposables elles aussi à 19 % (les éventuelles reprises de provisions ne constituent pas non plus des produits imposables mais des plus-values à long terme imposables au taux de 19 %) ;

En outre, un dispositif de plafonnement existe en ce qui concerne ces provisions, comme pour celles qui concernent les autres titres de sociétés à prépondérance immobilière *(voir § 528)*.

– les parts de fonds communs de placement à risque (FCPR) et titres de **sociétés de capital-risque** (SCR) relèvent d'une imposition au **taux spécifique de 15 %**. Quelle que soit la durée de détention de ces titres, les dotations aux provisions ne sont pas déductibles du résultat fiscal mais considérées comme des moins-values à long terme au taux de 15 %, déductibles seulement de plus-values à long terme imposables à 15 % (les reprises de provisions ne constituent pas des produits imposables mais des plus-values à long terme imposables au taux de 15 %).

514 Les **autres titres** relèvent, en revanche, du résultat fiscal imposable au taux normal et les provisions constatant leur dépréciation sont donc pleinement **déductibles** (et les reprises ultérieures de ces provisions, pleinement imposables).

515 Relèvent de cette catégorie :
– les titres de participation détenus dans des sociétés à **prépondérance immobilière non cotées** ;
– et tous les titres ne relevant pas des catégories ci-dessus, donc plus généralement tous les titres relevant de la catégorie des **titres de placement**.

516 (Réservé)

Cas particuliers

520 Plusieurs cas particuliers méritent d'être mentionnés concernant la dépréciation de titres :
- dont la valeur fiscale est différente de leur valeur comptable *(voir § 521)* ;
- de sociétés étrangères *(voir § 522)* ;
- ayant fait l'objet d'un transfert de compte *(voir § 523)* ;
- de sociétés de personnes *(voir § 527)* ;
- de sociétés à prépondérance immobilière *(voir § 528)* ou à « prépondérance financière » *(voir § 543)*.

Titres recueillis dans le cadre de certaines opérations assorties de sursis

521 En application de l'article 39.1.5° du CGI, si des titres ont été reçus dans le cadre d'une opération d'échange ayant donné lieu à un **sursis d'imposition** (application notamment des articles 38-7 *bis*, 210 A ou 210 B du CGI : cas des opérations de fusion ou d'apport par exemple), la provision doit être déterminée par rapport à la **valeur fiscale** des actifs auxquels les titres se sont substitués (BOFiP-BIC-PROV-40-10-20-10-§ 70-16/12/2013 ; BOFiP-IS-FUS-10-20-40-10-§§ 230 à 290-08/06/2022).

La question se pose pour des titres de placement, ou pour des titres de participation dans des sociétés à prépondérance immobilière, puisqu'en ce qui concerne la généralité des titres de participation, la dépréciation est en tout état de cause non déductible.

Titres de sociétés étrangères

522 Les provisions constituées sur des titres de sociétés étrangères suivent normalement le même traitement fiscal que celles constituées sur des sociétés françaises : en règle générale, déduction pleine et entière, s'il s'agit de titres de placement, et non-déduction, s'il s'agit de titres de participation, sauf de sociétés à prépondérance immobilière *(voir § 513)*.

Cependant, il peut en aller autrement dans le cas où la convention fiscale conclue avec le pays du siège de la société émettrice des titres réserve l'imposition des plus-values de cession de participations substantielles à l'État de la source (CE 12 juin 2013, n° 351702, Sté BNP Paribas) *(voir § 1378)*.

Titres faisant l'objet d'un transfert de compte à compte

523 S'agissant des titres faisant l'objet d'un transfert, dont le cas a été examiné au *§ 340*, les provisions constituées au titre d'un exercice clos **avant le transfert** ne sont pas reprises au titre de l'exercice du transfert : elles ne sont reprises qu'au titre de l'exercice au cours duquel elles deviennent sans objet et, dans ce cas, selon le régime fiscal qui avait prévalu lors de leur constitution. Ainsi, une provision constituée sur des titres de placement, déduite du résultat imposable lors de sa constitution, sera, lors de sa reprise, comprise dans le résultat imposable au taux plein. Inversement, une provision sur titres de participation, ayant été traitée comme une moins-value à long terme lors de sa constitution, créera une plus-value à long terme au moment de sa reprise (CGI art. 219, I-a quinquies, 9e al.).

524 Cependant, ce dernier cas ne peut plus concerner désormais que les titres de participation (ou les TRPVLT) de **sociétés à prépondérance immobilière**

cotées puisque, en ce qui concerne la généralité des titres de participation, les provisions ne sont en tout état de cause plus déductibles, même en tant que moins-values à long terme (et, pour les titres de participation de sociétés à prépondérance immobilière non cotées, les provisions sont pleinement déductibles puisque ces titres relèvent de l'IS au taux normal).

525 S'agissant des provisions constituées **après le transfert**, elles obéissent aux mêmes règles, à savoir :
– les provisions constituées sur des **titres de placement**, ou plus généralement sur les titres autres que de participation (ou les titres transférés en TRPVLT), sont **pleinement déductibles**, de même que les provisions constituées sur des titres de participation de sociétés à **prépondérance immobilière non cotées** ;
– les provisions constituées sur des titres transférés en rubrique « **Titres de participation** » ou en « TRPVLT » ne sont **pas déductibles** (hors cas de titres de sociétés à prépondérance immobilière) ;
– par exception, les provisions constituées sur des titres de **sociétés à prépondérance immobilière cotées** transférés en rubrique « Titres de participation » ou en « TRPVLT » constituent des **moins-values à long terme**.

EXEMPLE

Holding ayant acquis, en 2017, 60000 titres d'une société A (représentant 60 % du capital) d'une valeur unitaire de 100 €, soit au total 6000000 € ; ces titres sont inscrits comptablement dans la rubrique « Titres de participation ».

À la clôture de l'exercice 2020, la valeur unitaire des titres est estimée à 95 €. La holding constate une provision pour dépréciation de : (100 - 95) × 60000 = 300000 €.

Début 2021, la holding revend 56000 de ses titres de la société A, moyennant un prix unitaire de 95 €.

À la clôture de l'exercice 2021, la valeur unitaire des titres de la société A est toujours estimée à 95 € ; elle remonte ensuite à 100 € à la clôture de l'exercice 2022, puis chute à 90 € à la clôture de l'exercice 2023. La holding cède finalement ses titres A en 2024, pour un prix unitaire de 95 €.

Traitement fiscal de ces opérations :
- la provision de 300000 € constituée à la clôture de l'exercice 2020 n'est **pas déductible** des résultats imposables puisqu'elle concerne des titres de participation ;
- la cession des 56000 titres effectuée en 2021 génère une moins-value de 280000 €. Il s'agit d'une **moins-value à long terme** (titres de participation détenus au moins deux ans), constatée au titre de l'exercice 2021 ;
- cette cession entraîne également « transfert » des titres dans un compte de titres de placement ou de titres immobilisés, puisque la holding ne détient plus un pourcentage du capital justifiant une inscription des titres en « titres de participation » ; ce transfert entraîne la constatation d'une **moins-value à long terme** de 20000 €, dont la prise en compte est **reportée** à la date de la cession ultérieure des titres en question *(voir § 348)* ;
- la holding doit reprendre sa provision à hauteur de 280000 €, puisque les titres correspondants ont été vendus ; cette reprise ne sera **pas imposable**, puisque, lors de sa constitution, cette provision n'était pas déductible.

En revanche, elle pourra **maintenir la provision** résiduelle de 20000 € alors même que les titres provisionnés ont changé de catégorie, puisque le transfert de compte à compte n'entraîne pas, comme nous l'avons vu, la reprise de la provision constituée sur les titres transférés.
- à la clôture de l'exercice 2022, la holding devra **reprendre la provision** résiduelle de 20000 €, puisque la valeur des titres est remontée à hauteur de leur prix d'achat. Cette reprise ne sera pas imposable (la dotation n'a pas été déduite) ;
- à la clôture de l'exercice 2023, la holding reconstituera une **provision** à hauteur de 4000 × 10 = 40000 €. Cette provision sera **pleinement déductible** du résultat imposable, puisque les titres concernés ne relèvent pas (ou plus) du régime du long terme ;
- la cession opérée en 2024 entraînera trois conséquences fiscales :
  • une moins-value à court terme égale à la différence entre le prix de vente des titres de 90 € et leur prix de transfert de 95 € (et non leur prix d'achat de 100 €). Cette moins-value de 20000 € sera pleinement **déductible** du résultat imposable,

• parallèlement, la holding devra **reprendre la provision** de 40 000 € constituée sur les titres, et cette reprise sera imposable à l'impôt sur les sociétés au taux normal,
• enfin, la cession des titres entraînera la prise en compte, sur l'exercice 2024, de la **moins-value à long terme** constatée en 2020 sur le transfert des titres de compte à compte (non déductible).

526 Si des titres transférés ont fait l'objet de provisions avant et après leur transfert, les reprises s'imputent sur les dotations constatées avant le transfert, dans l'ordre de leur constitution, puis sur les dotations constatées après le transfert (BOFiP-IS-BASE-50-§ 160-18/07/2013).

Dépréciation de titres de sociétés de personnes non soumises à l'IS

527 En cas de dépréciation de parts de sociétés de personnes non soumises à l'impôt sur les sociétés (fiscalement « translucides »), la difficulté réside dans le fait que la perte de valeur de la société concernée peut provenir des pertes accumulées par la société de personnes. Or, les pertes fiscales de la société de personnes en question ont pu être déjà déduites par l'associé : fiscalement, la constatation d'une telle provision ne peut donc être admise car elle reviendrait à retenir deux fois la même perte (CE 27 novembre 1974, n° 92410).

En outre, cette situation ne se rencontre normalement qu'entre la date de clôture et la date de la décision des associés de la société de personnes, date à laquelle la perte sera mise à la charge des associés.

Plafonnement de la dépréciation des titres de sociétés à prépondérance immobilière

528 La loi prévoit un plafonnement de la déduction de la dotation aux provisions pour dépréciation des titres de sociétés à prépondérance immobilière (CGI art. 39, 1-5°) : pour ces titres, seules sont admises en déduction du résultat imposable les provisions pour dépréciation correspondant à des moins-values latentes **nettes**.

Un dispositif analogue de plafonnement des dotations aux provisions à hauteur des moins-values latentes nettes existe également en ce qui concerne les **immeubles de placement**.

EXEMPLE

Cas d'une société holding H détenant des titres de participation dans deux sociétés à prépondérance immobilières F1 et F2 :
- les titres de la société F1 figurent au bilan pour une valeur de 2 M€ ;
- les titres de la société F2, pour une valeur de 3 M€.

À la clôture de l'exercice, la valeur de ces participations est estimée à :
- 3 M€ en ce qui concerne les titres de la société F1 ;
- et 1 M€ en ce qui concerne les titres de la société F2.

Du point de vue comptable, la société doit doter une provision de 2 M€ (3 - 1) pour constater la dépréciation des titres F2.

Du point de vue fiscal, cette dotation de 2 M€ sur les titres F2 devra être **réintégrée** pour 1 M€ (3 - 2), c'est-à-dire à hauteur de la plus-value latente constatée sur les titres F1.

529 Ce plafonnement s'applique de manière **distincte** aux titres de participation de sociétés à prépondérance immobilière selon que ces sociétés sont **cotées**, ou **non cotées**, puisque les premières relèvent du régime du long terme (au taux spécifique de 19 %, *voir § 513*), alors que les secondes sont exclues du régime du long terme et relèvent donc de l'IS au taux normal.

En d'autres termes :
- les dotations constatées sur les titres de participation de sociétés à prépondérance immobilières cotées ne sont pas déductibles à hauteur des seules plus-values latentes existant sur des titres de même nature, c'est-à-dire d'autres titres de participation de sociétés à prépondérance immobilières cotées ;
- les dotations constatées sur les titres de participation de sociétés à prépondérance immobilières non cotées ne sont pas déductibles à hauteur des seules plus-values latentes existant sur les autres titres de titres de participation de sociétés à prépondérance immobilière non cotées (BOFiP-BIC-PROV-40-10-20-20-§ 30-12/09/2012).

EXEMPLE

Cas d'une société holding détenant des titres de participation dans un certain nombre de sociétés à prépondérance immobilière dont la situation à la clôture de l'exercice est la suivante :

Titres	Valeur au bilan	Valorisation à la clôture
F1 (cotée)	1 000 000	500 000
F2 (cotée)	2 000 000	3 000 000
F3 (non cotée)	500 000	800 000
F4 (non cotée)	1 000 000	700 000
F5 (non cotée)	500 000	300 000

La situation fiscale des provisions devra être examinée catégorie par catégorie :

a) S'agissant des **titres cotés**, la provision pour dépréciation de 500 000 € constatée en comptabilité sur les titres F1 est purement et simplement réintégrée ; elle ne peut pas être considérée fiscalement comme une moins-value à long terme (compartiment 19 %) dès lors qu'existe par ailleurs une plus-value latente supérieure (1 M€) sur les titres F2 :

Titres	Valeur au bilan	Valorisation à la clôture	P-V ou M-V	Provision
F1 (cotée)	1 000 000	500 000	- 500 000	500 000
F2 (cotée)	2 000 000	3 000 000	1 000 000	0
Sous-total	3 000 000	3 500 000	500 000	500 000

b) S'agissant des **titres non cotés**, la provision comptable de 500 000 € dotée sur les titres F4 et F5 ne pourra être déduite fiscalement (de l'IS au taux plein, s'agissant de titres exclus du régime du long terme) qu'à hauteur de 200 000 €, car cette provision de 500 000 € est considérée comme non déductible à hauteur de la plus-value latente de 300 000 € existant à la clôture sur les titres F3 :

Titres	Valeur au bilan	Valorisation à la clôture	P-V ou M-V	Provision
F3 (non cotée)	500 000	800 000	300 000	0
F4 (non cotée)	1 000 000	700 000	- 300 000	300 000
F5 (non cotée)	500 000	300 000	- 200 000	200 000

530 **Le prix de revient des titres doit être corrigé** *(voir § 521)* **des plus-values ou moins-values en sursis d'imposition dégagées à l'occasion d'opérations d'échange, de fusion, d'apport, de scission, en application notamment des dispositions des 5 *bis*, 7 et 7 *bis* de l'article 38, de l'article 115, 2 ou des articles 210 A ou 210 B du CGI : autrement dit, il y a lieu de retenir, dans ce cas, la valeur fiscale des titres, telle qu'elle figure sur l'état de suivi prévu à l'article 54 *septies* du CGI** (BOFiP-BIC-PROV-40-10-20-20-§ 130-12/09/2012).

EXEMPLE

(Reprise et approfondissement du cas figurant au *§ 528)*

Société holding H détenant des titres de participation dans deux sociétés à prépondérance immobilière F1 et F2 :
- les titres de la société F1 figurent au bilan pour une valeur de 2 M€ ;
- les titres de la société F2, pour une valeur de 3 M€.

À la clôture de l'exercice, la valeur de ces participations est estimée à :
- 3 M€ en ce qui concerne les titres de la société F1 ;
- et 1 M€ en ce qui concerne les titres de la société F2.

Cependant, il est précisé que les titres F1 ont été recueillis à la suite d'une opération de fusion placée sous le régime de faveur de l'article 210 A du CGI : ils figuraient dans les comptes de la société absorbée pour une valeur de 1,5 M€ et ont donc dégagé, à l'époque, une plus-value d'apport de 500 000 € placée en sursis d'imposition.

Du point de vue comptable, la société doit doter une provision de 2 M€ (3 - 1) pour constater la dépréciation des titres F2.

Du point de vue fiscal, cette dotation de 2 M€ sur les titres F2 devra être **réintégrée** pour 1,5 M€ (3 - 1,5), c'est-à-dire à hauteur de la plus-value latente constatée sur les titres F1, mais en tenant compte de la valeur fiscale de ceux-ci :

Titres	Valeur au bilan	Valeur fiscale	Valorisation à la clôture	P-V ou M-V fiscale	Provision comptable
F1	2 000 000	1 500 000	3 000 000	1 500 000	0
F2	3 000 000	3 000 000	1 000 000	- 2 000 000	2 000 000
Sous-total	**5 000 000**	**4 500 000**	**4 000 000**	**- 500 000**	**2 000 000**

531 **En revanche, le prix de revient n'a pas à être corrigé des plus-values ou moins-values en report** (BOFiP-BIC-PROV-40-10-20-20-§ 150-12/09/2012), **ce qui est le cas :**
– des plus ou moins-values qui ont pu être constatées à la suite d'un transfert de titres de compte à compte *(voir § 340)* **;**
– ou encore des plus ou moins-values qui ont pu être neutralisées dans le cadre du régime de l'intégration fiscale à l'occasion d'une cession de titres entre deux sociétés membres d'un même groupe intégré *(voir § 476)*.

532 **Le montant des plus-values latentes pris en compte pour l'application du dispositif de plafonnement qui nous occupe doit être minoré du montant des provisions non admises en déduction au titre des exercices précédents et non encore rapportées au résultat imposable à la clôture de l'exercice** (BOFiP-BIC-PROV-40-10-20-20-§§ 50 et 160-12/09/2012).

Dans le cas de provisions qui auraient été dotées lors d'exercices clos avant 2007 (les titres de sociétés à prépondérance immobilière cotées et non cotées appartenaient alors à la même catégorie), les dotations en question doivent être réparties entre les catégories de titres concernées (BOFiP-BIC-PROV-40-10-20-20-§§ 170 et s. et §§ 220 et s.-12/09/2012).

EXEMPLE

(Suite de l'exemple figurant au *§ 530)*

La situation de la holding H, qui avait constaté sur ses titres SPI une provision comptable de 2 M€ rapportée au résultat imposable de l'exercice N à hauteur de 1,5 M€, est désormais la suivante à la clôture de l'exercice N + 1 :

Exercice N + 1

Titres	Valeur au bilan	Valeur fiscale	Valorisation à la clôture	P-V ou M-V fiscale	Provision comptable complémentaire
F1	2 000 000	1 500 000	3 100 000	1 600 000	0
F2	3 000 000	3 000 000	800 000	- 2 200 000	200 000

Du point de vue fiscal, cette dotation complémentaire de 200 000 € sur les titres F2 est non déductible à hauteur :
- de la plus-value latente constatée sur les titres F1 (en prenant soin, comme nous l'avons vu, de retenir la valeur fiscale de ces derniers), soit 1 600 000 € ;
- minorée des provisions non admises en déduction antérieurement, soit 1 500 000 €.

En définitive, cette dotation comptable complémentaire devra donc être **réintégrée** au résultat imposable pour **100 000 €** (1,6 M€ - 1,5 M€).

On remarquera au demeurant que cette réintégration est égale à la **plus-value latente supplémentaire** constatée sur les titres F1 entre les exercices N et N + 1.

533 S'agissant des **reprises de provisions**, elles sont bien entendu **non imposables** à proportion des dotations **non déduites** antérieurement. Cependant, les modalités d'application de ce principe s'avèrent relativement complexes.

L'Administration indique que les dotations aux provisions non admises en déduction au cours d'un exercice sur un titre de participation viennent minorer le montant des provisions, sur ce même titre, rapportées au résultat des exercices ultérieurs (BOFiP-BIC-PROV-40-10-20-20-§ 190-12/09/2012).

Dès lors, il importe **d'affecter les dotations** aux provisions non admises en déduction en application des règles rappelées ci-dessus aux lignes de titres concernées.

534 L'Administration indique que le montant global de la provision non déductible doit être affecté à une catégorie (ligne) de titres de participation à hauteur du **rapport** existant entre :
– la dotation aux provisions comptabilisée au titre de l'exercice considéré pour cette ligne de titres ;
– et le montant total des dotations aux provisions comptabilisées au titre du même exercice pour l'ensemble des titres de participation concernés (BOFiP-BIC-PROV-40-10-20-20-§ 190-12/09/2012).

EXEMPLE

a) Cas d'une société holding H détenant des titres de participation dans cinq sociétés à prépondérance immobilière non cotées (par hypothèse, la valeur fiscale de ces titres est la même que leur valeur comptable) dont la situation est la suivante à la clôture de l'exercice 2021, étant précisé, par ailleurs, qu'aucune provision n'a été constituée antérieurement :

Titres	Valeur au bilan	Valorisation clôture	PV ou MV	Provision
F1	900 000	600 000	- 300 000	300 000
F2	1 000 000	1 500 000	500 000	0
F3	700 000	900 000	200 000	0
F4	1 500 000	1 000 000	- 500 000	500 000
F5	500 000	300 000	- 200 000	200 000
Total	**4 600 000**	**4 300 000**	**- 300 000**	**1 000 000**

Globalement, la dotation comptable de 1 M€ constatée sur les titres F1, F4 et F5 est non déductible à hauteur des plus-values latentes existant sur les titres F2 et F3, c'est-à-dire à hauteur de 500 000 + 200 000 = **700 000 €**. La provision déductible fiscalement se limite donc à 300 000 €.

En application des règles indiquées plus haut, cette provision non déductible se répartit, titre par titre, de la manière suivante :

Titres	Provision	% provision	Non déductible
F1	300 000	30 %	210 000
F2	0		
F3	0		
F4	500 000	50 %	350 000
F5	200 000	20 %	140 000
Total	**1 000 000**	**100 %**	**700 000**

b) À la clôture de l'exercice 2022, la situation financière des sociétés F1 et F4 justifie une reprise de la provision antérieurement constituée à hauteur de 600 000 € :

Titres	Provision	Reprise
F1	100 000	200 000
F4	100 000	400 000
F5	200 000	
Total	**400 000**	**600 000**

Cette reprise sera considérée comme intégralement non imposable pour les titres F1 (200 000 €) et non imposable à hauteur de 350 000 € pour les titres F4 :

Titres	Provision	Reprise	Dont imposable	Dont non imposable	Solde provision	Dont : solde provision non déduite
F1	100 000	200 000	0	200 000	100 000	10 000
F4	100 000	400 000	50 000	350 000	100 000	0
F5	200 000				200 000	140 000
Total	**400 000**	**600 000**	**50 000**	**550 000**	**400 000**	**150 000**

535 Il importe de préciser que la mesure de plafonnement s'applique **société par société** : Ainsi, aucune compensation ne peut être opérée entre :

– les provisions dotées et les plus-values latentes existant à la clôture de l'exercice au niveau d'une société associée d'une **société de personnes** ;

– et les provisions dotées et les plus-values latentes existant à la clôture de l'exercice au niveau de cette société de personnes (BOFiP-BIC-PROV-40-10-20-10-§ 60-16/12/2013).

Titres évalués par équivalence

536 Mentionnons enfin un dernier cas particulier, celui des titres évalués selon la méthode de la « mise en équivalence ».

537 Les sociétés qui établissent des comptes consolidés ont en effet la possibilité, dans leurs comptes sociaux, d'évaluer les titres des sociétés qu'elles contrôlent de manière exclusive selon la méthode de la « mise en équivalence », c'est-à-dire en les inscrivant au bilan en fonction de la quote-part de capitaux propres, déterminée selon les règles de la consolidation.

Cette méthode permet ainsi une **évaluation globale** des participations en question, d'où une **compensation** des plus-values et des moins-values latentes constatées, ce qui a pour effet le cas échéant de réduire le montant des provisions pour dépréciation constatées sur ces participations.

EXEMPLE

Cas d'une holding détenant des participations de 100 % dans trois sociétés F1, F2 et F3.

Les titres F1 ont été acquis pour 1 M€, les titres F2 pour 1 M€ également et les titres F3 pour 3 M€.

La situation nette des trois sociétés à la clôture de l'exercice est la suivante :

F1 : 1 M€

F2 : 5 M€

F3 : 1 M€

Normalement, la société devrait comptabiliser une **provision de 2 M€** pour constater la dépréciation des titres F3 (acquis pour 3 M€ et dont la valeur d'inventaire n'est plus que de 1 M€).

Avec l'adoption de la méthode d'évaluation par équivalence, plus **aucune provision** n'est à constituer, puisque la valeur globale des participations relevant de la méthode est de 7 M€ pour un coût d'acquisition total de 5 M€.

538 Du point de vue comptable, les titres sont inscrits au bilan pour leur valeur globale d'équivalence, sous une rubrique particulière « Participations évaluées par équivalence ».

Lorsque l'évaluation des titres en question dégage une différence positive (comme dans l'exemple ci-dessus), cette différence est portée dans les capitaux propres, dans un poste particulier « **Écart d'équivalence** » (qui n'est pas distribuable et ne peut être utilisé pour compenser des pertes : c. com. art. L. 232-5).

Du point de vue fiscal, cet écart d'équivalence positif n'est pas imposé (CGI art. 38, 9, 1°).

539 Les **provisions** pour dépréciation des titres qui sont transférées au crédit du compte « Écart d'équivalence » doivent en revanche être comprises dans les plus-values à long terme du premier exercice d'application de la méthode, dès lors que cette dernière rend ces provisions sans objet (CGI art. 38, 9, 2° ; BOFiP-BIC-PVMV-30-20-10-20-§ 70-27/10/2014).

EXEMPLE

Reprise du cas ci-dessus.

En considérant que la société a dû constater précédemment une provision pour dépréciation de 2 M€ sur les titres F3, l'adoption de la méthode d'évaluation par équivalence se traduit nécessairement par une reprise de ladite provision.

540 Cette reprise constitue, actuellement, une plus-value à long terme imposable au taux de 0 %.

541 Par la suite, lorsque la valeur globale d'équivalence devient inférieure au prix global d'acquisition des titres, une **provision pour dépréciation globale** du portefeuille doit être constituée.

Cette provision est déduite selon le régime des moins-values à long terme (CGI art. 38, 9, 2°), étant précisé que cette déduction s'opère dans la limite de la dépréciation « de droit commun », c'est-à-dire de la dépréciation calculée **titre par titre** en fonction de la valeur d'utilité de ces derniers et non de leur valeur d'équivalence (BOFiP-BIC-PVMV-30-20-10-20-§ 120-27/10/2014).

Les entreprises doivent joindre à leur déclaration un tableau détaillé des dépréciations, établi selon le modèle donné par l'Administration (BOFiP-ANNX-000153-12/09/2012).

Il peut aussi arriver que la valeur globale d'équivalence soit **négative**. Dans ce cas, l'entreprise doit constater, en plus de la provision pour dépréciation globale du portefeuille mentionnée ci-dessus, une « provision pour risque global du portefeuille » figurant au passif du bilan dans les provisions pour risque. Cette provision ne peut pas être déduite (BOFiP-BIC-PVMV-30-20-10-20-§ 170-27/10/2014).

542 En cas de **cession** de titres évalués par équivalence, la plus ou moins-value **comptable** de ces titres est normalement déterminée à partir de leur prix de revient (prix d'acquisition) mais, en ce qui concerne les titres qui avaient été provisionnés avant l'option pour la méthode de la mise en équivalence, ce prix de revient est la valeur nette comptable (puisque la provision, nous l'avons vu au *§ 539*, a été transférée au débit du poste « Écart d'équivalence »).

Du point de vue **fiscal** en revanche, la plus ou moins-value doit être déterminée dans tous les cas à partir du prix d'acquisition des titres, ce qui peut nécessiter des corrections extra-comptables (BOFiP-BIC-PVMV-30-20-10-20-§ 190-27/10/2014).

EXEMPLE

Reprise du cas mentionné ci-dessus aux *§§ 537 et 539*.

En cas de cession ultérieure des titres F3 pour un prix de 1,5 M€, la plus-value comptable sera de : 1,5 M€ - 1 M€ = 500 000 €.

Du point de vue fiscal en revanche, l'opération se traduira par une moins-value de : 1,5 M€ - 3 M€ = - 1,5 M€ (moins-value à long terme, non déductible).

Sociétés à prépondérance financière

543 Une limite de déduction des provisions existe en ce qui concerne les titres de **sociétés de gestion de portefeuille** (parfois appelées à « prépondérance financière »), dont il a déjà été question au *§ 405*.

Dans le cas de ces sociétés en effet, les provisions ne sont **pas déductibles** selon le régime du court terme à hauteur des **dividendes exonérés** en application du régime des sociétés mères ou en application du régime de groupe au cours de l'exercice au titre duquel les provisions ont été comptabilisées et des cinq exercices suivants (BOFiP-IS-BASE-50-§ 75-18/07/2013).

Corrélativement, la reprise sera non imposable à hauteur du montant précédemment réintégré (BOFiP-IS-BASE-50-§ 75-18/07/2013).

Titres de participation réévalués

544 Nous avons vu plus haut *(voir § 395)* que les titres de participation pouvaient être réévalués en toute neutralité fiscale. Cependant, la loi prévoit que les provisions constituées en vue de faire face à la dépréciation d'immobilisations non amortissables réévaluées sont déterminées par référence à la **valeur fiscale** de ces actifs réévalués (CGI art. 39-1, 5°, 26e al.).

La valeur fiscale des immobilisations non amortissables réévaluées correspond à la valeur d'origine de ces dernières, et les provisions constituées ultérieurement en vue de faire face à la dépréciation de ces actifs sont calculées, sur le plan fiscal, à partir de leur valeur non réévaluée. Dès lors, la provision pour dépréciation

constituée en comptabilité n'est que partiellement déductible sur le plan fiscal, et si l'évaluation de l'actif concerné à la clôture de l'exercice reste supérieure à sa valeur fiscale, aucune provision n'est déductible sur le plan fiscal, donc la dotation doit être réintégrée en totalité (BOI-BIC-PROV-40-10-10-§ 425-08/06/2022).

Généralement les dépréciations de titres de participation ne sont en tout état de cause pas déductibles, car relevant du régime des moins-values à long terme *(voir § 513)*. Cette disposition n'a donc de réel impact fiscal qu'à l'égard des titres de participation ne relevant pas du long terme, comme par exemple les titres de sociétés non cotées à prépondérance immobilière.

EXEMPLE

Cas d'une société holding détentrice d'une participation dans le capital d'une filiale A, société non cotée à prépondérance immobilière, acquise pour 5 M€ plusieurs années auparavant. Cette participation constitue son seul actif immobilisé.

A la clôture de son exercice arrêté le 31 décembre 2021, la société holding, constatant que la valeur des titres A est désormais de 10 M€, décide de réévaluer cet actif : elle constate donc dans ses comptes un écart de réévaluation de 5 M€.

A la clôture de l'exercice arrêté le 31 décembre 2023, la société holding, constatant que la valeur des titres A est désormais de 8 M€, comptabilise une dépréciation de 2 M€.

Dans la mesure où la valeur fiscale d'origine des titres de la filiale est de 5 M€, supérieure par conséquent à leur valeur actuelle de 8 M€, la provision de 2 M€ constatée en comptabilité ne sera pas déductible fiscalement, alors même que les titres en question ne relèvent pas du régime des PVLT.

545 **(Réservé)**

Groupes fiscalement intégrés

550 **Deux situations distinctes sont susceptibles de se présenter dans le cas d'un groupe intégré :**

– lorsqu'une société mère vient à déprécier les titres d'une filiale intégrée ;

– et lorsqu'une société membre du groupe doit déprécier des titres d'une société tierce (non membre du groupe) qui lui ont été antérieurement cédés par une société du groupe.

Dépréciation des titres d'une société intégrée

551 Les règles de l'intégration fiscale prévoient la **neutralisation** des dépréciations de titres de participation détenus par des sociétés du groupe sur d'autres sociétés du groupe (CGI art. 223 D).

Le texte prévoit en effet que le montant des dotations complémentaires aux provisions constituées par une société après son entrée dans le groupe à raison des participations détenues dans d'autres sociétés du groupe est ajouté à la plus-value nette à long terme d'ensemble ou déduit de la moins-value nette à long terme d'ensemble.

On observera que ce régime de neutralisation ne s'applique qu'aux titres de participation relevant du régime du long terme. Dans le cas (assez peu répandu il est vrai) d'une société du groupe qui détiendrait une part minoritaire du capital d'une autre société du groupe, considérée comme titres de placement et relevant du régime du court terme, aucun texte ne paraît prévoir une quelconque neutralisation de la provision.

552 **Cette neutralisation n'a évidemment guère d'enjeu, puisqu'elle porte le plus souvent sur des titres de participation qui relèvent des plus-values à long terme imposables à 0 % et donc sur une provision déjà non déductible fiscalement.**

553 **À l'inverse, la reprise de dépréciations antérieurement neutralisées et qui deviennent sans objet est également neutralisée.**

Il en va ainsi lorsque la reprise correspond à une dépréciation constatée pendant l'intégration fiscale : les dépréciations constatées avant l'intégration ne bénéficient pas de cette neutralisation, puisque la dotation correspondante n'a pas été neutralisée.

554 **Par ailleurs, la reprise ne pourra plus faire l'objet d'une telle neutralisation si la société dont les titres ont été provisionnés (ou la société ayant constitué la provision, ou *a fortiori* les deux sociétés) a quitté le groupe intégré** (BOFiP-IS-GPE-20-20-30-20-§ 60-15/04/2020).

Le groupe est ainsi susceptible de se trouver pénalisé car la reprise de provision sera imposée alors que la dotation n'a pas été déduite, même s'il convient, bien entendu, de relativiser cette apparente pénalisation lorsqu'elle porte sur des titres relevant du taux de 0 %.

Il n'en irait pas de même, par exemple, en cas de dépréciation intragroupe des titres de société à prépondérance immobilière cotée relevant du taux de 19 %, puisque la dotation ne serait pas déduite en tant que MVLT à 19 % alors que la reprise serait taxée à 19 %.

On signale, par ailleurs, que pour les autres dotations intragroupe, comme celles qui peuvent être constituées sur des **créances** *(voir § 850)*, ou dans le cas de provisions pour **risques** pouvant être constituées sur certaines filiales, ces conséquences défavorables sont pleinement applicables.

Par ailleurs, lorsque le groupe fait usage de la possibilité, mentionnée au § 210 ci-dessus, de maintenir la filiale dans le groupe au titre d'un exercice en cas de cession des titres intervenant le dernier jour de cet exercice (ou, ce même dernier jour, d'apport de ces titres, de fusion ou transmission universelle de patrimoine non rétroactives), il est précisé que cette tolérance implique que la reprise de provision constatée le cas échéant à cette occasion ne soit pas neutralisée, alors même que cette reprise est censée intervenir à une date à laquelle la filiale concernée est réputée faire encore partie du groupe intégré (BOFiP-IS-GPE-10-20-10-§ 230-24/03/2021 ; BOFiP-IS-GPE-20-20-30-20-§ 30-15/04/2020).

Dépréciation de titres acquis auprès d'une société intégrée

555 **Il peut aussi advenir qu'une société membre du groupe détienne des titres d'une société non intégrée, mais que ces titres aient été acquis auprès d'une société membre du groupe fiscal.**

556 **Dans cette situation, la législation** (CGI art. 223 B, 4e al. ; art. 223 D, 5e al.) **prévoit que la dépréciation doit être réintégrée au résultat d'ensemble ou à la plus-value ou moins-value nette à long terme d'ensemble à hauteur de la plus-value ou du profit dégagé à l'occasion de la cession initiale, neutralisé en application des règles de l'intégration fiscale.**

Il s'agit des plus-values (ou moins-values) ou des profits (ou pertes) neutralisés en application de l'article 223 F du CGI. Cette neutralisation ne s'applique qu'aux cessions entre sociétés du groupe d'éléments d'actif **immobilisé**.

Il y a donc lieu de penser que les cessions de **titres de placement** n'ont pas à faire l'objet d'une telle neutralisation et, corrélativement, que les dépréciations constatées sur ces titres n'ont pas à être neutralisées.

En revanche, le dispositif s'applique aux titres de portefeuille exclus du régime du long terme (BOFiP-IS-GPE-20-20-30-30-§ 10-15/04/2020). Il s'agit essentiellement des titres de participation dans des sociétés à **prépondérance immobilière** non cotées.

Exemple

Cas d'une holding H ayant formé à compter de 2017 un groupe intégré avec ses filiales F1 et F2.

Au cours de l'exercice 2018, F1 a acquis, auprès d'une société extérieure au groupe, 80 % des titres d'une société à prépondérance immobilière non cotée A, pour un prix de 1 M€.

Les titres A sont ensuite cédés en 2019 à la filiale F2, pour un prix de 1,3 M€.

En 2022, la société F2 doit constater une dépréciation de 500 000 € sur les titres de la société A, la valeur réelle de ces titres étant tombée à 800 000 €.

Solution. Lors de la cession intragroupe intervenue en 2019, le profit de cession de 300 000 € constaté par la filiale F1 a dû être neutralisé, par application de l'article 223 F du CGI : ce profit de 300 000 € a donc été déduit pour le calcul du résultat d'ensemble.

Dès lors, la dépréciation de 500 000 € constatée en 2022 par la filiale F2 doit être **réintégrée** dans le résultat d'ensemble à hauteur de 300 000 €.

Fiscalement, cette provision ne viendra donc réduire le résultat du groupe qu'à concurrence de 200 000 €, ce qui correspond à la dépréciation réelle subie par les titres A depuis leur acquisition par le groupe.

557 En cas de reprise d'une provision ayant subi une telle neutralisation, cette reprise doit elle-même être neutralisée à hauteur de la neutralisation opérée précédemment (BOFiP-IS-GPE-20-20-30-30-§ 80-15/04/2020).

558 En cas de **sortie de groupe** d'une société ayant cédé les actifs en question, ou de celle qui en est propriétaire, la société mère doit déneutraliser la correction ou les corrections opérées dans le résultat d'ensemble (ou dans la plus ou moins-value nette à long terme d'ensemble).

Corrélativement, la dépréciation neutralisée lors de sa constitution et qui n'a pas encore été rapportée peut être déduite du résultat d'ensemble, ou de la plus ou moins-value nette d'ensemble (BOFiP-IS-GPE-20-20-30-30-§ 60-15/04/2020).

Exemple

Reprise du cas précédent, en supposant à présent que la filiale F2 sort du groupe au cours de l'exercice 2023.

Solution. La société mère H devra :
- réintégrer au résultat d'ensemble le profit de 300 000 € neutralisé en 2019 ;
- déduire de ce même résultat d'ensemble les 300 000 € de dépréciation neutralisés en 2022.

559 (Réservé)

Quels sont les 3 principaux points à retenir **sur le régime des sociétés mères et filiales ?**

1

RÉGIME OPTIONNEL

ANNUALITÉ DE L'OPTION

—

PAS DE FORMALISME PARTICULIER :
EN PRATIQUE RÉSULTE DE L'INSCRIPTION DES DIVIDENDES SUR LA LIGNE XA DU TABLEAU 2058-A

2

SOCIÉTÉS ÉLIGIBLES

PERSONNES MORALES SOUMISES À L'IS DE PLEIN DROIT OU SUR OPTION

—

NATIONALITÉ ET NATURE DE L'ACTIVITÉ DES SOCIÉTÉS CONCERNÉES INDIFFÉRENTES

! LES SOCIÉTÉS DE PERSONNES SOUMISES À L'IR NE PEUVENT PAS CONSTITUER DES FILIALES

3

PRODUITS DE PARTICIPATION

REPRÉSENTER AU MOINS 5 % DU CAPITAL DE LA FILIALE

—

EXONÉRÉS D'IS
SAUF POUR UNE QUOTE-PART DE FRAIS ET CHARGES ÉGALE À 5% DES PRODUITS PERÇUS :

RETRAITEMENTS EXTRA COMPTABLES SUR TABLEAU FISCAL 2058-A :
LIGNES XA (MONTANT DES DIVIDENDES ENCAISSÉS, SOUS DÉDUCTION DE LA QUOTE-PART DE FRAIS ET CHARGES) ET LIGNE 2A (MONTANT DE LA QUOTE-PART)

—

OBLIGATION D'ÊTRE CONSERVÉS PENDANT 2 ANS SOUS PEINE DE REMISE EN CAUSE DE L'EXONÉRATION

Revue Fiduciaire

Chapitre 2-4

PERCEPTION DES DIVIDENDES

§§

L'essentiel

Bien que les holdings puissent percevoir plusieurs types de revenus, et notamment en contrepartie des prestations de services qu'elles sont susceptibles de rendre (voir § 690), la vocation première des sociétés holding est de recevoir des dividendes de leurs participations.

Ces dividendes font l'objet d'un traitement privilégié pour éviter la double imposition économique des résultats déjà imposés chez la filiale concernée, essentiellement par le jeu du régime mère-filiale, encore amélioré en présence d'une option pour l'intégration fiscale. Cependant, comme tous les dispositifs d'exonération, le régime mère-filiale fait désormais l'objet de mesures « anti-abus » de plus en plus perfectionnées.

Généralités concernant les distributions

570 Les distributions reçues par les sociétés holding seront le plus souvent éligibles au régime mère-fille *(voir § 590)*.

Pour autant, certains dividendes peuvent être imposés dans les conditions de droit commun, si les conditions d'application du régime mère-filiale ne peuvent pas s'appliquer, notamment parce que les actions ne représentent pas au moins 5 % du capital de la société distributrice. Dans ce cas, aucune mesure particulière n'est susceptible de leur être appliquée, l'avoir fiscal ayant été supprimé depuis bien longtemps.

Date d'inscription des dividendes en produits

571 La comptabilisation des dividendes doit normalement être effectuée à la **date de l'assemblée** ayant pris la décision de les mettre en distribution, même lorsque leur paiement effectif est différé : c'est à cette date, en effet, que l'actionnaire peut être juridiquement considéré comme créancier de la société distributrice.

La circonstance que les dividendes n'aient pas été effectivement versés à la clôture est sans incidence sur l'existence de la créance de l'actionnaire (CE (na) 16 mai 2018, n° 412801, Sté Sparkling Capital).

572 L'administration fiscale considère traditionnellement, en revanche, que l'inclusion des dividendes dans le résultat imposable des entreprises doit être opérée seulement à la date de leur perception, qui correspond normalement à la date de détachement du coupon (BOI 4-K-1-83) : elle avait ainsi précisé que pour pouvoir bénéficier de l'éventuel crédit d'impôt attaché aux dividendes, les entreprises étaient autorisées à extourner les dividendes comptabilisés, mais non encaissés (ou crédités en compte) à la clôture de l'exercice, et à les rattacher au résultat fiscal de l'exercice suivant (Mission d'organisation administrative, séance du 7 mars 1978).

L'Administration n'a pas repris ces précisions en détail dans sa doctrine actualisée figurant au BOFiP, mais elle continue d'y indiquer que « la mise en paiement, qui doit être distinguée de la décision de distribution, correspond, en pratique, à la mise du dividende à disposition de l'associé » (BOFiP-IS-BASE-10-10-10-20-§ 100-03/06/2020).

L'application de cette doctrine génère une différence entre le résultat comptable et le résultat fiscal.

En pratique, les opérations ci-après devront être effectuées sur l'imprimé (n° 2058-A) de détermination du résultat fiscal de l'entreprise :
- déduction du montant des dividendes comptabilisés dans le résultat mais non encore encaissés (ou disponibles) à la clôture (ligne XG de l'imprimé) ;
- réintégration des dividendes encaissés pendant l'exercice mais qui ont déjà été imposés au cours de l'exercice antérieur (ligne WQ de l'imprimé).

Crédits d'impôt sur les dividendes de source étrangère

573 **Les dividendes perçus d'une société étrangère ont pu subir une retenue à la source : cette dernière ouvre droit à un crédit d'impôt lorsque la convention fiscale conclue entre la France et l'État d'établissement de la société distributrice le prévoit, ce qui est très généralement le cas.**

Ce crédit d'impôt constitue un revenu imposable et il doit donc normalement, à ce titre, être comptabilisé (BOFiP-IS-RICI-30-10-20-10-§§ 1 et 180-10/06/2020). **La règle générale est donc celle d'une comptabilisation des dividendes pour leur montant « brut », c'est-à-dire crédit d'impôt inclus. Cependant, le crédit d'impôt en question ne peut s'imputer que sur l'impôt sur les sociétés** *(voir § 576 cependant)*, **sans pouvoir être restitué.**

Il ne constitue donc pas toujours une valeur certaine puisque cette imputation suppose que la société réalise des bénéfices et soit effectivement soumise à l'IS. Pour cette raison, la pratique la plus courante est celle d'une comptabilisation du dividende pour son montant « net », donc crédit d'impôt non inclus (conformément à la position donnée jadis par la CNCC au sujet de l'avoir fiscal : CNCC bull. n° 5, mars 1972, p. 126 s.**).**

Cette manière de procéder est admise par l'Administration : dans ce cas, indique-t-elle, les entreprises ne peuvent imputer sur l'impôt sur les sociétés que la différence entre le montant du crédit et le produit obtenu en multipliant par le taux de l'impôt sur les sociétés le montant dudit crédit (CGI, ann. II, art. 136 ; BOFiP-IS-RICI-30-10-20-10-§ 180-10/06/2020).

Bien évidemment, puisque aucune imputation n'est possible s'agissant des dividendes provenant de filiales établies dans des États n'ayant conclu aucune convention fiscale avec la France, les dividendes correspondants sont toujours à comptabiliser pour leur montant net (BOFiP-IS-RICI-30-10-20-10-§ 80-10/06/2020).

574 **Ainsi, pour un taux normal de l'impôt sur les sociétés fixé à 28 %, la somme à imputer est normalement égale à 72 % des crédits d'impôt, taux porté à 73,5 % (IS à 26,5 %) pour les exercices ouverts à compter du 1er janvier 2021 et à 75 % (IS à 25 %) pour les exercices ouverts à compter du 1er janvier 2021** (BOFiP-IS-RICI-30-10-20-10-§ 20-10/06/2020).

En ce qui concerne les PME imposables au taux réduit de 15 % dans la limite de 38120 € de leur résultat, les crédits d'impôt sont donc imputables jusqu'à ce chiffre, à hauteur de 85 % de leur montant et, pour le surplus, à hauteur de 72 % de leur montant (BOFiP-IS-RICI-30-10-20-10-§ 30-10/06/2020).

575 L'imputation doit être faite sur l'impôt français dans la base duquel les revenus correspondants ont été compris (CGI art. 220, 1a, 2e al.) : aucune imputation ne peut donc s'opérer sur l'impôt dû au titre d'un exercice déterminé, si le revenu auquel est attaché le crédit d'impôt n'est pas compris dans la base d'imposition établie au titre du même exercice (BOFiP-IS-RICI-30-10-20-10-§ 130-10/06/2020). Il en est ainsi, estimait l'Administration jusqu'à l'intervention de la jurisprudence récente mentionnée ci-dessous, des revenus **exonérés** de l'impôt sur les sociétés en vertu notamment du régime d'exonération « mère-fille » dont il sera question au *§ 590*(CGI art. 220, 4).

Cependant, la Cour administrative d'appel de Lyon a jugé récemment que le mécanisme de la quote-part de frais et charges s'analyse comme une modalité d'imposition, et que par conséquent les dividendes de source étrangère perçus une société mère française et soumis au régime mère-fille doivent être regardés comme ayant été imposés à l'IS, et donc ouvrir droit au crédit d'impôt conventionnel applicable (CAA Lyon 27 janvier 2022 n° 20LY00698 SCS A. Raymond et Cie). De la même façon, saisi d'un recours pour excès de pouvoir contre la doctrine administrative (BOI-IS-BASE-10-10-20-§ 100-11-03-2021) qui précise notamment que la quote-part de frais et charges constitue « un mode de calcul pour la réintégration des charges afférentes à des produits qui ne sont pas imposés et ne peut s'analyser comme conduisant à l'imposition d'une partie des dividendes », le Conseil d'État a annulé cette précision. Comme il l'avait fait en ce qui concerne l'imposition des plus-values à long terme *(voir § 473)*, il a jugé au contraire que la quote-part de frais et charges réintégrée dans le cadre du régime mère-filiale, compte tenu de son caractère forfaitaire, peut être regardée non pas comme la neutralisation d'une déduction, mais comme une modalité d'**imposition à l'IS**(CE 5 juillet 2022 n° 463021 Société Axa). Les crédits d'impôt étrangers devraient donc désormais s'imputer sur l'IS même s'ils se rattachent à des dividendes soumis au régime mère-filiale.

576 Par ailleurs, s'ils ne peuvent pas être imputés sur l'IS, ces crédits d'impôt pourront, en cas de redistribution ultérieure à une société étrangère donnant prise à une retenue à la source en France, être imputés sur ladite retenue « de sortie » (BOFiP-RPPM-RCM-30-30-20-50-§ 50-12/09/2012).

577 En tout état de cause, la déduction autorisée est limitée au montant de l'impôt sur les sociétés correspondant aux revenus donnant lieu à imputation : la France ne peut accorder sur son impôt une déduction de l'impôt étranger supérieure au montant de l'impôt français afférent aux revenus considérés : règle dite du « butoir » (BOFiP-IS-RICI-30-10-20-10-§ 170-10/06/2020 ; BOFiP-IS-RICI-30-10-20-20-§ 1-01/02/2017).

Cette imputation s'opère sur le montant en principal de l'impôt sur les sociétés, c'est-à-dire abstraction faite des majorations ou intérêts de retard pour défaut ou insuffisance de déclaration.

578 Ainsi, lorsqu'un exercice est **déficitaire**, le crédit d'impôt afférent aux revenus mobiliers compris dans les résultats de cet exercice ne peut pas être imputé : comme il ne peut être ni reporté, ni restitué, il tombe donc en non-valeur.

L'Administration admet cependant que lorsque **deux ou plusieurs exercices** sont clos au cours d'une même année civile, la période d'imposition est constituée par l'ensemble des exercices dont il s'agit (CGI art. 37, 3e al.) : lorsque le montant des crédits d'impôt à déduire correspondant aux revenus mobiliers perçus durant le premier de ces exercices est supérieur à celui de l'IS dû (au titre dudit exercice), l'excédent peut être retranché du montant de l'impôt dû au titre du ou des exercices clos au cours de la même année civile (BOFiP-IS-RICI-30-10-20-20-§ 30-01/02/2017).

579 **Enfin, signalons que dans la mesure où l'imputation du déficit subi au cours d'un exercice s'opère obligatoirement sur le premier bénéfice réalisé au cours des exercices suivants** (CGI art. 209, 3e al.), **une société dont l'exercice est bénéficiaire mais qui dispose d'un report déficitaire, ne peut effectuer l'imputation de ses crédits d'impôt qu'après avoir imputé la part de ce déficit dont la loi autorise l'imputation** (BOFiP-IS-RICI-30-10-20-20-§ 40-01/02/2017).

EXEMPLE

Cas d'une holding ayant subi un déficit fiscal de 5 millions d'euros en 2021.

Au cours de l'exercice 2022, elle réalise un bénéfice imposable de 3 millions d'euros avant prise en compte des déficits antérieurs ; dans ce résultat figurent des dividendes de source étrangère (comptabilisés pour leur montant net comme indiqué au *§ 573*) auxquels sont attachés des crédits d'impôt d'un montant de 300 000 € correspondant à la retenue à la source prélevée à l'étranger.

Le résultat fiscal de l'exercice 2022 devra, en tout premier lieu, tenir compte des déficits fiscaux antérieurs pouvant être imputés, soit, en application des règles de plafonnement actuellement en vigueur (CGI art. 209, I, tel que modifié par l'article 2 de la loi 2011-1117 du 19 septembre 2011 puis par l'article 24 de la loi 2012-1509 du 29 décembre 2012)*(voir § 196)* :
- 1 million d'euros
- majoré de 50 % du bénéfice de l'exercice excédant ce seuil, c'est-à-dire (3 M€ - 1 M€) × 50 % = 1 million d'euros.

Le déficit antérieur imputable sur le bénéfice fiscal 2022 de 3 millions d'euros est donc au total de 2 millions d'euros, soit en définitive un bénéfice imposable de 3 M€ - 2 M€ = 1 million d'euros.

L'impôt sur les sociétés est donc de 250 000 €, sur lequel pourront valablement s'imputer les crédits d'impôt à hauteur du taux mentionné *supra§ 574*, soit 75 % (imputation de 225 000 €).

L'IS à payer sera en définitive de 25 000 €, et le déficit restant imputable sur les exercices suivants de 5 M€ - 2 M€ = 3 millions d'euros.

Au cas particulier la règle de plafonnement de l'imputation des déficits s'avère favorable à l'entreprise même si elle conduit à payer de l'IS, puisqu'elle lui permet d'imputer des crédits d'impôt qui seraient tombés en non-valeur si le déficit 2021 avait été entièrement imputable.

580 **Lorsque l'imputation ne peut être effectuée en tout ou en partie sur le montant de l'IS dû au titre de l'exercice en cause, au taux normal ou au taux réduit de l'impôt sur les sociétés en faveur des petites et moyennes entreprises, la question est de savoir s'il est possible que l'excédent du crédit d'impôt puisse éventuellement venir en déduction de l'IS dû au taux réduit frappant les plus-values à long terme. L'Administration n'admet une telle imputation que pour des crédits d'impôt de source française** (BOFiP-IS-RICI-30-10-20-20-§ 50-01/02/2017) **et la refuse pour les crédits d'impôt de source étrangère** (BOFiP-IS-RICI-30-10-20-20-§ 70-01/02/2017).

La jurisprudence considère que la protection offerte par cette doctrine administrative ne concerne que l'imputation des crédits d'impôt attachés à des dividendes, et non celle de ceux attachés à d'autres produits comme des **intérêts** (CAA Versailles, 7 décembre 2010, n° 09-1118, Sté BNP Paribas). Elle refusait, par ailleurs, toute imputation de cette nature pour les crédits d'impôt **de source étrangère**, la doctrine administrative favorable ne visant pas ces crédits (CAA Versailles, 12 avril 2012, n° 10-3140, Sté Prédica).

Saisi d'un recours pour excès de pouvoir contre l'instruction administrative, le Conseil d'État avait dans un premier temps confirmé son application aux seuls crédits d'impôt de source française (CE 29 octobre 2012, n° 337253, Sté Crédit Agricole SA, conclusions C. Legras, BDCF 1/13, n° 10).

Le Conseil d'État a revu plus récemment sa position sur ce principe de « tunnelisation », en jugeant au contraire que les crédits d'impôts étrangers sont imputables **aussi bien** sur l'impôt sur les sociétés dû au taux normal que sur celui dû au **taux réduit**(CE 26 juin 2017, n° 386269, Crédit Agricole ; CE 26 juin 2017, n° 406437, BPCE).

En revanche, le Conseil constitutionnel a confirmé la constitutionnalité du a du 1 de l'article 220 du CGI : le législateur français a pu à bon droit interdire le report sur un exercice ultérieur d'un crédit d'impôt d'origine étrangère (C. constit., décision 2017-654 QPC du 28 septembre 2017, Société BPCE).

581 Par ailleurs, lorsque la convention fiscale conclue avec l'État de résidence de la société qui verse les dividendes prévoit que des crédits d'impôt sont imputables sur l'impôt sur les sociétés « et les impôts de même nature » (et dans ce cas seulement), le montant des crédits d'impôt qui n'a pu être imputé sur l'IS peut être imputé sur le montant de la **contribution sociale de 3,3 %** prévue à l'article 235 *ter* ZC du CGI (BOFiP-IS-AUT-10-30-§ 100-18/03/2013).

Il en allait de même pour la contribution de 3 % sur les revenus distribués (BOFiP-IS-AUT-30-§ 240-07/03/2018) et de la contribution exceptionnelle de 5 % sur l'IS (BOFiP-IS-AUT-20-§ 300-03/09/2014) avant leur abrogation.

582 La question inverse des dividendes **versés par la holding** à des associés étrangers et de la **retenue à la source** à appliquer en France, le cas échéant, est traitée au *§ 1450*.

Parts détenues dans des sociétés de personnes

583 Les distributions provenant de parts détenues dans des **sociétés de personnes** non passibles de l'IS sont exonérées, puisqu'elles correspondent à des résultats déjà imposés entre les mains de l'associé : le dividende correspondant doit être déduit extra-comptablement pour la détermination du bénéfice imposable.

EXEMPLE

Une holding détient 90 % des parts d'une société civile immobilière non soumise à l'IS.

En 2021, cette SCI a réalisé un bénéfice comptable de 200 000 € ; le résultat fiscal est identique au résultat comptable. Elle distribue 75 % de son résultat en 2022, soit un dividende de 135 000 € attribué à la holding.

La société holding devra, en 2021, ajouter à son résultat imposable 90 % bénéfice réalisé par la société de personnes, soit 200 000 € × 0,90 = 180 000 €.

En 2022, la société comptabilisera un produit financier de 135 000 €. Elle devra déduire cette distribution de son résultat imposable, les bénéfices dont est issue cette distribution ayant déjà été imposés chez elle.

584 (Réservé)

Application du régime mère-filiale

590 Le régime des sociétés mères et filiales permet, en vertu de l'article 216 du CGI, d'**exonérer** la société mère d'impôt sur les sociétés à raison des dividendes qu'elle perçoit de ses filiales, sous réserve de l'imposition d'une quote-part de frais et charges de 5 %. L'application de ce dispositif permet ainsi d'éviter la double imposition économique des produits de participations, déjà imposés lors de leur réalisation par les sociétés filiales.

591 On rappelle que ce régime, qui figure de longue date dans le Code général des impôts, est désormais régi par une directive communautaire : Directive 90/435/CEE du Conseil, du 23 juillet 1990, concernant le régime fiscal commun applicable aux sociétés mères et filiales d'États membres différents (modifiée depuis lors à de nombreuses reprises, et dernièrement par la directive 2015/121/CE du 27 janvier 2015).

Nécessité d'une option

592 L'application de ce régime d'exonération résulte d'une option formulée par la société percevant les dividendes. Cette option, qui n'est soumise à aucune obligation déclarative particulière (elle résulte simplement de la déduction opérée dans la case XA de l'imprimé n° **2058** A de détermination du résultat fiscal), est une option annuelle, qui doit concerner tous les titres d'une filiale : elle doit être exercée pour l'ensemble des titres détenus par une société mère dans une même société distributrice (BOFiP-IS-BASE-10-10-10-10-§ 30-15/04/2020). En revanche, rien ne s'oppose à ce que l'option en question puisse n'être exercée que pour les produits reçus de certaines filiales seulement, ceux des autres étant soumis au régime d'imposition de droit commun (voir, en ce sens, Rapport AN n° 2945 de 1992, p. 220).

593 Dès lors, se pose la question de savoir si le régime mère-fille peut être revendiqué en cas de **contrôle fiscal** faisant apparaître, postérieurement, l'existence de sommes considérées comme distribuées.

La jurisprudence a été longtemps partagée sur ce point : certains arrêts ont pu considérer, notamment dans le cas de la requalification en distributions d'avances consenties à une société, que dès lors que les sommes en cause n'ont pas été volontairement dissimulées, le bénéfice du régime mère-filiale pouvait être demandé par voie de réclamation (CAA Bordeaux, 25 octobre 2007, n° 05-1673). Cette position paraît s'inspirer de l'ancienne jurisprudence du Conseil d'État relative à la constitution de la réserve spéciale des plus-values à long terme, désormais supprimée (CE 9 avril 2004, n° 255953 ; CE 21 mai 2007, n° 278275), et du principe selon lequel une société ne peut être réputée avoir pris en connaissance de cause une décision de gestion, celle de ne pas exercer l'option, alors qu'elle estimait ne pas être confrontée à un tel choix.

À l'inverse, d'autres décisions ont rejeté une telle possibilité (CAA Nantes 27 décembre 2006, n° 06-22, pourvoi non admis par le Conseil d'État, CE (na) 9 janvier 2008, n° 302092).

À noter cependant que la même cour administrative d'appel de Nantes a ultérieurement rendu un arrêt admettant qu'une société redressée pouvait demander le bénéfice du régime mère-filiale en déposant une déclaration rectificative dans le délai de réclamation (CAA Nantes 14 juin 2010, n° 09-946).

Le Conseil d'État a désormais tranché la question, dans une affaire concernant une société holding luxembourgeoise pour laquelle l'administration fiscale avait considéré, compte tenu du lieu de son siège de direction effective, qu'elle était résidente fiscale de France : La société avait revendiqué l'application du régime mère-filiale sur ses produits de participations, ce que le Service avait refusé au motif que la société n'avait pas exercé en temps voulu son option pour le régime, n'ayant pas souscrit de déclaration de résultats. Le Conseil d'État a jugé que le caractère optionnel du régime mère-fille était compatible avec la Directive, mais que, pour autant, cette option demeure possible dans le délai de réclamation (CE 20 décembre 2017, n° 414974, Sté Worms et Cie).

Cependant, le choix pour une société de ne pas soumettre des dividendes au régime des sociétés mères constitue une décision de gestion opposable (CE 16 novembre 2016, n° 387576, Sté Havas SA).

Champ d'application du régime

a) Sociétés et types de titres concernés

594 Le régime des sociétés mères est applicable aux sociétés **soumises à l'impôt sur les sociétés** au taux normal, qui détiennent des participations satisfaisant aux conditions énoncées par l'article 145 du CGI.

L'Administration a précisé que le régime des sociétés mères était applicable aux sociétés **partiellement assujetties** à l'IS : Il s'applique ainsi aux sociétés situées dans une zone d'entreprise, ou encore aux sociétés situées dans un département d'outre-mer, qui peuvent être affranchies en partie d'impôt sur les sociétés pendant une durée de dix ans en application de l'article 208 ***quater*** du CGI (BOFiP-IS-BASE-10-10-10-10-§ 120-15/04/2020).

Une société mère demeure, comme le prévoit l'article 145 sur le régime mère-fille, « soumise au taux normal » de l'IS, alors même qu'elle est passible du **taux réduit de 15 %** des PME (BOFiP-IS-BASE-10-10-10-10-§ 110-15/04/2020, « Remarque »).

595 Les **conditions** ainsi posées par la loi, en ce qui concerne la participation détenue sont au nombre de trois :
– les titres de participation doivent revêtir la forme nominative ou être déposés dans un établissement désigné par l'Administration ;
– ils doivent représenter au moins **5 % du capital** de la société émettrice ;
– ils doivent avoir été conservés pendant un délai de **deux ans.**

596 L'exonération s'applique indifféremment aux titres pourvus de droits de vote, et aux titres sans droits de vote.

En effet, le Conseil constitutionnel a jugé la restriction précédemment opérée par l'Administration contraire à la Constitution (C. constit., décision 2015-520 QPC du 3 février 2016).

597 La forme juridique sous laquelle est constituée la société distributrice est sans incidence sur l'application du régime.

Par ailleurs, les dividendes de **source étrangère** sont eux aussi éligibles au **régime mère-fille** (rép. min. Albert Pen, n° 23396, JO Sénat 14 janvier 1993 p. 74 ; BOFiP-IS-BASE-10-10-10-10-§ 160-15/04/2020).

Sont cependant exclus du bénéfice du régime les produits distribués par des sociétés établies dans un État ou un territoire **non coopératif** au sens de l'article **238-0 A du CGI** (CGI art. 145, 6 d).

Toutefois, le Conseil constitutionnel a précisé que le contribuable doit pouvoir apporter la preuve que la prise de participation correspond à des opérations réelles n'ayant eu ni pour objet ni pour effet de permettre, dans un but de fraude fiscale, d'y localiser des bénéfices (Cons. constit. 20 janvier 2015, n° 2014-437 QPC, déjà cité supra *§ 406*). Cette précision figure désormais dans la loi (loi de finances rectificative pour 2015, n° 2015-1786 du 30 décembre 2015, art. 29).

598 L'Administration considère depuis longtemps que le régime d'exonération ne peut pas s'appliquer aux titres détenus en **usufruit** (BOFiP-IS-BASE-10-10-10-20-§ 40-03/06/2020). Cette position, qui prend appui sur le fait que le détenteur d'actions en usufruit ne détient pas une véritable « participation » puisqu'il ne possède pas la qualité d'associé, a été confortée par un arrêt de la Cour de justice de l'Union européenne, rendu au sujet de la directive mentionnée au *§ 591* (CJCE 22 décembre 2008, C-48/07 État belge - Service public fédéral Finances c/ Les Vergers du Vieux Tauves SA) : **c'est le nu-propriétaire qui possède juridiquement la qualité d'associé** *(voir ci-dessous § 604)*.

599 Le Conseil d'État a finalement validé cette position de l'Administration, jugeant que la détention du seul usufruit des titres ne permet pas de bénéficier du régime des sociétés mères, alors même que, dans l'affaire qui lui était soumise, l'usufruitier s'était vu consentir contractuellement le droit de vote tant aux assemblées ordinaires qu'aux assemblées extraordinaires (CE 20 février 2012, n° 321224, Sté civile Participasanh, conclusions D. Hedary, BDCF 5/12 n° 54, obs. O. Fouquet, Dr. fisc. 17/12 c. 276).

Un autre arrêt a, par ailleurs, jugé que lorsqu'une société détient à la fois des actions en pleine propriété et des actions en usufruit, le régime des sociétés mères ne s'applique qu'aux titres détenus en pleine propriété (CE 23 mars 2012, n° 335860, Sté Financière Aubert).

600 Bien entendu, les distributions provenant de parts détenues dans des **sociétés de personnes** non passibles de l'IS ne sont pas susceptibles de bénéficier du régime mère-filiale (BOFiP-IS-BASE-10-10-10-10-§ 150-15/04/2020) : ces produits sont en tout état de cause exonérés, puisqu'ils correspondent à des résultats déjà imposés entre les mains de l'associé *(voir § 583)*.

601 Les titres ayant fait l'objet d'un prêt ne peuvent être considérés comme une participation éligible au régime des sociétés mères ni par le prêteur, ni par l'emprunteur, de même que les titres remis en pension (CGI art. 145, 1-c, dernier al.).

Pour les effets d'un prêt de titres sur l'engagement de conservation de deux ans *(voir § 606)*.

602 Enfin, les produits issus de certaines participations sont **expressément exclus** du régime par la loi (CGI art. 145, 6). Il s'agit :
– des produits des actions des sociétés d'investissement ;
– des dividendes distribués aux actionnaires des sociétés immobilières pour le commerce et l'industrie (SICOMI visées au 10e alinéa du 3° quater de l'article 208 du CGI) prélevés sur les bénéfices exonérés de ces sociétés ;
– des dividendes distribués aux actionnaires des sociétés agréées pour le financement des télécommunications et des sociétés qui redistribuent les dividendes d'une SICOMI en application du 8e alinéa du 3° *quinquies* de l'article 208 du CGI ;
– des produits des actions de sociétés d'investissements immobiliers cotées (SIIC) et de leurs filiales visés à l'article 208 C du CGI et prélevés sur les bénéfices exonérés (et des sociétés étrangères exonérées ayant une activité identique), ainsi que les revenus et profits distribués aux actionnaires des sociétés de placement à prépondérance immobilière à capital variable (SPPICCAV) et à ceux de leurs filiales ayant opté pour le régime des SIIC ;
– des produits et plus-values nets distribués par les sociétés de capital-risque exonérés en application de l'article 208, 3 *septies* du CGI.

Ces limitations avaient été abrogées (loi 2014-1655 du 29 décembre 2014, art. 72) à compter du 1er janvier 2015, la loi qui avait prévu de remplacer ces exclusions particulières par une mesure d'exclusion générale ayant été censurée par le Conseil constitutionnel (Décision 2014-708 DC du 29 décembre 2014). Elles ont été rétablies, pour les exercices clos à compter du 31 décembre 2015 (loi de finances rectificative pour 2015, n° 2015-1786 du 29 décembre 2015, art. 29).

Voir par ailleurs *§ 651* en ce qui concerne les produits des filiales immobilières des marchands de biens.

b) Pourcentage de participation détenu

603 La condition liée au pourcentage minimal de participation à hauteur de 5 % s'apprécie à la date de paiement des dividendes, c'est-à-dire, d'après l'Administration

(voir § 572), **à la date de « mise à disposition » du dividende pour l'associé, et non à la date de la décision de distribution** (BOFiP-IS-BASE-10-10-10-20-§ 100-03/06/2020).

Certains organismes ne sont pas soumis au seuil de 5 % dès lors que la valeur de leur participation dépasse 22,8 millions d'euros : il s'agit des banques mutualistes et des SA coopératives d'intérêt collectif pour l'accès à la propriété (CGI art. 145, 9).

604 **Toutefois, si à cette date la participation dans le capital de la filiale est devenue inférieure à 5 % du fait de l'exercice d'options de souscription d'actions par les salariés de ladite filiale dans les conditions prévues à l'article L. 225-183 du Code de commerce, la société mère peut continuer de bénéficier du régime d'exonération sous réserve que le seuil de 5 % soit à nouveau atteint à la suite de la première augmentation de capital suivant cette date, et au plus tard dans un délai de trois ans** (CGI art. 145, 1, b, second al.).

À titre de règle pratique, il est admis que ce délai court à compter du premier jour du mois qui suit celui de la date de mise en paiement des dividendes à laquelle le seuil de 5 % n'était plus atteint, et expire à l'issue du 35e mois suivant (BOFiP-IS-BASE-10-10-10-20-§ 140-03/06/2020).

Si le seuil minimal n'est toujours pas atteint à cette date, la société mère perd rétroactivement le bénéfice de l'exonération à raison des dividendes perçus de la filiale concernée pendant ce délai (BOFiP-IS-BASE-10-10-10-20-§ 150-03/06/2020). La société concernée doit acquitter spontanément l'imposition complémentaire correspondante ; elle échappe dans ce cas aux intérêts de retard. Par ailleurs il est admis que les crédits d'impôt attachés, le cas échéant, aux dividendes ainsi réintégrés puissent être imputés sur l'imposition complémentaire (BOFiP-IS-BASE-10-10-10-20-§ 160-03/06/2020).

Comme nous l'avons vu plus haut, il suffit que le seuil de 5 % du capital soit atteint pour que le régime s'applique, quel que soit le pourcentage de droits de vote détenu *(voir § 596)*. **Par ailleurs, se fondant sur l'arrêt CJCE du 22 décembre 2008 précité** *(voir § 598)*, **la Cour administrative d'appel de Bordeaux a jugé, dans le cas d'une holding détenant respectivement dans sa filiale 0,06 % des parts en pleine propriété, 4,95 % en usufruit et 94,84 % en nue-propriété, que cette holding devait être considérée comme détenant 95,3 % du capital de sa filiale (et donc largement plus que les 5 % nécessaires à l'application du régime mère-filiale) puisque la mesure de la détention du capital ne peut se limiter aux parts en pleine propriété mais doit s'étendre à celles détenues en nue-propriété, qui confèrent à l'évidence la qualité d'associé** (CAA Bordeaux, 6 octobre 2015, n° 13BX01909). **En conséquence, l'article 145.1.b du CGI a été modifié : il précise désormais expressément que le régime mère-filiale s'applique aux titres « détenus en pleine propriété ou en nue-propriété » représentant au moins 5 % du capital de la société émettrice** (loi de finances rectificative pour 2015, n° 2015-1786 du 29 décembre 2015, art. 29).

Dans le cas particulier des sociétés mères contrôlées par un ou plusieurs organismes sans but lucratif, le régime d'exonération peut s'appliquer à une détention atteignant 2,5 % du capital et 5 % des droits de vote, avec un délai de détention porté de deux à cinq ans (loi de finances rectificative pour 2015, n° 2015-1786 du 29 décembre 2015, art. 36).

c) Durée de détention

605 **S'agissant de la durée de conservation des titres (deux ans), elle n'implique pas qu'il soit nécessaire que les titres concernés aient déjà été détenus deux ans à la date de la distribution : les dividendes peuvent bénéficier de l'exonération dès la première année de détention des titres. Aucun engagement de conservation formel ne doit être produit. En revanche, l'exonération se trouve remise en cause en cas de non-respect ultérieur des deux années de conservation prescrites par la loi.**

Dans ce cas, la société mère est tenue de déposer au service des impôts une déclaration rectificative accompagnée du versement de l'impôt complémentaire (calculé le cas échéant après imputation des crédits d'impôt éventuels attachés aux dividendes perçus), augmenté d'un intérêt de retard calculé au taux de 0,40 % par mois (BOFiP-IS-BASE-10-10-10-20-§ 230-03/06/2020).

EXEMPLE

Cas d'une société holding ayant acquis au mois de mai 2020 des actions représentant plus de 5 % du capital d'une société, ayant perçu, en juin 2020, des dividendes qu'elle a soumis au régime d'exonération mère-filiale, et en juin 2021 une nouvelle distribution qu'elle a prévu de soumettre au même régime d'exonération.

Cette holding cède les titres de sa filiale en janvier 2022.

L'exonération mère-filiale pratiquée pour l'exercice 2020 doit être rétroactivement remise en cause, avec application de l'intérêt de retard de 0,40 % mentionné ci-dessus, et la holding ne peut pas appliquer cette exonération pour la détermination de son résultat fiscal de l'exercice 2022.

L'Administration considérait que seuls les produits de ceux des titres ayant été conservés au moins deux ans peuvent être exonérés, et la jurisprudence a paru un temps lui donner raison : Ainsi, dans le cas d'une société mère qui, possédant de longue date une participation de 3,16 %, avait racheté en 2003 et 2004 l'intégralité des autres titres, avant de revendre 50 % des actions de sa filiale le 25 juin 2004, la Cour administrative de Versailles avait jugé que l'exonération « mère-filiale » ne devait s'appliquer qu'à 50 % des dividendes reçus (CAA Versailles 18 mars 2014 n° 13-0873, concl. [contraires] F. Locatelli BDCF 7/14 n° 67 ; dans le même sens, CAA Paris 20 décembre 2013 n° 10-4752).

Mais le **Conseil d'État**, saisi en cassation, a considéré au contraire (en interprétant le texte à la lumière de la directive mère-filiale) que la durée d'engagement de deux ans ne concernait que les titres donnant droit à la « qualité de société-mère », donc aux seuls titres permettant d'atteindre le pourcentage de 5 % (CE 15 décembre 2014, n° 380942).

Toute autre solution aurait conduit à traiter une société française recevant des dividendes d'une autre société française moins favorablement qu'une société mère française recevant des dividendes d'une filiale située dans un autre État de l'Union européenne.

606 Le **prêt de titres** *(voir § 601)* entraîne rupture du délai de conservation de deux ans (CE 26 septembre 2014, n° 363555), peu important à cet égard que les titres prêtés ne fassent pas l'objet d'un détachement de droit à dividende pendant la période du prêt.

607 Si les titres de la filiale font l'objet d'une **division** (division du nominal et augmentation du nombre des actions) ou d'un **regroupement**, ces opérations s'analysent normalement comme des échanges de titres, qui devraient entraîner pour la société mère une rupture du délai de conservation. L'Administration admet cependant qu'il s'agit d'« opérations intercalaires » n'interrompant pas le délai de conservation (BOFiP-IS-BASE-10-10-10-20-§ 360-03/06/2020).

608 En cas de **fusion** ou d'**apport** placés sous le régime de faveur des articles 210 A et 210 B du CGI, le délai de conservation de deux ans est décompté à partir de la date d'acquisition des titres chez la société absorbée ou apporteuse. En cas d'opérations successives placées sous le régime de faveur, la date de souscription ou d'acquisition demeure celle de la première société absorbée ou apporteuse (BOFiP-IS-BASE-10-10-10-20-§ 380-03/06/2020).

En revanche, une opération de fusion ou d'apport non placée sous le régime de faveur est considérée comme une cession et entraîne rupture de l'engagement ; De même en cas d'opération placée sous le régime de faveur, en cas de déchéance rétroactive de ce régime (BOFiP-IS-BASE-10-10-10-20-§ 390-03/06/2020).

609 Dans le cas où l'absorption de la filiale est effectuée non par la société mère mais par une **société tierce**, la mère reçoit en échange des titres de sa filiale des titres de la société absorbante. Si l'opération est placée sous le régime spécial de l'article 210 A du CGI, il est admis que le délai de conservation de deux ans (tant des titres de l'absorbée que de ceux de l'absorbante) soit calculé à compter de la date de souscription ou d'acquisition initiale des titres de la filiale absorbée, à condition que la société mère opte pour le sursis d'imposition de la plus ou moins-value d'échange en application de l'article 38, 7 *bis* du CGI (BOFiP-IS-BASE-10-10-10-20-§ 300-03/06/2020) : application des mesures « anti-abus » mentionnées *infra§ 644*.

Types de distributions concernées

610 Le régime d'exonération s'applique à **tous les produits** que la société mère reçoit en sa qualité d'actionnaire ou de porteur de parts, c'est-à-dire non seulement les bénéfices proprement dits, mais également :
– le boni de liquidation, les distributions de réserves, de droits de souscription ;
– les sommes allouées à titre de partage partiel ou de rachat de droits sociaux, lorsqu'elles sont considérées comme des revenus distribués en application des dispositions de l'article 112,1° du CGI *(voir § 455)* ;
– les avances, prêts ou acomptes consentis aux associés, lorsque les sommes correspondantes sont considérées comme des revenus distribués en vertu des dispositions de l'article 111, a du CGI ;
– les intérêts versés à la société mère et réintégrés dans le bénéfice imposable de la filiale en raison du dépassement du « taux fiscal » visé à l'article 39, 1-3° (BOFiP-IS-BASE-10-10-20-§ 30-11/03/2021) ou à l'article 212, I du CGI (BOFiP-IS-BASE-35-20-§ 90-31/07/2019) *(voir § 933)*.

Par ailleurs, les **acomptes sur dividendes** bénéficient de l'application du régime mère-fille, même dans le cas où leur montant s'avère finalement supérieur au résultat et aux réserves distribuables de la filiale distributrice, comme le Conseil d'État l'a jugé dans le cas d'une distribution d'*interim dividends* opérée par une société britannique à sa mère française (CE 12 avril 2019, n° 410315, Sté Compagnie Saint-Gobain).

En revanche, n'ouvre pas droit au régime le revenu réputé distribué consécutif à la cession par une filiale à sa société mère de titres d'une société tierce pour un prix décoté (CE 6 juin 1984 n° 35415-36733 ; BOFiP-IS-BASE-10-10-20-§ 50-11/03/2021).

De même, l'Administration considère que les intérêts qui ne sont pas déductibles pour la détermination du résultat de la filiale du fait de l'absence de libération de son capital (application du 2e alinéa de l'article du 3° du 1 de l'article 39 du CGI : *voir § 896*) n'ouvrent pas droit au régime mère-fille (BOFiP-IS-BASE-10-10-20-§ 40-11/03/2021).

N'ouvrent pas non plus droit au régime mère-fille les sommes perçues par la société mère en rémunération d'une fonction d'administrateur, les sommes allouées aux parts bénéficiaires ou aux parts de fondateurs (BOFiP-IS-BASE-10-10-20-§ 50-11/03/2021).

611 Par ailleurs, la loi prévoit que pour les exercices ouverts à compter du 1er janvier 2015, l'exonération ne s'applique plus dans la proportion des bénéfices distribués par la filiale qui seraient **déductibles** du résultat imposable de cette dernière (CGI art. 145-6-b issu de la loi 2014-1655 du 29 décembre 2014, art. 72).

Il s'agit d'une mesure particulière issue de la transposition de la directive 2014/86/UE du 8 juillet 2014 (art. 4), destinée à éviter des situations de double déduction au travers notamment d'instruments financiers hybrides (voir la mesure exposée *§ 934*, du côté de la déduction des frais financiers de la société « distributrice »).

612 (Réservé)

Quote-part de frais et charges

613 Lorsque le régime mère-filiale s'applique, les dividendes perçus sont déduits du bénéfice imposable. Toutefois, comme le prévoit l'article 216 du CGI, la société mère doit réintégrer à ce même résultat imposable une quote-part de frais et charges, fixée à **5 %** du produit total des participations, **crédit d'impôt compris**.

Ainsi, lorsque les participations exonérées sont des participations dans des filiales étrangères, la quote-part se calcule sur le montant « brut » des dividendes indiqué *supra§ 573*, et ce alors même que les crédits d'impôt en question ne peuvent pas, comme nous l'avons vu, s'imputer sur l'impôt sur les sociétés *(voir § 575)*. Cette manière de faire a été jugée conforme à la directive européenne mentionnée au *§ 591* (CJCE 3 avril 2008, C-27/07, Banque fédérative du Crédit Mutuel c/ ministre de l'Économie, des Finances et de l'Industrie).

614 Cette réintégration forfaitaire ne peut être évitée, même dans le cas de sociétés holding dont les charges réelles seraient inférieures à cette quote-part de 5 %.

Rappelons que pour les exercices clos avant le 31 décembre 2010, la société mère pouvait, si elle y trouvait avantage, retenir le montant réel des frais et charges de toute nature exposés au cours de l'exercice. Cette faculté a été supprimée par l'article 10 de la loi 2010-1657 du 29 décembre 2010.

615 (Réservé)

Régime de l'intégration fiscale

620 Il n'existe pas à proprement parler de « régime des distributions » dans l'intégration fiscale : Dans les groupes intégrés comme en dehors, la règle générale d'exonération des distributions est celle prévue par le **régime mère-filiale**.

Ce régime a cependant longtemps comporté un correctif en intégration fiscale : la neutralisation de la quote-part de frais et charges *(voir § 621)*, qui permettait d'éliminer totalement l'imposition des dividendes au sein d'un groupe intégré, quel que soit le nombre de sociétés interposées entre la société qui distribue et la société mère bénéficiaire ultime des dividendes. Cependant, pour les exercices ouverts depuis le 1er janvier 2016, nous verrons que cette neutralisation a été remplacée par une diminution de la quote-part réintégrée, qui est désormais de 1 % *(voir § 623)*.

Ce même régime de l'intégration fiscale comporte également un dispositif de « rattrapage » pour les dividendes intragroupe qui ne seraient pas éligibles au régime mère-fille *(voir § 624)*.

Neutralisation de la quote-part de frais et charges (régime applicable jusqu'en 2016)

621 Pour les exercices ouverts avant le 1er janvier 2016, lorsque la société distributrice et la société bénéficiaire de la distribution étaient membres d'un même groupe d'intégration fiscale, la quote-part de frais et charges réintégrée pour la détermination du résultat fiscal individuel de la société ayant perçu les dividendes devait être neutralisée : elle était donc déduite du résultat d'ensemble (CGI art. 223 B, 2e al.).

622 Cette neutralisation s'appliquait à tous les dividendes versés entre sociétés intégrées, sans qu'il y ait lieu d'opérer une distinction entre ceux qui proviendraient de bénéfices réalisés **avant** l'entrée dans le groupe et ceux qui proviendraient de bénéfices réalisés **depuis** l'entrée dans le groupe.

En revanche, ladite neutralisation ne s'appliquait pas aux distributions versées au cours du **premier exercice** d'appartenance au groupe de la société distributrice.

À partir du second exercice d'appartenance au groupe de ladite société, les quotes-parts de frais et charges étaient **définitivement** neutralisées pour la détermination du résultat d'ensemble du groupe. Les événements ultérieurs pouvant affecter la vie du groupe (sortie de la société versante ou de la société bénéficiaire, cessation du groupe, etc.) n'entraînent aucune réintégration au résultat d'ensemble des quotes-parts antérieurement neutralisées.

Abaissement à 1 % de la quote-part de frais et charges (régime applicable à compter de 2016)

623 La neutralisation de quote-part de frais et charges mentionnée au *§ 622* a cessé de s'appliquer pour les exercices ouverts à compter du 1er janvier 2016 (loi 2015-1786 de finances rectificative pour 2015 du 29 décembre 2015, art. 40).

En effet, ce régime établissait une discrimination selon le lieu d'établissement des filiales détenues, puisque seuls pouvaient bénéficier de cette exonération totale les dividendes perçus de filiales françaises (seules susceptibles d'être éligibles au régime de l'intégration fiscales), alors que les dividendes perçus de sociétés étrangères, et notamment de sociétés établies dans l'Union européenne, même détenues à 95 % au moins, devaient supporter la réintégration de quote-part de frais et charges. Cette discrimination a été jugée contraire au principe de liberté d'établissement par la Cour de justice de l'Union européenne (CJUE 2 septembre 2015, C-386/14 Groupe Steria SCA, voir note M.-P. Hôo et C. Maignan, Dr. fisc. 2015 n° 40 comm. 611).

Désormais, la quote-part réintégrée est **ramenée à 1 %** pour les distributions :
– reçues à raison d'une participation dans une autre société **membre du groupe intégré**,
– ou reçues par une société membre d'un tel groupe à raison de la participation dans une société soumise à un impôt équivalent à l'IS dans un **État membre de l'Union européenne** (ou dans un État partie à l'Espace Économique Européen ayant conclu avec la France une convention d'assistance administrative) qui, si elle était établie en France, remplirait les conditions pour être membre du groupe.

Du fait du retrait du Royaume-Uni de l'Union européenne et de l'accord sur l'Espace économique européen intervenu le 31 janvier 2020, les conditions d'application ne sont plus satisfaites par les « sociétés européennes » établies au Royaume-Uni. Néanmoins, il est admis que les produits perçus à raison de participations dans de telles sociétés jusqu'à la clôture, par la société bénéficiaire de la distribution, de l'exercice clos le 31 décembre 2020 ou en cours à cette date, seront réputés provenir de sociétés établies dans l'Union européenne (BOFiP-RES-000035-11/03/2021).

Par ailleurs, pour les exercices ouverts à compter du 1er janvier 2019, cette possibilité d'appliquer une quote-part de frais et charges réduite à 1 % n'est pas seulement applicable aux distributions provenant de sociétés étrangères reçues de sociétés intégrées, elle peut aussi s'appliquer dans certains cas lorsque la société bénéficiaire de la distribution n'est **pas membre d'un groupe intégré** (loi de finances pour 2019, n° 2018-1317 du 28 décembre 2018, art. 32). La loi prévoit en effet désormais que la quote-part à 1 % s'applique aux dividendes reçus par une société non-membre d'un groupe à raison d'une participation :

– dans une société soumise à un impôt équivalent à l'impôt sur les sociétés ;
– dans un État membre de l'Union européenne (ou dans un autre État partie à l'accord sur l'Espace économique européen) ;
– ayant conclu avec la France une convention d'assistance administrative en vue de lutter contre la fraude et l'évasion fiscales,

sous réserve que ces sociétés eussent rempli les **conditions pour constituer un groupe**, si la société distributrice était établie en France (CGI art. 216. I 3°).

Cependant, cette règle ne s'applique pas lorsque l'absence d'appartenance à un groupe de la société française percevant la distribution résulte uniquement d'un choix (absence des options et des accords à formuler en application du I et du premier alinéa du III de l'article 223 A et du I de l'article 223 A bis).

La première de ces conditions a trait au fait que la filiale étrangère distributrice doit être soumise à un impôt équivalent à l'**impôt sur les sociétés** (BOFiP-IS-BASE-10-10-20-§ 160-11/03/2021), étant précisé que l'Administration donne une liste des impôts concernés par pays d'implantation dans sa documentation (BOFiP-ANNX-000071-06/05/2015).

Les autres conditions en question sont la détention à 95 % au moins, directement ou indirectement, par des sociétés dudit groupe, ainsi que l'identité des dates d'ouverture et de clôture.

S'agissant du seuil de 95 % de détention dans la société étrangère distributrice, l'Administration admet qu'il soit fait abstraction des **actions propres** que cette société détient dans les conditions et limites prévues par une réglementation étrangère équivalente à celle prévue des articles L. 225-207 à L. 225-217 du Code de commerce, ainsi que des actions dont les droits de vote ne peuvent pas être exercés en application d'une réglementation étrangère équivalente à la réglementation française (c. com. art. L. 233-31) relative à l'**autocontrôle** (BOFiP-IS-BASE-10-10-20-§ 160-11/03/2021).

Par ailleurs, l'Administration admet que la filiale distributrice n'ait pas à formuler l'accord prévu au premier alinéa du III de l'article 223 A du CGI que doivent normalement produire les sociétés pour être membres d'un groupe (BOFiP-IS-BASE-10-10-20-§ 160-11/03/2021).

À noter qu'à la différence du dispositif antérieur de neutralisation, qui se traduisait par une déduction pratiquée dans le **résultat d'ensemble**, la nouvelle « quote-part minorée » désormais applicable aux distributions intragroupe ne nécessite aucune modification dudit résultat d'ensemble, puisqu'elle est directement appliquée à la détermination du résultat fiscal individuel de la société bénéficiaire de la distribution.

On rappelle que les sociétés membres d'un groupe d'intégration sont tenues de déterminer également un résultat fiscal établi comme si elles étaient imposées séparément, et que ce résultat devra donc être calculé en retenant une quote-part de frais et charges de 5 %, c'est-à-dire celle qui aurait été réintégrée en l'absence d'intégration fiscale (retraitement sur l'état n° 2058 A bis).

Contrairement au dispositif de neutralisation antérieur, la quote-part minorée s'applique également aux distributions opérées lors du **premier exercice** d'intégration de la filiale distributrice.

Dividendes non éligibles au régime mère-fille

624 La loi prévoit une « solution de rattrapage » en ce qui concerne les produits des participations versés entre sociétés membres d'un même groupe d'intégration qui n'ouvriraient **pas droit à** l'application du **régime mère-filiale** : les distributions en question demeurent taxables au niveau du résultat individuel de la société qui les perçoit, mais elles peuvent être déduites pour la détermination du **résultat d'ensemble** (CGI art. 223 B, 3e al.).

Cependant, pour les exercices ouverts à compter du 1er janvier **2019**, cette exonération se limite désormais à **99 %** du montant de la distribution (loi de finances pour 2019, n° 2018-1317 du 28 décembre 2018, art. 32).

Par ailleurs, le même texte a étendu cette neutralisation de 99 % aux dividendes perçus par une société française intégrée en provenance d'une **société étrangère** établie dans sur l'Espace économique européen et qui aurait pu être intégrée si elle était française, c'est-à-dire aux mêmes conditions que celles qui viennent d'être exposées au § 623 ci-dessus (BOFiP-IS-GPE-20-20-20-10-§ 90-11/03/2021).

EXEMPLE

Cas d'un groupe fiscal constitué entre la holding M et ses deux filiales F1 et F2 :

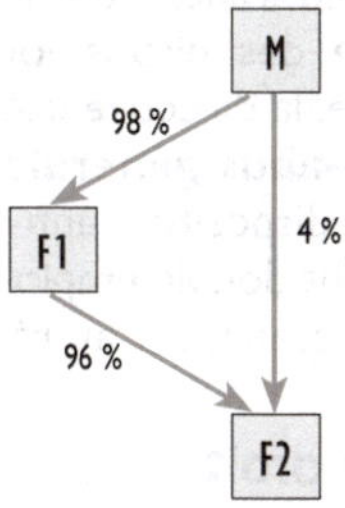

La société F2 opère la distribution d'un million d'euros de dividendes.

Dans cette situation :

La société F1 pourra se prévaloir du régime mère-filiale et obtenir l'exonération des 960 000 € de dividendes perçus de F2 ; Elle devra réintégrer une quote-part de frais et charges de 9 600 € (960 000 × 1 %) dans son résultat individuel (pour les exercices clos à compter de 2016 : auparavant, 48 000 € de quote-part ensuite déduite du résultat d'ensemble par la société mère M par application des règles évoquées *§ 621*).

La société holding M ne pourra pas, au niveau de son résultat fiscal **individuel**, s'abstenir d'imposer les 40 000 € de dividendes qu'elle aura perçus de sa filiale F2 ; Cependant, ces 40 000 € de produits pourront être déduits **du résultat d'ensemble** à hauteur de 99 % soit 39 600 €.

625 De la même façon que pour la neutralisation de la quote-part de frais et charges applicable jusqu'en **2015** (*voir § 622*), ce dispositif ne s'applique pas aux distributions effectuées lors du **premier exercice** d'appartenance au groupe de la société distributrice (CGI art. 223 B, 2e al.).

Attention

Si ce dispositif d'exonération « groupe » permet, comme nous l'avons vu, d'éviter l'imposition des distributions **non éligibles** au régime mère-filiale, il n'est en aucun cas applicable aux distributions qui auraient été éligibles à ce régime mais pour lesquelles la société bénéficiaire des dividendes aurait **omis** d'opérer l'option pour ledit régime.

Il y a donc lieu par conséquent d'insister à nouveau sur le **caractère indispensable de l'option** mentionnée *supra* au § 592, même au sein d'un groupe intégré.

626 (Réservé)

Cas particuliers et mesures anti-abus

635 La lutte contre l'utilisation abusive du régime mère-filiale peut passer par la mise en œuvre de la procédure de l'abus de droit *(voir § 636)*, ou, comme cela est de plus en plus le cas, par la mise en place de mesures législatives « anti-abus » *(voir § 641)*.

On notera d'ailleurs que la directive mère-filiale a été complétée en 2015 d'une clause anti-abus contraignante : les États membres doivent s'abstenir d'accorder les avantages de la directive (exonération mère-fille, mais aussi dispense de retenue à la source, *voir § 1454*) aux montages mis en place pour obtenir un avantage fiscal plutôt que pour des motifs économiques valables tenant à la réalité économique (Directive 2015/121/CE du 27 janvier 2015).

C'est la raison pour laquelle avaient été introduites dans notre législation relative au régime mère-filiale des dispositions anti-abus spécifiques à ce régime (CGI art. 145-6 § k). Par la suite, la directive « Atad » UE/2016/1164 du 12 juillet 2016 a introduit une clause **anti-abus générale**, et la législation française a donc été amendée dans ce sens : La disposition anti-abus spécifique au régime mère-fille a été supprimée comme faisant double emploi avec la disposition anti-abus générale, cette dernière s'appliquant également au régime des sociétés mères *(voir § 643)*.

Mise en œuvre de l'abus de droit

636 Le régime mère-fille, comme tout régime fiscal d'exonération, est susceptible de susciter la créativité des promoteurs de montages « optimisants ». C'est pourquoi l'Administration indique se réserver le droit de s'opposer, sur le fondement de l'article L 64 du Livre des procédures fiscales relatif à l'abus de droit, à l'application du régime « chaque fois que la création d'une filiale intermédiaire est purement fictive ou a pour seul objet de transformer des produits qui auraient été soumis en France à une imposition au taux normal » en dividendes susceptibles de bénéficier de l'exonération mère-filiale (BOFiP-IS-BASE-10-10-10-10-§ 170-15/04/2020).

Rappelons que l'abus de droit, codifié à l'article **L 64** du Livre des procédures fiscales (LPF), autorise l'Administration à écarter, comme ne lui étant pas opposables, les actes ayant un caractère **fictif**, ou ceux qui, recherchant le bénéfice d'une application littérale des textes ou de décisions à l'encontre des objectifs poursuivis par leurs auteurs, n'ont pu être inspirés par **aucun autre motif** que celui **d'éluder ou d'atténuer les charges fiscales** que l'intéressé, si ces actes n'avaient pas été passés ou réalisés, aurait normalement supportées eu égard à sa situation ou à ses activités réelles. Il s'agit donc, dans le deuxième cas, d'actes ou d'opérations ayant un motif **exclusivement fiscal**. L'abus de droit est assorti d'une pénalité de 80 %, ramenée à 40 % lorsqu'il n'est pas établi que le contribuable a eu l'initiative principale du ou des actes constitutifs de l'abus de droit ou en a été le principal bénéficiaire (CGI art. 1729 b).

Désormais cependant, un autre dispositif, que d'aucuns ont pu qualifier de « mini abus de droit », coexiste avec le précédent. Codifié à l'article **L 64 A** du LPF, cette disposition prévoit que, sous réserve de l'application de l'article 205 A du CGI *(voir ci-dessous § 643)*, l'administration est en droit d'écarter, comme ne lui étant pas opposables, les actes qui, recherchant le bénéfice d'une application littérale des textes ou de décisions à l'encontre des objectifs poursuivis par leurs auteurs, ont pour **motif principal** d'éluder ou d'atténuer des charges fiscales (loi 2018-1317 du 28 décembre 2018, art. 109 V). Cette disposition, applicable aux rectifications notifiées à compter du 1er janvier 2021 portant sur des actes passés ou réalisés à compter du 1er janvier 2020, permet donc à l'Administration de redresser des opérations dont le motif est **principalement (et non plus exclusivement) fiscal**. Les sanctions encourues ne sont pas celles de l'abus de droit, mais en pratique elles n'en sont pas moins lourdes (40 % pour manquements délibérés, voire 80 % pour manœuvres frauduleuses). Cependant, ce nouveau dispositif n'est pas susceptible de s'appliquer en ce qui concerne le régime mère-fille qui nous occupe puisque, comme nous le verrons *(voir § 651)*, il ne concerne pas l'impôt sur les sociétés.

637 Cette volonté de remettre en cause le caractère abusif de certaines utilisations du régime mère-fille prend appui sur la jurisprudence du Conseil d'État, qui a considéré à plusieurs reprises que l'acquisition d'une participation dans une filiale **dépourvue de toute substance** peut être regardée comme un montage constitutif d'un **abus de droit**.

638 Il s'agissait pour l'essentiel de montages mis en place par des établissements financiers, qui avaient constitué des **holdings luxembourgeoises** au capital desquelles elles faisaient souscrire des sociétés françaises.

Le Conseil d'État a jugé ces sociétés dépourvues de toute substance au motif :
– qu'elles étaient sous l'entière dépendance des établissements bancaires à l'origine de leur création en ce qui concerne tant leur gestion que leurs investissements ;
– que la totalité de leurs actifs était constituée de valeurs mobilières ;
– qu'elles n'avaient aucune compétence technique en matière de produits financiers;
– que leurs actionnaires ne prenaient aucune part aux assemblées statutaires ;
– et qu'elles ne supportaient pratiquement aucune imposition localement (CE 18 février 2004, n° 247729, min. c/ Sté Pléiade ; CE 18 mai 2005, n° 267087, Sté Sagal ; CE 27 juillet 2009, n° 295358, Caisse Interfédérale de Crédit Mutuel).

Même solution en ce qui concerne une participation dans une société **holding panaméenne**, dont le seul actif était une participation dans une société luxembourgeoise.

Le Conseil d'État a considéré là encore une telle structure comme dépourvue de toute substance, en relevant :
– qu'elle se bornait à servir d'intermédiaire entre ses actionnaires et la société luxembourgeoise ;
– qu'elle dépendait pour sa gestion et ses résultats exclusivement des compétences et du savoir-faire financier de cette dernière société ;
– que sa localisation à Panama ne répondait à aucune nécessité économique et ne pouvait se justifier par le besoin de limiter les risques d'insolvabilité des différents actionnaires (CE 10 décembre 2008, n° 295977, Sté Andros et Cie).

Le même genre de décision a été rendu pour les dividendes reçus d'une société néerlandaise, sans substance, mère d'une société implantée dans les Antilles néerlandaises, elle-même uniquement destinée à investir ses fonds dans des obligations américaines (CAA Versailles, 6 novembre 2012, n° 10-03020, SA Natixis, conclusions F. Locatelli, Dr. Fisc. 2013 n° 23, comm. 310 avec chron. E. Meier et R. Torlet ; confirmé par CE 11 mai 2015 n° 365564, conclusions E. Bokdam-Tognetti, Dr. Fisc. 2015 n° 31-35, comm. 523 avec note N. de Boynes).

639 À l'inverse, le Conseil d'État a considéré que n'était pas abusive l'augmentation de capital souscrite par une société française au profit d'une société belge ayant le statut de « centre de coordination » et dont l'objet était d'accorder des prêts aux filiales de son groupe. L'Administration prétendait que l'interposition de cette société avait pour objectif de transformer des produits financiers, qui auraient été imposables en France, en dividendes exonérés par application du régime mère-filiale. Mais, à la différence des cas précédents, la société belge exerçait une **véritable activité** et disposait en propre des **moyens** de l'exercer.

Le Conseil d'État a en effet jugé que l'augmentation de capital ne présentait pas un caractère fictif et ne pouvait être regardée comme ayant été réalisée dans le seul but d'éluder l'impôt, dès lors que la société belge :
– employait 48 salariés ;
– réalisait un chiffre d'affaires important ;
– et avait effectivement exercé la fonction de centralisation financière et de couverture du risque de change pour le compte du groupe (CE 15 avril 2011, n° 322610, min. c /Sté Alcatel).

640 Par ailleurs, le Conseil d'État a considéré comme abusifs les montages dits « **coquillards** » consistant, pour une société ayant acquis 5 % des titres d'une société sans activité (« coquille ») mais disposant de liquidités, à se faire distribuer ces liquidités en quasi-exonération grâce au régime mère-filiale puis, les titres détenus n'ayant alors plus aucune valeur, à constituer des provisions pour dépréciation de titres déductibles du résultat fiscal (CE 17 juillet 2013, n° 356523 SAS Garnier Choiseul Holding) *(voir § 405)*. La solution est la même dans le cas où la société concernée a réalisé un gain financier dans l'opération, dès lors qu'en l'absence de tout autre effet de l'opération, ce gain ne peut résulter que d'un partage de l'avantage fiscal entre le cédant et le cessionnaire de la société coquille (CE 23 juin 2014 n° 360708 et 360709, concl. F. Aladjidi BDCF 10/14 n° 99). À l'occasion de ce dernier arrêt, le Conseil d'État est venu préciser que le législateur, en cherchant à supprimer ou à limiter la succession d'impositions susceptibles de frapper les produits que les sociétés mères perçoivent de leurs participations dans des sociétés filles et ceux qu'elles redistribuent à leurs propres actionnaires, a eu comme objectif de favoriser l'implication de sociétés mères dans le développement économique des sociétés filles pour les besoins de la structuration et du renforcement de l'économie française.

Pour autant, le fait de prélever les liquidités d'une filiale récemment acquise ne suffit pas à caractériser l'existence d'un montage « coquillard ». Ainsi jugé dans le cas de la société mère d'un groupe industriel qui à la suite d'une acquisition avait reçu d'importants dividendes, puis avait provisionné les titres acquis, dès lors que l'acquisition lui avait également permis d'acquérir les titres d'une autre société et de maîtriser l'ensemble de la chaîne de production dans son secteur économique (CAA Paris 19 mai 2020 n° 18PA02663 min. c/ Sté AD industrie). Idem dans le cas où la société cessionnaire avait prélevé des liquidités de sa nouvelle filiale en franchise d'impôt, dans la mesure où l'acquisition lui avait également permis d'acquérir un fonds de commerce de transport routier de marchandise cédé à une société opérationnelle liée qui poursuivait une stratégie de croissance externe (CE 19 mai 2021 n° 433201 Sté Douaisienne de Transports).

Mesures législatives anti-abus : présentation générale

641 Nous avons vu que le régime mère-fille n'est désormais plus susceptible de s'appliquer aux distributions provenant de filiales établies dans des États non coopératifs *(voir § 597)*.

642 Le régime mère-filiale, et désormais les dispositions relatives à l'IS dans leur ensemble, comportent désormais une disposition anti-abus de caractère « général » *(voir § 643)*. Par ailleurs, le législateur a mis en place plusieurs autres mesures destinées à contrecarrer certains montages utilisant le régime mère-fille. Il existe en effet des situations dans lesquelles, sans dispositif législatif restrictif, une société mère pourrait :

– percevoir de sa filiale des dividendes exonérés en application du régime qui nous occupe ;

– puis, la perception de ces dividendes ayant fortement réduit la substance de la filiale, opérer une déduction au taux de droit commun en enregistrant une perte, une moins-value ou une provision pour dépréciation (voir ci-dessus *§ 640* pour l'application de l'abus de droit).

Les mesures anti-abus mises en place par le législateur se traduisent tantôt par une remise en cause de l'exonération mère-fille, tantôt par une interdiction de déduction de la perte ou de la moins-value ultérieure.

Mesure anti-abus de caractère général

643 Le législateur a institué pour les exercices ouverts à compter du **1er janvier 2016** une clause anti-abus à vocation générale, mais visant le seul régime mère-fille (CGI art. 145-6 § k), qui excluait l'application de l'exonération dans le cas de produits distribués dans le cadre d'un « montage » (loi de finances rectificative pour 2015, n° 2015-1786 du 29 décembre 2015, art. 29). Pour les exercices ouverts à compter du **1er janvier 2019** ce texte a été abrogé, et remplacé par une mesure anti-abus de même nature, mais visant plus généralement toutes les dispositions relatives à l'impôt sur les sociétés (CGI art. 205 A, issu de la loi de finances pour 2019, n° 2018-1317 du 28 décembre 2018, art. 108).

Cette disposition indique que, pour l'établissement de l'impôt sur les sociétés, il n'est *« pas tenu compte d'un* ***montage*** *ou d'une série de montages qui, ayant été mis en place pour obtenir, à titre d'****objectif principal*** *ou au titre d'un des objectifs principaux, un* ***avantage fiscal*** *allant à l'encontre de l'objet ou de la finalité du droit fiscal applicable, ne sont* ***pas authentiques*** *compte tenu de l'ensemble des faits et circonstances pertinents ».*

L'article 205 A en question précise qu'un montage ou une série de montages est considéré comme non authentique *« dans la mesure où ce montage ou cette série de montages n'est pas mis en place pour des* ***motifs commerciaux valables*** *qui reflètent la* ***réalité économique*** *».*

L'Administration indique que la notion d'objet ou de finalité du droit fiscal applicable renvoie à **l'objectif poursuivi par le législateur** au travers de la mise en œuvre des dispositions en cause. Précisément, elle donne pour exemple le régime qui nous occupe, en reprenant les mots mêmes employés par le Conseil d'État dans l'arrêt d'abus de droit déjà mentionné *(voir § 640)*, indiquant que *« l'objectif du régime des sociétés mères et filiales, en cherchant à supprimer ou à limiter la succession d'impositions susceptibles de frapper les produits que les sociétés mères* *perçoivent de leurs participations dans des sociétés filles et de ceux qu'elles redistribuent à leurs propres actionnaires, est de favoriser l'implication des sociétés mères dans le développement économique des sociétés filles pour les besoins de la structuration et du renforcement de l'économie française »*(BOFiP-IS-BASE-70-§ 30-03/07/2019).

S'agissant de la notion de motifs commerciaux valables, l'Administration précise (comme elle l'avait déjà fait pour le régime anti-abus spécifiquement « mère-fille » de l'article 145-6 k applicable depuis 2016) que cette notion doit s'entendre au sens large de toute justification économique, même si elle n'est pas liée à l'exercice d'une activité commerciale au sens de l'article 34 du CGI. Elle ajoute que sont donc susceptibles d'être considérées comme répondant à des motifs valables au sens de l'article 205 A du CGI des **structures de détention patrimoniale**, ayant des activités financières ou encore des structures répondant à un **objectif organisationnel**(BOFiP-IS-BASE-70-§ 40-03/07/2019).

Cette position est de nature à rassurer les milieux économiques, qui s'étaient montrés très inquiets au sujet des holdings lors de l'introduction du dispositif qui s'était appliqué à compter de 2016. Nous avions d'ailleurs rendu compte de cette inquiétude et appelé à une clarification administrative dans une précédente édition du présent ouvrage. Il est vrai que les travaux parlementaires n'étaient pas de nature à apaiser ces inquiétudes, bien au contraire, puisqu'ils avaient laissé entendre que les sociétés visées seraient en quelque sorte toutes celles dépourvues de « substance », qualifiant a priori de « **montages artificiels** » des schémas impliquant une **société holding** n'ayant comme seule et unique activité que de détenir des actions (Rapport AN n° 3347 du 14 décembre 2015 p. 68).

Absorption de la filiale distributrice

644 Il s'agit cette fois d'une mesure anti-abus « spécifique », applicable dans certaines opérations de fusions. Le schéma visé est l'absorption de la filiale distributrice par une **société tierce** (et non par la société mère, cas désormais visé également : *voir § 647*) dans le délai de deux ans qui suit son acquisition.

Dans cette situation, avant l'institution de mesures correctrices, la société mère à laquelle des titres de la société absorbante étaient remis en échange de sa participation absorbée pouvait choisir de ne pas opter pour le sursis de la plus ou moins-value constatée lors de l'opération d'échange.

Rappelons en effet que le régime de sursis prévu à l'article 38, 7 bis du CGI est un **régime optionnel**. L'article en question prévoit que « le profit ou la perte réalisé lors de l'échange de droits sociaux résultant d'une fusion ou d'une scission de sociétés **peut** être compris dans le résultat de l'exercice au cours duquel les droits sociaux reçus en échange sont cédés. »

645 Une moins-value déductible pouvait ainsi être dégagée en cas d'échange réalisé avant que la société mère n'ait détenu ses titres deux ans, sans que l'exonération mère-filiale soit rétroactivement remise en cause pour rupture du délai de conservation de deux ans, dès lors que la fusion était réalisée sous le régime de faveur de l'article 210 A du CGI.

L'article 145, 1.c du CGI prévoit en effet, dans son deuxième alinéa, que « lorsque les titres de participation sont apportés sous le bénéfice du régime prévu par l'article 210 A, le délai de conservation est décompté à partir de la date de souscription ou d'acquisition par la société apporteuse jusqu'à la date de cession par la société bénéficiaire de l'apport. »

646 Cette possibilité n'existe plus, car l'article 145 du CGI (tel qu'il a été aménagé par la loi 2010-1657 du 29 décembre 2010) prévoit désormais que, pour que l'absorption de la filiale distributrice par une société tierce dans le délai de deux ans ne remette pas en cause rétroactivement l'exonération mère-fille, il faut que l'échange de

titres soit effectivement placé sous l'un des régimes de **sursis d'imposition** prévus à l'article 38, 7 *bis* (échanges de droits sociaux résultant d'une fusion), à l'article 38, 7 (opérations publiques d'échange et opérations diverses de conversion et d'échange de titres), à l'article 38, 7 ter (regroupements ou divisions d'actions) ou à l'article 115, 2 (attribution par la mère de titres reçus d'une tierce société en rémunération d'un apport partiel d'actif).

EXEMPLE

Cas d'une société holding H ayant acquis, en juin 2020, 100 % des titres d'une société F1 pour un prix de 1 million d'euros.

Au cours de l'exercice 2021, la société F1 distribue 800 000 € à sa mère H ; cette distribution est exonérée en application du régime mère-fille.

En janvier 2022, la société F1 est absorbée par une société tierce A. La fusion se traduit par un échange de titres, la holding H se voyant remettre, en échange des titres de la société F1 absorbée, des actions de l'absorbante A pour une valeur de 200 000 €. Cette opération se traduit donc par une moins-value de 200 000 € (1 000 000 - 200 000) pour la holding H.

a) Si la holding opte pour la mise en sursis de la moins-value en question, l'exonération mère-fille obtenue sur la distribution reçue en 2021 ne sera pas remise en cause.

b) Si, au contraire, la holding n'opte pas pour le régime de sursis et minore son résultat fiscal 2022 de la moins-value d'échange (à court terme, les titres ayant été détenus par elle moins de deux ans) de 800 000 €, cette option entraîne la remise en cause de l'exonération mère-fille pratiquée en 2021 sur la distribution de 800 000 €, qui devient rétroactivement taxable au taux plein de l'impôt sur les sociétés.

647 Par ailleurs, un autre dispositif « anti-abus » existe en cas d'**absorption** de la filiale distributrice par sa **société mère**, avec application du régime de faveur de l'article 210 A du CGI (deuxième LFR 2012-958 du 16 août 2012).

648 Dans une telle situation, l'annulation des titres de la filiale consécutive à la fusion était susceptible de se traduire par un **vrai mali, déductible**, dès lors que la valeur des titres de la société absorbée chez l'absorbante était inférieure à leur prix d'acquisition.

EXEMPLE

Cas d'une société holding H ayant acquis en octobre 2020, 100 % des titres d'une société F1 pour un prix de 5 millions d'euros. On supposera que ce montant correspond à la situation nette de la société F1.

Au cours de l'exercice 2021, la société F1 distribue 3 millions d'euros à sa mère H ; cette distribution est exonérée en application du régime mère-fille.

En janvier 2022, la société F1 est absorbée par sa société mère la holding H. Cette fusion se traduit dans les comptes de la société H par l'annulation des titres F1, inscrits au bilan pour une valeur de 5 M€, en contrepartie de l'entrée au bilan d'un actif net égal, par hypothèse, à 2 M€.

L'opération se traduit donc par un « vrai » mali de fusion de 3 millions d'euros, normalement déductible.

649 L'Administration considérait d'ailleurs déjà, avant la modification législative qui nous occupe, que le régime d'exonération des dividendes pouvait être remis en cause si une part significative des actifs représentatifs des titres annulés était cédée dans le délai initial de conservation des titres (instr. 4 H-10-95 n°s 39 à 41).

650 Désormais, l'article 210 A du CGI (§ 1, 4e al.) prévoit que lorsque la société absorbante a acquis les titres de la société absorbée moins de deux ans avant la fusion, l'éventuelle **moins-value à court terme** réalisée à l'occasion de l'annulation des titres est réputée **non déductible** à hauteur du montant des dividendes ayant donné droit à l'application du régime mère-filiale depuis leur acquisition.

Articulation des dispositifs anti-abus entre eux

651 Le dispositif anti-abus général de l'article 205 A du CGI évoqué ci-dessus *(voir § 643)* est susceptible d'entrer en concurrence avec le dispositif de répression de l'abus de droit fiscal, prévu à l'article L 64 du LPF, mais pas avec la nouvelle procédure prévue à l'article L. 64 A du LPF, qui concerne tous les impôts à l'exception de l'impôt sur les sociétés (BOFiP-IS-BASE-70-§ 90-03/07/2019).

L'Administration indique à cet égard que :
– si l'opération est constitutive d'un montage qui vérifie les conditions d'application de l'article 205 A du CGI, c'est sur le fondement de cet article qu'il convient d'en écarter les conséquences ;
– en revanche, en présence d'actes fictifs ou d'actes ou de montages mis en place dans un but exclusivement fiscal, il convient d'appliquer la procédure de répression des abus de droit prévue à l'article L. 64 du LPF avec les garanties spécifiques qu'elle comporte (BOFiP-IS-BASE-70-§ 90-03/07/2019).

Par ailleurs, le texte de l'article 205 A du CGI prévoit expressément que ses dispositions s'appliquent sous réserve de celles prévues au III de l'article 210-0 A, c'est-à-dire le dispositif anti-abus institué spécifiquement dans le cadre des opérations de fusion.

652 (Réservé)

Filiales immobilières des marchands de biens

660 Il existe d'autres situations dans lesquelles une société mère peut percevoir des dividendes exonérés par application du régime mère-fille, alors que le résultat de cession des titres correspondants relèverait du régime de droit commun (avec déductibilité de l'éventuelle moins-value réalisée sur la vente des titres). Tel était le cas notamment en ce qui concerne les parts de **sociétés immobilières** inscrites en stock à l'actif des sociétés exerçant une activité de **marchand de biens** au sens du I. 1° de l'article 35 du CGI. S'agissant des distributions effectuées par ces sociétés immobilières, l'Administration avait d'ailleurs expressément confirmé qu'elles pouvaient bénéficier du régime d'exonération mère-filiale (rescrit du 6 octobre 2009, n° 2009/58 FE).

661 Désormais, en application de l'article 145, 6-e du CGI (dans la rédaction applicable à compter du 1er janvier 2015, issu de la LFR 2012-958 du 16 août 2012, art. 16), **le régime des** sociétés mères n'est **plus applicable** aux produits des parts de sociétés immobilières inscrites en stock à l'actif des sociétés marchands de biens (disposition applicable aux distributions effectuées depuis le 4 juillet 2012).

662 (Réservé)

PARTIE 3

AUTRES OPÉRATIONS LIÉES À LA GESTION DU GROUPE

Chapitre 3-1

PRESTATIONS DE SERVICES

L'essentiel

Toutes les holdings ne sont pas nécessairement des holdings dites « pures », c'est-à-dire des sociétés qui se contentent de détenir des participations et d'en encaisser les dividendes. Certaines peuvent être des « holdings mixtes », c'est-à-dire ayant, par ailleurs, une activité de prestation de services à destination des filiales du groupe.

Dans ce cas, une attention toute particulière doit être portée aux conditions de facturation des prestations rendues, étant précisé en outre que des règles particulières s'appliquent dans le cas des prestations incorporelles, ou rendues dans un cadre international. Cependant, le régime de l'intégration fiscale, malgré les modifications qui l'ont affecté, est encore de nature à atténuer certaines difficultés.

Présentation générale

690 En principe, les prestations de services rendues aux filiales doivent être facturées pour un prix qui ménage l'**intérêt propre** de la société prestataire : en effet, l'Administration fiscale et la jurisprudence n'admettent généralement pas les situations dans lesquelles une société facture ses prestations pour un prix considéré comme « anormal » (voire gratuitement), sous prétexte de « l'intérêt supérieur du groupe ».

Dans ce cas, l'opération s'analyse comme un **acte anormal de gestion**, et la société prestataire se voit imposer à hauteur de la différence entre le prix pratiqué et le prix « normal » qu'elle aurait dû réclamer.

Caractère pénalisant des redressements portant sur des prestations entre sociétés

691 Les facturations de prestations de services entre une holding mixte et ses filiales devront se garder de deux écueils :

– une facturation **insuffisante**, qui pourrait être considérée comme un acte anormal de gestion pour la société **holding** prestataire ;

– une facturation **exagérée**, qui pourrait, à l'inverse, être considérée comme un acte anormal de gestion pour la **filiale** utilisatrice des prestations.

692 Dans les deux cas, le redressement du résultat fiscal de la société à laquelle est reproché l'acte anormal de gestion est particulièrement pénalisant. En effet, il se traduit par une **double imposition** économique au sein du groupe, puisqu'il revient à refuser la déduction d'une charge, alors que le produit correspondant a été dûment constaté et imposé chez le prestataire, ou à imposer un produit qui n'a pas été réalisé et dont la charge correspondante n'a pas été déduite chez l'autre société contractante.

En outre, lorsque le redressement s'effectue du côté de la filiale, à laquelle il est reproché d'avoir versé à la mère une rémunération excessive de ses services, l'Administration peut considérer que l'avantage ainsi consenti à la société mère se traduit par l'attribution d'un revenu réputé distribué et appliquer une retenue à la source si cette société mère est étrangère *(voir § 766)*.

Réalité des prestations

693 **Les sociétés en cause doivent, bien entendu, être en mesure de justifier de la réalité des prestations facturées, à défaut de quoi les facturations de la holding risquent d'être considérées comme constituant des actes anormaux de gestion pour les filiales facturées, justifiant une réintégration des sommes en cause dans leur résultat imposable** (CE 20 avril 1984, n°s 37098-37099 ; CAA Bordeaux, 12 décembre 1995, n° 94-701, Sté Gilbert-Marine).

Attention aux prestations de direction générale

Certaines conventions prévoient la facturation de prestations de direction réalisées par des personnes qui, exerçant des fonctions de direction dans la société holding, sont par ailleurs statutairement dirigeantes de la filiale à laquelle ces prestations sont facturées.

Cependant, la jurisprudence fiscale est réticente à admettre la déductibilité de telles facturations : ainsi, a été refusée la déduction des sommes versées par une filiale à sa holding au titre des « frais de présidence » d'une personne qui assumait les fonctions de P-DG au sein des deux sociétés, dès lors que, dans ce cas, la société mère n'a fourni aucune prestation de services distincte des activités que cette personne a exercées dans le cadre de ses fonctions de dirigeant de la filiale (CAA Nancy 9 octobre 2003, n° 98-2182, SA Gamlor ; voir aussi dans le même sens : CAA Bordeaux 8 décembre 2005, n° 02-1646, Sté Moy Sanitaire Chauffage ; CAA Paris 6 novembre 2019 n° 19PA02628 Sté Self Media ; CE (na) 23 mars 2020 n° 437227 Sté Self Media). Pour les conséquences éventuelles en matière de TVA, voir *§ 785*.

Pourraient constituer des précautions utiles à cet égard :

– de faire nommer la société mère comme personne morale dirigeante (possibilité offerte dans le cas des SAS) ;

– de veiller à bien stipuler dans les conventions intragroupe, si tel est le cas, que les prestations facturées ne sont pas des prestations « de direction », mais des prestations spécifiques (commerciales, techniques, etc.).

Mais s'agissant de ce second point, il faut signaler que les décisions fiscales ci-dessus apparaissent en phase avec la jurisprudence commerciale de la **Cour de cassation**, puisque cette dernière a jugé que la convention prévoyant la délégation d'un dirigeant à une société, dont il est par ailleurs le gérant, faisait « double emploi, à titre onéreux » pour la société avec ces fonctions sociales, ce qui signifie que les obligations mises à la charge de ladite société apparaissent « dépourvues de contrepartie réelle », justifiant ainsi l'**annulation de la convention pour absence de cause** (cass. com. 23 octobre 2012, n° 11-23376, Mecasonic ; voir également cass. com. 14 septembre 2010, n° 09-16084, Samo Gestion).

Pourtant, dans cette affaire Mecasonic, la convention conclue avec la filiale prévoyait bien que le dirigeant concerné réaliserait des prestations distinctes de pures fonctions « de direction » (création et développement de filiales à l'étranger, organisation et participation de salons professionnels, définition des stratégies de vente dans différents pays, recherche de nouveaux clients à l'étranger).

Cette jurisprudence, bien que rendue dans un domaine **non fiscal**, n'est pas sans soulever de grandes inquiétudes :

– non seulement parce qu'elle constitue un argument supplémentaire pour une réintégration fiscale (le paiement des prestations étant d'autant moins conforme à l'intérêt social, donc à une gestion normale, que la convention peut être considérée comme juridiquement nulle) ;

– mais aussi plus largement, estiment certains, en raison des risques qu'elle fait peser sur les sociétés et dirigeants concernés en matière d'abus de biens sociaux.

La solution la plus sûre paraît donc en définitive, en l'état actuel de la jurisprudence, être la constitution de filiales ayant la forme de SAS, dont la présidence – voire la direction générale – peut être confiée à la holding (on relèvera d'ailleurs que la Cour de cassation n'a pas trouvé anormal que la direction générale d'une SAS soit confiée via la conclusion d'une « convention de mandat social » à une société tierce, par ailleurs liée à elle par une convention de prestations de services : cass. com. 24 novembre 2015, n° 14-19685, Société TER).

À noter que la nomination d'un président de SAS ne constitue pas une convention avec ce dernier mais une décision prise par un organe de la société, et qu'elle échappe de ce fait à la procédure des **conventions réglementées** (cass. com. 4 novembre 2014, n° 13-24889, Sté Casadelmar).

Du point de vue de la **TVA**, la rémunération du mandat social exercé par une société constitue bien une prestation passible de la taxe : Ainsi jugé pour une SA facturant des jetons de présence à ses filiales (CAA Paris 30 mai 2007, n° 03-2426, Sté Financière et Immobilière Pétrofrance), ou pour une SARL en ce qui concerne la rémunération de ses fonctions de direction dans une SAS (CAA Nantes 28 juin 2010, n° 09-0612, SARL Olvia ; CAA Douai 8 mars 2011, n° 09-1303, SAS Financière Verriez).

Il s'agit d'ailleurs normalement du point de vue de l'Administration, en tout cas tel qu'il avait été exprimé au Comité fiscal de la Mission d'organisation administrative (Réunion MOA du 30 novembre 2000), même si cette précision n'a pas été reprise au BOFiP. L'Administration avait en effet indiqué que, s'agissant de la rémunération de direction versée à une personne morale présidente d'une SAS, gérante d'une société en commandite simple, ou gérante d'une société en nom collectif (SNC), ces fonctions relèvent d'une activité économique : La rémunération versée à ce titre au dirigeant constitue la contrepartie d'une prestation de services réalisée au profit de la partie versante. Par ailleurs, les personnes morales sont toujours considérées agir de manière indépendante dès lors qu'elles ne peuvent être regardées comme placées dans un lien de subordination vis-à-vis d'un employeur. En conséquence, les rémunérations ci-dessus doivent être soumises à la TVA. Une personne morale présidente d'une SAS doit donc émettre une facture avec TVA pour sa fonction de président.

Prestations rendues gratuitement

694 Il ne fait aucun doute que les prestations dispensées « gratuitement » s'analysent *a priori* comme des actes anormaux de gestion (BOFiP-BIC-CHG-10-10-20-§ 120-08/04/2013).

Tel est ainsi le cas, par exemple :

– des prestations relatives à **l'étude, la gestion et la commercialisation** de programmes immobiliers, assumées pour le compte de filiales immobilières mais non facturées auxdites filiales (CE 24 février 1978, n° 2372) ;

– des **cautionnements** fournis gratuitement à des filiales (CE 17 février 1992, n° 74272, Carrefour ; CAA Lyon 9 juillet 1997, n° 95-856, SA SDP) ;

– des **prêts et avances** sans intérêt (sur lesquels nous reviendrons plus en détail, *voir § 911*) ;

– de la concession à titre gratuit (ou moyennant l'euro symbolique) de **licences de marques** et de savoir-faire (CE 26 septembre 2011, n° 328762, SARL Holding financière Seguy) ;

– des dépenses afférentes à la mise en place d'un nouveau système informatique et à la mise en place d'un logiciel intégré, non facturées par une société holding rendant des **prestations informatiques** à ses filiales, alors que ces investissements profitent à l'ensemble des entités du groupe (CAA Douai 8 octobre 2009, n° 07-1406, SA Lyreco).

Application de la législation sur les abandons de créances et aides entre entreprises

695 **Il peut arriver, dans le cas de ces prestations rendues « gratuitement » (comme d'ailleurs dans le cas de prestations facturées pour un prix insuffisant), que cette anomalie soit justifiée par une contrepartie obtenue par ailleurs, par exemple un intérêt commercial.**

Il peut aussi arriver que le défaut de facturation ou la sous-facturation soient justifiés par des difficultés financières de la filiale concernée, et par la nécessité de venir en aide à cette dernière pour la sauvegarde du groupe.

Dans ce second cas cependant, même si la société mère peut établir son intérêt, et donc échapper à la critique sur le terrain de l'acte anormal de gestion, l'aide apportée à la filiale sera en tout état de cause considérée comme non déductible, la loi prévoyant désormais que « sont exclues des charges déductibles pour l'établissement de l'impôt les aides de toute nature consenties à une autre entreprise, à l'exception des aides à caractère commercial » (CGI art. 39-13, issu de la deuxième loi de finances rectificative pour 2012, n° 2012-958 du 16 août 2012, art. 17)**. Seuls les aides et abandons à caractère commercial demeurent ainsi pleinement déductibles du résultat imposable de la société qui les consent : les pertes consécutives à des aides ne présentant pas un caractère commercial sont désormais exclues des charges déductibles.**

Nous évoquerons plus en détail cette disposition lorsque nous aborderons la question des abandons de créances : *voir § 804*.

Cette rédaction peut surprendre, dans la mesure où elle se réfère à des « **charges** déductibles » alors que, la plupart du temps, le débat fiscal concerne des **produits** non facturés (ou insuffisamment facturés) par la holding à ses filiales, caractérisant l'existence d'une aide.

Mais elle s'explique, comme l'indique l'Administration (BOFiP-BIC-BASE-50-10-§ 40-29/01/2013) par le fait que la jurisprudence du Conseil d'État analyse une aide (ou un abandon) comme étant la conjonction de deux éléments cumulatifs :
- d'une part, l'enregistrement préalable en comptabilité du produit qui aurait dû y être constaté,
- et d'autre part, la comptabilisation de la perte correspondant au montant de l'annulation de ce même produit.

Cette décomposition n'a évidemment pas lieu d'être lorsque la société « aidante » consent une subvention à l'autre société : c'est alors cette subvention qui est considérée comme non déductible.

Respect des stipulations contractuelles

696 **Est également considéré comme anormal le fait de facturer des prestations pour une somme inférieure au montant stipulé contractuellement. Ainsi jugé :**
– pour une société mère qui assurait la gestion comptable, commerciale et administrative des sociétés de son groupe, et qui avait perçu des rémunérations inférieures à celles qu'elle aurait dû percevoir par application des conventions passées avec les filiales concernées (CAA Lyon 1er février 1995, n° 93-1269, SARL Barassi) **;**
– pour une société qui, à la suite d'une décision de son conseil d'administration, avait perçu de l'une de ses filiales un loyer inférieur à celui, considéré comme normal, qui était fixé contractuellement (CE 9 octobre 1991, n° 71413, SA Festa).

Parallèlement, le fait pour une filiale de rémunérer des services d'assistance technique et financière pour un montant supérieur à celui prévu dans la convention initiale constitue, pour elle, un acte anormal de gestion, dès lors qu'elle n'établit pas que les services rendus le justifiaient (CE 2 mars 1988, nos 45625 et 71877).

Idem pour une filiale qui s'était engagée par convention à rémunérer les prestations d'assistance et de direction rendues par sa société mère par une redevance égale à 4 % de son chiffre d'affaires, et qui avait en réalité versé des redevances de 7,28 % de son chiffre d'affaires (TA Besançon 5 octobre 2000, n° 98-1040, SA Colly-Blombed).

697 Ces décisions illustrent bien la nécessité de respecter au mieux le **formalisme contractuel** au sein du groupe, et notamment d'établir des **avenants** aux contrats initiaux toutes les fois que les conditions d'intervention de la société holding évoluent (nouvelles prestations servies aux filiales ou, au contraire, interruption de certains services, modification de l'ampleur des moyens mis en œuvre au sein de la holding, etc.).

En effet, dès lors que les prestations sont réellement rendues *(voir § 693)* et qu'elles sont justifiées par un document contractuel, c'est à l'Administration d'**apporter la preuve**, le cas échéant, que les facturations correspondantes sont anormales (exagérées ou insuffisantes).

On examinera plus loin le cas particulier de certaines prestations rendues dans un contexte international *(voir § 751)*.

À l'inverse, si le montant des facturations ne correspond pas aux stipulations contractuelles, c'est à la société concernée d'**apporter la preuve** que l'écart avec la rémunération prévue initialement est justifié par les services rendus.

La holding doit-elle réaliser un profit ou peut-elle au contraire facturer ses prestations au « prix coûtant » ?

698 En dehors des cas particuliers ci-dessus, à savoir la fourniture de prestations gratuites ou pour un montant différent de celui prévu au contrat, la question de la détermination du prix « normal » reste relativement épineuse.

Il s'agit, en effet, de savoir s'il s'agit du **prix « de marché »**, qui serait pratiqué entre sociétés juridiquement indépendantes, ou si une société mère peut consentir des **conditions plus favorables** à ses filiales.

699 Il est clair en tout cas qu'une société ne doit pas normalement facturer ses ventes ou prestations **« à perte »** et qu'elle doit, à tout le moins, les facturer à hauteur de leur **prix de revient** (CE 5 mars 1985, n°s 41396-41399 ; CE 3 juin 1992, n° 85067, SARL Sovifram ; CAA Lyon 24 février 1999, n° 95-20105, SA Biscottes du Helder).

Il ne peut en aller autrement que si l'Administration n'établit pas, compte tenu des conditions économiques, que la société aurait pu facturer davantage à un tiers : cas d'une société en démarrage qui avait facturé à sa société mère des travaux à façon pour un prix inférieur au prix de revient, mais dont la facturation à perte était due à l'insuffisance de son plan de charges en début d'activité, et donc un poids très élevé des coûts fixes par rapport à la faiblesse des quantités traitées (CE 26 juin 1996, n° 80178, min. c/ SARL Rougier-Hornitex).

Par ailleurs, le Conseil d'État a jugé qu'une cour administrative d'appel commettait une erreur de droit en jugeant, dans une affaire de location d'avion, que la seule circonstance que les prix facturés ne suffisaient pas à **couvrir les charges d'exploitation** de la société caractérisait un acte anormal de gestion (CE 17 juillet 2019, n° 425607 Sté Voyag'Air).

700 Le Conseil d'État a jugé (dans un arrêt il est vrai assez ancien) que pour apprécier le montant des réintégrations à effectuer dans le cas de prestations rendues gratuitement, il convenait d'admettre qu'il n'est **pas anormal** pour une société de pratiquer, à l'égard de ses filiales dans lesquelles les participations minoritaires sont négligeables, une politique de prix différentielle au point de renoncer à réaliser des bénéfices et de ne facturer que le **prix de revient** réel des services

fournis, comprenant les frais et charges proportionnels à chaque opération, ainsi qu'une quote-part des charges fixes (CE 24 février 1978 précité).

Le Conseil d'État a retenu une solution identique dans un arrêt plus récent, mais rendu dans un contexte très particulier (CE 25 novembre 2009, n° 307227, min. c/ Cie Rhénane de raffinage, conclusions, E. Geffray, BDCF 2/10, n° 15). Il s'agissait du cas d'une société créée par cinq compagnies pétrolières pour réaliser à leur profit des opérations de raffinage. La facturation de ces prestations **sans marge** bénéficiaire aux compagnies actionnaires n'a pas été considérée comme un acte anormal de gestion car une telle facturation (qui couvrait cependant les frais proportionnels, une quote-part des frais fixes et l'éventuelle rémunération des capitaux propres) est inhérente aux conditions d'exploitation définies dans le pacte social.

Rappelons en effet qu'en vertu de l'article 1832 du Code civil, le contrat de société peut aussi bien être conclu en vue de partager des bénéfices que de profiter de l'économie qui pourrait en résulter.

Par ailleurs, dans un arrêt concernant une société pharmaceutique qui avait facturé à sa société mère étrangère le remboursement des frais de lancement et de promotion d'un nouveau médicament, sans appliquer de marge, le conseil d'État a jugé qu'il revenait à l'Administration d'apporter la preuve du caractère anormal de cette opération, l'absence de marge commerciale ne pouvant, à elle seule, faire présumer un tel caractère (CE 23 janvier 2015, n° 369214, conclusions M.-A. de Barmon, BDCF 4/15 n° 42).

Refacturation de primes d'assurance et TVA

Il arrive fréquemment que l'une des sociétés d'un groupe, très souvent la holding, soit titulaire d'un contrat d'assurance couvrant les risques de l'ensemble des sociétés du groupe, et qu'elle refacture à ses filiales le coût exact de leur quote-part de la prime souscrite, c'est-à-dire sans appliquer aucune marge.

Cette refacturation doit-elle s'opérer avec TVA, ou doit-elle être considérée comme bénéficiant de l'exonération réservée aux prestations d'assurance (CGI art. 262 C, 2°) **? La jurisprudence est pour l'instant partagée à ce sujet.**

La Cour administrative d'appel de Versailles a jugé en 2007 que, dans la mesure où la holding n'assure aucun risque procédant d'une opération d'assurance, l'exonération mentionnée ci-dessus n'était pas applicable (CAA Versailles 20 mars 2007, n° 05VE02193), **et que donc la refacturation devait être assortie de TVA. La même solution de refus d'exonération a été rendue plus récemment par le tribunal administratif de Paris, mais largement sur des questions de forme, puisqu'il a considéré qu'une société mère ayant souscrit un contrat d'assurance groupe et qui refacture à ses filiales le coût exact de leur quote-part de prime d'assurance ne réalise pas une opération d'assurance exonérée de TVA, à défaut d'apporter la preuve de l'existence d'une relation juridique en ce sens, entre la mère et ses filiales** (TA Paris 19 septembre 2014, n° 130382/1-2).

À l'inverse, La Cour administrative d'appel de Nantes a jugé en 2010 que l'exonération en question devait s'appliquer, dans une situation où la holding n'avait pas seulement centralisé une assurance globale, mais avait aussi répercuté la prime globale sur chaque société en appliquant un système de bonus-malus qui tenait compte de la sinistralité de chaque société (CAA Nantes 17 mai 2010, n° 08NT03512).

En pratique d'ailleurs, si les filiales sont pleinement récupératrices, il s'avère plus intéressant pour la holding d'appliquer la TVA aux refacturations de primes d'assurance, ce qui lui permet d'éviter la présence dans son chiffre d'affaires de recettes exonérées venant détériorer son coefficient de taxation *(voir § 1157)*, **et le cas échéant de minimiser son prorata de taxe sur les salaires en augmentant ses recettes taxables à la TVA** *(voir § 1265)*. **Cependant, cette manière de faire présente un risque du point de vue des filiales, car l'Administration pourrait cette fois défendre la solution de l'exonération, et la déductibilité de la TVA – alors considérée comme « indue » –, pourrait ainsi être remise en cause de leur côté** *(voir nos remarques § 785)*.

La doctrine semble d'ailleurs considérer qu'une solution d'exonération serait davantage en phase avec le caractère large de l'exonération des prestations d'assurance au regard de la Directive TVA telle que l'interprète la Cour de justice de l'UE (voir notamment R. Maubert et Ph. Gamito « Souscription d'un contrat d'assurance de groupe et refacturation de la prime : quels enjeux TVA ? », Revue Fiduciaire, FH 3589 du 9 avril 2015).

Nous avions indiqué dans une précédente édition qu'en pratique, la solution la plus sûre paraissait être la mise en place d'un mandat permettant à la holding de répercuter la prime à ses filiales sous la forme de « débours » : Voir en ce sens l'article précité de R. Maubert et Ph. Gamito, qui précise le formalisme à respecter. Cette solution est également préconisée par B. Sibilli (« Une société mère qui souscrit un contrat d'assurance de groupe et refacture à ses filiales le coût exact de leur quote-part de la prime réalise-t-elle une opération d'assurance ? », Revue de Droit fiscal 2014 n° 50, com. 682). **À noter que ce traitement en tant que débours permet d'éviter une inclusion dans le chiffre d'affaires, ce qui permet de ne pas appliquer la TVA tout en évitant la détérioration du coefficient de taxation, évoquée ci-dessus. On ajoutera que l'Administration admet de ne pas tenir compte des débours pour le calcul de la taxe sur les salaires** *(voir § 1268)*.

Depuis lors, l'Administration est venue préciser dans un rescrit du 11 décembre 2019 qu'une société négociatrice qui conclut une convention d'assurance de groupe par laquelle elle procure aux autres sociétés du groupe une couverture d'assurance par le biais d'un assureur qui prend en charge le risque couvert effectue une opération d'assurance au sens du 2° de l'article 261 C du CGI. Par suite, et sous réserve que la quote-part relative à chaque filiale soit refacturée à l'euro-l'euro, ces prestations sont exonérées de TVA. En revanche, ce raisonnement ne peut trouver à s'appliquer dans le cas où la refacturation faite par le souscripteur auprès des assurés serait supérieure au montant de prime qui lui est facturé par l'assureur (BOFiP-RES-000058-09/03/2021).

701 **Par ailleurs, une difficulté particulière existe en ce qui concerne la facturation de la mise à disposition de salariés par une société à une autre. En effet, ce « prêt de main-d'œuvre » n'est licite (sauf cas particulier des sociétés d'intérim) que s'il est utilisé à but non lucratif, sous peine de sanctions pénales. L'entreprise prêteuse ne doit, en effet, facturer à l'entreprise utilisatrice que les salaires versés au salarié, les charges sociales y afférentes et les frais professionnels remboursés à l'intéressé au titre de la mise à disposition** (c. trav. art. L. 8241-1).

En matière fiscale, compte tenu de cette contrainte légale, la jurisprudence admet qu'une facturation sans marge du personnel d'encadrement prêté ne constitue pas un acte anormal de gestion (CAA Nantes 15 février 2006, n° 03-87, SA USG France).

Cela étant, le Conseil d'État ne considère pas que le fait pour une société d'utiliser les services d'une main-d'œuvre mise à sa disposition à titre onéreux (opération en principe illicite) constitue nécessairement un acte anormal de gestion (CE 30 juillet 2003, n° 232004, min. c/ Sté Azur Industrie, RJF 11/03 n° 1273, conclusions, P. Collin, BDCF 11/03, n° 144).

En tout cas, cette pratique de la mise à disposition de salariés, qui suppose leur détachement dans une autre société, ne doit pas être confondue avec la pratique des holdings mixtes, consistant à faire rendre par ses salariés des **prestations de services** aux filiales.

Pour éviter toute ambiguïté, il conviendrait que ces prestations soient clairement identifiées sur les factures (par exemple « Prestations d'assistance commerciale », en ajoutant éventuellement « rendues par M. X ») et que soient bannies les formulations erronées de type « Mise à disposition de M. X », qui ne répondent pas à la réalité juridique en l'absence de tout détachement.

702 **Cependant, il apparaît prudent de considérer que les décisions ci-dessus correspondent généralement à des situations particulières et que les holdings doivent normalement facturer leurs prestations en réalisant une certaine marge bénéficiaire.**

Même en présence d'une telle marge, il n'est d'ailleurs pas totalement exclu que l'Administration puisse considérer que les facturations sont encore insuffisantes par rapport au **prix de marché**.

Cependant, en matière de prestations de services, de tels redressements ne paraissent susceptibles d'avoir une chance d'aboutir que dans le cas de prestations particulières, pour lesquelles existent des pratiques professionnelles bien établies, comme les prestations de suivi de chantiers (CE 19 novembre 2008, n° 291041, Sté Auteuil Investissement, conclusions, F. Seners, BDCF 2/09, n° 14), ou encore les prestations rendues par les agences de voyages (CE 31 janvier 1983, n° 17885 ; BOFiP-BIC-BASE-50-10-§ 100-29/01/2013).

703 **Il convient alors de déterminer le taux de marge à appliquer, ce qui apparaît relativement malaisé en l'absence de toute « norme » générale en la matière.**

On observera que les décisions prises par l'Administration en matière de « quartiers généraux » français de sociétés étrangères ont souvent admis des taux de marge de 6 % à 10 % (Sénat, rapport d'information n° 347 de M. Christian Gaudin, 22 juin 2007). Cependant, on constate en pratique que des taux de 5 % ou, à l'inverse, de 20 ou 25 %, voire supérieurs, sont loin d'être inhabituels.

704 **En tout cas, si l'Administration, se plaçant du côté de l'intérêt de la filiale, entend démontrer que la facturation de la mère est excessive, elle ne peut se contenter de faire état d'un taux de marge trop élevé selon elle. Il lui incombe de prouver que, pour la filiale, le prix payé est effectivement excessif au regard des prestations rendues.**

Ainsi, l'Administration ne démontre pas que constitue une charge étrangère à une gestion normale le fait d'acquitter des prestations correspondant à une fourniture de main-d'œuvre facturées avec une marge de **25 %** : ni l'importance de la marge, ni le caractère illicite du procédé au regard du Code du travail ne suffisent à caractériser un acte anormal de gestion (CE 30 juillet 2003 déjà mentionné au § 701).

De même, la seule circonstance que la société mère facture à sa filiale une prestation au prix de revient majoré de **30 %** ne suffit pas à établir son caractère excessif, dès lors que l'importance des prestations d'assistance rendues en contrepartie le justifie (CE 16 mai 2008, n° 288101, Sté Selafa Géomat, conclusions, F. Seners, BDCF 8-9/08, n° 112).

Voir par ailleurs l'arrêt CAA Bordeaux cité au *§ 706* ci-dessous.

Est-il possible de prévoir une rémunération calculée « au pourcentage » ?

705 Compte tenu de ce qui précède, on ne peut que se montrer réservé sur la pratique consistant à stipuler une **rémunération variable**, par exemple en fonction du chiffre d'affaires réalisé par la filiale. En effet, une telle stipulation peut, dans certains cas, se traduire par le versement d'une redevance sans commune mesure avec la valeur du service obtenu, d'où un risque de réintégration fiscale.

706 Cependant, une telle réintégration n'est pas automatique : encore faut-il que l'Administration puisse démontrer que le montant de la redevance dépasse le prix qui aurait été payé pour des prestations rendues par une entreprise indépendante.

Ainsi, dans le cas d'une société qui avait versé à sa société mère, puis à une société sœur, des redevances fixées à **4 % de son chiffre d'affaires** en rémunération de prestations d'assistance administrative, juridique, comptable, financière et commerciale, le Conseil d'État a jugé que, faute pour l'Administration de contester la réalité de ces prestations, la société avait apporté la preuve du principe de déductibilité de ces redevances en justifiant leur montant par le fait que les missions en cause occupaient à plein temps **une vingtaine de personnes**, alors que la filiale n'employait que des personnels techniques affectés à la fabrication. L'Administration n'a pas été regardée comme ayant fait la preuve du caractère excessif des redevances en faisant valoir que leur montant était trois fois supérieur aux charges supportées par les sociétés prestataires (CE 3 décembre 2010, n° 310946, min. c/ Sté de produits pharmaceutiques et d'hygiène).

En revanche, les sociétés doivent prendre garde aux **variations** inexpliquées du taux de redevance (TA Besançon 5 octobre 2000 précité ; CAA Bordeaux 8 décembre 2005, n° 02-1646, Sté Moy Sanitaire Chauffage déjà citée au § 693).

707 Par ailleurs, il ne faut pas confondre le fait de déterminer une rémunération en fonction du chiffre d'affaires de telle ou telle filiale avec la pratique consistant à **répartir les coûts** de la société holding en fonction d'une **clé de répartition**

destinée à refacturer ces coûts aux filiales en tenant compte de leur utilisation réelle des services proposés par la holding, cette clé de répartition pouvant d'ailleurs être le chiffre d'affaires réalisé si cela s'avère pertinent.

Il va sans dire que la méthode la plus rigoureuse pour déterminer le volume de prestations réalisé par le personnel de la holding pour le compte des filiales (mais aussi la plus lourde à mettre en place sur le plan de la gestion) passe par l'établissement de **« feuilles de temps »** : le personnel de la holding prend soin de suivre précisément le temps consacré à l'assistance aux filiales, le temps résiduel étant réputé consacré à la holding elle-même.

À défaut d'un tel suivi, il est courant de répartir les temps de travail en fonction de clés de répartition le mieux adaptées possible à la nature des tâches réalisées : Il peut s'agir de l'effectif (ou du nombre de feuilles de paye établies) pour un service paye ou une DRH, du nombre de postes d'ordinateurs pour un service informatique, ou encore du nombre d'écritures passées pour un service comptable. Pour une direction commerciale ou marketing, le chiffre d'affaires réalisé par chacune des filiales est l'un des indicateurs possibles.

Enfin, si aucune clé de répartition ne peut être utilisée, par exemple pour des prestations de caractère général (assistance en matière de gestion, etc.), l'utilisation du chiffre d'affaires des différentes filiales paraît pertinente, en ce que cet indice est révélateur de l'importance relative de ces filiales (et donc, peut-on penser, du volume de travail à y réaliser).

D'ailleurs, dans ses commentaires relatifs à l'article 57 du CGI (disposition que nous examinons ci-après), l'Administration précise qu'en cas de répartition de frais entre des sociétés françaises et étrangères, « la méthode la moins contestable (...) est, à cet égard, celle qui consiste à répartir les frais communs d'après la proportion existant entre le chiffre d'affaires de l'entreprise française et le chiffre d'affaires global de l'ensemble des exploitations du groupe » (BOFiP-BIC-BASE-80-20-§ 290-02/09/2015).

Respect des règles et des formalités juridiques

Les différentes solutions indiquées ci-dessus sont uniquement fiscales : il importe bien évidemment de veiller à respecter les règles du droit des sociétés, guidées par l'intérêt des entreprises en cause, faute de quoi le délit pénal d'abus de biens sociaux pourrait se trouver constitué.

Cependant, dans la plupart des cas, les préoccupations fiscales et pénales se rejoignent dès lors qu'elles sont toujours fondées sur l'intérêt social.

Il importe également, si nécessaire, de respecter le formalisme d'autorisation des conventions réglementées et, en présence de « conventions courantes conclues à des conditions normales », de veiller à être en mesure de bien justifier le caractère courant et normal allégué.

708 **(Réservé)**

Cas particulier de certaines prestations « incorporelles »

715 **Il peut arriver que certaines sociétés holding soient amenées à facturer des redevances rémunérant l'utilisation de droits incorporels : tel peut être le cas, par exemple, d'une holding propriétaire de la marque utilisée par le groupe, qui concède l'utilisation de cette marque à ses filiales.**

Ce peut être également le cas d'une holding propriétaire (ou concessionnaire) de brevets, qui concède (ou sous-concède) l'utilisation de ces brevets aux différentes sociétés du groupe (on parle parfois de « holdings de brevets »). Dans ce dernier cas, les produits perçus par la société holding sont susceptibles de bénéficier du régime fiscal favorable des produits de la propriété industrielle.

716 Avant d'examiner brièvement ce régime fiscal, relevons d'ores et déjà que le fait pour une société de ne pas facturer aux sociétés utilisatrices l'utilisation de droits incorporels dont elle est propriétaire peut constituer, le cas échéant, un acte anormal de gestion *(voir § 694)*.

Présentation et champ d'application du régime de la propriété industrielle

717 Pour les exercices ouverts avant le 1er janvier 2019, le régime des **plus-values à long terme** s'appliquait aux opérations portant sur des **brevets** ou des inventions brevetables ainsi que, sous certaines conditions, sur des procédés de fabrication industriels qui constituent l'accessoire indispensable de brevets ou d'inventions brevetables et sur des perfectionnements apportés aux brevets et inventions brevetables (CGI art. 39 terdecies 1 désormais abrogé).

718 Il se traduisait par une imposition des produits nets au taux réduit de **15 %**, qui s'appliquait aussi bien aux produits issus de la **cession** de ces éléments qu'à ceux qui sont issus de leur **concession** ou de leur sous-concession.

719 Ce régime fiscal de la propriété industrielle a été totalement refondu pour les exercices ouverts à compter du 1er janvier 2019 (CGI art. 238 issu de la loi de finances pour 2019, n° 2018-1317 du 28 décembre 2018, art. 37). Le nouveau texte utilise l'approche OCDE dite « nexus » qui consiste à conditionner l'application de régime à la réalisation sur le territoire national des dépenses de recherche et développement correspondantes. Le taux d'imposition applicable est désormais de 10 % pour les sociétés, mais il s'applique :
– au résultat net tiré de l'actif incorporel ;
– multiplié par un ratio « nexus » (rapport entre les dépenses éligibles et les dépenses totales).

720 Le régime s'applique aux **brevets** au sens strict (y compris les « brevets européens », assimilés aux brevets français) ainsi qu'aux autres titres de propriété industrielle tels que les certificats d'utilité et les certificats complémentaires de protection rattachés à un brevet. Il s'applique également aux titres étrangers équivalents délivrés par un office étranger de propriété industrielle. Sont également admis, à titre provisoire, les brevets et certificats d'utilité en cours de délivrance. Sont concernés également :
– les certificats d'obtention végétale ;
– les **logiciels protégés** par le droit d'auteur (ce qui constitue un ajout notable par rapport au régime applicable avant 2019) ;
– les **procédés de fabrication industriels**, dès lors qu'ils constituent le résultat d'opérations de recherche, sont l'accessoire indispensable de l'exploitation d'une invention éligible, et font l'objet d'une licence d'exploitation unique avec l'invention ;
– les **inventions brevetables** (dont la brevetabilité a été certifiée par l'Institut national de la propriété industrielle), mais seulement en ce qui concerne les PME au sens de l'OCDE (entreprises dont le chiffre d'affaires mondial du groupe auquel elles appartiennent n'excède pas 50 millions d'euros et dont les revenus bruts issus de la totalité des actifs incorporels éligibles au régime qui nous occupe ne dépassent pas 7,5 millions d'euros par an, en moyenne sur les cinq derniers exercices).

721 (Réservé)

Conditions et modalités d'application du régime

723 L'application du régime est subordonnée à la condition que les droits cédés ou concédés présentent pour l'entreprise cédante (ou concédante) le caractère d'**élément d'actif immobilisé** (CGI art. 238.I).

Cette condition n'est pas remplie lorsque l'entreprise a pour objet d'acquérir des droits de propriété industrielle pour en faire commerce (BOFiP-BIC-BASE-110-20-§ 20-22/04/2020).

En revanche les actifs incorporels en question sont susceptibles de bénéficier du régime alors même qu'ils seraient partiellement ou totalement amortis ou que les frais d'études ou de recherches ayant abouti à leur mise au point ont été passés en frais généraux : dans une telle hypothèse ils peuvent présenter le caractère d'un actif immobilisé même s'ils ne figurent pas au bilan (BOFiP-BIC-BASE-110-20-§ 1-22/04/2020).

L'application de ce régime est **optionnelle**, et l'exercice de l'option constitue une décision de gestion qui opposable à l'entreprise qui la formule (BOFiP-BIC-BASE-110-20-§ 60-22/04/2020). Cette option est matérialisée par la souscription d'une annexe jointe à la déclaration de résultat. L'option n'est pas globale et doit être formulée :
- pour chaque actif ;
- pour chaque bien ou service (option pour un produit) ;
- ou pour chaque famille de biens ou services (option pour une famille de produits).

Par ailleurs, en plus de l'annexe venant à l'appui de leur déclaration de résultat, les entreprises sont soumises à une **obligation documentaire** spécifique prévue à l'article L 13 BA du LPF, c'est-à-dire qu'elles doivent tenir à la disposition de l'Administration, outre une description générale de l'organisation de leurs activités de recherche et de développement, des informations concernant la détermination du résultat imposable en application du régime spécial (liste et description détaillées de chacun des actifs ou groupes d'actifs incorporels concernés, présentation du ratio et de son suivi, présentation de la méthode de répartition des frais entre les différents actifs et groupe d'actifs incorporels).

724 Dans le cas des cessions, si aucune **durée de détention** n'est exigée lorsque les droits cédés ou concédés ont été découverts ou mis au point par l'entreprise elle-même, ou lui ont été cédés à titre gratuit, en revanche, dans le cas de droits **acquis à titre onéreux**, le régime ne peut pas s'appliquer lorsque les droits cédés ou concédés ont été acquis depuis moins de **deux ans** (BOFiP-BIC-BASE-110-20-§ 310-22/04/2020).

Le régime ne s'applique pas non plus aux cessions d'actifs incorporels lorsqu'il existe des **liens de dépendance** entre l'entreprise cédante et l'entreprise cessionnaire au sens du 12 de l'article 39 du CGI, c'est-à-dire :
- lorsque l'une détient directement ou par personne interposée la majorité du capital social de l'autre ou y exerce en fait le pouvoir de décision ;
- ou lorsqu'elles sont placées l'une et l'autre, dans les conditions ci-dessus, sous le contrôle d'une même tierce entreprise.

725 Lorsque les différentes conditions ci-dessus sont respectées, le produit de la cession, de la concession ou de la sous-concession relève d'un taux d'imposition spécifique de **10 %**.

Seul le résultat net résultant de la cession, de la concession ou de la sous-concession est soumis à ce régime : il correspond à la différence entre les revenus tirés des actifs incorporels concernés et les dépenses de recherche et développement qui s'y rattachent directement.

Parmi les dépenses à déduire de ce résultat net figurent notamment, d'après l'Administration, les dépenses suivantes :
- les dépenses de personnel de recherche ;
- les dépenses d'externalisation de la R&D ;
- les coûts des matières premières et fournitures consommées pour les besoins des activités de R&D ;
- les dépenses d'acquisition d'installations techniques, de matériels et outillages industriels affectés directement à la réalisation d'opérations de R&D ;
- les dépenses de création ou d'acquisition d'actifs incorporels bénéficiant du régime qui nous occupe ;
- les redevances de concession d'actifs mentionnés au tiret précédent dues par l'entreprise sous-concédante bénéficiant du régime dans le cadre d'une sous-concession ;
- les frais de prise et de maintenance des titres de propriété industrielle.

En revanche, tel n'est pas le cas, par exemple :
- des frais généraux ;
- des coûts afférents aux terrains et aux bâtiments ;
- des frais et charges relatifs aux emprunts ;
- des frais de défense des droits de propriété industrielle ;
- des dépenses de normalisation afférentes aux produits de l'entreprise ;
- des dépenses de veille technologique exposées lors de la réalisation d'opérations de R&D ;
- des frais de cession d'actifs incorporels éligibles au régime (BOFiP-BIC-BASE-110-30-§ 80-22/04/2020).

726 **Ce résultat net doit ensuite être corrigé de l'application d'un ratio, dit « rapport d'assujettissement au taux réduit » calculé de la manière suivante :**
– au numérateur doivent figurer les dépenses de R&D en lien direct avec la création et le développement de l'actif incorporel (ou du groupement d'actifs) réalisées directement par la société concernée ou par des entreprises non liées (au sens du 12 de l'article 39 du CGI) ;
– et au dénominateur, l'intégralité des dépenses de R&D en lien direct avec la création, l'acquisition et le développement de cet actif ou groupement d'actifs, réalisées directement ou indirectement par le contribuable (BOFiP-BIC-BASE-110-30-§ 170-22/04/2020).

À noter que les dépenses sont prises en compte pour leur montant total au titre de l'exercice au cours duquel elles sont engagées, y compris pour les dépenses immobilisées. Dès lors, les dotations aux amortissements ultérieures sont sans incidence sur le calcul du rapport (BOFiP-BIC-BASE-110-30-§ 180-22/04/2020).

Le numérateur est majoré de 30 %, étant précisé cependant que le ratio obtenu ne peut excéder 100 %.

En ce qui concerne les sous-concessions, l'Administration précise que les redevances de concession d'actifs incorporels éligibles dues par l'entreprise sous-concédante qui applique ce régime à raison des actifs qu'elle donne en sous-concession ne sont à retenir qu'au seul dénominateur du ratio (BOFiP-BIC-BASE-110-30-§ 210-22/04/2020).

727 **Le ratio est calculé au titre de chaque exercice et tient compte des dépenses réalisées par l'entreprise au titre de cet exercice, mais aussi de celles réalisées au titre des exercices antérieurs** (CGI art. 238, III-2-al. 1) **: les dépenses figurant tant au numérateur qu'au dénominateur s'entendent donc des dépenses cumulées depuis l'origine, d'où la nécessité de mettre en place un suivi de ces dépenses** (BOFiP-BIC-BASE-110-30-§ 230-22/04/2020).

728 Cependant, des mesures dérogatoires ont été prévues pour les entreprises qui ne seraient pas en mesure d'effectuer un suivi précis de leurs dépenses de R&D depuis l'origine. Ainsi, pour les exercices ouverts en 2019 et 2020, le ratio peut être déterminé en ne retenant que les dépenses de l'exercice en cours et des deux derniers exercices ouverts au cours des deux années antérieures, appréciées globalement au niveau de l'entreprise. Pour les exercices ouverts à compter du 1er janvier 2021, l'entreprise pourra ne tenir compte, au titre des dépenses réalisées au cours des exercices antérieurs, que de celles réalisées au titre des exercices ouverts à compter du 1er janvier 2019 (CGI art. 238, III-2-al. 2 ; BOFiP-BIC-BASE-110-30-§ 290-22/04/2020).

729 Finalement, le résultat obtenu est déduit extra-comptablement du résultat imposable à l'IS pour être soumis au taux réduit de 10 %. Si jamais le résultat net s'avère déficitaire, il est imputé sur les résultats nets bénéficiaires de cession, de concession ou de sous-concession du même actif, du même bien ou service ou de la même famille de biens ou services réalisés au cours des exercices suivants (CGI art. 238, II-2), sans limitation de durée, étant précisé cependant que si le régime cesse de s'appliquer à un actif, le déficit correspondant est perdu (BOFiP-BIC-BASE-110-30-§ 290-22/04/2020).

730 (Réservé)

Prestations rendues dans un cadre international

750 Une holding française peut être à la tête d'un groupe dont certaines des filiales sont établies à l'étranger, filiales auxquelles elle est amenée à facturer des prestations de services. À l'inverse, une société française peut être utilisatrice de prestations rendues par des sociétés étrangères membres de son groupe.

Ces prestations intragroupe rendues dans un cadre international sont susceptibles de poser un certain nombre de difficultés fiscales liées notamment à la détermination des « prix de transfert » applicables. En effet, l'Administration a la possibilité de remettre en cause certaines transactions constitutives d'un **transfert indirect de bénéfices** à l'étranger (CGI art. 57).

La question de la retenue à la source à pratiquer éventuellement sur certaines rémunérations versées à des sociétés étrangères sera, quant à elle, abordée au *§ 1462*.

Condition d'application du dispositif de l'article 57 du CGI : l'existence de liens de dépendance

751 L'article 57 du CGI prévoit que pour la détermination du résultat des « entreprises qui sont sous la **dépendance** ou qui possèdent le **contrôle** d'entreprises **situées hors de France**, les bénéfices indirectement transférés à ces dernières, soit par voie de **majoration ou de diminution des prix d'achat ou de vente**, soit par tout autre moyen, sont incorporés aux résultats accusés par les comptabilités », et qu'il est procédé de même « à l'égard des entreprises qui sont sous la dépendance d'une entreprise ou d'un groupe possédant également le contrôle d'entreprises situées hors de France. »

752 Lorsqu'elle entend se prévaloir des dispositions de l'article 57, l'Administration doit donc **apporter la preuve** que :

– l'entreprise française est placée sous la **dépendance** d'une entreprise étrangère ;

– ou qu'elle a sous sa dépendance une entreprise étrangère ;

– ou encore qu'elle est placée, en même temps qu'une ou plusieurs entreprises étrangères, sous la commune dépendance d'une même entreprise ou d'un même groupe.

753 La loi ne donne aucune définition de la notion de « dépendance », qui a dû être précisée par la jurisprudence et la doctrine administrative.

754 Il s'agit le plus souvent d'une **dépendance juridique** (liens en capital) : une entreprise française est placée sous la dépendance d'une entreprise étrangère, lorsque cette dernière possède une part prépondérante de son capital ou la majorité absolue des suffrages susceptibles de s'exprimer dans ses assemblées. Il en est de même lorsque l'entreprise étrangère exerce, au sein de l'entreprise française, directement ou par personnes interposées, des fonctions comportant le pouvoir de décision. En pratique, la détention de la majorité du capital (plus de 50 %) suffit à caractériser la dépendance (BOFiP-BIC-BASE-80-20-§ 40-02/09/2015).

755 Il peut s'agir également d'une **dépendance de fait**. En effet, le lien de dépendance peut être contractuel ou découler des conditions dans lesquelles s'établissent les relations entre deux entreprises (BOFiP-BIC-BASE-80-20-§ 50-02/09/2015).

À titre d'exemple, la jurisprudence a eu l'occasion de retenir une situation de dépendance de fait dans le cas :

- d'une société française qui n'avait pu fonctionner avec un capital modique au cours de ses premiers exercices que grâce aux avances très importantes consenties par une société étrangère, et qui se bornait à exploiter en France les brevets et procédés de cette société étrangère, laquelle contrôlait régulièrement son activité et sa comptabilité (CE 3 août 1942, n° 65810) ;

- d'une société française liée par contrat à une société étrangère qui fixait ses prix d'achat et de vente, et qui devait rendre compte de ses opérations et verser des redevances importantes pour le seul usage de la marque de l'entreprise étrangère (CE 23 mars 1953, n° 75326) ;

- d'une entreprise française et d'une entreprise étrangère dont les raisons sociales étaient les mêmes, qui avaient pour objet la fabrication d'objets de même nature, qui utilisaient le concours des mêmes représentants et se partageaient, le cas échéant, entre elles les commandes recueillies par ces représentants (CE 29 janvier 1964, n° 47515) ;

- d'une société qui fabriquait en France des appareils d'une marque dont le propriétaire résidait en Suisse, car ce dernier, principal acheteur étranger des produits fabriqués, n'était lié par aucun contrat à la société française, pouvait lui interdire à tout moment l'usage de la marque, intervenait dans la gestion et dans la commercialisation des appareils, étant précisé en outre que son fils, qui possédait 69 % des parts de la société française, y assumait les fonctions de directeur commercial (CE 2 juin 1976, n° 94758).

756 Toutefois, la preuve d'un lien de dépendance n'est pas exigée lorsque le transfert s'effectue avec une entreprise établie dans un État étranger ou dans un territoire situé hors de France dont le **régime fiscal** est **privilégié** au sens de l'article 238 A (CGI art. 57, 2e al.).

Une personne est réputée soumise à un « régime fiscal privilégié » au sens de l'article 238 A du CGI lorsqu'elle n'est pas imposable dans l'État ou territoire considéré, ou qu'elle y est assujettie à des impôts sur les bénéfices **inférieurs de plus de 40 %** à ceux dont elle aurait été redevable dans les conditions de droit commun en France, si elle y avait été domiciliée ou établie (auparavant, ce seuil était de 50 % : modification opérée par la loi 2018-898 du 23 octobre 2018, relative à la lutte contre la fraude, art. 32).

Transfert de bénéfices à l'étranger

757 Pour opérer les redressements prévus par l'article 57, l'Administration doit démontrer non seulement que l'entreprise française est placée sous la dépendance d'une entreprise étrangère ou en possède le contrôle, mais encore que les opérations faisant l'objet du redressement sont **constitutives d'un transfert** indirect de bénéfices à l'étranger ne relevant pas de la gestion normale de l'entreprise (BOFiP-BIC-BASE-80-20-§ 130-02/09/2015).

758 En présence de versements à une société étrangère relevant des dispositions qui nous occupent, il incombera tout d'abord **à la société** de démontrer la **réalité** des prestations.

C'est ainsi que, par exemple, en ce qui concerne les redevances versées à une société apparentée (pour la concession d'une licence d'exploitation d'une marque, d'un brevet, d'un procédé ou d'une formule de fabrication à l'assistance directe dans les domaines technique, scientifique, commercial ou administratif), l'Administration indique que, « d'une manière générale, la société devra démontrer que de telles dépenses sont **légitimes** et qu'elles correspondent bien à la rémunération normale des services **effectivement fournis** par la société étrangère » (BOFiP-BIC-BASE-80-20-§ 170-02/09/2015).

759 En revanche, la jurisprudence fait peser sur **l'Administration** la preuve de l'existence d'un avantage, c'est-à-dire du **caractère excessif** de la rémunération versée (CE 20 juin 2003, n° 232832, Sté Établissements Lebreton).

Par exemple, l'article 57 a ainsi été reconnu applicable dans le cas d'une société facturant des prestations à des sociétés étrangères en appliquant une marge de 1,328 alors qu'elle facturait ses clients français avec une marge de 1,758, tout en étant dans l'incapacité de prouver que les prestations étaient de nature différente (CE 31 juillet 1992, n° 61286 SNAT).

Obligations documentaires

760 Les textes prévoient une **obligation de coopération** du contribuable. En effet, lorsque, au cours de la vérification, l'Administration a réuni des éléments faisant **présumer** qu'une entreprise a opéré un transfert indirect de bénéfices à l'étranger au sens de l'article 57, elle peut demander à cette entreprise des **informations et documents** précisant (LPF art. L. 13 B) :

– la nature des relations de dépendance entre cette entreprise et des entreprises exploitées hors de France ;

– la méthode de détermination des prix des opérations de nature industrielle, commerciale ou financière qu'elle effectue avec ces entreprises, et les éléments qui la justifient ainsi que, le cas échéant, les contreparties consenties ;

– les activités exercées par les entreprises étrangères concernées ;

– le traitement fiscal réservé aux opérations réalisées par les entreprises qu'elle exploite hors de France dont elle détient, directement ou indirectement, la majorité du capital ou des droits de vote.

Ces demandes doivent être précises et indiquer explicitement, par nature d'activité ou par produit, le pays ou le territoire concerné, l'entreprise, la société ou le groupement visé ainsi que, le cas échéant, les montants en cause.

Le délai de réponse ouvert à l'entreprise ne peut être inférieur à **deux mois**, et il peut être prorogé sur demande motivée sans pouvoir excéder au total une durée de trois mois.

Lorsque l'entreprise a répondu de façon insuffisante, l'Administration lui adresse une mise en demeure d'avoir à compléter sa réponse dans un délai de trente jours en précisant les compléments de réponse qu'elle souhaite.

En cas de défaut de réponse, les bases d'imposition sont déterminées par l'Administration d'après les éléments dont elle dispose, et l'entreprise s'expose à une pénalité de 10 000 € par exercice concerné par la demande (CGI art. 1735, II).

761 **Par ailleurs, les entreprises les plus importantes doivent désormais établir une documentation normalisée et être en mesure de la présenter à l'Administration dès le début d'une vérification** (LPF art. L. 13 AA et L. 13 AB).

Les entreprises concernées sont les personnes morales établies en France :
- dont le chiffre d'affaires annuel HT ou l'actif brut figurant au bilan est supérieur à **400 millions d'euros** ;
- ou qui détiennent directement ou indirectement plus de la moitié du capital d'une entité satisfaisant à ce critère ;
- ou dont plus de la moitié du capital est détenue directement ou indirectement par une telle entité ;
- ou encore qui appartiennent à un groupe d'intégration fiscale dont l'un des membres satisfait l'une des trois conditions ci-dessus.

Par ailleurs, les entreprises détenant des filiales ou succursales à l'étranger qui établissent des comptes consolidés et réalisent un chiffre d'affaires consolidé d'au moins 750 millions d'euros doivent produire une déclaration spéciale lorsqu'elles ne sont pas détenues par une entité française ou étrangère elle-même soumise à cette obligation. Cette déclaration comporte la répartition pays par pays des bénéfices du groupe, des agrégats économiques, comptables et fiscaux ainsi que des informations sur la localisation et l'activité des entités membres (CGI art. 223 quinquies C, issu de la loi 2015-1785 du 29 décembre 2015, art. 121).

Effets de l'application de l'article 57 du CGI

762 **Lorsque l'existence d'avantages accordés par l'entreprise française à l'entreprise étrangère est établie, l'article 57 du CGI instaure une véritable présomption de transfert de bénéfices.**

763 **Cependant, l'entreprise peut encore combattre cette présomption si elle est en mesure de démontrer que ces avantages ne se sont pas traduits en fait par un transfert de bénéfices à l'étranger, c'est-à-dire que les avantages découlant des opérations réalisées avec une entreprise étrangère « répondent à des nécessités commerciales réelles, et non au souci d'effectuer des transferts de bénéfices au préjudice de l'État français »** (BOFiP-BIC-BASE-80-20-§ 370-02/09/2015).

Il a ainsi été jugé que l'entreprise française pouvait apporter la preuve que les avantages contestés étaient indispensables à la conclusion de l'affaire, compte tenu de l'état du marché et des conditions de la concurrence et qu'à défaut un bénéfice plus élevé n'aurait pu être réalisé (CE 13 avril 1964, n° 56173).

764 **Lorsque la présomption ne peut pas être combattue, le montant des produits imposables est déterminé :**
– soit directement, par incorporation des bénéfices abusivement transférés hors de France aux résultats accusés par la comptabilité (CGI art. 57, 1er al.) **: par exemple en cas de remise ou d'absence d'intérêts, de rémunération sans contrepartie, de redevances excessives, de minoration de prix** (BOFiP-BIC-BASE-80-20-§ 390-02/09/2015) **;**
– soit, à défaut d'éléments précis pour opérer la rectification, en recourant à une évaluation tirée de comparaisons avec les résultats des entreprises indépendantes exerçant la même activité (CGI art. 57, 4e al. ; BOFiP-BIC-BASE-80-20-§ 400-02/09/2015).

765 Par ailleurs, les sommes réintégrées peuvent être requalifiées en tant que **revenus « réputés distribués »**, par référence :
– soit aux dispositions de l'article 109-1-1° du CGI si l'exercice de rattachement est bénéficiaire ;
– soit à celles des articles 109-1-2° et 111-a du CGI si les résultats de cet exercice sont déficitaires et si la société étrangère bénéficiaire des produits indirectement transférés est associée ou actionnaire de la société française ;
– soit enfin à celles de l'article 111-c du CGI concernant les avantages occultes (BOFiP-BIC-BASE-80-20-§ 410-02/09/2015).

766 Dès lors, les sommes ainsi réputées distribuées peuvent être soumises à une **retenue à la source**, qui est donc calculée au taux de 30/70, puisqu'elle n'a pas été pratiquée au moment de l'attribution *(voir § 1453)*.

En effet, l'article 119 bis 2 du CGI possède un champ d'application très large puisqu'il prévoit que la retenue à la source s'applique à tous les « produits visés aux articles 108 à 117 bis ».

767 D'après l'Administration, l'exonération de retenue à la source prévue par l'article 119 ter du CGI en ce qui concerne les distributions versées aux **sociétés mères**, membres de l'**Union européenne**, ne s'applique pas aux revenus réputés distribués (BOFiP-RPPM-RCM-30-30-20-10-§§ 230 et 240-03/07/2019).

En effet, l'exonération prévue à l'article 119 ter en question ne vise que les « dividendes » distribués. L'administration indique que l'exonération s'applique en pratique aux mêmes produits que ceux couverts par le régime des sociétés mères et filiales. On peut donc se référer au *§ 610* ci-dessus.

On observera, cependant, que cet article 119 ter résulte de la transposition dans le droit interne français de la directive européenne « mère-filiale », dont la rédaction est plus large, puisqu'elle vise les « bénéfices distribués » (art. 5). Il n'est donc pas certain qu'un refus d'exonération de retenue dans un cadre mère-fille soit conforme au droit communautaire.

768 La solution réside donc généralement dans l'application des **conventions fiscales**, mais tout dépend alors, bien évidemment, de la rédaction de ces dernières : la retenue à la source est normalement applicable (dans les limites de taux prévues par la convention) lorsque les dispositions correspondantes s'appliquent aux **distributions** au sens du droit interne, mais pas lorsqu'elles se limitent aux seuls « dividendes ». Dans ce cas, il y a généralement lieu d'appliquer les stipulations conventionnelles relatives aux « revenus non dénommés », qui prévoient le plus souvent une taxation exclusive dans l'État de résidence du bénéficiaire (donc une absence de retenue).

769 Par ailleurs, en dehors même des questions de retenues à la source, un redressement de prix de transfert pratiqué par application de l'article 57 n'est pas sans poser de nombreuses difficultés en matière d'application des conventions internationales car il peut, comme nous l'avons déjà évoqué, se traduire par une **double imposition** économique.

Dans ce genre de situations, les conventions fiscales prévoient en effet généralement la mise en œuvre d'une **procédure amiable** : si, par exemple, une société française se voit réintégrer une partie des redevances facturées par une société étrangère, cette dernière peut demander auprès de ses autorités fiscales nationales un **« ajustement corrélatif »** pour éliminer la double imposition économique résultant du redressement effectué en France, à charge pour les autorités fiscales des deux pays concernés de se rapprocher pour étudier le moyen de mettre fin à cette situation.

Une procédure du même genre existe dans le cadre européen, en application de la convention multilatérale du 23 juillet 1990 relative à « l'élimination des doubles impositions en cas de correction des bénéfices des entreprises associées », entrée en vigueur le 1er janvier 1995.

Régime de TVA applicable aux facturations internationales de prestations

770 Au regard des règles de territorialité de la TVA, les prestations de services rendues entre une société holding et ses filiales ou, plus généralement, les prestations rendues entre sociétés d'un même groupe relèvent généralement du régime des **prestations « immatérielles »** visées à l'article 259 B du CGI.

771 En effet, ce texte vise notamment :
– les cessions et concessions de droits d'auteur, de brevets, de droits de licences, de marques de fabrique et d'autres droits similaires ;
– les locations de biens meubles corporels autres que les moyens de transport ;
– les prestations de publicité ;
– les prestations de conseillers, ingénieurs, bureaux d'études dans tous les domaines, y compris ceux de l'organisation, de la recherche et du développement ;
– le traitement des données et la fourniture d'informations ;
– les opérations bancaires et financières, d'assurance et de réassurance ;
– la mise à disposition de personnel.

772 Pour ces prestations, rendues par hypothèse entre assujettis à la TVA, la règle est la suivante :
– lorsque le prestataire est établi en France, la TVA française n'est pas applicable, que le preneur soit un assujetti établi au sein de l'Union européenne ou hors de l'Union ;
– lorsque le preneur est une entreprise française, la TVA française est applicable (par autoliquidation : voir ci-dessous).

773 Une société française à laquelle sont facturées des prestations de services immatérielles rendues par une société étrangère doit donc **autoliquider** la TVA, c'est-à-dire la collecter elle-même, et cette TVA est par ailleurs déductible dès lors que le preneur est un assujetti.

Si le preneur est une holding « pure » ne réalisant aucune opération soumise à la TVA, la taxe autoliquidée ne pourra pas, bien entendu, être déduite.

Par ailleurs, même lorsque la TVA est pleinement récupérable pour le preneur, l'autoliquidation est impérative, sous peine d'une amende égale à 5 % du montant de la taxe que le preneur est en droit de déduire (CGI art. 1788 A, 4).

774 (Réservé)

Prestations entre sociétés membres d'un même groupe intégré

780 Pour les exercices ouverts avant le 1er janvier 2019, le régime de l'intégration fiscale prévoyait un traitement spécifique pour les **subventions indirectes**, qui comprenaient, notamment, les « prestations de services sans contrepartie ou pour un prix inférieur à leur prix de revient ».

782 En effet, ces subventions indirectes consenties entre les sociétés membres du groupe intégré n'étaient pas prises en compte pour la détermination du résultat d'ensemble, ce qui impliquait des corrections pour la détermination de ce même résultat d'ensemble en vue de neutraliser leur impact.

783 Ce mécanisme explique la raison pour laquelle les prestations effectuées entre sociétés d'un même groupe intégré se trouvaient à l'abri de toute **réintégration** fiscale : un redressement opéré chez une société du groupe devait être, dans le même temps, neutralisé pour la détermination du résultat d'ensemble.

ATTENTION À LA TVA

La TVA étant un impôt « réel », en ce sens qu'il s'applique au prix réellement pratiqué, ce type de redressement n'a, normalement, aucun impact en matière de TVA.

Il convient néanmoins de se montrer attentif au cas dans lequel des prestations seraient facturées sans aucune justification quant à leur **réalité**. Dans ce cas, l'Administration pourrait être tentée de contester la déduction de la TVA chez la société bénéficiaire de cette « prestation » (ce qu'elle a fait avec succès dans l'affaire Gamlor : CAA Nancy 9 octobre 2003, précité§ *693*).

En outre, du côté de la société « prestataire » (par exemple, une société holding qui facturerait à sa filiale des prestations dont la réalité serait contestée), il faut signaler :

– que la TVA reste due en tout état de cause, en vertu de la disposition prévoyant que « toute personne qui mentionne la TVA sur une facture est redevable de la taxe du seul fait de sa facturation » (CGI art. 283, 3 du CGI) ;

– mais que ces prestations, bien que soumises à la TVA, risquent de ne pas pouvoir entrer en ligne de compte pour la détermination des droits à déduction de la holding. En effet, la TVA déductible est celle qui a grevé les éléments du prix d'une opération « imposable » (CGI art. 271, I-1), et la jurisprudence a eu l'occasion de préciser que la personne qui facture la TVA à raison d'opérations non légalement taxable ne peut pas déduire la TVA d'amont (CE 22 novembre 1978 n° 4012 ; CE 25 juillet 1980 n° 15545 ; CE 16 novembre 2005 n° 257532 ; décisions rendues au sujet de la TVA facturée sur des opérations normalement exonérées de TVA).

784 Cette neutralisation des subventions indirectes ne trouve plus désormais à s'appliquer puisqu'elle a été **abrogée** pour les exercices ouverts à compter du **1er janvier 2019** (loi de finances pour 2019, n° 2018-1317 du 28 décembre 2018, art. 32). Cette abrogation prive les groupes d'un important « filet de sécurité » et doit inciter les sociétés concernées à réexaminer attentivement leurs conditions de facturations intragroupe, notamment, s'agissant des holdings, en ce qui concerne les prestations de services qui nous occupent.

785 Le régime antérieur est cependant susceptible d'avoir des conséquences sur les exercices **2019** et suivants. Rappelons en effet que la neutralisation fiscale des subventions indirectes n'est pas définitive, puisqu'il y a lieu de les réintégrer en cas de **sortie de groupe** de l'une ou l'autre des sociétés parties prenantes à l'opération neutralisée au cours de l'un des cinq exercices suivant celui au cours duquel la subvention a été accordée.

786 (Réservé)

788 Cela étant, le régime de l'intégration fiscale comporte depuis l'origine une définition spécifique de la subvention indirecte. Jusqu'à récemment, cette particularité résultait d'un décret (CGI, ann. III art. 46 quater 0-ZG), qui indiquait que la subvention indirecte qui devait être neutralisée en intégration s'entendait notamment *« de la remise de biens ou de la prestation de services sans contrepartie ou pour un prix inférieur à leur* ***prix de revient*** *»*.

Il résulte de ce texte qu'une facturation au strict prix de revient, c'est-à-dire **sans marge**, ne **peut pas être considérée comme anormale** et donc constitutive d'une subvention indirecte.

Ce principe est désormais **inscrit dans la loi**, qui prévoit maintenant que l'avantage consenti entre des sociétés du groupe résultant de la livraison de biens (autres que ceux composant l'actif immobilisé) ou de la prestation de services, pour un prix inférieur à leur valeur réelle mais au moins égal à leur prix de revient, *« n'est pas pris en compte pour la détermination du bénéfice net mentionné aux 1 et 2 de l'article 38 et ne constitue pas un revenu distribué »* (CGI art. 223 B, 5e alinéa, issu de la loi de finances pour 2019, n° 2018-1317 du 28 décembre 2018, art. 32).

789 **(Réservé)**

Chapitre 3-2

GESTION DES CRÉANCES

L'essentiel

La gestion des créances détenues par la holding sur ses filiales recèle un certain nombre de difficultés fiscales, notamment lorsqu'il s'agit de venir en aide auxdites filiales en leur consentant des abandons de créances. Les abandons de créances en question seront le plus souvent en effet des abandons de créances financiers, dont le régime fiscal a été modifié dans le sens d'une plus grande sévérité : ces abandons sont le plus souvent considérés désormais comme non déductibles.

D'autres difficultés sont susceptibles d'être rencontrées dans le cadre du provisionnement de telles créances lorsqu'elles s'avèrent douteuses, surtout dans le cadre de l'intégration fiscale où certaines situations peuvent s'avérer gravement pénalisantes. Par ailleurs, les cessions et rachats de créances obéissent elles aussi à des règles complexes.

Abandons de créances

800 Les règles applicables aux abandons de créances ont été sensiblement remaniées en 2012.

Nous rappellerons tout d'abord très brièvement le régime applicable jusqu'alors *(voir § 801)*, avant d'aborder le régime actuellement applicable *(voir § 804)*.

Bref rappel de la situation antérieure (exercices clos avant le 4 juillet 2012)

801 Comme nous l'avons indiqué plus haut au sujet des prestations de services *(voir § 690)*, tout avantage consenti par une entreprise à une autre, y compris au sein d'un groupe, constitue *a priori* un **acte anormal de gestion**, et ne peut donc être admis en déduction du résultat fiscal, quelle que soit la nature de cet avantage (renonciation à recettes, subvention, abandon de créance).

Le critère déterminant est bien évidemment l'intérêt propre de la société qui consent l'avantage en question. Dès lors, au fil des cas qui lui ont été soumis, la jurisprudence s'est prononcée à d'assez nombreuses reprises sur le caractère normal de certaines aides entre entreprises.

C'est ainsi que, par exemple, le fait de consentir une aide à un client important, en vue de maintenir des débouchés commerciaux, ou encore le fait d'aider un fournisseur en difficulté, pour garantir les approvisionnements de l'entreprise, peut être considéré comme relevant d'une gestion normale.

Entre sociétés membres d'un même groupe, il peut être admis qu'une société mère vienne en aide à une filiale en difficulté, que ce soit pour des raisons commerciales, stratégiques (préserver le renom du groupe) ou financières (maintenir la valeur de participations ou éviter une action en comblement de passif).

802 Dans le cas des abandons de créances à caractère financier consentis par une société mère à une filiale, la jurisprudence et la doctrine administrative avaient élaboré des règles précises de déduction (à supposer, bien entendu, que l'abandon soit considéré comme revêtant un caractère normal).

Ces abandons ne devaient pas, en effet, correspondre pour la mère à un complément de prix de revient des titres de la société aidée (CE 15 octobre 1982, n° 26585).

Dès lors, les abandons financiers étaient considérés comme déductibles, pour l'entreprise les ayant consentis, à hauteur :
– de la fraction de leur montant correspondant à la **situation nette négative** de la filiale ;
– et de la fraction correspondant à la situation nette positive à la suite de ces abandons, retenue à proportion de la fraction du capital détenue par d'**autres actionnaires**.

803 La société bénéficiant de tels abandons doit bien entendu en inclure le montant dans ses résultats imposables.

Cependant, les abandons de créances consentis par une **société mère** et qui ne sont pas déductibles de son résultat peuvent ne pas être imposés chez la filiale qui en a bénéficié, à condition que cette dernière s'engage à augmenter son capital dans les deux ans au profit de la société mère d'un montant au moins égal à celui de l'abandon (CGI art. 216 A).

Voir infra § *820* pour plus de détails sur ce point.

Régime actuel des abandons de créances

804 La loi prévoit désormais expressément des mesures de restriction à la déduction des aides entre entreprises (CGI art. 39-13, issu de la deuxième loi de finances rectificative pour 2012, n° 2012-958 du 16 août 2012, art. 17).

Ces modifications s'appliquent pour la détermination des exercices clos à compter du 4 juillet 2012.

805 Les aides et abandons à **caractère commercial** demeurent pleinement déductibles du résultat imposable de la société qui les consent dès lors, bien évidemment, que la condition préalable mentionnée plus haut est respectée, c'est-à-dire que l'abandon en question a bien été consenti dans l'intérêt de l'entreprise qui l'a octroyé.

Par exception, l'Administration indique que lorsqu'un abandon de créance est consenti dans le cadre d'un plan de **sauvegarde** ou de **redressement**, la charge correspondante est, en toute hypothèse, déductible du résultat imposable de l'entreprise qui le consent, sans qu'il soit besoin d'examiner dans quelle mesure l'aide a été consentie dans son intérêt propre (BOFiP-BIC-BASE-50-20-10-§ 55-29/01/2013).

806 En revanche, les pertes consécutives à des abandons de créances ne présentant pas un caractère commercial, et notamment les abandons de créances à **caractère financier**, sont désormais exclues des charges déductibles.

807 Cependant, demeurent déductibles les abandons, même financiers, consentis :
– en application d'un accord constaté ou homologué dans le cadre d'une procédure de **conciliation** ;

Le texte de loi ne visait à l'origine que les accords homologués ; la 3e loi de finances rectificative pour 2012 en a étendu le bénéfice aux accords simplement « constatés » (loi 2012-1510 du 29 décembre 2012, art. 31).

– ou aux entreprises à l'encontre desquelles est ouverte une procédure de **sauvegarde**, une procédure de **redressement** judiciaire, ou de **liquidation judiciaire**.

L'Administration étend cette possibilité de déduction aux abandons consentis à des entreprises membres de l'Union européenne à l'encontre desquelles est ouverte une procédure d'insolvabilité mentionnée à l'annexe A du règlement CE 1346/2000 du Conseil du 29 mai 2000 (BOFiP-BIC-BASE-50-20-10-§ 63-29/01/2013).

Par ailleurs, dans le cadre des mesures « Covid 19 », la loi a prévu expressément la déductibilité intégrale des abandons de créances de loyer et accessoires afférents à des immeubles donnés en location à une entreprise n'ayant pas de lien de dépendance avec le bailleur consentis entre le 15 avril 2020 et le 31 décembre 2021 (CGI art. 39-1, 9°).

808 Soulignons d'ailleurs qu'un autre avantage peut être obtenu dans le cas des abandons de créances consentis à des sociétés en difficulté : ces abandons sont de nature à augmenter le montant des **déficits** fiscaux imputables sur le résultat de la société qui les consent.

Rappelons en effet que le déficit subi au titre d'un exercice ne peut être déduit du résultat réalisé lors d'un exercice ultérieur que dans la **limite** d'un montant d'un million d'euros, majoré de 50 % de la fraction du bénéfice excédant ce montant (CGI art. 209, I) : voir *supra § 196*.

Or, la part fixe du plafond d'imputation (1 M€) se trouve **majorée** des abandons de créances consentis à une société en application d'un accord homologué ou dans le cadre d'une procédure de sauvegarde, de redressement ou de liquidation judiciaires ouverte à son nom.

809 Dans le cas de ces abandons de créances financiers à des sociétés en difficulté, le montant déductible, pour la société mère qui les consent, dépend toujours, comme auparavant pour les abandons de créances financiers en général *(voir § 802)*, du montant de la **situation nette** de la filiale, et de la fraction du capital détenue par d'autres actionnaires (règle désormais inscrite dans la loi : CGI art. 39-13).

Rappelons que le montant de l'abandon considéré comme non déductible pour la société mère vient en augmentation du **prix de revient** fiscal de sa participation *(voir § 385)*.

PRISE EN COMPTE DE LA SITUATION NETTE

a) Il convient de distinguer dans certains cas la situation nette « comptable » de la situation nette **« réelle »** de la filiale bénéficiant de l'abandon.

La situation nette à prendre en compte est normalement la situation nette comptable.

Cependant, conformément à la solution donnée dans un arrêt du Conseil d'État du 30 avril 1980, n° 16253, éclairé par les conclusions du commissaire du gouvernement, l'entreprise qui consent un abandon de créance est autorisée à établir que la situation nette comptable de la société à laquelle cet abandon est consenti dissimule en réalité une situation nette **inférieure** (BOFiP-BIC-BASE-50-20-10-§ 90-29/01/2013).

À l'inverse, l'Administration peut tirer les conséquences d'une situation nette réelle **supérieure** à la situation nette comptable (BOFiP-BIC-BASE-50-20-10-§ 100-29/01/2013). Elle indique qu'il n'est pas nécessaire, à cet effet, de procéder à une évaluation systématique de tous les postes de l'actif et du passif mais, plus simplement, de vérifier si certains postes de l'actif ne recèlent pas des plus-values latentes suffisantes pour augmenter positivement la situation nette à concurrence du montant de la créance abandonnée. Le service est cependant invité à « ne se prévaloir d'une situation nette réelle supérieure à la situation nette comptable de la société bénéficiaire de l'abandon qu'avec discernement et dans les cas où l'écart constaté est manifeste et incontestable » (BOFiP-BIC-BASE-50-20-10-§ 100-29/01/2013).

b) Par ailleurs, il est important de savoir à quelle **date** doit être évaluée cette situation nette. Le Conseil d'État a jugé :

– que le caractère normal ou anormal de l'abandon devait être apprécié à la date même à laquelle il est intervenu ;

– mais que la situation nette de la filiale devait être appréciée à la date de clôture de la société mère (CE 31 juillet 2009, n° 297274, SA Haussmann Promo Île-de-France, conclusions E. Glaser, BDCF 12/09 n° 135).

Pour autant, l'Administration continue d'admettre, par mesure de tolérance, que l'on puisse se placer à la date à laquelle l'abandon a été consenti pour apprécier la situation nette (comptable ou réelle, voir ci-dessus) de la société bénéficiaire de cet abandon (BOFiP-BIC-BASE-50-20-10-§ 110-29/01/2013).

Par ailleurs, lorsque l'entreprise n'est pas en mesure d'établir cette situation nette à la date de l'aide, il est admis de faire référence :

– soit à la plus proche situation provisoire établie antérieurement ou postérieurement à l'abandon (sous réserve du pouvoir de contrôle de l'Administration sur ces situations) ;

– soit, à défaut de situation provisoire, au plus proche bilan, que celui-ci soit établi antérieurement ou postérieurement à l'abandon (BOFiP-BIC-BASE-50-20-10-§ 110-29/01/2013).

810 S'agissant des abandons de créances consentis à des **sociétés étrangères**, ceux-ci sont normalement déductibles dans les mêmes conditions que ceux qui sont accordés à des sociétés françaises (CE 9 octobre 1991, n°s 67642 et 69503, Laboratoire Goupil).

Caractère commercial ou financier de l'abandon

811 La classification des aides, c'est-à-dire leur caractère commercial ou financier, revêt donc un caractère déterminant puisqu'il conditionne leur traitement fiscal.

L'Administration indique que le caractère de chaque abandon résulte de l'examen, non pas isolément mais globalement, de l'ensemble des éléments de fait ou de droit relevés au moment où l'abandon a été consenti, tels que notamment :

– la nature et le montant de la créance abandonnée ;

– les relations existant ou ayant existé entre l'entreprise créancière et l'entreprise débitrice ;

– les motivations réelles ayant conduit à l'abandon de créance (BOFiP-BIC-BASE-50-10-§ 110-29/01/2013).

812 Peut être qualifié de **commercial** l'abandon d'une créance trouvant son origine dans des relations commerciales entre deux entreprises et consenti soit pour maintenir des débouchés, soit pour préserver des sources d'approvisionnement (BOFiP-BIC-BASE-50-10-§ 120-29/01/2013).

813 En revanche, un abandon de créance doit être qualifié de financier lorsque présentent ce caractère financier, simultanément :

– la nature de la créance (prêt ou avance) ;

– les liens existant entre l'entreprise créancière et l'entreprise débitrice, exclusifs de toute relation commerciale ;

– et les motivations de l'abandon (BOFiP-BIC-BASE-50-10-§ 130-29/01/2013).

814 Cependant dans de nombreux cas, la nature de l'abandon ne sera pas aisée à déterminer, en raison notamment de relations tout **à la fois commerciales et financières** entre les sociétés en cause (ce qui est très souvent le cas entre sociétés appartenant à un même groupe).

Dans un tel cas, selon l'Administration le caractère de l'abandon doit être principalement recherché dans les **motivations** qui ont conduit à abandonner la créance :

– si ces raisons revêtent un aspect commercial marqué et prédominant, l'abandon est commercial ;

– dans le cas contraire, il est financier (BOFiP-BIC-BASE-50-10-§ 140-29/01/2013).

815 Ce n'est donc pas parce qu'une société détient dans une autre une **participation**, même très significative, que l'abandon consenti à cette autre société doit nécessairement être qualifié de financier.

L'Administration cite ainsi dans sa doctrine un arrêt du Conseil d'État du 27 novembre 1981 (n° 16814), qui concernait une société française ayant consenti l'abandon de la totalité de ses créances à une filiale allemande en difficulté, dont elle détenait 97,6 % du capital. Le Conseil d'État a souligné que la société française avait cherché à éviter le dépôt de bilan de sa filiale, qui aurait porté atteinte à son crédit et surtout aurait entravé la poursuite de ses activités commerciales en Allemagne, dont cette filiale était un instrument : l'abandon ne s'inscrivait donc pas dans le cadre de la gestion de ses participations financières mais répondait à des fins relevant essentiellement de son activité commerciale (BOFiP-BIC-BASE-50-10-§ 150-29/01/2013).

816 Cependant, s'agissant des **holdings « mixtes »**, l'Administration indique que le fait qu'une société mère assure, pour le compte de ses filiales, des services internes d'intérêt commun n'est pas, en principe, de nature à nouer des relations commerciales significatives (BOFiP-BIC-BASE-50-10-§ 160-29/01/2013).

Il ne sera donc généralement pas possible de considérer comme présentant un caractère commercial les abandons de créances qui seraient consentis par une telle holding à ses filiales.

817 La doctrine administrative considère, par ailleurs, que présentent un caractère financier :

– l'aide consentie par une entreprise participant à une opération d'assainissement financier d'une autre entreprise, de restructuration d'un groupe ou d'un secteur d'activité économique déterminé ;

– l'aide consentie par une entreprise à une autre afin de mettre un terme aux relations commerciales qu'elles entretenaient (BOFiP-BIC-BASE-50-10-§ 160-29/01/2013).

Cette dernière position apparaît plutôt sévère, dans la mesure où l'abandon en question trouve bien sa source dans les relations commerciales (antérieures) entre les deux sociétés.

L'Administration indique pourtant en préambule de ses développements sur le caractère des abandons de créances qu'il convient de prendre en compte les relations existant « ou ayant existé » entre l'entreprise créancière et l'entreprise débitrice *(voir § 811)*.

De manière générale, il est permis de craindre une augmentation du nombre des contentieux relatifs à la qualification des abandons de créances dans les prochaines années, compte tenu de l'impossibilité (sauf rares exceptions) de déduire désormais les abandons financiers, même lorsque la société aidée présente une situation nette négative.

Retour à meilleure fortune

818 Très souvent, les abandons de créances sont assortis d'une clause dite de « retour à meilleure fortune », qui permet de redonner vie à la créance abandonnée si le débiteur retrouve par la suite les moyens financiers d'honorer sa dette.

L'existence d'une telle clause n'empêche pas la société créancière de constater une perte (et la société bénéficiaire un profit) au moment où est consenti l'abandon.

Inversement, en cas de mise en œuvre ultérieure de ladite clause, le rétablissement de la dette d'origine constitue une charge pour la société antérieurement débitrice, et un produit pour le créancier.

Toutefois, la société qui perçoit le remboursement de sa créance n'est **imposable** que sur les sommes qu'elle a **initialement déduites**. En cas de remboursement partiel, la partie imposable de celui-ci est déterminée en faisant le rapport entre le montant de la déduction initialement pratiquée et le montant de la créance abandonnée (BOFiP-BIC-BASE-50-20-10-§ 290-29/01/2013).

Traitement en matière de TVA

819 En ce qui concerne la TVA, il importe seulement de savoir si l'abandon consenti se traduit par une contrepartie pour la société versante.

L'application de la TVA ne se conçoit en effet que s'il existe une prestation de services individualisée et précise rendue par le bénéficiaire à l'entreprise qui a consenti l'aide (BOFiP-TVA-BASE-10-10-50-§ 140-11/05/2022), ce qui ne sera que très rarement le cas, y compris pour des abandons de créances qualifiés de commerciaux.

L'Administration, citant la jurisprudence, indique ainsi que ne doit pas supporter la TVA une subvention versée à une société sœur en difficulté, dès lors que cette subvention ne rémunère pas une prestation de services effectuée à titre onéreux, et ceci même si la société versante avait un intérêt commercial inhérent à la préservation des activités de la sœur (CAA Paris, 21 février 1991, n° 89-02606, SECIP).

Société bénéficiaire de l'abandon

820 Le fait de se voir octroyer un abandon constitue pour la société qui en est la bénéficiaire une augmentation d'actif net, donc un produit qui doit être compris dans les résultats de l'exercice au cours duquel la dette se trouve éteinte (BOFiP-BIC-BASE-50-20-20-§ 1-29/01/2013).

821 Cependant, il existe une **exonération** conditionnelle en faveur des abandons de créances revêtant un caractère financier consentis par une société mère à sa filiale (CGI art. 216 A).

En effet, pour leur fraction non déductible des résultats imposables de la société créancière (donc par hypothèse désormais pour leur totalité), les abandons de créances consentis par celle-ci à une société dans laquelle elle détient une **participation** au sens de l'article 145 du CGI relatif au régime mère-fille *(voir § 594)* ne sont pas pris en compte pour la détermination des résultats imposables de la société débitrice.

La qualité de société mère doit être appréciée au moment où intervient l'abandon de créance (BOFiP-IS-BASE-10-10-30-§ 70-04/05/2016).

822 L'exonération est subordonnée à la condition que la filiale s'engage à **augmenter son capital** au profit de la société mère, d'une somme au moins égale au montant de la créance abandonnée.

L'engagement de la filiale doit être joint, sur papier libre, à la déclaration des résultats de l'exercice au cours duquel l'abandon de créance a été consenti.

823 Pour ouvrir droit à titre définitif à l'exonération en question, l'augmentation du capital de la filiale doit répondre simultanément aux **conditions** suivantes :
– elle doit être réalisée, par libération de son montant total, avant la clôture du **second exercice suivant** celui au cours duquel l'abandon de créance a été

consenti, mais la société est libre de procéder à plusieurs augmentations de capital successives dans le délai imparti (BOFiP-IS-BASE-10-10-30-§ 90-04/05/2016) ;

– son montant doit être au moins égal au montant de la créance abandonnée. Si ce montant n'est pas atteint, l'Administration indique que la filiale ne peut prétendre à l'exonération, même partielle, du profit consécutif à l'abandon de créance (BOFiP-IS-BASE-10-10-30-§ 90-04/05/2016) ;

– elle doit être réservée à la société créditrice à concurrence du montant minimal défini ci-dessus, mais rien ne s'oppose à ce que les autres associés participent également à l'augmentation de capital ;

– le montant de la souscription peut être libéré soit en numéraire, soit par conversion de créance. Compte tenu de la condition précédente, la ou les créances converties doivent être détenues directement par la société créancière (ces créances peuvent être constituées par des sommes inscrites au compte courant de la société mère).

En revanche, l'augmentation de capital par incorporation de réserves n'est pas admise.

824 Le défaut d'engagement lors du dépôt de la déclaration des résultats de l'exercice au cours duquel l'abandon de créance est intervenu ou le non-respect de cet engagement dans le délai imparti entraînent la remise en cause de l'exonération initialement revendiquée.

Dans ce cas, la société bénéficiaire de l'abandon de créance doit rapporter le montant de celui-ci aux résultats imposables de l'exercice au cours duquel l'abandon est intervenu.

La société devra donc souscrire une déclaration rectificative à laquelle sera joint un nouveau tableau de détermination du résultat fiscal, et le montant des droits éludés donnera lieu normalement à application de l'intérêt de retard (BOFiP-IS-BASE-10-10-30-§ 100-04/05/2016).

EN GUISE DE SYNTHÈSE SUR LES ABANDONS DE CRÉANCES FINANCIERS « HORS INTÉGRATION FISCALE »

Le régime qui s'applique désormais aux abandons de créances non commerciaux conduit pratiquement toujours à une **double imposition** économique, puisque l'abandon (sauf s'il est consenti à une filiale faisant l'objet d'une procédure judiciaire - ce que les groupes souhaitent précisément éviter le plus souvent - ou s'il est suivi d'une augmentation de capital) :

– n'est plus jamais déductible pour la société qui le consent ;
– mais il est pleinement imposable pour la société qui en bénéficie.

Seul le régime de l'intégration fiscale permettait jusqu'en 2019 d'éviter cet inconvénient mais cet avantage a désormais disparu, comme nous allons le voir à présent.

Cas des groupes intégrés

825 Pour les exercices ouverts avant le 1er janvier 2019, les règles de l'intégration fiscale prévoyaient que les abandons de créances (comme les subventions indirectes : *voir § 780*) réalisés entre les sociétés membres du groupe n'étaient pas pris en compte pour la détermination du résultat d'ensemble.

Bien que ces règles ne s'appliquent plus désormais, elles méritent d'être rappelées brièvement dans la mesure où les corrections opérées avant 2019 sur le résultat d'ensemble sont encore susceptibles d'avoir d'importantes répercussions sur les exercices ouverts **après le 1er janvier 2019**, notamment en cas de **sortie de groupe** *(voir § 831)*.

826 Avant 2019, il y avait lieu de rapporter au résultat d'ensemble les abandons de créances déduits du résultat des sociétés qui les avaient consentis, mais bien

entendu, cette réintégration n'avait pas à être effectuée lorsque la subvention avait été rapportée au résultat imposable de la société l'ayant consentie en application des règles de droit commun.

En pratique, la correction apportée au résultat d'ensemble était effectuée de la manière suivante :
– ce résultat d'ensemble était minoré du montant de la somme comprise dans le résultat propre de la société bénéficiaire de l'abandon ;
– il était majoré du montant de la somme déduite, du point de vue fiscal, du résultat de la société qui avait consenti l'abandon.

Lorsque l'abandon de créance n'était pas déductible, aucune somme ne devait être ajoutée au résultat d'ensemble.

827 Les corrections à opérer dépendaient donc du traitement retenu pour la détermination du résultat fiscal individuel des sociétés en cause.

On rappelle en effet que, en application des règles déjà évoquées, les abandons de créances peuvent être, selon le cas :
– **déductibles** pour la société qui les consent et **imposables** pour la société qui en bénéficie (cas des abandons de créances commerciaux, mais également des abandons financiers consentis dans le cadre d'une procédure de conciliation, ou à une société faisant l'objet d'une procédure de sauvegarde, de redressement ou de liquidation judiciaire, *voir § 807*) ;
– **non déductibles** pour la société qui les consent et **imposables** pour la société qui en bénéficie (cas des abandons de créances financiers en dehors des cas indiqués ci-dessus) ;
– ou encore **non déductibles** pour la société qui les consent mais **non imposables** pour la société qui en bénéficie (cas des abandons de créances financiers lorsque la société bénéficiant de l'abandon s'est engagée à augmenter son capital, comme le prévoit l'article 216 A du CGI : *voir § 821*).

La situation très particulière de l'abandon portant sur une créance acquise pour une valeur décotée, dont le montant est par conséquent différent chez la société qui le consent et chez celle qui en bénéficie, sera mentionnée *infra§ 865*.

828 S'agissant du premier cas, à savoir celui de l'abandon de créance (le plus souvent commercial) **déductible** pour la société qui le consent et imposable pour la société qui en bénéficie, il y avait lieu, bien que cet abandon, « symétrique », soit sans conséquence sur le résultat d'ensemble :
– de **réintégrer** le montant de l'abandon déduit chez la société qui l'a consenti ;
– et de **déduire** le montant de l'abandon imposé chez la société qui en a bénéficié.

EXEMPLE

Cas d'une société A ayant consenti un abandon de créance de 500 000 € à la filiale B qui assure la commercialisation des produits qu'elle fabrique ; cet abandon de créance est considéré comme de nature commerciale.

Les deux sociétés font partie d'un même groupe d'intégration fiscale, sous la société holding H, tête de groupe.

Solution. Le résultat d'ensemble n'était pas globalement impacté, mais l'imprimé n° 2058-SG devait mentionner à la fois la réintégration de l'abandon déduit chez A et la déduction de l'abandon imposé chez B :

	Société A (qui octroie l'abandon)	Société B (qui reçoit l'abandon)
Comptabilité	- 500 000	500 000
Correc. fiscales indiv.		
Société H (mère intégrante) : Résultat d'ensemble	500 000	- 500 000

829 Dans le deuxième cas, celui de l'abandon de créance financier **non déductible** pour la société qui le consent mais imposable pour la société qui en bénéficie, il y avait lieu de corriger le résultat d'ensemble en le **minorant** du montant de l'abandon imposé chez la société qui en a bénéficié.

EXEMPLE

Cas d'une société C ayant fait abandon de l'avance en compte courant de 500 000 € qu'elle avait octroyé à sa filiale D, pour des motifs purement financiers.

Les deux sociétés font partie d'un même groupe d'intégration fiscale, sous la société holding H, tête de groupe.

Solution. Le résultat d'ensemble était seulement minoré du montant de l'abandon imposé chez D :

	Société C (qui octroie l'abandon)	Société D (qui reçoit l'abandon)
Comptabilité	- 500 000	500 000
Correc. fiscales indiv.	500 000	
Société H (mère intégrante) : Résultat d'ensemble		- 500 000

830 En revanche, dans le troisième et dernier cas, c'est-à-dire celui de l'abandon de créance financier non déductible pour la société qui le consent, mais non imposable pour la société qui en bénéficie (car elle s'est engagée à augmenter son capital, faisant application des dispositions de l'article 216 A du CGI), **aucune correction** n'avait besoin d'être apportée au résultat d'ensemble.

831 La neutralisation des effets fiscaux des abandons de créances dans le résultat d'ensemble doit cependant être remise en cause ultérieurement en cas de **sortie de groupe** de l'une ou l'autre des sociétés parties prenantes à l'opération au cours de l'un des **cinq exercices** suivant celui au cours duquel l'abandon de créance a été accordé. Cette règle est maintenue pour les exercices ouverts à compter du 1er janvier 2019.

Cependant, cette remise en cause ne trouve pas à s'appliquer si la sortie de la filiale résulte de son **absorption** par une autre société membre du groupe intégré, opérée dans le cadre du régime de faveur des fusions (dans cette situation, la société absorbante doit se substituer à la société absorbée pour cette obligation de réintégration, pour le temps restant à courir jusqu'à ce que le terme du délai de cinq exercices soit atteint).

Cette rectification du résultat d'ensemble est effectuée au titre de l'exercice au cours duquel l'une des deux sociétés concernées cesse de faire partie du groupe. Lorsque l'abandon de créances ainsi rapporté était **déductible** du résultat de la société membre du groupe qui l'a consenti en application des règles de droit commun (cas évoqué ci-dessus *§ 828*), la société mère déduit cette subvention ou cet abandon du résultat d'ensemble du même exercice (BOFiP-IS-GPE-40-20-30-§ 100-15/04/2020).

Groupes intégrés (suite) : traitement des retours à meilleure fortune

832 **En principe, le retour à meilleure fortune doit être traité de façon symétrique à l'opération initiale, tant en droit commun qu'au regard des règles du régime de groupe, y compris lorsque son reversement par la société bénéficiaire intervient au cours d'un exercice ouvert à compter du 1er janvier 2019** (BOFiP-IS-GPE-20-20-40-§ 200-15/04/2020).

833 **Si la société qui a consenti l'abandon et celle qui en a bénéficié sont toujours membres du même groupe fiscal, les conséquences de l'abandon de créance initial ont été neutralisées pour la détermination du résultat d'ensemble de l'exercice de sa réalisation : les conséquences du retour à meilleure fortune, qui sont symétriques à celles de l'abandon, sont également neutralisées pour la détermination du résultat d'ensemble** (BOFiP-IS-GPE-20-20-40-§ 210-15/04/2020).

Un autre cas pouvant se présenter est celui dans lequel :
- l'abandon a été consenti avant que les deux sociétés concernées soient membres du même groupe ;
- mais le retour à meilleure fortune intervient pendant leur appartenance à un même groupe.

Dans cette situation, aucune correction n'est nécessaire pour la détermination du résultat d'ensemble, dès lors qu'aucun retraitement n'a, par hypothèse, été opéré au moment de l'abandon.

En revanche, dans la situation particulière où, au cours de la période d'intégration, la société qui a octroyé l'abandon ne fait pas jouer la clause de retour à meilleure fortune (alors qu'elle devrait le faire, les conditions de réactivation de la créance étant remplies), l'Administration considère qu'il s'agit là d'un second abandon de créance non accompagné d'une clause de retour à meilleure fortune (BOFiP-IS-GPE-20-20-40-§ 220-15/04/2020.

EXEMPLE

Suite du cas mentionné *supra§ 829* des sociétés C et D, en supposant que l'abandon en question était assorti d'une clause de retour à meilleure fortune.

Deux ans après l'abandon, la situation financière de la société D s'est améliorée au point qu'elle doit restituer à la société C les 500 000 € d'abandon de créance consenti par cette dernière.

On rappelle qu'au moment de l'abandon, non déductible pour C, le résultat d'ensemble avait été minoré des 500 000 € imposés au niveau du résultat individuel de D.

Solution. Dans le résultat fiscal individuel de C, le produit résultant du retour de l'abandon devra être annulé, puisque l'abandon d'origine n'a pas été déduit *(voir § 818)*.

Le résultat d'ensemble devra, quant à lui, être majoré de 500 000 € pour neutraliser la charge correspondant à la déduction par D du retour à meilleure fortune (cette majoration correspond à l'annulation de la minoration effectuée lors de l'exercice de l'abandon) :

	Société C (qui récupère sa créance)	Société D (qui revient à meilleure fortune)
Comptabilité	+ 500 000	- 500 000
Correc. fiscales indiv.	- 500 000	
Société H (mère intégrante) : Résultat d'ensemble		+ 500 000

834 **Si le retour à meilleure fortune intervient après la sortie de l'une ou l'autre des sociétés concernées, de toutes manières les corrections (positives ou négatives) ont été opérées au moment de la sortie. Tout se passe comme si les sociétés en cause n'avaient jamais fait partie du groupe, et l'ensemble de l'opération est équilibré** (BOFiP-IS-GPE-20-20-40-§ 230-15/04/2020).

EXEMPLE

Reprise du même cas, mais en supposant cette fois que la société D soit sortie du groupe avant que la clause de retour à meilleure fortune ne trouve à s'appliquer.

Solution. Au moment de la sortie de D, le résultat d'ensemble a été majoré de 500 000 € (réintégration de la somme déduite du résultat d'ensemble lors de l'exercice de l'abandon).

Lors du retour à meilleure fortune, les sociétés se contentent d'appliquer les règles de droit commun :
- la société C déduit extra-comptablement le montant du produit reçu (puisque la charge correspondante n'était pas déductible lors de l'abandon) ;
- la société D déduit normalement le montant de la somme restituée à C.

	Société C (qui récupère sa créance)	Société D (qui revient à meilleure fortune)
Comptabilité	+ 500 000	- 500 000
Correc. fiscales indiv.	- 500 000	

835 **Un cas particulier mérite d'être souligné tout spécialement : celui des retours à meilleure fortune intervenant après la période de cinq exercices signalée plus haut et alors que les sociétés concernées sont toujours membres du même groupe intégré.**

Dans ce cas, en effet, le groupe est susceptible de bénéficier d'un avantage, puisque les neutralisations qui avaient été opérées au moment de l'abandon ne sont pas remises en cause au moment du retour à meilleure fortune.

Comme l'indique l'Administration, qui reconnaît ainsi l'existence de cet avantage, « des déséquilibres équivalents à une double déduction peuvent exister lorsque la subvention initiale avait un caractère anormal » (BOFiP-IS-GPE-20-20-40-§ 240-15/04/2020).

EXEMPLE

Reprise du cas des sociétés C et D, mais en supposant cette fois que la société D soit restée dans le groupe, et que la clause de retour à meilleure fortune ne s'applique que 6 ans après l'abandon.

Solution. Au moment du retour à meilleure fortune, les sociétés appliquent le droit commun, et aucune rectification ne doit plus être opérée dans le résultat d'ensemble.

Le retour à meilleure fortune se trouve en définitive déduit chez D, sans aucune correction :

Abandon :	C	D
Comptabilité	- 500 000	500 000
Fiscal individuel	500 000	
Correc. résultat d'ensemble		- 500 000
Retour à meilleure fortune :		
Comptabilité	500 000	- 500 000
Fiscal individuel	- 500 000	
Correc. résultat d'ensemble		
Résultat global de l'opération	0	**- 500 000**

836 **(Réservé)**

Provisionnement des créances

Présentation générale

845 **Dès lors que le recouvrement d'une créance apparaît comme incertain, les règles comptables prescrivent la constitution d'une provision pour dépréciation.**

846 **En application des principes généraux de déduction des provisions, la perte doit être nettement précisée et apparaître comme probable à raison d'événements en cours à la clôture de l'exercice de constitution** (BOFiP-BIC-PROV-40-20-§§ 100 et s.-01/04/2015).

La détermination du montant de la provision relève évidemment du jugement de la société créancière sur la situation économique et la solvabilité de la société débitrice, sous le contrôle de l'Administration et du juge de l'impôt.

À noter qu'il n'existe pas, à notre sens, de lien entre le montant de la provision déductible et le régime des **abandons de créances** : Ce n'est pas en effet parce qu'une société détient sur une autre une créance qui, si elle était abandonnée, se traduirait par un abandon financier non déductible (ou partiellement déductible) en application des règles mentionnées *supra§§ 804 et s.*, que la déduction fiscale de la provision doit en être affectée. En effet, rien n'indique, au moment de la constitution de ladite provision, qu'un abandon sera consenti.

Avances aux filiales et risque excessif

La jurisprudence est parfois amenée à examiner si le fait même de consentir des avances à une société ne génère pas un **risque excessif**, susceptible d'être contesté par l'administration fiscale sur le terrain de l'acte anormal de gestion, en cas de constatation d'une perte (définitive, ou anticipée sous la forme de provisions).

a) S'agissant d'avances consenties à des **sociétés tierces** (sans lien en capital), le Conseil d'État a jugé que des avances de trésorerie accordées à une entreprise en difficulté dans le cadre d'un plan de continuation ne constituaient pas nécessairement un acte de gestion anormal dès lors qu'au cas particulier, cette pratique visait au développement de la société créancière, dans une stratégie de croissance externe, par la **prise de participation**, fût-elle minoritaire et postérieure aux aides consenties, dans le capital de la société aidée, et que l'avance en question ne faisait pas courir à la société créancière un **risque manifestement exagéré** (CE 30 mai 2007 n° 285573 et 285575 Peronnet, concl. F. Séners BDCF 10/07 n° 104, chron. J. Burguburu RJF 4/08 p. 331 et obs. O. Fouquet Rev. adm. 1/08 n° 361 p. 36).

b) Une autre décision a été rendue par la suite concernant une avance de trésorerie consentie par une **sous-filiale** à sa « grand-mère » : le Conseil d'État a confirmé le rejet de la déduction des provisions constituées sur cette avance, en considérant que ladite avance, même assortie d'un intérêt, était d'un montant manifestement **hors de proportion avec la solvabilité** de la société bénéficiaire (CE 22 janvier 2010 n° 313868 Sté d'acquisitions immobilières, obs. D. Bocquet et C. Cassan Dr. Fisc. 11/10 com. 230). À noter que cette décision réserve cependant le cas dans lequel la sous-filiale aurait pu justifier que l'avance était nécessaire pour **éviter la liquidation** de sa société mère dans des conditions telles qu'elle aurait pu entraîner sa propre liquidation.

c) Le Conseil d'État a par ailleurs souligné l'importance de ce critère du « risque excessif » en ce qui concerne les avances consenties **par une société mère à sa filiale**, dans deux arrêts concernant une même affaire. Il a tout d'abord cassé un arrêt de favorable au contribuable (CAA Nancy 5 février 2009 n° 07-0888) au motif que la Cour avait omis de se prononcer sur « **l'existence et l'ampleur du risque pris** en consentant les avances » (CE 16 novembre 2011 n° 326913 min. c/Sté Fralsen Holding). Il a ensuite de nouveau cassé l'arrêt de renvoi, cette fois-ci favorable aux thèses de l'Administration (CAA Nancy 2 août 2012 n° 11-1938), toujours au motif que la Cour ne s'était pas prononcée sur le point de savoir si la société avait pris un « **risque manifestement excessif** au regard des circonstances dans lesquelles les avances avaient été consenties et de la situation de sa filiale en difficulté » (CE 11 juin 2014 n° 363168 Sté Fralsen Holding, concl. M-A Nicolazo de Barmon BDCF 10/14 n° 90, chron. P. Le Roux FR 35/14 p. 21). Tranchant sur le fond, le Conseil d'État a finalement donné raison au contribuable, en relevant que la filiale assurait une tâche de commercialisation, que son chiffre d'affaires avait presque doublé entre 1997 et 2000 et qu'à la suite d'une recapitalisation intervenue en 1997, la filiale présentait une situation nette positive importante : Dans ces conditions, les éléments avancés par l'Administration ne suffisaient pas à établir que l'octroi des avances litigieuses, par ailleurs rémunérées à des conditions normales, « **excédait manifestement les risques** que la société (...) pouvait prendre dans l'intérêt de sa propre gestion. »

d) Toujours en ce qui concerne des avances aux filiales, le Conseil d'État a été amené à refuser la déduction de **provisions** en considérant qu'au vu du montant respectif des avances consenties et du chiffre d'affaires réalisé avec les clients communs de la mère et de sa filiale, les avances consenties étaient **manifestement disproportionnées** par rapport à l'avantage commercial que la mère avait pu en retirer (CE 23 janvier 2015, n° 365525). Sur ce thème, *voir également § 902*.

e) Cependant, le Conseil d'État a récemment infléchi de manière marquée sa jurisprudence en matière de « risque excessif », en jugeant, dans le cas d'une banque qui avait provisionné des engagements que le Service estimait relever d'une « prise de risque inconsidérée », que c'est au regard du seul intérêt propre de l'entreprise que l'Administration doit apprécier si les opérations litigieuses correspondent à des actes relevant d'une gestion commerciale normale, et qu'il **ne lui appartient pas**, dans ce cadre, **de se prononcer** sur l'opportunité des choix de gestion opérés par l'entreprise et notamment pas **sur l'ampleur des risques pris** par elle pour améliorer ses résultats (CE 13 juillet 2016 n° 375801, Monte Paschi Banque).

847 **La provision est déductible même si elle concerne des avances consenties à une société étrangère** (CE 11 février 1994, n° 119726, SA Les éditions J.-C. Lattès ; voir chronique G. Goulard « Déductibilité des avantages financiers consentis à une filiale étrangère », RJF 4/94, p. 207).

En ce qui concerne les abandons de créances aux sociétés étrangères, *voir § 810*.

848 **Une difficulté est susceptible de se présenter en ce qui concerne les créances rattachées à des participations détenues dans des sociétés de personnes.**

En effet, dans la mesure où chacun des associés d'une telle société est solidairement et indéfiniment responsable des dettes de la société dont il est membre, le caractère douteux de la créance doit être apprécié en fonction non seulement de la situation de ladite société, mais aussi de celle de l'ensemble des associés (CE 29 janvier 1992, n° 75083, Interconstruction ; CAA Paris 27 mai 1997, n° 96-347, SA de technique immobilière).

Cas des groupes intégrés

849 **Les règles de l'intégration fiscale prévoient que le résultat d'ensemble du groupe doit être majoré des dotations complémentaires aux provisions constituées par une société après son entrée dans le groupe à raison des créances qu'elle détient sur d'autres sociétés du groupe** (CGI art. 223 B, 3e al.).

EXEMPLE

Une société holding H, mère d'un groupe fiscalement intégré, détient une créance de 800 000 € sur une filiale F1, qui n'a pas rejoint le groupe. Compte tenu de la situation financière de F1, la créance est provisionnée à hauteur de 200 000 €.

À compter de l'année 2021, la société F1 rejoint le groupe d'intégration.

À la clôture de l'exercice 2022, la situation financière de F1 s'est aggravée, justifiant la constitution d'une provision complémentaire de 100 000 €.

Solution. Dans cette situation, la holding H pourra déduire la dotation complémentaire de 100 000 € au niveau de son résultat propre, mais le résultat d'ensemble devra être majoré de 100 000 €.

850 **Parallèlement, la reprise de telles provisions doit être déduite du résultat d'ensemble, du moins tant que les sociétés concernées sont toujours membres du groupe.**

Attention. Dans le cas contraire, la reprise de la provision se traduit par une très forte pénalisation, puisque la reprise de provisions sera imposable, alors que la dotation n'aura jamais été déduite.

EXEMPLE

Reprise du cas précédent. La situation de la filiale F1 s'est grandement améliorée, justifiant la reprise totale de la provision de 300 000 € à la clôture de l'exercice 2023.

Cas 1. La société F1 **fait toujours partie** du groupe intégré.

La reprise de provision de 300 000 € constituée chez la société H constitue un produit imposable.

Le résultat d'ensemble sera minoré de 100 000 €, somme correspondant à la dotation constituée pendant l'intégration fiscale.

En définitive, le groupe sera imposé sur une reprise de 200 000 €, correspondant à la dotation déduite par H avant l'entrée de la filiale F1 dans le groupe.

Cas 2. La société F1 **ne fait plus partie** du groupe intégré.

La reprise de provision de 300 000 € constituée chez la société H constitue un produit imposable à due concurrence, alors même que la dotation correspondante n'aura été déduite qu'à hauteur de 200 000 € seulement, la dotation complémentaire de 100 000 € ayant été neutralisée dans le résultat d'ensemble du temps où F1 faisait partie du groupe.

851 **Dans ce contexte, il peut être tentant, pour les groupes concernés par une telle pénalisation, de s'abstenir volontairement de déduire les provisions sur créances intragroupe dans le résultat fiscal individuel de la société créancière, alors même que ces provisions répondent *a priori* aux critères d'une déductibilité fiscale.**

Une telle position expose nécessairement les sociétés en question à un risque de rectification de la part de l'administration fiscale.

852 **Le tribunal administratif de Paris a validé cette position au sujet de provisions sur créances** (TA Paris, 2 février 2010, n° 050709, Banque Nomura France, inédit). **De même, la cour administrative d'appel de Paris a jugé qu'une société qui constitue une provision pour dépréciation d'un immeuble n'est pas tenue de la déduire de son résultat comptable et que, dès lors, elle n'a pas à la réintégrer à son résultat imposable lorsqu'elle la reprend** (CAA Paris 18 novembre 2010, n° 09-4821, Sté Foncière du Rond-Point).

Cependant, le Conseil d'État a censuré cet arrêt, jugeant qu'une entreprise ne dispose pas de la faculté de ne pas déduire fiscalement une provision déductible qu'elle a comptabilisée, et de neutraliser fiscalement la reprise comptable ultérieure (CE 23 décembre 2013, n° 346018 plén., min. c/ SAS Foncière du Rond-Point, conclusion E. Crépey BDCF 3/14 n° 28, chron. E. Bokdam-Tofnetti RJF 3/14 p. 195).

853 **(Réservé)**

Cessions et rachats de créances

860 **Les cessions ou les rachats de créances sont susceptibles de soulever certaines difficultés fiscales qu'il importe de ne pas sous-estimer, que ces cessions s'effectuent pour le montant nominal de la créance en question** *(voir § 861)* **ou pour une valeur décotée** *(voir § 865)*.

Formes juridiques à respecter en cas de cession de créance

861 Dans la mesure où les sociétés membres d'un même groupe entretiennent entre elles de multiples relations financières, il peut être tentant de procéder à des paiements par **compensation** ou d'opérer des cessions de créances entre sociétés du groupe.

862 Dans ce cas, il importe de se montrer très attentif sur le **formalisme juridique** entourant la cession de créance, sous peine de prendre un important risque fiscal.

Traditionnellement, faute de respecter le formalisme prévu par l'article 1690 du Code civil, l'Administration pouvait considérer que la cession de créance ne lui était pas opposable. L'entreprise débitrice pouvait alors être considérée comme ayant :
– constaté l'extinction de la dette d'origine à l'égard du premier créancier ;
– et consenti un avantage sans contrepartie au nouveau titulaire de la créance dans ses comptes.

863 Fort heureusement la jurisprudence, si elle donne souvent raison aux vérificateurs, considère néanmoins que les entreprises peuvent établir par **d'autres moyens** l'existence de la cession de créance (CE 28 février 1997, n° 127890, SA Sabe).

Pour plus de détails sur cette question, on se reportera aux chroniques suivantes : L. De Maintenant « Le traitement fiscal de la cession et de la délégation de créances », *BF* 12/99, p. 750 ; L. Jaillais « Cession de créances : débiteurs « cédés », gare à la taxation de profits de « papier » », Option finance 2005 n° 835, p. 24 ; P. Fumenier « Preuve d'une cession de créance non signifiée à l'entreprise débitrice », *Dr. Fisc.* 2012 n° 10, inf. 183.

864 Jusqu'à la réforme du régime juridique des cessions de créances, opérée par l'ordonnance 2016-131 du 10 février 2016 portant réforme du droit des contrats, il apparaissait prudent de respecter dans la mesure du possible les prescriptions de l'article 1690 du Code civil, qui disposait que « le cessionnaire n'est saisi à l'égard des tiers que par la signification du transport faite au débiteur, » et donc de signifier au débiteur, par acte d'huissier, la cession de sa dette.

L'innovation principale apportée par l'ordonnance (entrée en vigueur le 1er octobre 2016) en ce qui concerne le régime de la cession de créance est l'allégement de son formalisme. En effet, les formalités de l'article 1690 du Code civil qui imposaient la signification ou l'acceptation par acte authentique ne sont plus des conditions de validité de la cession. Ces formalités ont toutefois été remplacées par l'**exigence d'un écrit**, qui conditionne la validité de la cession (c. civ. art. 1322). La loi prévoit désormais qu'entre les parties, le transfert de la créance s'opère à la date de l'acte, et qu'il est opposable aux tiers dès ce moment. Elle précise aussi qu'en cas de contestation, « la preuve de la date de la cession incombe au cessionnaire, qui peut la rapporter par tout moyen » (c. civ. art. 1323). Il pourrait donc s'avérer judicieux, dans le cas de certaines cessions de créance, de porter l'acte à l'enregistrement pour lui donner date certaine.

Cessions de créances pour un prix minoré

865 Il peut arriver qu'une société vienne à céder les créances qu'elle détient sur une autre société pour un prix inférieur à leur valeur nominale, soit dans le cadre d'une opération globale (par exemple, la cession des titres d'une filiale, accompagnée de la cession des avances en compte courant consenties à cette même filiale), soit pour récupérer plus vite et sans risque une partie de la créance, notamment si le débiteur éprouve des difficultés financières.

866 Vu **du côté du vendeur**, **une telle opération n'est pas susceptible d'être critiquée sur le fondement de l'acte anormal de gestion dès lors qu'elle est bien effectuée dans l'intérêt de l'entreprise** (CE 26 janvier 1990, n° 58314, SA Jean Fabre, conclusions O. Fouquet, RJF 3/90, p. 169).

Dans cette affaire, une société avait cédé avec une importante décote (prix de 415 000 F pour un nominal de 1 454 580 F) la créance qu'elle détenait dans une société en nom collectif. L'Administration avait relevé que la situation financière de ladite SNC était en bonne voie de rétablissement et que cette dernière détenait des actifs de valeur. La société créancière aurait donc pu obtenir un remboursement intégral dans un délai raisonnable.

Mais le Conseil d'État a souligné :
- qu'en cas de liquidation de la SNC, qui conservait un passif important malgré l'amélioration de son résultat, la société créancière n'était pas assurée de recouvrer le montant intégral de sa créance (présence de nombreux créanciers privilégiés) ;
- que l'acquéreur de la créance n'avait accepté de renouveler son contrat de location-gérance qu'à la condition que cette créance lui soit cédée ;
- et que cette cession avait permis à la société titulaire de se désengager par ailleurs totalement, dans son propre intérêt financier, des risques liés à la poursuite de l'exploitation du fonds de la société débitrice sans nuire à la réputation.

867 Vu **du côté de l'acquéreur** **de la créance, les créances sont à comptabiliser pour leur prix d'acquisition et non pour leur valeur nominale** (CNCC bull. n° 35, sept. 1979, EJ 79-67 p. 354, et n° 119, sept. 2000, EC 2000-25, p. 392 ; CE 7 juillet 2010, n° 308207, min. c/ SA Compagnie Financière Montrachet, conclusions J. Burguburu, BDCF 11/10, n° 113).

Du point de vue comptable, en cas d'acquisition d'un portefeuille comportant de multiples créances, il peut être opportun de comptabiliser chacune de ces créances pour leur valeur nominale pour des raisons de suivi administratif de ces créances et de leur recouvrement. Dans ce cas, il est possible de les comptabiliser pour leur valeur nominale mais d'inscrire la différence dans un compte correctif créditeur : la valeur nette inscrite au bilan correspond bien alors au prix de rachat.

868 **Bien entendu, si c'est la société débitrice elle-même qui rachète sa propre dette, elle réalise un produit imposable égal à la différence entre cette valeur de rachat et la valeur nominale de sa dette, qui est annulée du fait de cette opération.**

Signalons pour mémoire qu'il existait un régime d'étalement de ce produit sur cinq ans pour les opérations réalisées entre le 23 avril 2009 et le 31 décembre 2010, mais il ne concernait que les profits réalisés lors du rachat par un débiteur de dettes à moyen ou long terme auprès d'un établissement de crédit (CGI art. 39 quaterdecies 1 quinquies).

869 **Sous le régime de l'intégration fiscale, la cession entre sociétés membres du groupe de créances pour une valeur décotée génère une perte qui ne paraît pas devoir être neutralisée** (cf. P. Morgenstern, L. Leclercq et J. Pillot, *« L'intégration fiscale »*).

Tel était le cas dès avant 2019. En effet, sauf cession pour un prix ne reflétant pas la réalité économique, il ne s'agit pas d'une subvention indirecte au sens de l'article 223 B du CGI, car si la créance a certes été cédée pour un prix décoté, par hypothèse son prix de cession correspond à sa valeur vénale, par exemple en raison d'un risque de non-recouvrement ou de recouvrement à très long terme *(voir § 866)*. Il ne s'agit pas non plus, a priori, d'une moins-value sur cession d'un actif immobilisé, au sens de l'article 223 F du CGI (quoique ce point puisse être discuté si la créance cédée figure au bilan en tant qu'immobilisation financière).

870 **(Réservé)**

Incorporation au capital

872 **En cas d'apport d'une créance, l'opération est susceptible de générer chez la société apporteuse un profit ou une perte à hauteur de la différence entre la valeur comptable de la créance apportée et la valeur des titres reçus en échange.**

873 **Si la créance a été acquise pour un prix décoté et qu'elle est apportée à la société débitrice, l'opération génère normalement dans les comptes du créancier apporteur un profit mécanique égal à la différence entre la valeur nominale de la créance apportée (qui correspond au montant de l'augmentation de capital de la société débitrice) et le prix d'acquisition de ladite créance chez le créancier apporteur. À charge pour la société apporteuse de constituer, le cas échéant, une provision pour constater la dépréciation des titres en question.**

Telle est la position comptable actuellement retenue (CNCC bull. n° 131, sept. 2003, EC 2003-37, p. 496).

À noter cependant que la cour administrative d'appel de Paris a pu juger que le profit imposable de la société apporteuse devait être déterminé par différence entre la valeur réelle des titres reçus en contrepartie de l'apport et la valeur nette pour laquelle la créance apportée figurait à l'actif de cette même société (CAA Paris 28 mai 1998, n° 94-1916, Sté Cocinor, conclusions M. Martel, BDCF 2/00 n° 15).

874 **Cependant, un dispositif législatif neutralise ce profit virtuel** (CGI art. 209 VII bis, issu de l'article 24 de la loi de finances pour 2013 ; disposition applicable aux résultats des exercices clos à compter du 31 décembre 2012).

Dans la situation décrite ci-dessus, le résultat imposable est en effet déterminé désormais par différence entre :
– la valeur réelle des titres reçus en contrepartie ;
– et le prix d'acquisition de la créance.

L'application de ce dispositif est soumise à plusieurs conditions, tenant à la nature des titres reçus et aux liens entre les sociétés participant à l'opération.

Soulignons que le régime ne concerne que les apports de créances constitutifs d'apports en **numéraire** (libérés par compensation avec des créances certaines, liquides et exigibles), et non les apports de créances qui constituent des apports en nature (lesquels sont comptabilisés à leur valeur vénale en application du PCG, art. 213-1) (BOFiP-IS-BASE-10-30-§ 50-03/05/2017).

EXEMPLE

Une holding H détient depuis cinq ans 100 % du capital d'une société F, souscrits à l'origine (capital de 150 000 € composé de 10 000 actions d'un nominal de 15 €). La situation financière de F est devenue difficile. La valeur unitaire des actions F n'est plus que de 2 €, et la société est lourdement endettée auprès d'une société A, qui n'est liée ni à H ni à F, et qui détient sur la société F une créance de 180 000 €.

En octobre 2021, la holding H décide d'assainir la situation financière de sa filiale. Elle commence par obtenir que la société A lui cède sa créance de 180 000 € sur F, et cette transaction s'effectue pour un montant de 15 000 € compte tenu de la situation d'insolvabilité de F. La créance, d'un nominal de 180 000 € est donc inscrite pour 15 000 € (prix d'acquisition) au bilan de H.

En novembre 2021, F augmente son capital au profit de sa société mère H, par incorporation de la créance de 180 000 € (émission de 12 000 actions de 15 € soit une augmentation de capital de 180 000 €). Dans les comptes de H, il conviendra donc de constater l'entrée de titres F pour 180 000 €, en contrepartie de l'annulation de la créance comptabilisée pour 15 000 €. La différence, soit 165 000 €, constitue normalement un profit imposable.

En application du dispositif de l'article 209 VII bis du CGI, une partie de ce profit est neutralisée pour faire en sorte que le résultat imposable soit égal à la différence entre :
- la valeur réelle des titres reçus en contrepartie (soit 2 € x 12 000 = 24 000 €)
- et le prix d'acquisition de la créance (15 000 €).

Le résultat imposable de l'opération devant donc se limiter à 24 000 - 15 000 = 9 000 €, alors que le profit comptable s'élève à 165 000 €, il y a donc lieu de retraiter le résultat imposable de l'exercice 2019 en opérant une déduction de 165000 - 9 000 = **156 000 €** (à opérer sur le tableau 2058-A, case XG « Déductions diverses à détailler sur feuillet séparé »).

875 Les titres reçus en contrepartie de l'apport de la créance doivent être des **titres de participation** au sens de l'article 219, I a *quinquies* du CGI *(voir §§ 302 et s.)*.

L'Administration précise que ne sont visés par ce dispositif que les titres de participation **relevant du régime** des plus et moins-values à **long terme** au taux de 0 %, c'est-à-dire :

– les titres de participation au sens strict, c'est-à-dire les parts ou actions revêtant ce caractère sur le plan comptable ;

– les actions acquises en exécution d'une offre publique d'achat ou d'échange dont l'entreprise détentrice est l'initiatrice, si ces actions sont inscrites en comptabilité au compte titres de participation ou à une subdivision spéciale d'un autre compte du bilan correspondant à leur qualification comptable ;

– les titres ouvrant droit au régime des sociétés mères si ces titres sont inscrits en comptabilité au compte titres de participation ou à une subdivision spéciale d'un autre compte du bilan correspondant à leur qualification comptable (BOFiP-IS-BASE-10-30-§ 30-03/05/2017).

En revanche, ne sont pas concernés les titres exclus du régime des plus et moins-values à long terme, ou les titres qui bénéficient du régime des plus-values et moins-values à long terme, mais ne bénéficient pas du taux de 0 % (titres de sociétés à prépondérance immobilière cotées par exemple : *voir § 402*) (BOFiP-IS-BASE-10-30-§ 40-03/05/2017).

876 Par ailleurs, l'application du dispositif est conditionnée au fait que la créance apportée ait été acquise auprès d'une entreprise tierce non liée (au sens de l'article 39, 12 du CGI : *voir § 925*) à l'entreprise qui a acquis les titres, ni à l'entreprise émettrice (en revanche, rien n'interdit que la société apporteuse et la société émettrice soient liées).

L'existence de ce lien de dépendance est appréciée au cours des douze mois qui précèdent la date de souscription des titres et des douze mois qui suivent cette date.

EXEMPLE

(Reprise de l'exemple du § 874)

En septembre 2022, la société A vient à acquérir un pourcentage du capital de la holding H suffisant pour que cette détention s'analyse comme un lien de dépendance au sens de l'article 39-12 du CGI.

Cette opération ayant eu lieu moins de douze mois après l'incorporation de la créance au capital, la holding H devra réintégrer dans son résultat imposable de l'exercice 2022 le montant de la somme neutralisée au cours de l'exercice 2021, soit 156 000 €.

Cependant, la condition tenant à l'absence de lien de dépendance entre le créancier initial et la société débitrice est supprimée lorsque l'augmentation de capital est effectuée dans le cadre :

– d'un protocole de **conciliation** constaté ou homologué dans les conditions prévues à l'article L 611-8 du Code de commerce,

– ou d'un plan de **sauvegarde** ou de **redressement** (modification apportée par l'article 32 de la loi 2020-1721 du 29 décembre 2020 de finances pour 2021 pour les exercices clos à compter du 31 décembre 2020).

Toutefois, même dans ces situations, l'absence de lien de dépendance entre le créancier initial et la société apporteuse reste exigée.

877 La cession ultérieure de ces titres pourra relever de l'article 39 quaterdecies 2 bis du CGI *(voir § 470)* qui précise que la moins-value résultant de la cession, moins de deux ans après leur émission, de titres de participation acquis en contrepartie d'un apport réalisé et dont la valeur réelle à la date de leur émission est inférieure à leur valeur d'inscription en comptabilité n'est pas déductible, dans la limite du

montant résultant de la différence entre la valeur d'inscription des titres en comptabilité et leur valeur réelle à la date de l'émission.

EXEMPLE

(Reprise de l'exemple du § 874)

En juillet 2022, la holding H a trouvé un acquéreur pour les titres de sa filiale F, lesquels sont alors cédés pour un prix unitaire de 8 €.

La valeur totale des titres figurant au bilan avant la cession est de :

Souscription initiale :	10 000 actions × 15 € =	150 000 €
Souscription issue de l'apport de la créance :	12 000 actions × 15 € =	180 000 €
Total :	22 000 actions	330 000 €
Le prix de vente est de	22 000 actions × 8 € =	176 000 €
Ce qui génère donc une moins-value comptable de	330 000 – 176 000 =	154 000 €
Cette moins-value est :		
- à long terme (et donc non déductible) pour	10 000 × (15 – 8) =	70 000 €
- et à court terme pour	12 000 × (15 – 8) =	84 000 €

Cependant, en vertu des règles déjà examinées au § 470(CGI art. 39 quaterdecies 2 bis), la moins-value à court terme n'est pas déductible du résultat imposable à hauteur de la différence entre :

- la valeur d'inscription desdits titres en comptabilité, soit	180 000 €
- et la valeur réelle de ces titres lors de leur émission, soit 12 000 x 2 € =	24 000 €
C'est-à-dire :	**156 000 €**

Ce montant (qui correspond au profit neutralisé lors de la souscription, *voir § 874*), étant supérieur à celui de la moins-value à court terme (84 000 €), cette dernière est donc **non déductible** en totalité. Comme nous avons déjà eu l'occasion de le rappeler plus haut *(voir § 470)*, une moins-value déductible ne peut apparaître qu'en cas de nouvelle dépréciation apparue après la souscription, ce qui n'est pas le cas ici puisque les titres se sont au contraire appréciés.

Nota. L'Administration ne se prononce malheureusement pas en revanche, à notre connaissance, sur la situation consistant pour une société :
– à faire apport d'une créance acquise pour un prix décoté **sans que cette opération** puisse bénéficier du dispositif de **neutralisation du profit** prévu à l'article 209 VII bis du CGI évoqué ci-dessus (par exemple en raison de ses liens avec la société titulaire de la créance initiale),
– puis à revendre les titres ainsi souscrits dans un délai de deux ans, ce qui l'expose au dispositif de neutralisation des pertes prévu à l'article 39 quaterdecies 2 bis du CGI.

Dans ce cas en effet, l'application sans nuance des textes pourrait conduire à la fois à l'imposition d'un profit ne correspondant pas à la réalité, puis au refus de déduction de la moins-value subie lors de la cession, ce qui est à l'évidence anormal.

EXEMPLE

Si jamais la holding H était liée avec la société A, titulaire initiale de la créance, elle devrait s'imposer en 2021, sans possibilité de neutralisation, sur le profit issu de l'apport de cette créance à la société F.

On rappelle en effet que dans les comptes de H, il conviendra donc de constater l'entrée de titres F pour 180 000 € (et non pour leur valeur réelle de 24 000 €), en contrepartie de l'annulation de la créance précédemment comptabilisée pour 15 000 €. La différence, soit 165 000 €, constitue un profit **imposable** à due concurrence.

En cas de cession des titres A en 2022 pour un prix de 8 € l'action, comme évoqué dans l'exemple ci-dessus, la moins-value de 84 000 € sera **non déductible** (application de l'article 39 quaterdecies 2 bis du CGI).

En définitive, l'opération se sera traduite globalement pour H par un profit imposable de **165 000 €**, alors qu'en réalité elle aura seulement généré un profit de : 96 000 € (prix de vente des titres) - 15 000 € (coût réel d'obtention des titres, correspondant au prix d'achat de la créance apportée) = **81 000 €**.

878 **(Réservé)**

Chapitre 3-3

OPÉRATIONS DE FINANCEMENT

L'essentiel

Lorsqu'elles acquièrent leurs participations par voie d'achat, les sociétés holding financent généralement ces acquisitions par emprunt : c'est tout l'intérêt des opérations avec effet de levier, ou « leverage buy-outs » (LBO). On parle même souvent « d'effet de levier fiscal » dans la mesure où les dividendes que la holding perçoit ne sont pas imposables grâce au régime mère-filiale, alors que les intérêts des emprunts qu'elle a contractés sont déductibles, et génèrent même chez elle un déficit qui peut être compensé avec les résultats de la filiale grâce au régime de l'intégration fiscale. Ce constat mérite cependant d'être nuancé, compte tenu de la multiplication, ces dernières années, de dispositifs destinés à restreindre la déduction des frais financiers.

Considérations générales

890 En préambule, soulignons que le principe de la **liberté de gestion**, qui sous-tend la fiscalité des entreprises en général, prend une force particulière en ce qui concerne les **modalités de financement** des entreprises : l'Administration n'est pas en droit (sauf, désormais, par application des textes législatifs de lutte contre la sous-capitalisation, mais dans la limite des prévisions de ceux-ci : *voir § 980*) de remettre en cause la structure financière des entreprises, ou le choix d'un financement par emprunt plutôt que par capitaux propres.

Pour plus de précisions sur ces aspects, voir notre ouvrage *« Liberté de gestion et endettement des entreprises en droit fiscal »*, LGDJ 2007.

891 Ce principe de liberté a été énoncé depuis longtemps par le Conseil d'État, qui dans un arrêt de 1963, avait déjà affirmé que : « Si l'administration soutient que les travaux d'amélioration technique effectués (...) auraient pu être réalisés sans emprunt par l'entreprise (...) en utilisant ses fonds propres, il ne lui appartient pas d'apprécier le bien-fondé des mesures prises par un chef d'entreprise pour la gestion financière de celle-ci » (CE 20 décembre 1963, n° 52308).

L'Administration elle-même indique d'ailleurs que, « *s'il y a lieu de rechercher l'emploi qui a été fait des capitaux empruntés, il ne convient pas de s'immiscer dans la gestion financière de l'entreprise en portant un jugement sur l'opportunité de tel ou tel emprunt dès lors que celui-ci a effectivement été contracté dans un but commercial* » (BOFiP-BIC-CHG-50-20-10-§ 20-12/09/2012).

892 Le principe en question a été constamment réaffirmé depuis par le Conseil d'État, y compris dans un cadre international, puisqu'il a eu l'occasion de juger que l'article 57 du CGI, relatif aux « prix de transfert », n'avait pas « pour objet ni pour effet d'autoriser l'administration fiscale à apprécier le caractère normal du choix opéré par une entreprise étrangère de financer par l'octroi d'un prêt, de préfé-

rence à un apport de fonds propres, l'activité d'une entreprise française qu'elle détient ou contrôle » (CE 30 décembre 2003, n° 233894, SA Andritz).

Modalités de financement et abus de droit : faut-il redouter les fusions rapides et les distributions massives financées par emprunt ?

L'Administration a parfois tenté de s'opposer à des schémas favorisant l'endettement en mettant en œuvre l'abus de droit, avec un succès plutôt mitigé.

En ce qui concerne les **fusions rapides** tout d'abord, on rappelle que l'Administration, même si elle a quelque peu assoupli sa doctrine depuis quelques années (RES n° 2007/48, BOFiP-IS-FUS-10-40-§ 50-13/04/2022), tend à réprouver les opérations de fusion réalisées peu de temps après l'acquisition d'une société cible, par hypothèse financée par emprunt. Ces opérations peuvent être remises en cause, selon le cas, via la procédure de l'abus de droit fiscal ou sur le fondement de l'acte anormal de gestion (BOFiP-IS-FUS-10-40-§ 10-13/04/2022). L'Administration a cependant échoué à mettre en œuvre ces deux approches dans une affaire Régie Immobilière de Villeurbanne : Le tribunal administratif l'a déboutée sur l'abus de droit tout en se rendant à ses arguments sur la question de l'acte anormal de gestion, considérant que la société issue de la fusion n'avait pas exposé les frais financiers litigieux dans son propre intérêt (TA Lyon 15 novembre 1989, n°s 85.9083 et 88.11925), puis l'Administration a été déboutée en appel aussi bien sur le terrain de l'abus de droit que sur celui de l'acte anormal de gestion (CAA Lyon 26 mai 1992, n°s 90-102 et 90-110). Comme l'a indiqué le Commissaire du gouvernement M. Chanel : « *On ne voit guère au nom de quel principe une société pourrait être empêchée de financer l'acquisition d'une autre société (...) par le biais d'un emprunt ou de chercher à faire jouer ce qu'on appelle en matière financière « l'effet de levier » qui consiste à obtenir un rendement financier plus important pour les actionnaires en diminuant le poids des capitaux propres dans le passif du bilan. Ce genre de pratique est monnaie courante dans le monde des affaires : quoi de plus normal que pour l'opération de fusion en question la solution fiscalement la plus avantageuse ait été choisie.* »

Les opérations de **distribution massive** de réserves ont donné lieu quant à elles à un très intéressant jugement du tribunal administratif de Paris (TA Paris, 29 octobre 1998 n° 94-1885, concl. M. SOUMET BDCF 3/99). Il s'agissait du cas d'une société française au passif de laquelle figurait une importante prime de fusion. La société avait décidé de distribuer une bonne partie de cette prime à sa société mère néerlandaise, et, pour se procurer les fonds nécessaires à cette distribution, avait émis un emprunt obligataire d'égal montant souscrit par la société mère. Le tribunal a estimé que ne constituait pas un abus de droit le fait de réaliser une distribution massive de réserves, puis de recourir à un emprunt obligataire de même montant, jugeant que « *rien ne s'opposait à ce que l'actionnaire majoritaire appréhende une partie de la prime de fusion puis décide de laisser la somme en cause à la disposition de sa filiale, prenant ainsi la décision d'un financement par l'emprunt plutôt que par ses fonds propres.* »

Cependant, la Cour administrative d'appel de Versailles a considéré comme relevant de l'abus de droit la décision, prise de manière concomitante par une société française à actionnaires étrangers, de procéder à une distribution de dividendes et d'émettre, pour un montant proche, des obligations remboursables en actions (ORA) souscrites précisément par l'actionnaire bénéficiaire de la distribution (CAA Versailles 14 avril 2014, n°s 12VE01779 et 14VE01972, voir notre article « Haro sur les ORA : La liberté de financement des entreprises est-elle soluble dans l'abus de droit ? », Rev. Dr. fisc. 2015/46, com. 670). La Cour a relevé que les opérations en question n'ont jamais généré aucun flux financier, ne donnant lieu qu'à de simples jeux d'écritures, et d'autre part que, puisque les ORA font partie des « autres fonds propres », l'opération n'avait pas réellement modifié la situation financière de la société émettrice. Surtout, l'opération avait permis à la société française d'obtenir un avantage fiscal substantiel grâce à la déduction des intérêts, alors que ces mêmes intérêts étaient par ailleurs exonérés aux États-Unis. On pouvait penser que les opérations d'arbitrage entre dettes et fonds propres, même au travers de distributions massives, auraient dû relever de la liberté de gestion, même si cette liberté peut éventuellement trouver sa limite lorsqu'elle fait intervenir en outre certains schémas d'optimisation fiscale internationale (financements « hybrides »). Pourtant, le Conseil d'État a validé cette décision (CE 13 janvier 2017, n° 391196, SAS Ingram Micro), et a par la suite retenu la même solution dans une affaire analogue (CE 3 décembre 2018, n° 406617, Sté Manpower France).

En sens inverse, on relèvera que le Comité de l'abus de droit fiscal a écarté l'abus dans une affaire dans laquelle le refinancement avait été opéré au travers de prêts participatifs (affaire n° 2010-13 SAS Z France Holdings, BOI 13 L-3-11).

Se pose également la question de la déductibilité des frais financiers dans le cas d'opérations de rachat par une société de ses propres actions financées par emprunt. Sur le terrain de l'acte anormal de gestion, la Cour administrative d'appel de Versailles a accepté la déductibilité des intérêts d'emprunts contractés pour financer une telle opération, en insistant sur l'intérêt économique de l'opération, à savoir la réorganisation complète du groupe concerné (CAA Versailles 24 janvier 2012 n° 10VE03601, Dr. fisc. 2012 n° 21, comm. 308 avec concl. L. Dioux-moebs et note M. Chadefaux). **Le Conseil d'État s'est prononcé dans le même sens dans une autre affaire** (CE 15 février 2016 n° 376739), **invalidant un arrêt de la Cour administrative d'appel de Bordeaux** (CAA Bordeaux 30 janvier 2014, n° 12BX01887) **qui avait admis la réintégration des charges financières supplémentaires générées par les emprunts contractés par la société pour financer le rachat de ses parts en vue de leur annulation. En effet, pour le Conseil d'État, la Cour a commis une erreur de droit en validant cette réintégration au seul motif que l'opération constituait un prélèvement au profit des associés, sans rechercher si l'opération en cause avait été réalisée dans l'intérêt de la société** (voir notre article « Financement par emprunt d'un rachat d'actions suivi de leur annulation : une décision du Conseil d'État en demi-teinte »,rev. Dr. fisc. 2016/11, com. 199 ; Voir également H. Hovasse « Le rachat de droits sociaux financé par l'emprunt », JCP Entr. 2016/14 Entr. 2016/14 inf. 1216). **Sur renvoi, la Cour de Bordeaux a finalement confirmé le redressement, pour absence d'éléments au dossier permettant d'étayer la situation de blocage entre les associés** (CAA Bordeaux 5 juillet 2016 n° 16BX0062).

Cependant, cette question du rachat par une société de ses propres actions rebondit désormais sur le terrain de l'abus de droit. Le traitement des opérations de rachat pour annulation promet d'être une question sensible propre à animer l'actualité fiscale des prochaines années, surtout lorsque les associés rachetés sont des personnes physiques (les sommes reçues dans ce cadre d'un rachat par une société de ses propres titres relevant désormais du seul régime des plus-values et non du régime des revenus distribués, ce qui est souvent plus avantageux pour les associés personnes physiques compte tenu des abattements applicables). Une telle opération peut aussi s'avérer avantageuse pour des associés personnes morales étrangères, qui échappent à la retenue à la source éventuellement applicable aux distributions. De fait, le Comité de l'abus de droit a été saisi récemment de nombreuses affaires mettant en jeu des rachats pour annulation. Par exemple, dans une affaire récente (aff. n° 2020-24, séance du 14 janvier 2021 ; voir également aff. n° 2020-23, même séance) **l'Administration avait fait valoir que, d'après elle, la réduction de capital était en réalité exclusivement motivée par la volonté de l'associé d'appréhender des dividendes sous le régime fiscal plus favorable des plus-values de cession, en contrariété avec l'intention du législateur. Le Comité a considéré au contraire que le rachat pour annulation ne caractérise pas un abus de droit au seul motif que l'associé aurait choisi la voie la moins imposée, et qu'il ne pourrait en aller autrement que si l'opération, en particulier si elle est effectuée de manière récurrente, constitue un montage artificiel, contraire de ce fait à l'intention poursuivie par le législateur. Au cas particulier, l'opération avait suivi la cession de la principale activité de la société, et avait eu pour effet de diminuer ses capitaux propres afin de les adapter à son nouveau périmètre, ce qui signifie qu'elle était motivée par une finalité économique propre. Malgré cela, l'Administration a décidé de ne pas suivre l'avis du Comité et de poursuivre le contentieux, indiquant que *« la société n'a jamais exercé avec des fonds propres surévalués »* et que la réduction de capital avait été immédiatement compensée par une augmentation d'un montant supérieur. Dans une autre affaire** (aff. n° 2021-20, séance du 1er octobre 2021), **le Comité a au contraire validé l'approche de l'Administration, en relevant que la société avait procédé, dans la même assemblée, à une affectation des bénéfices de l'exercice en réserves, à une réduction de capital non motivée par des pertes et à une augmentation du capital pour le même montant. Au cours de la même séance, le Comité s'est prononcé contre l'abus de droit dans deux autres affaires d'augmentation et de réduction concomitantes du capital, soulignant que ces opérations s'étaient inscrites dans un schéma global, motivé par une finalité économique propre** (aff. n° 2021-18 et 2021-19). **Là encore, l'Administration a décidé de ne pas suivre l'avis du Comité.**

893 C'est donc par voie législative qu'a dû être mise en place une série de règles fiscales encadrant les modalités de financement des entreprises.

Ces règles visent plusieurs objectifs. Tout d'abord, certaines d'entre elles encadrent les conditions de rémunération des emprunts, en édictant un **taux d'intérêt** maximal déductible pour certains types d'avances *(voir § 910)*.

894 Ensuite, des règles spécifiques ont été mises en place par le législateur :
– pour limiter la déduction des intérêts afférents à des emprunts contractés pour l'achat de titres de participation dans certaines conditions ;
– pour lutter contre la « sous-capitalisation » ;
– ou encore pour limiter forfaitairement le montant des frais financiers déductibles.

Certaines de ces règles ont depuis lors été **abrogées**. Les deux derniers des dispositifs ci-dessus ont été remplacés par un **dispositif unique de plafonnement** des frais financiers en fonction de « l'EBITDA fiscal », qui s'applique de manière plus sévère en situation de « **sous-capitalisation** » (loi de finances pour 2019, n° 2018-1317 du 28 décembre 2018, art. 34) : *voir § 950*.

Pour une étude complète des anciens dispositifs, nous renvoyons à l'édition 2018 du présent ouvrage.

895 Il existe par ailleurs un dispositif spécifique, dans le cas des **groupes intégrés**, visant à éviter certains comportements de « rachat à soi-même » : il s'agit du dispositif dit de « l'amendement Charasse » *(voir § 1090)*.

896 Avant d'aborder dans le détail ces différents textes, signalons au préalable une limitation particulière, qui existe depuis de nombreuses années et qui continue de s'appliquer malgré la multiplication des dispositifs fiscaux restrictifs à l'égard de la déduction des frais financiers : celle qui tient à la **libération du capital** social, en présence d'avances d'associés.

897 En effet, en application du second alinéa de l'article **39-1-3°** du CGI, aucune rémunération fiscalement déductible ne peut être servie aux associés tant que le capital social n'a pas été entièrement libéré.

Ces dispositions s'appliquent à toutes les sommes que les associés laissent ou mettent à la disposition de la société, sous quelque forme que ce soit : versements en compte courant, prêts, dépôts, souscription à un emprunt obligataire ou souscription de bons de caisse, etc. (BOFiP-BIC-CHG-50-50-20-§ 10-12/09/2012).

898 Cette limitation s'applique tant aux apports en numéraire qu'aux apports en nature, et aussi bien lors de la création de la société qu'en cas d'augmentation de capital.

Dans ce dernier cas, lorsque les actionnaires ont laissé ou mis des sommes à la disposition de la société avant une augmentation de capital, toute déduction d'intérêts afférents à ces sommes devrait être refusée entre la date à laquelle ladite augmentation de capital est devenue définitive et la date à laquelle le capital ainsi augmenté a été entièrement libéré (BOFiP-BIC-CHG-50-50-20-§ 20-12/09/2012).

Cependant, l'Administration admet de mettre cette règle de côté dans les circonstances où le recours simultané à une augmentation de capital non entièrement libéré et à des avances financées par certains associés ou actionnaires « ne répond pas à un souci d'évasion fiscale », ce qui est le cas notamment, précise-t-elle, « lorsqu'un ou plusieurs actionnaires ne sont pas matériellement à même de suivre, autrement que par voie d'étalement de la souscription, l'augmentation de capital nécessaire à la réalisation d'un investissement et que des avances des autres associés sont nécessaires pour cette réalisation » (BOFiP-BIC-CHG-50-50-20-§ 20-12/09/2012).

899 C'est ainsi qu'à titre de règle pratique, elle admet de ne pas refuser la déduction des intérêts versés aux avances d'associés lorsque l'acte constatant l'augmentation du capital prévoit expressément la libération intégrale du capital souscrit dans un **délai maximal de trois ans** (BOFiP-BIC-CHG-50-50-20-§ 30-12/09/2012).

En cas de non-respect de ce délai, il y aura lieu de réintégrer de manière rétroactive au résultat imposable tous les intérêts versés aux associés depuis l'augmentation de capital.

900 On soulignera que les avances ne sont pas systématiquement consenties par l'associé (la holding) aux filiales, mais parfois en sens **inverse**, la holding recevant dans certains cas des avances de ses filiales. Cette situation est évoquée dans une étude particulière *(voir ci-dessous « Les emprunts d'une holding auprès de sa ou de ses filiales »).*

901 Signalons, par ailleurs, que les intérêts versés à des prêteurs étrangers ne supportent pas (sauf cas particulier du versement à des États « non coopératifs ») de **retenue à la source** en France *(voir § 1459).*

902 (Réservé)

Question des taux d'intérêt

910 La question de la détermination des taux d'intérêt pratiqués revêt un double aspect :
– il importe que la **société prêteuse** (par exemple, la holding, lorsqu'elle consent des avances à ses filiales) ne soit pas rémunérée à un taux d'intérêt qui pourrait être considéré comme **insuffisant**, faute de quoi cette société pourrait être perçue comme se livrant à un acte anormal de gestion *(voir § 911)* ;
– il importe, de la même manière, que la **société emprunteuse** ne verse pas à son prêteur un taux d'intérêt considéré comme **excessif**. Cependant, dans le cas des avances consenties par des associés, ou par des sociétés liées, le législateur a prévu l'application d'une limite spécifique de taux d'intérêt *(voir § 920).*

Point de vue du prêteur : les avances conclues sans intérêt ou moyennant une rémunération insuffisante

911 Même entre sociétés d'un même groupe, les prêts ou avances sans intérêt, ou assortis d'un intérêt insuffisant au regard des conditions du marché, constituent *a priori* des actes anormaux de gestion, justifiant la réintégration, dans le résultat imposable de la société prêteuse, de l'intérêt (ou du complément d'intérêt) auquel elle aurait pu prétendre.

912 Une jurisprudence abondante avait cependant admis que, dans certains cas, une société mère pouvait à bon droit consentir à ses filiales des avances sans intérêt ou à des conditions préférentielles, dès lors qu'elle pouvait démontrer y avoir un intérêt propre, commercial ou financier. Tel était le cas notamment lorsque la filiale ayant bénéficié de cette aide était en situation de difficulté, ou encore lorsque la société mère prêteuse entretenait avec sa filiale des liens commerciaux, justifiant l'aide accordée.

ÉTUDE PARTICULIÈRE

Les emprunts d'une holding auprès de sa ou de ses filiales

Nombreux sont ceux qui considèrent avec réticence les avances de fonds consenties par les filiales à leur propre société mère. Ces réticences sont-elles justifiées ?

a) Du point de vue du droit des sociétés, l'article **L. 225-216** du code de commerce indique qu'une société « ne peut avancer des fonds, accorder des prêts ou consentir une sûreté en vue de la souscription ou de l'achat de ses propres actions par un tiers ».

Cependant, la lettre du texte (utilisation de la locution « en vue de »), ainsi que le principe d'application stricte de la loi pénale (cette interdiction est assortie de sanctions : c. com. art. L. 242-24) incitent à penser que ce texte ne doit pas s'appliquer lorsque ce financement « à l'envers » a lieu **après** l'acquisition des titres de la filiale.

Il faudra cependant s'assurer par ailleurs que l'opération ne tombe pas sous le coup de l'incrimination d'**abus de biens sociaux** ou d'**abus de pouvoir**. Tel pourrait être le cas notamment si la holding venait à imposer à sa filiale l'octroi d'avances qu'elle ne pourra pas lui rembourser. Rappelons que pour la Cour de cassation, « le concours financier apporté par les dirigeants de fait ou de droit d'une société à une autre entreprise d'un même groupe dans laquelle ils sont intéressés directement ou indirectement doit être dicté dans un intérêt économique, social ou financier commun, apprécié au regard d'une politique élaborée pour l'ensemble du groupe et ne doit être ni démuni de contrepartie ou rompre l'équilibre entre les engagements respectifs des diverses sociétés concernées, ni **excéder les possibilités financières** de celle qui en supporte la charge » (cass. crim. 4 février 1985, Rozenblum, n° 84-91.81 P ; JurisData n° 1985-000537).

b) Du point de vue fiscal, l'article 111 a du CGI prévoit que, sauf preuve contraire, les sommes mises à la disposition des associés directement ou par personnes ou sociétés interposées à titre d'avances, de prêts ou d'acomptes sont considérées comme **revenus distribués**.

Cependant, l'administration fiscale indique que la preuve contraire peut être considérée comme rapportée si le prêt a été régulièrement inscrit dans les écritures sociales et si un **contrat de prêt** a été conclu, lequel étant préalable ou concomitant à la remise des fonds (rép. min. David, JO AN 17 janvier 1958 p. 88 ; BOFiP-RPPM-RCM-10-20-20-20-§ 130-12/09/2012).

Toutefois, indique l'Administration, les sociétés mères contrôlant un groupe de filiales peuvent être appelées à prélever les disponibilités des unes pour aider la trésorerie des autres, jouant ainsi le rôle d'un établissement financier en vue d'assurer au mieux l'utilisation des disponibilités du groupe. L'Administration s'estime fondée, en l'absence d'un acte de prêt régulier, à réclamer l'impôt sur le montant des avances consenties à la société mère. Mais dans ce cas, « il est admis que le service doit se dispenser d'appliquer strictement le a de l'article 111 du CGI dans les cas de ce genre, sauf à exiger l'établissement d'une **convention écrite** donnant à la société mère le mandat général d'employer les fonds qu'elle est ainsi appelée à recevoir de ses filiales à l'octroi d'avances à celles dont la trésorerie a besoin d'être soutenue ».

« Bien entendu, l'application de cette mesure de tempérament devrait être refusée s'il apparaissait que, systématiquement ou, en tout état de cause, pendant un laps de temps assez long, la société mère détourne une partie relativement importante des fonds de la destination prévue. Dans cette hypothèse, il conviendrait d'appliquer le a de l'article 111 du CGI à l'intégralité des sommes mises à la disposition de la société mère par les sociétés filiales » (BOFiP-RPPM-RCM-10-20-20-20-§ 150-12/09/2012). Il est donc important, notamment, de formaliser juridiquement le rôle de la société mère en tant que **centrale de trésorerie**.

On peut cependant mettre en garde contre le fait de consentir à la société holding des avances présentant un caractère risqué car il faut rappeler que la jurisprudence tend à considérer comme un acte anormal de gestion le fait pour une société de s'exposer à des risques excessifs. En matière de prêt, d'ailleurs, des décisions ont parfois refusé la déductibilité d'une provision pour créance douteuse à une société considérée comme ayant consenti à une autre une avance comportant des **risques jugés excessifs** (CAA Douai 26 mars 2003, n° 99-1303, SA Deudon, inédit ; CE 22 janvier 2010 précité rendu précisément en ce qui concerne une avance consentie par une sous-filiale à sa « grand-mère »). Cependant, on rappelle que depuis son arrêt du 13 juillet 2016 n° 375801 précité, le Conseil d'État paraît beaucoup plus réservé sur cette notion de « risque excessif » *(voir § 846)*.

Pour autant, un récent arrêt de la Cour administrative d'appel de Nantes a refusé la déduction d'une **provision** pour créance douteuse constituée par une société sur l'avance consentie à sa société mère, au motif qu'une telle avance ne relevait pas d'une gestion commerciale normale (CAA Nantes 11 juin 2020, n° 18NT02811). Dans cette affaire, la filiale avait pourtant fait valoir qu'elle était liée à sa mère par une convention de trésorerie, que l'avance consentie dans ce cadre avait bénéficié indirectement aux autres filiales du groupe avec lesquelles elle entretenait des relations commerciales, et enfin que la survie de sa société mère lui importait au premier chef dans la mesure où cette dernière détenait la marque qu'elle exploitait. Pourtant, aucun de ces arguments n'a trouvé grâce auprès de la CAA de Nantes, pour laquelle une avance d'une filiale à sa mère paraît *a priori* anormale.

En conclusion, les avances d'un montant raisonnable consenties à la société mère d'un groupe en bonne santé financière (notamment dans le cadre d'une centralisation de trésorerie convenablement formalisée) ne paraissent poser de difficulté ni juridiquement ni fiscalement. Il n'en va autrement qu'à partir du moment où la solidité financière des sociétés en question apparaît défaillante.

913 **Toutefois, on rappelle que désormais la loi refuse toute possibilité de déduction aux « aides de toute nature consenties à une autre entreprise, à l'exception des aides à caractère commercial »** (CGI art. 39, 13, issu des articles 17 de la loi 2012-958 du 16 août 2012 et 31 de la loi 2012-1510 du 29 décembre 2012) *(voir § 804)*.

Restent néanmoins déductibles les aides consenties à certaines sociétés en **difficulté**, notamment celles à l'encontre desquelles est ouverte une procédure de sauvegarde, de redressement ou de liquidation judiciaires *(voir § 807)*.

914 **S'agissant des renonciations à recettes, l'Administration a précisé par ailleurs que « dans la situation où la société mère pourrait être regardée comme ayant agi dans son propre intérêt en venant en aide à une filiale en difficulté », il conviendrait « d'attacher à la renonciation à des recettes les effets d'un abandon de créances »** (BOFiP-BIC-BASE-50-10-§ 60-24/02/2021).

915 **En définitive, il y a lieu de considérer que les avances sans intérêt (ou à trop faible intérêt) consenties à une filiale, ou entre sociétés d'un même groupe, constituent des aides « anormales » susceptibles de faire peser un risque de réintégration sur l'entreprise qui les consent, et qu'elles sont donc à déconseiller formellement.**

Une réintégration ne pourrait en effet être évitée qu'à la double condition :
– de démontrer que la société prêteuse avait un intérêt propre à consentir cette aide ;
– et de démontrer, en outre, que cette même société prêteuse avait un intérêt « commercial » à l'opération (au sens de l'article 39, 13 du CGI).

Ces critères seront, en pratique, très rarement réunis, surtout dans le cadre d'une relation mère-filiale, étant rappelé au surplus que, pour l'Administration, le fait qu'une société mère assure pour le compte de ses filiales des services internes d'intérêt commun « n'est pas, en principe, de nature à nouer des relations commerciales significatives » (BOFiP-BIC-BASE-50-10-§ 160-24/02/2021).

Une activité de centrale de trésorerie structurellement déficitaire relève d'une gestion anormale : cas d'une centrale qui appliquerait un taux unique à la fois pour rémunérer les fonds empruntés et les fonds prêtés, sans prélever aucune marge (CAA Paris 20 janvier 2016, n° 14PA03921, SAS Passire).

916 **En cas de réintégration, le montant de cette dernière porte normalement sur le montant des intérêts que la société mère aurait pu facturer à sa filiale.**

Il n'y a pas lieu d'examiner les conditions auxquelles la société prêteuse s'est elle-même procuré les fonds, et notamment si les sommes prêtées pourraient provenir de fonds propres plutôt que d'emprunts (CE 10 avril 1991, n° 56464 Gavrel ; CE 20 janvier 1992, n° 67917, Socodis).

917 **Le Conseil d'État a précisé que le taux d'intérêt que doit normalement demander une société correspond à la rémunération qu'elle pourrait obtenir d'un établissement financier ou d'un organisme assimilé pour un placement effectué « dans des conditions analogues de sommes d'un montant équivalent »** (CE 7 octobre 1988, n° 50256, conclusions M. de Saint-Pulgent, RJF 12/88, p. 720). **Au demeurant, cette preuve paraît incomber à la société prêteuse** (CE 21 mai 2014, n° 364610).

Ne peuvent ainsi être utilisés comme référence par l'Administration dans le cadre d'un redressement :
– ni le taux de base moyen du marché bancaire ou le taux des avances sur titres de la Banque de France (CE 7 octobre 1988, précité) ;
– ni la rémunération des dépôts à terme, des bons du Trésor à 5 ans ou les obligations émises par les particuliers (même arrêt) ;

– ni les taux fiscalement admis en rémunération des comptes courants d'associés (CE 31 juillet 2009, n° 301935, SARL Jean-Marc Brocard).

En revanche, dans le cas des avances à vue consenties par une société commerciale, celles-ci peuvent être assimilées aux SICAV ou FCP monétaires, auxquels recourent les entreprises pour placer des fonds susceptibles d'être immédiatement disponibles, les titres acquis pouvant être vendus à tout moment sans frais (CE 31 juillet 2009, n° 301935, précité).

918 **De telles réintégrations présentent désormais les mêmes conséquences dans le cadre d'un groupe fiscalement intégré, puisque les intérêts non facturés ou non réclamés, qui s'analysaient précédemment comme une subvention indirecte, ne sont plus neutralisés désormais** *(voir § 780)*.

919 **Dans le cas des avances sans intérêts, ou d'avantages analogues consentis à des filiales sociétés de personnes fiscalement translucides, il est admis que l'avantage anormal ne doit être imposé chez la mère qu'à concurrence de la part de capital de la filiale détenue par les autres associés, ceci afin de tenir compte de l'existence d'une double imposition** (CAA Douai 12 décembre 2012, n° 00-583, SA Slevmi ; CAA Paris 29 mars 2006, n° 01-3876, Sté Soderec ; CAA Lyon 8 juin 2017, n° 15-01912).

Le Conseil d'État a également reconnu l'existence de cette double imposition, même s'il n'a pas eu l'occasion d'en tirer les conséquences car il s'agissait d'une affaire dans laquelle l'acte anormal de gestion n'a finalement pas été retenu (CE 27 juillet 2006, n° 274762, Marchal, conclusions E. Glaser, BDCF 12/06, n° 147). L'Administration applique d'ailleurs cette position, comme on a pu le constater dans un certain nombre d'affaires (CAA Bordeaux 23 avril 1997, n° 95-401, CRCAM de Lot-et-Garonne ; CE 31 mars 1999, n° 194517, CRCAM Pyrénées-Gascogne), et la mentionne désormais dans sa doctrine officielle (BOFiP-BIC-CHG-10-10-10-§ 75-31/07/2019 ; BOFiP-IS-BASE-35-20-§ 100-31/07/2019).

Point de vue de l'emprunteur : la limitation fiscale du taux d'intérêt déductible

920 **L'article 39, 1-3° du CGI prévoit depuis longtemps que le taux fiscalement déductible des intérêts servis aux associés, à raison des sommes qu'ils laissent ou mettent à la disposition de la société, ne peut pas excéder une limite égale à la « moyenne annuelle des taux effectifs moyens pratiqués par les établissements de crédit pour des prêts à taux variable aux entreprises, d'une durée initiale supérieure à deux ans ».**

Ces taux, établis par la direction générale du Trésor et publiés au Journal officiel, sont repris régulièrement dans les publications de la Direction générale des finances publiques : désormais au BOFiP, sous la rubrique BOFiP-BIC-CHG-50-50-30. Par exemple, il est de 1,17 % pour les exercices de douze mois clos le 31 décembre 2021.

921 **Par ailleurs, depuis 2007, la même limite s'applique également, en application de l'article 212, I du CGI, aux avances reçues d'entreprises liées, au sens de l'article 39, 12 du CGI** *(voir ci-dessous § 925)*, **même lorsqu'il ne s'agit pas de sociétés « associées ».**

922 **Cependant, cet article a institué un mécanisme de preuve contraire, puisque lorsqu'une entreprise a emprunté à un taux supérieur au taux de référence visé au** *§ 920* **ci-dessus, elle a la possibilité de justifier de la normalité de ce taux, par référence au taux qu'elle « aurait pu obtenir d'établissements ou d'organismes financiers indépendants dans des conditions analogues »** (CGI art. 212, I a).

Attention, le recours à ce mécanisme de preuve contraire n'est possible que pour les avances accordées par les entreprises liées : les avances accordées par des associés personnes physiques, ou encore par des associés soumis à l'IS qui ne

seraient pas « liés » au sens de l'article **39, 12** (associés minoritaires non placés sous contrôle commun, associés minoritaires ne détenant pas le pouvoir de décision) ne bénéficient pas de cette possibilité et doivent donc, en tout état de cause, respecter la limite de taux fixée au *§ 920* sans aucune possibilité de dépassement (BOFiP-IS-BASE-35-20-§ 50-31/07/2019).

923 L'entreprise qui souhaite appliquer le mécanisme de preuve contraire doit, comme nous l'avons vu, être en mesure de justifier que le taux servi au titre des avances accordées par une entreprise liée n'est pas excessif par rapport à celui qu'elle aurait pu obtenir d'établissements ou d'organismes financiers indépendants « dans des conditions analogues ».

Comme le précise l'Administration, l'appréciation du caractère analogue doit s'effectuer compte tenu :
– des caractéristiques des avances, telles que le montant mis à disposition, le délai de mise à disposition des avances, l'éventuel risque de change supporté par le prêteur ;
– de la situation propre à l'entreprise emprunteuse, telle que son risque de crédit, la notation dont auraient pu bénéficier certains instruments financiers lors de leur émission récente par l'emprunteur (BOFiP-IS-BASE-35-20-§ 70-31/07/2019).

924 Suivant la nature des sommes avancées, la preuve contraire devra être apportée en fonction du taux que l'entreprise aurait pu obtenir :
– à la **date de l'octroi** des sommes mises à disposition, s'il s'agit par exemple d'un emprunt ;
– ou au titre de l'**exercice** concerné, s'il s'agit par exemple de lignes de crédit.

S'agissant d'un emprunt, la preuve sera considérée comme apportée par l'Administration si l'entreprise justifie, par exemple, d'une **offre de prêt** à la date à laquelle cet emprunt a été contracté (BOFiP-IS-BASE-35-20-§ 80-31/07/2019).

Cependant, le Conseil d'État a jugé que le taux prévu à l'article **212-I a** du CGI s'entend du taux que des établissements ou organismes financiers auraient été susceptibles de consentir à l'entreprise pour un prêt présentant les mêmes caractéristiques dans des conditions de **pleine concurrence**, compte tenu de ses caractéristiques propres, notamment de son profil de risque, et que l'entreprise emprunteuse, à qui incombe la charge de la preuve, peut apporter **cette preuve par tout moyen**. Elle peut ainsi tenir compte du rendement d'**emprunts obligataires** émanant d'entreprises se trouvant dans des conditions économiques comparables lorsque ces emprunts constituent une alternative réaliste à un prêt intragroupe (CE avis 10 juillet 2019, n° 429426, Sté Wheelabrator Group).

En revanche, une société n'apporte pas cette preuve en faisant valoir que le taux d'intérêt moyen versé sur des avances intragroupe correspond exactement aux taux auxquels ont été souscrits les emprunts bancaires des sociétés de son groupe dans le cadre d'une opération de reprise type « LBO ». Est au surplus sans incidence la circonstance que la société **n'aurait pas pu obtenir de prêt** d'un établissement financier indépendant en raison de l'apport de l'ensemble de ses actifs en nantissement, à titre de garantie, dans le cadre du contrat de financement de son groupe auprès d'une banque, et sont dépourvus de valeur probante et sans lien avec la situation propre de la société emprunteuse les extraits de **revues financières** présentant les moyennes de taux pratiqués pour des opérations de LBO (CE 18 mars 2019, n° 411189, SNC Siblu).

Pour évaluer le taux de marché, une entreprise peut le cas échéant tenir compte du rendement d'emprunts obligataires émanant d'entreprises se trouvant dans des conditions économiques comparables, lorsque ces emprunts constituent, dans l'hypothèse considérée, une alternative réaliste à un prêt intragroupe (CE 10 décembre 2020 n° 428522, Sté WB Ambassador). Par ailleurs, l'utilisation dans les calculs de taux d'une notation financière résultant d'un **logiciel de rating** automatique développé par l'agence de notation Moody's constitue élément de preuve sérieux qu'il appartient à l'Administration de contester si elle souhaite remettre en cause les éléments de l'entreprise (CE 11 décembre 2020 n° 433723, SA BSA).

Le Conseil d'État a précisé dans une autre affaire que le profil de risque de l'entreprise emprunteuse devait s'apprécier en principe au regard de la **situation économique et financière consolidée** de l'entreprise emprunteuse et de ses filiales, et qu'une étude analysant le taux de pleine concurrence au sein d'un échantillon d'emprunts bancaires accordés à des sociétés ne peut être écartée au seul motif que les sociétés retenues dans l'échantillon appartiennent à des secteurs d'activités hétérogènes, dès lors que les systèmes de rating élaborés par les agences de notation visent à comparer les risques de crédit des entreprises notées après prise en compte notamment de leur secteur d'activité (CE 29 décembre 2021 n° 441357, Sté Apex Tool Group).

L'Administration a publié en Janvier 2021 huit « fiches pratiques » sur la justification du taux pratiqué entre sociétés liées.

925 Des **liens de dépendance** sont réputés exister entre deux entreprises, au sens de l'article 39, 12 du CGI :

a) lorsque l'une détient directement, ou par personne interposée, la majorité du capital social de l'autre ou y exerce en fait le pouvoir de décision (liens de dépendance bilatéraux) ;

b) lorsqu'elles sont placées l'une et l'autre, dans les conditions définies au a), sous le contrôle d'une tierce entreprise (liens de dépendance triangulaires).

926 S'agissant des liens de dépendance bilatéraux visés au a), la présomption de dépendance peut reposer sur un critère de droit ou de fait :

– **critère de droit :** détention directe ou indirecte de la majorité du capital social (l'appréciation des droits détenus par l'intermédiaire de filiales ou de sous-filiales s'opérant en multipliant successivement, quel que soit le degré de filiation, les pourcentages détenus par chaque société mère : BOFiP-IS-BASE-35-40-20-§ 50-15/05/2020) ;

– **critère de fait :** la détention directe ou indirecte du pouvoir de décision. Ce pouvoir de décision est réputé exister lorsqu'une entreprise détient directement ou indirectement soit la gestion de droit ou de fait d'une autre entreprise, soit plus de 50 % des droits de vote.

927 Le lien de dépendance triangulaire existe lorsqu'un même groupe d'actionnaires majoritaires détient le pouvoir de décision dans deux entreprises distinctes l'une de l'autre, en raison de la communauté d'intérêts impliquée par cette situation qui crée un lien de dépendance entre ces deux entreprises (BOFiP-BIC-CHG-40-20-10-§ 40-17/07/2019 ; BOFiP-IS-BASE-35-40-20-§ 60-15/05/2020).

Dans le cas d'une entreprise emprunteuse contrôlée par deux groupes financiers, il a été jugé que tous les associés ne peuvent être regardés comme **agissant de concert** dès lors que seules les entités de l'un des groupes disposent effectivement d'un pouvoir de décision au sein de la société emprunteuse via la société financière : les entités de l'autre groupe ne peuvent être regardées comme exerçant en fait, conjointement avec les entités du premier groupe, un pouvoir de décision au sein de la société emprunteuse, alors qu'aucun siège au sein du comité de direction ne leur est attribué (CAA Versailles 28 septembre 2021 n° 19VE00546, Sté Financière Lilas IV).

De même, une société et un FCPR qui détient 6,93 % de son capital n'entretiennent pas de lien de dépendance dès lors que les entités d'un groupe actionnaire, qui détiennent indirectement plus de 70 % du capital de la société, disposent de la majorité des droits de vote et peuvent ainsi prendre seules l'ensemble des décisions ordinaires et extraordinaires : si un **droit de veto** est prévu au profit du FCPR, il ne porte que certaines décisions relatives aux droits de fonds, sans s'étendre aux décisions portant sur la stratégie d'emprunt ou d'investissement de la société emprunteuse (CAA Paris 17 décembre 2021 n° 20PA00565, Sté Trocadéro Participations).

928 **L'Administration a précisé que, pour l'application de l'article 212 du CGI, la qualité d'entreprise liée s'apprécie de manière continue tout au long de la période où l'entreprise à laquelle les avances sont consenties par une autre entreprise conserve une dette vis-à-vis de cette dernière : lorsque ces deux entreprises cessent d'être liées au cours d'un exercice, elles entrent ou sortent du dispositif à compter de la date à laquelle elles deviennent ou cessent d'être liées** (BOFiP-IS-BASE-35-40-20-§ 70-15/05/2020). **Cependant, lorsque la modification du lien de dépendance s'opère à l'occasion d'une opération de fusion ou assimilée visées aux 1° à 3° de l'article 210-0 A du CGI assortie d'une clause de rétroactivité** *(voir § 226)*, **la notion de dépendance doit être appréciée à la date de l'effet rétroactif de l'opération** (BOFiP-IS-BASE-35-40-20-§ 70-15/05/2020).

929 **Les dispositions de l'article 39, 1-3° du CGI (et de l'article 212.I) s'appliquent à toutes les sommes laissées ou mises à la disposition de la société, sous quelque forme que ce soit comme nous l'avons déjà mentionné : versement en compte courant, prêts, dépôts, souscription à un emprunt obligataire ou souscription de bons de caisse, etc.** (BOFiP-BIC-CHG-50-50-20-§ 10-12/09/2012).

Le Conseil d'État a confirmé l'application de la limite dans le cas des obligations, y compris lorsqu'il s'agit d'obligations convertibles (CE 13 octobre 2016, n° 388574), **et même lorsque ces obligations convertibles n'ont pas été souscrites et payées en numéraire à l'émission, mais correspondent aux modalités de rémunération d'un apport de titres à la société** (CE 7 juin 2017, n° 388133, Sté LMG Finances). **Cependant, la limite ne s'appliquait pas à la prime de non-conversion d'obligations convertibles** (CE 13 novembre 2020 n° 423155, min. c/ Sté Iprad Group).

Des règles particulières sont susceptibles de s'appliquer dans le cas des emprunts à « primes de remboursement ». En effet, la législation fiscale prévoit des règles particulières de déduction relatives aux emprunts pour lesquels la différence entre le prix de remboursement et le prix d'émission représente plus de 10 % des sommes reçues par l'emprunteur à l'émission (hors emprunts indexés, convertibles ou dont le remboursement est laissé à la seule initiative de l'emprunteur) : application de l'article 39, 1, 1° ter du CGI. Dans le cas de ces emprunts, une fraction de la prime est déductible au titre de chaque exercice, selon une répartition actuarielle sur la durée de l'emprunt, en appliquant la méthode des intérêts composés.

Cette fraction rattachable à l'exercice doit être prise en compte dans le calcul de la limitation fiscale qui nous occupe (BOFiP-BIC-CHG-50-50-40-§ 10-12/09/2012).

930 **Toutefois, les dispositions de l'article 212 du CGI ne sont pas applicables aux avances et intérêts versés dans le cadre de relations commerciales lorsque les sommes avancées à l'entreprise correspondent aux modalités de règlement d'opérations purement ou essentiellement commerciales dans lesquelles les entreprises liées interviennent à titre de clients ou de fournisseurs ordinaires de l'entreprise, c'est-à-dire de la même manière que les autres clients ou fournisseurs avec qui cette entreprise traite habituellement. Cela suppose le respect des deux conditions suivantes :**
– l'acompte versé par l'entreprise liée cliente ou le crédit consenti par l'entreprise liée fournisseur doit être purement ou essentiellement commercial et conforme aux usages de la profession ; les intérêts doivent être alloués aux entreprises liées

clientes ou fournisseurs dans les mêmes conditions qu'aux clients et fournisseurs ordinaires de l'entreprise ; leur versement doit être stipulé dans le contrat qui constate la commande, la livraison ou l'octroi du crédit et qui génère la créance commerciale de l'entreprise liée à l'égard de la société ;
– les intérêts et dettes commerciales doivent être enregistrés distinctement en comptabilité (BOFiP-BIC-CHG-50-50-10-§ 80-31/07/2019).

931 Avant la refonte du BOFiP opérée en date du 31 juillet 2019, l'Administration avait indiqué que les dispositions de l'article 212 ne sont pas non plus applicables aux prêts consentis par des **établissements de crédit** à des sociétés liées, sous réserve que :
– d'une part, le montant des sommes prêtées à l'entreprise liée n'excède pas celui qui aurait été prêté à une entreprise tierce exerçant la même activité industrielle ou commerciale, compte tenu notamment de ses capacités de remboursement ;
– d'autre part, que le taux de rémunération de ces sommes ne dépasse pas celui effectivement appliqué par l'établissement de crédit à l'ensemble de sa clientèle d'entreprises non liées pour des crédits de même nature (BOFiP-IS-BASE-35-20-20-10-§ 50-15/04/2014). Cette précision ne figure plus au BOFiP à notre connaissance.

C'est dans le contexte des établissements de crédit que le Conseil d'État a rendu concernant les groupes une intéressante décision, qui pourrait très certainement s'appliquer dans d'autres contextes et notamment dans le cadre de la « preuve contraire » mentionnée supra *§§ 922-924*, voire dans le cas, envisagé *§ 917*, où l'Administration considérerait au contraire que le taux d'intérêt réclamé par une société mère à sa filiale n'est pas assez élevé.

Comme on le sait, le taux d'intérêt réclamé aux sociétés importantes dépend de leur notation (« rating ») établi par des agences spécialisées. Le Conseil d'État a jugé que l'appartenance à un groupe d'une société dont la mère est notée AAA, et le soutien financier que cette dernière est susceptible de lui apporter, ne sauraient suffire à eux seuls à faire regarder la filiale comme notée AA alors que sa note intrinsèque n'est que BB (CE 19 juin 2017, n° 392543-392544, 392545, min. c/ Stés General Electric France et General Electric Capital).

932 Dans le cas d'un prêt consenti par un associé libellé en devises étrangères, seuls les intérêts proprement dits sont soumis à cette limitation, et non la **perte de change** observée lors du remboursement de l'emprunt (TA Versailles, 5 juillet 1994, n° 91-478, Kässbohrer France).

933 À noter que lorsque les intérêts excédentaires sont versés à une **société mère**, il est admis que cette dernière puisse appliquer le régime d'exonération mère-filiale à la fraction d'intérêts non déductibles (BOFiP-IS-BASE-35-20-§ 90-31/07/2019) *(voir § 610)*.

Dispositif anti-abus

934 Dans le but de lutter notamment contre les montages fondés sur l'utilisation d'instruments financiers « hybrides » (qui sont considérés comme des dettes dans le pays d'établissement de la société débitrice, mais comme des instruments de quasi-fonds propres dans le pays de la société prêteuse, donc générateurs de produits assimilables à des distributions non taxables), la loi a prévu que la société débitrice doit démontrer, à la demande de l'Administration, que l'entreprise prêteuse liée est assujettie, à raison des sommes perçues sur les fonds avancés, à un impôt

sur les bénéfices dont le montant est au moins égal au quart de l'impôt sur les bénéfices déterminé dans les conditions de droit commun (ou, pour les prêteurs étrangers, le quart de l'impôt qui serait dû en France s'ils y étaient domiciliés ou établis).

Ce dispositif s'est appliqué aux exercices clos depuis le 25 septembre 2013 (CGI art. 212-I b, issu de la loi de finances pour 2014, art. 22), **mais il a été abrogé pour les exercices ouverts à compter du 1er janvier 2020** (loi de finances pour 2020, n° 2019-1479 du 28 décembre 2019, art. 45), **remplacé par un dispositif « anti-hybrides » plus complet codifié aux articles 205 B à 205 D du CGI.**

935 **(Réservé)**

Limite générale de déduction des charges financières nettes en fonction de « l'EBITDA fiscal »

950 **Comme déjà indiqué, le législateur a abrogé deux des dispositifs précédents, respectivement mis en place en 2007 et 2012, à savoir le dispositif de lutte contre les situations de « sous-capitalisation », qui figurait à l'article 212, II du CGI, et le dispositif de plafonnement global des charges financières nettes déductibles qui figurait à l'article 212 bis du même Code, pour les remplacer par un mécanisme de réintégration totalement nouveau applicable aux exercices ouverts à compter du 1er janvier 2019** (CGI art. 212 bis nouveau ; loi de finances pour 2019, n° 2018-1317 du 28 décembre 2018, art. 34, aménagé par la loi de finances pour 2020 n° 2019-1479 du 28 décembre 2019, art. 45).

S'agissant des anciens dispositifs, nous renvoyons à l'édition 2018 du présent ouvrage : Le dispositif de plafonnement y est mentionné aux §§ 950 à 971, et le dispositif de lutte contre la sous-capitalisation aux §§ 1020 à 1077.

Signalons par ailleurs qu'un troisième dispositif a été abrogé : celui qui visait à restreindre la déduction des charges financières liées à l'acquisition de titres de participation (CGI art. 209 IX institué en 2011), au sujet duquel nous avions il est vrai indiqué qu'il ne nous paraissait guère conforme au droit de l'Union européenne puisque la réintégration ne s'appliquait que lorsque les décisions relatives à ces titres n'étaient pas prises en France (ou au sein de l'EEE, précision rajoutée plus tard). Cette disposition a elle aussi été abrogée par la loi de finances pour 2019. Nous renvoyons les personnes intéressées à l'édition 2018 de l'ouvrage, §§ 985 à 1004.

Notons dès à présent que – comme c'était d'ailleurs déjà le cas pour les dispositifs précédents – les PME sont le plus souvent épargnées en raison des seuils relativement élevés prévus pour l'application du dispositif de plafonnement des charges financières.

Précisons également qu'il existe un régime de déduction spécifique réservé aux emprunts utilisés pour le financement des projets d'infrastructure à long terme : le dispositif de plafonnement que nous allons examiner ne s'applique pas, **en effet, aux charges financières nettes supportées par un délégataire, un concessionnaire ou un partenaire privé, et afférentes aux biens acquis ou construits par lui dans le cadre de certaines opérations (délégation de service public, contrat de**

concession de travaux publics, bail emphytéotique, etc.). Ce régime particulier est susceptible de s'appliquer dans le cas de **holdings** dont l'objet exclusif est la détention de titres de sociétés concessionnaires, délégataires ou titulaires de partenariats public-privé (BOFiP-IS-BASE-35-40-30-§ 50-13/05/2020). Il ne sera cependant pas abordé ici.

951 Le nouveau dispositif de plafonnement global des charges financières nettes prévoit que la déduction de celles-ci doit être plafonnée au plus élevé du montant ci-après :
– **30 %** du résultat fiscal avant intérêts, impôts, dépréciations et amortissements (« EBITDA fiscal »)
– et **3 millions d'euros.**

Par ailleurs, les entreprises bénéficient dans certains cas de la possibilité de **reporter** sur les exercices ultérieurs les charges financières nettes non déduites au titre d'un exercice, ainsi que la capacité de déduction inemployée au titre d'un exercice.
Comme nous le verrons §§ 995 et s., cette possibilité est réservée aux entreprises membres d'un groupe, puisque les « entreprises autonomes », qui sont soumises à des conditions de déduction plus favorables, n'y sont pas éligibles.

952 S'agissant des entreprises concernées, il s'agit de toutes les sociétés soumises à l'**impôt sur les sociétés**, qu'elles le soient de plein droit ou sur option. Le dispositif peut aussi trouver à s'appliquer, dans le cas d'une **société de personnes** non soumise à l'IS, lorsque l'un de ses associés au moins est soumis à cet impôt : dans ce cas, les dispositions qui nous occupent conduisent à déterminer la part du résultat attribuable aux associés soumis à l'IS (BOFiP-IS-BASE-35-40-10-20-§ 100-13/05/2020).

EXEMPLE

Cas d'une société passible de l'IS détentrice de 40 % des parts d'une société en nom collectif (SNC) n'ayant pas opté pour cet impôt, et dont les parts restantes (60 %) sont détenues par des personnes physiques.

La SNC supporte un montant de charges financières nettes annuelles de 5 M€, et son EBITDA fiscal s'élève à 10 M€ : compte tenu du plafond de déduction de 30 %, soit 10 M€ × 30 % = 3 M€, la part de frais financiers potentiellement réintégrable dans le résultat « IS » de la SNC sera de 5 M€ - 3 M€ = 2 M€, soit une réintégration dans les résultats de la société mère de 40 % × 2 M€ = 800 000 €.

REMARQUES

On remarquera que le dispositif est susceptible d'entraîner une **double imposition** chaque fois que les réintégrations de frais financiers concernent des **prêts consentis par l'associé IS** de la société de personnes, puisque cet associé se voit imposé une première fois sur les intérêts facturés à sa filiale société de personnes, avant d'être imposé une seconde fois sur la portion d'intérêts réintégrée dans sa part de résultats de cette dernière. Cette anomalie existait déjà dans l'ancien dispositif de réintégration applicable jusqu'en 2019. Elle existait d'ailleurs également dans le dispositif « anti-sous-capitalisation » applicable entre 2007 et 2019 (CGI art. 212, II désormais abrogé), alors que, dans l'ancien dispositif de l'article 212 applicable avant 2007, l'Administration avait accepté de **neutraliser** la double imposition occasionnée par les prêts aux sociétés de personnes (compte-rendu de la Mission d'organisation administrative du 25 septembre 1997). Il est vrai qu'une telle neutralisation serait désormais plus difficile à mettre en place, la réglementation prévoyant désormais, non pas une réintégration définitive, mais, comme nous le verrons plus loin, un report de déduction.

En tout cas, cette double imposition potentielle peut être de nature à constituer un avantage pour les groupes constitués sous forme de filiales soumises à l'IS avec option pour l'intégration fiscale, par rapport aux groupes qui privilégient le recours à des filiales constituées sous la forme de sociétés de personnes fiscalement translucides (situation parfois plaisamment qualifiée « d'intégration fiscale sauvage »).

953 (Réservé)

Notion de « charges financières nettes »

955 La réintégration est calculée à partir du montant des charges financières **nettes**, entendu comme le total des charges financières déductibles après application du I de l'article 212 du CGI (intérêts excédentaires réintégrés, *voir §§ 920 et s.*), diminué du « total des produits financiers et autres revenus équivalents imposables perçus par l'entreprise » (CGI art. 212 bis, III. 1).

La loi précise par ailleurs que les charges et produits financiers visés correspondent aux intérêts sur **toutes les formes de dette**, c'est-à-dire ceux afférents aux sommes laissées ou mises à disposition de l'entreprise ou par l'entreprise, y compris :
– les paiements effectués dans le cadre de prêts participatifs ou d'emprunts obligataires ;
– les montants déboursés au titre de financements alternatifs ;
– l'amortissement des intérêts capitalisés inclus dans le coût d'origine d'un actif et, le cas échéant, la part des intérêts inclus dans la valeur nette comptable des actifs sortis du bilan ;
– les montants mesurés par référence à un rendement financier déterminés par comparaison avec des entreprises similaires exploitées normalement au sens de l'article 57 (sur cet article *voir § 750*) ;
– les intérêts payés au titre d'instruments dérivés ou de contrats de couverture portant sur les emprunts de l'entreprise ;
– les gains et pertes de change relatifs à des prêts, des emprunts et des instruments liés à des financements ;
– les frais de garantie relatifs à des opérations de financement ;
– les frais de dossier liés à la dette ;
– le montant des loyers (déduction faite de l'amortissement), de l'amortissement financier pratiqué par le bailleur et des frais et prestations accessoires facturés au preneur en cas d'opération de **crédit-bail**, de location avec option d'achat ou de location de biens mobiliers conclue entre entreprises liées ;
– tous les autres coûts ou produits équivalents à des intérêts.

À noter que, s'agissant des sommes « laissées ou mises à disposition de l'entreprise », l'Administration entend toute créance sur l'entreprise générant le **versement d'intérêts**, ou de montants économiquement équivalents à des intérêts (BOFiP-IS-BASE-35-40-10-10-§ 50-13/05/2020).

956 En ce qui concerne les opérations de **location** ou de **crédit-bail**, celles-ci sont, par souci de neutralité, assimilées par le dispositif actuel (tout comme d'ailleurs par le précédent) à des opérations financières pouvant justifier une réintégration. Ceci concerne le montant les loyers, déduction faite de l'amortissement, de l'amortissement financier pratiqué par le bailleur en application de l'article 39 C du CGI et des frais et prestations accessoires facturés au preneur en cas :
– d'opération de crédit-bail relevant de l'article L. 313-7 du Code monétaire et financier ;

– de location avec option d'achat ;
– ou de location de biens mobiliers conclue entre entreprises liées au sens du 12 de l'article 39 du CGI.

En revanche, l'Administration précise que ne sont pas concernées les redevances de **location-gérance** de fonds de commerce (BOFiP-IS-BASE-35-40-10-10-§ 200-13/05/2020).

La composante financière des loyers versés ou perçus en application de tels contrats est égale à la différence entre le montant du loyer (montant effectivement pris en compte en tant que charge déductible par le preneur ou en tant que produit imposable par le bailleur) et le montant de l'amortissement annuel du bien loué et des frais et prestations accessoires facturés au preneur (BOFiP-IS-BASE-35-40-10-10-§ 210-13/05/2020). Les informations nécessaires doivent être mises à disposition du locataire par le bailleur.

Cependant, l'Administration admet l'application de « méthodes dérogatoires » dans le cas où le crédit-preneur ne dispose pas de toutes les informations nécessaires à la détermination de la quote-part de charges financières concernée. Ainsi, dans le cas de contrat de crédit-bail immobilier, il est admis que le crédit-preneur puisse retenir dans la base de ses charges financières nettes le montant des intérêts financiers qu'il a effectivement supportés au titre de l'exercice, tel qu'il figure dans le tableau d'amortissement du crédit-bail établi par le crédit-bailleur (BOFiP-IS-BASE-35-40-10-10-§ 240-13/05/2020). Pour les contrats de crédit-bail mobilier ou de location avec option d'achat, il est admis que le crédit-preneur puisse retenir dans ses charges financières nettes un montant correspondant au rapport entre d'une part la somme des loyers à verser en application du contrat (à l'exclusion des sommes correspondant aux frais et prestations accessoires) majorés du prix de levée d'option du bien et minorés du coût d'acquisition du bien par le bailleur, et d'autre part la durée du contrat exprimée en mois (BOFiP-IS-BASE-35-40-10-10-§ 250-13/05/2020).

957 S'agissant enfin du dernier point de la liste des produits et charges mentionnés par l'article 212 bis, III, du CGI, à savoir les autres éléments « équivalents à des intérêts », l'Administration est venue préciser que ne sont pas considérés comme en faisant partie, faute de constituer la rémunération directe ou indirecte d'une mise à disposition de sommes :
– les pertes sur créances liées à des participations ;
– les charges ou gains nets sur cession de valeurs mobilières de placement ;
– les dividendes et revenus distribués, que ces derniers bénéficient ou non du régime des sociétés mères prévu à l'article 145 du CGI et à l'article 216 du CGI (BOFiP-IS-BASE-35-40-10-10-§ 290-13/05/2020).

958 Par ailleurs, l'Administration indique **admettre** de **ne pas considérer** comme des charges ou produits financiers à prendre en compte pour le calcul :
– les charges et produits issus des **escomptes commerciaux** accordés ou obtenus par l'entreprise ;
– les pénalités et **intérêts de retard** pour paiement tardif ainsi que les **intérêts moratoires** perçus par une entreprise ;
– les charges de « désactualisation » des provisions pour démantèlement ;
– les pénalités pour remboursement anticipé (y compris la composante financière des indemnités de résiliation anticipée d'un contrat de crédit-bail) ;
– les intérêts rémunérant les sommes bloquées issues de la réserve spéciale de participation des salariés, lorsque la gestion de cette réserve est effectuée

directement par l'entreprise soumise à la participation, étant précisé que, corrélativement, les éventuels produits financiers perçus à raison du placement de ces sommes bloquées et gérées par l'entreprise ne doivent pas être retenus en tant que produits financiers pour l'entreprise soumise à la participation (BOFiP-IS-BASE-35-40-10-10-§ 300-13/05/2020).

Attention

Cette solution administrative, présentée comme une mesure de faveur ou de simplification, n'est pas toujours favorable aux entreprises, loin s'en faut. C'est ainsi certaines entreprises du commerce ou du négoce, qui bénéficient d'**importants escomptes commerciaux** en raison du volume de leurs achats, ont tout intérêt à ne pas appliquer cette solution et à s'en tenir au texte de la loi qui prévoit comme nous l'avons vu l'inclusion de *« tous les autres coûts ou produits équivalents à des intérêts »* (CGI art. 212 bis, III, 2 j).

Exemple

Cas d'une société dont le résultat financier se présente de la manière suivante (K€) :

Dividendes de filiales	5 000
Escomptes obtenus	2 000
Autres produits financiers	100
Escomptes accordés	– 300
Charges financières	– 6 000
Résultat financier	800

En s'en tenant à la définition légale, donc en excluant seulement les produits de filiales, les charges financières nettes de cette société s'élèvent à 4 200 K€, alors qu'en appliquant la solution administrative excluant les escomptes accordés et obtenus, cette société aurait affiché un montant de charges financières nettes de 5 900 K€.

959 Pour ce qui est des **produits financiers**, l'Administration précise que les intérêts qui ne seraient **pas déductibles** chez une filiale en application de l'article 39.1, 3° du CGI *(voir § 920)* ne sont pas à retenir en tant que produits financiers pour le calcul des « charges financières nettes » de la société mère, « dès lors que cette dernière a effectivement opté pour l'application du régime spécial des sociétés mères et filiales » (BOFiP-IS-BASE-35-40-10-10-§ 60-13/05/2020 – « Remarque »). Il en va différemment en ce qui concerne les intérêts qui ne seraient pas déductibles en raison de la non-libération du capital de la filiale puisque ces intérêts, d'après l'Administration *(voir § 610)*, n'ouvrent pas droit au régime mère-filiale (idem : BOFiP-IS-BASE-35-40-10-10-§ 60-13/05/2020 – « Remarque »).

Calcul du plafonnement

960 Lorsque le montant des charges financières nettes est positif, c'est-à-dire lorsque le montant des charges financières de l'exercice est supérieur à celui des produits financiers, il y a lieu de vérifier si le plafonnement prévu par la loi trouve à s'appliquer.

Si l'on se trouve au contraire en présence d'un montant de charges financières nettes négatives, c'est-à-dire si les produits financiers de l'exercice **excèdent les charges financières**, cet excédent constitue une « capacité de déduction inemployée », susceptible d'être **reportée** sur les **cinq exercices** suivants *(voir § 978)*.

Ce plafonnement est opéré comme on l'a vu à partir du **plus élevé** des deux montants suivants :
– **trois millions d'euros** ;
– **30 % du résultat fiscal** avant impôts, intérêts, dépréciations et amortissements (« **EBITDA** fiscal »).

Cela signifie bien entendu que toute entreprise dont les frais financiers ne dépassent pas trois millions d'euros annuels, ce qui sera le cas de la très grande majorité des PME, est hors du champ d'application du présent dispositif.

EXEMPLE

a) Cas d'une société dont les charges financières nettes s'élèvent à 4 millions d'euros sur l'exercice, et dont l'EBITDA fiscal s'élève à 12 millions d'euros.

Comme le montant représentant 30 % de cet EBITDA, soit 3,6 millions d'euros, est supérieur à 3 millions d'euros, c'est la limite en fonction de l'EBITDA qui sera utilisée, et la réintégration de charges financières nette s'élèvera donc à 4 M€ - 3,6 M€ = **400000 €**.

b) Cas d'une société dont les charges financières nettes s'élèvent toujours à 4 millions d'euros sur l'exercice, mais dont l'EBITDA fiscal ne s'élève qu'à 8 millions d'euros.

Comme le montant représentant 30 % de cet EBITDA, soit 2,4 millions d'euros, est cette fois inférieur à 3 millions d'euros, c'est cette dernière limite qui sera utilisée, et la réintégration de charges financières nette s'élèvera donc à 4 M€ - 3 M€ = **1000000 €**.

Il est précisé que le plafond de trois millions d'euros s'applique par exercice de douze mois, et qu'ainsi, ce plafond serait porté à 4,5 millions d'euros dans le cas d'un exercice de 18 mois (BOFiP-IS-BASE-35-40-10-20-§ 30-13/05/2020).

961 En ce qui concerne le plafond de 30 %, l'EBITDA fiscal est calculé en partant du **résultat fiscal** soumis au taux normal de l'impôt sur les sociétés, qu'il convient de retraiter en soustrayant ou en ajoutant un certain nombre d'éléments.

C'est ainsi que doivent être **ajoutés** au résultat fiscal :
– les charges entrant dans le périmètre des charges financières nettes, mentionnées ci-dessus *§ 955* ;
– les dotations aux amortissements admises en déduction du résultat fiscal, y compris les dotations aux amortissements exceptionnels ;
– les dotations aux provisions pour dépréciation admises en déduction ;
– les revenus et plus-values sur cession d'actifs soumise à un taux particulier d'imposition (10 %, 15 %, 19 % ou 25 %) ayant fait l'objet d'une déduction extra-comptable (BOFiP-IS-BASE-35-40-10-20-§ 60-13/05/2020).

De la même façon, doivent être **soustraits** du résultat fiscal :
– les produits entrant dans le périmètre des charges financières nettes, mentionnés ci-dessus *§ 955* ;
– les reprises d'amortissements imposables, ainsi que toute fraction comprise dans les plus et moins-values sur cession d'actifs constatées au cours de l'exercice correspondant à des amortissements déduits, expressément exclus des charges déductibles ou différés en méconnaissance des dispositions de l'article 39 B du CGI ;
– les reprises de provisions pour dépréciation imposables ;
– les moins-values sur cession d'actifs soumise à un taux particulier d'imposition (10 %, 15 %, 19 % ou 25 %) ayant fait l'objet d'une réintégration extra-comptable (BOFiP-IS-BASE-35-40-10-20-§ 60-13/05/2020).

962 Pour ce qui est des amortissements, l'Administration précise que toutes les dotations et reprises fiscalement déduites ou imposables doivent être retenues, y compris les dotations et reprises d'amortissements dérogatoires, mais qu'il n'en va pas de même bien entendu des dispositifs de déduction exceptionnelle de type « amortissements Macron » (visés à l'article 39 decies et suivants du CGI), qui ne constituent pas des dotations aux amortissements sur le plan comptable (BOFiP-IS-BASE-35-40-10-20-§ 70-13/05/2020).

Par ailleurs, en ce qui concerne les **frais d'acquisition de titres** dont il est question au § 355 et pour lesquels l'entreprise a opté sur le plan comptable pour la déduction immédiate mais qui font l'objet d'un amortissement sur cinq ans *(voir § 362)*, il convient d'ajouter au résultat fiscal la dotation d'amortissement qui fait l'objet d'une déduction extra-comptable (BOFiP-IS-BASE-35-40-10-20-§ 70-13/05/2020).

Enfin, un retraitement est prévu en ce qui concerne les amortissements compris dans les **plus ou moins-values** de cession d'actifs (CGI art. 212 bis II, 2°). La loi prévoit en effet que le résultat fiscal pris en considération doit être corrigé des « fractions de plus ou moins-values correspondant à des amortissements », qu'il s'agisse d'amortissements effectivement déduits, d'amortissements expressément exclus des charges déductibles, ou même d'amortissements qui auraient été différés en méconnaissance des dispositions de l'article 39 B du CGI relatif à l'amortissement linéaire minimal obligatoire. Autrement dit, il convient de minorer l'EBITDA fiscal des amortissements pratiqués.

EXEMPLE

Cas d'une société dont le compte de résultat 2021 peut être résumé de la manière suivante (K€) :

Marge brute globale	85 000
Charges externes (dont partie financière des crédits-baux : 1 000 K€)	– 30 000
Impôts et taxes	– 2 500
Salaires et charges sociales	– 39 000
Excédent brut d'exploitation (EBE)	**13 500**
Autres produits de gestion courante	300
Autres charges de gestion courante	– 500
Reprises de provisions	800
Dotation aux amortissements	– 3 000
Dotations aux provisions	– 500
Résultat d'exploitation (REX)	**10 600**
Résultat financier :	
Dividendes de filiales	5 000
Autres produits financiers	600
Charges financières	– 6 000
Résultat exceptionnel :	
Reprises dérogatoires	500
Autres produits exceptionnels	100
Dotations dérogatoires	– 400
Autres charges exceptionnelles	– 300
IS	– 1 658
Résultat net	**8 442**

Sans réintégrations ou déductions particulières en dehors des produits de filiales, le résultat fiscal est de 8 442 + 1 658 - (5 000 x 0,95) = 5 350 K€.

L'EBITDA fiscal sera calculé de la manière suivante :

Résultat fiscal	5 350
À ajouter :	
Charges financières (entrant dans le périmètre des « charges financières nettes »)	7 000
Dotations dépréciations	500
Dotations amortissements	3 400
À soustraire :	
Produits financiers (entrant dans le périmètre des « charges financières nettes »)	– 600
Reprises dépréciations	– 800
Reprises amortissements	– 500
EBITDA fiscal	**14 350**

Le **plafond de déduction** sera égal au montant le plus élevé entre :
- 3 000 K€
- et 30 % de ce montant, soit 14 350 x 30 % = 4 305 K€.

Il sera donc de 4 305 K€.

Quant au montant des **charges financières nettes**, il est calculé de la manière suivante :

Charges financières	6 000
Crédit-bail	1 000
Produits financiers	– 600
Charges financières nettes	**6 400**

En définitive, le montant de charges financières **à réintégrer** sera donc de : 6 400 - 4 305 = **2 095 K€**.

963 (Réservé)

Clause de sauvegarde

965 La législation qui nous occupe comporte une disposition permettant à toute entreprise membre d'un **groupe consolidé** de bénéficier le cas échéant d'un **complément de déduction** de ses charges financières nettes (CGI art. 212 bis VI). Ce complément de déduction s'applique lorsque le **ratio d'autonomie financière** de l'entreprise en question, défini comme le rapport entre ses fonds propres et l'ensemble de ses actifs, s'avère supérieur ou égal au même ratio déterminé au niveau du groupe consolidé auquel elle appartient. Ledit complément est alors égal à **75 %** du montant des **charges financières non admises en déduction** en application des dispositions que nous venons d'examiner.

966 Le groupe consolidé, précise la loi, s'entend de l'ensemble des entreprises françaises et étrangères dont les comptes sont consolidés selon la méthode de l'**intégration globale** pour l'établissement de comptes consolidés en normes française (c. com. art. L. 233-18) ou en normes internationales (c. com. art. L. 233-24) : IFRS ou US GAAP, voire autres normes internationales reconnues équivalentes aux IFRS par la Commission européenne, sous réserve que ces comptes soient validés par un commissaire aux comptes (BOFiP-IS-BASE-35-40-10-20-§ 200-13/05/2020).

Dès lors, pour la détermination des ratios, il conviendra d'exclure les éléments (fonds propres et actifs) se rattachant aux entités consolidées par **intégration proportionnelle** ou par **mise en**

équivalence (BOFiP-IS-BASE-35-40-10-20-§ 150-13/05/2020), ce qui constitue évidemment une complication supplémentaire pour les groupes dont toutes les filiales ne sont pas consolidées par intégration globale.

L'Administration indique que ces dispositions peuvent également s'appliquer aux groupes formés par des entités qui ne sont pas légalement obligées de tenir des comptes consolidés en raison de leur forme juridique ou de la taille du groupe (BOFiP-IS-BASE-35-40-10-20-§ 120-13/05/2020). Elle précise aussi qu'il convient de retenir systématiquement le périmètre du groupe consolidé établi au niveau de la « société consolidante ultime », c'est-à-dire la société dont les comptes ne peuvent pas être inclus dans les comptes consolidés d'une autre entreprise (impossibilité de retenir des comptes consolidés établis à un niveau « intermédiaire »).

967 Pour le calcul du **ratio d'autonomie financière**, l'Administration autorise l'entreprise concernée à retenir, au choix, les données issues du bilan consolidé disponible **à l'ouverture** de l'exercice (c'est-à-dire à la clôture de l'exercice précédent), ou celles du bilan consolidé disponible **à la clôture** de l'exercice. Ce choix est modifiable à chaque exercice (BOFiP-IS-BASE-35-40-10-20-§ 220-13/05/2020).

Pour les **fonds propres** du groupe consolidé, il conviendra de retenir les capitaux propres des entités consolidées par intégration globale, sauf pour les groupes qui ont choisi d'utiliser la catégorie comptables « autres fonds propres consolidés », pour lesquels il convient de retenir la somme des montants correspondant aux catégories « capitaux propres » et « autres fonds propres consolidés », limitée au périmètre des entités consolidées par intégration globale (BOFiP-IS-BASE-35-40-10-20-§ 240-13/05/2020). Lorsque les comptes sont établis selon les normes IFRS, les **intérêts minoritaires**, qui sont considérés comme des fonds propres par ces normes mais en sont exclus dans les normes françaises, ne doivent pas être pris en compte pour déterminer les fonds propres consolidés du groupe (BOFiP-IS-BASE-35-40-10-20-§ 250-13/05/2020).

Pour les **actifs** du groupe consolidé, il s'agit de retenir la somme des actifs de l'ensemble des sociétés consolidées par intégration globale, à savoir :
– les écarts d'acquisition affectables (lorsqu'ils se rapportent à des sociétés consolidées par intégration globale) ;
– les immobilisations incorporelles, corporelles, financières ;
– les stocks et encours, les clients et comptes rattachés, et les autres créances ;
– les valeurs mobilières de placement ;
– les disponibilités.

Les mêmes règles sont à retenir pour la détermination des fonds propres et des actifs de l'entreprise.

968 Le complément de déduction est obtenu non seulement lorsque le ratio d'autonomie financière de l'entreprise, défini comme ci-dessus, est **supérieur ou égal** au ratio d'autonomie financière du groupe consolidé auquel elle appartient, mais également lorsqu'il lui est **inférieur de deux points** de pourcentage au maximum.

EXEMPLE

donné par l'Administration (BOFiP-IS-BASE-35-40-10-20-§ 310-13/05/2020)

Au titre de l'exercice 2022, les comptes consolidés d'un groupe font apparaître les données suivantes :
- Capitaux propres du groupe consolidé : 12 000 000 € (avec contribution de l'entreprise à ces capitaux propres à hauteur de 2 000 000 €) ;
- Actifs du groupe : 35 000 000 € (dont 6 000 000 € pour l'entreprise).

Le ratio du groupe s'élève à 12/35 = **34,29 %**, et celui de l'entreprise à 2/6 = **33,33 %**. Le ratio de l'entreprise est donc **inférieur** à celui du groupe consolidé, mais comme la différence entre ces deux ratios reste inférieure à deux points de pourcentage, le ratio de l'entreprise est **considéré comme égal** à celui déterminé au niveau du groupe. L'entreprise peut donc bénéficier de la clause de sauvegarde au titre de l'exercice 2022.

Si les fonds propres du groupe consolidé ou ceux de l'entreprise sont négatifs, il convient de déterminer lequel des deux ratios est le « moins négatif ».

969 Dès lors que cette condition de ratio est remplie, l'entreprise peut bénéficier d'un complément de déduction égal à 75 % du montant des charges financières non admises en déduction en raison de l'application du plafond.

EXEMPLE

(Reprise de l'exemple présenté au § 962)

Si l'entreprise en question, qui devait normalement procéder à la réintégration de charges financières de 2 095 K€, se trouve faire partie d'un groupe consolidé dont le ratio d'autonomie financière est inférieur au sien (ou supérieur de deux points au maximum), elle pourra se prévaloir d'un supplément de déduction égal à 75 % de la réintégration prévue, soit 2 095 K€ x 75 % = 1 571 250 €.

La réintégration pratiquée s'élèvera donc en définitive à 2 095 000 - 1 571 250 = **523 750 €**.

Il est précisé que cette déduction complémentaire n'a vocation à s'appliquer qu'aux seules charges financières nettes non admises en déduction **au titre de l'exercice**, et non aux éventuelles charges financières nettes en **report** (voir ci-dessous) qui n'auraient pas pu faire l'objet d'une déduction au titre d'exercices antérieurs (BOFiP-IS-BASE-35-40-10-20-§ 330-13/05/2020).

970 (Réservé)

Conséquences de la réintégration opérée et mécanisme de report

975 L'Administration prend soin de préciser que la réintégration de charges financières nettes qui nous occupe est sans incidence sur la qualification fiscale de cette somme du point de vue de l'entreprise qui l'a perçue, ainsi que du point de vue de l'entreprise qui l'a versée, et, en particulier, n'a **pas pour conséquence** de qualifier cette somme de **revenus distribués** (BOFiP-IS-BASE-35-40-10-20-§ 220-13/05/2020).

976 Par ailleurs, la réintégration en question n'est pas nécessairement définitive, puisque la déduction des charges financières ainsi réintégrées est susceptible d'être **reportée** dans le temps, sans limitation de délai.

Ceci la différencie à la fois de l'ancien système du « rabot », qui prévoyait une réintégration forfaitaire définitive, et de l'ancien système anti-sous-capitalisation, qui prévoyait un report de déduction dont le montant était amputé de 5 % chaque année.

Ce système de report dans le temps concerne d'ailleurs non seulement les réintégrations *(voir § 977)*, mais aussi, le cas échéant, les capacités de déduction inemployées *(voir § 978)*.

977 S'agissant tout d'abord des **charges financières non déduites**, la loi (CGI art. 212 bis VIII, 1) prévoit que celles-ci peuvent être déduites, au titre d'un exercice donné, à hauteur d'un montant égal à la différence positive entre le plafond de droit commun appliqué au titre de cet exercice *(voir § 960)* et les charges financières nettes constatées au titre de cet exercice.

EXEMPLE

(reprise de l'exemple § 669)

L'entreprise en question, qui a dû réintégrer à son résultat fiscal 2021 une charge financière non déductible de **523 750 €**, se trouve dans la situation suivante à la clôture de l'exercice 2022 :
- son EBITDA fiscal est désormais de 18 000 K€ ;
- ses charges financières nettes sont descendues à 5 000 K€.

Son plafond de déduction est désormais, pour l'exercice 2022, de 30 % x 18 000 K€ = 5 400 K€, supérieur par conséquent à ses charges financières nettes : elle peut donc non seulement déduire l'intégralité de ses charges financières de l'exercice 2022, mais dégage aussi une « différence positive » entre le plafond de déduction et ses charges financières nettes, de 5 400 K€ - 5 000 K€ = 400 K€.

Ses charges financières non déduites de l'exercice 2021 (523 750 €) peuvent donc être en partie déduites du résultat fiscal de l'exercice 2022, à hauteur de 400 000 €, et la charge financière non déduite en report sera ainsi réduite à 523 750 - 400 000 = 123 750 €.

À noter aussi que la fraction d'intérêts résultant de l'ancien dispositif de lutte contre la **sous-capitalisation** désormais abrogé, qui n'auraient pas encore été déduits à la clôture du dernier exercice ouvert avant le 1er janvier 2019, peut être ajoutée au stock de charges financières nettes non déduites au titre du présent dispositif, et se trouve donc reportable, dans les mêmes conditions, c'est-à-dire sans limite de temps et sans application de la décote de 5 % anciennement prévue (BOFiP-IS-BASE-35-40-10-30-§ 10-13/05/2020).

978 Un report existe également dans le cas des « **possibilités de déduction inemployées** ». Il s'agit de la situation dans laquelle le montant du plafond de déduction de l'exercice excède celui des charges financières nettes admises en déduction au titre de cet exercice, après déduction des éventuelles charges financières nettes en report. Cette capacité de déduction inemployée peut être utilisée au cours des **cinq exercices suivants** pour permettre de déduire des charges financières normalement non déductibles (CGI art. 212 bis VIII, 2).

En revanche, lorsque coexistent à la clôture d'un exercice une capacité de déduction inemployée et des charges financières en report issues d'exercices antérieurs, la capacité de déduction inemployée ne peut pas permettre de déduire les charges financières nettes en report issues d'exercices précédents.

EXEMPLE

(Reprise de l'exemple présenté au § 977)

L'entreprise déjà évoquée se trouvait, à la clôture de l'exercice 2022, avec un report de déduction de charges financières 2021 ramené à 123 750 €.

a) Sa situation n'a que peu varié à la clôture de l'exercice 2023, avec un EBITDA fiscal de 18 000 K€ (plafond de déduction : 5 400 K€) et des charges financières nettes de 5 000 K€. De nouveau, elle dégage donc une « différence positive » de 400 K€ entre le plafond de déduction et ses charges financières nettes, ce qui aura plusieurs conséquences :
- les charges financières de l'exercice 2023 seront totalement déductibles ;
- les charges financières d'exercices précédents non encore déduites à la clôture 2022 (123 750 € datant de 2021) pourront être déduites du résultat fiscal de l'exercice 2023 ;
- le surplus, soit 400 000 € - 123 750 € = 276 250 € constitue une « capacité de déduction inemployée » reportable sur les exercices 2024 à 2028.

b) Cette situation se détériore ensuite en 2024, avec un EBITDA fiscal abaissé à 12 000 K€ (plafond de déduction : 3 600 K€) alors que les charges financières nettes s'élèvent toujours à 5 000 K€. La réintégration devrait s'élever à 5 000 k€ - 3 600 K€ = 1 400 K€, mais elle se limite à 350 K€ car la société dispose toujours d'un ratio d'autonomie financière supérieur à celui de son groupe consolidé.

Dans ce cas, l'entreprise pourra imputer sa capacité de déduction inemployée de 2023, et limiter ainsi sa réintégration à 350 000 - 276 250 = 73 750 €.

979 **(Réservé)**

Situations de sous-capitalisation

980 Si le dispositif spécifique complexe institué à partir de 2007 pour lutter contre les situations de sous-capitalisation est désormais abrogé, la législation actuelle relative au plafonnement des charges financières comporte des dispositions particulières applicables aux entreprises considérées comme sous-capitalisées.

Une entreprise est considérée comme sous-capitalisée lorsque le montant moyen des sommes laissées ou mises à sa disposition au cours d'un exercice par l'ensemble des entreprises qui lui sont directement ou indirectement **liées** au sens du 12 de l'article 39 du CGI excède, au titre de cet exercice, **une fois et demie** le montant de ses **fonds propres**, apprécié au choix de l'entreprise à l'ouverture ou à la clôture de cet exercice (CGI art. 212 bis VII, 1).

Sur la notion de sociétés liées, voir supra § 925.

Dans ce cas, l'entreprise est soumise à un **plafond de déduction spécifique** *(voir § 986)*, plus sévère que le plafond de droit commun que nous venons d'examiner aux §§ 960 et s.

981 Par exception, ne sont pas considérées comme des sommes laissées ou mises à disposition par des entreprises liées les sommes afférentes à :
– des opérations de financement réalisées, dans le cadre d'une convention de **gestion centralisée de la trésorerie** d'entreprises liées, par l'une des entreprises chargées de cette gestion centralisée ;
– les sommes mises à disposition d'un crédit-bailleur par des entreprises liées en vue de financer une opération ponctuelle de crédit-bail portant sur des biens d'équipement ou du matériel d'outillage, ou des biens immobiliers à usage professionnel ;
– les sommes laissées ou mises à disposition des établissements de crédit ou des sociétés de financement.

On remarquera par ailleurs que, contrairement au précédent régime anti-sous-capitalisation et à certains dispositifs en vigueur dans d'autres pays, les emprunts **garantis** par des sociétés liées ne sont plus visés.

S'agissant de la gestion centralisée de trésorerie, l'Administration précise que l'exception ne s'applique qu'**à la seule centrale de trésorerie** (ou aux seules centrales de trésorerie dans l'hypothèse où le groupe en comporterait plusieurs), et non à l'ensemble des entreprises liées ayant adhéré à la convention de gestion centralisée de trésorerie. En d'autres termes, indique-t-elle, l'exception **ne vise pas les sommes** mises à la disposition des entreprises liées **par la centrale de trésorerie** en exécution de la convention de gestion centralisée (BOFiP-IS-BASE-35-40-20-§ 150-13/05/2020).

Cette limitation figurait déjà dans l'ancien dispositif anti-sous-capitalisation.

L'exception s'applique sous réserve que les opérations réalisées par la centrale de trésorerie soient réalisées dans le cadre d'un **accord conventionnel** de centralisation de la gestion de la trésorerie, signé par toutes ou partie des sociétés qui lui sont liées, définissant les missions et les modalités d'intervention de la centrale de trésorerie, ainsi que les taux de rémunération pratiqués.

Par ailleurs, à notre avis les dettes fournisseurs intragroupe, non rémunérées, ne doivent pas entrer en ligne de compte étant donné la définition, donnée par l'Administration, des « sommes laissées ou mises à disposition » d'une entreprise *(voir § 955)*.

982 Pour la détermination de ce ratio de 1,5 fois, les **fonds propres** correspondent à l'addition des « capitaux propres » et les « autres fonds propres » (PCG art. 934-1).

L'ancien dispositif de lutte contre la sous-capitalisation faisait référence, quant à lui, aux seuls « capitaux propres ».

Les capitaux propres correspondent à la somme algébrique des postes suivants :
– des apports : capital, primes liées au capital ;
– des écarts de réévaluation ;
– des écarts d'équivalence ;
– des bénéfices autres que ceux pour lesquels une décision de distribution est intervenue : réserves, report à nouveau créditeur, bénéfice de l'exercice ;
– des pertes (négativement) : report à nouveau débiteur, perte de l'exercice ;
– des subventions d'investissement ;
– des provisions réglementées.

Les autres fonds propres correspondent à la somme algébrique :
– du montant des émissions de titre participatif ;
– des avances conditionnées ;
– et des droits du concédant.

Dans l'ancien dispositif, l'Administration avait admis que ces éléments soient majorés des sommes provenant d'**instruments financiers hybrides** lorsque ces titres sont inscrits en comptabilité dans la rubrique « Autres fonds propres » et que, compte tenu de leurs caractéristiques, ils ne peuvent être fiscalement assimilés à des dettes, c'est-à-dire que leur rémunération n'est pas déductible en tant que charges d'intérêt (BOFiP-IS-BASE-35-20-30-10-§ 60-29/03/2013). Cette précision ne figure plus dans la doctrine, alors même que les autres fonds propres font partie des fonds propres désormais visés par la loi.

983 Le montant de ces capitaux propres est apprécié, au choix de l'entreprise, soit à l'ouverture, soit à la clôture de l'exercice.

Ce choix constitue une décision de gestion opposable à l'entreprise, mais celle-ci peut néanmoins modifier ce choix d'un exercice sur l'autre (BOFiP-IS-BASE-35-40-20-§ 190-13/05/2020).

984 Les **sommes mises à disposition** par des entreprises liées sont prises en compte non pas pour leur montant à la date d'ouverture ou de clôture de l'exercice mais pour leur **montant moyen**. Ce dernier est obtenu en faisant le rapport entre la somme des avances quotidiennes consenties par des entreprises liées au cours de l'exercice, et le nombre total de jours de cet exercice l'autre (BOFiP-IS-BASE-35-40-20-§ 200-13/05/2020).

985 Lorsque le ratio dépasse 1,5, la loi prévoit l'application de deux plafonds de déduction. En effet, les charges financières nettes doivent être réparties en **deux catégories** :
– les charges financières « normales » qui se rapportent aux sommes mises à disposition par des entreprises non liées, ainsi qu'aux sommes mises à disposition par des entreprises liées dans la limite d'une fois et demie les fonds propres de l'entreprise ;
– les charges financières de « sous-capitalisation » qui se rapportent aux sommes mises à disposition par des **entreprises liées**, pour la fraction qui **excède une fois et demie** les fonds propres de l'entreprise.

Attention : pour ce calcul, les sommes « mises à disposition » par des entreprises non liées sont à entendre au sens strict *(voir §§ 955 et 981)*, et non au sens large de toutes les dettes, notion qui ne s'applique que pour le calcul du ratio d'endettement global utilisé dans le cas particulier de la clause de sauvegarde propre aux situations de sous-capitalisation *(voir § 989)*.

EXEMPLE

Cas d'une entreprise dont les caractéristiques d'endettement sont les suivantes (K€) :

Total charges financières nettes de l'exercice	6 000
Fonds propres	50 000
Sommes empruntées à des entreprises non liées	350 000
Sommes empruntées à des entreprises liées	150 000
Total emprunts	500 000

Les emprunts « normaux » s'élèvent à 350 000 K€ (montant moyen des emprunts auprès de sociétés non liées) + 75 000 K€ (montant moyens empruntés aux sociétés liées, dans la limite de 1,5 fois les fonds propres) = 425 000 K€, soit **85 %** du total.

Le solde des emprunts (75 M€), soit **15 %** du total, correspond à une situation de sous-capitalisation.

Dès lors, les charges financières nettes de 6 000 K€ sont réputées se répartir :
- à hauteur de (425 000/500 000) x 6 000 = **5 100 K€** dans la première catégorie, celle des charges financières « normales » relevant des règles de déduction ordinaires ;
- et à hauteur de 75 000/500 000 x 6 000 = **900 K€** dans la seconde catégorie, celle des charges financières nettes relevant de la sous-capitalisation.

986 **La première catégorie de charges financières est déductible dans la limite du plafond de droit commun évoqué au § 960.**

La seconde catégorie est déductible dans la limite du plus élevé des deux montants suivants :

– 10 % de l'EBITDA fiscal (au lieu de 30 %)

– ou 1 000 000 € (au lieu de 3 000 000 €).

Les différentes limites applicables sont réduites dans la proportion des charges financières respectives de chacune des deux catégories.

EXEMPLE

(suite de l'exemple du § 985)

Supposons que l'EBITDA fiscal de la société soit de 12 000 K€

Les limites de déduction applicables seront alors les suivantes :

• Première catégorie de charges financières :

Limite EBITDA : 12 000 K€ x 30 % x 85 % *(voir § 985)* = 3 060 K€.

Limite fixe : 3 000 K€ x 85 % = 2 550 K€.

• Seconde catégorie de charges financières (sous-capitalisation) :

Limite EBITDA : 12 000 K€ x 10 % x 15 % *(voir § 985)* = 180 K€.

Limite fixe : 1 000 K€ x 15 % = 150 K€.

Dès lors, la réintégration applicable s'élèvera :
- à 5 100 - 3 060 = 2 040 K€ pour la première catégorie
- et à 900 - 180 = 720 K€ pour la seconde catégorie,

soit un total de 2 040 + 720 = **2 760 K€**.

Il est précisé qu'en cas de sous-capitalisation, l'entreprise ne peut pas bénéficier de l'éventuel complément de déduction mentionné au § 965 (clause de sauvegarde accordée aux sociétés appartenant à un groupe consolidé dont le ratio d'autonomie financière est inférieur au leur).

Cependant, une clause de sauvegarde spécifique s'applique dans le cadre du dispositif de sous-capitalisation.

Clause de sauvegarde spécifique à la sous-capitalisation

987 En effet, les charges financières nettes constatées au cours d'un exercice ne sont pas soumises au dispositif de lutte contre la sous-capitalisation si l'entreprise apporte la preuve que le **ratio d'endettement global** (dettes/fonds propres) du **groupe consolidé** auquel elle appartient est supérieur ou égal à son propre ratio d'endettement global (CGI art. 212 bis VII, 3).

Le texte précise que le ratio d'endettement du groupe consolidé est déterminé en excluant les « dettes envers les entreprises appartenant au groupe consolidé », ce qui n'a guère de portée dans la mesure où les dettes et créances réciproques intragroupe sont forcément éliminées en consolidation. En revanche, les dettes de l'entreprise elle-même sont retenues sans retraitement des dettes contractées vis-à-vis d'entreprises membres du groupe consolidé (BOFiP-IS-BASE-35-40-20-§ 350-13/05/2020).

988 Pour le calcul des ratios, il importe peu que la date de clôture de l'exercice social de l'entreprise coïncide ou non avec celle de l'exercice du groupe consolidé, l'ensemble des données servant de base au calcul et à la comparaison de ces derniers étant de toutes manières issues des derniers comptes consolidés disponibles (BOFiP-IS-BASE-35-40-20-§ 320-13/05/2020).

Cependant, pour déterminer ces ratios l'entreprise peut retenir soit les données provenant du dernier bilan consolidé disponible **à l'ouverture** de l'exercice (bilan de clôture de l'exercice précédent), soit les données du dernier bilan consolidé disponible **à la clôture** de l'exercice. Ce choix est modifiable à chaque exercice. En revanche, au titre d'un même exercice, l'entreprise doit obligatoirement utiliser des données issues du même bilan consolidé pour déterminer son propre ratio et celui du groupe consolidé (BOFiP-IS-BASE-35-40-20-§ 320-13/05/2020).

989 Les fonds propres sont déterminés comme évoqué supra § 967. Quant aux dettes, l'administration précise qu'il s'agit de toutes les dettes, y compris celles qui ne comportent pas d'intérêts ou dont la rémunération n'entre pas dans l'assiette des charges financières nettes soumises au plafonnement : cela inclut par conséquent les dettes fournisseurs, les dettes fiscales et sociales ou encore les avances et acomptes reçus sur commandes. Sont en revanche exclus les produits constatés d'avance et les impôts différés passifs (BOFiP-IS-BASE-35-40-20-§ 330-13/05/2020).

EXEMPLE

Soit une société dont les éléments financiers sont les suivantes (K€) :

Capitaux propres	30 000
Dettes	50 000

Les données du groupe consolidé auquel elle appartient sont les suivantes (K€) :

Capitaux propres	70 000
Dettes	135 000

Dès lors, les ratios d'autonomie financière (dettes/capitaux propres) sont les suivants :

Ratio groupe	1,93
Ratio société	1,67

Le ratio de la société est moins élevé que celui du groupe consolidé auquel elle appartient, et donc cette société ne sera pas considérée comme étant en situation de sous-capitalisation : Elle échappera aux plafonds spécifiques de déduction mentionnés ci-dessus et pourra en outre, le cas échéant, se prévaloir du complément déduction prévu dans le cadre de la clause de sauvegarde évoquée au § 965.

990 S'agissant des possibilités de report, le fait d'être en situation de sous-capitalisation se traduit par deux conséquences :
– des modalités de report des charges financières nettes non déduites plus restrictives qu'en droit commun *(voir § 991)* ;
– et l'impossibilité de constituer ou d'utiliser des capacités de déductions inemployées *(voir § 992)*.

991 Pour les entreprises sous-capitalisées, les modalités de report sont les suivantes :
– le report s'exerce **intégralement** pour les charges financières relevant de la première catégorie évoquée au § 985 ;
– mais ce report ne s'exerce qu'à hauteur d'**un tiers seulement** pour la seconde catégorie de charges financières nettes, qui correspond aux charges financières relevant de la situation de sous-capitalisation.

EXEMPLE

(suite de l'exemple du § 986)

Cas d'une société considérée comme sous-capitalisée qui avait dû pratiquer les réintégrations suivantes :
- à 5100 - 3060 = 2040 K€ pour la première catégorie de charges financières nettes ;
- et à 900 - 180 = 720 K€ pour la seconde catégorie.

Elle pourra reporter sur ses exercices suivant un montant de charges financières non déduites de 2040 + 1/3 x 720 = **2280 K€**.

992 S'agissant des **capacités de déduction inemployées**, le texte prévoyant leur report (CGI art. 212 bis VIII, 2) ne s'étend pas le cas aux entreprises sous-capitalisée (mentionnées au VII du même texte). Les capacités de déduction inemployées d'une entreprise en situation de sous-capitalisation sont donc **définitivement perdues** (BOFiP-IS-BASE-35-40-20-§ 450-13/05/2020).

993 L'Administration précise par ailleurs que dans le cas d'une entreprise disposant de capacités de déduction inemployées constituées au titre d'exercices au cours desquels elle n'était **pas sous-capitalisée** qui **le deviendrait par la suite**, elle perdrait le droit d'utiliser ces capacités de déduction au titre des exercices au cours desquels elle est sous-capitalisée. En revanche, à compter de l'exercice au cours duquel elle ne serait plus en situation de sous-capitalisation, elle pourrait à nouveau utiliser ces capacités de déduction inemployées à condition que celles-ci aient été constatées au titre de l'un des cinq exercices précédents (BOFiP-IS-BASE-35-40-20-§ 460-13/05/2020).

994 (Réservé)

Régime des « entreprises autonomes »

995 Nous n'évoquerons que très brièvement le régime des entreprises autonomes, puisque, par définition, il ne s'applique pas aux sociétés holdings ni à leurs filiales. Il s'agit en effet des entreprises sur lesquelles aucune société n'exerce un contrôle exclusif et qui ne sont **pas liées** à une autre entreprise ni ne disposent d'établissement à l'étranger.

Dans leur cas, les charges financières nettes sont déductibles à hauteur du plus montant le plus élevé entre 30 % de l'EBITDA fiscal et trois millions d'euros (comme dans le dispositif décrit ci-dessus), mais elles disposent automatiquement d'un **complément de déduction** égal à **75 %** de la fraction normalement non déductible, sans avoir à remplir les conditions évoquées § 965.

En revanche, ces sociétés ne peuvent pas bénéficier des mécanismes de report des charges financières nettes non admises en déduction et des capacités de déduction inemployées.

996 **(Réservé)**

Dispositions applicables en cas d'intégration fiscale

1000 **Le régime d'intégration fiscale comporte un dispositif de plafonnement des charges financières nettes calqué sur celui de l'article 212 bis du CGI que nous venons d'examiner** (CGI art. 223 B bis issu de la loi 2018-1317 du 28 décembre 2018 de finances pour 2019, art. 34).

Comme en régime individuel, l'intégration fiscale comporte une limitation de la déduction des charges financières nettes supportées par le groupe, qui ne sont déductibles du résultat d'ensemble que dans la limite du plus élevé des deux montants suivants :
– trois millions d'euros ;
– ou 30 % de l'EBITDA fiscal du groupe.

C'est donc à la société mère tête de groupe que revient le soin de gérer cette réintégration éventuelle lors de la détermination du résultat d'ensemble : chaque société membre du groupe détermine son résultat fiscal propre sans appliquer de mesure de plafonnement des charges financières nettes.

Il n'en reste pas moins que les sociétés membres du groupe demeurent astreintes à déterminer leur résultat fiscal tel qu'il serait si elles n'étaient pas intégrées fiscalement, ne serait-ce que parce que c'est ce résultat qui sert de base de calcul à la **participation des salariés**. Cette détermination s'effectue, rappelons-le, par l'établissement de l'imprimé fiscal n° 2058-A-bis-SD *« Détermination du résultat fiscal de la société comme si elle était imposée séparément »*. Cette double prise en compte des règles de réintégration des charges financières nettes, individuelles et intégrées, constitue sans nul doute un élément de complexité non négligeable.

1001 **Le montant des charges financières nettes du groupe soumises au dispositif de plafonnement est égal à la somme algébrique des charges et produits financiers de chaque société membre du groupe calculés selon les règles décrites aux §§ 955 à 959.**

Comme l'indique l'Administration, il n'y a pas lieu en pratique de distinguer selon que les charges et produits financiers sont afférents à des sommes prêtées ou empruntées entre sociétés du groupe, ou avec des sociétés extérieures au groupe (BOFiP-IS-GPE-20-20-110-§ 30-13/05/2020). Au demeurant, ces éléments se compensent puisque les charges financières d'une société du groupe correspondent à des produits financiers chez une autre.

1002 **Le seuil de 3 millions d'euros s'apprécie au niveau du groupe, et non au niveau des sociétés membres.**

De même, le calcul de l'EBITDA fiscal du groupe est réalisé à partir du résultat fiscal d'ensemble. Ce résultat s'entend avant imputation des déficits du groupe et, le cas échéant, après réintégration du montant des déficits propres des sociétés membres imputé sur leurs bénéfices respectifs (ou, éventuellement, suivant le régime de la « base élargie »).

Les retraitements apportés au résultat fiscal du groupe pour arriver à l'EBITDA sont les mêmes que celles indiquées au § 961 pour le régime « individuel », avec les quelques spécificités tenant à l'application du régime de l'intégration fiscale. Ainsi, notamment, certains amortissements ont pu faire l'objet de corrections dans le résultat d'ensemble lorsqu'ils se rattachent à des immobilisations cédées entre sociétés du groupe. De même, ont pu être retraitées certaines provisions pour dépréciation, neutralisées pour la détermination du résultat d'ensemble.

Conformément à sa doctrine traditionnelle relative à la **libre répartition de la charge d'IS** entre les sociétés membres du groupe, l'Administration précise qu'il ne sera tiré aucune conséquence du choix de la société mère de **refacturer ou non le supplément d'impôt** afférent au plafonnement des charges financières nettes du groupe à ses filiales pendant la période d'intégration, sous réserve que cette répartition ne porte atteinte ni à l'intérêt social propre de chaque société, ni aux droits des associés ou actionnaires minoritaires (BOFiP-IS-GPE-20-20-110-§ 70-13/05/2020).

1003 **Comme le régime de droit commun, l'intégration fiscale comporte une clause de sauvegarde en faveur des entreprises membres d'un groupe consolidé. Elle s'applique lorsqu'un groupe fiscal est en mesure de démontrer que le ratio entre les fonds propres et l'ensemble des actifs (ratio d'autonomie financière), déterminé à son niveau, est égal ou supérieur à ce même ratio calculé au niveau du groupe consolidé auquel appartiennent les sociétés fiscalement intégrées.**

Dans ce cas, le groupe peut bénéficier d'un complément de déduction, égal à 75 % du montant des charges financières nettes qui n'ont pu être déduites du résultat d'ensemble de l'exercice en application des plafonds de droit commun.

La mise en œuvre de cette disposition suppose que le groupe intégré fasse partie d'un groupe plus important dans lequel il est consolidé, et que soit constitué **un sous-groupe de consolidation** correspondant aux sociétés membres de l'intégration fiscale. Ainsi, les ratios de ce sous-groupe pourront être comparés à ceux du groupe consolidé.

1004 **Le régime de l'intégration fiscale comporte également, comme en droit commun, des dispositions spécifiques applicables en cas de sous-capitalisation. La situation de sous-capitalisation se caractérise, comme en droit commun, par le fait que les avances reçues de sociétés liées (ici : les avances reçues par des sociétés du groupe en provenance de sociétés liées mais non membre du groupe) dépassent une fois et demie les fonds propres déterminés au niveau du groupe** (CGI art. 223 B bis, VII)**.**

Dans ce cas, il convient de calculer un ratio d'endettement spécifique « aux bornes de l'intégration fiscale », qui rapporte le montant des dettes contractées auprès de sociétés liées, mais ne faisant pas partie du groupe intégré, au montant des fonds propres « consolidés » du groupe d'intégration fiscale.

L'Administration préconise de constituer un sous-groupe de consolidation ne comprenant que les sociétés faisant partie de l'intégration fiscale, les fonds propres consolidés de ce sous-groupe constituant les fonds propres à retenir dans le ratio d'endettement.

EXEMPLE

Exemple récapitulatif

Cas d'un groupe d'intégration fiscale formé par la holding H2 et ses filiales F1 et F2, détenues à 100 %. Le capital de la tête de groupe H2 et par ailleurs détenu à 60 % par une autre société holding, la société H1. Il est précisé que l'EBITDA fiscal du groupe d'intégration s'élève à 12 000 K€.

La situation financière de ces différentes sociétés peut être résumée de la manière suivante (il est précisé que les « autres passifs » correspondent à des passifs non rémunérés : dettes fournisseurs, dettes fiscales et sociales, etc.) :

- Holding H1 (K€) :

Actif		Passif	
Titres H2 (Détention à 60 %)	30 000	Capitaux propres	50 000
		Emprunts hors groupe	150 000
Prêts filiales	290 000		
Autres actifs	10 000	Autres passifs	130 000

• Sous-holding H2, mère intégrante (K€) :

Actif		Passif			
Titres F1 (100 %)	50 000	Capitaux propres	80 000	Produits financiers	2 000
Titres F2 (100 %)	120 000	Emprunts :		Charges financières	2 300
		A H1	150 000	Charges financières nettes	300
Prêts filiales	200 000	Emprunts hors groupe	80 000		
Autres actifs	20 000	Autres passifs	80 000		

• Filiale F1 (K€) :

Actif		Passif			
		Capitaux propres	100 000	Produits financiers	0
		Emprunts :		Charges financières	2 200
		A H1	90 000	Charges financières nettes	2 200
		A H2	100 000		
		Emprunts hors groupe	30 000		
Divers actifs	330 000	Autres passifs	10 000		

• Filiale F2 (K€) :

Actif		Passif			
		Capitaux propres	150 000	Produits financiers	0
		Emprunts :		Charges financières	2 000
		A H1	50 000	Charges financières nettes	2 000
		A H2	100 000		
		Emprunts hors groupe	50 000		
Divers actifs	380 000	Autres passifs	30 000		

a) Détermination des charges financières nettes du groupe :

Le montant des charges financières nettes du groupe résulte de l'addition de celles des différentes sociétés qui le composent :

Charges financières nettes H2	300
Charges financières nettes F1	2 200
Charges financières nettes F2	2 000
Charges financières nettes du groupe	4 500

N.B. : On remarque immédiatement que, sans option pour l'intégration fiscale, la question du plafonnement des charges financières ne se poserait pas au cas particulier, puisque le montant des charges financières nettes ne dépasse individuellement 3 000 K€ pour aucune des sociétés du groupe.

b) Calcul de la réintégration à pratiquer en droit commun :

La limite en fonction de l'EBITDA fiscal s'élève à 12 000 x 30 % = 3 600 K€.

C'est elle qui devrait s'appliquer, étant supérieure à la limite « fixe » de 3 000 K€.

La réintégration de droit commun devrait donc s'élever à 4 500 - 3 600 = 900 K€.

Encore faut-il vérifier si la réintégration à pratiquer ne devrait pas être inférieure (clause de sauvegarde) ou supérieure (sous-capitalisation) à ce montant.

c) Mise en œuvre éventuelle de la clause de sauvegarde :

Ici, il convient de comparer le ratio d'autonomie financière (ratio entre les fonds propres et l'ensemble des actifs), du sous-groupe « intégration fiscale » à celui du groupe consolidé auquel appartiennent les sociétés fiscalement intégrées.

Le bilan consolidé du sous-groupe formé sous H2 peut être résumé de la manière suivante (K€) :

Actif		Passif	
		Capitaux propres consolidés	160 000
		Emprunts H1	290 000
		Emprunts hors groupe	160 000
Divers actifs	730 000	Autres passifs	120 000

Le ratio d'autonomie financière de ce sous-groupe s'élève à 160 000/730 000 = **0,22** (montant arrondi).

Quant au bilan consolidé du groupe formé sous H1, il peut être résumé de la manière suivante (K€) :

Actif		Passif	
		Capitaux propres consolidés	180 000
		Emprunts hors groupe	310 000
Divers actifs	740 000	Autres passifs	250 000

Le ratio d'autonomie financière de ce groupe s'élève à 180 000/740 000 = **0,24**.

Le ratio d'autonomie financière du groupe intégré n'est donc pas supérieur à celui de son groupe consolidé : La clause de sauvegarde ne peut pas s'appliquer. C'est donc normalement la réintégration de droit commun de 900 K€ qui devrait être opérée, sans atténuation. Mais encore faut-il vérifier si le groupe n'est pas « sous-capitalisé ».

d) Évaluation de la situation de sous-capitalisation :

À ce stade, il convient de déterminer un ratio d'endettement (dettes/fonds propres) aux bornes du groupe d'intégration fiscale, pour vérifier que les avances reçues de sociétés liées, mais non intégrées (avances de H1 au cas particulier) ne dépassent pas 1,5 fois les fonds propres.

Les avances reçues de H1 sont de 290 000 K€

Les capitaux propres consolidés, à l'échelon de H2, sont de 160 000 K€.

Le ratio d'endettement s'élève donc à 160 000/290 000 = **1,8125**.

Le groupe intégré doit être considéré comme se trouvant en situation de sous-capitalisation, ce qui modifie sensiblement ses perspectives de déduction des charges financières.

e) Conséquences de la sous-capitalisation constatée :

Il convient, en premier lieu, de répartir les charges financières nettes du groupe en deux catégories :
- les charges financières « normales » qui se rapportent aux sommes mises à disposition par des entreprises non liées, ainsi qu'aux sommes mises à disposition par des entreprises liées dans la limite d'une fois et demie les fonds propres du groupe ;
- les charges financières de « sous-capitalisation » qui se rapportent aux sommes mises à disposition par des entreprises liées, pour la fraction qui excède une fois et demie les fonds propres du groupe.

Cette répartition s'opère de la manière suivante (K€) :

Total charges financières nettes de l'exercice	4 500
Fonds propres	160 000
Sommes empruntées à des entreprises non liées	160 000
Sommes empruntées à des entreprises liées	290 000
Total emprunts	450 000
1,5 x fonds propres	240 000
1re catégorie de charges financières	4 000
2e catégorie de charges financières	500

Les charges financières nettes ayant été ainsi ventilées, il y a lieu de déterminer ensuite, pour chacune des catégories en question, quels sont les plafonds de déduction applicables.

Ce sont les suivants (en K€) :

• Limites de la 1re catégorie de charges financières :

Limite EBITDA	3 200,00
Limite fixe	2 666,67

C'est la limite EBITDA (12 000 K€ x 30 % x 4 000/4 500) = 3 200 K€ qui est la plus élevée et qui devra par conséquent s'appliquer.

• Limites de la 2e catégorie de charges financières :

Limite EBITDA	133,33
Limite fixe	111,11

Là aussi, c'est la limite EBITDA (12 000 K€ x 10 % x 500/4 500) = 133,33 K€ qui est la plus élevée et qui devra donc s'appliquer.

Au total, la réintégration de frais financier sera donc de :

Réintégration 1	800,00
Réintégration 2	366,67
	1 166,67

Réintégration de **1 166,67 K€**, plus élevée par conséquent que la réintégration de 900 K€ qui se serait appliquée sans présence d'une situation de sous-capitalisation.

1005 **(Réservé)**

Intégration fiscale : le dispositif de « l'amendement Charasse »

1090 La législation spécifique de l'intégration fiscale comporte elle aussi un dispositif de limitation de la déductibilité des charges financières, conçu pour s'appliquer uniquement dans certaines situations particulières, que l'on pourrait qualifier de « rachat à soi-même ». Ce dispositif anti-abus, souvent baptisé « amendement Charasse » du nom de son instigateur, figure au septième alinéa de l'article 223 B du CGI, dont le texte peut être ainsi résumé :

« Lorsqu'une société a acheté (...) les titres d'une société qui devient membre du groupe aux personnes qui la contrôlent (...) les charges financières déduites par les sociétés membres du groupe sont rapportées au résultat d'ensemble (...) », selon des modalités que nous allons examiner ci-après.

L'application du mécanisme est déclenchée par la réunion, au sein d'un même groupe d'intégration fiscale, de la société acheteuse et de celle dont les titres ont été acquis **à l'actionnaire contrôlant le groupe**. Peu importe à cet égard que l'acquisition soit réalisée par la société mère « tête de groupe », ou par une filiale intégrée, ou conjointement par ces deux catégories de sociétés. Peu importe également que l'acquisition soit réalisée en une seule fois ou par achats successifs.

S'agissant d'une mesure propre au régime de l'intégration fiscale, nous n'aborderons que les points essentiels du dispositif. Pour davantage de précisions, nous renvoyons à l'ouvrage de Patrick Morgenstern, Laurent Leclercq et Jennifer Pillot « *L'intégration fiscale* », Groupe Revue Fiduciaire, 2022-23.

EXEMPLE

Cas d'une personne physique détenant à la fois les titres d'une holding H (société mère d'une société F1, avec laquelle elle forme un groupe fiscalement intégré) et ceux d'une société F2 :

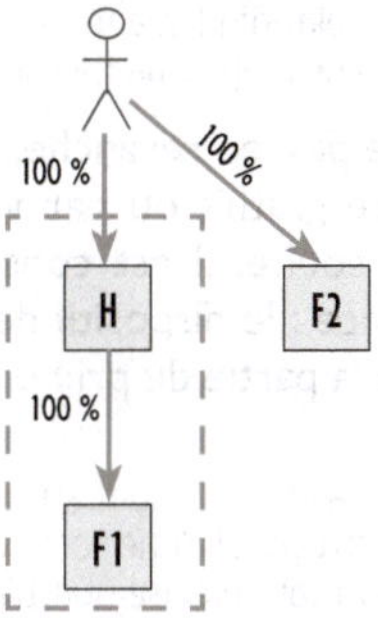

Les titres de la société F2 sont cédés à la société H, et la société F2 rejoint le groupe d'intégration fiscale formé par H et F1 :

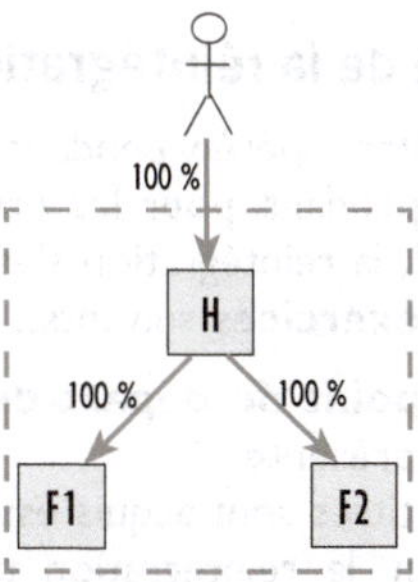

Dans ce cas, le dispositif de l'amendement Charasse s'applique, car les titres F2 ont bien été acquis par H auprès de l'actionnaire qui contrôle le groupe.

Le dispositif s'appliquerait d'ailleurs exactement de la même façon en cas d'acquisition des titres F2 par F1 :

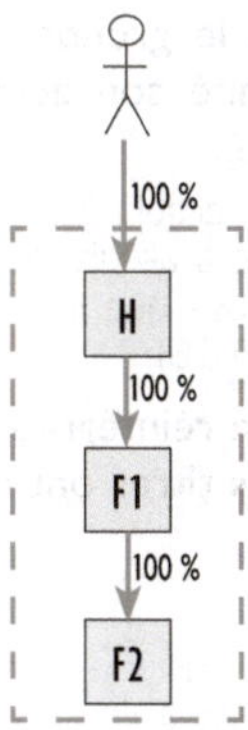

Opérations concernées

1091 Les opérations concernées sont tous les achats de parts ou actions **à titre onéreux**. Il faut souligner qu'il s'agit d'une réintégration de caractère **forfaitaire**,

dans le sens où elle s'applique même en l'absence de tout financement de l'acquisition par emprunt : Aucune « preuve contraire » ne peut être apportée à cet égard.

L'administration fiscale justifie cela en indiquant que, dans ce cas, le financement des titres a de toute façon été prélevé sur la trésorerie du groupe (BOFiP-IS-GPE-20-20-80-10-§ 10-04/05/2016).

1092 **Le dispositif ne s'applique pas, en revanche, si les titres ont été acquis à l'occasion d'une transmission à titre gratuit ou par voie d'apport. Cependant, si l'apport s'est accompagné d'une soulte, il est considéré comme s'étant effectué à titre onéreux à due concurrence : le dispositif de réintégration des charges financières s'appliquera à hauteur de la partie du prix d'acquisition correspondant au montant de la soulte en question.**

Sont concernés tous les titres acquis qui sont susceptibles d'être retenus pour la détermination du pourcentage de détention du capital d'une société, y compris les bons de souscription d'actions ou les obligations convertibles, étant précisé que, bien entendu, la réintégration n'est opérée que si la société émettrice devient membre du groupe après l'exercice des bons ou la conversion des obligations (BOFiP-IS-GPE-20-20-80-10-§ 20-04/05/2016).

Point de départ et durée de la réintégration

1093 La réintégration doit être opérée pendant l'exercice d'acquisition et les **huit exercices** suivants (cependant, pour les titres acquis lors d'un exercice ouvert avant le 1er janvier 2007, la réintégration s'est opérée pendant l'exercice d'acquisition et les **quatorze exercices** suivants).

1094 En ce qui concerne le **point de départ de la réintégration**, deux situations sont susceptibles de se présenter :

– si la société dont les titres sont acquis est intégrée au groupe fiscal dès l'exercice suivant l'acquisition, la réintégration commence effectivement l'année de l'acquisition ;

– en revanche, si la société dont les titres ont été acquis n'entre dans le groupe fiscal que postérieurement, la première réintégration n'est pas effectuée lors de l'exercice d'acquisition, mais lors du premier exercice précédant l'entrée de la société dans le groupe, c'est-à-dire lors de l'exercice au cours duquel cette société a donné son accord pour rejoindre le groupe (BOFiP-IS-GPE-20-20-80-10-§ 50-04/05/2016).

Par ailleurs, si la société ayant acquis les titres en question rejoint plus tard un groupe intégré, avec la société dont elle a acquis les titres, c'est au cours du premier exercice d'intégration de la société acquéreuse que la réintégration commence à s'appliquer (BOFiP-IS-GPE-20-20-80-10-§ 60-04/05/2016).

Bien entendu, le terme de la réintégration n'est pas affecté par cette intégration tardive de la société dont les titres ont été acquis.

EXEMPLE

a) Cas d'une société M, qui forme un groupe d'intégration fiscale avec sa filiale F1. En 2019, M a acquis les titres d'une société F2 auprès d'un actionnaire A ; l'actionnaire A contrôle la société M. Les différentes sociétés clôturent leurs exercices le 31 décembre.

F2 rejoint le groupe fiscal formé par M et F1 à compter du 1er janvier 2022.

Dans ce cas, M devra pratiquer la réintégration à compter de l'exercice 2021.

b) Cas d'une société M, qui a acquis les titres d'une société F1 auprès d'un actionnaire A en 2019 ; ce même A détient le contrôle de la société M. Les sociétés clôturent leurs exercices avec l'année civile.

M et F1 décident de former un groupe d'intégration fiscale à compter du 1er janvier 2021. Dans ce cas, M devra pratiquer la réintégration dans le résultat d'ensemble à compter de l'exercice 2022. Dans les deux cas, la dernière réintégration s'opérera à la clôture de l'exercice 2027 (2019 + 8).

1095 Le dispositif de réintégration Charasse s'applique aux acquisitions auprès d'actionnaires contrôlant non seulement des sociétés qui deviennent membres du groupe, mais également des **sociétés « intermédiaires »** *(voir § 479)*.

1096 La réintégration s'applique même si la société dont les titres sont rachetés ne devient pas membre du groupe de la société cessionnaire, dès lors que la société rachetée est **absorbée** par la société qui a acquis ses titres, ou par une société membre du groupe ou le devenant (CGI art. 223 B, 8e al. ; BOFiP-IS-GPE-20-20-80-10-§ 70-04/05/2016).

Acquisition auprès d'associés ou actionnaires « contrôlants »

1097 S'agissant de la notion de **contrôle** (le dispositif s'appliquant comme on l'a vu en cas de rachat aux actionnaires qui « contrôlent » le groupe), il s'agit de celle définie à l'article L. 233-3 du Code de commerce.

Ainsi, une personne physique ou morale est considérée comme contrôlant une société :
- lorsqu'elle détient directement ou indirectement une fraction du capital lui conférant la majorité des droits de vote dans les assemblées générales de cette société ;
- lorsqu'elle dispose seule de la majorité des droits de vote dans cette société en vertu d'un accord conclu avec d'autres associés ou actionnaires et qui n'est pas contraire à l'intérêt de la société ;
- lorsqu'elle détermine en fait, par les droits de vote dont elle dispose, les décisions dans les assemblées générales de cette société ;
- lorsqu'elle est associée ou actionnaire de cette société et dispose du pouvoir de nommer ou de révoquer la majorité des membres des organes d'administration, de direction ou de surveillance de cette société.

Par ailleurs, rappelons qu'une société est **présumée** exercer un tel contrôle lorsqu'elle dispose, directement ou indirectement, d'une fraction des droits de vote **supérieure à 40 %** et qu'**aucun autre** associé ou actionnaire ne détient directement ou indirectement une fraction supérieure à la sienne.

Enfin, deux personnes (ou plusieurs) **agissant de concert** sont considérées comme en contrôlant conjointement une autre lorsqu'elles déterminent en fait les décisions prises en assemblée générale.

C'est ainsi que le Conseil d'État a admis l'application de la réintégration Charasse dans le cas d'une opération de LBO dans laquelle l'ancien actionnaire contrôlant de la cible n'était associé qu'à hauteur de 45,2 % dans la holding de reprise : il a validé l'analyse de la Cour administrative d'appel, qui avait considéré que l'action de concert existait en présence d'un **pacte d'actionnaire** prévoyant d'une part des interdictions temporaires de cession, des droits de préemption et des concertations lors de la cession éventuelle d'actions, et d'autre part des clauses **exprimant un projet commun** (CE 15 mars 2019, n° 412155, Sté MI Développement 2).

(Pour des exemples détaillés de situations de « contrôle » au sens des dispositions qui nous occupent, nous renvoyons à l'ouvrage de Patrick Morgenstern déjà cité ainsi qu'à la documentation administrative, BOFiP-IS-GPE-20-20-80-10-§§ 130 à 220-04/05/2016)

1098 **Cette notion de contrôle, avec renvoi aux dispositions de l'article L. 233-3 du Code de commerce, s'applique normalement aux acquisitions de titres réalisées depuis le 1er janvier 2006.**

Le texte antérieur visait les personnes qui « contrôlent directement ou indirectement » le groupe. Le caractère vague de cette notion était suppléé par la doctrine administrative, plutôt « extensive » puisqu'elle indiquait qu'il s'agissait d'un contrôle « de droit ou de fait ». En outre, elle avait précisé qu'il en allait ainsi lorsque la personne concernée disposait directement ou indirectement d'une fraction des droits de vote supérieure à la **minorité de blocage** (dès lors qu'aucun associé ne détient une fraction supérieure à la sienne), mais également en présence « d'une influence dominante sur une société en vertu d'un contrat ou de clauses statutaires lorsque la société dominante est associée ou actionnaire de cette société », ou encore en cas de partage du contrôle d'une société exploitée en commun par un certain nombre d'associés, de sorte que les décisions résultent de leur accord. Il était étonnant que l'Administration paraisse considérer comme une sorte de « présomption de contrôle » la détention d'une minorité de blocage lorsque aucun autre associé ne détient une fraction supérieure du capital, alors qu'une telle minorité de blocage se limite à une détention du tiers du capital (25 % dans une SARL).

À noter que le Conseil d'État a jugé que la cession par plusieurs actionnaires de leurs actions le même jour à des conditions financières identiques ne suffisait pas à caractériser une action de concert, dont la mise en évidence est nécessaire pour caractériser le « contrôle conjoint » (CE 19 février 2014, n° 346638).

En tout état de cause, l'Administration admet que les groupes ayant acquis des titres avant cette date du 1er janvier 2006 n'effectuent plus aucune réintégration depuis cette date si la situation de « contrôle » n'est plus caractérisée en application des nouvelles modalités d'appréciation de cette notion (BOFiP-IS-GPE-20-20-80-10-§ 190-04/05/2016).

1099 **Précisons que le fait qu'une participation fasse l'objet d'une opération de portage de titres par un tiers avec engagement de revente n'est pas considéré comme une véritable perte de contrôle selon l'Administration.**

Ainsi, le dispositif de réintégration s'applique lorsque l'actionnaire « contrôlant » cède temporairement les titres à des tiers avant l'opération de rachat.

En outre, le dispositif continue de s'appliquer lorsque l'actionnaire contrôlant de la société cessionnaire, ou de la société cédante qu'il contrôle, a conclu une convention de portage avec un tiers sur les titres de cette société (BOFiP-IS-GPE-20-20-80-10-§ 200-04/05/2016).

1100 **Surtout, la modification dans la répartition du contrôle de la société cessionnaire, ou de la société cédante, après l'acquisition des titres, qui devient membre du groupe, reste sans incidence sur l'application du dispositif dès lors que les conditions auxquelles elle est subordonnée étaient remplies lors de l'acquisition de ces titres** (BOFiP-IS-GPE-20-20-80-10-§ 220-04/05/2016).

Exemptions

1101 Certaines acquisitions de titres sont, en tout état de cause, exclues du dispositif. Il s'agit :

– des cessions réalisées **entre des sociétés membres** du même groupe ;

– des cessions de titres acquis par l'associé ou l'actionnaire qui contrôle le groupe (ou la société contrôlée par ce dernier) « immédiatement auparavant » auprès de tiers en vue de leur **rétrocession**.

EXEMPLE

Cas d'un groupe fiscalement intégré formé par la société H (tête de groupe) et ses filiales F1 et F2, toutes deux contrôlées à 100 %. Le capital de H est détenu à 70 % par une société X.

Le groupe envisage d'acquérir les titres de la société F3, détenue par une société Y, qui n'a aucun lien capitalistique avec le groupe X-H-F1-F2 :

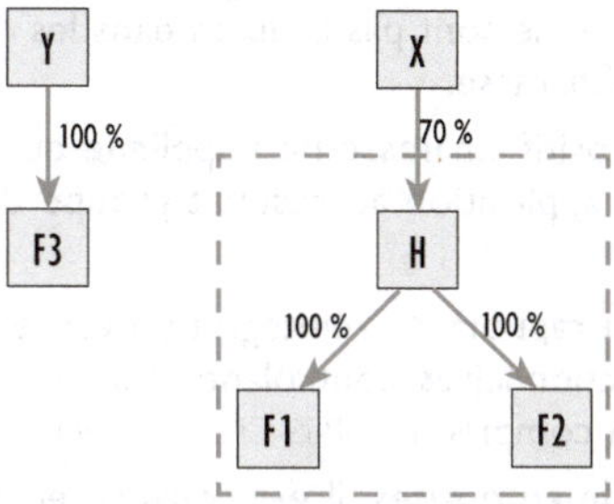

Cependant, il est envisagé que les titres F3 soient d'abord acquis **par la société X**, qui les céderait aussitôt après à la société H en vue de leur inclusion dans le périmètre du groupe intégré.

Dans cette situation, le dispositif de l'amendement Charasse **ne s'appliquera pas**, car si les titres sont effectivement acquis par H auprès de × (c'est-à-dire auprès de l'actionnaire « contrôlant »), il s'agit cependant de titres :
- acquis auprès de tiers ;
- et rétrocédés au groupe aussitôt après.

L'opération bénéficie donc bien de l'exemption examinée ci-dessus.

1102 **S'agissant d'une acquisition « immédiatement avant » la rétrocession, l'Administration précise que le délai « ne doit pas excéder la durée strictement nécessaire à la réalisation des opérations de rétrocession »** (BOFiP-IS-GPE-20-20-80-10-§ 280-04/05/2016).

La mesure a été étendue, à compter du 1er janvier 2007, au cas dans lequel les titres rétrocédés ne sont pas ceux qui ont été acquis immédiatement avant par la société cédante, mais ceux d'une filiale, directe ou indirecte, de la société dont les titres sont acquis.

Calcul de la réintégration

1103 **Les charges financières du groupe doivent être réintégrées par application d'un rapport dont :**
– le numérateur est le prix d'acquisition des titres concernés ;
– et le dénominateur le montant moyen des dettes des sociétés membres du groupe intégré.

1104 **Les charges financières à retenir sont les charges financières « comptables » telles qu'elles figurent dans le compte 66 de chacune des sociétés du groupe.**

Toutefois, il y a lieu d'exclure de ce montant (BOFiP-IS-GPE-20-20-80-20-§ 20-04/05/2016) :
– les charges nettes sur cessions de valeurs mobilières de placement (compte 667, ligne GT du tableau fiscal n° 2052) ;
– les pertes sur créances liées à des participations (créances irrécouvrables) ;
– et les pertes de change autres que celles afférentes à des opérations financières.

En outre, ne doivent pas non plus être prises en compte les dotations financières aux amortissements et aux provisions (compte 686, ligne GQ du tableau fiscal n° 2052).

1105 Cependant, les charges financières en question sont uniquement celles qui sont « **déduites** pour la détermination du résultat d'ensemble » du groupe : il faut donc tenir compte, le cas échéant, de l'application, en amont, des autres règles de déduction des charges financières *(voir §§ 910 et s.)*.

Ainsi, les charges financières réintégrées au résultat individuel des sociétés membres du groupe ne sont pas incluses dans les charges financières à réintégrer dans le dispositif Charasse.

De même, le dispositif Charasse ne s'applique qu'aux charges financières restant déductibles après application au résultat groupe du dispositif basé sur l'EBITDA fiscal *(voir § 1132)*.

1106 Le numérateur du rapport de réintégration est le **prix d'acquisition** des titres acquis auprès d'actionnaires contrôlants, frais d'acquisition (droits de mutation, commissions) non compris (BOFiP-IS-GPE-20-20-80-20-§ 90-04/05/2016).

Si le prix est libellé en devises, il est converti en euros à la date de l'opération, et cette valeur ne peut pas, par la suite, être modifiée, même si l'acquisition est financée par un emprunt en devises ou par un achat à terme de devises (BOFiP-IS-GPE-20-20-80-20-§ 90-04/05/2016).

1107 Cependant, la loi précise que « le prix d'acquisition à retenir est **réduit du montant des fonds apportés** à la société cessionnaire lors d'une **augmentation du capital** réalisée simultanément à l'acquisition des titres, à condition que ces fonds soient apportés à la société cessionnaire par une personne autre qu'une société membre du groupe ou, s'ils sont apportés par une société du groupe, qu'ils **ne proviennent pas de crédits** consentis par une personne non membre de ce groupe ».

Sont ainsi éliminées les augmentations de capital :
- souscrites par une société non-membre du groupe ;
- ou, à certaines conditions, souscrites par une société membre du groupe.

1108 S'agissant d'une augmentation de capital souscrite par une société non membre du groupe, seuls les apports en numéraire effectivement versés sont pris en compte pour la réduction du numérateur du rapport de réintégration.

L'augmentation de capital doit normalement être réalisée **simultanément** à l'acquisition de titres par la société cessionnaire : à titre de règle pratique, l'Administration considère que cette condition est respectée en cas de versement des fonds correspondants dans les trois mois qui précèdent ou suivent l'achat des titres (BOFiP-IS-GPE-20-20-80-20-§ 140-04/05/2016).

Une difficulté est susceptible d'apparaître dans le cas d'acquisitions multiples de titres, financées à la fois par apport et par emprunt, lorsque certains des titres acquis sont ceux de sociétés appelées à être intégrées, alors que d'autres sont des titres de sociétés étrangères, par définition non intégrées.

C'est ainsi que dans une affaire récente, dans laquelle une holding avait acquis les titres de deux sociétés françaises, d'une société britannique et d'une société allemande, et financé ces acquisitions à la fois par emprunt (pour les titres de la société allemande) et par augmentation de capital (pour les autres sociétés), l'Administration avait prétendu proratiser l'augmentation de capital venant réduire le numérateur du ratio ci-dessous.

Cependant, la Cour administrative d'appel de Nancy a annulé le redressement en indiquant que s'il était loisible à l'administration, si elle s'y croyait fondée, de limiter le montant de l'augmentation de capital déductible à proportion de la part que le prix d'acquisition des deux seules sociétés membres du groupe intégré avait représentée dans le prix total d'acquisition des quatre sociétés, elle ne pouvait le faire, au regard du texte applicable, en imputant sur ces fonds une part de l'emprunt souscrit à cette occasion, même en admettant que ce prêt ait participé à l'acquisition des deux sociétés membres du groupe (CAA Nancy 18 juin 2020 n° 18NC03443 A. Schulman Holdings France). Au surplus, dans cette affaire, les fonds empruntés étaient « fléchés » car non seulement ils correspondaient strictement au prix des titres allemands, mais il résultait des actes notariés relatifs à l'acquisition de la société allemande et des documents relatifs à la souscription de l'emprunt que ce prêt a été exclusivement consacré à l'acquisition des titres de la société allemande et n'a donc pas contribué à l'acquisition des sociétés de droit français.

1109 S'agissant d'une augmentation de capital souscrite par une société du groupe, celle-ci ne doit pas être financée par des fonds empruntés à l'extérieur du groupe.

En ce qui concerne le respect de cette condition, l'Administration considère que tout accroissement de l'endettement externe du groupe dans les **six mois** qui précèdent ou suivent l'achat des titres est présumé financer l'acquisition (BOFiP-IS-GPE-20-20-80-20-§ 110-04/05/2016).

1110 Si les titres sont achetés par **plusieurs sociétés** du groupe, le prix d'acquisition et la réduction afférente à une augmentation de capital sont constatés séparément dans **chaque société** cessionnaire : un excédent éventuel d'apport au profit d'une société par rapport au prix des titres qui figure dans ses comptes ne peut pas diminuer le prix d'acquisition des titres acquis par une autre société cessionnaire (BOFiP-IS-GPE-20-20-80-20-§ 150-04/05/2016).

1111 Le dénominateur du rapport de réintégration est représenté par le **montant moyen des dettes** des sociétés membres du groupe.

Il s'agit, comme pour le dispositif de réintégration des charges financières nettes *(voir § 955)*, de l'ensemble des dettes, aussi bien les dettes d'exploitation que les emprunts et dettes assimilées, ainsi que les dettes rattachées à des participations, figurant au passif de chacune des sociétés du groupe (BOFiP-IS-GPE-20-20-80-20-§ 170-04/05/2016).

Cela correspond au montant figurant aux lignes DS à EA du tableau fiscal n° 2051.

Il convient de prendre en compte le montant **moyen** des dettes des sociétés du groupe, c'est-à-dire la somme des dettes existant au dernier jour de chacun des mois de l'exercice social divisée par le nombre de mois de cet exercice. Il n'y a pas lieu d'effectuer de calcul *prorata temporis* l'année de l'acquisition des titres (BOFiP-IS-GPE-20-20-80-20-§ 180-04/05/2016).

Impact des opérations de restructuration

1112 Comme nous l'avons vu plus haut *(voir § 1096)*, le dispositif s'applique également en cas d'absorption de la société rachetée avant son entrée dans le groupe.

Si l'absorption, réalisée au cours de l'exercice d'acquisition ou de l'exercice suivant, se produit après le délai de dépôt de la déclaration du résultat d'ensemble de l'exercice d'acquisition, l'Administration admet que la réintégration portant sur les charges financières de l'exercice d'acquisition soit effectuée sur la déclaration du résultat d'ensemble de l'exercice d'absorption (BOFiP-IS-GPE-20-20-80-20-§ 260-04/05/2016).

Par ailleurs, la **fusion intragroupe** de la société rachetée n'entraîne pas l'arrêt de l'application des réintégrations qui nous occupent (CGI art. 223 B, b, 7e al.).

Les réintégrations se poursuivent également en cas de **dissolution sans liquidation** de la société rachetée dans le cadre d'une confusion de patrimoine interne au groupe (CGI art. 210-0 A ; BOFiP-IS-GPE-20-20-80-20-§ 260-04/05/2016).

1113 En revanche, le dispositif s'interrompt si la société qui a absorbé la société rachetée (ou la société rachetée elle-même) **sort du groupe**, dès lors que cette sortie ne résulte pas d'une absorption par une autre société du groupe.

La réintégration cesse de s'appliquer au titre de l'exercice de sortie, et tant que la société rachetée (ou la société qui l'a absorbée) demeure hors du groupe.

À l'inverse, elle doit être à nouveau effectuée en cas de retour dans le groupe, pour la période restant à courir.

L'Administration indique qu'elle se réserve de mettre en œuvre la procédure de répression des **abus de droit** si tout ou partie de l'**activité** de la société rachetée est maintenu dans le groupe en particulier après l'apport partiel d'actif consenti par cette société ou absorption de celle-ci (BOFiP-IS-GPE-20-20-80-20-§ 350-04/05/2016).

1114 Par ailleurs, les réintégrations cessent de s'appliquer au titre des exercices au cours desquels la société qui détient les titres de la société rachetée n'est **plus contrôlée** par les personnes qui contrôlaient la société cessionnaire au moment de l'acquisition de la société cible (CGI art. 223 B, d, 7e al.).

1115 (Réservé)

Combinaison des différents dispositifs de limitation de la déduction des charges financières

1130 Lorsque plusieurs dispositifs de limitation de la déductibilité des charges financières sont applicables, parmi ceux étudiés ci-dessus, ils doivent être mis en œuvre dans un ordre déterminé, qui est le suivant (BOFiP-IS-BASE-35-10-§ 70-13/05/2020) :

– en premier lieu, il convient de mettre en œuvre la **limite de taux d'intérêt** prévue à l'article 39-1-5° en ce qui concerne les avances d'associés *(voir § 920)* et à l'article 212 I du CGI en ce qui concerne les avances reçues de sociétés liées *(voir § 921)* ;

– ensuite, le dispositif « général » de plafonnement de la déduction des **charges financières nettes** en fonction de « l'EBITDA fiscal » prévu à l'article 212 bis du CGI *(voir § 950)*.

1131 Par ailleurs, en régime d'**intégration fiscale**, comme nous l'avons vu au *§ 1105*, la réintégration Charasse, si elle doit être mise en œuvre, s'applique sur les intérêts **déductibles** après application des autres dispositions de réintégration.

1132 L'ordre à retenir pour les différentes réintégrations de charges financières est le suivant (BOFiP-IS-GPE-20-20-110-§ 280-13/05/2020) :

– **application du mécanisme général de plafonnement des charges financières nettes du groupe** (CGI art. 223 B bis) **;**
– **application des règles de l'amendement Charasse, le cas échéant** (CGI art. 223 B, 7e al.).

EXEMPLE

Donné par l'Administration (BOFiP-IS-GPE-20-20-110-§ 300-13/05/2020) :

Cas de trois sociétés A, B et C membres d'un groupe fiscalement intégré, dont A est la tête de groupe.

Le montant des charges financières nettes du groupe fiscal est de 5 M€ (il est supposé que cette somme est nette des charges financières non déductibles au niveau du résultat individuel de chaque société membre en application des dispositifs de droit commun de limitation de la déduction des charges financières hors d'un groupe). Cette somme résulte de la compensation entre des charges financières de 8 M€ et des produits financiers de 3 M€.

Le groupe a acquis les titres d'une société D auprès d'un actionnaire « contrôlant », donc avec application de la réintégration Charasse : Ces titres D ont été acquis pour 10 M€, et le montant moyen des dettes des sociétés du groupe s'élève à 200 M€. Le pourcentage de réintégration Charasse sera donc de 10 M€/200 M€ = 5 %.

L'EBITDA fiscal du groupe est de 10 M€ : Le plafond de déduction des charges financières nettes du groupe s'élève donc à 10 M€ x 30 % = 3 M€.

Le montant de charges financières nettes **à réintégrer** sera donc de 5 M€ - 3 M€ = **2 M€**.

Le dispositif Charasse doit ensuite être appliqué aux charges financières restant déductibles, soit 3 M€.

Ce dispositif s'applique aux charges financières brutes restant déductibles après application du plafonnement, soit :

Charges financières brutes totales	8 M€
Charges financières brutes réintégrées	– 2 M€
Charges financières déductibles avant Charasse	6 M€

Dès lors, la réintégration Charasse s'élèvera à 6 M€ x 5 % = **300 000 €**.

La réintégration totale de frais financiers sera de 2 000 000 € + 300 000 € = 2,3 M€.

1133 **(Réservé)**

PARTIE 4
FONCTIONNEMENT DE LA HOLDING : ÉTUDES SPÉCIFIQUES

Chapitre 4-1

HOLDINGS ET TVA

§§

L'essentiel

Compte tenu des évolutions jurisprudentielles et doctrinales intervenues lors de ces vingt-cinq dernières années, les holdings mixtes sont le plus souvent en mesure d'obtenir une déduction pleine et entière de la TVA supportée sur leurs dépenses.

En effet, la perception de dividendes n'affecte pas leurs droits à déduction, puisqu'il s'agit de produits « hors champ ». Par ailleurs, même les intérêts (exonérés) provenant de leurs opérations de placement ou des avances consenties à leurs filiales ne détériorent pas leurs droits à déduction, puisqu'ils peuvent le plus souvent être considérés comme des « produits financiers accessoires. » Enfin, les dépenses exposées à l'occasion de prises de participations nouvelles peuvent aussi être détaxées, car considérées comme des « frais généraux » de l'entreprise.

Ce n'est donc que dans certaines situations particulières, et notamment lorsque les opérations financières exonérées nécessitent l'emploi de ressources importantes de la holding, que cette dernière aura recours à la constitution d'un « secteur distinct d'activité » financier pour optimiser ses droits à déduction.

Nous évoquerons, par ailleurs, ci-dessous le régime de consolidation du paiement de la TVA, qui peut amener une société holding à acquitter la TVA pour le compte des sociétés qu'elle contrôle.

Considérations générales

1150 Les sociétés holding peuvent se trouver dans différentes situations au regard de la TVA.

1151 Tout d'abord, les **holdings « pures »**, c'est-à-dire ne rendant aucun service facturé à leurs filiales, sont normalement dans une situation de non-assujettissement, c'est-à-dire qu'elles ne réalisent aucune opération économique passible de la TVA. Nous verrons, en effet, que la perception de dividendes est une opération placée hors du champ d'application de la taxe *(voir § 1171)*. Dès lors, ces holdings pures ne peuvent en aucun cas récupérer la TVA qui peut leur être facturée en amont sur les services qui leur sont rendus, puisque le droit à déduction est conditionné par la qualité d'assujetti (CJCE du 20 juin 1991, C-60/90 Polysar).

1152 Les **holdings « mixtes »**, c'est-à-dire les sociétés qui, non seulement possèdent des participations et en perçoivent le cas échéant des dividendes, mais qui rendent également des services à leurs filiales, sont considérées comme des « assujettis partiels », puisqu'elles réalisent à la fois des opérations situées dans le champ d'application de la TVA (prestations de services) et des opérations situées hors du champ d'application de la TVA (perception de dividendes).

En effet, la Cour de Justice de l'Union européenne a jugé de longue date que si la simple acquisition et détention de parts sociales ne doivent pas être considérées comme une activité économique au sens de la TVA, il en va différemment lorsque la participation s'accompagne d'une **immixtion directe ou indirecte dans la gestion** des filiales en cause (arrêt Polysar précité, point 14).

Cette notion d'immixtion doit s'entendre de la fourniture de **prestations de services** aux filiales, généralement de nature administrative, comptable et informatique, voire commerciale et technique, étant précisé que ces prestations doivent être rendues **à titre onéreux** : une holding fournissant des services à ses filiales à titre gratuit ne peut pas prétendre exercer une activité économique, et donc déduire la TVA d'amont grevant ces services (CJUE ord. 12 janvier 2017, C-28/16, MVM).

Pour les prestations refacturées, mais sans marge, voir infra *§ 1157*.

En outre, la **location d'un immeuble** avec TVA par une société holding à sa filiale constitue une « immixtion dans la gestion » de cette dernière, qui doit être considérée comme une activité économique ouvrant droit à déduction de la TVA (CJUE 5 juillet 2018, C-320/17, Marle Participations SARL ; CE 19 décembre 2018, n° 396945, SARL Marle Participations).

1153 Par ailleurs, ces mêmes sociétés peuvent percevoir des produits financiers (par exemple, des intérêts sur les avances qu'elles consentent à leurs filiales) : ces intérêts sont le résultat d'opérations économiques qui sont bien placées dans le champ d'application de la TVA mais qui font l'objet d'une exonération. Ainsi, une société holding mixte qui facture des prestations et perçoit des produits financiers sous forme de dividendes et d'intérêts est à la fois :

– un **assujetti partiel** puisqu'elle perçoit à la fois des produits situés dans le champ (prestations et intérêts) et des produits hors du champ (dividendes) de la TVA ;

– mais aussi un **redevable partiel** puisque parmi les produits situés dans le champ qu'elle est amenée à percevoir, certains sont effectivement imposables (les prestations) alors que d'autres sont exonérés (les intérêts).

1154 D'un point de vue général, le fait d'être un assujetti partiel et/ou un redevable partiel est susceptible de se traduire par des restrictions en ce qui concerne la **déduction de la TVA**, en application du principe fondamental d'après lequel le droit à déduction de la TVA ayant grevé des biens ou services implique que ceux-ci soient utilisés pour les besoins d'une opération soumise à la TVA.

1155 Dans de telles situations, la détermination des droits à déduction repose sur le principe de l'affectation. Du point de vue pratique, les entreprises doivent, pour chacun des biens ou services grevés de TVA qu'elles sont amenées à utiliser, déterminer un **« coefficient de déduction »** (sauf à utiliser un coefficient unique, déterminé de manière forfaitaire pour l'ensemble des biens et des services acquis, possibilité admise par la doctrine administrative : BOFiP-TVA-DED-20-10-20-§ 20-10/06/2013).

Précisons, concernant les immobilisations (biens d'investissement), que le coefficient de déduction permet de déterminer le montant de la TVA **initialement** déductible, mais que, en cas de variations ultérieures dans les conditions d'utilisation de ces biens, des **régularisations** pourront devoir être effectuées. Le détail de ces règles ne sera pas développé ici.

Ce coefficient de déduction est lui-même égal au produit de trois coefficients : un « coefficient d'assujettissement », un « coefficient de taxation » et un « coefficient d'admission ».

1156 Le **coefficient d'assujettissement** correspond à la proportion d'utilisation des biens ou services en cause pour la réalisation d'opérations imposables. C'est ainsi que le coefficient d'assujettissement d'un bien ou service utilisé exclusivement pour des opérations imposables, c'est-à-dire dans le champ (qu'elles soient effectivement taxées à la TVA ou qu'elles fassent l'objet d'une exonération), est égal à l'unité. En revanche, le coefficient d'assujettissement d'un bien ou service utilisé exclusivement pour des opérations non imposables, c'est-à-dire hors du champ, est égal à zéro.

Lorsqu'un bien ou un service est utilisé à la fois pour la réalisation d'opérations imposables et d'opérations non imposables, le coefficient d'utilisation doit être déterminé pas l'assujetti sous sa propre responsabilité, en fonction de l'utilisation réelle de ce bien ou service (par exemple, dans le cas d'un immeuble, ventilation en fonction des mètres carrés utilisés pour chaque activité).

1157 Le **coefficient de taxation** traduit le principe selon lequel seule peut être déduite la TVA grevant des biens ou services utilisés pour la réalisation d'opérations ouvrant droit à déduction (autrement dit, d'opérations qui ne sont pas exonérées de TVA). Lorsqu'il s'agit de biens ou de services utilisés concurremment pour la réalisation d'opérations ouvrant droit à déduction et d'opérations n'y ouvrant pas droit, le coefficient de taxation est déterminé de manière forfaitaire.

Ce coefficient de taxation forfaitaire est égal au rapport entre le montant du chiffre d'affaires annuel afférent aux opérations ouvrant droit à déduction (numérateur) et le montant total du chiffre d'affaires des opérations imposables (dénominateur), ce qui l'apparente à l'ancien « prorata de déduction ».

À noter que le fait que des prestations aient été refacturées **sans marge** par la holding à ses filiales ne peut suffire à lui seul à les faire exclure du calcul du coefficient de taxation forfaitaire (CE 23 janvier 2015, n° 365520, Sté Lagardère SCA).

Il s'agissait du cas d'une holding qui ne rendait pas de services de management à ses filiales, mais leur facturait l'utilisation de **marques**, et qui leur avait par ailleurs refacturé au **prix coûtant** les **honoraires d'études** correspondant aux travaux effectués par des banques et cabinets d'avocats en vue de la restructuration du groupe. La Cour de Versailles a pu juger que ces dépenses de conseil avaient été engagées par la holding dans le cadre de la détention de ses participations et ne se rattachaient donc pas à une activité économique comprise dans le champ de la TVA, alors même que ces dépenses avaient été refacturées avec TVA mais sans marge. Elle en avait conclu que les recettes issues de la refacturation de ces frais ne pouvaient pas être inscrites au numérateur et au dénominateur du coefficient de taxation forfaitaire (CAA Versailles 31 décembre 2015, n° 15VE00304, rendu sur renvoi suite à l'arrêt CE du 23 janvier 2015 précité). Le Conseil d'État a censuré cette position, en jugeant qu'une personne assujettie à la TVA pour une activité économique exercée de manière permanente doit être considérée comme assujettie pour toute autre activité économique exercée de manière occasionnelle. Les refacturations en cause, même effectuées à prix coûtant (sans marge), entrent donc bien dans le champ d'application de la TVA et, ouvrant droit à déduction, figurent valablement tant au numérateur qu'au dénominateur du prorata de déduction (CE 13 décembre 2017, n° 397580, Sté Lagardère SCA). Sur la question de la refacturation de prestations normalement non soumises à TVA, voir ***supra*** *§ 700*.

Cette position a été confirmée par la CJUE (CJUE 11 mars 2020, C-94/19 San Domenico Vetraria SpA).

1158 **Enfin, le coefficient d'admission est simplement destiné à tenir compte d'éventuelles restrictions générales du droit à déduction imposées par la législation pour certains biens ou services (par exemple, le coefficient d'admission sera égal à zéro pour l'acquisition d'un véhicule de tourisme puisque la TVA grevant ce genre de véhicules n'est en tout état de cause pas déductible).**

1159 Compte tenu de ce qui précède, le statut des holdings, en ce qui concerne la **déduction de la TVA** ayant grevé leurs dépenses, est *a priori* assez simple à déterminer : s'agissant des holdings pures, comme nous l'avons indiqué plus haut, aucune déduction n'est possible et, s'agissant des holdings mixtes, leurs droits à déduction doivent normalement être déterminés en fonction des coefficients déjà mentionnés (coefficient d'assujettissement et coefficient de taxation essentiellement).

Pourtant, et contrairement à ce que l'on pourrait penser, les holdings mixtes se trouvent fréquemment en situation de déduire leur TVA d'amont dans son **intégralité**, compte tenu du traitement réservé aux différents produits financiers qu'elles sont susceptibles de percevoir.

1160 (Réservé)

Traitement des produits financiers perçus par les holdings au regard de la TVA

1170 La combinaison des solutions rendues par la jurisprudence et de certaines solutions administratives permet en effet généralement aux holdings mixtes de pouvoir prétendre à une large récupération de la TVA qui leur est facturée.

Le traitement des dividendes

1171 Une jurisprudence désormais bien établie considère que la perception de dividendes n'est pas la contrepartie d'une activité économique, et qu'elle n'entre donc **pas dans le champ** d'application de la TVA (CJCE 22 juin 1993, C-333/91 SATAM).

Dès lors, en ce qui concerne la déduction de la TVA d'amont, la perception de dividendes n'exerce aucune influence négative sur le coefficient de taxation forfaitaire mentionné plus haut.

En revanche, elle peut avoir un effet sur le coefficient d'assujettissement. S'agissant de ce dernier, il convient normalement de raisonner en termes d'**affectation** : la TVA correspondant à des dépenses affectées à une activité « hors champ » n'est normalement pas déductible, alors que la TVA grevant des dépenses affectées à une activité située dans le champ demeure déductible (sauf application éventuelle du coefficient de taxation, en présence d'opérations exonérées).

1172 Cela étant, l'Administration fiscale, dans une instruction du 15 octobre 2001 (BOI-3D-4-01), reprise depuis dans le BOFiP, s'est prononcée sur le sort de ce que la jurisprudence de la CJUE qualifie de **« frais généraux »**, c'est-à-dire, indique l'Administration, des dépenses qu'une entreprise assujettie à la TVA est appelée à supporter « pour la réalisation de ses opérations en capital (introduction en Bourse, augmentation de capital, prise de participation s'accompagnant ou non, d'une immixtion dans la gestion de l'entreprise, fusion, scission, apport d'une universalité totale ou partielle) » (BOFiP-TVA-DED-20-10-20-§ 480-10/06/2013).

Ces dépenses, précise l'Administration, sont engagées pour assurer, au moyen de sources de financement diversifiées, la croissance de l'entreprise et, partant, pour la pérenniser : leurs coûts peuvent être regardés comme des « frais généraux » inhérents au fonctionnement de l'entreprise. Dès lors, elles entretiennent un lien

direct et immédiat avec l'ensemble de l'activité économique de ladite entreprise (BOFiP-TVA-DED-20-10-20-§ 480-10/06/2013).

Par conséquent, si l'entreprise concernée ne réalise que des opérations imposables ouvrant droit à déduction (tout en percevant des dividendes, ces derniers étant réputés « hors champ »), elle pourra déduire en totalité la TVA grevant des frais généraux ; si certaines de ses opérations imposables n'ouvrent pas droit à déduction, elle pourra déduire partiellement cette TVA en appliquant son coefficient de taxation forfaitaire.

EXEMPLE

Holding ayant supporté un certain nombre de coûts (honoraires d'avocat, de conseil et d'audit) ayant donné prise à la TVA : honoraires de 200000 € HT, TVA 40000 €.

Cas 1 - Holding « pure »

Société ayant perçu lors d'un exercice donné les produits suivants :

- Dividendes	1200000 €

Cette société, n'exerçant aucune activité imposable, ne pourra prétendre à aucune déduction sur la TVA ayant grevé les honoraires en question.

Cas 2 - Holding « mixte » dont tous les produits taxables ouvrent droit à déduction

Société ayant perçu lors d'un exercice donné les produits suivants :

- Prestations de services facturées aux filiales	600000 €
- Dividendes	1200000 €

Cette société pourra déduire l'intégralité de la TVA grevant les honoraires qui lui ont été facturés.

Cas 3 - Holding « mixte » ayant, en outre, perçu des produits dont certains, exonérés, n'ouvrent pas droit à déduction

Société ayant perçu lors d'un exercice donné les produits suivants :

- Prestations de services facturées aux filiales	600000 €
- Dividendes perçus	1200000 €
- Intérêts des avances aux filiales	400000 €

(Dans les développements qui suivent, sauf précision contraire, les intérêts des avances aux filiales concernent des avances consenties à des filiales françaises).

Normalement, cette société pourra déduire la TVA ayant grevé les honoraires qui lui ont été facturés à hauteur de son coefficient de taxation forfaitaire.

Ce dernier est égal à : 600000 / (600000 + 400000) = 60 %.

La holding pourra donc déduire la TVA d'amont sur les honoraires à hauteur de 60 % × 40000 = 24000 €.

Un montant de TVA de 16000 € restera non déductible.

Cependant, en réalité, ce cas devrait demeurer exceptionnel et la holding devrait pouvoir revendiquer la déduction pleine et entière de sa TVA d'amont, compte tenu du traitement des produits financiers « accessoires » que nous examinons au *§ 1181*.

Les doutes qui avaient pu naître à la suite de certaines hésitations jurisprudentielles sont aujourd'hui totalement dissipés.

Dans un premier temps, dans un arrêt du 27 juin 2012, le Conseil d'État avait jugé que la TVA ayant grevé les dépenses exposées par un assujetti **n'ouvre pas droit à déduction** dans la mesure où ces dépenses **se rapportent** à une activité, telle que la **perception de dividendes** de filiales, n'entrant pas dans le champ d'application de la TVA (CE 27 juin 2012 n° 350526 Sté Ginger). Dans l'arrêt de renvoi, la Cour de Paris avait validé l'approche de l'administration fiscale, en considérant que

la TVA aurait dû être déduite à hauteur de 67 % seulement, ce qui représentait le rapport entre le montant annuel des recettes soumises à la TVA et l'ensemble des recettes de la holding (CAA Paris 4 juillet 2013 n° 12-2858 Sté Ginger, concl. A. Bernard BDCF 2/14 n° 15). **Plusieurs décisions ont par la suite retenu des positions analogues** (CAA Paris 27 mai 2014 n° 12PA02942 Société Seurlin Immobilier ; CAA Versailles 12 février 2015, n° 14VE00336 Société France Télécom).

Cette approche, même si elle paraît faire application des règles retenues par la CJCE dans son arrêt Securenta du 13 mars 2008 *(voir § 1199)*, revenait très paradoxalement à faire renaître l'ancien « prorata de déduction », tout se passant en définitive, pour la société concernée, comme si les dividendes perçus n'avaient pas été considérés comme des produits « hors champ » mais comme des recettes exonérées venant détériorer à due concurrence ses droits à déduction. Toutefois, ce résultat extrême, voire absurde, correspondait à notre sens à une affaire particulière, dans laquelle la société concernée n'avait pas fourni suffisamment d'éléments factuels sur l'affectation de ses dépenses aux opérations taxables. Lorsque l'on raisonne dépense par dépense, il est très rare qu'une dépense particulière puisse être considérée comme « se rapportant » à la « perception de dividendes », surtout compte tenu de la doctrine relative aux « frais généraux », que nous mentionnons ci-dessus et sur laquelle nous reviendrons de manière plus détaillée.

En tout état de cause, cette position est vite apparue comme **exagérément restrictive** à la lumière de la jurisprudence européenne (CJUE 16 juillet 2015, affaires jointes C-108/14 et C-109/14 Larentia + Minerva, et Marenave). Dans cette affaire en effet, la CJUE avait été saisie par une juridiction allemande, qui lui avait demandé *« selon quelle méthode de calcul faut-il calculer la déduction (partielle) de la taxe qu'une société holding a acquittée en amont sur des prestations liées à l'acquisition de capitaux destinés à acheter des parts dans des filiales lorsque cette société holding fournit (...) à ces filiales (...) différentes prestations »* soumises à TVA ? Ainsi formulée, la question présupposait une déduction nécessairement « partielle » de la TVA d'amont sur les frais exposés par une holding mixte.

Au contraire, la Cour a indiqué très clairement que, dès lors que la société holding ***« s'immisce dans la gestion »*** de ses filiales (c'est-à-dire leur facture des prestations de services), les frais liés à l'acquisition de participations par cette holding, qui au titre de ces prestations exerce une activité économique, doivent être considérés comme affectés cette activité économique, ce qui signifie que la TVA acquittée sur ces frais **ouvre droit à déduction intégrale** (point 25 de l'arrêt et point 39 des conclusions de l'avocat général). Il ne pourrait semble-t-il en aller autrement que pour une société holding qui ne participerait à la gestion que de certaines de ses filiales.

Revenant sur la position retenue dans son arrêt de 2012, le Conseil d'État a finalement jugé que les frais liés à la détention de participations dans ses filiales supportés par une société holding qui participe à leur gestion et qui, à ce titre, exerce une activité économique, doivent être regardés comme affectés à l'activité économique de cette société et que la TVA acquittée sur ces frais **ouvre droit à déduction intégrale** (CE 20 mai 2016, n° 371940, Sté Ginger Groupe Ingénierie Europe).

Les plus-values de cessions de titres

1173 **Le régime des plus-values constatées suite à la cession de titres dépend de la nature des titres concernés.**

Nous nous plaçons bien entendu en dehors du cas particulier d'une entreprise ayant une activité commerciale de négoce de titres, ce qui n'est normalement pas le cas d'une holding.

1174 **Lorsqu'il s'agit de titres de placement (actions, obligations, parts d'OPCVM, titres divers), les plus-values en question ne se rattachent pas à des opérations économiques au sens de la TVA et sont donc hors du champ d'application de la taxe. La Cour de justice de l'UE a en effet indiqué que les « activités qui consistent en la simple vente d'actions et d'autres titres, tels que des participations dans des fonds d'investissement, ne constituent pas des activités économiques » au sens de la sixième directive** (CJCE du 29 avril 2004 C-77/01 société EDM).

Confirmation de la solution déjà donnée par la Cour dans le cas de l'achat et de la vente d'actions et d'autres titres dans le cadre de la gestion d'un trust caritatif (CJCE 20 juin 1996, C-155/94, Wellcome Trust).

1175 Lorsqu'il s'agit de titres de **participation** détenus par une **holding pure**, la solution est identique : tout comme la perception de dividendes, les plus-values sur titres sont en dehors du champ d'application de la TVA.

1176 La situation est différente en revanche lorsqu'il s'agit de plus-values sur des **titres de participation** détenus par une **holding mixte** dispensant des prestations de services à ses filiales. En effet, la Cour de justice de l'UE a considéré dans son arrêt SKF (CJCE 29 octobre 2009, C-29/08, AB SKF) que :

Par « la cession de la totalité des actions détenues dans la filiale et dans la société contrôlée, SKF met fin à sa participation dans ces sociétés. Ladite cession, effectuée en vue de la restructuration d'un groupe de sociétés par la société mère, peut être considérée comme une opération qui consiste à retirer des recettes ayant un caractère permanent d'activités qui excèdent le cadre de la simple vente d'actions (...). Cette opération présente un lien direct avec l'organisation de l'activité exercée par le groupe et constitue ainsi le prolongement direct, permanent et nécessaire de l'activité taxable de l'assujetti (...). Une telle opération relève, par conséquent, du champ d'application de la TVA. » (point 33 de l'arrêt).

La CJUE considère donc, dans cet arrêt, que constitue bien une activité économique relevant du champ d'application de la TVA la cession, par une société mère, de la totalité des actions d'une filiale détenue à 100 %, ainsi que de la participation restante dans une société autrefois détenue à 100 %, auxquelles elle a **fourni des prestations** de services soumises à la TVA : une telle cession d'actions doit être **exonérée** de la TVA.

1177 Cela étant, ce traitement ne devrait pas avoir de conséquences négatives sur les **droits à déduction** des holdings mixtes :

– en effet, la **doctrine administrative** actuelle continue de considérer les cessions de titres comme des opérations situées en dehors du champ d'application de la TVA. En effet, elle indique que « les opérations consistant en la simple **acquisition** (CJCE 20 juin 1991, C-60/90, Polysar Investments Netherlands BV) ou la simple **vente** de participations (CJCE 20 juin 1996, C-155/94, Wellcome Trust Ltd ; CJCE 26 juin 2003 C-442/01, KapHag) ainsi que la perception des **dividendes** qui en découlent ne doivent **pas être considérées comme des activités économiques** conférant à leur auteur la qualité d'assujetti, dès lors que, au sens de la formulation employée par la CJCE, de telles opérations n'ont pas pour objet l'exploitation d'un bien visant à produire des recettes ayant un caractère de permanence. Ces opérations sont donc placées **hors du champ** d'application de la TVA » (BOFiP-TVA-CHAMP-10-10-30-§ 300-15/02/2013) ;

– par ailleurs, même si l'administration devait considérer ces cessions comme relevant du champ d'application de la taxe, on rappelle que doivent être exclues du coefficient de taxation forfaitaire les cessions de **biens d'investissement** corporels ou incorporels, que ces cessions soient imposées ou exonérées de TVA (CGI, ann. II, art. 206, III-3-3° ; BOFiP-TVA-DED-20-10-20-§ 160-10/06/2013).

Au demeurant, cette interprétation a été confirmée récemment par la jurisprudence (CAA Paris, 17 octobre 2019 n° 17PA03532 et 18PA02177, SARL CDS Distribution).

En effet, des cessions de titres limitées dans le temps ne peuvent pas être regardées comme revêtant le caractère d'une activité économique habituelle, mais constituent des cessions de biens d'investissement incorporels : il n'y a donc pas lieu de prendre en compte ces produits au dénominateur du coefficient de déduction de la TVA.

Sans même avoir besoin de se référer à la doctrine administrative, la Cour, comme l'y avait invité son rapporteur public O. Lemaire, s'est appuyée sur l'arrêt CJUE C-98/07 du 6 mars 2008, Nordania Finans et BG Factoring, qui avait jugé que la notion de biens d'investissement vise les biens dont la vente ne revêt pas, pour l'assujetti, le caractère d'une activité économique habituelle. Le Conseil d'État n'a pas admis le pourvoi formé contre cet arrêt, qui est donc définitif (CE (na) 29 juillet 2020 n° 436778, min. c/SARL CDS Distribution).

Les produits financiers exonérés

1178 Les intérêts (intérêts des placements en trésorerie comme intérêts des prêts consentis aux filiales) sont exonérés de TVA en application de l'article 261 C, 1° du CGI.

1179 Cependant, un traitement à part doit être réservé aux intérêts provenant d'avances consenties à des filiales établies **en dehors de l'Union européenne**. En effet, les produits de telles activités financières ouvrent droit à déduction dans les mêmes conditions que si elles étaient soumises à la TVA (CGI art. 271 V b).

1180 Comme nous l'avons indiqué, les produits **exonérés** de TVA, qui ne donnent pas droit à déduction, doivent normalement affecter négativement le coefficient de taxation forfaitaire de l'assujetti qui les perçoit, diminuant ainsi ses facultés de déduction. Tel est notamment le cas pour la perception d'intérêts, exonérés en vertu de l'article 261 C, 1° du CGI *(voir § 1172, Cas 3 de l'illustration)*.

Le traitement des produits financiers « accessoires »

1181 Cependant, une **exception** est prévue dans le cas des entreprises qui perçoivent des produits financiers considérés comme présentant un caractère accessoire par rapport à l'activité principale de l'entreprise. En effet, il peut être fait abstraction de ces produits pour le calcul du coefficient de taxation forfaitaire.

Jusqu'à fin 2005, en application des dispositions du b du 2 de l'article 212 de l'annexe II au CGI, étaient regardés comme « accessoires » les produits financiers ou immobiliers qui ne représentaient pas plus de 5 % du chiffre d'affaires toutes taxes comprises de l'entreprise concernée.

1182 Toutefois, l'évolution de la jurisprudence européenne a conduit les autorités fiscales françaises à modifier ces dispositions.

En effet, la Cour de justice a jugé, dans un arrêt du 29 avril 2004 (CJCE 29 avril 2004, C-77/01, société EDM) :

- que l'octroi annuel par une holding de prêts rémunérés aux sociétés dans lesquelles elle détient une participation (ainsi que les placements de celle-ci dans des dépôts bancaires ou dans des titres, tels que des bons du Trésor ou des certificats de dépôt), constitue des activités « dans le champ », mais que ces opérations sont exonérées de TVA ;
- mais que, lors du calcul du prorata de déduction, ces opérations doivent être considérées comme des opérations accessoires dans la mesure où elles n'impliquent qu'une utilisation très limitée de biens ou de services pour lesquels la taxe sur la valeur ajoutée est due ; quoique l'ampleur des revenus générés par les opérations financières en question puisse constituer un indice de ce que ces opérations ne doivent pas être considérées comme accessoires, le fait que ces opérations génèrent des revenus supérieurs à ceux produits par l'activité indiquée comme principale par l'entreprise concernée ne saurait à lui seul les exclure de la qualification d'opérations accessoires.

C'est ainsi que les dispositions du b du 2 de l'article 212 de l'annexe II au CGI ont été modifiées par le décret 2005-1648 du 26 décembre 2005, commenté par l'instruction du **10 janvier 2006** (BOI 3 A-1-06) dont les solutions sont aujourd'hui reprises au BOFiP.

Les opérations financières (ou immobilières) exonérées réalisées par une entreprise ne peuvent être qualifiées d'accessoires à l'activité principale de l'entreprise que si :
– d'une part, elles se **distinguent de l'activité principale** de l'entreprise et si, d'autre part, elles présentent un lien avec cette activité principale ;
– et n'impliquent qu'une **utilisation limitée** au maximum à **un dixième** des biens et des services grevés de TVA acquis par le redevable (BOFiP-TVA-DED-20-10-20-§ 210-10/06/2013).

1183 S'agissant du premier de ces deux critères, le critère « qualitatif », l'Administration indique qu'en ce qui concerne les opérations se distinguant de l'activité principale tout en présentant un lien avec ladite activité, il en va ainsi par exemple des « **holdings mixtes** qui, outre une activité industrielle, commerciale ou de services taxable, réalisent des opérations liées à la **gestion financière du groupe** » (BOFiP-TVA-DED-20-10-20-§ 210-10/06/2013).

1184 S'agissant du second critère, le critère « quantitatif », à savoir l'**utilisation de biens et services** à hauteur de **10 %** au maximum pour les besoins de l'activité financière, l'Administration précise qu'il est nécessaire de déterminer la proportion d'utilisation en question pour **chaque bien et service** grevé de TVA, en fonction de tout critère de nature à traduire au mieux cette utilisation (durée d'utilisation, surfaces employées…), et que, pour la prise en compte des dépenses relatives aux biens d'investissement, il doit être tenu compte de leur durée normale d'utilisation (BOFiP-TVA-DED-20-10-20-§ 220-10/06/2013). **Le seuil de 10 %** est apprécié au regard du rapport existant entre la somme des valeurs d'utilisation des biens et services grevés de TVA et le montant total de la valeur d'acquisition de ces mêmes biens et services (BOFiP-TVA-DED-20-10-20-§ 220-10/06/2013).

Exemple

Une holding mixte est dotée d'un service « Trésorerie » de deux personnes (sur un effectif total de vingt personnes), dont la fonction est d'animer la centrale de trésorerie du groupe, laquelle procure à la holding des produits financiers sous forme d'intérêts.

L'immeuble occupé par la holding est loué en TVA pour 200 000 € HT par an, et 7 % de sa surface est occupé par le service Trésorerie.

Le matériel informatique de l'entreprise (valeur 100 000 € HT, durée d'utilisation de 5 ans) est considéré, compte tenu notamment du nombre de postes, comme étant utilisé à hauteur de 10 % par le service Trésorerie.

La société dispose d'un logiciel comptable dont le prix d'acquisition est de 50 000 € HT (il est estimé que les écritures émanant du service Trésorerie représentent 5 % des écritures comptables de la société), ainsi que d'un logiciel spécifique de gestion de trésorerie d'une valeur de 20 000 €. L'entreprise considère que ses logiciels ont une durée d'utilisation de 3 ans.

Les divers frais passibles de la TVA supportés par la société holding (fournitures de bureau, électricité, dépenses diverses) représentent un budget annuel de 50 000 €. Faute de clé de répartition plus pertinente, il est décidé de les affecter aux différents services en fonction des effectifs respectifs de ces derniers.

Solution : Les biens et services acquis en TVA par l'entreprise sont utilisés par l'activité trésorerie à hauteur de :

(200 000 × 7 %) + (100 000/5 × 10 %) + (50 000/3 × 5 %) + (20 000/3 × 100 %) + (50 000 × 10 %) = 28 500 €.

Qu'il convient de rapporter à la somme totale de :

200 000 + (100 000/5) + (50 000/3) + (20 000/3) + 50 000 = 293 333 €.

Soit un pourcentage de 9,71 %. La holding pourra donc considérer son activité financière comme accessoire, mais elle aura tout intérêt à surveiller soigneusement l'évolution de ce ratio exercice après exercice, puisqu'il s'avère très proche du seuil de 10 %.

1185 Par ailleurs, l'Administration considère que pour l'appréciation du seuil de 10 %, il doit être considéré que les dépenses grevées de TVA ayant la nature de **frais généraux**, comme par exemple les dépenses d'acquisition de titres de participation *(voir § 1198)*, se répartissent de manière homogène sur les autres dépenses grevées de TVA de l'entreprise (rescrit 2007/5 du 27 février 2007 ; BOFiP-TVA-DED-20-10-20-§ 220-10/06/2013).

Le montant des frais généraux grevés de TVA, utilisés pour la réalisation d'opérations financières exonérées, est alors égal au produit du montant total des frais généraux grevés de TVA par le rapport entre, au numérateur, le montant des dépenses grevées de TVA, autres que les frais généraux, utilisées pour la réalisation d'opérations financières exonérées et, au dénominateur, le montant total des dépenses grevées de TVA hors frais généraux.

En pratique, cette démarche conduit à faire abstraction des dépenses de frais généraux pour le calcul du rapport servant à apprécier le seuil des 10 %. Ce rapport doit donc, en définitive, être calculé en retenant au numérateur la somme des dépenses grevées de TVA, supportées pour la réalisation des opérations financières exonérées (à l'exception de la quote-part des frais généraux) et, au dénominateur, les dépenses totales de l'entreprise grevées de TVA (hors frais généraux).

EXEMPLE

Cas d'une holding percevant des intérêts de prêts aux filiales, en plus des prestations de services facturées et des dividendes.

Les divers frais passibles de la TVA supportés par la société holding (fournitures de bureau, électricité, dépenses diverses) représentent un budget annuel de 100 000 €, dont 6 000 € peuvent être considérés comme affectés au service Trésorerie.

Cependant, parmi les 100 000 € de dépenses en question figurent 25 000 € d'honoraires et frais divers acquittés à l'occasion de la prise de participation dans une nouvelle filiale.

Dès lors, les frais passibles de la TVA doivent être calculés comme suit :

100 000 × 6 000 / 75 000 = 8 000 € soit 8 %.

Ou, ce qui revient au même, il suffit de rapporter les dépenses grevées de TVA afférentes aux opérations financières exonérées (hors frais généraux) aux dépenses totales de l'entreprise grevées de TVA (toujours hors frais généraux) :

6 000 / 75 000 = 8 %.

Au cas particulier, les intérêts peuvent donc valablement être considérés comme des produits financiers accessoires et ne pas détériorer le coefficient de taxation.

1186 Cela étant, l'Administration considère que la condition liée à la très faible utilisation de biens et de services grevés de TVA est réputée satisfaite en tout état de cause lorsque le produit des opérations financières exonérées présentant un lien avec l'activité principale de l'entreprise **n'excède pas 5 %** du montant du chiffre d'affaires total toutes taxes comprises de l'entreprise (BOFiP-TVA-DED-20-10-20-§ 230-10/06/2013). Autrement dit, l'activité financière est toujours réputée accessoire lorsque ses produits ne représentent pas plus de 5 % des recettes totales de l'entreprise.

1187 **(Réservé)**

Précisions complémentaires sur les opérations en capital

1195 Une difficulté est susceptible de se présenter dans certains cas particuliers, étant donné que la doctrine administrative et la jurisprudence ne s'accordent pas tout à fait sur la question de la déduction de la TVA ayant grevé les dépenses occasionnées par les opérations en capital des entreprises (augmentations de capital, fusions et apports, prises de participations, cessions de titres).

La jurisprudence

1196 La Cour de justice de l'Union européenne a précisé ces dernières années sa jurisprudence sur cette question, dans plusieurs décisions importantes.

1197 Il convient tout d'abord de rappeler que l'**immixtion dans la gestion** de filiales constitue pour la Cour une opération économique entrant dans le champ de la TVA, mais qu'il ne peut en être ainsi que lorsque la société holding rend aux filiales concernées des prestations soumises à la TVA (CJCE, 20 juin 1991, C-60/90 Polysar ; CJCE, 27 septembre 2001, C-16/00, Cibo Participations SA ; CJUE ord. 12 janvier 2017, C-28/16 MVM).

Ces prestations sont généralement des prestations de services administratifs, financiers, commerciaux et techniques. Cependant, le fait de rendre aux filiales des services de nature **immobilière** soumis à la TVA (location de locaux professionnels) est également constitutif d'une immixtion dans la gestion (CJUE 5 juillet 2018, C-320/17 précité ; CE 19 décembre 2018, n° 396945, SARL Marle participations précité).

1198 Dans l'arrêt CIBO Participations, la Cour a précisé que les frais d'acquisition exposés par une société holding dans le cadre d'une **prise de participation** dans une filiale (frais d'audit, de négociation, de montages relatifs à la prise de contrôle, de conseils juridique et fiscal) font partie de ses **frais généraux** et entretiennent donc en principe un lien direct et immédiat avec l'ensemble de son activité économique.

1199 Toutefois, elle a précisé ultérieurement (CJCE, 13 mars 2008, C-437/06, Securenta), que lorsqu'une société exerce à la fois des activités économiques, taxées ou exonérées, et des activités non économiques (ne relevant pas du champ d'application de la TVA), la déduction de la taxe afférente aux dépenses liées à l'**émission d'actions** n'est admise que dans la mesure où ces dépenses peuvent être imputées à l'activité économique de la société, ce qui renvoie à un raisonnement de type « prorata ».

1200 Cela étant, la doctrine de l'administration fiscale française, telle qu'elle résulte de son instruction 4-D-4-01 déjà citée du 15 octobre 2001 (donc postérieure à l'arrêt *Cibo Participations* mais antérieure à l'arrêt *Securenta*), dont les solutions sont reprises dans le BOFiP, prévoit que même si une société est un « assujetti partiel » (percevant des dividendes), elle est en droit de déduire en totalité la TVA grevant les dépenses ayant le caractère de « frais généraux » au sens précisé plus haut *(voir § 1185)*. Ce n'est donc que lorsque certaines de ses opérations imposables n'ouvrent pas droit à déduction (comme par exemple en cas de perception d'intérêts « non accessoires ») qu'il y aura lieu d'appliquer le coefficient de taxation forfaitaire pour déterminer les droits à déduction de la société.

On rappelle que les « opérations en capital » concernées sont les suivantes : introduction en Bourse, augmentation de capital, prise de participation s'accompagnant, ou non, d'une immixtion dans la gestion de l'entreprise, fusion, scission, apport d'une universalité totale ou partielle.

Les sociétés holding sont donc fondées à faire application de cette doctrine.

Le tribunal administratif de Montreuil a jugé détaxables également, en tant que frais généraux, les frais facturés par une banque à une société anonyme pour la gestion des titres des actionnaires qui les détiennent au nominatif, et des dividendes à leur verser (TA Montreuil, 14 avril 2016, n° 1411157, Sté GDF Suez).

1201 Si les dépenses exposées par une holding dans le cadre d'une prise de participation dans une filiale font partie de ses frais généraux, il n'en va pas nécessairement de même en ce qui concerne les honoraires facturés à une société mère pour des acquisitions de titres réalisés, non par elle-même, mais **par l'une de ses filiales**, pour l'acquisition d'une sous-filiale (CE 6 octobre 2008, n° 299265, SA Axa ; CE 29 octobre 2012, n° 326813, Sté First International Production, conclusions C. Legras, BDCF 1/13, n° 1).

Il en va pourtant différemment lorsque la holding peut établir que, compte tenu de l'**organisation du groupe**, elle seule effectue au profit des sous-filiales des prestations de services donnant lieu à des opérations caractérisant une activité économique et soumises à la TVA : dans ce cas, elle est en droit de déduire la TVA ayant grevé ces dépenses préparatoires à l'investissement, qui doivent être regardées comme faisant partie de ses frais généraux et entretiennent un lien direct et immédiat avec l'ensemble de son activité économique (CE 24 juin 2013, n° 350588, Sté L'Air Liquide, conclusions N. Escaut, BDCF 10/13, n° 102, et sur renvoi CAA Versailles 9 décembre 2014 n° 13VE02573). La TVA est déductible même lorsque l'opération ne se réalise pas.

1202 Cependant, la situation est plus complexe en ce qui concerne la déduction de la TVA afférente aux frais exposés à l'occasion de la **cession** de titres de participation.

Les cessions de titres

1203 Dans ce cas, en effet, la doctrine administrative n'admet pas nécessairement la déduction de la TVA. L'Administration a en effet indiqué dans une instruction du 10 janvier 2006 (BOI 4-A-1-06, n° 9, renvoi 4) que la TVA ayant grevé les dépenses engagées à l'occasion d'une opération de cession de titres, que celle-ci soit placée en dehors ou dans le champ d'application de la taxe mais exonérée, n'est **pas déductible** dès lors que ces dépenses entretiennent un lien direct et immédiat avec une opération n'ouvrant pas droit à déduction. Cette position prend appui sur un arrêt de la Cour de justice européenne (CJCE 6 avril 1995, C-4/94, BLP Group plc), qui avait jugé que puisqu'une cession de parts constituait une opération **exonérée** de TVA, les services juridiques, financiers et comptables fournis à l'occasion d'une cession (motivée par la volonté de désendetter la société holding) ne pouvaient pas être détaxés.

1204 Cependant, cette jurisprudence a connu une nette évolution suite à un nouvel arrêt de la CJCE (CJCE 29 octobre 2009, C-29/08 AB SKF, précité). Rappelons en effet que, se prononçant sur le cas d'une holding qui entendait procéder à une restructuration de son groupe et avait cédé l'intégralité des titres d'une filiale détenue à 100 % ainsi que 26,5 % des titres d'une autre filiale, jusqu'alors détenue à 100 % également, et avait recours pour cela à des prestations de services en matière d'évaluation, d'assistance aux négociations et de conseil juridique, la Cour a jugé :
– que la cession par une société mère de titres de filiales auxquelles elle **a fourni des prestations de services** soumises à la TVA constitue une **activité économique** relevant du champ d'application de la taxe *(voir § 1196)* ;

– qu'une telle cession doit être **exonérée** de TVA ;
– mais qu'un **droit à déduction** est néanmoins ouvert sur la TVA d'amont, acquittée sur les prestations effectuées pour les besoins de la cession, « si un lien direct et immédiat existe entre les dépenses liées aux prestations en amont et l'ensemble des activités économiques de l'assujetti », à charge pour les juridictions nationales de déterminer « si les dépenses encourues sont susceptibles d'être incorporées dans le prix de revient des actions vendues ou si elles font partie des seuls éléments constitutifs du prix des opérations relevant des activités économiques de l'assujetti. »

Peu après, le **Conseil d'État** a eu l'occasion d'expliciter ces critères.

1205 Tout d'abord, il a précisé en ce qui concerne les valeurs mobilières de **placement** cotées (et non pas les titres de participation), que si leur cession **ne constitue pas** en elle-même une **activité économique** relevant du champ d'application de la TVA, il convient de rechercher si, compte tenu des circonstances de l'opération, les frais ayant grevé la cession de telles valeurs peuvent être regardés comme constituant des **frais généraux** présentant un lien direct et immédiat avec l'ensemble de l'activité économique de l'assujetti. Tel est bien le cas pour une société contrainte de céder des titres de placement pour faire face à de graves et durables difficultés financières. Dans ce cas, la TVA acquittée sur les frais de courtage est bien déductible (CE 10 juin 2010, n° 292389, SA Siva).

On retiendra de cette décision que l'application de la règle des « frais généraux » n'a rien d'automatique et nécessite que la société puisse démontrer que l'opération de cession se rattache bien à son activité générale passible de la TVA.

1206 Ensuite, en ce qui concerne les titres de **participation** proprement dits, le Conseil d'État a précisé de manière détaillée dans deux autres arrêts le régime de déduction de la TVA acquittée sur les frais occasionnés par leur cession (CE 23 décembre 2010, n° 307698, Sté Pfizer Holding France, concl. L. Olléon, BDCF 3/11 n° 31, chron. V Daumas, RJF 3/11 p. 235 ; CE 23 décembre 2010, n° 324181, SA Michel Thierry). Ces arrêts, dont les solutions ont été reprises depuis dans la doctrine administrative (BOFiP-TVA-DED-20-10-20-§ 70-10/06/2013), invitent à distinguer **deux catégories de dépenses**, celles exposées par la société holding en vue de préparer la cession et celles inhérentes à la transaction elle-même :

a) S'agissant des dépenses exposées en vue de **préparer la cession**, une société holding qui se livre à une activité économique passible de la TVA est normalement en **droit de déduire** la taxe les ayant grevées, ces dépenses étant alors réputées faire partie de ses frais généraux et se rattacher aux éléments constitutifs du prix de ses opérations économiques. Il en va ainsi, précise le Conseil d'État, même lorsque l'opération de cession ne se réalise pas.

Toutefois, lorsque la cession est intervenue, l'Administration est en droit de contester la déductibilité de la taxe si elle est en mesure d'établir :
– que l'opération a revêtu un caractère patrimonial dès lors que le produit de cette cession a été **distribué** ;

Nous reviendrons cependant *(voir § 1209)* sur cette question de la distribution du produit tiré de la cession de titres de participation.

– ou que, en l'absence d'éléments contraires produits par la société, ces dépenses ont été **incorporées dans le prix de cession** des titres.

Compte tenu de cette rédaction, il semble que ce doive être à la société elle-même, et non à l'Administration, d'établir que les frais préparatoires à la cession n'ont pas fait l'objet d'une telle incorporation dans le prix de cession. Il peut donc s'avérer judicieux, le cas échéant, de stipuler expressément dans le **protocole de cession** que lesdits frais demeurent entièrement à la charge de la société cédante et n'ont pas été pris en compte, de manière directe ou indirecte, dans la détermination du prix de cession, ou encore que chaque partie supporte les frais qu'elle a engagés.

Dans ses conclusions, le rapporteur public L. Olléon mentionne, parmi les éléments susceptibles d'étayer la non-incorporation des frais dans le prix de cession, le cas de titres cotés pour lesquels la cession serait effectuée au prix de marché, la production de la comptabilité analytique de la société, ou encore, précisément, les stipulations contractuelles de l'acte de cession.

Le Conseil d'État a précisé que la circonstance que les titres cédés soient des **titres cotés** est sans incidence sur l'obligation qu'a, en tout état de cause, la société de justifier que les dépenses exposées en vue de préparer cette cession n'ont pas été incorporées dans le prix de cession, dès lors qu'elle est la seule à être en mesure de démontrer que le prix convenu de cession correspond à la cotation des titres (Conseil d'État, 26 décembre 2013, n° 350797, France Télécom, concl. F. Aladjidi, Rev. D. fisc. 2014, n° 11 avec obs. A. Moraine et Ph. Hérique). Par ailleurs, il a indiqué qu'il suffisait à l'Administration de faire valoir l'absence d'une répartition contractuelle des frais entre cédant et cessionnaire, ou l'absence de production par la société cédante de toute pièce relative au calcul du prix de cession des titres, pour que ce soit à la société de prouver l'absence d'incorporation de ces dépenses au prix de cession (CE 4 février 2015 n° 370525).

b) S'agissant des dépenses **inhérentes à la transaction** elle-même, la TVA d'amont n'est en principe **pas déductible**, dès lors que ces dépenses présentent un lien direct et immédiat avec l'opération de cession des titres. Cependant, la société est en droit d'en opérer tout de même la déduction si, indique le Conseil d'État, « compte tenu de la nature des titres cédés ou par tous éléments probants tels que sa comptabilité analytique, elle établit que ces dépenses n'ont **pas été incorporées dans leur prix de cession** », ce qui permet alors de les considérer comme des frais généraux se rattachant aux opérations taxables.

Ces dernières règles s'appliquent également dans le cas où les deux catégories de dépenses ont été payées à un même intermédiaire, chargé à la fois de préparer la cession et de réaliser la transaction (dépenses dites « mixtes »), si les deux catégories de prestations n'ont pas fait l'objet d'une facturation distincte.

Ici, il incombe clairement à la société de prouver que les frais n'ont pas été incorporés au prix de cession des titres si elle veut prétendre à la déduction de la TVA : voir les remarques faites ci-dessus au sujet du soin à apporter aux stipulations contractuelles. Cependant, la portée pratique de la référence faite par le Conseil d'État à la **comptabilité analytique** est difficile à mesurer (cette comptabilité analytique, lorsqu'elle existe, est plutôt utilisée dans le cadre d'opérations d'exploitation que dans le cadre d'opérations financières). On peut penser que le fait d'inclure les frais de cession dans le calcul des « frais de siège » refacturés aux différentes filiales du groupe pourrait constituer un élément de preuve pertinent. Par ailleurs, la société cédante peut aussi s'appuyer sur une **évaluation** préalable des titres cédés et démontrer que le prix retenu lors de la transaction s'est appuyé sur cette évaluation sans que d'autres éléments s'y soient ajoutés.

Dans un arrêt du 22 novembre 2019 (n° 423805 Sté Vivendi), le Conseil d'État a censuré une décision de la Cour administrative d'appel de Versailles qui avait considéré les honoraires d'avocats et les sommes rémunérant les prestations des banques intermédiaires comme « un tout indissociable » se rattachant à la cession, et qui avait estimé que la société n'apportait pas la preuve que ces dépenses n'avaient pas été incorporées dans le prix de cession, alors que les titres avaient fait l'objet d'une procédure de « placement accéléré » dans laquelle le prix est déterminé de manière discrétionnaire par les banques.

1207 Enfin, le Conseil d'État s'est aussi prononcé sur la question du caractère déductible des frais de **garantie de passif**, au cas particulier des frais d'avocat exposés par une société holding placée à la tête d'un groupe de concessions automobiles dans le cadre d'un litige noué entre certaines de ses filiales et un constructeur

automobile : le Conseil d'État a considéré que les honoraires en question se rattachaient à l'opération de cession et n'ouvraient donc pas droit à déduction de la TVA (CE 13 juillet 2012, n° 345204, ministère c/Entreprises Franque, conclusions B. Bohnert, BDCF 11/12, n° 125).

Cette décision apparaît quelque peu sévère, d'autant plus que le litige en question s'était noué plusieurs mois avant la cession des titres des filiales : il n'aurait pas été choquant de considérer les frais d'avocat correspondants comme faisant partie des frais généraux de la holding cédante, alors même que les titres en question avaient été cédés entre-temps et le litige inclus dans le champ de la garantie de passif. Pour une critique détaillée de cette décision, voir Y. Sérandour « *TVA sur frais de cession de titres : nouvel épisode français* », Rev. D. fisc 2012, n° 37, inf. 435.

1208 **Cependant, cette dernière affaire a, par la suite, été réexaminée au fond, sur renvoi par le Conseil d'État, par la Cour administrative d'appel de Douai** (CAA Douai, 30 avril 2013, n° 12-1108, ministère c/Sté SA Entreprises Franque, conclusions V. Marjanovic, BDCF 8-9/13, n° 90)**, qui a finalement admis la déduction de la TVA sur ces honoraires.**

La Cour a considéré :
- que les honoraires d'avocat liés à la garantie de passif pris en compte par la société holding ne présentaient ni la nature de frais inhérents à la cession, ni celle de frais supportés en vue de la cession des titres, mais avaient été exposés dans le seul cadre du règlement d'un différend commercial que, en vertu de la convention de garantie de passif, la holding restait seule chargée de gérer ;
- que les conséquences financières de ce litige avaient été exclues du champ d'application de la garantie de passif ;
- et que les clauses relatives au prix de cession montraient que la valeur des filiales cédées avait été arrêtée sur la base d'une situation de bilan qui ne reprenait pas en compte les incidences du litige.

1209 **En outre, les cours administratives d'appel ont été amenées à appliquer concrètement les principes dégagés par le Conseil d'État à différentes situations de fait.**

Dans l'arrêt déjà mentionné ci-dessus, la CAA de Douai a considéré comme déductible la TVA ayant grevé des dépenses inhérentes à la transaction (honoraires liés à l'élaboration du protocole de cession), dès lors :
– que le protocole de cession prévoyait que le cessionnaire supporterait le coût de la vente des titres, à l'exception de deux actes particuliers (le protocole d'accord et la convention de garantie de passif), dont le coût devait être partagé entre le cédant et le cessionnaire ;
– et qu'il ne résultait d'aucune stipulation dudit protocole, ni d'aucun élément chiffré relatif à l'évaluation du prix de cession, que ce prix aurait incorporé le coût des honoraires en question.

Dans un autre arrêt, la Cour administrative d'appel de Paris a également reconnu la TVA comme déductible (CAA Paris 30 avril 2013, n° 11-2843, SA Ifrah Finance) **: pour la cour, la société holding a pu établir que les dépenses inhérentes à la cession n'ont pas été incorporées dans le prix de cession en faisant valoir que les modalités du choix de l'acquéreur et de la fixation du prix de cession résultaient d'une procédure « d'*open bid* », et il résulte par ailleurs du contrat de cession que le prix de cession a été déterminé par la valeur financière des sociétés cédées, sans mettre à la charge de l'acheteur les frais et honoraires engagés par le cédant.**

Dans une autre décision, le TA de Montreuil a considéré que la preuve de la non-incorporation au prix de cession avait été valablement rapportée en produisant le **contrat de cession**, lequel stipulait que « chaque partie prendra en charge l'ensemble des coûts engagés par elle au titre de l'établissement de la négociation, de la conclusion et de l'exécution du (...) contrat » (TA Montreuil 16 décembre 2013 n° 1205594).

Notons que dans l'affaire Vivendi précitée, le Conseil d'État a aussi reproché à la Cour, à laquelle l'affaire a été renvoyée, de ne pas avoir suffisamment examiné le fait que le contrat stipulait que la société cédante conserverait à sa charge l'intégralité des frais liés au placement (CE 22 novembre 2019, n° 423805, Sté Vivendi).

1210 Sur la question particulière du **caractère « patrimonial »** de l'opération (faisant obstacle à la déduction de la TVA), il faut relever que le même arrêt de la CAA de Douai a jugé que l'Administration n'établit pas qu'une opération de cession présente ce caractère, au motif que ladite cession s'est traduite par le départ de 10 des 13 salariés du groupe et par une diminution de 90 % de la part des recettes résultant des prestations de services aux filiales, dès lors :
– qu'il n'est pas justifié que le produit de cette transaction a fait l'objet d'une distribution ;
– et qu'il est constant que la société cédante a **conservé une activité** de prestation de services pour une dizaine de filiales (CAA Douai 30 avril 2013 précité).

Par ailleurs, dans l'autre arrêt déjà cité, la CAA de Paris a jugé, alors que la société avait procédé, l'année suivant celle de la cession des titres, à une **distribution** d'un montant supérieur aux plus-values de cession réalisées, que l'Administration n'établissait pas, par ce simple fait, que le produit global de la vente avait été distribué et que l'opération avait donc revêtu un caractère patrimonial (CAA Paris 30 avril 2013, précité).

Les frais d'acquisition antérieurs à la création de la holding

1211 Dans certains cas, il peut arriver que des dépenses, réalisées en vue de l'acquisition de titres par la holding, soient exposées en tout ou partie **avant la constitution** juridique de celle-ci.

Cette situation se rencontre, par exemple, lorsqu'une personne physique ou morale envisage l'acquisition d'une participation, mais diffère la création de la holding de reprise jusqu'au moment où il est permis de penser que l'achat des titres a une probabilité raisonnable d'aboutir.

Dans cette situation, est généralement inclus en annexe des statuts un état des actes accomplis pour le compte de la société en formation.

1212 La Cour administrative d'appel de Marseille a eu l'occasion de se prononcer sur la déductibilité de la TVA dans ce genre de situation.

Dans le cas soumis à son appréciation, le calendrier des opérations avait été le suivant :
– début des négociations avec les vendeurs : mai N
– constitution de la holding de reprise : 28 octobre N
– immatriculation de ladite holding : 9 novembre N
– protocole d'acquisition des titres : 2 décembre N
– factures des prestataires : 31 décembre N et 11 janvier N + 1.

Ces factures d'honoraires correspondaient à des prestations de conseil et d'assistance juridiques, comptables, fiscaux et financiers en vue de l'évaluation de la cible, et de la réalisation de la cession des actions. L'Administration avait rejeté la déduction de ces honoraires par la holding en considérant que ces frais avaient été engagés pour l'essentiel avant sa constitution et dans le seul intérêt des actionnaires.

La Cour a jugé au contraire que ces prestations avaient eu pour objet de s'assurer de la **viabilité du projet** d'investissement et de **préparer l'acquisition** des actions de la cible par une holding de reprise, et présentaient donc un intérêt propre pour cette dernière. Dans ces conditions, alors même que les prestations en cause ont été pour l'essentiel réalisées avant la constitution de la holding, l'Administration ne rapporte pas la preuve que les prestations n'auraient pas présenté de contrepartie pour la société. En matière de TVA, ces dépenses font partie des « **frais généraux** » et sont donc pleinement détaxables (CAA Marseille, 17 janvier 2014, n° 11-2067, SA Homair Vacances).

À noter que l'arrêt portait aussi sur la déductibilité de ces charges au regard de l'impôt sur les sociétés et que la Cour a répondu par l'affirmative.

1213 **(Réservé)**

Les frais engagés pour une opération de cession non réalisée

1215 Il se peut que différents frais préparatoires à la cession soient engagés par la société propriétaire des titres mais que, finalement, la cession ne puisse pas se réaliser, par exemple faute d'acquéreur susceptible de proposer un prix suffisant.

La CJUE, amenée à se prononcer dans une situation de ce genre, a jugé qu'une opération de cession d'actions envisagée, mais non réalisée, « qui ne trouve pas sa cause exclusive directe dans l'activité économique taxable de la société concernée ou qui ne constitue pas le prolongement direct, permanent et nécessaire de cette activité économique ne relève pas du champ d'application de la taxe sur la valeur ajoutée », ce qui interdit la déduction de la TVA (CJUE 8 novembre 2018, C-502/17, C&D Foods Acquisition ApS).

En réalité, pour la Cour, le fait que la cession n'ait **pas été réalisée** n'affecte pas la solution donnée à l'affaire (point 41 de l'arrêt). Il s'agit en revanche comme on vient de le voir que l'opération ait sa cause exclusive directe dans l'activité économique taxable de la société mère ou qu'elle constitue le prolongement direct, permanent et nécessaire de cette activité. Elle précise que tel est le cas lorsque ladite opération est effectuée en vue d'**affecter le produit de cette cession directement à l'activité** économique taxable de la société mère en question ou à l'activité économique exercée par le groupe, alors que dans l'affaire en question, l'objectif principal avait au contraire été d'utiliser le produit de la cession au **désendettement du groupe** (point 39).

La Cour n'a pas suivi sur ce point les conclusions de son Avocat général, pour qui la solution à la question ne devait pas être affectée par le fait que le produit de la cession des actions était destiné à rembourser des dettes envers le nouveau propriétaire du groupe (conclusions, point 30).

1216 **(Réservé)**

Secteurs distincts d'activité

1225 Compte tenu de ce qui précède, et notamment de la notion de produits financiers accessoires, les holdings mixtes se trouveront généralement, sauf cas particulier de certaines opérations en capital, en position de pouvoir déduire l'intégralité de la TVA qui leur a été facturée.

Cependant, il peut se trouver des cas, nous l'avons vu, dans lesquels les produits financiers exonérés perçus par la holding ne répondent pas aux critères permettant de les considérer comme accessoires, parce qu'ils impliquent l'utilisation de plus d'un dixième des biens et services grevés de TVA consommés par l'entreprise.

1226 **Dans ce cas, lorsque la perception de produits financiers présente un caractère accessoire par rapport à l'activité principale de l'entreprise mais qu'elle ne répond pas à cette condition liée à la très faible utilisation de biens et de services grevés de TVA, l'Administration accepte que l'entreprise en question constitue un secteur distinct d'activité regroupant l'ensemble des opérations financières en cause** (BOFiP-TVA-DED-20-10-20-§ 240-10/06/2013 ; BOFiP-TVA-DED-20-20-§ 70-13/05/2014), **étant précisé que la constitution de ce secteur est soumise à un certain nombre d'obligations de fond et de forme que nous examinerons ci-après.**

La constitution d'un tel secteur distinct est obligatoire lorsque les opérations financières constituent l'activité principale de la holding.

Ceci permet de faire en sorte de rendre la TVA grevant les dépenses concernant le secteur relevant de la TVA entièrement déductible. Bien entendu, dans ce cas, la TVA grevant les dépenses affectées au secteur financier exonéré est entièrement non déductible mais, surtout, le coefficient de taxation forfaitaire ne s'applique plus qu'aux seules dépenses communes aux différents secteurs.

EXEMPLE

Holding mixte ayant perçu lors d'un exercice donné les produits suivants :

- Prestations de services facturées aux filiales	600 000
- Dividendes perçus	800 000
- Intérêts des placements et des avances aux filiales	400 000

Comme nous l'avons vu plus haut, dans ce cas, la perception de dividendes n'affecte pas les droits à déduction et le coefficient de taxation forfaitaire est donc égal à :

600 000 / (600 000 + 400 000) = 60 %.

Cette société holding est implantée dans deux immeubles différents, puisque son département « Trésorerie » est logé dans des bureaux distincts (loyer annuel 120 000 € HT, TVA 24 000 €) de ceux qu'occupe son département « Services aux filiales » (loyer annuel 300 000 € HT, TVA 60 000 €).

Les frais taxables liés aux locaux (électricité, entretien, etc.) et au fonctionnement général des services (fournitures de bureau, etc.) sont respectivement de 10 000 € (TVA 2 000 €) pour le département « Trésorerie » et de 20 000 € (TVA 4 000 €) pour le département « Services aux filiales ».

L'année en question, la holding opère une refonte complète de son informatique. Elle acquiert pour 100 000 € HT (TVA 20 000 €) de matériel informatique : un serveur (20 000 €) abritant l'ensemble des applications et fichiers de la société, et des postes informatiques affectés pour 30 000 € au département « Trésorerie » et pour 50 000 € au département « Services aux filiales ». L'investissement dans un logiciel de gestion (utilisé pour l'ensemble de la société) est de 20 000 € HT (TVA 4 000 €), auxquels s'ajoute un module spécifique de gestion de trésorerie qui a été facturé à la société pour 10 000 € (TVA 2 000 €).

Par ailleurs, la société acquitte un certain nombre de frais de fonctionnement (honoraires de prestataires extérieurs notamment) pour un montant annuel de 50 000 € HT (TVA 10 000 €).

Compte tenu de tous ces éléments, quels seront les droits à déduction de la société holding ?

Solution 1 - La société ne constitue pas de secteurs distincts d'activité

La TVA afférente à toutes ses dépenses et à tous ses frais généraux sera déductible à hauteur de son coefficient de taxation forfaitaire de 60 %.

La TVA totale acquittée sur biens et services a été de 84 000 (loyers) + 6 000 (frais sur locaux) + 10 000 (honoraires) = 100 000 € au total.

La TVA acquittée sur les investissements a été de 20 000 (matériel informatique) + 6 000 (logiciels) = 26 000.

Le tout étant soumis à l'application du coefficient de taxation forfaitaire, la TVA déductible de l'année sera donc pour la société de (100 000 + 26 000) × 60 % = **75 600 €** et la TVA non déductible de 50 400 €.

Solution 2 - La société opte pour la constitution d'un secteur financier

• En ce qui concerne la TVA sur biens et services :

La TVA grevant les dépenses du secteur taxable reste entièrement déductible, soit : 60 000 (loyers) + 4 000 (frais sur locaux) = 64 000 €.

En revanche, la TVA grevant les dépenses du secteur financier exonéré n'ouvre pas droit à déduction, pour : 24 000 (loyers) + 2 000 (frais sur locaux) = 26 000 €.

La TVA grevant les honoraires est déductible au prorata général, c'est-à-dire à hauteur de 60 % de 10 000 = 6 000 €.

Pour les biens et services, la TVA déductible est donc de 64 000 + 6 000 = 70 000 € et la TVA non déductible de 26 000 + 4 000 = 30 000 €.

• En ce qui concerne la TVA sur biens d'investissement :

La TVA grevant les investissements exclusivement affectés au secteur taxable (matériel informatique) est entièrement déductible, c'est-à-dire à hauteur de 10 000 €.

En revanche, la TVA afférente aux dépenses du secteur financier exonéré n'ouvre pas droit à déduction, pour : 6 000 (postes informatiques) + 2 000 (logiciel de trésorerie) = 8 000 €.

La TVA grevant les investissements utilisés de manière commune par les deux secteurs est déductible au prorata général, c'est-à-dire à hauteur de 60 % de 4 000 (serveur informatique) + 4 000 (logiciel de gestion) = 8 000 × 60 % = 4 800 €.

Pour les biens d'investissement, la TVA déductible de l'année sera donc de 10 000 + 4 800 = 14 800 €, et la TVA non déductible de 8 000 + 3 200 = 11 200 €.

• Au total, la TVA déductible est donc de 70 000 (biens et services) + 14 800 (investissements) = **84 800 €**, et la TVA non déductible de 30 000 + 11 200 = 41 200 €.

En définitive, au cas particulier, la constitution d'un secteur distinct d'imposition financier aura donc permis la déduction de 84 800 € de TVA au lieu de 75 600 €, soit un gain de 9 200 €.

La constitution de secteurs distincts d'activité est soumise à un certain nombre d'obligations spécifiques.

Déclaration des secteurs

1227 Les entreprises qui constituent des secteurs distincts d'activités et qui adoptent un coefficient de taxation forfaitaire distinct pour une activité nouvellement créée doivent, dans les quinze jours, en faire la déclaration au service des impôts (CGI, ann. IV, art. 40, 2).

Une déclaration doit également être souscrite en cas de modifications aboutissant à la création d'un secteur exonéré (CGI précité).

Tenue d'une comptabilité distincte

1228 Lorsqu'un assujetti a des secteurs d'activités qui ne sont pas soumis à des dispositions identiques au regard de la TVA, ces secteurs font l'objet de comptes distincts pour l'application du droit à déduction (CGI, ann. II, art. 209, I, 2e al.).

La comptabilité de l'entreprise doit suivre distinctement, pour chaque secteur d'activité :

– les acquisitions de biens et services ;

– les cessions de biens constituant des immobilisations et les transferts de ces biens à un autre secteur ;

– le montant des opérations imposables et non imposables.

Pour l'application de ces principes, la tenue de deux ou plusieurs comptabilités séparées n'est pas indispensable, dès lors que la comptabilité de l'entreprise, complétée le cas échéant par des registres annexes, fait apparaître distinctement les données comptables propres à chaque secteur, de manière à justifier les mentions portées sur les déclarations de l'entreprise (rép. min. Charasse, n° 26298, JO AN du 12 juillet 1999 p. 4281 ; BOFiP-TVA-DED-20-20-§ 130-13/05/2014).

Déclarations de chiffre d'affaires

1229 Les personnes qui exercent plusieurs activités n'ont pas en principe à établir une déclaration de chiffre d'affaires pour chacun de leurs secteurs d'activité. Elles doivent souscrire **une seule déclaration** sur laquelle sont regroupés les éléments propres à chaque secteur.

Cette déclaration récapitule la TVA brute afférente au chiffre d'affaires provenant de l'ensemble des activités de l'entreprise, ainsi que la totalité des droits à déduction, tous secteurs confondus.

Avant leur globalisation sur la déclaration unique, les droits à déduction doivent être préalablement calculés par secteur, en fonction des limitations particulières éventuellement applicables à chacun de ces secteurs (BOFiP-TVA-DED-20-20-§ 170-13/05/2014).

1230 Dans le cadre du contrôle des déclarations, et notamment à l'occasion de l'instruction des demandes de remboursement de crédits de TVA non imputable, les entreprises doivent être en mesure de justifier auprès de l'Administration la quotité des droits à déduction mentionnés sur leur déclaration. Le service des impôts peut être amené à adresser aux entreprises des demandes de renseignements, sous la forme d'un imprimé n° 3310 ter. Cet imprimé peut être joint spontanément à la déclaration de TVA (BOFiP-TVA-DED-20-20-§ 170-13/05/2014).

Précisions diverses

1231 Il peut arriver qu'un bien ou service soit utilisé pour plusieurs secteurs d'activité, sans pour autant être utilisé pour tous les secteurs d'activité de l'entreprise. Dans ce cas, le coefficient de taxation est déterminé au vu du chiffre d'affaires de ces quelques secteurs (BOFiP-TVA-DED-20-10-20-§ 110-10/06/2013).

EXEMPLE

Entreprise dotée de quatre secteurs distincts d'activité, dont les recettes sont les suivantes :

Locations immobilières taxables	200 000 €
Locations immobilières exonérées	300 000 €
Services aux filiales	500 000 €
Secteur trésorerie exonéré	400 000 €

Le coefficient de taxation forfaitaire de cette entreprise est égal à :

(200 000 + 500 000) / (200 000 + 300 000 + 500 000 + 400 000) = **50 %**.

Si, par exemple, un bien est utilisé exclusivement pour les besoins des secteurs autres qu'immobiliers, il sera détaxable selon un coefficient de taxation spécifique à cette utilisation, soit :

500 000 / (500 000 + 400 000) = **55 %**.

1232 Notons enfin que lorsque la société holding perçoit des produits financiers ouvrant droit à déduction, tels que des intérêts de prêts consentis à des filiales établies en dehors de l'Union européenne (*voir § 1179*), il y aura lieu de calculer un coefficient de déduction spécifique pour le secteur financier.

EXEMPLE

Ainsi, si une société holding qui a constitué un secteur financier perçoit par exemple 300 000 € d'intérêts de ses filiales françaises et 200 000 € d'intérêts de ses filiales étrangères hors UE, le coefficient de taxation applicable à son secteur financier ne sera pas de 0 %, mais de 200 000 / (300 000 + 200 000) = 40 %.

1233 **(Réservé)**

Régime de consolidation du paiement de la TVA

1245 Depuis le 1er janvier 2012 existe un régime **optionnel** de consolidation du paiement de la TVA et des taxes assimilées, par lequel un redevable de la taxe peut choisir d'acquitter, avec l'accord des sociétés qu'il contrôle, la TVA ainsi que les taxes mentionnées sur l'annexe à la déclaration CA 3 dues par les membres du groupe ainsi formé.

1246 Cette option ne concerne que les groupes dont les sociétés remplissent chacune les **conditions** suivantes (CGI art. 1693 ter, 1 et 2) :

– elles doivent être assujetties à la TVA au régime réel normal, de plein droit ou sur option ;

– elles doivent relever de la Direction des grandes entreprises (DGE), à laquelle elles transmettent leurs déclarations par voie électronique ;

Il s'agit :

- des sociétés dont le chiffre d'affaires hors taxes ou le total de l'actif brut figurant au bilan est supérieur ou égal à **400 millions d'euros** ;
- des sociétés détenant à la clôture de l'exercice, directement ou indirectement, plus de la moitié du capital ou des droits de vote d'une société atteignant les seuils ci-dessus ;
- des sociétés dont plus de la moitié du capital ou des droits de vote est détenue à la clôture de l'exercice, directement ou indirectement, par une de ces mêmes sociétés ;
- des sociétés appartenant à un groupe intégré lorsque celui-ci comprend au moins une société relevant des trois catégories ci-dessus.

– leurs exercices doivent être ouverts et clos aux mêmes dates ;

– le redevable du groupe, c'est-à-dire l'entreprise qui exerce l'option pour la consolidation de paiement, doit détenir, directement ou indirectement, **plus de la moitié du capital** ou des droits de vote des membres du groupe, de manière continue sur la période couverte par l'option ;

– le redevable du groupe doit opter avant la date d'ouverture de l'exercice au titre duquel le régime optionnel s'applique ;

– les sociétés membres du groupe doivent donner leur accord pour que le redevable du groupe acquitte la TVA, les taxes et contributions assimilées dont ils seraient redevables en l'absence de groupe.

1247 Chacune des sociétés membres du groupe demeure un assujetti qui reste tenu de souscrire mensuellement sa **déclaration** de TVA, et n'est déchargé que de ses obligations de **paiement**, assumées par le redevable du groupe : en effet, la société qui opte pour le régime optionnel de consolidation se constitue seule redevable de la TVA et des taxes assimilées dues sur l'ensemble des opérations réalisées par elle-même et ses filiales.

1248 Les **crédits de TVA dégagés** par une société membre pendant son appartenance au groupe sont transmis au redevable du groupe, et ne doivent donc plus être reportés sur les déclarations ultérieures de la société membre.

À l'inverse, les crédits de TVA provenant de la période antérieure à l'entrée en vigueur de l'option ne sont pas pris en compte pour le calcul de la TVA due par le redevable du groupe, et donneront lieu à remboursement à la société membre elle-même.

Les sociétés membres doivent conclure des **conventions**, comme en matière d'intégration fiscale, de manière à organiser contractuellement les transferts financiers rendus nécessaires par la compensation des TVA dues et des crédits de

TVA au niveau du redevable du groupe ainsi que les redistributions aux membres des crédits de TVA remboursés à ce dernier (BOFiP-TVA-DECLA-20-20-50-§ 360-19/02/2020).

1249 **(Réservé)**

Groupe TVA

1250 L'article 162 de la loi 2020-1721 du 29 décembre 2020 de finances pour 2021 a institué, à compter du **1er janvier 2023**, un régime de groupe pour la TVA. Ce texte prévoit que les assujettis qui ont en France le siège de leur activité économique ou un établissement stable (à l'exception des établissements stables de ces assujettis qui ne sont pas situés en France), peuvent demander à constituer **un seul assujetti** au sens de la TVA dès lors qu'ils sont étroitement **liés** entre eux à la fois sur le plan financier, sur le plan économique et sur le plan de l'organisation (CGI art. 256 C).

Sur le plan financier, sont considérés comme liés entre eux les assujettis contrôlés en droit, directement ou indirectement, par une même personne, y compris cette dernière. Cette condition est satisfaite lorsqu'un assujetti ou une personne morale non assujettie, détient plus de 50 % du capital (ou plus de 50 % des droits de vote) d'un autre assujetti, directement ou indirectement par l'intermédiaire d'autres assujettis ou personnes morales non assujetties (condition identique à celle mentionnée au § 1246).

Sur le plan économique, sont considérés comme liés entre eux les assujettis exerçant :

– soit une activité principale de même nature ;

– soit des activités interdépendantes, complémentaires ou poursuivant un objectif économique commun ;

– soit une activité réalisée en totalité ou en partie au bénéfice des autres membres.

Enfin, **sur le plan de l'organisation**, sont considérés comme liés entre eux sur les assujettis :

– qui sont en droit ou en fait, directement ou indirectement, sous une direction commune ;

– ou qui organisent leurs activités totalement ou partiellement en concertation.

Les liens en question doivent exister lors de l'exercice de l'option pour le régime, et subsister de manière continue pendant toute la période couverte par cette option.

Cette faculté de constituer un assujetti unique (« groupe TVA ») aura pour principal avantage de supprimer les frottements de TVA sur les flux internes du groupe ainsi constitué, puisque toutes les opérations effectuées entre les membres du groupe se trouveront placées en dehors du champ d'application de la TVA.

Cette solution est essentiellement indiquée dans le cas du secteur bancaire ou financier, et dans celui des assurances.

Ce dispositif ne concerne que la TVA et reste donc sans incidence sur les autres impôts ou taxes dont sont redevables ses membres, et en particulier sur les taxes assises et recouvrées comme en matière de TVA.

Les différentes entités seront libres de fixer le périmètre du groupe et de choisir d'y inclure ou non certains membres. Plusieurs groupes TVA pourront être créés au sein d'un même groupe économique. En revanche, un assujetti ne peut être membre que d'un seul groupe TVA, et un groupe TVA ne peut pas être membre d'un autre groupe TVA.

La création du groupe TVA s'effectue sur **option** formulée par son représentant auprès du service des impôts dont celui-ci dépend. Cette option, qui doit être formulée au plus tard le 31 octobre de l'année qui précède son application, ne peut être exercée qu'avec l'accord de chacun des membres du groupe TVA. Elle prend effet au 1er janvier de l'année qui suit celle au cours de laquelle elle a été exprimée et couvre obligatoirement une période de trois années civiles : ainsi, une option formulée avant le 31 octobre 2022 prendra effet au 1er janvier 2023, jusqu'au 31 décembre 2025. Elle devra préciser la dénomination, la domiciliation et le représentant de l'assujetti unique et la nature des activités de chacun de ses membres. La déclaration devra comporter la liste des membres ainsi que les numéros individuels d'identification à la TVA qui leur auront été attribués avant leur entrée dans l'assujetti unique (CGI art. 286, III). À noter que l'éventuel crédit de TVA constaté par un membre de l'assujetti unique au titre d'une période antérieure à l'entrée en vigueur de l'option ne pourra pas faire l'objet d'un report sur une déclaration souscrite par le groupe TVA, et devra donner lieu à remboursement à la société qui en est titulaire dans les conditions de droit commun.

Lors de la première période d'option triennale, l'ajout d'un nouveau membre au groupe TVA ne pourra intervenir que s'il s'agit d'un assujetti qui ne remplissait pas les conditions de liens entre les membres au moment de la prise d'effet de l'option. De la même façon, la sortie d'un membre ne pourra s'effectuer que si celui-ci ne remplit plus les conditions en question. En revanche, à l'issue de cette première option triennale, tout nouveau membre remplissant les conditions nécessaires pourra rejoindre le groupe TVA (avec effet au 1er janvier suivant), et un membre pourra volontairement décider de sortir du groupe (avec effet au 1er janvier suivant).

À compter de leur entrée dans le groupe, les membres de celui-ci ne seront plus considérés comme des assujettis, et n'auront donc plus d'obligations déclaratives en matière de TVA (transférées au représentant du groupe), mais ils resteront tenus solidairement au paiement de la TVA (et, le cas échéant, des intérêts de retard, majorations et amendes fiscales dont l'assujetti unique serait redevable, à hauteur des droits et pénalités dont ils seraient redevables s'ils n'étaient pas membres du groupe TVA).

Chaque société membre du groupe sera considérée comme un **secteur d'activité** distinct du groupe TVA, les opérations réalisées entre elles étant traitées comme des opérations internes sans incidence pour l'application de la TVA : les droits à déduction de chaque membre devront être déterminés par celui-ci dans les conditions de droit commun en retenant, pour le calcul du coefficient de taxation, les seules opérations qu'il réalisera personnellement avec des tiers, les dépenses communes (servant à l'ensemble du groupe ou plusieurs de ses membres), seront déductibles en fonction du principe de l'affectation puis, le cas échéant, du coefficient de taxation forfaitaire de l'assujetti unique.

Compte tenu des complexités de gestion prévisibles, il est probable que seules opteront pour ce régime les sociétés qui y ont un réel intérêt, et notamment les sociétés de banque et d'assurance déjà mentionnées.

1251 **(Réservé)**

Quand une société holding est-elle assujettie à la taxe sur les salaires ?

PRINCIPE

TAXE SUR LES SALAIRES

MISE À LA CHARGE DES SOCIÉTÉS QUI PAYENT DES RÉMUNÉRATIONS

L'ASSUJETTISSEMENT D'UNE SOCIÉTÉ À LA TAXE EST DIRECTEMENT LIÉ À SON « NON ASSUJETTISSEMENT » À LA TVA

AINSI NE SONT PAS ASSUJETTIES À LA TAXE SUR LES SALAIRES

LES SOCIÉTÉS NON ASSUJETTIES À LA TVA

OU

LES SOCIÉTÉS NON ASSUJETTIES À LA TVA SUR 90% AU MOINS DE LEUR CA AU TITRE DE L'ANNÉE CIVILE PRÉCÉDANT CELLE DU PAIEMENT DESDITES RÉMUNÉRATIONS

ASSIETTE DE LA TAXE SUR LES SALAIRES

REMARQUE
LES DIVIDENDES FIGURENT AU NUMÉRATEUR CERTAINES RECETTES « NON TAXABLES » SONT TOUTEFOIS EXCLUES DU RAPPORT BIEN QUE NON SOUMISES À LA TVA

(INDEMNITÉS REÇUES EN RÉPARATION DE DOMMAGES CONSÉCUTIFS À DES SINISTRES OU CALAMITÉS NATURELLES, DÉBOURS, SUBVENTIONS À CARACTÈRE EXCEPTIONNEL ET SUBVENTIONS D'ÉQUIPEMENT ET LASM)

ASSIETTE DÉTERMINÉE
EN APPLIQUANT AU MONTANT TOTAL DES RÉMUNÉRATIONS LE RAPPORT ENTRE :

CA NON PASSIBLE DE LA TVA
(RECETTES /OPÉRATIONS EXONÉRÉES OU SITUÉES HORS DU CHAMP D'APPLICATION DE LA TVA)
/
CA TOTAL DE LA SOCIÉTÉ
(RECETTES/OPÉRATIONS IMPOSABLES OU EXONÉRÉES OU SITUÉES HORS DU CHAMP D'APPLICATION DE LA TVA)

REMARQUE
LES CESSIONS DE BIENS D'INVESTISSEMENT CORPORELS OU INCORPORELS IMPOSÉES OU EXONÉRÉES DE TVA NE SONT PAS RETENUES DANS LE CALCUL DU RAPPORT

ECHAPPENT À LA TAXE SUR LES SALAIRES

LES SOCIÉTÉS HOLDING DONT TOUTES LES RECETTES DE L'ANNÉE SONT TAXABLES À LA TVA

LES SOCIÉTÉS HOLDING PARTIELLEMENT TAXABLES À LA TVA
DÈS LORS QU'ELLES ÉTAIENT IMPOSABLES L'ANNÉE PRÉCÉDENTE SUR 90% DE LEURS RECETTES AU MOINS

EN PRATIQUE SONT SUSCEPTIBLES D'ÊTRE SOUMISES À LA TAXE SUR LES SALAIRES

UNE HOLDING « PURE » QUI NE FACTURE PAS DE PRESTATIONS DE SERVICES

UNE HOLDING « MIXTE » QUI FACTURE DES PRESTATIONS DE SERVICES SOUMISES À LA TVA ET PERÇOIT UN MONTANT SIGNIFICATIF DE DIVIDENDES

Revue Fiduciaire

Chapitre 4-2

APPLICATION DE LA TAXE SUR LES SALAIRES AUX SOCIÉTÉS HOLDING

L'essentiel

La gestion de la taxe sur les salaires ne doit pas être négligée car cette taxe peut représenter un coût important pour les holdings qui emploient des salariés, même s'il s'agit de holdings « mixtes », à partir du moment où celles-ci perçoivent des dividendes (ou autres produits financiers) importants.

Le meilleur moyen de minimiser le coût de cette taxe (y compris en situation de contrôle fiscal) est de revendiquer l'existence d'un secteur d'activité financier. Dans ce cas, seules restent taxables (mais à 100 %) les rémunérations des salariés œuvrant pour ce secteur. Toutefois, les rémunérations servies aux dirigeants sont susceptibles de donner prise à la taxe en tout état de cause (selon le rapport d'assujettissement général applicable à l'entreprise), s'il n'est pas possible de démontrer que les fonctions des intéressés excluent toute supervision de l'activité financière.

Sociétés assujetties à la taxe sur les salaires

1265 D'après l'article 231 du CGI, la taxe sur les salaires (TS) est mise à la charge des personnes ou organismes payant des rémunérations (à l'exception de certaines collectivités limitativement énumérées), « lorsqu'ils ne sont pas assujettis à la taxe sur la valeur ajoutée ou ne l'ont pas été sur 90 % au moins de leur chiffre d'affaires au titre de l'année civile précédant celle du paiement desdites rémunérations. »

Ainsi, l'assujettissement d'une société à la taxe sur les salaires est directement lié à son « non-assujettissement » à la TVA : les rémunérations versées sont imposables à la taxe sur les salaires suivant le rapport entre le chiffre d'affaires qui n'a pas été passible de la TVA et le chiffre d'affaires total de la société.

En cas d'option pour le « groupe TVA » *(voir 1250)*, les opérations internes au groupe devront être prises en compte en fonction du régime de TVA qui leur aurait été applicable en l'absence d'appartenance à un tel groupe, pour le calcul du rapport d'assujettissement à la taxe sur les salaires.

1266 Cela étant, depuis de nombreuses années le rapport d'assujettissement à la taxe sur les salaires n'est plus égal au « contre-prorata » de TVA, puisque l'article 231 précité prend soin de préciser que le chiffre d'affaires à retenir au dénominateur de ce rapport doit s'entendre du « total des recettes et autres produits, y compris ceux correspondant à des opérations qui n'entrent pas dans le champ d'application de la taxe sur la valeur ajoutée ». Cette précision a, en effet, été introduite dans la loi en 1993 pour contrecarrer les effets en matière de taxe sur les salaires de la

jurisprudence qui a, rappelons-le, exclu les dividendes du champ d'application de la TVA (CJCE, 22 juin 1993, Satam, C-333/91)**. Les dividendes doivent donc bien figurer au numérateur du rapport d'assujettissement à la taxe sur les salaires** (CE 14 février 2018, n° 410302, Sté Nord Provence Finance)**.**

1267 **Dès lors, non seulement une holding « pure », qui ne facture pas de prestations de services, doit être soumise à la taxe sur les salaires (sur l'intégralité des rémunérations versées, dans ce cas, puisque son « rapport d'assujettissement » à la TS sera de 100 %) mais même une holding « mixte », qui facture des prestations de services soumises à la TVA, peut devoir acquitter de la taxe sur les salaires si elle perçoit un montant significatif de dividendes, alors même qu'elle déduit peut-être l'intégralité de la TVA qui lui est facturée.**

EXEMPLE

Cas d'une holding « mixte »

Prenons le cas d'une société holding ayant perçu lors d'un exercice donné les produits suivants :

- Prestations de services facturées aux filiales	800 000
- Dividendes perçus	1 200 000
- Intérêts des avances aux filiales	300 000

Rappelons que, du point de vue de la TVA, cette société est très probablement en situation de récupération totale de sa TVA d'amont. En effet, les dividendes sont considérés comme des produits « hors champ » qui n'affectent pas les droits à déduction de l'assujetti qui les perçoit. Quant aux intérêts perçus sur les avances consenties aux filiales, ils constituent certes des produits exonérés mais ils pourront sans doute être considérés comme des « produits financiers accessoires » ne venant pas non plus détériorer les droits à déduction de la holding.

La situation est, en revanche, toute différente en matière de taxe sur les salaires, puisque la holding devra être assujettie à la taxe à hauteur du ratio existant entre :
- les produits « n'ouvrant pas droit à déduction de la TVA » au sens du texte, c'est-à-dire les dividendes (1 200 000) et les intérêts (300 000) ;
- et les produits totaux perçus par la société, à savoir les produits mentionnés ci-dessus auxquels viennent s'ajouter les prestations de services facturées aux filiales (800 000).

En définitive, dans cet exemple la holding devra acquitter la taxe sur les salaires selon un rapport d'assujettissement de : (1 200 + 300) / (800 + 1 200 + 300) = 1 500 / 2 300 = 65,22 %.

1268 **Précision complémentaire : l'administration fiscale admet de ne pas prendre en considération certaines recettes en tant que recettes « non taxables » susceptibles de détériorer le rapport d'assujettissement à la taxe sur les salaires, bien qu'elles ne soient pas soumises à la TVA :**
– indemnités reçues en réparation de dommages consécutifs à des sinistres ou à des calamités naturelles, notamment les indemnités versées par les compagnies d'assurances ou les pouvoirs publics (BOFiP-TPS-TS-20-30-§ 90-30/03/2022) **;**
– débours (BOFiP-TPS-TS-20-30-§ 110-30/03/2022) **;**
– subventions à caractère exceptionnel et subventions d'équipement (BOFiP-TPS-TS-20-30-§ 160-30/03/2022) **;**
– livraisons à soi-même (la non-inclusion des livraisons à soi-même a d'ailleurs été validée par la jurisprudence : CE 9 novembre 2015, n° 384536 ; BOFiP-TPS-TS-20-30-§ 110-30/03/2022**).**

Il en va de même, en l'état actuel de la doctrine administrative, des recettes correspondant à la « cession de **biens d'investissement** corporels ou incorporels, que ces cessions soient imposées ou exonérés de la TVA » (BOFiP-TPS-TS-20-30-§ 100-

30/03/2022), **lesquelles ne doivent être ajoutées ni au numérateur ni au dénominateur du rapport d'assujettissement. C'est ainsi que par exemple, le fait pour une holding de réaliser une importante plus-value sur titres ne modifie pas à notre sens sa situation au regard de la taxe sur les salaires.**

En revanche, la quote-part de résultat attribuée à leurs associés par les sociétés de personnes doit être assimilée aux dividendes distribués par des sociétés de capitaux et, par suite, être comprise au numérateur du rapport d'assujettissement à la taxe sur les salaires (CAA Paris 31 décembre 2012 n° 12PA00480 Sté Compagnie financière d'investissement ; CE (na) 21 septembre 2021 n° 447998 Sté Promogim Groupe, rejetant le pourvoi contre CAA Versailles 20 octobre 2020 n° 18VE03966, 18VE03967).

L'Administration précise d'autre part que les flux financiers situés hors du champ d'application de la TVA (subventions, dividendes, etc.) sont pris en compte dans le rapport d'assujettissement de l'année au cours de laquelle intervient l'**encaissement** desdites sommes (BOFiP-TPS-TS-20-30-§ 60-30/03/2022).

1269 **Par ailleurs, cette même doctrine admet de ne pas tenir compte dans les recettes non taxables des produits financiers accessoires. Cependant, cette notion n'est pas la même en matière de taxe sur les salaires qu'en matière de TVA : ici sont considérés comme « accessoires » les produits financiers exonérés (ou hors champ) dont le montant total n'excède pas 5 % des recettes totales de la société. Lorsque la limite de 5 % est dépassée, la totalité des produits financiers doit être comprise au numérateur et au dénominateur du rapport d'assujettissement** (BOFiP-TPS-TS-20-30-§ 140-30/03/2022).

1270 **Enfin, il convient de préciser la portée de la règle prévoyant l'assujettissement des sociétés qui ne sont pas taxées à la taxe sur la valeur ajoutée ou ne l'ont pas été sur 90 % au moins de leur chiffre d'affaires au titre de l'année civile précédente. Elle signifie que peuvent échapper à la taxe sur les salaires :**

– non seulement les sociétés dont toutes les recettes de l'année sont taxables à la TVA ;

– mais aussi celles qui sont partiellement taxables à la TVA, dès lors qu'elles étaient imposables l'année précédente sur 90 % de leurs recettes au moins (voir en ce sens CE 21 mai 1986 n° 49766 ; CAA Lyon 29 décembre 2005, n° 01LY00710 ; TA Paris 21 mai 2014, n° 1305404 ; CAA Nantes 26 novembre 2021 n° 20NT01871, Sté Legris Industries).

EXEMPLE

Cas d'une société holding percevant chaque année les produits suivants :

- Prestations de services facturées aux filiales	900 000
- Dividendes perçus	600 000

Cette société est passible chaque année de la taxe sur les salaires sur 600 / (900 + 600) = 40 % des rémunérations versées.

Imaginons à présent que les filiales de cette société ne lui distribuent des dividendes qu'une année sur deux.

L'année N - 1 par exemple, elle n'aura perçu que 900 000 € au titre des prestations facturées aux filiales. Ses recettes étant intégralement soumises à la TVA, la holding ne sera pas passible de la taxe sur les salaires.

L'année N, la holding percevra les produits suivants :

- Prestations de services facturées aux filiales	900 000
- Dividendes perçus	1 200 000

La société est théoriquement passible de la taxe sur les salaires à hauteur de 1 200 / (900 + 1 200) = 57 % des rémunérations versées. Cependant, comme elle a été taxée à la TVA en N - 1 sur 90 % au moins de ses recettes (100 % au cas particulier), elle pourra échapper totalement à la taxe sur les salaires au titre de l'année N.

Cette solution consistant à n'opérer les **distributions** de dividendes qu'**une année sur deux** n'est pas toujours à préconiser, notamment parce qu'elle peut être délicate à mettre en œuvre en pratique. Elle ne concerne bien évidemment pas les holdings de rachat, du moins dans leurs premières années, puisque ces dernières ont généralement besoin de percevoir chaque année les dividendes de leur filiale pour assurer le remboursement de leurs emprunts. Elle ne peut donc concerner que les holdings disposant d'une trésorerie suffisante pour se passer de distributions une année sur deux (mais pas suffisamment abondante pour lui procurer en tout état de cause des produits financiers réguliers importants).

Encore faut-il se montrer attentif quand les actionnaires de la holding escomptent eux-mêmes une distribution chaque année, lorsque les actions formant le capital de ladite holding font l'objet d'un **démembrement**. En effet, dans la mesure où le résultat de la holding risque d'être nul ou négatif l'année où elle ne percevra aucun dividende de sa filiale, il pourra être nécessaire de prélever juridiquement la distribution sur les réserves. Or contrairement à une distribution provenant du résultat courant, qui bénéficie aux usufruitiers (cass. com. 5 octobre 1999, n° 97-17377), une distribution prélevée sur les réserves bénéficie normalement aux seuls nus-propriétaires (cass. com. 27 mai 2015, n° 14-16246 X. c/Directeur général des finances publiques).

En pratique, il pourrait donc s'avérer utile en pareil cas de maintenir des bénéfices dans le poste « **report à nouveau** » dans la mesure où les sommes figurant dans ce poste conservent le caractère de résultats en instance de distribution, sans constituer à proprement parler des réserves : leur attribution ultérieure pourra donc valablement profiter aux usufruitiers.

Signalons par ailleurs qu'infirmant le jugement du tribunal administratif de Paris mentionné ci-dessus, la Cour administrative d'appel de Paris a retenu une **interprétation différente**, en adoptant une position « **cumulative** » défavorable aux entreprises : elle a jugé que doivent être redevables de la taxe au titre d'une année civile les sociétés qui ne sont pas assujetties à la TVA au cours de cette même année, et celles qui, l'année précédant le paiement des rémunérations, n'ont pas été assujetties à la TVA sur au moins 90 % de leur chiffre d'affaires (CAA Paris 26 novembre 2014, n° 14PA02683, SAS International Real Returns). Ainsi, a-t-elle considéré, lorsqu'une société a été assujettie à la TVA sur l'intégralité de son chiffre d'affaires au titre d'une année N mais sur une fraction inférieure à 90 % au titre de l'année N-1, cette société doit être assujettie à la taxe sur les salaires au titre de l'année N.

Cependant, la solution donnée par cet arrêt, qui avait dans un premier temps fait l'objet d'un pourvoi en cassation devant le Conseil d'État, apparaît erronée. On rappelle en effet que le texte de l'article 231 du CGI prévoit, de manière nous semble-t-il assez clairement **alternative** plutôt que cumulative, que la taxe sur les salaires affecte les organismes versant des rémunérations qui « *ne sont pas assujettis à la taxe sur la valeur ajoutée ou ne l'ont pas été sur 90 % au moins de leur chiffre d'affaires au titre de l'année civile précédant celle du paiement desdites rémunérations.* » D'ailleurs, suite au pourvoi formé par l'entreprise, l'Administration a finalement décidé de ne pas poursuivre l'affaire devant le Conseil d'État et elle a même recommandé à ses agents de ne pas faire application de l'arrêt de la CAA de Paris (voir FH n° 3628 du 28 janvier 2016, p. 41).

1271 Le rapport d'assujettissement peut être **arrondi** à l'unité immédiatement inférieure (rescrit du 22 juin 2010, n° 2008/13 FP ; BOFiP-TPS-TS-20-30-§ 80-30/03/2022) : c'est ainsi que dans l'exemple donné ci-dessus, 1 500 / 2 300 = 65,22 % peut être arrondi à 65 %.

1272 Par ailleurs, lorsque ce rapport d'assujettissement est compris entre 10 % et 20 %, il y a lieu d'appliquer une **décote**, qui a pour effet d'éviter les effets de « ressaut », (évitant par exemple que, alors qu'une entreprise avec un rapport d'assujettissement de 9,9 %, arrondi à 9 %, n'acquitte aucune taxe sur les salaires, une entreprise avec un rapport de 10 %, donc à peine supérieur, acquitterait une taxe sur 10 % des rémunérations versées). Cette décote se traduit par le fait que le pourcentage d'imposition ne devient pleinement égal au pourcentage d'assujettissement qu'à partir de **20 %**, comme le montre le tableau ci-après :

Rapport d'assujettissement	Pourcentage des salaires à retenir
10 %	0 %
11 %	2 %
12 %	4 %
13 %	6 %
14 %	8 %
15 %	10 %
16 %	12 %
17 %	14 %
18 %	16 %
19 %	18 %
20 %	20 %

1273 (Réservé)

Modalités de calcul et paiement de la taxe

Calcul de la taxe

1280 Les bases de la taxe ont longtemps été alignées sur l'assiette des cotisations de Sécurité sociale, sous réserve de quelques exonérations spécifiques (exonération par exemple du salaire des apprentis : totale pour les entreprises de moins de 10 salariés, partielle pour les autres).

Elles sont désormais alignées sur l'assiette de la CSG *(voir § 1284)*.

1281 La taxe sur les salaires se calcule sur le montant de la rémunération annuelle brute de chacun des salariés. Son taux de base est de **4,25 %**, mais ce taux ne s'applique en réalité qu'au montant des rémunérations annuelles ne dépassant pas 8 133 € : Le montant de la taxe est porté à **8,50 %** (soit une majoration de 4,25 %) pour la fraction des rémunérations individuelles annuelles comprises entre 8 133 et 16 237 €, et à **13,60 %** (soit une majoration de 9,35 %) pour la fraction de ces rémunérations excédant 16 237 € (ces chiffres concernent la taxe payable en 2023 sur les salaires versés en 2022).

La tranche d'imposition majorée de 20 % qui s'est appliquée à compter du 1er janvier 2018 aux plus hautes rémunérations a été supprimée depuis lors.

Pour la taxe payable en 2021 sur les salaires versés en 2020, le barème était le suivant :
- 4,25 % jusqu'à 8 020 € ;
- 8,50 % de 8 020 € à 16 013 € ;
- 13,60 % au-delà de 16 013 €.

Les sociétés holding emploient généralement des personnels dirigeants ou d'encadrement supérieur, aux rémunérations élevées. Elles sont donc susceptibles de se voir fortement imposées en cas d'application de la taxe sur les salaires.

EXEMPLE

Prenons la situation d'une société holding employant trois salariés :

- Un directeur général dont la rémunération annuelle est de	130 000 €
- Un directeur commercial dont la rémunération annuelle est de	80 000 €
- Un comptable dont la rémunération annuelle est de	40 000 €
Soit un total de masse salariale de :	250 000 €

La taxe sur les salaires sera calculée ainsi :

• Sur la rémunération du directeur général :

8 133 € × 4,25 % =	345,65 €
(16 237 – 8 133) × 8,50 % =	688,84 €
(130 000 – 16 237) × 13,60 % =	15 471,77 €
Soit un total de :	16 506,26 €

Représentant 12,70 % de la rémunération en question.

• Sur la rémunération du directeur commercial :

8 133 € × 4,25 % =	345,65 €
(16 237 – 8 133) × 8,50 % =	688,84 €
(80 000 – 16 237) × 13,60 % =	8 671,77 €
Soit un total de :	9 706,26 €

Représentant 12,13 % de la rémunération en question.

• Sur la rémunération du comptable :

8 133 € × 4,25 % =	345,65 €
(16 237 – 8 133) × 8,50 % =	688,84 €
(40 000 – 16 237) × 13,60 % =	3 231,77 €
Soit un total de :	4 266,26 €

Représentant 10,71 % de la rémunération en question.

Le total de ces trois chiffres et de 30 478,78 €.

Si la société en question est soumise à un rapport d'assujettissement de 65 % (reprise de l'exemple précédent), elle devra en définitive acquitter une taxe sur les salaires de :

30 478,78 × 65 % = 19 811 €.

Les chiffres du barème ci-dessus sont réévalués chaque année dans la même proportion que la limite supérieure de la première tranche d'imposition du barème de l'impôt sur le revenu de l'année précédente.

1282 À noter qu'en ce qui concerne les sociétés établies dans les **départements d'outre-mer** (DOM), les taux majorés de 8,50 %, 13,60 % et 20 % ne s'appliquent pas. Les rémunérations sont donc intégralement imposées au **taux réduit**, qui n'est d'ailleurs pas le taux de 4,25 % applicable en métropole, mais un taux spécifique :
– 2,95 % en Guadeloupe, Martinique et à La Réunion ;
– 2,55 % en Guyane et à Mayotte.

1283 Au final, le montant de la taxe due doit être arrondi à l'euro le plus proche.

Précisions sur l'assiette de la taxe

1284 Jusqu'au 31 décembre 2012, l'assiette de la taxe sur les salaires était alignée sur celle des cotisations de Sécurité sociale, la taxe étant calculée sur le montant des rémunérations payées, évaluées selon les règles prévues aux chapitres I et II du titre IV du livre II du Code de la Sécurité sociale (CGI art. 231, 1).

Depuis le 1er janvier 2013, l'assiette de la taxe sur les salaires a été alignée sur celle de la **CSG** (loi de financement de la Sécurité sociale pour 2013, art. 13), le texte visant désormais les rémunérations évaluées selon les règles prévues à l'article L. 136-2 du Code de la sécurité sociale.

Néanmoins, ce texte ne vise plus les « sommes payées à titre de rémunérations », comme dans la rédaction antérieure, mais les sommes « payées à titre de rémunérations **aux salariés** » *(point sur lequel nous reviendrons au § 1322)*.

1285 Cette modification a fait entrer dans l'assiette de la taxe sur les salaires un certain nombre d'éléments de rémunération qui n'y figuraient pas précédemment.

Il en est ainsi :
– des sommes allouées aux salariés au titre des régimes légaux d'épargne salariale (participation, intéressement, abondement au plan d'épargne d'entreprise) ;
– des contributions patronales destinées au financement des prestations de retraite supplémentaire et de prévoyance complémentaire.

1286 Par ailleurs, la loi précise que la **déduction** forfaitaire pour frais professionnels de 1,75 % applicable pour le calcul de la CSG **ne s'applique pas** pour l'assiette de la taxe sur les salaires.

Inversement, il est précisé que n'entrent pas dans l'assiette de la taxe les rémunérations correspondant aux prestations de Sécurité sociale (indemnités journalières, etc.) versées aux salariés par l'entremise de l'employeur.

Modalités de paiement de la taxe

1287 La taxe sur les salaires est acquittée spontanément auprès du service des impôts, selon une périodicité qui dépend du montant de taxe acquitté l'année précédente : annuellement pour une taxe inférieure à 1000 €, trimestriellement pour une taxe comprise entre 1000 et 4000 €, mensuellement pour une taxe supérieure à 4000 €. Cependant, dans les deux premiers cas, si les rémunérations payées depuis le 1er janvier de l'année en cours se traduisent par un montant de taxe à payer dépassant 10000 €, les versements doivent devenir mensuels (versement à effectuer dans les quinze premiers jours du mois suivant le dépassement).

Ces versements périodiques doivent être effectués à partir d'une déclaration modèle n° 2501 (ou modèle pré-identifié n° 2501 K).

Les montants versés font ensuite l'objet d'une régularisation annuelle qui doit être opérée pour le 31 janvier de l'année qui suit au vu d'une déclaration n° 2502.

1288 (Réservé)

Constitution d'un secteur financier

1300 Comme en matière de TVA, il est admis qu'une entreprise puisse constituer des « secteurs distincts d'activité » pour les besoins du calcul de la taxe sur les salaires. Au cas particulier, les holdings ont généralement intérêt à constituer un « secteur financier » pour minimiser l'impact de la taxe sur les salaires.

En effet, plutôt que d'appliquer la taxe sur les salaires à la totalité des rémunérations versées au personnel de la holding en fonction du rapport d'assujettissement « général » qui vient d'être défini ci-dessus, la société pourra faire, en quelque sorte, la « part du feu » en faisant état d'un « secteur financier ». Il lui faudra pour cela désigner ceux de ses salariés qui sont affectés à ce secteur (il s'agit de ceux qui s'occupent notamment des opérations de placement de la trésorerie permettant à la holding de percevoir des produits financiers). Du coup, les rémunérations versées aux salariés du secteur en question donneront prise à la taxe sur les salaires à 100 % (et non plus d'après le rapport d'assujettissement général), en contrepartie de quoi toutes les autres rémunérations versées échapperont purement et simplement à la taxe.

Exemple

Reprenons l'exemple ci-dessus. Il s'agissait d'une société holding ayant perçu lors d'un exercice donné les produits suivants :

- Prestations de services facturées aux filiales	800 000 €
- Dividendes perçus	1 200 000 €
- Intérêts des avances aux filiales	300 000 €

Par ailleurs, cette société emploie trois salariés :

- Un directeur général dont la rémunération annuelle est de	130 000 €
- Un directeur commercial dont la rémunération annuelle est de	80 000 €
- Un comptable dont la rémunération annuelle est de	40 000 €
Soit un total de masse salariale de :	250 000 €

Comme nous l'avons vu plus haut, cette société holding, si elle ne constitue pas de « secteur financier », est dotée d'un rapport d'assujettissement de 65 %. Elle doit normalement acquitter, d'après les calculs déjà présentés, un montant de taxe sur les salaires de 19 811 €.

Si, au contraire, la société décide de constituer un secteur financier et qu'elle démontre que son directeur général est la seule personne intervenant pour le compte de ce secteur, la taxe sur les salaires dont elle sera redevable sera la suivante :
- sur la rémunération du directeur commercial et du comptable : pas de taxe sur les salaires (ces personnes étant réputées travailler à 100 % pour le secteur taxable à la TVA, puisque leurs services sont refacturés aux filiales) ;
- sur la rémunération du directeur général : taxe sur les salaires de 16 506 € (voir calcul détaillé présenté plus haut), applicable à 100 % (et non plus à 65 %) si l'on considère que cette personne travaille

exclusivement pour le secteur financier, ou à 65 % si elle travaille conjointement pour les deux secteurs, ce qui sera le cas le plus souvent, d'où en ce cas une taxe sur les salaires de 16 506 × 65 % = 10 729 €.

Dans ce dernier cas, la holding, en constituant un secteur financier, fait donc une économie de taxe sur les salaires de 19 811 - 10 729 = 9 082 € : ainsi, le coût de sa cotisation de taxe sur les salaires varie de plus du simple au double.

Il va sans dire que l'économie fiscale est d'autant plus importante que les salariés affectés au secteur financier sont les salariés dont la rémunération est la moins élevée. C'est ainsi que, pour reprendre le même exemple mais en retenant le comptable comme seul salarié affecté au secteur financier, la taxe sur les salaires sera réduite à 4 266 × 65 % = 2 773 €, soit cette fois une économie de 19 811 - 2 773 = 17 038 €. Cela étant, l'affectation de tel ou tel salarié au « secteur financier » doit bien évidemment tenir compte des fonctions réelles de chacun pour être défendable.

1301 À noter que, si l'entreprise a constitué des secteurs d'activité en matière de TVA *(voir chapitre 3-1 supra)*, elle doit obligatoirement utiliser ces secteurs pour le calcul de la taxe sur les salaires (CE 13 juin 1988, n° 69455).

1302 Par ailleurs, une entreprise peut revendiquer l'application de secteurs distincts pour la détermination de la taxe sur les salaires même si elle n'a pas déclaré de tels secteurs auprès du service des impôts (alors qu'une telle déclaration est obligatoire en matière de TVA). Cette application des secteurs peut même être « rétroactive », puisque l'entreprise peut demander par voie de **réclamation** la restitution d'une taxe sur les salaires excédentaire qu'elle aurait acquittée, ou se prévaloir de l'existence de secteurs à l'occasion d'un **contrôle fiscal** (CAA Nantes, 25 juin 2004, n° 01-947, Caisse fédérale du Crédit Mutuel Océan).

1303 En cas de sectorisation, il n'est pas possible de « découper » les tâches d'un salarié en considérant qu'il puisse être affecté en partie au secteur financier et en partie à un autre secteur. À partir du moment où les fonctions d'un salarié l'amènent à effectuer des tâches se rapportant à **plusieurs secteurs** d'activité, la taxe sur les salaires appliquée à sa rémunération doit en effet être calculée en appliquant le rapport d'assujettissement établi pour l'entreprise dans son ensemble (CE 28 juillet 1999, n° 164100, ministre c/ Sté Boone et Cie, conclusions BDCF 10/99, n° 93).

En définitive, il existe donc potentiellement trois catégories de personnels au regard de la taxe sur les salaires :
– les personnels rattachés au secteur financier, dont la rémunération est assujettie dans son intégralité à la taxe sur les salaires ;
– les personnels non rattachés au secteur financier, dont la rémunération échappe totalement à la taxe ;
– et les personnels communs, dont la rémunération est imposée en fonction du rapport d'assujettissement défini plus haut.

1304 S'agissant précisément des « personnels communs », se pose la question du sort des salariés **dirigeants**. En effet, l'administration fiscale considère ceux-ci, compte tenu de leur statut et de leurs prérogatives, comme ayant par définition la responsabilité de tous les secteurs d'activité de l'entreprise (BOFiP-TPS-TS-20-30-§ 195-30/03/2022).

1305 La question était très débattue ces dernières années compte tenu des divergences apparues dans la jurisprudence des cours administratives d'appel. Certaines avaient en effet considéré que les dirigeants exercent des « fonctions transversales » justifiant une prise en compte de leur rémunération au pourcentage d'assujettissement général (CAA Nantes, 5 mai 2008, n° 07-496, SA Éts Libaud et CAA Douai, 6 mai 2008, n° 07-1388, SA Proplast). En revanche, une solution différente avait été retenue par la cour administrative d'appel de Paris (CAA Paris, 18 avril 2008, n° 06-3496, SA Sogeprom), qui avait jugé, dans une affaire où l'Administration entendait appliquer la taxe aux rémunérations à la fois du P-DG, du DG et des six personnes composant le service comptable, alors que la société avait affecté un seul salarié au secteur « détention de titres », qu'aucune des pièces du dossier ne permettait de contredire l'affirmation « selon laquelle les opérations correspondant à ce secteur se limiteraient à l'enregistrement dans la comptabilité [de la société] des écritures retraçant l'acquisition des produits provenant des filiales », ni celle affirmant qu'« un seul salarié suffisait à l'accomplissement de ces opérations. »

1306 Finalement, le Conseil d'État a tranché cette divergence de jurisprudence au sujet des **dirigeants** dans un sens conforme aux positions de l'Administration fiscale, dans une série d'arrêts en date du 8 juin 2011 (n° 331848, Sté Sofic ; n° 331849 SAS Holding Rousseau ; n° 341018, Sté P2C Investissement ; n° 340863, SA Balsa, conclusions BDCF 8-9/11, n° 99). Il a considéré que, dans la mesure où les dirigeants sociaux (directeur général de SA ou de SAS, président du conseil d'administration) sont, du point de vue juridique, investis d'une **responsabilité générale**, leurs pouvoirs s'étendent nécessairement au secteur financier, même si le suivi des activités est sous-traité à des tiers ou confié à des salariés spécialement affectés à ce secteur et si le nombre des opérations relevant de ce secteur est très faible.

Il ne s'agit là cependant que d'une **présomption**, qui peut être combattue, le cas échéant, si la société est en mesure de démontrer que le dirigeant n'avait pas juridiquement le pouvoir d'exercer le moindre contrôle sur le secteur financier. Tel pourrait être le cas, peut-on penser, pour une société disposant de deux directeurs généraux mais dont l'organigramme réserverait la charge exclusive du secteur financier à l'un d'entre eux seulement : encore faudrait-il sans doute, par précaution, que cette répartition soit actée par une décision des organes sociaux si l'on veut être certain qu'elle puisse être opposée à l'administration fiscale en cas de litige. C'est d'ailleurs ce qu'elle indique désormais dans sa doctrine, puisqu'elle précise que l'entreprise peut apporter la preuve que certains de ses dirigeants n'ont pas d'attribution dans le secteur financier : « par exemple, s'il résulte des statuts de la société ou des délibérations du conseil d'administration ou du contrat de travail qu'un dirigeant n'a pas juridiquement le pouvoir d'exercer le contrôle et la responsabilité du secteur financier » (BOFiP-TPS-TS-20-30-§ 195-30/03/2022).

En tout état de cause, compte tenu de cette jurisprudence, la taxe sur les salaires apparaît plutôt comme une « contre-indication » à la nomination de trop nombreuses personnes à des postes de direction, pourtant couramment pratiquée jusqu'à la suppression de l'ISF dans les sociétés familiales pour permettre à ces mêmes personnes de revendiquer l'exonération de leurs titres, alors qualifiés de « biens professionnels » au regard de l'impôt de solidarité sur la fortune.

Dans le cas d'une société (SAS) présidée par une autre société *(situation mentionnée au § 693)*, qui avait directement rémunéré le dirigeant de cette autre société (par ailleurs représentant de ladite société pour la direction de la SAS), cette rémunération a été jugée passible de la taxe sur les salaires, étant observé que la société dirigeante, en tant que telle, exerce des fonctions transversales qui lui attribuent un pouvoir d'initiative et de contrôle sur l'ensemble des activités de sa filiale, y compris dans le secteur financier (CAA Nantes 5 novembre 2020 n° 18NT03337, SAS Serap Finances).

1307 Il en va différemment pour d'autres cadres exerçant, au sein de la holding et du groupe, des fonctions supérieures mais ne possédant pas la qualité de dirigeant.

Ainsi jugé à propos d'une personne exerçant les fonctions de **secrétaire général** : alors que l'Administration avait considéré que, compte tenu de la polyvalence de ses fonctions, l'intéressé contrôlait nécessairement l'ensemble des activités de la société et que ses pouvoirs s'étendaient, par conséquent, à l'activité financière, la cour administrative d'appel de Paris en a jugé tout autrement. Relevant qu'aucune disposition du Code de commerce ou d'un autre texte législatif ou réglementaire ne définit les pouvoirs reconnus au secrétaire général d'une société commerciale, elle a jugé que ces fonctions ne sauraient conférer à leur titulaire des pouvoirs s'étendant au secteur financier, d'autant plus qu'au cas particulier, la société requérante disposait d'un gérant investi des pouvoirs les plus étendus en vertu de l'article L. 226-7 du Code de commerce. La rémunération du secrétaire général pouvait donc, à bon droit, échapper à la taxe sur les salaires (CAA Paris, 16 février 2012, n° 10PA03446, SCA Chomarat). La même analyse a été adoptée en ce qui concerne un directeur administratif et comptable (CAA Paris 29 janvier 2015, n° 13PA02960, Sté Cortefiel France, Dr. fisc. 2015 n° 37 com. 547 avec note B. Jeanin). À noter cependant que plusieurs Cours administratives d'appel ont retenu la position inverse en ce qui concerne des « **directeurs administratifs et financiers** » ou des « **directeurs financiers** » (CAA Marseille 17 avril 2014, n° 12MA00490 SAS Saint-Victor ; CAA Lyon 5 janvier 2016, n° 14LY01281, SA Financière de l'Arve ; CAA Nantes 20 décembre 2018, n° 17NT02056-17NT02071, Sté Norac ; CAA Douai 21 février 2019, n° 17DA01401, Kingfisher France Ltd), étant précisé que les pourvois contre ces deux derniers arrêts ont été rejetés par le Conseil d'État (CE (na) 17 octobre 2019, n° 428250, Sté Norac, concl. R. Victor RJF 1/20, C26 ; CE (na) 2 décembre 2019, n° 430000, Kingfisher France Ltd). Il est vrai que même si l'étendue du poste varie beaucoup selon les sociétés concernées, il s'avère difficile de démontrer qu'un directeur « financier » n'a pas vocation à intervenir dans le secteur financier !

1308 (Réservé)

Quelles autres solutions pour minimiser la taxe sur les salaires ?

1320 Dans la plupart des cas, la sectorisation est sans aucun doute possible la solution la plus commode pour minimiser la taxe sur les salaires dans les holdings mais cette solution rencontre, comme nous venons de le voir, une limite importante en ce qui concerne les dirigeants, dont la rémunération sera le plus souvent taxée au pourcentage d'assujettissement général.

Ceci peut s'avérer très pénalisant dans les holdings « familiales » notamment, qui emploient assez peu de salariés, dont la plupart ont bien souvent le statut de dirigeants sociaux. Quelles possibilités reste-t-il alors pour optimiser la taxe sur les salaires ?

Constitution d'une société de services spécifique

1321 L'une des solutions possibles (outre la solution consistant à ne faire remonter les dividendes qu'une année sur deux, déjà évoquée plus haut ; cette solution suppose cependant, nous l'avons vu, que la holding ne perçoive pas, d'autres produits financiers, ou que ces produits financiers soient d'un montant suffisamment limité pour

être considérés comme « accessoires » au sens de la doctrine administrative déjà mentionnée) pourrait être d'éviter de mettre en place des schémas de « holdings mixtes » (c'est-à-dire de sociétés réunissant à la fois une activité de détention de titres et une activité de services aux filiales, structure forcément génératrice de taxe sur les salaires) pour revenir à des schémas organisationnels dissociés avec :
– d'une part, une holding « pure » (détentrice des titres), appelée à percevoir des dividendes mais n'employant pas de personnel, et donc non susceptible de verser des rémunérations passibles de la taxe ;
– et, d'autre part, une **« société de services »**, le cas échéant filiale de la première, regroupant le personnel rendant les prestations devant être refacturées (avec TVA) aux différentes sociétés du groupe.

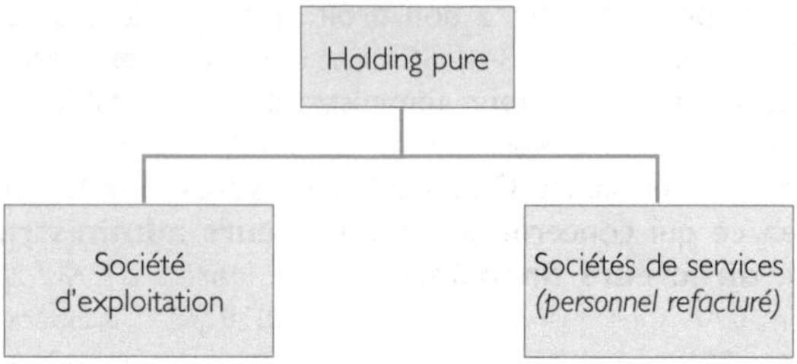

Cependant, il est bien évident qu'un tel schéma ne pourra être mis en place que dans certaines situations particulières, impliquant des groupes déjà relativement structurés, et qu'il conviendra d'être particulièrement attentif à ne pas priver la société holding, le cas échéant, de sa qualité de « holding animatrice » au regard de l'IFI.

Point important

Il faut cependant garder à l'esprit que le fait qu'une société holding dispose d'un personnel conséquent, dont les services sont refacturés aux filiales, ne suffit pas à caractériser une « holding animatrice ». La Cour de cassation a ainsi jugé que le bénéfice de la qualification de biens professionnels ne peut être subordonné à l'existence, au sein de la société holding, de structures importantes pour réaliser l'animation du groupe et à la fourniture par cette société de services spécifiques rendus de manière habituelle (cass. com. 27 septembre 2005, n° 1324 FS-PB, Gros ; BOI 7 S-8-05 ; voir également cass. com. 23 novembre 2010, n° 1191 F-D, Gratzmuller). **Ce point sera abordé de manière plus approfondie dans le chapitre 4-4 ci-après.**

Recours au statut de TNS pour les dirigeants

1322 Une autre solution mérite d'être explorée, notamment dans les holdings familiales de type SARL. Il est de plus en plus courant en effet que les mandataires sociaux quittent le régime du salariat pour adopter le statut social de **« travailleur non salarié »** (TNS). Dans ce cas, la question est de savoir si les sommes qui leur sont servies par la société doivent être considérées comme des « rémunérations » au sens de la taxe sur les salaires.

Jusqu'à une date récente, la question de l'assujettissement des dirigeants en fonction de leurs différents statuts, juridique, fiscal et social, était assez confuse, d'une part en raison des modifications successives du texte de l'article 231 du CGI (la dernière version applicable depuis le 1er janvier 2013 vise les sommes versées à titre de rémunérations « aux salariés », *voir § 1284*), et d'autre part en raison de jurisprudences divergentes. S'il paraissait assez clair que la rémunération versée à des dirigeants ayant le statut social de TNS, comme par exemple le gérant majoritaire d'une SARL ou l'associé unique d'une EURL, devait échapper à la taxe sur les salaires (CAA Bordeaux 14 février 2008, n° 06-1202 ; CAA Nancy 25 juillet 2014, n° 13-0833), un doute pouvait subsister en ce qui concerne les rémunérations des autres mandataires sociaux qui, si elles relèvent du régime général de la Sécurité sociale, n'en sont pas moins versées à des personnes qui ne peuvent pas, en l'absence d'un lien de subordination, être considérées à proprement parler comme des « salariés ».

Deux arrêts du Conseil d'État sont finalement venus trancher la question (CE 21 janvier 2016, n°s 388676 et 388989).

La Haute Assemblée y indique qu'il résulte des travaux parlementaires que le législateur a entendu inclure dans l'assiette de la taxe sur les salaires les rémunérations des dirigeants de sociétés visés à l'article L. 311-3 du Code de la sécurité sociale (CE 21 janvier 2016, n° 388676), ce qui est le cas des gérants minoritaires de SARL, des présidents et des directeurs généraux de SA, des présidents et dirigeants de SAS.

En revanche, saisi d'un recours pour excès de pouvoir contre la doctrine administrative prévoyant, de manière trop générale, que la taxe devait s'appliquer aux rémunérations versées à tous les dirigeants de sociétés désignés à l'article 80 ter du CGI (BOFiP-TPS-TS-20-10-§ 40-06/06/2018, désormais abolie), il a considéré ce passage comme illégal et l'a donc annulé (CE 21 janvier 2016, n° 388989). Ne sont donc pas soumises à la taxe sur les salaires les rémunérations versées aux membres du directoire ou à l'administrateur provisoirement délégué d'une SA (et a fortiori aux gérants majoritaires de SARL ou aux associés gérants d'EURL, qui ne relèvent pas du régime salarié et ne sont d'ailleurs mentionnés ni à l'article L. 311-3 du Code de la Sécurité sociale, ni à l'article 80 ter du CGI).

1323 **(Réservé)**

Chapitre 4-3

HOLDING ET OPÉRATIONS INTERNATIONALES

L'essentiel

Les holdings soulèvent un grand nombre de questions en matière de fiscalité internationale, qu'il s'agisse de s'interroger sur le lieu « idéal » d'implantation d'une société holding ou qu'il s'agisse d'examiner le traitement fiscal des différents flux appréhendés par des holdings françaises détenant des participations dans des sociétés étrangères. Nous examinerons donc successivement ces aspects, après un rappel préalable sur les principales notions de fiscalité internationale. Nous tenterons également d'examiner de quelle manière peut s'organiser la constitution ou le transfert d'une holding à l'étranger, et certains des risques fiscaux attachés à l'implantation internationale des holdings.

Rappels sommaires de fiscalité internationale

1340 Les sociétés holding sont très présentes dans le contexte international : il est parfois très utile de localiser la détention de participations dans tel ou tel État, notamment en raison des modalités locales de taxation des actions détenues (exonération ou quasi-exonération des dividendes et/ou des plus-values sur titres) mais aussi en raison des conventions fiscales applicables, qui permettent d'atténuer, voire de supprimer les retenues à la source « de sortie » lorsque la société holding redistribue à ses associés les produits perçus de ses filiales.

1341 Rappelons qu'en ce qui concerne la taxation des bénéfices des entreprises, la France applique une conception « territoriale » (par opposition à la conception « mondiale » applicable dans de nombreux autres pays) puisqu'elle impose les bénéfices des « entreprises exploitées en France » et ceux dont l'imposition est attribuée à la France par une convention internationale relative aux doubles impositions (CGI art. 209, I). Sont donc imposées à l'impôt sur les sociétés en France :

– les sociétés françaises, sous réserve, le cas échéant, des bénéfices qu'elles réalisent sur des entreprises exploitées à l'étranger (c'est-à-dire par l'intermédiaire d'établissements stables) ;

– les sociétés étrangères, mais seulement sur les bénéfices des entreprises exploitées en France, c'est-à-dire sur ceux de leur **établissement stable** si elles en possèdent un.

1342 Par ailleurs, le droit interne prévoit la taxation de certains flux par voie de **retenue à la source** : tel est le cas des dividendes, intérêts et redevances. Les conventions fiscales permettent de limiter ou de supprimer ces retenues, et d'organiser la manière dont les retenues pratiquées à l'étranger pourront former

« crédit d'impôt » dans le pays du bénéficiaire du revenu, évitant ainsi les situations de double imposition.

Par ailleurs, dans un contexte européen, plusieurs **directives communautaires**, que nous avons déjà eu l'occasion d'évoquer, permettent de supprimer toute retenue dans certaines situations « intragroupe ».

1343 L'application des règles de fiscalité internationale suppose que les sociétés ou établissements stables, le cas échéant, établis dans des États différents entretiennent des relations économiques de « pleine concurrence », d'où la problématique des **« prix de transfert »** que nous avons déjà eu l'occasion de mentionner en ce qui concerne les prestations de services (CGI art. 57) *(voir § 750)*.

1344 D'autre part, un certain nombre de **dispositifs « anti-abus »** ont été mis en place par toutes les législations pour tenter de lutter contre les schémas d'évasion fiscale internationale.

Du côté de la législation française, on peut, par exemple, évoquer le cas de l'article 209 B du CGI *(voir § 1345)*, ou encore celui de l'article 155 A *(voir § 1350)* ou de l'article 123 bis *(voir § 1440)*.

1345 **L'article 209 B** du CGI vise les entreprises françaises qui pourraient être tentées de localiser des bénéfices dans des entités étrangères bénéficiant d'un régime fiscal privilégié.

Cette disposition vise la situation dans laquelle une personne morale établie en France et passible de l'IS :
– exploite une entreprise hors de France (établissement stable) ou détient directement ou indirectement **plus de 50 % des actions**, parts, droits financiers ou droits de vote dans une entité juridique (personne morale, organisme, fiducie ou institution comparable) établie ou constituée hors de France ;
– lorsque cette entité est soumise à un **régime fiscal privilégié**.

La notion de « régime fiscal privilégié » est définie par l'article 238 A du CGI, qui indique qu'une personne est réputée soumise à un tel régime lorsqu'elle n'est pas imposable dans l'État ou territoire considéré, ou qu'elle y est assujettie à des impôts sur les bénéfices inférieurs de 40 % ou plus à ceux dont elle aurait été redevable dans les conditions de droit commun en France, si elle y avait été domiciliée ou établie.

1346 Dans ce cas, les bénéfices de l'entité étrangère en question sont considérés, s'il s'agit d'une entité juridique, comme revenus de capitaux mobiliers, directement imposables entre les mains de la société française détentrice du capital, à proportion de ses droits.

Si l'entité en question n'est pas une entité juridique distincte (établissement stable par exemple), ses bénéfices sont directement rattachés à ceux de la personne morale française détentrice, à proportion de ses droits, à condition toutefois que la convention fiscale conclue avec l'État d'implantation (s'il en existe une) prévoit expressément l'application de l'article 209 B du CGI (CE 28 juin 2002, n° 232276, min. c/Schneider Electric).

Ce dispositif ne s'applique pas aux implantations dans un État membre de l'Union européenne, sauf si l'exploitation de l'entreprise ou la détention des titres peut être regardée comme constitutive d'un montage artificiel ayant pour but de contourner la législation fiscale française.

1347 Par ailleurs, un certain nombre de dispositions existent également, comme nous le verrons, pour dissuader les versements à destination des **États ou territoires « non coopératifs »** (ETNC).

Sont considérés comme non coopératifs les États ou territoires :
– dont la situation au regard de la transparence et de l'échange d'informations en matière fiscale a fait l'objet d'un examen par l'OCDE ;
– qui n'ont pas conclu avec la France une convention d'assistance administrative permettant l'échange des renseignements nécessaires à l'application de la législation fiscale des parties ;
– et qui n'ont pas signé une telle convention avec au moins douze États ou territoires (CGI art. 238-0 A).

La liste en question, fixée par arrêté ministériel, est normalement revue chaque année, afin d'en retirer les États ayant conclu avec la France une convention d'assistance administrative ou, au contraire, pour y ajouter notamment les États ayant conclu avec la France une convention « dont les stipulations ou la mise en œuvre n'ont pas permis à l'administration des impôts d'obtenir les renseignements nécessaires à l'application de la législation fiscale française. »

LISTE ACTUELLE DES ÉTATS OU TERRITOIRES NON COOPÉRATIFS (ETNC)

La liste actuelle est issue de l'arrêté du 2 mars 2022. Elle comprend les douze États ou territoires suivants :
- **Anguilla,**
- **Fidji,**
- **Guam,**
- **îles Vierges américaines,**
- **îles Vierges britanniques,**
- **Palaos,**
- **Panama,**
- **Samoa,**
- **Samoa américaines,**
- **Seychelles,**
- **Trinité et Tobago,**
- **Vanuatu.**

Depuis sa création, la liste a évolué régulièrement, comprenant entre 6 et 19 États et territoires. Cette liste est mise à jour annuellement. La liste de 9 États publiée par l'Union européenne le 3 mars 2022 ne comprend pas trois des territoires énumérés ci-dessus (Anguilla, Iles Vierges britanniques, Seychelles). On précise que l'article 238-0 A du CGI, dans sa rédaction issue de la loi « fraude » (loi 2018-898 du 23 octobre 2018 relative à la lutte contre la fraude) **précise que sont inscrits sur la liste les États et territoires, autres que ceux de la République française, figurant le cas échéant** *« à la date de publication de l'arrêté »* **sur la liste de l'Union européenne des pays et territoires non coopératifs à des fins fiscales.**

1348 **Il ne saurait être question d'évoquer ici, même de façon sommaire, tous les autres dispositifs de lutte contre l'évasion fiscale internationale.**

Cependant, deux dispositifs particuliers méritent encore d'être brièvement mentionnés, car ils peuvent trouver application en ce qui concerne certaines sociétés implantées à l'étranger, notamment par des résidents français.

1349 **Il s'agit tout d'abord du dispositif mentionné à l'article 123** ***bis*** **du CGI, qui prévoit que toute personne physique détenant, directement ou indirectement, 10 % au moins des actions, parts, droits financiers ou droits de vote dans une entité juridique établie ou constituée hors de France dont le patrimoine est principalement composé d'actifs financiers et monétaires, est directement imposable en France sur les revenus correspondants, dès lors que cette structure est soumise à un régime fiscal privilégié au sens mentionné** *§ 828*. **Ce dispositif est étudié infra aux** *§§ 1440 et s.*

1350 **Par ailleurs, une autre disposition, prévue à l'article 155 A du CGI, vise à éviter que le paiement de certaines prestations de services puisse être localisé dans des sociétés établies à l'étranger afin d'échapper à l'impôt.**

Cet article prévoit en effet que les sommes perçues par une personne domiciliée ou établie hors de France en rémunération de services rendus par une ou plusieurs personnes domiciliées ou établies en France sont imposables au nom de ces dernières :
- soit lorsque celles-ci contrôlent directement ou indirectement la personne qui perçoit la rémunération des services ;
- soit lorsqu'elles n'établissent pas que cette personne exerce, de manière prépondérante, une activité industrielle ou commerciale autre que la prestation de services ;
- soit, en tout état de cause, lorsque la personne qui perçoit la rémunération des services est domiciliée ou établie dans un État étranger ou un territoire situé hors de France où elle est soumise à un régime fiscal privilégié au sens mentionné *§ 1345*.

À noter que ces dispositions sont également applicables aux personnes domiciliées hors de France pour les services rendus en France.

L'article 155 A a été institué à l'origine pour lutter contre des montages particuliers « rent a star » mis en place par certains artistes ou sportifs qui, domiciliés en France, sont tentés de créer dans un État étranger à fiscalité favorable une société qu'ils contrôlent, société qu'ils vont charger de percevoir les sommes correspondant à la rémunération de leurs services (CE 28 mars 2008, n° 271366, Aznavour ; CE 4 décembre 2013, n° 348136, Edmilson Gomes de Moraes).

Cependant, l'Administration a eu de plus en plus tendance, ces dernières années, à appliquer ce dispositif de manière beaucoup plus large que les cas prévus à l'origine par le législateur, comme le montrent les trois exemples ci-dessous.

Cas 1. Société de services établie en France et détenant une filiale opérationnelle aux États-Unis. Pour des raisons économiques et opérationnelles, le dirigeant de la société française doit s'expatrier aux États-Unis où le développement de la filiale nécessite son intervention constante. Comme la personne en question, désormais rémunérée par la société américaine, continue malgré son expatriation d'assurer pour le compte de la société mère françaises diverses prestations commerciales et de direction, la filiale américaine facture ces prestations de services (dont le montant n'est pas contesté) à sa mère française.

Dans la mesure où le dirigeant en question, qui possède une participation significative dans la société mère française, peut être considéré comme « contrôlant » indirectement la société américaine, le vérificateur a considéré que l'article 155 A du CGI devait s'appliquer (redressement finalement abandonné par l'Administration sur ce terrain).

Cas 2. Couple de personnes physiques ayant un temps dirigé une société holding française, puis ayant par la suite transféré leur domicile fiscal de France en Suisse. Ces personnes ont créé en Suisse une société de services facturant à la holding française des prestations rémunérant une assistance dans le domaine commercial, ainsi qu'en matière de management, de stratégie d'entreprise, et de conseil, notamment en études de marché et en gestion. L'administration fiscale a entendu appliquer les dispositions de l'article 155 A du CGI, en considérant que lesdites prestations avaient été « rendues en France ». Le Conseil d'État a considéré au contraire que la seule circonstance que ces prestations correspondaient à une activité qui était jusqu'alors assurée par les requérants au sein de la société française n'était pas de nature à établir qu'elles continuaient à être rendues en France, et que l'Administration, qui s'était bornée à un contrôle sur pièces de la société

holding, n'apportait pas d'éléments suffisants de nature à penser que les services avaient été rendus en France (CE 22 janvier 2018, n° 406888, Caruso, concl. E. Cortot-Boucher, Dr Fisc. 2018 n° 13 com. 241).

Dans ses conclusions, le rapporteur public Madame Cortot-Boucher insiste sur la distinction entre prestations « fournies » ou « utilisées » en France, contenue notamment dans l'article 182 B du CGI *(voir § 1462)* : elle considère qu'il est logique d'assimiler les prestations « rendues » en France à celles qui y sont « fournies », et non à celles qui y sont « utilisées ». Elle ajoute que toute autre approche conduirait à étendre de manière considérable le champ d'application de l'article 155 A du CGI, ce qui paraît inenvisageable s'agissant d'une clause anti-abus qui est de nature dérogatoire et doit donc faire l'objet d'une interprétation stricte.

Cette jurisprudence devrait normalement conduire l'Administration à appliquer désormais l'article 155 A de manière plus nuancée dans le cas des personnes physiques non-résidentes, mais ce dispositif reste susceptible de s'appliquer à certaines situations, notamment lorsque le vérificateur est en mesure de démontrer, faits à l'appui, que les personnes ayant rendu les prestations en cause se sont effectivement déplacées en France pour ce faire.

Cas 3. Société holding établie au Luxembourg, détenant à 20 % une filiale française fabriquant et commercialisant des engins de levage, et à 85 % une filiale luxembourgeoise exerçant la fonction de bureau d'études. La holding luxembourgeoise avait facturé à sa filiale française diverses prestations de services, en application d'une convention d'assistance administrative. Une partie du montant de ces prestations a, en application de l'article 155 A du CGI, été réintégrée aux revenus imposables de deux personnes physiques résidentes de France, à savoir le Directeur de la holding et un **simple salarié**, exerçant dans la holding les fonctions de directeur technico-commercial, anciennement employé de la filiale française dans laquelle il ne travaillait plus à la suite d'une restructuration. Le Conseil d'État a validé cette imposition (CE 9 mai 2019, n° 417514, concl. K. Ciavaldini, Revue de droit fiscal 2019 n° 30-35 inf. 349, avec note F. Roemer et E. Martin).

1351 **(Réservé)**

La holding française dans un contexte international

1370 Nous traiterons un peu plus loin du cas des sociétés françaises (et éventuellement des holdings françaises) dont tout ou partie des associés se trouvent être non-résidents *(voir § 1450)* : les développements qui suivent concernent donc plutôt le cas de la holding française détentrice de participations dans des sociétés étrangères.

Traitement des participations étrangères

1371 S'agissant des titres de participation détenus par une holding française dans des filiales établies à l'étranger, la plupart des règles applicables aux participations françaises, déjà examinées, s'appliqueront également à l'égard de ces participations.

Nous nous bornerons donc pour l'essentiel à rappeler ces règles et à renvoyer aux autres chapitres du présent ouvrage pour davantage de précisions.

1372 C'est ainsi, on le rappelle, que les **dividendes** perçus bénéficient de l'exonération prévue par le **régime mère-filiale**, dès lors que les participations en question

répondent aux critères d'application de ce régime, notamment en termes de pourcentage et de durée de détention *(voir § 597)*.

Sont toutefois expressément **exclus** du bénéfice de ce régime les produits distribués par des sociétés établies dans un État ou un territoire **non coopératif** au sens de l'article 238-0 A du CGI (CGI art. 145, § 6 J), sauf s'il est possible d'établir l'existence d'opérations réelles n'ayant ni pour objet, ni pour effet de permettre, dans un but de fraude fiscale, la localisation de bénéfices dans l'État ou territoire en question *(voir § 597)*.

Rappelons par ailleurs que l'exonération ne s'applique plus dans la proportion des bénéfices distribués par la filiale qui seraient déductibles de ses résultats imposables *(voir § 611)*.

Enfin et surtout, les holdings sont désormais susceptibles de se voir refuser l'application du régime mère-filiale dès lors que les dividendes perçus sont distribués dans le cadre d'un **montage** ou d'une série de montages, c'est-à-dire mis en place pour obtenir, à titre principal ou au titre d'un de ses objectifs principaux, un avantage fiscal allant à l'encontre de l'objet ou de la finalité du droit fiscal applicable, et qui « n'est pas authentique compte tenu de l'ensemble des faits et circonstances pertinents » *(voir § 643)*.

1373 **Rappelons, par ailleurs, que la quote-part de frais et charges à réintégrer dans le cadre de ce régime, fixée à 5 % du produit total des participations, se calcule sur le dividende crédit d'impôt inclus (on se reportera à cet égard aux précisions données** *§ 613*).

La quote-part à réintégrer pourra dans certains cas se limiter à 1 % des dividendes provenant de participations dans des sociétés soumises à un impôt équivalent à l'IS dans un État membre de l'Union européenne (ou dans un État de l'Espace Économique Européen ayant conclu avec la France une convention d'assistance administrative), détenue directement ou indirectement à 95 % au moins et dont les dates d'ouverture et de clôture de l'exercice coïncident avec celles de la société mère *(voir § 623)*.

1374 **Lorsque les dividendes perçus proviennent de titres de sociétés étrangères non éligibles au régime mère-filiale (voire éligibles à ce régime :** *voir § 575*) **et qu'ils ont subi une retenue à la source, celle-ci ouvre normalement droit, en fonction de la convention fiscale applicable, à un crédit d'impôt imputable sur l'IS français.**

Les règles applicables à l'utilisation de ces crédits d'impôt sur revenus mobiliers ont été détaillées *supra* *§§ 573 à 581*.

1375 **Par ailleurs, en cas de dépréciation de titres détenus dans le capital de sociétés étrangères, les règles françaises ont généralement vocation à s'appliquer : dans la plupart des cas au demeurant, les provisions ainsi constituées concernent des titres de participation et elles ne peuvent donc pas, en tout état de cause, être déduites du résultat imposable de la société mère française** *(voir § 513)*.

1376 **Cependant, il peut arriver que les titres détenus dans des sociétés étrangères ne relèvent pas du régime du long terme :**
– soit que ces titres ne puissent pas être considérés comme des titres de participation en raison d'un pourcentage de détention, ou d'une durée de détention, insuffisants ;
– soit qu'il s'agisse de titres de sociétés à prépondérance immobilière.

1377 **Dans une telle situation, la holding française pourra être conduite à constater une provision pour dépréciation déductible de son résultat fiscal français imposable au taux plein, alors même que cette provision concerne une filiale étrangère.**

1378 **Rappelons cependant** *(voir § 522)*, **qu'il peut en aller autrement dans le cas où la convention fiscale conclue avec le pays du siège de la société émettrice des titres réserve l'imposition des plus-values de cession de participations**

substantielles à l'État de la source : dans cette situation, la jurisprudence refuse à la holding française la possibilité de déduire la provision correspondante de son résultat imposable.

En effet, dans la mesure où les plus-values afférentes à ces titres sont exclusivement imposables dans l'État dans lequel la filiale est établie, les moins-values (et, par conséquent, les provisions) correspondantes ne peuvent pas, quant à elles, faire l'objet d'une déduction en France (CE 12 juin 2013, n° 351702, Sté BNP Paribas, précité, conclusions E. Cortot-Boucher, BDCF 10/13 n° 100 ; chron. E. Bokdam-Tognetti, « Articulation entre droit interne et conventions fiscales internationales, symétrie entre impossibilité des gains et déductibilité des pertes : l'ingénierie jurisprudentielle à l'œuvre », RJF 8-9/13, p. 787).

1379 Enfin, de la même façon qu'à l'égard de ses participations établies en France, une holding française pourra consentir à ses filiales étrangères des **abandons de créances** (CE 9 octobre 1991, n°s 67642 et 69503, Laboratoire Goupil) *(voir § 810)*.

Mais comme déjà indiqué, sauf cas particulier d'abandons de créance consentis pour des raisons principalement commerciales, ou à des sociétés en procédures collectives, ces abandons de créances seront considérés comme intégralement **non déductibles**.

Rappel sur le traitement des frais financiers

1380 Comme nous l'avons indiqué plus haut *(voir § 950)*, le dispositif spécifique de réintégration des frais financiers qui s'appliquait lorsqu'une société, détentrice de titres de participation, n'était pas en mesure de démontrer que les décisions relatives à ces titres sont effectivement prises par elle ou par une société **établie en France** ou dans un État de l'Union européenne (ou en Islande, en Norvège ou au Liechtenstein) appartenant au même groupe économique qu'elle, a été **abrogé**.

Ce dispositif était susceptible de s'appliquer notamment aux sociétés holding constituées en France par des non-résidents établis hors de l'Union européenne.

Régime dérogatoire de déduction des pertes de filiales étrangères

1381 Certaines holdings françaises ont pu, le cas échéant, utiliser les dispositions qui autorisent les **PME** situées en France à imputer temporairement sur leurs résultats imposables les **déficits** subis par leurs **filiales à l'étranger** (CGI art. 209 C).

1382 Ce régime est **supprimé** pour les exercices clos depuis le 31 décembre 2013 (loi de finances pour 2014 n° 2013-1278 du 29 décembre 2013, art. 26).

Pour plus de précisions, on se réfèrera à la première édition du présent ouvrage, dans laquelle ce régime était expliqué en détail.

1383 Cependant, la question de la déduction des pertes de filiales étrangères n'est pas close pour autant. En effet, les **groupes intégrés** peuvent souhaiter se prévaloir de la jurisprudence communautaire pour prétendre déduire les pertes de liquidation de filiales étrangères établies dans l'Union européenne.

On rappelle en effet qu'une décision de la Cour de l'Union européenne a indiqué que, si l'on peut admettre une restriction à la liberté d'établissement dès lors qu'elle est justifiée par une répartition équilibrée du pouvoir d'imposition entre les États membres, par un **risque de double emploi des pertes** ou un risque d'évasion fiscale, une législation nationale ne saurait exclure la possibilité pour une société mère résidente d'imputer les pertes d'une filiale établie à l'étranger dans la situation où cette dernière a épuisé les possibilités de prise en compte des pertes qui existent dans son État de résidence, et s'il n'existe pas de possibilité pour que ces pertes puissent être prises en compte dans l'État de résidence de la filiale au titre des exercices futurs, soit par elle-même, soit par un tiers, notamment en cas de cession de la filiale à celui-ci (CJCE 13 décembre 2005, C-446/03, Marks & Spencer).

Toutefois, en se fondant sur un autre arrêt (CJUE 25 février 2010, C-337/08, X Holding BV), le **Conseil d'État** a jugé qu'une mère intégrante française ne pouvait pas imputer sur le résultat d'ensemble les pertes de ses filiales établies dans d'autres États de l'Union européenne, même si ces sociétés ne peuvent plus elles-mêmes reporter leurs pertes sur leurs propres résultats en vertu de la réglementation locale (CE 15 avril 2015, n° 368135, Sté Agapes, voir é. Bokdam-Tognetti, « La territorialité du régime français d'intégration fiscale est conforme à la liberté d'établissement », Feuillet rapide F. Lefebvre FR 27/15 inf. 3).

En va-t-il de même des pertes étrangères définitives, et notamment des pertes subies par des filiales européennes tombées en **liquidation** ? Le tribunal administratif de Montreuil a considéré que les pertes subies par une filiale belge en liquidation d'un groupe intégré français pouvaient valablement être déduites par ce dernier dès lors qu'elles ne sont définitivement plus déductibles en Belgique, et que la filiale aurait pu faire partie du groupe intégré si elle avait été établie en France (TA Montreuil 17 janvier 2019, n° 1707036, Groupe Lucien Barrière, concl. C. Noël RJF 4/19). Par ailleurs, la CJUE a rendu depuis lors une nouvelle décision allant dans ce sens (CJUE 19 juillet 2019, C-608/17, Skatteverket c. Holmen AB).

Cependant, la Cour de Versailles, en appel du jugement du TA de Montreuil, a retenu la solution inverse, en jugeant que le caractère définitif des pertes ne saurait se déduire de la seule liquidation de la filiale belge, et que la mère française ne démontrait pas que la législation belge aurait fait obstacle à la valorisation des pertes par un tiers cessionnaire, ni que les modalités particulières de changement d'exploitant auraient fait obstacle à la reprise des actifs de la filiale par un tiers avant la clôture de la liquidation (CAA Versailles 23 juin 2020, n° 19VE01012, Groupe Lucien Barrière ; CE (na) 7 octobre 2021 n° 443126, Groupe Lucien Barrière).

Comme la solution ne paraît pas définitivement fixée, les groupes intégrés français dont une filiale étrangère viendrait à être liquidée sans possibilité d'imputer les pertes localement pourront avoir intérêt à ménager leurs droits, soit en déduisant la perte de leur résultat fiscal et prenant soin de déposer une « mention expresse », soit en s'en abstenant dans un premier temps puis en déposant une réclamation contentieuse appuyée d'une déclaration rectificative. Mais il est hautement souhaitable que le Conseil d'État et la CJUE viennent trancher la question.

1384 **(Réservé)**

Constitution d'une holding étrangère

1395 Nous examinons ci-après le cas des sociétés étrangères détentrices de participations dans des sociétés françaises.

Sauf dans le cas d'une société holding créée *ex nihilo* à l'étranger, et ayant acquis par la suite des participations, il convient d'examiner tout d'abord comment constituer une telle holding étrangère *(voir § 1396)*.

Nous donnerons ensuite un très rapide aperçu de la fiscalité de quelques holdings étrangères *(voir § 1414)*, avant d'examiner les opportunités pour un résident français de créer une holding à l'étranger *(voir § 1422)*, mais aussi les risques encourus et les précautions à prendre *(voir § 1430)*.

Comment constituer une holding à l'étranger

1396 Deux situations sont susceptibles de se présenter :
– la situation dans laquelle une personne physique ou morale détient des participations en France (et le cas échéant dans d'autres pays), qu'elle souhaite regrouper dans une holding établie à l'étranger ;
– et la situation dans laquelle ces participations sont déjà détenues par une holding, établie en France, dont on souhaite transférer le siège à l'étranger.

a) Apport des titres à une holding étrangère

1397 Dans la première situation, il s'agit de céder ou d'**apporter les titres** à la société holding étrangère en question.

En cas de cession des titres, que le cédant soit une personne physique ou une personne morale, l'opération se traduira par l'imposition en France de la plus-value de cession réalisée.

Il sera donc préférable, dans la plupart des cas, de faire apport des titres concernés à la holding étrangère.

1398 Un tel apport prendra la forme d'un échange de titres, opération prévue par la directive européenne 2009/133 du 19 octobre 2009.

1399 En ce qui concerne tout d'abord les apports de titres réalisés par des **personnes physiques** résidentes de France, l'apport à une société étrangère se traduira par les mêmes conséquences qu'un apport de titres à une holding française :
– soit l'apport est consenti à une société **non contrôlée** par l'apporteur. Dans ce cas, la plus-value d'apport est soumise à un **sursis** d'imposition, comme mentionné *supra § 103* ;
– soit cet apport est consenti à une société **contrôlée** par l'apporteur. Dans cette situation, la plus-value d'apport est placée en **report** d'imposition, comme nous l'avons indiqué *supra § 112*.

Dans les deux cas, l'opération est soumise aux conditions suivantes :
- l'apport doit être effectué à destination d'une société soumise à un impôt équivalant à l'impôt sur les sociétés français ;
- il doit être réalisé dans un État de l'**Union européenne** ou dans un État ayant conclu avec la France une convention fiscale comportant une clause d'assistance administrative en vue de lutter contre la fraude ou l'évasion fiscales ;
- il ne doit pas être assorti d'une soulte dépassant 10 % de la valeur nominale des titres.

1400 En cas de transfert à l'étranger du domicile fiscal de la personne physique apporteuse, ces sursis ou apports, de même que la plus-value latente supplémentaire engrangée depuis l'opération, deviennent imposables en application du dispositif de l'*exit tax* prévu à l'article 167 *bis* du CGI *(voir § 109)*.

1401 Dans le cas d'apports qui ne répondent pas aux conditions ci-dessus (notamment parce que la holding bénéficiaire des apports n'est pas établie dans un État de l'Union européenne ou dans un État ayant conclu avec la France une convention fiscale comportant une clause d'assistance administrative en vue de lutter contre la fraude ou l'évasion fiscales), la plus-value d'apport est immédiatement imposable.

1402 En ce qui concerne les apports effectués par des **personnes morales** (par exemple, une holding française souhaitant placer ses titres dans une sous-holding étrangère), nous renvoyons pour l'essentiel à nos développements sur les apports de titres *(voir §§ 130 et s.)* :

– si l'apport porte sur des **participations isolées**, la société apporteuse devra s'imposer sur la plus-value d'apport, étant précisé que si les titres apportés sont détenus depuis 2 ans et constituent des « titres de participation » (et dans des sociétés autres qu'à prépondérance immobilière), l'imposition se limitera à celle de la quote-part de frais et charges de 12 % ;

– si l'apport porte sur des **participations significatives** pouvant être assimilées à une branche complète d'activité *(voir § 133)*, il peut être placé, sur option, sous le régime de faveur des fusions.

On rappelle qu'un tel apport à une société étrangère supposait un **agrément** (CGI art. 210, C, 2) mais que cet agrément a été supprimé pour les opérations réalisées depuis le 1er janvier 2018.

b) Transfert à l'étranger du siège d'une holding française

1403 Il est possible également que l'on souhaite transférer dans un pays étranger le siège social d'une holding, jusqu'alors situé en France : la société devient alors une holding étrangère.

1404 Le transfert d'un siège social ou d'un établissement dans un autre pays entraîne les conséquences fiscales d'une **cessation d'entreprise** (CGI art. 221, 2, 1er al.), ce qui entraîne l'**imposition immédiate** :

– des bénéfices d'exploitation dégagés depuis la date d'ouverture de l'exercice en cours ;

– des **plus-values latentes** afférentes aux éléments d'actif immobilisé ;

– et de tous les bénéfices en sursis d'imposition.

En outre, la société perd tout droit au report des déficits subis avant l'opération de transfert, et ses bénéfices et réserves sont réputés distribués aux associés (CGI art. 111 bis).

1405 Toutefois, cette législation a été aménagée dans le but de faciliter le transfert d'activités au sein de l'**Union européenne** (loi de finances rectificative 2012-1510 du 29 décembre 2012, art. 30).

Cet aménagement a pour but de rendre la législation française compatible avec le droit communautaire (traité CE relatif à la liberté d'établissement, art. 49).

En effet, la Cour de justice a censuré les législations néerlandaise (CJUE 29 novembre 2011, C-371/10 National Grid Indus) et portugaise (CJUE 6 septembre 2012, C-38/10, Commission c/République portugaise) qui prévoyaient la taxation immédiate des plus-values latentes sur immobilisations en cas de transfert du siège d'une société hors du pays d'origine (la même position a été retenue récemment en ce qui concerne des transferts d'actifs sans transfert de siège : CJUE 18 juillet 2013 C-261/11, Commission c/Royaume du Danemark).

La Cour a en effet considéré que l'imposition des plus-values latentes sur les actifs transférés constitue une restriction à la liberté d'établissement, mais que cette restriction peut être justifiée par l'objectif de répartition équilibrée du pouvoir d'imposer entre les États membres. Cependant, le recouvrement immédiat de l'imposition est disproportionné par rapport à l'objectif poursuivi.

La Cour a indiqué dans ces arrêts qu'une réglementation pouvait offrir « le choix à la société qui transfère son siège de direction effective dans un autre État membre entre, d'une part, le paiement immédiat du montant de l'imposition, qui crée un désavantage en matière de trésorerie pour cette société mais la dispense de charges administratives ultérieures, et, d'autre part, le paiement différé du montant de ladite imposition, assorti, le cas échéant, d'intérêts selon la réglementation nationale applicable, qui est nécessairement accompagné d'une charge administrative pour la société concernée, liée au suivi des actifs transférés. »

1406 **L'article 221, 2 du CGI, dans sa nouvelle rédaction, prévoit ainsi des mesures particulières en cas de transfert de siège réalisé à compter du 14 novembre 2012 :**
– vers un État membre de l'Union européenne ;
– ou vers un État membre de l'Espace économique européen ayant conclu avec la France une convention d'assistance mutuelle en matière de recouvrement ayant une portée similaire à celle prévue par la directive 2010/24/CE du 16 mars 2010 (en pratique : l'Islande et la Norvège).

1407 **En effet, lorsque ce transfert s'accompagne d'un transfert d'actifs, il entraîne toujours l'imposition des plus-values latentes correspondantes, mais le contribuable peut choisir entre le paiement immédiat ou le paiement fractionné sur une période de 5 ans de l'impôt sur les sociétés dû à raison de ces plus-values.**

Pour les exercices ouverts à compter du 1er janvier 2020, ce régime s'applique aussi, indépendamment de tout transfert de siège, aux **transferts d'actifs isolés** dans l'UE ou l'EEE (loi de finances pour 2020, n° 2019-1479 du 28 décembre 2019, art. 45).

1408 **Dans le cas d'une holding, les plus-values latentes se limitent généralement aux titres de participation inscrits à l'actif. Dès lors, dans ce cas, l'imposition se limite normalement à celle de la quote-part de frais et charges. Or, l'Administration considère que l'impôt sur les sociétés dû à raison de la quote-part de frais et charges ne peut pas bénéficier de l'option pour le paiement fractionné, « dans la mesure où la quote-part de frais et charges n'est pas constitutive d'une plus-value »** (BOFiP-IS-CESS-30-§ 100-15/12/2021).

Il est permis de se demander si cette manière de voir est bien conforme au droit communautaire, et même, d'ailleurs, si elle est réellement conforme à l'article 221, 2 du CGI.

En effet, ce texte prévoit un étalement de « l'impôt sur les sociétés calculé à raison des plus-values latentes constatées sur les éléments de l'actif immobilisé transférés ». Dans le cas qui nous occupe, l'article 219, I, a quinquies du CGI prévoit effectivement que les plus-values à long terme afférentes à des titres de participation font l'objet d'une imposition séparée à **0 %**, mais c'est pour préciser aussitôt, à l'alinéa suivant, qu'une quote-part de frais et charges de 12 % du montant brut des plus-values doit être prise en compte pour la détermination du résultat imposable. Le fait de considérer que « l'impôt sur les sociétés calculé à raison des plus-values » n'inclut pas l'imposition de la quote-part de frais et charges correspondant à ces mêmes plus-values ne paraît pas forcément à l'abri de toute contestation. Ceci nous paraît d'autant plus vrai depuis que le Conseil d'État a jugé *(voir § 473)* que la quote-part de frais et charge de 12 % ne doit pas être regardée comme ayant pour objet de neutraliser de manière forfaitaire la déduction de certains frais, mais comme visant à soumettre à l'IS, à un taux réduit, les plus-values de cession de titres de participation (CE 15 novembre 2021 n° 454105 SA L'Air Liquide, précité).

Notons par ailleurs que, de la même façon que dans le régime de l'***exit tax*** des personnes physiques, il s'agit de calculer une plus-value latente, et donc de déterminer une valorisation pour les biens concernés, ce qui n'est pas toujours aisé et risque d'induire un certain nombre de contentieux avec l'administration fiscale sur la valeur retenue au moment du transfert.

1409 **Si elle opte pour ce fractionnement, la société doit acquitter le cinquième de l'imposition dans les 2 mois qui suivent le transfert, puis le solde par fractions égales à la date anniversaire du premier paiement, au cours des quatre années suivantes.**

Le solde des fractions restant dues peut être acquitté à tout moment.

1410 **Par ailleurs, l'impôt restant dû devient immédiatement exigible en cas :**
– de non-respect de l'une des échéances de paiement ;
– de cession de l'un ou plusieurs éléments d'actif immobilisé ayant fait l'objet du transfert ;

– de dissolution de la société ;
– ou de transfert d'un ou de plusieurs éléments de l'actif dans un État étranger autre qu'un État de l'Union européenne ou l'Islande et la Norvège.

Il est bien précisé que la déchéance est encourue pour **l'intégralité** du montant de l'IS, même si la cession ou le transfert ne concerne **qu'un seul** des éléments d'actif immobilisé ayant bénéficié du paiement fractionné (BOFiP-IS-CESS-30-§ 160-15/12/2021).

1411 Les actifs immobilisés concernés par l'imposition des plus-values latentes comprennent les **actifs immobiliers** (constructions, immeubles ou terrains) inscrits à l'actif de la société (BOFiP-IS-CESS-30-§ 60-15/12/2021), bien que les conventions fiscales prévoient généralement l'imposition en France des plus-values correspondantes, même lorsque le propriétaire réside à l'étranger.

On peut d'ailleurs se demander si le maintien d'une imposition des plus-values latentes sur des éléments immobiliers qui, par définition, ne peuvent quitter le territoire, et dont l'imposition demeure conventionnellement attribuée à la France, est bien justifié par la « répartition équilibrée du pouvoir d'imposer entre les États membres » au sens où l'entend la CJUE *(voir § 1405)*.

1412 Le régime de paiement fractionné s'accompagne d'obligations déclaratives.

L'option pour ce paiement fractionné résulte du dépôt, dans les 2 mois du transfert, d'un **état spécial de suivi** des plus-values de transfert (BOFiP-FORM-000031-03/09/2013) auprès du service des impôts des entreprises du lieu du siège de la société transférée, accompagné du versement du cinquième de l'IS prévu (BOFiP-IS-CESS-30-§ 140-15/12/2021).

Cet état doit ensuite être déposé **chaque année** au cours des quatre années suivant le premier paiement au service des impôts des non-résidents, accompagné du paiement de l'échéance correspondante, au plus tard à la date anniversaire du premier paiement (BOFiP-IS-CESS-30-§ 170-15/12/2021).

Le défaut de production ou le caractère inexact ou incomplet de cet état entraîne l'application d'une **amende de 5 %** du montant des plus-values omises (CGI art. 1763).

1413 S'agissant de la taxation des **associés** (présomption de distribution mentionnée *§ 1404*), l'Administration précise que lorsque le transfert est réalisé vers un État européen mentionné au *§ 1406* ci-dessus, il n'entraîne pas les conséquences fiscales de la cessation d'entreprise à l'égard des associés : dans ce cas, les dispositions de l'article 111 *bis* du CGI ne s'appliquent pas et le transfert est, par conséquent, **fiscalement neutre** à l'égard des associés (BOFiP-IS-CESS-30-§ 220-15/12/2021).

Aperçu rapide sur la fiscalité de quelques holdings étrangères

1414 Il n'entre évidemment pas dans la vocation du présent ouvrage d'examiner en détail les régimes fiscaux applicables aux sociétés holding dans les pays étrangers.

1415 Nous nous contenterons donc de donner quelques indications sommaires sur les régimes fiscaux applicables dans certains États voisins, réputés accueillants à l'égard des holdings.

1416 Parmi les réglementations les plus citées figurent celles des trois pays du Benelux. Ces États présentent l'avantage, outre les caractéristiques de leurs législations fiscales, de faire partie de l'Union européenne (ce qui permet l'application des différentes directives déjà mentionnées) et d'avoir conclu un grand nombre de conventions fiscales bilatérales (de l'ordre de 90 pour la Belgique ou les Pays Bas, un peu moins pour le Luxembourg).

1417 Les trois États ci-dessus comportent tous un régime d'exonération des **dividendes** (« participation-exemption ») analogue au régime mère-filiale applicable en France, avec ou sans application d'une quote-part de frais et charges.

Rappelons que la faculté de maintenir une quote-part de frais et charges est prévue par la directive.

1418 Cependant, alors que la France n'exonère les dividendes qu'à hauteur de 95 % dans la généralité des cas *(voir cependant § 1373)*, les Pays Bas, le Luxembourg et désormais la Belgique (depuis 2018) les exonèrent pour l'intégralité de leur montant (aucune quote-part réintégrée).

Les conditions d'application du régime d'exonération varient quelque peu d'un pays à l'autre, aussi bien en ce qui concerne la durée que le pourcentage de la participation détenue.

C'est ainsi que, d'après nos informations, si **aucune durée de détention** minimale n'est exigée aux Pays Bas, une durée de 12 mois (ou l'engagement de détenir pendant cette même durée) est exigée en Belgique et au Luxembourg.

En ce qui concerne le **seuil de participations** à détenir pour bénéficier de l'exonération, il s'élève à 5 % aux Pays Bas, à 10 % (ou 2,5 millions d'euros) en Belgique et à 10 % également (ou 1,2 million d'euros) au Luxembourg.

1419 Par ailleurs les trois États (Pays Bas, Luxembourg, et Belgique depuis 2018) exonèrent totalement les **plus-values** sur titres.

1420 Ajoutons que les Pays Bas, comme le Luxembourg, n'appliquent aucune retenue à la source sur les intérêts, pas plus d'ailleurs que sur les redevances.

1421 Enfin, ces régimes fiscaux comportent diverses particularités pouvant s'avérer avantageuses dans le cadre de certains montages financiers.

Plus généralement, une implantation de holding dans tel ou tel État doit tenir compte de toutes les règles d'assiette applicables, en fonction des objectifs recherchés : l'un des points importants sera notamment de vérifier le régime de déduction des coûts relatifs à l'acquisition des participations (frais financiers notamment).

Intérêt pour un résident français de créer une holding à l'étranger

1422 Le caractère opportun ou non, pour une personne physique ou morale résidente de France, de créer une société holding à l'étranger (généralement dans un pays européen) dépend des objectifs recherchés, et notamment, du fait de savoir s'il est envisagé :

– de redistribuer en France les produits de participations perçus par la holding ou de maintenir lesdits produits à l'actif de cette holding ;

– de conserver les titres de participation ou de les céder ;

– de conserver les titres de la société holding ou de les céder.

1423 Il est incontestable que, pour une personne physique française, la détention de titres par l'intermédiaire d'une société holding (que celle-ci soit établie en France ou à l'étranger d'ailleurs) présente au moins l'avantage de pouvoir « organiser » sa fiscalité dans le temps (outre l'avantage, déjà souligné *§§ 161 et s.*, lié à la déduction éventuelle des frais financiers d'acquisition), car comme nous l'avons vu, l'imposition des **dividendes** est plus légère pour les actionnaires personnes morales soumises à l'IS que pour des personnes physiques (dès lors que le régime mère-filiale est applicable) : tant que ces dividendes ne sont pas redistribués, le montant net (disponible pour un éventuel réinvestissement) est plus important *via* une holding.

De ce point de vue, le recours à des holdings étrangères n'est pas nécessairement plus avantageux que le recours à une holding française, compte tenu de l'existence du régime mère-filiale.

Un avantage peut néanmoins exister lorsque, par exemple, le régime d'exonération de la holding étrangère est entendu de manière plus souple, notamment en termes de pourcentage du capital détenu ou de durée de détention, ou encore lorsqu'il ne prévoit aucune réintégration de quote-part de frais et charges *(voir § 1418)*.

1424 En ce qui concerne les **plus-values**, l'avantage de recourir à une société holding française ou étrangère (avant même, donc, de s'interroger sur le lieu d'implantation de la holding) est du même ordre, bien que l'analyse soit, le cas échéant, à nuancer :
– en fonction du délai de détention des titres, d'une part (compte tenu du régime des titres de participation, qui suppose une détention de 2 ans, mais aussi du régime d'imposition des plus-values de cession par les personnes physiques, qui varie lui aussi désormais selon la durée de détention) *(voir §§ 1801 et 1822)* ;
– et en fonction, d'autre part, de la nature des titres détenus (selon, pour la holding, que l'on se trouve ou non en présence de « titres de participation », et pour le particulier, que les titres cédés sont ou non des titres de PME créée depuis moins de 10 ans, lesquels bénéficient d'abattements particuliers, ou que la cession se fait dans le cadre d'un départ à la retraite).

EXEMPLE

Comparaison de l'imposition d'une plus-value sur titres chez une personne physique et chez une personne morale française :

Pour une personne physique l'imposition sera calculée, selon le cas, soit avec l'application du « prélèvement forfaitaire unique » (PFU), d'où un taux d'imposition de 30 %, soit, sur option, avec l'application du barème (donc des taux marginaux pouvant aller jusqu'à 41 % ou 45 %), mais sur une base éventuellement réduite par l'effet d'abattements de 50 %, 65 % ou 85 % selon la durée de détention (plus prélèvements sociaux).

En cas d'option pour l'application du barème, la personne physique sera soumise à quatre cas :
- imposition sans abattement (cas 1)
- imposition avec abattement de 50 % (cas 2)
- imposition avec abattement de 65 % (cas 3)
- imposition avec abattement de 85 % (cas 4).

En fonction du taux marginal applicable, et après prise en compte de la CSG déductible (qui est de 6,8 %, mais plafonnée en cas d'application de l'abattement de 85 %), les taux d'imposition des plus-values sont les suivants :

	30 %	41 %	45 %
Cas 1	45,16 %	55,41 %	59,14 %
Cas 2	30,16 %	34,91 %	36,64 %
Cas 3	25,66 %	28,76 %	29,89 %
Cas 4	21,39 %	22,93 %	23,49 %

Les taux d'imposition s'échelonnent donc de 21,39 % au minimum (même s'ils seraient évidemment encore moindres en cas d'application d'un taux marginal d'imposition inférieur à 30 %) jusqu'à 59,14 % au maximum.

Le cas de la holding française sera beaucoup plus simple en matière d'imposition des plus-values, avec deux cas seulement :
- cession de titres de placement, ou de titres de participation détenus depuis moins de 2 ans (cas A) ;
- cession de titres de participation détenus depuis 2 ans au moins (cas B) :

	25 %
Cas A	25 %
Cas B	3 %

(Par simplification, le taux de l'IS a été calculé à 25 %.)

On constate bien que, mis à part le cas des cessions de titres de placement (et encore), la taxation des plus-values, à 3 % (soit 25 % x 12 %), est toujours beaucoup plus intéressante lorsque les titres sont détenus par une holding.

La situation n'est bien entendu plus la même si la holding, au lieu de les remployer, **redistribue** les sommes issues de la plus-value puisque la taxation cumulée devient plus élevée qu'en cas de cession « directe » par la personne physique. Ainsi, pour un montant de plus-value de 10000, les impositions cumulées sont les suivantes :

	30 %	41 %	45 %
IS	300	300	300
IRPP + PS	3217	3784	3991
Total prélèvements	3517	4084	4291
Taux cumulé	35,17 %	40,84 %	42,91 %

En cas d'application du PFU sur la distribution, le taux cumulé s'élève à 32,10 %.

1425 Il est certain que, pendant longtemps, les sociétés holding établies dans certains États européens (Pays Bas ou Luxembourg par exemple, *voir § 1419*) présentaient sur les holdings établies en France l'indéniable avantage d'offrir une **exonération des plus-values de cession de titres**. La détention de titres par l'intermédiaire d'une société établie dans ces États permettait donc une **économie fiscale** substantielle, la société holding ainsi constituée pouvant librement céder et racheter des participations, sans aucun frottement fiscal.

Cet avantage comparatif a été fortement atténué depuis la diminution du taux d'imposition français des plus-values à long terme votée en 2004 et l'application de la **taxation à 0 %** à compter de 2007.

Cependant, en sens inverse, **l'augmentation de la quote-part** de frais et charges imposable, qui est passée de 5 % à 10 % puis à 12 % désormais *(voir § 400)*, modifie à nouveau les données de la comparaison, car même si la taxation appliquée en France demeure « raisonnable » (3 %), le différentiel avec une véritable taxation à 0 % peut représenter une somme non négligeable en cas de plus-value d'un montant très élevé.

Le taux de 3 % peut être un peu moins élevé en cas d'application d'un IS à 15 %, ou un peu plus élevé en cas d'application de la contribution additionnelle sur l'IS.

Par ailleurs, certains régimes étrangers peuvent, comme nous l'avons vu plus haut, se montrer plus souples que la législation française quant aux conditions d'octroi de l'exonération de plus-value (sur la nature ou la durée de détention des titres par exemple).

1426 Cela étant, s'agissant d'actionnaires **personnes physiques**, la véritable question en matière fiscale est plutôt, bien souvent, celle de leur **propre lieu de résidence**, plus que celui de la société holding qui porte leurs participations.

En effet, si l'objectif final est de faire remonter des produits de participation dans le patrimoine d'un résident de France, l'intérêt d'interposer une société holding étrangère apparaît très limité, puisque l'imposition des dividendes reçus s'effectuera généralement selon la législation française (application de la législation fiscale du pays de résidence du bénéficiaire des produits). Il importera même de veiller à ce que cette interposition ne s'avère pas en définitive pénalisante, notamment en cas d'ajout de retenues à la source dont il ne sera pas toujours possible d'obtenir l'imputation (cas de participations hors Union européenne notamment).

1427 Du côté des plus-values également, l'imposition sera au final perçue en France dès lors :
– que la cession des titres aura été réalisée par la holding étrangère, mais le produit de cette cession remonté à l'actionnaire français sous forme de dividendes ;
– ou que ce sont les titres de la holding étrangère qui auront été cédés par l'actionnaire français.

1428 C'est pourquoi, plutôt que la création d'une holding à l'étranger (qui peut, il est vrai, constituer une première étape), la seule véritable manière d'obtenir l'exonération de plus-values sur titres est en définitive, pour un particulier, de **transférer sa résidence fiscale** à l'étranger, dans un pays dont la législation n'impose pas les plus-values sur titres réalisées par ses résidents.

L'idéal est en outre qu'il s'agisse d'un État :
– membre de l'Union européenne ou bénéficiant des mêmes avantages (pour éviter les retenues à la source sur les remontées de dividendes en provenance des filiales françaises ou d'autres États membres) ;
– et signataire avec la France d'une convention fiscale ne laissant pas l'imposition des plus-values réalisées sur des « participations substantielles » à l'État dans lequel sont établies les sociétés concernées.

La législation française comporte une telle disposition à l'article 244 bis B du CGI, qui prévoit une imposition en France par voie de retenue en ce qui concerne les cessions réalisées par des non-résidents (personnes physiques ou morales) détenant au moins 25 % des droits dans les bénéfices d'une société française.

Un certain nombre de conventions écartent l'application de cette disposition, comme celles conclues avec la Belgique ou la Suisse par exemple (cependant, la nouvelle convention fiscale franco-belge du 9 novembre 2021, non encore entrée en vigueur, comporte un dispositif de taxation de certaines plus-values sur participations substantielles).

Dans le cas des Pays Bas, la convention fiscale (art. 13, § 5) autorise l'imposition à la source des plus-values tirées de la cession de participations substantielles, mais cette disposition concernant uniquement les personnes physiques, les cessions par une holding néerlandaise échappent à la taxation prévue par l'article 244 bis B précité.

1429 Cependant, la législation française comporte désormais, comme nous l'avons déjà indiqué *(voir § 109)*, un dispositif de taxation « à la sortie » (« exit tax »), lequel prévoit que tout résident de France transférant son domicile fiscal à l'étranger est passible de l'impôt (avec éventuel sursis de paiement) sur ses plus-values latentes sur titres.

Dès lors, le seul moyen pour un résident français d'échapper à la taxation de ses plus-values sur titres paraît être de quitter le territoire français avant que lesdits titres n'aient généré d'importantes plus-values latentes, ce qui est bien évidemment très contraignant.

À ce sujet, on ne saurait trop souligner les contraintes d'une « expatriation » subie pour des raisons fiscales, et il convient de mettre en garde les candidats au départ contre la conservation de liens trop étroits avec le territoire français, faisant courir le risque que l'administration fiscale établisse que le contribuable concerné a continué de passer en France l'essentiel de son temps ou y a conservé le centre de ses intérêts vitaux (et donc qu'il est demeuré fiscalement résident de France). C'est ainsi que, dans le cas d'un contribuable qui avait perçu, par l'intermédiaire d'une holding belge qu'il contrôlait à 99,9 % des revenus provenant de deux sociétés françaises et correspondant à l'activité de conseil qu'il exerçait en France au sein de ces sociétés, ce contribuable a été considéré comme résidant fiscalement en France, où il avait conservé le centre de ses intérêts économiques, alors même qu'il n'avait perçu directement des filiales françaises aucun salaire ni aucun dividende (CE 26 septembre 2012 n° 346556 Tedesco).

Risques encourus et précautions à prendre : remarques générales

1430 Au vu de certaines décisions de jurisprudence, il apparaît que la constitution de sociétés holding à l'étranger peut parfois comporter des risques fiscaux.

En effet, l'administration fiscale française peut être tentée de remettre en cause certains effets fiscaux de schémas faisant intervenir une société holding constituée à l'étranger pour détenir les titres de sociétés françaises, surtout lorsqu'elle estime que la holding étrangère en question est entièrement gérée **depuis le territoire français.**

1431 Rappelons d'ailleurs que, dans le sens inverse (société française détentrice de titres étrangers), l'administration française se réserve déjà le droit de s'opposer à l'application de l'exonération mère-filiale aux dividendes perçus par des sociétés françaises souscrivant en provenance de sous-holdings étrangères dès lors qu'il apparaît que ces dernières sont dépourvues de substance, et que cette position a été validée par la jurisprudence du Conseil d'État à plusieurs reprises *(voir § 636)*.

1432 Il apparaît *a priori* délicat, voire paradoxal, de critiquer une société holding étrangère au prétexte que celle-ci serait dépourvue de **substance**, car une holding pure, précisément, n'emploie habituellement pas de personnel et n'a pas besoin de locaux d'exploitation : il apparaît difficile de reprocher à une holding étrangère de n'être qu'une « boîte aux lettres » alors que les holdings pures françaises ne sont généralement pas autre chose…

1433 En revanche, la question du lieu du véritable « **siège de direction effective** » de telles holdings apparaît plus délicate.

Dans le cas où une société holding étrangère serait totalement gérée depuis la France, l'administration fiscale française pourrait être tentée en effet de faire valoir que le siège de direction effective de ladite holding est situé non dans son pays de résidence (d'immatriculation), mais en France.

Comme l'indique l'Administration dans sa doctrine, la notion de siège doit en principe s'entendre comme étant le siège social indiqué dans les statuts. Toutefois, « si le siège social apparaît fictif, il y a lieu de **retenir le siège réel**, qui s'entend du lieu où sont, en fait, principalement concentrés les **organes de direction, d'administration et de contrôle** de la société. Le siège réel correspond au siège de direction effective visé dans la plupart des conventions internationales conclues avec la France » (BOFiP-IS-CHAMP-60-10-20-§ 1-12/09/2012).

Le modèle de convention fiscale OCDE indiquait, jusqu'en 2017, que lorsqu'« une personne autre que physique est un résident des deux États contractants, elle est considérée comme un résident seulement de l'État où son siège de direction effective est situé » (OCDE, convention modèle, 2010). Il est désormais plus nuancé, précisant que lorsqu'« une personne autre qu'une personne physique est un résident des deux États contractants, les autorités compétentes des États contractants s'efforcent de déterminer d'un commun accord l'État contractant duquel

cette personne est réputée être un résident aux fins de la convention, eu égard au lieu où se situe son siège de direction effective, au lieu où elle a été constituée en société ou en toute autre forme juridique et à tout autre facteur pertinent » (OCDE, convention modèle, 2017).

1434 **Comme on le voit, le cas prévu par l'Administration est celui d'une société étrangère dont le siège serait « fictif », ce qui est difficile à concevoir si la société étrangère a bien une existence légale dans son pays de résidence. Cependant, on prendra bien garde de faire en sorte que la holding étrangère ait bien une existence réelle, dans son pays d'immatriculation, et non pas seulement une existence purement « juridique ».**

Le risque apparaît encore plus important si la holding est implantée dans un État n'ayant pas conclu de convention fiscale avec la France.

1435 **Ce risque n'est pas seulement « théorique », comme en témoignent deux juris-prudences de la Cour administrative d'appel de Versailles concernant une holding étrangère, étant précisé en outre que ces arrêts ont fait l'objet de pourvois en cassation devant le Conseil d'État, dont l'un n'a pas été admis, et l'autre rejeté** (CAA Versailles, 15 mars 2011, n° 09-00366, Sté Compagnie internationale des wagons-lits et du tourisme ; CE (na) 28 décembre 2012, n° 349345, même requérant ; CAA Versailles, 21 mai 2013, n° 11-02534, même requérant ; ces arrêts sont reproduits ci-après en annexe ; CE 7 mars 2016, n° 371435).

1436 **Dans ces affaires, le siège de la société holding était situé en Belgique, mais l'administration fiscale a considéré que l'activité de holding était également exercée en France par l'intermédiaire d'un établissement stable.**

La Cour de Versailles indique dans son arrêt du 15 mars 2011 que, « s'agissant d'une activité de holding, laquelle n'implique que des structures administratives légères, le lieu de direction effective se trouve au lieu où se situe le centre nerveux et donc où s'organise l'essentiel de la vie de l'entreprise, c'est-à-dire, en pratique, le lieu où se préparent effectivement et où se tiennent les réunions du conseil d'administration, lequel prend les décisions stratégiques pour la vie de la société. » Elle précise dans son arrêt du 21 mai 2013 que le siège de direction effective se trouve être « le lieu où les personnes exerçant les fonctions les plus élevées élaborent et prennent effectivement les décisions stratégiques qui déterminent la conduite des affaires de l'entreprise dans son ensemble. »

L'arrêt de 2011 relève notamment :
- que les principales décisions stratégiques avaient été prises en France ;
- que les principaux dirigeants, notamment les deux directeurs successifs et le directeur administratif et financier, résidaient en France ;
- que l'immeuble abritant le siège de la société à Bruxelles avait été vendu ;
- que la tenue de la comptabilité de la holding s'effectuait à Paris, et qu'une société française assurait, *via* différentes conventions d'assistance, la communication, la gestion de la trésorerie et des financements, l'audit interne, les ressources humaines et les affaires juridiques.

On notera que la notion de siège de direction effective d'une société holding peut également conduire à lui refuser le bénéfice de l'exonération de retenue à la source prévue par l'article 119 ter du CGI. En outre, en cas d'interposition d'une société holding, encore faut-il que cette dernière soit bien considérée comme étant le « bénéficiaire effectif » des dividendes *(voir infra § 1454)*.

1437 **(Réservé)**

Risques encourus (suite) : dispositif anti-abus de l'article 123 bis du CGI

1440 La législation française comporte une disposition (l'article 123 bis du CGI) prévoyant l'imposition à l'impôt sur le revenu des revenus réalisés par l'intermédiaire de **structures établies à l'étranger** et soumises à un régime fiscal privilégié (au sens de l'article 238 A du CGI).

Dans le cas d'une société holding, ce caractère privilégié doit tenir compte du fait que les produits de participation, s'ils avaient été perçus par une société française, auraient été éligibles au régime mère-filiale et auraient donc bénéficié d'une quasi-exonération (CE 4 février 2022 n° 442061-442062 ; CE 21 juin 2022 n° 449408).

Ce dispositif concerne l'ensemble des personnes physiques fiscalement domiciliées en France qui détiennent, directement ou indirectement, une **participation d'au moins 10 %** dans une structure (holding par exemple) établie hors de France, bénéficiant d'un régime fiscal privilégié et dont le patrimoine est principalement constitué d'actifs financiers et monétaires : Ces personnes sont imposables à raison de leurs droits sur les bénéfices ou revenus correspondant aux participations qu'elles détiennent.

Sont concernés notamment (BOFiP-RPPM-RCM-10-30-20-10-§ 30-12/09/2012) :
– les actions ou parts dans des sociétés de capitaux ;
– les actions, parts ou autres droits dans des organismes de placement collectif en valeurs mobilières (OPCVM) ;
– les parts d'intérêt possédées dans des sociétés de personnes et organismes assimilés, notamment : sociétés en participation, sociétés de fait, sociétés en nom collectif, « joint-ventures » et « partnerships » ;
– les droits dans des fiducies, trusts ou institutions comparables ;
– les titres ou droits de toute nature détenus dans des organismes comparables aux entités précitées et les droits résultant du démembrement des titres ou droits visés ci-dessus.

En cas de détention de la structure par l'intermédiaire d'une **chaîne de participations**, l'appréciation du pourcentage des actions, parts, droits financiers ou droits de vote ainsi détenus s'opère en multipliant entre eux les taux de détention successifs (CGI art. 123 bis, § 2).

Le texte vise aussi la détention indirecte par l'intermédiaire d'une communauté d'intérêt à caractère **familial**, puisque la détention indirecte s'entend également des droits détenus directement ou indirectement par le conjoint de la personne physique, ou leurs ascendants ou descendants. Ceci s'applique quel que soit le régime matrimonial des époux et sans considération de l'appartenance ou non des descendants au foyer fiscal des parents (BOFiP-RPPM-RCM-10-30-20-10-§ 160-12/09/2012), et quel que soit le lieu de résidence fiscale des intéressés : le fait que les membres de la famille de la personne physique domiciliée en France soient domiciliés hors de France demeure sans incidence sur la prise en compte des droits qu'ils détiennent pour le calcul du pourcentage de détention (BOFiP-RPPM-RCM-10-30-20-10-§ 170-12/09/2012).

Pour apprécier si la proportion de 10 % est atteinte, il y a lieu de retenir le pourcentage de la participation de la personne physique constaté à la clôture de l'exercice de l'organisme étranger concerné ou, en l'absence d'exercice clos au cours d'une année, le **31 décembre** (CGI, ann. II art. 50 bis). Toutefois, il y a lieu de retenir le pourcentage détenu pendant au moins 183 jours au cours de l'exercice ou de l'année civile, suivant le cas, s'il est plus élevé que le pourcentage constaté à la clôture de l'exercice ou de l'année civile. L'Administration précise que cette durée de 183 jours correspond au nombre total de jours de détention durant l'exercice ou l'année civile, cette durée pouvant correspondre à plusieurs périodes discontinues de détention (BOFiP-RPPM-RCM-10-30-20-10-§ 210-12/09/2012).

Par ailleurs, la condition de détention minimale de 10 % impliquant l'imposition en France est présumée établie lorsque la personne physique a transféré des biens ou droits à une entité juridique située dans un État ou un territoire non coopératif au sens de l'article 238-0 A du CGI.

Cependant, le dispositif de l'article 123 bis du CGI **ne peut pas être mis en œuvre** si l'exploitation de l'entreprise ou la détention des actions, parts, droits financiers ou droits de vote de cette entité juridique par la personne domiciliée en France ne peut être regardée comme constitutive d'un **montage artificiel** dont le but serait de contourner la législation fiscale française. Cette restriction avait été introduite dans notre législation en 2009, en faveur des seules entités juridique établie ou constituée dans un État membre de l'**Union européenne** (ou dans un État ou territoire ayant conclu avec la France à la fois une convention d'assistance administrative en vue de lutter contre la fraude et l'évasion fiscales, et une convention d'assistance mutuelle en matière de recouvrement). L'application de cette exemption à ces seules entités ayant été jugée contraire à la constitution (C. constit. N° 2016-614 QPC, 1er mars 2017), celle-ci doit désormais être considérée comme revêtant **un caractère général**.

1441 L'autre condition d'application du dispositif se réfère à la nature des **éléments composant l'actif** de la société étrangère, puisque l'article 123 bis ne vise que le cas des entités étrangères dont l'actif est principalement constitué de valeurs mobilières, de créances, de dépôts ou de comptes courants : les biens en question doivent donc constituer **plus de 50 % de l'actif** de l'entité concernée.

Assez curieusement, c'est la **valeur nette comptable** des éléments d'actif, et non leur valeur vénale, qui doit être retenue pour déterminer si une entité entre dans le champ d'application des dispositions qui nous occupent (BOFiP-RPPM-RCM-10-30-20-10-§ 380-12/09/2012). En effet, l'article 50 Ter de l'annexe II au CGI prévoit que les personnes physiques qui sont dans le champ d'application de l'article 123 bis doivent établir un bilan de départ, pour chaque personne morale, organisme, fiducie ou institution comparable soumis hors de France à un régime privilégié, les éléments figurant au bilan de départ devant être retenus pour la **valeur comptable résiduelle** qu'ils comportent au regard de la législation fiscale qui leur était applicable dans le pays ou le territoire concerné à la date d'ouverture de la première période d'imposition.

En pratique, il convient donc, pour chaque entité, de faire le rapport des deux ensembles suivants :
– au numérateur, la valeur nette comptable des valeurs mobilières, créances, dépôts et comptes courants ;
– au dénominateur, la valeur nette comptable de tous les éléments d'actif (BOFiP-RPPM-RCM-10-30-20-10-§ 390-12/09/2012).

Faute d'être inscrite à leurs bilans, la valeur des fonds de commerce créés par deux sociétés établies à Curaçao (Antilles néerlandaises) n'a pas à être prise en compte par l'administration pour apprécier si les actifs de ces deux entités sont principalement constitués de valeurs mobilières, de créances ou de comptes courants au sens de l'article 123 bis (CAA Versailles 21 juin 2016, n° 15VE01546). Le même arrêt précise par ailleurs qu'un contribuable redressé sur le fondement de l'article 123 bis du CGI ne peut pas se prévaloir de ce que l'article 155 A *(voir § 1350)* aurait pu ou dû être appliqué. Le pourvoi contre cet arrêt n'a pas été admis (CE (na) 20 décembre 2017, n° 402446).

1442 Lorsque le dispositif est applicable, la personne physique résidente de France est imposée selon le régime des **revenus de capitaux mobiliers** sur un montant des résultats imposables de l'entité concernée correspondant au pourcentage des droits financiers qu'elle détient directement ou indirectement par l'intermédiaire d'une chaîne de participations. Ces résultats sont retraités selon les règles françaises, en utilisant les règles relatives à l'impôt sur les sociétés. L'impôt éventuellement acquitté localement par l'entité étrangère peut venir, à proportion de la participation détenue, en déduction du revenu de capitaux mobilier imposable en France.

1443 (Réservé)

Traitement des versements à une holding étrangère

1450 Dans le cas d'une société française dont les associés sont domiciliés ou établis à l'étranger, le point principal concerne la question de savoir s'il convient de pratiquer des **retenues à la source** sur les différents versements consentis à ces associés.

a) Distributions

1451 La question principale est celle du régime fiscal applicable aux distributions.

En effet, selon le droit interne français, ces distributions sont normalement assujetties à une **retenue à la source** (CGI art. 119 bis).

1452 Depuis le 1er janvier 2018, le **taux** de cette retenue à la source est fixé à :
– 12,8 % pour les dividendes versés à des **personnes physiques** ;
– **30 %** pour les dividendes versés à des **personnes morales** (15 % pour certains organismes sans but lucratif).

Toutefois, le taux de la retenue est porté à **75 %** en cas de paiement à destination d'un État **non coopératif** (loi 2012-1509 du 29 décembre 2012, art. 9, I-U et VI), sauf si le débiteur apporte la preuve que les distributions n'ont ni pour objet, ni pour effet de permettre, dans un but de fraude fiscale, leur localisation dans un tel État.

1453 Rappelons, par ailleurs, qu'il est possible d'imputer sur cette retenue à la source « de sortie », en cas de redistribution, les **crédits d'impôt** étrangers attachés aux produits ainsi redistribués (BOFiP-RPPM-RCM-30-30-20-50-§§ 50 et 60-12/09/2012) *(voir § 576)*.

ATTENTION AU PAIEMENT DES RETENUES À LA SOURCE

L'article 1672 bis du CGI interdit aux personnes morales débitrices des dividendes et autres produits répartis aux associés ou actionnaires de prendre la retenue à la source à leur charge.

En outre, en cas de non-paiement au Trésor de la retenue à la source, la société débitrice de cette tenue est considérée comme l'ayant prise en charge, ce qui constitue pour l'actionnaire un revenu supplémentaire : la retenue est donc calculée « en dehors ». Ainsi, indique l'Administration, lorsque la retenue au taux de **30 %** (sur le montant brut) n'a pas été effectuée lors de la mise en paiement des revenus, il convient d'appliquer le taux de 30/70, soit **42,85 %**, au montant net des sommes versées au bénéficiaire (BOFiP-RPPM-RCM-30-30-20-50-§ 90-12/09/2012).

Cette approche a été validée par le Conseil d'État (avis CE 27 avril 2004, n° 370005, section des Finances).

Distributions mère-fille intra-européennes

1454 Cependant, en cas de distribution entre sociétés dans le cadre **européen**, cette retenue à la source se trouve, le cas échéant, **supprimée** en application de la directive mère-filiale. La transposition de cette directive figure à l'article 119 *ter* du CGI.

Cet article a été modifié, avec effet pour l'essentiel aux exercices clos à compter du 31 décembre 2015, pour des raisons de mise en conformité avec le droit de l'Union européenne (loi de finances rectificative pour 2015, n° 2015-1786 du 29 décembre 2015, art. 29 V).

Pour bénéficier de la dispense de retenue, la société étrangère doit justifier auprès de l'établissement payeur qu'elle est le **bénéficiaire effectif** des dividendes, ce qui peut être source de difficultés en présence de holdings interposées.

Ainsi, le bénéfice de l'exonération de retenue a pu être refusé pour des distributions versées à une holding suisse dont le capital était détenu par un résident portugais, la société n'ayant pas pu démontrer qu'elle en était le bénéficiaire effectif, en l'absence de tout élément attestant d'une activité de gestion et de développement de groupe, notamment de moyens immatériels, matériels et humains. Dès lors, bien qu'étant « propriétaire du revenu en la forme », la société suisse ne disposait en pratique « que de pouvoirs très limités qui font d'elle un administrateur agissant pour le compte » de l'actionnaire portugais (CAA Versailles 27 mai 2021 n° 19VE00090 SAS Alphatrad).

Par ailleurs, la société bénéficiaire des dividendes doit remplir les **conditions** suivantes :

– avoir son **siège de direction effective** dans un État membre de l'Union européenne (ou, dans la nouvelle rédaction, dans un autre État de l'Espace économique européen ayant conclu avec la France une convention d'assistance administrative en vue de lutter contre la fraude et l'évasion fiscale) et n'être pas considérée, au terme d'une convention fiscale internationale conclue avec un État tiers, comme ayant sa résidence fiscale hors de l'Union (ou de l'Espace économique européen) ;

C'est ainsi que le bénéfice de l'exonération de retenue a pu être refusé pour des distributions faites à une sous-holding luxembourgeoise filiale d'un groupe américain (CAA Versailles 10 novembre 2020 n° 18VE03090 SAS Organisation et Développement).

La société avait contesté cette remise en cause en soutenant que le conseil de gérance de la société était composé non seulement de deux gérants de catégorie A résidant aux États-Unis, mais aussi de deux gérants de catégorie B qui avaient leur résidence professionnelle au Luxembourg et disposaient d'un droit de veto pour toute décision engageant la société, que ce conseil s'était tenu à plusieurs reprises à Luxembourg, que tout comme les assemblées générales de la société, les déclarations fiscales avaient été préparées et déposées au Luxembourg, de même que les comptes annuels, que la société disposait d'un compte bancaire au Luxembourg, réceptionnait ses courriers au Luxembourg et avait signé certains contrats au Luxembourg.

Cependant, la Cour a relevé que les gérants se sont bornés à approuver et à ratifier des actes qui leur ont été présentés, et que les éléments ci-dessus ne permettaient pas d'établir que les **décisions stratégiques** de la société auraient été prises au Luxembourg. Par suite, la société n'a pas été considérée comme disposant de son **siège de direction effective** au Luxembourg et l'exonération prévue par l'article 119 ter-2 du CGI lui a donc été refusée.

– revêtir l'une des formes juridiques énumérées à l'Annexe de la directive mère-fille (voir le texte de la directive reproduit en annexe du présent ouvrage), ou une forme équivalente lorsque la société a son siège de direction effective dans un État de l'Espace économique européen ;
– être passible dans l'État membre où elle a son siège de direction effective, de l'impôt sur les sociétés de cet État, sans possibilité d'option et sans en être exonérée ;
– détenir de manière ininterrompue, depuis **2 ans** au moins, **10 % au moins du capital** de la société distributrice (taux applicable pour les dividendes distribués depuis le 1er janvier 2009) *(voir cependant § 1455)*.

Il est désormais précisé que les titres peuvent être détenus en pleine propriété ou en **nue-propriété**, alors que la doctrine administrative indiquait jadis le contraire.

Lorsque les titres de la société distributrice se trouvent détenus depuis moins de 2 ans, il y a lieu de souscrire un engagement de conservation avant la date de leur première mise en paiement suivant la date d'inscription en compte des titres de la société émettrice. Cet engagement doit être adressé à la fois à l'établissement payeur et au service des impôts des non-résidents (CGI, ann. III, art. 46 quater-0 FB).

Dans le cas où cet engagement n'a pas été pris, la retenue à la source devra être prélevée, mais la société mère étrangère pourra en demander la restitution lorsqu'elle pourra justifier avoir conservé les titres de manière ininterrompue pendant 2 ans (BOFiP-RPPM-RCM-30-30-20-10-§430-03/07/2019).

Cette possibilité est conforme à la jurisprudence de la CJCE, qui indique que le délai de détention fixé par la Directive doit s'apprécier a posteriori, et non au moment de la distribution (CJCE 17 octobre 1996, C-283/94 Denkavit Internationaal e.a./Bundesamt für Finanzen, C-291/94 VITIC Amsterdam et C-292/94 Voormeer).

L'exonération de retenue s'applique également aux dividendes distribués aux **établissements stables** des personnes morales remplissant les conditions mentionnées ci-dessus, lorsque ces établissements stables sont situés en France, dans un autre État membre de l'Union européenne ou dans un autre État partie à l'accord sur l'Espace économique européen ayant conclu avec la France une convention d'assistance administrative en vue de lutter contre la fraude et l'évasion fiscales.

Il existait en outre depuis longtemps une **exonération doctrinale** de retenue à la source (motivée par l'arrêt *Denkavit* mentionné ci-dessus) à l'égard des sociétés européennes qui atteignent le seuil de **participation de 5 %** qui est celui du régime français mère-filiale *(voir § 595)*, sans atteindre le seuil de 10 % normalement nécessaire pour l'exonération prévue par la Directive (CGI art. 119 ter).

Cette solution est désormais inscrite dans la loi, laquelle prévoit expressément que le taux de 10 % est ramené à 5 % lorsque la personne morale qui est le bénéficiaire effectif des dividendes détient des participations satisfaisant aux conditions prévues à l'article 145 *(voir § 594)* et se trouve privée de toute possibilité d'imputer la retenue à la source.

Cette disposition (comme l'ancienne solution administrative) vise les distributions de source française effectuées au profit de sociétés ayant leur siège soit dans un autre État de l'Union Européenne, soit dans un autre État partie à l'accord sur l'Espace économique européen ayant conclu avec la France une convention

d'élimination des doubles impositions comportant une clause d'assistance administrative en vue de lutter contre la fraude et l'évasion fiscales.

Cette possibilité s'applique, prend soin d'indiquer l'Administration, « en l'absence de montage artificiel » (BOFiP-RPPM-RCM-30-30-20-40-§ 40-07/06/2016).

Elle précise d'autre part que si l'impossibilité d'imputer tout ou partie de la retenue à la source apparaît postérieurement à la date de la distribution (situation déficitaire, liquidation, etc.), la restitution de la quote-part de retenue non imputable peut être demandée par voie de réclamation contentieuse, à adresser au Centre des impôts des non-résidents (BOFiP-RPPM-RCM-30-30-20-40-§ 40-07/06/2016).

1455 **L'exonération de retenue ne s'applique pas aux dividendes distribués dans le cadre d'un montage ou d'une série de montages qui, « ayant été mis en place pour obtenir, à titre d'objectif principal ou au titre d'un des objectifs principaux, un avantage fiscal allant à l'encontre de l'objet ou de la finalité » de cette exonération, « n'est pas authentique compte tenu de l'ensemble des faits et circonstances pertinents ». Il est précisé qu'un montage « peut comprendre plusieurs étapes ou parties », et qu'un montage ou une série de montages est considéré comme non authentique « dans la mesure où ce montage ou cette série de montages n'est pas mis en place pour des motifs commerciaux valables qui reflètent la réalité économique » (dispositions applicables aux exercices ouverts à compter du 1er janvier 2016). Il s'agit là de la transposition dans le droit interne français de la clause anti-abus prévue par la nouvelle rédaction de la directive mère-filiale** (Directive 2015/121 du 27 janvier 2015).

Les travaux parlementaires ont précisé que la référence aux « motifs commerciaux valables » doit être entendue de manière identique à celle faite aux « motifs économiques valables » par la directive sur les fusions transfrontalières de sociétés de capitaux (dont le texte figure en annexe du présent ouvrage, *art. 15.1.a***), ce qui signifie qu'une comparaison doit être établie « entre l'avantage fiscal tiré du montage et les autres avantages en résultant », le résultant étant considéré comme authentique si les seconds sont prépondérants. Il y est par ailleurs précisé que ces motifs « reflètent la réalité économique » s'il ressort « d'éléments objectifs et vérifiables que la constitution de la filiale correspond à une réalité économique, notamment au degré d'existence physique en termes de locaux, de personnel et d'équipements suffisants pour exercer son activité, c'est-à-dire à une implantation réelle ayant pour objet l'accomplissement d'activités économiques effectives dans l'État membre d'accueil »** (Rapport AN n° 3347 du 14 décembre 2015, p. 68).

À noter que le rapport va jusqu'à qualifier de « montages artificiels » les montages impliquant une société holding n'ayant comme seule et unique activité que de détenir des actions.

L'administration fiscale, quant à elle, se montre nettement plus nuancée : sa doctrine relative à l'exonération de retenue à la source (BOFiP-RPPM-RCM-30-30-20-10-§ 450-03/07/2019) **renvoie à ses développements concernant la clause anti-abus générale en matière d'IS, que nous avons déjà évoquée** *(voir supra § 643)*. **Cette doctrine précise notamment que la notion de motifs commerciaux s'entend au sens large de toute justification économique même si elle n'est pas liée à l'exercice d'une activité commerciale au sens de l'article 34 du CGI, et que sont donc susceptibles d'être considérées comme présentant des motifs valables au sens de la clause des structures de détention patrimoniale, d'activités financières ou encore des structures répondant à un objectif organisationnel.**

La Cour administrative d'appel de Lyon s'est prononcée sur le cas d'une filiale française de holding belge, à laquelle l'Administration avait refusé la dispense de retenue au motif que cette holding était elle-même détenue par une société suisse. Pour l'Administration, cette interposition était dépourvue de raison économique, commerciale ou stratégique et n'avait eu pour objet que de tirer avantage de la dispense de retenue. La cour a jugé au contraire que la création de la société holding belge avait été motivée par la nécessité d'organiser juridiquement le groupe et de créer de nouvelles filiales, qu'elle avait permis le développement international du groupe avec l'ouverture de magasins en Belgique, en Italie et au Luxembourg, et que la holding avait développé une activité de prestations de services administratifs et comptables à ses sous-filiales, disposait de ses propres locaux au Luxembourg, employait plusieurs personnes chargées de réaliser les prestations aux filiales et disposait des actifs immobilisés lui permettant de réaliser ses activités. Dans ces conditions, l'administration n'apporte pas la preuve que la création de la holding belge constituerait un montage artificiel, dépourvu de réalité économique et destiné à permettre l'interposition de cette société au Luxembourg, afin de procurer à la requérante un avantage principalement fiscal (CAA Lyon 13 janvier 2022 n° 19LY03610, Sasu Finalgro).

La version antérieure de l'article 119 ter précisait que lorsqu'elle était contrôlée directement ou indirectement, en droit ou en fait, par un ou plusieurs résidents d'États qui ne sont pas membres de l'Union européenne, la société mère devait justifier que cette chaîne de participation n'a pas pour objet principal l'obtention de l'exonération de la retenue à la source : (le dispositif « anti-abus » visant à prévenir l'interposition de sociétés holding européennes par des sociétés non membres de l'Union).

1456 Toutefois, on notera que l'exonération de retenue prévue à l'article 119 ter du CGI ne s'applique, selon l'Administration, qu'aux véritables « dividendes », à l'exclusion des **revenus réputés distribués** *(voir § 767)*.

Cas particuliers : Distributions à des sociétés étrangères en liquidation

1457 Il est désormais prévu que la retenue à la source n'est pas applicable aux produits distribués à une personne morale qui justifie auprès du débiteur ou de la personne qui assure le paiement de ces revenus qu'elle remplit, au titre de l'exercice au cours duquel elle perçoit ces distributions, les conditions suivantes :

– son siège de direction effective et, le cas échéant, l'établissement stable dans le résultat duquel les produits distribués sont inclus doivent être situés dans un État membre de l'**Union européenne** (ou dans un État ou territoire ayant conclu avec la France une convention d'assistance administrative en vue de lutter contre la fraude et l'évasion fiscales) et sont soumis, dans cet État ou ce territoire, à l'impôt sur les sociétés de cet État ou de ce territoire ;

– son résultat fiscal (ou, le cas échéant, celui de l'établissement stable dans le résultat duquel les produits distribués sont inclus, calculé selon les règles de l'État ou du territoire où est situé son siège de direction effective ou l'établissement stable) doit être **déficitaire** ;

– et elle doit faire, à la date de la distribution, l'objet d'une procédure comparable à la procédure française de **liquidation judiciaire**, ou à défaut d'existence d'une telle procédure, pouvoir démontrer qu'elle est en état de cessation des paiements et que son redressement est manifestement impossible (CGI, art. 119 quinquies, issu de la loi précités n° 2015-1786 du 29 décembre 2015, art. 82 V, applicable aux distributions opérées à compter du 1er janvier 2016).

Cette modification législative trouve sa source dans une mise en demeure de la Commission européenne (2013/4244 du 28 mars 2014).

Autres distributions : Droit conventionnel

1458 **En dehors du cadre européen, les retenues à la source sur les dividendes sont susceptibles d'être atténuées, voire supprimées, par l'application des différentes conventions fiscales internationales en vigueur.**

Les sociétés mères étrangères détentrices d'un pourcentage de participation significatif sont souvent avantagées dans le cadre conventionnel.

À titre d'exemple, dans le cadre franco-américain la retenue applicable est normalement limitée à 15 %, mais ramenée à 5 % en cas de versement à une société détenant plus de 10 % de la société française distributrice.

Par ailleurs, signalons que, dans la convention fiscale franco-suisse (art. 11), la retenue à la source, normalement limitée à 15 %, est totalement supprimée lorsque les dividendes sont versés à une société détenant directement ou indirectement au moins 10 % du capital de la société distributrice, mais cette exonération totale ne s'applique sans condition que si la société suisse bénéficiaire de la distribution est contrôlée directement ou indirectement par des personnes résidentes des États contractants ou d'États membres de l'**Union européenne**.

Les associés étrangers peuvent aussi, le cas échéant, percevoir des versements autres que des distributions, comme des intérêts, ou, plus rarement, des redevances.

b) Intérêts

1459 **Dans le cas des intérêts, sauf exception (voir ci-dessous), plus aucune retenue à la source n'est désormais exigible en droit interne français, compte tenu de la rédaction actuelle de l'article 125 A du CGI** (dans sa rédaction issue de la loi 2009-1674 du 30 décembre 2009).

1460 **En effet, conformément à l'article 125 A, III du CGI, les produits de placements à revenu fixe dont le débiteur est établi en France ne sont soumis au prélèvement forfaitaire obligatoire que s'ils sont payés hors de France dans un État ou territoire non coopératif (ETNC) au sens de l'article 238-0 A du CGI.**

Dans ce cas, le prélèvement est (comme pour les dividendes : *voir § 1452***) opéré au taux de 75 % depuis le 1er janvier 2013** (loi 2012-1509 du 29 décembre 2012 ; **ce prélèvement était auparavant, depuis 2010, de 50 %).**

Toutefois, le prélèvement ne s'applique pas si le débiteur démontre que les opérations auxquelles correspondent ces produits ont principalement un objet et un effet autres que de permettre la localisation de ces produits dans un État ou territoire non coopératif (clause de sauvegarde).

1461 **Pour cette raison, les dispositifs existant pour supprimer ou limiter les retenues à la source sur les intérêts sont désormais sans réel objet, qu'il s'agisse :**
– des dispositions des conventions fiscales bilatérales ;
– ou, dans un cadre communautaire, de la directive du 3 juin 2003 (2003/123/CE) **relative au paiement d'intérêts et de redevances entre sociétés européennes associées, transposée à l'article 119 quater du CGI.**

c) Redevances et autres paiements

1462 **La question des retenues à la source éventuellement applicables peut encore concerner d'autres paiements (redevances notamment) qu'une société française (par exemple une sous-holding, ou les filiales françaises d'une holding étrangère) peut effectuer à destination d'associés étrangers.**

En droit interne en effet, le Code général des impôts prévoit l'application d'une retenue à la source en cas de paiement par un débiteur français à une personne physique ou morale non-résidente de sommes correspondant notamment :
– à des produits perçus par les inventeurs, ou à titre de droits d'auteur, ou des produits tirés de la **propriété industrielle**, commerciale, ou de droits assimilés ;
– à la rémunération de prestations de toute nature fournies ou utilisées en France (CGI art. 182 B).

Le texte vise également les produits « non commerciaux » de manière générale, ainsi que les sommes correspondant à des prestations sportives fournies ou utilisées en France.

Comme pour les dividendes et les intérêts, les versements à des personnes domiciliées ou établies dans des États ou territoires non coopératifs (ETNC) sont soumis à une retenue de **75 %** (CGI art. 182 B, III).

Le taux de cette retenue est désormais aligné sur celui de l'IS et s'élève donc à **25 %**.

1463 S'agissant du premier aspect, il s'agit du versement de **redevances** à proprement parler, telles qu'elles sont définies par les conventions fiscales internationales. Lorsqu'une société française verse à une société étrangère des sommes de cette nature, la retenue à la source de 25 % prévue à l'article 182 B du CGI est normalement due (sauf application, comme nous allons le voir, des conventions internationales, ou de la directive « intérêts et redevances »).

Il s'agit par exemple des sommes versées en vertu de contrats de concession ou de licence de **marques** ou de **brevets**, ou prévoyant la rémunération d'un savoir-faire *(know-how)*.

Précisons également que les sommes versées à une société étrangère pour l'utilisation de **logiciels** relèvent également de cette catégorie, puisque les logiciels relèvent de la réglementation des droits d'auteur.

1464 Le deuxième cas d'application de la retenue, à savoir la rémunération de **prestations** de toute nature « fournies ou utilisées en France », est d'application plus délicate.

S'agissant des prestations « fournies » en France, l'Administration précise qu'une prestation doit être considérée comme fournie en France lorsqu'elle y est matériellement **exécutée.**

C'est ainsi que constituent, par exemple, des prestations « fournies en France » :
– la réparation ou l'entretien en France d'un matériel (quel que soit le lieu d'utilisation de ce matériel) ;
– des études de toute nature réalisées en France ;
– l'assistance technique fournie en France ;
– la prospection commerciale effectuée en France (BOFiP-IR-DOMIC-10-10-§ 210-27/02/2019).

Quant aux prestations « utilisées en France », il peut s'agir, par exemple de la **fourniture d'informations** d'ordre **industriel, commercial ou scientifique** ainsi que de la fourniture d'**études techniques** dont les résultats sont effectivement utilisés sur le territoire national (BOFiP-IR-DOMIC-10-10-§ 230-27/02/2019).

Cependant, il est admis que les commissions versées à des personnes non domiciliées en France, en rémunération de démarches et diligences diverses effectuées à l'étranger, ne soient pas considérées comme des prestations utilisées en France (BOFiP-IR-DOMIC-10-10-§ 230-27/02/2019).

1465 **Il pourrait donc se trouver des situations dans lesquelles certaines prestations d'assistance facturées par une société étrangère sont susceptibles d'entrer dans le champ de la retenue à la source prévue à l'article 182 B du CGI.**

Cette situation est susceptible d'advenir notamment en cas de prestations d'assistance technique accessoires à un contrat de licence, difficiles à dissocier du contrat principal.

Cependant, comme nous l'avons déjà indiqué, les retenues à la source normalement exigibles en pareil cas peuvent le plus souvent être limitées ou évitées.

1466 **Tout d'abord, dans un cadre européen, les retenues à la source sont éliminées entre sociétés liées par le jeu de la Directive « intérêts et redevances »** (directive 2003/49/CE du 3 juin 2003 **concernant un régime fiscal commun applicable aux paiements d'intérêts et de redevances effectués entre des sociétés associées d'États membres différents).**

Cette directive a été transposée dans le droit interne français à l'article 182 B bis du CGI.

En application de l'accord conclu le 26 octobre 2004 entre l'Union européenne et la Confédération helvétique (art. 15.2), les versements de redevances de Suisse bénéficient également de ces dispositions.

1467 **Les redevances au sens de cette disposition s'entendent des paiements de toute nature reçus à titre de rémunération pour l'usage ou la concession de l'usage :**
– de droits d'auteur sur une œuvre littéraire, artistique ou scientifique (y compris les films cinématographiques et les logiciels informatiques) ;
– d'un brevet ;
– d'une marque de fabrication ou de commerce ;
– d'un dessin ou d'un modèle ;
– d'un plan, d'une formule ou d'un procédé secret ;
– ainsi que pour des informations ayant trait à une expérience acquise dans le domaine industriel, commercial ou scientifique.

Les paiements reçus pour l'usage ou la concession de l'usage d'un droit relatif à des équipements industriels, commerciaux ou scientifiques sont considérés comme des redevances (CGI art. 182 B bis, 2e al.).

1468 **L'exonération de retenue s'applique aux versements effectués entre personnes morales associées (ou à l'établissement stable d'une personne morale associée) au sens de l'article 119 quater du CGI, c'est-à-dire :**
– détenant l'une dans l'autre une participation directe d'au moins 25 % (le texte vise donc aussi bien les versements effectués d'une filiale à sa société mère que ceux d'une mère à sa filiale) ;
– ou entre sociétés détenues directement l'une et l'autre à hauteur de 25 % par une troisième personne morale.

1469 **Dans tous les cas, la participation doit être détenue de façon ininterrompue depuis 2 ans au moins, ou elle doit faire l'objet d'un engagement selon lequel elle sera conservée de façon ininterrompue pendant un tel délai.**

Si cet engagement est pris par une personne morale qui n'a pas son siège de direction effective en France, il donne lieu à la désignation d'un représentant qui est responsable du paiement de la retenue à la source mentionnée au premier alinéa en cas de non-respect de cet engagement.

1470 **D'autre part, la société bénéficiaire des versements doit :**
– avoir son siège de direction effective dans un État membre de l'Union européenne ;
– revêtir l'une des formes énumérées sur une liste établie par arrêté du ministre chargé de l'économie conformément à l'annexe à la directive 2003/49/CE (voir le texte de la directive reproduit en annexe du présent ouvrage) **;**
– et être passible, y compris au titre de ces revenus, dans l'État membre où elle a son siège de direction effective, de l'impôt sur les sociétés de cet État sans en être exonérée.

Le texte s'accompagne cependant d'un dispositif **anti-abus**, puisque l'exonération de retenue ne s'applique pas lorsque les redevances payées bénéficient à une personne morale contrôlée directement ou indirectement par un ou plusieurs résidents d'États **non membres de l'Union européenne**, et si la chaîne de participation a comme objet principal ou comme un de ses objets principaux de tirer avantage de l'exonération de retenue.

Il est d'autre part expressément prévu que lorsqu'en raison des **relations spéciales** existant entre le payeur et le bénéficiaire effectif des redevances ou de celles que l'un et l'autre entretiennent avec un tiers, le montant des redevances **excède** le montant dont seraient convenus le payeur et le bénéficiaire effectif en l'absence de telles relations, l'exonération ne s'applique qu'à ce dernier montant (CGI art. 182 B bis, 3).

1471 **Par ailleurs, dans les cas où l'exonération prévue à l'article 182 B *bis* du CGI ne s'applique pas (c'est-à-dire lorsque les redevances sont versées à des sociétés non européennes, ou entre sociétés européennes mais sans que le pourcentage de détention de 25 % ne soit atteint), les retenues à la source peuvent encore être atténuées, voire supprimées, par l'application des conventions fiscales bilatérales.**

1472 **(Réservé)**

Quels sont les titres **exclus de l'assiette de l'IFI ?**

PARTICIPATIONS MINORITAIRES DÉTENUES DANS UNE SOCIÉTÉ OPÉRATIONNELLE (CGI ART. 965)

CONDITIONS ?

LA SOCIÉTÉ, ÉTABLIE EN FRANCE OU HORS DE FRANCE, EXERCE UNE ACTIVITÉ OPÉRATIONNELLE SIGNIFICATIVEMENT PRÉPONDÉRANTE.

+

LE REDEVABLE DÉTIENT, SEUL OU AVEC LES MEMBRES DU FOYER FISCAL IFI, DIRECTEMENT ET INDIRECTEMENT, MOINS DE 10 % DU CAPITAL ET DES DROITS DE VOTE DE LA SOCIÉTÉ

PORTÉE DE L'EXCLUSION ?

SONT EXCLUS DE L'IFI

LES TITRES REPRÉSENTATIFS DES IMMEUBLES DÉTENUS PAR LA SOCIÉTÉ OPÉRATIONNELLE

LES TITRES DE SOCIÉTÉS OPÉRATIONNELLES DÉTENUES INDIRECTEMENT DANS LA LIMITE D'UN SEUL NIVEAU D'INTERPOSITION (SI LE TOTAL DES PARTICIPATIONS DIRECTES ET INDIRECTES DANS LA FILIALE < À 10%)

DEUX MESURES ANTI-ABUS :

⚠ LE REDEVABLE SEUL OU AVEC LES MEMBRES DE SA FAMILLE NE DOIT PAS CONTRÔLER LA SOCIÉTÉ ÉMETTRICE (CGI ART. 150-0 B TER, III.2°)

⚠ LE REDEVABLE OU L'UN DES MEMBRES DE SON FOYER FISCAL IFI NE DOIT PAS SE RÉSERVER LA JOUISSANCE EN FAIT OU EN DROIT DES BIENS IMMOBILIERS DE LA SOCIÉTÉ

IMMEUBLES AFFECTÉS À L'ACTIVITÉ DE LA SOCIÉTÉ (CGI ART. 965)

CONDITIONS ?

LA SOCIÉTÉ (ÉTABLIE EN FRANCE OU HORS DE FRANCE) DOIT AVOIR UNE ACTIVITÉ OPÉRATIONNELLE

—

SONT EXCLUES LES ACTIVITÉS DE GESTION DE SON PROPRE PATRIMOINE IMMOBILIER (ACTIVITÉS DE LOCATION DE LOCAUX NUS ET DE LOCAUX MEUBLÉS À USAGE D'HABITATION, DE LOUEURS D'ÉTABLISSEMENTS COMMERCIAUX OU INDUSTRIELS ÉQUIPÉS DU MATÉRIEL NÉCESSAIRES À LEUR EXPLOITATION...)

—

⚠ LA HOLDING ANIMATRICE EST CONSIDÉRÉE COMME UNE SOCIÉTÉ OPÉRATIONNELLE

⚠ L'ACTIVITÉ DE LOUEURS EN MEUBLÉ PEUT ÊTRE EXONÉRÉE D'IFI AU TITRE DES ACTIFS PROFESSIONNELS

DEUX HYPOTHÈSES

— 1 —

L'IMMEUBLE EST AFFECTÉ À L'ACTIVITÉ OPÉRATIONNELLE DE LA SOCIÉTÉ QUI LES DÉTIENT

SI L'IMMEUBLE EST DÉTENU DIRECTEMENT PAR UNE FILIALE OU UNE SOUS -FILIALE QUI AFFECTE LE BIEN À SON ACTIVITÉ OPÉRATIONNELLE, LA SOCIÉTÉ INTERMÉDIAIRE PEUT ÊTRE OPÉRATIONNELLE OU CIVILE

⚠ SOCIÉTÉ MIXTE : L'ACTIVITÉ OPÉRATIONNELLE PEUT NE PAS ÊTRE EXERCÉE À TITRE PRINCIPAL ET L'IMMEUBLE PEUT NE PAS ÊTRE AFFECTÉ EN TOTALITÉ À L'ACTIVITÉ OPÉRATIONNELLE
! L'EXCLUSION NE BÉNÉFICIE PAS AUX BIENS DONNÉS EN LOCATION OU MIS À DISPOSITION.

— 2 —

GROUPE DE SOCIÉTÉS : L'IMMEUBLE EST AFFECTÉ À L'ACTIVITÉ OPÉRATIONNELLE D'UNE SOCIÉTÉ DU GROUPE (CELLE QUI DÉTIENT LE BIEN OU UNE AUTRE SOCIÉTÉ)

⚠ SOCIÉTÉ MIXTE : L'ACTIVITÉ OPÉRATIONNELLE DE LA HOLDING DOIT ÊTRE PRÉPONDÉRANTE. L'ACTIVITÉ OPÉRATIONNELLE DE LA FILIALE UTILISATRICE DU BIEN PEUT NE PAS ÊTRE PRÉPONDÉRANTE

Revue Fiduciaire

Chapitre 4-4

HOLDING ET IMPOSITION DU PATRIMOINE (IMPÔT SUR LA FORTUNE, DONATIONS, SUCCESSIONS)

L'essentiel

Sous l'empire de l'ISF, les sociétés holding constituaient bien souvent un instrument commode pour regrouper tous ses biens professionnels sous une même entité, et bénéficier ainsi plus facilement de l'exonération prévue par la loi. Bien souvent, cela passait par la création d'une holding dite « animatrice », qu'il faut bien distinguer de la holding « interposée ». Ces raisonnements restent valables en matière de transmission des entreprises, et même parfois en ce qui concerne l'ISF. En tout état de cause, la structure du groupe doit être mûrement réfléchie pour éviter un certain nombre de difficultés, notamment en ce qui concerne la gestion de l'immobilier.

1500 Jusqu'en 2018, date de la suppression de l'impôt de solidarité sur la fortune (ISF) et de son remplacement par l'**impôt sur la fortune immobilière (IFI)**, la gestion fiscale des sociétés holdings a été très affectée par l'ISF, car l'existence de cet impôt a pu conduire très souvent à orienter les choix de structuration ou de direction de certains groupes.

Nous renvoyons aux précédentes éditions du présent ouvrage pour le traitement éventuel des contentieux pouvant encore naître sur le traitement passé de l'ISF (rappelons notamment que s'agissant de la qualification des « biens professionnels », la durée de prescription est de six années : cass. com. 20 février 2007, n° 05-17.953 (n° 266 F-PB) DGI c/Kerting ; cass. com. 20 septembre 2011, n° 10-24.523 (n° 872 F-D) DSF de Paris Nord c/Delloye).

Ces contraintes sont désormais allégées, car la recherche systématique de la holding « animatrice » n'est plus forcément de mise en matière d'IFI bien que, comme nous le verrons, elle puisse conserver un intérêt dans certaines situations.

1501 (Réservé)

1502 Par ailleurs, s'agissant des aspects fiscaux patrimoniaux des sociétés holdings, autres que l'IFI, nous examinerons la question de l'éligibilité des holdings aux exonérations de droits de mutation offertes par le « **pacte Dutreil** » *(voir § 1620)*, et les conditions dans lesquelles le **paiement différé et fractionné** des droits de mutation peut s'appliquer à la transmission des holdings *(voir § 1670)*.

1503 (Réservé)

Précision importante

L'exonération « Dutreil » de 75 % qui s'appliquait jusqu'en 2018 en matière d'**ISF** est désormais supprimée : elle ne s'applique donc plus pour l'impôt sur la fortune immobilière (IFI). De même que l'exonération de 75 % qui pouvait s'appliquer pour les parts et actions des dirigeants ou salariés, elle aussi supprimée.

Cependant, les contribuables qui ont bénéficié de ces exonérations de 75 % avant le 1er janvier 2018 doivent **conserver leurs titres** pendant la période de six années restant à courir jusqu'au terme de leur engagement de conservation.

1504 **(Réservé)**

Impôt sur la fortune immobilière (IFI) : application aux sociétés holdings

1515 Institué à compter du 1er janvier 2018 (loi 2017-1837 du 30 décembre 2017, art. 31), l'impôt sur la fortune immobilière (IFI) modifie très sensiblement les problématiques qui s'appliquaient jusqu'à présent en matière d'imposition de la fortune : Dans la mesure où l'IFI ne concerne plus que les **biens ou droits immobiliers** et, dans certains cas, les parts et actions de **sociétés détenant à leur actif de tels biens ou droits**, seuls les associés ou actionnaires de ces dernières sociétés sont désormais affectés par l'impôt.

En effet, l'article 965 du CGI prévoit que l'assiette de l'IFI est constituée, au 1er janvier de l'année :

– de l'ensemble des biens et droits immobiliers appartenant aux personnes physiques redevables ;

– ainsi que des **parts ou actions des sociétés** et organismes (établis en France ou hors de France) appartenant à ces personnes, **à hauteur de la fraction de leur valeur représentative de biens ou droits immobiliers détenus** directement ou indirectement par la société ou l'organisme.

Pour déterminer ce « ratio immobilier » taxable, il y a lieu d'appliquer à la valeur des parts ou actions concernées un coefficient égal au rapport entre la valeur vénale réelle des droits ou biens immobiliers imposables (et la valeur des parts ou actions représentatives de biens immobiliers), et la valeur vénale réelle de l'ensemble des actifs de la société ou de l'organisme.

Cependant, le texte prévoit deux exceptions à ce principe de taxation :

Le fait que les biens immobiliers détenus par l'intermédiaire d'une société sont normalement imposables à l'IFI fait l'objet de larges exclusions dans le cadre de l'**immobilier d'exploitation**, et ces exclusions sont susceptibles de s'appliquer dans le cadre des groupes *(voir § 1520)*.

Par ailleurs, dans d'autres situations, et notamment lorsque les biens immobiliers d'exploitation utilisés par une ou plusieurs sociétés du groupe sont demeurés la propriété (directe ou indirecte) d'une personne physique, l'exonération au titre des **actifs professionnels** peut s'avérer nécessaire *(voir § 1550)*.

1516 **(Réservé)**

Exemption en faveur de l'immobilier d'exploitation

1520 La loi prévoit que ne doivent **pas être retenus**, pour le calcul de la fraction imposable des titres d'une société, les biens ou droits immobiliers détenus directement par ladite société, ou par une société dont elle détient directement ou indirectement des parts ou actions, lorsque ces biens ou droits immobiliers sont **affectés à l'activité** industrielle, commerciale, artisanale, agricole ou libérale de la société qui les détient (CGI art. 965, 2°, 6e alinéa, a).

Dans le cas des **groupes de sociétés**, il est indiqué que la fraction ci-dessus ne doit pas retenir, lorsque le redevable détient directement ou indirectement des parts ou actions d'une société ayant une telle activité opérationnelle, les biens ou droits immobiliers détenus directement ou indirectement par cette société affectés :
– à son activité opérationnelle ;
– à celle de la société qui les détient directement ;
– ou à celle d'une société dans laquelle la première société détient directement ou par personne interposée la **majorité des droits de vote** ou exerce en fait le pouvoir de décision (CGI art. 965, 2°, 6e alinéa, b).

Le texte précise par ailleurs la notion d'activité opérationnelle en indiquant que n'est pas considéré comme une activité « industrielle, commerciale, artisanale, agricole ou libérale » l'exercice par une société ou un organisme d'une activité de gestion de son propre patrimoine immobilier (CGI art. 966, I).

Il précise également (CGI art. 966, II) que, à l'exception de ces activités de gestion immobilière propre, sont considérées comme des activités commerciales les activités mentionnées aux articles 34 et 35 du Code général des impôts, c'est-à-dire les activités qui, lorsqu'elles sont exercées sous forme d'entreprise individuelle, se rattachent à la catégorie des bénéfices industriels et commerciaux. Cela peut viser par exemple les activités des promoteurs, marchands de biens, lotisseurs, agents immobiliers, ainsi que, pour les activités de location, la location meublée ou encore la location d'un établissement commercial ou industriel muni du mobilier et du matériel nécessaires à leur exploitation.

S'agissant plus particulièrement du cas des sociétés holdings, la loi indique que les **holdings animatrices** doivent être assimilées à des sociétés opérationnelles, en précisant que « sont également considérées comme des activités commerciales les activités de sociétés qui, outre la gestion d'un portefeuille de participations, participent activement à la conduite de la politique de leur groupe et au contrôle de leurs filiales et rendent, le cas échéant et à titre purement interne, des services spécifiques, administratifs, juridiques, comptables, financiers et immobiliers » (CGI art. 966, II, al. 2).

Ainsi, non seulement la loi ne reprend plus l'exclusion générale visant la gestion du « propre patrimoine mobilier » des sociétés, qui figurait dans le texte relatif à l'ISF, mais elle inclut désormais expressément la notion de « holding animatrice » qui, en matière d'ISF, n'était prévue que par la doctrine administrative.

1521 L'Administration n'exige pas, pour que les biens ou droits immobiliers soient considérés comme affectés à une activité « éligible » (industrielle, commerciale, artisanale, agricole ou libérale), que cette activité soit exercée **à titre principal** par la société. Ainsi, une société qui exerce une **activité mixte**, pour partie commerciale et pour partie civile par exemple, peut bénéficier de l'exclusion à hauteur des biens immobiliers affectés à l'activité commerciale, y compris si cette dernière n'est pas l'activité principale de la société ou de l'organisme (BOFiP-PAT-IFI-20-20-20-10-§ 170-08/06/2018).

1522 En cas d'activité mixte, il n'est pas exigé non plus que le bien ou droit immobilier soit affecté en totalité à la branche d'activité éligible, mais lorsqu'un bien ou droit immobilier est affecté pour partie seulement à une activité éligible, il convient de déterminer un **prorata** afin de déterminer la fraction de la valeur du bien ou droit affecté à l'activité non éligible, qui reste retenue pour le calcul de la fraction imposable de la valeur des titres. Ce prorata, indique l'Administration, correspond au rapport entre la **superficie** de l'immeuble affecté à l'activité non éligible et la superficie totale de l'immeuble, étant précisé que la superficie en question s'entend de la surface de plancher des constructions au sens du code de l'urbanisme.

Si le redevable démontre que le critère de superficie ne peut pas être retenu (impossibilité de distinguer les surfaces affectées à une activité en particulier), il peut recourir à « tout autre critère qui apparaîtrait justifié au regard de la situation de fait » (BOFiP-PAT-IFI-20-20-20-10-§ 180-08/06/2018).

Exemple

(Donné par l'Administration : BOFiP-PAT-IFI-20-20-20-10-§ 190-08/06/2018).

Cas d'une personne physique détenant 50 % du capital d'une société dont la valeur totale est estimée à 1 million d'euros.

La valeur vénale des actifs de cette société s'élève à 1,5 M€, dont 400 000 € correspondant à un immeuble.

La superficie totale de celui-ci est de 1 000 m², dont 800 m² affectés exclusivement à l'activité commerciale, et 200 m² à une activité civile.

La valeur imposable de l'immeuble s'élève donc à 200 m²/1 000 m² × 400 000 € = 80 000 €.

Elle représente donc 80 000/1 500 000 = 5,33 % de l'actif de la société.

Comme les titres de la personne qui nous occupe sont évalués à 500 000 € (1 M€ × 50 %), la valeur de titres imposable à l'IFI sera donc de 5,33 % × 500 000 = **26 667 €**.

1523 Il reste à examiner comment ces principes d'exemption de l'immobilier d'exploitation s'appliquent dans le cas des **groupes** de sociétés.

Deux situations sont susceptibles de se présenter en la matière : l'immeuble d'exploitation peut être **détenu par la société exploitante** elle-même, ou **mis à disposition** par une autre société du groupe.

1524 Dans le cas d'une société détenant directement son immeuble d'exploitation, que cette société soit celle dont le contribuable détient les titres, ou une filiale de celle-ci, les principes énoncés ci-dessus s'appliquent, c'est-à-dire que le bien immobilier affecté à l'activité éligible n'est pas imposable à l'IFI.

Parmi les exemptions figurent en effet les biens ou droits immobiliers d'exploitation détenus par une société, qui les exploite, mais aussi ceux détenus et exploités dans une filiale dont la société détient directement ou indirectement des parts ou actions (CGI art. 965, 2°, a).

Exemple

Cas d'une personne physique détenant 80 % du capital d'une holding H.

Cette holding détient 40 % du capital d'une filiale industrielle F1, valorisée pour 5 M€. À l'actif de cette société F1 figure l'usine qu'elle exploite, pour une valeur vénale de 1,5 M€, représentant 20 % de la valeur vénale de son actif.

Ce bien immobilier étant entièrement utilisé à l'activité industrielle et commerciale de F1, il ne représente pas un actif taxable à l'IFI : Sauf si F1 ou la holding H détient d'autres biens immobiliers, les actions H ne seront donc pas taxables.

Dans le cas d'un bien ou droit immobilier détenu par une autre société du groupe, qui **ne l'exploite pas directement**, deux situations doivent encore être distinguées.

Exemption des biens détenus indirectement (locations « montantes »)

1525 **La loi prévoit également une exemption en ce qui concerne les biens ou droits immobiliers détenus indirectement par une société (via une filiale ou sous-filiale par exemple) et mis à la disposition de ladite société** (CGI art. 965, 2°, b).

L'Administration confirme que cette exemption s'applique quel que soit, le cas échéant, le nombre de structures interposées entre le redevable et la société détentrice de l'immeuble (BOFiP-PAT-IFI-20-20-20-10-§ 210-08/06/2018).

EXEMPLE

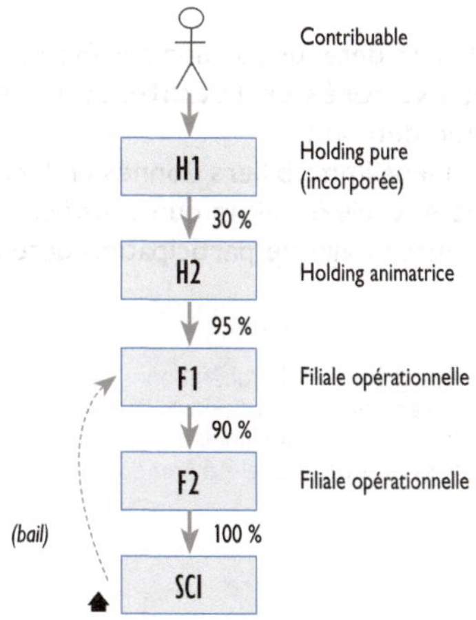

Ici, le bien immobilier est détenu par une société civile immobilière, elle-même filiale de F2 : Puisqu'il est donné en location à F1 (mère de F2), qui l'utilise elle-même pour une activité « éligible » (industrielle, commerciale, artisanale, agricole ou libérale), ce bien immobilier peut bénéficier de l'exemption d'IFI : il n'aura pas d'impact sur le « ratio immobilier » de la société H1 et donc sur la cotisation éventuelle d'IFI de la personne physique détentrice.

1526 **L'Administration indique cependant que la société auquel l'immeuble est affecté doit normalement exercer de façon exclusive une activité éligible (industrielle, commerciale, artisanale, agricole ou libérale), mais qu'il est admis que la société puisse exercer également une activité civile annexe, sous réserve que l'activité éligible reste « significativement prépondérante ».**

L'activité éligible est significativement prépondérante lorsque :

- la valeur vénale réelle des actifs immobilisés affectés à cette activité représente au moins **80 % de la valeur vénale** réelle de l'ensemble des éléments de l'actif,
- et que le montant du chiffre d'affaires de cette activité représente au moins **80 % du chiffre d'affaires total** de l'entreprise (BOFiP-PAT-IFI-20-20-20-10-§ 220-08/06/2018).

1527 **(Réservé)**

Exemption des biens mis à disposition des filiales (locations « descendantes »)

1530 **Est également prévue une exemption en ce qui concerne les biens ou droits immobiliers affectés à l'activité d'une filiale dans laquelle la société détient directement la majorité des droits de vote ou exerce en fait le pouvoir de décision** (CGI art. 965, 2°, b, suite).

Si on les compare aux règles en vigueur en matière d'ISF, telles que l'Administration les avait interprétées, les règles applicables en matière d'IFI apparaissent plus favorables dans l'ensemble (mais, parfois, plus défavorables dans certaines situations particulières).

Rappelons en effet qu'en ce qui concerne des biens immobiliers donnés en location à des filiales (ou inversement), la doctrine administrative ISF prévoyait une exonération à proportion de la participation directe de la société mère dans sa filiale, position dont nous avions dénoncé la sévérité excessive (voir les éditions précédentes du présent ouvrage).

Désormais :

– les biens immobiliers détenus par une société et donnés en location à une filiale **contrôlée** seront **exonérés en totalité**, et non plus à proportion du pourcentage de participation détenu ;

– en revanche, les biens immobiliers donnés en location à une filiale **non contrôlée** ne seront **plus exonérés**, alors que sous l'empire de l'ISF ils pouvaient l'être à proportion du pourcentage de participation détenu.

EXEMPLE

Cas d'une société A, exerçant une activité opérationnelle (holding animatrice par exemple), et détenant trois filiales B, C et D exerçant elles-mêmes une telle activité. La filiale B (détenue à 90 %) détient son propre immeuble d'exploitation, mais les immeubles utilisés par les filiales C (détenue à 30 %) et D (détenue à 80 %) sont possédés par la société A et données en location à ces filiales :

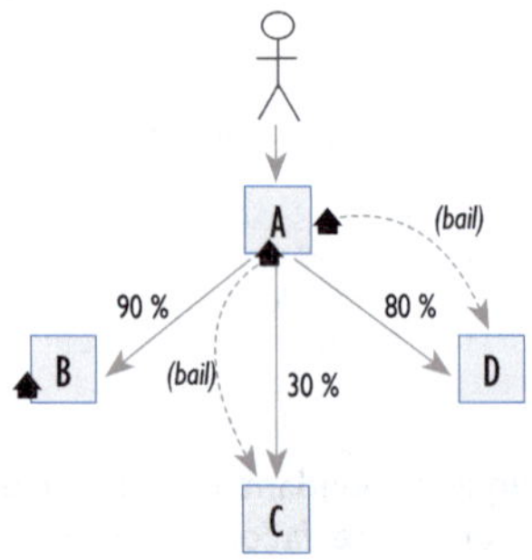

L'immeuble détenu par la filiale B ne sera pas inclus dans la quote-part des actifs immobiliers imposables, pas plus que l'immeuble détenu par la société A et donné en location à la filiale D, contrôlée.

En revanche, l'immeuble détenu par la société A et donné en location à la société C, **non contrôlée**, devra être considéré comme un bien immobilier imposable : Une fraction des parts de la société A détenues par les personnes physiques sera donc imposable à l'IFI pour ces dernières, à hauteur d'un coefficient égal au rapport entre la valeur vénale réelle de l'immeuble en question et la valeur vénale réelle de l'ensemble des actifs de la société A.

1531 (Réservé)

Exception en faveur des participations très minoritaires

1535 Une autre disposition du texte prévoit l'exclusion des biens ou droits immobiliers compris dans certaines participations minoritaires. Il est en effet prévu que ne sont par prises en compte, pour la détermination du « ratio immobilier » imposable, les parts ou actions de sociétés opérationnelles détenues, directement ou indirectement, par la société lorsque le redevable détient indirectement et, le cas échéant,

directement, seul ou avec les membres de son foyer fiscal, moins de 10 % du capital et des droits de vote de ces sociétés (CGI art. 965, 3ᵉ et 4ᵉ alinéas).

EXEMPLE

Cas d'une personne physique X détenant 20 % du capital d'une société A, exerçant une activité opérationnelle et détenant elle-même 30 % du capital d'une société B. Cette dernière, tout en étant une société opérationnelle, détient un immeuble de rapport, non utilisé pour les besoins de son exploitation. Par ailleurs, la personne physique X déjà mentionnée détient directement 2 % du capital de la société B.

Un autre actionnaire personne physique, Y, détient 45 % du capital de la société A.

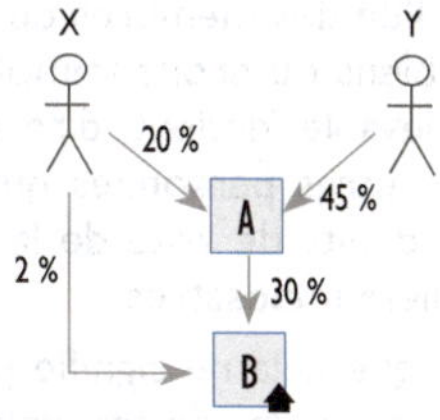

La participation directe et indirecte de la personne physique X dans B est de 2 % + (20 % × 30 %) = 8 %, donc inférieure à 10 %. Ainsi, X ne sera imposable à l'IFI ni sur la valeur de sa participation directe de 2 % dans la société B, ni au titre de la quote-part de valeur immobilière des titres B dans le patrimoine de la société A.

En revanche, la personne physique Y, détenant indirectement 45 % x 30 % = 13,5 % de la société B, devra normalement s'imposer sur une fraction de la valeur vénale de ses parts de la société A. Il faudra pour cela tout d'abord calculer la part de l'actif de B correspondant à ses actifs immobiliers taxables (rapport entre la valeur vénale réelle de l'immeuble et la valeur vénale réelle de l'ensemble des actifs de B), et appliquer ce ratio à la valeur vénale des actions B afin de déterminer, au sein de la société A, le ratio que représente la participation « taxable » (du point de vue de l'actionnaire Y) au regard des autres actifs détenus par A.

1536 **Ici aussi, l'Administration indique que la société doit normalement exercer de façon exclusive une activité éligible (industrielle, commerciale, artisanale, agricole ou libérale), mais qu'il est admis que la société puisse exercer également une activité civile annexe, sous réserve que l'activité éligible reste « significativement prépondérante », ce qui impose le respect cumulatif des deux seuils déjà mentionnés** *(voir § 1526)* (BOFiP-PAT-IFI-20-20-20-20-§ 20-08/06/2018).

1537 **S'agissant de ces participations inférieures à 10 %, une clause « anti-abus » s'applique cependant, en ce qui concerne :**

– les biens immobiliers dont le redevable se réserve la jouissance en fait ou en droit ;

– le cas dans lequel le redevable contrôle en réalité la société, seul ou avec les membres de sa famille.

En fait, le texte de loi renvoie au contrôle au sens de l'article 150-0 B ter du CGI (III, 2°), c'est-à-dire le cas où la majorité des droits de vote ou des droits dans les bénéfices sociaux de la société est détenue, directement ou indirectement, par le contribuable ou par l'intermédiaire de son conjoint ou de leurs ascendants ou descendants ou de leurs frères et sœurs.

À titre d'exemple, l'Administration indique que le redevable qui détient une participation dans une société dans laquelle il dispose seul de 9 % du capital et des droits de vote, mais dont les parents détiennent 42 % des droits de vote, sera imposé sur sa participation dans la société concernée, à hauteur de sa fraction représentative d'actifs immobiliers imposables (BOFiP-PAT-IFI-20-20-20-20-§ 90-08/06/2018).

1538 **(Réservé)**

Exception pour absence d'information disponible

1540 Enfin, la loi prévoit qu'aucun rehaussement n'est effectué si le redevable, de bonne foi, démontre qu'il n'était **pas en mesure** de disposer des **informations** nécessaires à l'estimation de la fraction de la valeur des parts ou actions représentative des biens ou droits immobiliers qu'il détient indirectement (CGI art. 965, 3°).

1541 Cependant, cette règle ne peut jamais être invoquée :
– si le redevable contrôle, avec sa famille *(voir § 1537)*, la société qui détient directement les biens ou droits immobiliers imposables ;
– ou si le redevable ou l'un des membres du foyer fiscal se réserve, en fait ou en droit, la jouissance des biens ou droits immobiliers détenus indirectement ;
– ou encore si le redevable détient directement ou indirectement, seul ou conjointement avec les autres personnes qui composent le foyer fiscal, plus de 10 % du capital ou des droits de vote de la société qui détient directement les biens ou droits immobiliers imposables.

L'Administration ajoute que cela ne signifie pas pour autant que la bonne foi du redevable sera présumée si aucune de ces trois conditions n'est remplie (BOFiP-PAT-IFI-20-20-20-10-§ 320-08/06/2018). En effet, on rappelle que le texte indique que c'est au contribuable de **démontrer** qu'il n'était pas en mesure de disposer des informations nécessaires : Il ne fait guère de doute que les services de vérification se montreront restrictifs quant au mode de preuve à leur apporter.

1542 (Réservé)

Exonération au titre des actifs professionnels

1550 Il existe une seconde exception au principe de taxation de l'immobilier, celle qui concerne les biens immobiliers **affectés à l'activité professionnelle** du redevable, qui permet de faire échapper à l'IFI des biens qui ne relèveraient pas déjà des exemptions prévues à l'article 965 du CGI évoquées ci-dessus.

En effet, la loi prévoit que doivent être **exonérés** les biens ou droits immobiliers, ou les parts ou actions représentatives de ces mêmes biens ou droits, lorsque les biens ou droits en question sont affectés à l'activité principale industrielle, commerciale, artisanale, agricole ou libérale des redevables (CGI art. 975).

1551 S'agissant des dirigeants de **société**, les conditions à respecter sont identiques à celles qui existaient pour l'exonération des **biens professionnels** en matière d'ISF, à savoir que :
– les biens ou droits immobiliers doivent être affectés à l'**activité industrielle, commerciale**, artisanale, agricole ou libérale d'une société soumise, de droit ou sur option, à l'impôt sur les sociétés ;
– le redevable doit exercer dans cette société de manière effective une **fonction de direction**, qui donne lieu à une rémunération normale, et lui procure plus de la moitié de ses revenus professionnels ;
– il doit détenir au moins **25 % des droits** de vote attachés aux titres émis en représentation du capital de la société, directement ou par l'intermédiaire de son conjoint, de leurs ascendants ou descendants ou de leurs frères et sœurs.

Nous examinerons successivement ces différentes conditions, et en premier lieu celle tenant à l'activité, qui nous conduira à tenter de cerner la notion de « holding animatrice. »

1552 (Réservé)

Activité éligible : la notion de « holding animatrice »

1555 Si les biens ou droits immobiliers doivent être affectés à l'activité éligible, c'est-à-dire industrielle, commerciale, artisanale, agricole ou libérale, la loi indique spécifiquement, comme nous l'avons déjà indiqué supra § 1520, que sont *«* **considérées comme des activités commerciales** *les activités de sociétés qui, outre la* **gestion d'un portefeuille de participations**, *participent activement à la* **conduite de la politique de leur groupe** *et au* **contrôle de leurs filiales** *et rendent, le cas échéant et à titre purement interne, des services spécifiques, administratifs, juridiques, comptables, financiers et immobiliers »*(CGI art. 966, II).

1556 Cependant que cette notion de holding animatrice est une notion passablement complexe, et qui a donné lieu depuis près d'une quarantaine d'années à de nombreuses **incertitudes**, générant une abondante jurisprudence.

On relèvera d'ailleurs que la notion de holding animatrice était déjà en germe dans la doctrine administrative avant même l'institution de l'IGF, puisque la documentation administrative était, **dès 1978** (BOI 4 A-14-78 du 27 septembre 1978) rédigée en ces termes : *« Lorsque la prise de participation répond au désir* de diriger ou de contrôler *la société émettrice, l'activité de la société participante n'est pas différente de celle poursuivie par la société dans laquelle elle détient des droits. Les holdings qui exercent une activité de production par le biais de filiales ou de participations dans des entreprises industrielles ont ainsi une activité commerciale »* (cité par le rapporteur public Y. Bénard dans ses conclusions sous l'arrêt CE 13 juin 2018 n° 395495 dont il sera question plus loin).

1557 L'Administration fiscale n'apporte guère de clarifications, puisqu'elle se contente de reprendre presque mot pour mot dans sa doctrine relative à l'IFI les indications qui figurent dans sa doctrine depuis l'origine. Elle indique en effet qu'en ce qui concerne les sociétés dont l'actif est principalement composé de participations financières dans d'autres entreprises (sociétés holding), il y a lieu de distinguer :

– celles qui ne font qu'exercer les **prérogatives usuelles d'un actionnaire** (exercice du droit de vote, c'est-à-dire décisions lorsque l'importance de la participation le permet, et des droits financiers). Les actifs immobiliers affectés à de telles sociétés dont l'activité principale est la gestion de leur patrimoine **ne peuvent constituer des actifs professionnels** ;

– celles qui sont les **animatrices effectives de leur groupe**, participent activement à la conduite de sa politique et au contrôle des filiales et rendent, le cas échéant et à titre purement interne au groupe, des services spécifiques administratifs, juridiques, comptables, financiers ou immobiliers. Ces sociétés utilisent ainsi leur participation dans le cadre d'une activité industrielle ou commerciale qui mobilise du personnel et des moyens spécifiques. Ces sociétés utilisent ainsi leurs participations dans le cadre d'une activité industrielle ou commerciale qui mobilise du personnel et des moyens spécifiques (BOFiP-PAT-IFI-30-10-40-§ 130-08/06/2018).

1558 La jurisprudence a eu l'occasion de préciser les **critères** permettant de considérer qu'une société holding peut être considérée comme « animatrice », lesquels critères peuvent être résumés en quelques lignes de la matière suivante :

1559 Ne constituent **pas des critères suffisants** pour définir la notion d'animation du groupe les éléments suivants :

– l'**identité des dirigeants** de la holding et de la filiale (cass. com. 19 novembre 1991, n° 1457 P ; cass. com. 15 février 1994, n° 454 D ; cass. com. 8 juillet 1997, n° 1787 D) ;

– les **prestations de services** rendues aux filiales dès lors qu'il ne s'agit que de prestations courantes (assistance comptable et fiscale notamment), dont il

n'est pas prouvé qu'elles concernent l'animation ou la conduite de la politique du groupe (cass. com. 23 novembre 2010, n° 09-70465) ;
– le **soutien financier** de la holding à sa filiale (caution de ses financements, centralisation de trésorerie), dès lors qu'il ne constitue pas une intervention effective dans l'animation de ladite filiale (cass. com. 6 mai 2014, n° 13-11420).

1560 En revanche, la holding est considérée comme animatrice chaque fois qu'il peut être mis en évidence qu'elle contrôle, gère et anime sa ou ses filiales, et qu'elle définit la politique du groupe. Il en est ainsi par exemple lorsque :
– le **rôle essentiel du dirigeant** de la holding auprès des filiales peut être démontré par les comptes rendus des conseils d'administration et le rapport des commissaires aux comptes et que, par ailleurs, les prestations de services rendues aux filiales consistent à **étudier et à conseiller les investissements** assurant la croissance externe du groupe ou ses réorientations stratégiques (cass. com. 27 septembre 2005, n° 03-20665) ;
– il existe entre les sociétés des **conventions** prévoyant que les organes dirigeants des sociétés filiales « devront respecter la politique générale du groupe définie seule et exclusivement par la holding » (cass. com. 8 février 2005, n° 191 FPB), ou que l'organisation du groupe « permet de diriger, gérer et d'une manière générale, administrer conformément aux orientations et impulsions de la société mère » (CA Paris 14 octobre 2005, n° 03-16746), à condition toutefois que les circonstances démontrent que cette politique est effectivement appliquée au sein du groupe.

Il importe de noter que ces **conventions d'animation** sont fortement conseillées car, en tout cas en matière d'ISF, c'était au contribuable qu'il revient de prouver le rôle d'animation de la holding, la notion de « holding animatrice » constituant une exception au principe général d'imposition des titres de holding (cass. com. 8 octobre 2013 n° 12-20432). Il conviendra de voir, dans les années qui viennent, si la jurisprudence se montre plus souple en matière de preuve, à présent que la notion de holding animatrice est désormais inscrite dans la loi.

Pour autant, ces conventions ne sont **ni forcément nécessaires** (même arrêt), **ni suffisantes** (cass. com. 10 décembre 2013, n° 12-23720) pour rapporter la preuve de l'animation du groupe.

En outre, même en présence des décisions et contrats adéquats, il est difficile de prétendre qu'une holding serait animatrice, alors qu'elle **vient tout juste d'être constituée** (cass. com. 18 mars 2020, n° 17-31233 FD, voir note F. Fruleux Rev. Dr. Fisc. 2020 inf. 286).

Au cas particulier, la holding avait été créée le 22 décembre, les conseils d'administration de ses deux filiales lui avaient confié les 22 et 23 décembre « le soin de définir et de faire respecter la politique générale du groupe », et une convention d'animation avait été conclue le 29 décembre, pour une transmission des titres effectuée le 31 décembre (jurisprudence rendue en matière d'exonération « Dutreil »).

De la même façon, la Cour de cassation a censuré une décision de Cour d'appel qui avait considéré comme animatrice une société holding qui, bien que ne détenant qu'une participation minoritaire dans la société opérationnelle, a, par la structure mise en place au sein cette société, les moyens d'imposer ses vues en matière de développement et de maîtriser les orientations de cette société, et dont il est établi qu'elle les a mis en œuvre, et participé, ainsi, activement à la conduite de la politique de développement de sa filiale : En se déterminant ainsi, par des éléments tenant uniquement au pouvoir d'animation résultant de la structure mise en place et des moyens dont la société holding disposait pour animer sa filiale, sans constater **concrètement qu'elle les avait mis en œuvre**, la Cour d'appel, qui n'a pas caractérisé la participation active effective de la société holding à la conduite de la politique du groupe, a privé sa décision de base légale (cass. com. 3 mars 2021, n° 19-22397 FSPR).

1561 Du point de vue pratique, on constate qu'il ne suffit pas de faire en sorte que la société holding emploie plusieurs salariés qui rendent des **services** facturés aux filiales pour que cette holding soit effectivement considérée comme animatrice. Cette condition n'est ni nécessaire ni suffisante.

En effet, la jurisprudence a indiqué :
– que, outre des dirigeants communs, le fait que la holding « dispose d'un moyen humain capital pour être l'animatrice de son groupe et à l'origine des décisions prises au sein de la filiale » ne saurait à lui seul constituer des circonstances propres à caractériser le rôle d'animation de la holding sur sa filiale (cass. com. 19 novembre 1991, n° 1457 P) ;
– que le bénéfice de la qualification de biens professionnels ne peut être subordonné à l'existence, au sein de la société holding, de structures importantes pour réaliser l'animation du groupe et la fourniture par cette société de services spécifiques rendus de manière habituelle (cass. com. 27 septembre 2005, n° 03-20665).

1562 On notera que le **Conseil d'État** a donné sa propre définition de la holding animatrice, dans un arrêt qui, s'il ne concerne pas l'ISF/IFI, revêt néanmoins un très grand intérêt (CE 13 juin 2018, n° 395495, concl. Y. Bénard).

Dans cet arrêt, rendu en matière d'impôt sur le revenu (abattement renforcé sur les plus-values en cas de départ à la retraite, *voir § 1850*), le Conseil d'État a repris la définition de la holding animatrice telle que prévue par la doctrine administrative, mais en y ajoutant l'épithète « principale » : Il indique qu'une « *société holding qui a pour* ***activité principale****, outre la gestion d'un portefeuille de participations, la participation active à la conduite de la politique du groupe et au contrôle de ses filiales et, le cas échéant et à titre purement interne, la fourniture de services spécifiques, administratifs, juridiques, comptables, financiers et immobiliers, est animatrice de son groupe* » et doit donc être regardée comme une société exerçant une activité opérationnelle.

Puis le Conseil d'État a examiné si les redevables pouvaient être considérés comme ayant apporté la preuve que leur holding était animatrice. Il a relevé que la holding détenait 95 % du capital de sa filiale, que son P-DG était également celui de la filiale, et que des personnalités qualifiées indépendantes, spécialisées dans le secteur d'activité de la filiale, étaient membres du conseil d'administration de la holding (la holding avait donc les moyens, notamment humains, pour animer sa filiale). Il a également souligné que les procès-verbaux de conseils d'administration de la holding attestaient de sa participation à la conduite de la politique de sa filiale et de ses sous-filiales, et qu'ils faisaient état de plusieurs actions concrètes (recherche d'opérations de croissance externe, détermination de projets de recherche et de développement) allant au-delà des attributions d'un simple actionnaire. Enfin, les sociétés avaient conclu une convention d'assistance en matière administrative et en matière de stratégie et de développement, précisant que la holding prendrait part activement à la stratégie et au développement de sa filiale.

Enfin, il a souligné que la valeur vénale des titres de la filiale représentait 56,2 % de l'actif de la holding, et que cette participation avait d'ailleurs dû représenter bien davantage dans les années antérieures car la filiale a versé d'importants dividendes. Cet aspect de l'arrêt est très intéressant en ce qu'il indique la possibilité de démontrer le caractère « principal » de l'activité d'animation par référence à la valeur de la participation détenue *(voir infra § 1565)*.

1563 Ainsi, en tout état de cause, la fourniture de simples prestations administratives, juridiques, comptables, financières ou immobilières ne suffit en aucun cas à caractériser l'animation. Il est néanmoins à conseiller que la société holding dispose d'un minimum de **moyens** la rendant apte à l'animation du groupe, et surtout que les relations entre les sociétés du groupe soient dûment **formalisées**, de manière à bien mettre en évidence le rôle de la société mère dans les décisions stratégiques des filiales. Idéalement, cette formalisation doit apparaître aussi bien dans les documents contractuels (voir les jurisprudences citées ci-dessus), que dans les procès-verbaux et comptes rendus de réunions internes (conseils d'administration, comités de direction, etc.).

1564 Parmi les autres questions posées ces dernières années figurent celle de la composition de l'actif de la holding ainsi que celle du degré de contrôle sur les filiales, et notamment le fait de savoir quelles conséquences tirer d'une détention minoritaire de certaines filiales.

1565 L'Administration avait ainsi prévu en 2014 de préciser, dans un sens plus restrictif, sa doctrine concernant les holdings animatrices (projet de BOFiP).

La principale précision qu'il était prévu d'apporter concernait l'importance des participations détenues. En effet, l'Administration envisageait d'indiquer que seules auraient été éligibles au statut de holding animatrice les sociétés dont la valeur de l'actif brut est à **plus de 50 % composée de participations financières** dans d'autres entreprises (valeurs d'actif brut calculées à partir de la valeur vénale des éléments qui le composent).

Par ailleurs, l'Administration prévoyait d'indiquer que pour pouvoir être qualifiée d'animatrice, une holding doit en principe **contrôler toutes ses filiales**, étant précisé que ce contrôle est établi lorsqu'elle détient la majorité des droits de vote, ou lorsqu'elle dispose seule de la **majorité** des droits de vote en vertu d'un accord conclu avec d'autres associés ou actionnaires, ou encore lorsqu'elle a un statut de gérant commandité de la société.

L'Administration envisageait de préciser que ce contrôle peut être présumé lorsque la holding dispose, directement ou indirectement, d'une fraction de droits de vote égale ou supérieure à 25 % et qu'aucun autre actionnaire ne détient, directement ou indirectement, une fraction supérieure.

On signalera cependant un jugement du TGI de Paris, confirmé en appel puis en cassation, d'après lequel le seul fait, pour une société dont l'activité principale est l'animation effective de l'ensemble de ses filiales sous contrôle effectif, de posséder également une participation minoritaire dans une société dont elle n'assure pas l'animation n'est pas de nature à remettre en cause sa qualité de holding animatrice (TGI de Paris, 11 décembre 2014 n° 13/06937 ; CA Paris 27 mars 2017, n° 15/02542 ; cass. com. 19 juin 2019, n° 17-20558).

Il s'agissait d'une affaire concernant l'exonération « Dutreil » de 75 %.

La Cour de cassation a rejeté les thèses de l'Administration en indiquant que les sociétés holding animatrices effectives de leur groupe étaient « *celles, qui, outre la gestion d'un portefeuille de participations, participent activement à la conduite de la politique de leur groupe et au contrôle de leurs filiales et rendent, le cas échéant et à titre purement interne, des services spécifiques, administratifs, juridiques, financiers et immobiliers,* ***sans qu'il soit prévu que cette activité porte sur l'intégralité des participations*** *»*.

1566 De la même façon, la Cour d'appel de Rennes a jugé qu'une holding pouvait être considérée comme animatrice tout en n'exerçant qu'un **contrôle conjoint** sur une filiale (CA Rennes 8 mars 2016, n° 15/00775). Dans cette affaire, l'exonération d'ISF au titre des biens professionnels des titres d'une holding avait été remise en cause au motif que cette société ne détenait que 34,1 % d'une holding intermédiaire qui contrôlait un groupe industriel, conjointement avec coactionnaire possédant les 66 % restants du capital. Cependant, le contrôle conjoint du groupe avait été organisé au travers d'un **pacte d'actionnaires**, en application duquel la holding intermédiaire comportait d'une part un « comité stratégique » en charge de la « gestion du groupe », présidé par l'actionnaire et représentant de la holding animatrice, et d'autre part un « comité de direction » chargé d'assister le président dudit comité stratégique. La Cour d'appel a souligné que « *les décisions fondamentales sur les orientations du groupe, son budget, la distribution des dividendes, les investissements du groupe étaient élaborées et prises au sein de ces deux entités* » de la holding intermédiaire, auxquels participait activement le représentant de la holding animatrice, et que par conséquent cette dernière exerçait bien une fonction d'animation du groupe.

La Cour de cassation a validé cette position en faveur de la « **co-animation** », en raison notamment :

– de l'existence d'un **pacte** conclu avec l'autre société actionnaire de la société d'exploitation, ayant pour objet les modalités d'organisation de la gestion du groupe, et qui prévoyait l'existence de deux comités, **un comité stratégique et un comité de direction**, qui avaient pour mission d'arrêter les décisions fondamentales sur les orientations du groupe, son budget, la distribution des dividendes et les investissements du groupe ainsi que d'examiner les conventions d'assistance ou de prestations de services entre les filiales du groupe et les projets de fusion,

– du fait que le premier de ces comités était présidé par le contribuable, et que celui-ci représentait sa société holding au sein du second,

– et du fait que la holding facturait des sommes à la société opérationnelle au titre de sa participation au comité de direction (cass. com. 31 janvier 2018, n° 16-17938 FD).

1567 Cette décision va clairement à l'encontre des thèses que l'Administration envisageait d'adopter dans le projet de BOFiP précité, d'après lequel un groupe ne pourrait être animé que par une seule holding : en cas de détention à parts égales d'un groupe par plusieurs sociétés holding, seule l'une d'entre elles aurait pu, le cas échéant et sous réserve d'en remplir les critères, se voir reconnaître le caractère de holding animatrice.

Une telle position aurait pénalisé le **contrôle conjoint**, situation fréquemment rencontrée dans les groupes familiaux. Il s'agit pourtant d'une notion reconnue par le droit des sociétés et, dans certains cas, par l'Administration elle-même *(voir § 310)*.

1568 La seule atténuation prévue par l'Administration, dans le cadre du projet de BOFiP, consistait à prévoir, comme nous l'avons déjà indiqué, que le caractère animateur d'une holding pouvait ne pas être remis en cause lorsqu'une ou plusieurs filiales ne sont pas contrôlées et/ou animées, à la condition que les filiales contrôlées et animées représentent plus de 50 % de l'actif brut de la holding animatrice (valeur vénale réelle).

À noter que certains propos de membres autorisés de l'administration fiscale avaient pu laisser penser que la moindre participation minoritaire à l'actif d'une holding pourrait lui faire perdre purement et simplement son caractère animateur (voir notamment O. de Saint Chaffray, « Holding animatrice : L'administration refuse toute détention de participations passives », FR 31/13 du 19 juillet 2013). Toutefois, sur le fond, il apparaît passablement choquant de laisser de côté des participations minoritaires, ne serait-ce que parce que leur détention peut parfois servir à préparer une acquisition plus significative.

1569 En tout cas, devant l'émoi considérable suscité par ces projets restrictifs, le ministre des finances a finalement annoncé en juin 2014 **l'abandon du projet** d'instruction administrative relative aux holdings animatrices.

Cependant, il convient de demeurer attentif aux évolutions pouvant intervenir dans ce domaine, comme en témoigne un projet d'amendement parlementaire (amendement n° 94 au projet de loi de finances rectificative pour 2014) présenté en juin 2014 devant la commission des finances de l'Assemblée Nationale. Cet amendement a été rejeté par la Commission des finances (avec la précision selon laquelle le débat serait reporté lors du vote de la loi de finances pour 2015, ce qui n'a pas été le cas). À noter qu'un amendement similaire avait déjà été déposé (et également écarté) en décembre 2013.

1570 C'est dans ce contexte que, dans un communiqué du 3 novembre 2015, les notaires, les avocats et les experts-comptables avaient proposé une définition commune de la holding animatrice, en demandant au législateur d'introduire ce sujet dans le débat parlementaire par amendement à la loi de finances pour 2016 (ce qui n'a pas non plus été le cas).

La définition commune proposée était la suivante :

« 1°- Est holding animatrice de son groupe, le cas échéant dès sa constitution, quels que soient sa forme, sa nationalité et son régime fiscal, toute société qui détient une ou plusieurs filiales et qui, seule ou avec d'autres associés, participe à la conduite de la politique du groupe et au contrôle de tout ou partie des filiales.

2°- Une société holding est réputée animatrice dès lors qu'elle se trouve dans l'une au moins des quatre situations suivantes :
– a. une convention a été conclue par la holding avec une ou plusieurs de ses filiales, stipulant que la holding participe à la conduite de la politique du groupe que la ou les filiales s'engagent à l'appliquer ;
– b. la holding exerce une fonction de direction visée à l'article 885-0 bis dans une plusieurs de ses filiales et en détient le contrôle ;
– c. au moins un dirigeant de la holding au sens de l'article 885-0 bis exerce dans la ou les filiales une des fonctions de direction visées audit article et la holding détient le contrôle ;
– d. la holding détient le contrôle dans une ou plusieurs de ses filiales et leur procure des prestations de services de nature administrative, comptable, financière, juridique, immobilière ou de toute autre nature.

3°- Une société holding est réputée détenir le contrôle d'une filiale :
– a. lorsqu'elle dispose seule, directement ou indirectement, d'une fraction de droits de vote supérieure à celle détenue par chacun des autres associés ;
– b. ou lorsqu'elle exerce la majorité des droits de vote soit seule, soit conjointement avec un ou plusieurs autres associés en vertu d'un accord conclu entre eux ».

Ce projet n'a pas connu de suites à notre connaissance.

1571 En guise de synthèse, on peut conclure que les jurisprudences précitées ont sensiblement dégagé l'horizon des contribuables puisque l'on sait désormais :
– qu'il n'est **pas nécessaire** que la holding détienne **exclusivement des participations contrôlées** et animées (cass. com. 19 juin 2019, n° 17-20558) ;
– que la « **co-animation** » est possible sous conditions, ce qui implique que, dans certains cas (existence de pactes d'actionnaires, comités de direction conjoints), des participations minoritaires puissent être considérées comme « animées » (cass. com. 31 janvier 2018, n° 16-17938) ;
– qu'une **partie significative de l'actif** d'une société holding puisse être représentée par d'autres éléments que les participations animées, et notamment par de la **trésorerie** ou des titres de placement (CE 13 juin 2018, n° 395495).

Mais qu'en sera-t-il pour des sociétés dont la situation s'éloigne quelque peu de celles sur lesquelles s'est prononcée la jurisprudence ? Quel serait par exemple le sort réservé à une holding se trouvant dans la situation de détenir plusieurs participations minoritaires face à une importante participation contrôlée et animée ? (La Cour de cassation s'est prononcée sur le cas d'une holding détentrice de plusieurs participations majoritaires animées, et d'une seule participation minoritaire). Le critère pertinent devrait-il être le nombre de participations, ou leur valeur ? L'arrêt de 2019 de la Cour de cassation, s'il donne un principe directeur « négatif », à savoir qu'une seule participation minoritaire ne saurait suffire à « déqualifier » la holding animatrice, ne donne guère de fil conducteur dans des situations plus complexes rencontrées en pratique.

Le Conseil d'État s'était quant à lui montré un peu plus explicite dans sa décision précitée de 2018, en utilisant sa méthode du « faisceau d'indices » et en relevant notamment que, dans le cas qui lui était soumis, la valeur des titres de la filiale représentait 56,2 % de l'actif de la holding. Ce critère se rapproche d'ailleurs de celui mis en avant par l'Administration dans son projet d'instruction de 2014 précité (seuil de 50 % de l'actif : *voir § 1568*), mais encore faut-il le relativiser : le rapporteur public a lui-même indiqué dans ses conclusions que dans certains cas, un « retraitement » de ce ratio serait nécessaire, et que *« le juge de l'impôt sera fondé à faire preuve de bienveillance lorsque les* **participations non animées** *sont le fruit de l'accumulation, dans la holding, des* **bénéfices issus de l'activité opérationnelle**, *tandis que la sévérité doit au contraire être de mise si elles leur sont étrangères et ont été logées là sans justification. »*

Ainsi, si la jurisprudence récente est venue améliorer la sécurité juridique au sujet des holdings animatrices, cette sécurité est loin d'être complète compte tenu des points d'ombre qui demeurent. On se prendrait presque à souhaiter une clarification administrative, si les positions avancées par la doctrine jusqu'à présent, demeurées il est vrai à l'état de projet, n'avaient été systématiquement restrictives et défavorables aux contribuables.

1572 (Réservé)

Activité éligible : Précisions diverses

1575 Les activités commerciales éligibles s'entendent en principe de celles relevant des articles 34 et 35 du CGI à l'exclusion des activités de gestion par une société de son propre patrimoine immobilier, étant précisé cependant que l'activité de location de locaux d'habitation loués **meublés** ou destinés à être loués meublés

est, sous certaines conditions, considérée comme une activité commerciale susceptible d'ouvrir droit au régime d'exonération (CGI art. 975, V, 1°), **de même que la location d'établissements commerciaux ou industriels munis du mobilier ou du matériel nécessaire à leur exploitation** (CGI art. 975, V, 2°) **: il en est notamment ainsi de la location ou de la location-gérance d'un fonds de commerce ou d'industrie** (BOFiP-PAT-IFI-30-10-10-10-§ 70-02/05/2019).

Comme l'indique l'Administration, les sociétés exerçant une activité civile autre qu'agricole ou libérale ne peuvent être regardées comme exerçant une activité opérationnelle. C'est ainsi que non seulement les sociétés ayant pour activité la gestion de leur propre patrimoine immobilier sont expressément exclues des activités opérationnelles éligibles, sous réserve des cas particuliers mentionnés ci-dessus, mais que les sociétés ayant pour activité la gestion de leur propre patrimoine mobilier (société de gestion de portefeuille) sont également exclues en tant que sociétés ayant une activité civile par nature, sous réserve cependant du cas des holdings animatrices (BOFiP-PAT-IFI-30-10-40-§ 20-08/06/2018).

1576 **(Réservé)**

Autres conditions d'application de l'exonération des actifs professionnels

1580 **Ces conditions ont trait, on l'a vu, à la nature des fonctions de direction exercées** *(voir § 1581)*, **et au pourcentage de détention du capital** *(voir § 1582)*.

1581 **En ce qui concerne tout d'abord la qualité de dirigeant, la loi** (CGI art. 975, III, 1.1°) **exige que le propriétaire des titres exerce des fonctions limitativement énumérées :**

Il s'agit du propriétaire des titres, ou de son **conjoint** (ou **concubin** notoire), a précisé la doctrine administrative.

En effet, dans le cas où un conjoint ou concubin notoire exerce une fonction de direction, et que les actions ou parts de la société ne lui appartiennent pas personnellement mais sont la propriété de l'autre conjoint ou concubin notoire (ou encore de l'un de leurs enfants mineurs), ces actions ou parts peuvent être considérées comme des biens professionnels (BOFiP-PAT-IFI-30-10-30-10-§ 180-05/07/2022).

Cependant, les deux conditions relatives à l'exercice des fonctions de direction et à leur **rémunération** (voir plus loin) doivent être remplies par le même conjoint (ou concubin notoire) et non au niveau du foyer fiscal : un contribuable exerçant des fonctions de direction dans une holding sans être rémunéré ne peut pas prétendre au bénéfice de l'exonération, même si son conjoint exerce des fonctions rémunérées au sein des filiales (cass. com. 26 février 2008, n° 07-10515 rendu en matière d'ISF ; BOFiP-PAT-IFI-30-10-30-10-§ 180-05/07/2022).

a. dans les SARL et les sociétés en commandite par actions : gérants de droit nommés conformément aux statuts ;

b. dans les sociétés de personnes soumises à l'IS sur option (sociétés en nom collectif, sociétés civiles, sociétés en commandite simple, par exemple) : associé en nom ;

c. dans les sociétés par actions (sociétés anonymes et sociétés par actions simplifiées notamment) : président, directeur général, président du conseil de surveillance, membre du directoire.

Par ailleurs, ces fonctions doivent être effectivement exercées et donner lieu à une rémunération normale.

L'Administration précise que de manière générale, une rémunération peut être considérée comme normale lorsque son montant est en rapport avec la rémunération courante des personnes exerçant pleinement une des fonctions considérées, compte tenu de la nature et de l'importance de l'activité de l'entreprise ainsi que de ses résultats (BOFiP-PAT-IFI-30-10-30-10-§ 240-05/07/2022).

Elle cite à cet égard un arrêt de la Cour d'appel de Douai (20 octobre 2003) qui avait caractérisé le niveau anormal de la rémunération perçue par une dirigeante en relevant que cette rémunération (de l'ordre de 120 à 140 KF annuels) avait été, sur la période litigieuse, très inférieure à celle des directeurs salariés (environ 500 à 600 K€ annuels), et qu'elle était même inférieure à celle du responsable de magasin (de 145 à 152 KF annuels).

En outre, cette rémunération doit représenter **plus de la moitié** des revenus professionnels du dirigeant en question (c'est-à-dire des revenus imposés dans les catégories des traitements et salaires, bénéfices industriels et commerciaux, bénéfices agricoles, bénéfices non commerciaux et revenus des gérants et associés visés à l'article 62 du CGI).

S'agissant des dividendes perçus par un dirigeant, l'Administration précise que leur prise en compte dans la rémunération pour l'appréciation du **seuil de 50 %** n'est pas possible au regard des dispositions du III de l'article 975 du CGI selon lequel la rémunération, pour ouvrir droit à l'exonération, doit correspondre à des revenus soumis à l'impôt sur le revenu dans certaines catégories limitativement énumérées. En revanche elle admet que le versement de dividendes peut être pris en compte pour apprécier le **caractère normal de la rémunération** à la double condition que l'importance de ces derniers contrebalance la faiblesse de la rémunération, et que cette situation résulte de motifs économiques (BOFiP-PAT-IFI-30-10-30-10-§ 340-05/07/2022).

1582 Ensuite, s'agissant de la condition portant sur un seuil **minimal de détention** du capital, le texte (CGI art. 975, III, 1.2°) exige que le dirigeant concerné possède **au moins 25 %** des droits de vote.

Pour le calcul de ce pourcentage de détention, il est tenu compte des participations détenues directement par le contribuable ou par l'intermédiaire de son **groupe familial**, à savoir par lui et son conjoint ou leurs ascendants ou descendants ou leurs frères et sœurs.

Le respect de la condition tenant au seuil de détention de 25 % n'est pas exigé en cas de dilution faisant suite à une augmentation de capital si les conditions suivantes sont réunies (reprise des règles applicables depuis 2012 en matière d'ISF) :
– ce seuil a été respecté pendant les cinq années qui ont précédé l'opération ;
– à la suite de l'augmentation de capital, le redevable détient au moins 12,5 % des droits de vote ;
– le redevable a conclu un pacte avec d'autres associés ou actionnaires représentant au moins 25 % des droits de vote et exerçant un pouvoir d'orientation sur la société.

Précision importante

Dans le cas des membres de **professions libérales** exerçant leur activité sous la forme de sociétés commerciales (SARL ou sociétés anonymes par exemple), plusieurs atténuations avaient été apportées aux règles applicables en matière de biens professionnels. Ces atténuations ont été reconduites pour l'application de l'IFI : il est admis que les actifs détenus par l'intermédiaire des parts ou actions concernées constituent des actifs professionnels à hauteur de la fraction de ceux affectés à l'activité éligible de l'entreprise si leur détenteur y exerce sa profession principale, même s'il ne répond pas aux conditions de seuil de détention (25 %) et de nature de fonctions exercées prévues par le texte. Par ailleurs, si le contribuable exerce la même activité libérale dans plusieurs sociétés dont il détient des participations, l'ensemble de ses participations peuvent être considérées comme un actif professionnel unique : ces participations sont exonérées si les fonctions exercées par le contribuable constituent l'essentiel de ses activités économiques ou, à défaut, lui procurent la plus grande partie de ses revenus professionnels (BOFiP-PAT-IFI-30-10-10-40-§ 130-02/09/2019).

1583 Il est tenu compte également des **détentions indirectes** : sont ainsi retenues les participations que les personnes ci-dessus peuvent détenir par l'intermédiaire d'une ou plusieurs sociétés possédant une participation dans la société où s'exercent les fonctions, dans la limite d'**un seul niveau d'interposition**.

Par exemple, dans le cas ci-après, les titres détenus dans la société holding interposée (nous utilisons le terme de holding « interposée » pour distinguer ce type de holding de la holding « animatrice », dont il a été question un peu plus haut) font bien l'objet d'une exonération au titre des biens professionnels, bien que le contribuable n'en retire pas ses rémunérations (celles-ci provenant de la filiale) :

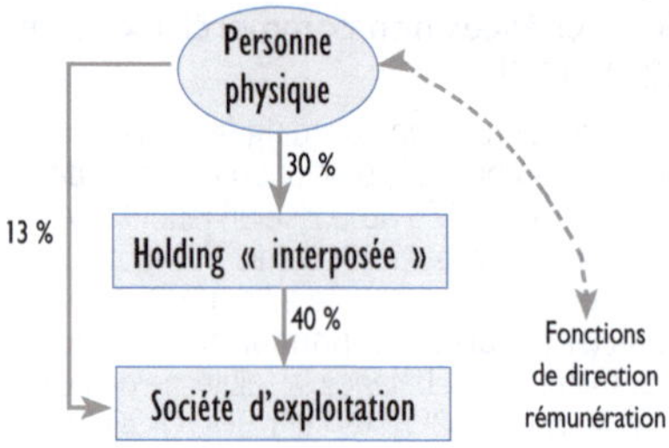

Dans ce cas (l'exemple est donné par l'Administration : BOFiP-PAT-IFI-30-10-30-20-§ 70-08/06/2018), il convient d'additionner la détention directe (13 %) avec la détention indirecte (30 % × 40 % = 12 %) : le total de ces pourcentages atteignant 25 %, les conditions fixées par la loi sont respectées.

1584 Enfin, sont également exonérés les biens ou droits immobiliers affectés à l'activité éligible d'une société dont les parts ou actions sont détenues directement par un dirigeant *(voir § 1581)* lorsque la valeur des titres qu'il détient dans cette société excède 50 % de la valeur brute de son patrimoine total, y compris les biens ou droits immobiliers précités affectés à l'activité éligible (CGI art. 975 III, 2).

Pour le calcul de ce ratio, les éléments de patrimoine doivent être pris en compte pour leur valeur vénale brute, sans faire application des règles spécifiques d'assiette applicables en matière d'IFI, comme l'abattement de 30 % applicable à la résidence principale, et sans déduction d'aucune dette (BOFiP-PAT-IFI-30-10-30-20-§ 170-08/06/2018).

1585 Cette dernière règle s'applique également dans le cas d'une participation détenu par l'intermédiaire d'une société interposée (toujours dans la limite d'un seul degré d'interposition, *voir § 1583*).

EXEMPLE

(Donné par l'Administration : BOFiP-PAT-IFI-30-10-30-20-§ 190-08/06/2018).

Cas d'une personne physique détenant dans une société F1, dont la valeur totale est estimée à 100 M€, et dans laquelle il exerce les fonctions de président :
- une participation directe de 10 % ;
- et une participation indirecte, via une holding interposée H, laquelle détient elle-même 50 % du capital de sa filiale F1 ; Ces titres représentent 5/6 de l'actif total de la holding.

Il est précisé que la personne physique détient par ailleurs une résidence principale de 1,4 M€ ainsi que d'autres biens immobiliers valorisés pour 2 M€, et que ses dettes relatives à ces biens s'élèvent à 2 M€.

Solution. La valeur brute totale du patrimoine de cette personne s'élève à : 10 M€ (valeur de la participation directe dans F1) + 6 M€ (valeur de la participation dans la holding H) + 1,4 M€ (résidence principale) + 2 M€ (autres biens) = 19,4 M€.

La valeur totale des participations, directes et indirectes, dans la société F1 dans laquelle il exerce son activité est de 10 M€ + (6 M€ × 5/6) = 15 M€.

La valeur totale de la participation dans F1 représente donc 15/19,4 = **77,32 % du patrimoine** de l'intéressé : cette participation présente donc un caractère « professionnel » au regard des règles qui nous occupent, alors même qu'elles représentent 10 % + (10 % × 50 %) = 15 %, donc **moins de 25 % du capital** de F1.

Exercice d'une activité au travers de plusieurs sociétés

1586 Il peut arriver qu'une même personne physique exerce ses activités au sein de plusieurs sociétés, c'est-à-dire qu'elle ait créé un « groupe » de sociétés sans les réunir sous une holding de tête.

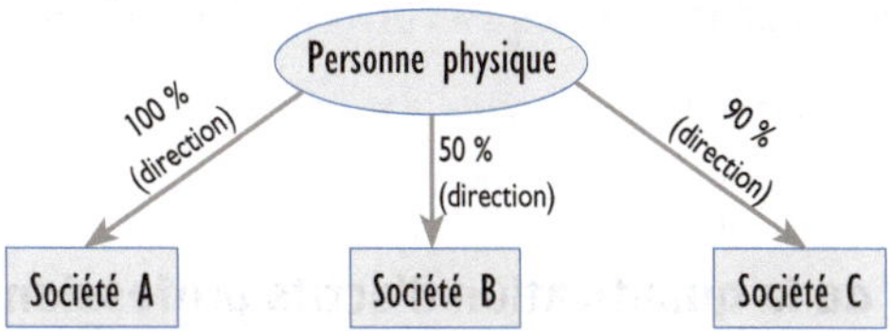

1587 Dans ce cas, le caractère professionnel est reconnu pour toutes ces participations :
– lorsque **chaque participation**, prise isolément, atteint le **seuil de 25 %** mentionné au paragraphe *1582* et que le contribuable y exerce l'une des **fonctions de direction** énumérées au paragraphe *1581*, rémunérée de façon normale ;
– **et** lorsque la **somme des rémunérations** perçues au titre des fonctions de direction en question représente plus de la moitié de ses revenus professionnels (BOFiP-PAT-IFI-30-10-30-20-§ 170-08/06/2018).

1588 Par ailleurs, la loi prévoit que si les sociétés en question ont des activités soit **similaires**, soit **connexes et complémentaires**, la condition de **rémunération normale** s'apprécie au regard des fonctions exercées dans **l'ensemble des sociétés** dont les parts ou actions constituent un bien professionnel (CGI art. 975, IV, 1, al. 2).

EXEMPLE

1. - Cas d'une personne physique détenant des participations majoritaires dans les sociétés A, B et C, dans chacune desquelles elle détient un mandat de direction conforme aux prescriptions légales mentionnées au paragraphe *1581*.

La société A lui verse une rémunération annuelle de 38 000 €, la société B une rémunération annuelle de 50 000 € et la société C une rémunération annuelle de 40 000 €. Le dirigeant en question ne dispose d'aucun autre revenu professionnel.

Dans ce cas de figure, le dirigeant des sociétés A, B et C pourra revendiquer le caractère professionnel pour les titres des trois sociétés, que les activités de ces sociétés soient ou non considérées comme similaires, ou connexes et complémentaires.

En effet, toutes les conditions exigées par la loi sont bien réunies :
- chacune des participations atteint bien 25 % du capital ;
- le contribuable exerce bien une fonction de direction éligible dans chacune des sociétés ;
- chacune des sociétés verse à son dirigeant une rémunération normale au regard des fonctions de direction exercées ;
- la somme de ces rémunérations représente plus de 50 % des revenus professionnels de la personne en question.

2. - Reprenons le cas d'une personne physique détenant des participations majoritaires dans les sociétés A, B et C, dans chacune desquelles il détient un mandat de direction conforme aux prescriptions légales mentionnées au paragraphe *1581*.

La société A lui verse une rémunération annuelle de 5 000 €, la société B une rémunération annuelle de 70 000 € et la société C une rémunération annuelle de 40 000 €. Le dirigeant en question ne dispose d'aucun autre revenu professionnel.

Dans ce cas, deux situations sont susceptibles de se présenter.

a) Si les trois sociétés ne peuvent pas être considérées comme ayant des activités similaires, ou connexes et complémentaires, alors le contribuable risque de se voir refuser le caractère professionnel pour les titres de la société A, dans la mesure où la rémunération versée par ladite société risque de ne pas être considérée comme suffisante au regard des fonctions de direction assurées.

Il pourra en revanche se prévaloir de l'exonération pour les titres des sociétés B et C ; toutes les conditions exigées par la loi sont alors bien réunies.

b) Si les trois sociétés peuvent être considérées comme exerçant des activités similaires, ou connexes et complémentaires, alors le contribuable pourra revendiquer à bon droit l'exonération « biens professionnels » pour les titres des trois sociétés A, B et C : en effet, la condition tenant à une « rémunération normale » de ses fonctions de direction sera évaluée globalement et la somme des trois rémunérations perçues (5 000 € + 70 000 € + 40 000 € = 115 000 €) pourra être considérée comme suffisante de ce point de vue.

1589 **(Réservé)**

Conséquences de la qualification d'actifs professionnels

1590 Les biens ou droits immobiliers, qu'ils soient détenus directement, ou indirectement (par exemple par l'intermédiaire d'une SCI) par un redevable, et qui sont affectés à une société dans laquelle il exerce son **activité professionnelle**, dans les conditions précisées aux §§ **1550** à **1588** ci-dessus, sont **exonérés** d'impôt sur la fortune immobilière.

Cependant, cette exonération est limitée **à proportion des droits détenus par le redevable** dans la société en question (CGI art. 275, IV ; BOFiP-PAT-IFI-30-10-30-§ 1-08/06/2018).

Cette limitation, qui existait déjà en matière d'ISF, nous paraît regrettable, car elle ne correspond pas à la réalité des pratiques rencontrées dans les PME. En effet, bien souvent, les associés de la société d'exploitation conviennent d'acquérir l'immobilier professionnel par l'intermédiaire d'une SCI détenue conjointement, dans les mêmes proportions que la société ans laquelle ils exercent leur activité professionnelle.

Exemple : deux personnes exercent leur activité commerciale via une SAS, dont ils sont tous deux dirigeants, et dont ils détiennent chacun 50 % du capital. Ils ont constitué une SCI, dont ils détiennent chacun également 50 %, pour acquérir les murs dans lesquels la SAS exerce son activité.

Dans cette situation, la logique voudrait que chacun soit intégralement exonéré d'IFI sur les parts de la SCI (en tout cas à hauteur de l'actif de la SCI représentant la valeur vénale de l'immeuble). Malheureusement, le texte paraît en décider autrement, et chacun des associés ne sera donc exonéré qu'à hauteur de 50 % de la valeur de ses parts.

1591 Par ailleurs, l'Administration indique que l'exonération ne s'applique qu'aux immeubles qui sont affectés à l'activité éligible de l'entreprise dans laquelle le redevable exerce son **activité professionnelle principale** (BOFiP-PAT-IFI-30-10-40-§ 180-08/06/2018).

Cette formulation paraît faire écho aux restrictions qui avaient déjà été formulées par l'Administration dans le cadre de sa doctrine relative à l'ISF.

Rappelons en effet que, dans ce cadre, l'Administration avait précisé que le caractère de bien professionnel devait être reconnu lorsque la location ou la mise à disposition du bien, faite directement par son propriétaire ou par une société dont il détient des droits sociaux, « ne prive pas en fait le propriétaire du bien ou des droits de la possibilité d'utiliser les biens pour les besoins exclusifs de son activité professionnelle exercée à titre principal » (BOFiP-PAT-ISF-30-30-10-20-§ 50-12/09/2012).

Ainsi, un bien immobilier donné en location à une société dont les titres constituent des **biens professionnels** exonérés était susceptible d'être lui-même exonéré.

Étaient concernés par cette solution aussi bien :
– les immeubles **détenus directement** par leur propriétaire et loués à une société (ou mis à sa disposition) ;
– que les parts de **sociétés civiles immobilières** ayant pour objet la location ou la mise à disposition d'immeubles professionnels au profit d'une société exerçant une activité industrielle, commerciale, artisanale, agricole ou libérale ;
– ou encore les parts ou actions détenues par une personne physique dans une **société de capitaux** propriétaire d'immeubles donnés en location (ou mis à disposition) à une société d'exploitation dont la même personne détient par ailleurs des droits sociaux ayant le caractère de biens professionnels (BOFiP-PAT-ISF-30-30-10-20-§ 60-12/09/2012).

1592 En cas de location par l'intermédiaire d'une SCI, il semblait qu'un seul degré d'interposition soit possible. Par ailleurs, il convenait d'être particulièrement attentif à l'identité de la société à laquelle l'immeuble est donné en location. En effet, parmi les conditions d'application de l'exonération des biens immobiliers, il fallait que « les parts ou actions détenues dans la société d'exploitation par le propriétaire de l'immeuble ou par l'associé de la société immobilière aient elles-mêmes le caractère de biens professionnels » (BOFiP-PAT-ISF-30-30-10-20-§ 60-12/09/2012).

1593 Dès lors, lorsqu'un immeuble était donné en location à une société dont les titres sont détenus par l'intermédiaire d'une **holding animatrice**, cet immeuble ne pouvait pas, d'après l'Administration, bénéficier de l'exonération. En effet, c'était la holding animatrice, et non la société dont cette même holding détient les titres, qui faisait l'objet de l'exonération au titre des biens professionnels.

1594 L'Administration avait affirmé ce principe sans ambiguïté (MOA du 29 mars 2000 précité) en se prononçant sur la situation suivante :

Cas de Monsieur X possédant 99 % des parts d'une SCI, laquelle donne ses actifs à bail à une société d'exploitation B, détenue à 95 % par une holding A, dont les actions sont elles-mêmes détenues à 90 % par le foyer fiscal de Monsieur X.

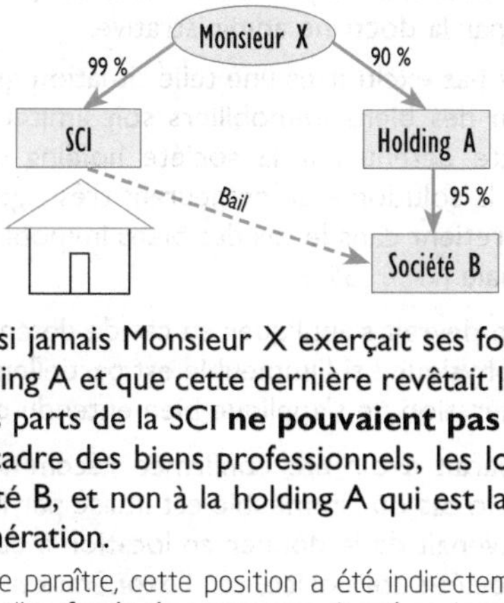

1595 Dans cette situation, si jamais Monsieur X exerçait ses fonctions de direction au sein de la société holding A et que cette dernière revêtait le caractère de **holding animatrice**, alors les parts de la SCI **ne pouvaient pas** faire l'objet d'une exonération ISF dans le cadre des biens professionnels, les locaux ayant été donnés en location à la société B, et non à la holding A qui est la société dont les titres ouvrent droit à l'exonération.

Pour sévère qu'elle puisse paraître, cette position a été indirectement confirmée par la Cour de cassation dans le cas d'un **fonds de commerce** donné en location-gérance à une société d'exploitation : les parts de cette société ayant été apportées à un holding, l'exonération au titre des biens professionnels ne s'applique plus au fonds loué, les contribuables ne détenant plus **directement** les parts ou actions de la société locataire comme le prévoit la doctrine administrative octroyant cette exonération (cass. com. 6 octobre 2015, n° 14-23104).

Dès lors que la même position paraît avoir été retenue en matière d'IFI, il faut s'interroger sur la meilleure manière de détenir les biens immobiliers en toute sécurité fiscale.

1596 L'une des possibilités pourrait consister à ne plus se prévaloir du caractère « animateur » de la holding, pour la considérer plutôt comme holding « interposée ».

Ainsi, dans le cas mentionné ci-dessus, si Monsieur X exerce des fonctions de direction dans la société filiale B, pour laquelle il revendique l'exonération au travers de la société A alors considérée comme simple « holding interposée » *(voir § 1525)*, les conditions d'application de la doctrine administrative se trouvent bien respectées, et les parts de la SCI se trouvent donc exonérées sans discussion possible *(cette interprétation avait d'ailleurs été confirmée en matière d'ISF lors de la réunion du Comité fiscal de la MOA du 29 mars 2000 précité)*.

1597 L'autre solution pourrait consister, si la société A doit absolument être considérée comme une holding animatrice *(ce qui peut s'avérer indispensable dans certains cas, notamment si cette holding détient plusieurs filiales dont les activités ne peuvent pas être considérées comme similaires, ou connexes et complémentaires :voir § 1588)*, à faire en sorte que ce soit à cette holding que les locaux d'exploitation sont donnés en location, à charge pour elle de les redonner en **sous-location** à sa filiale B :

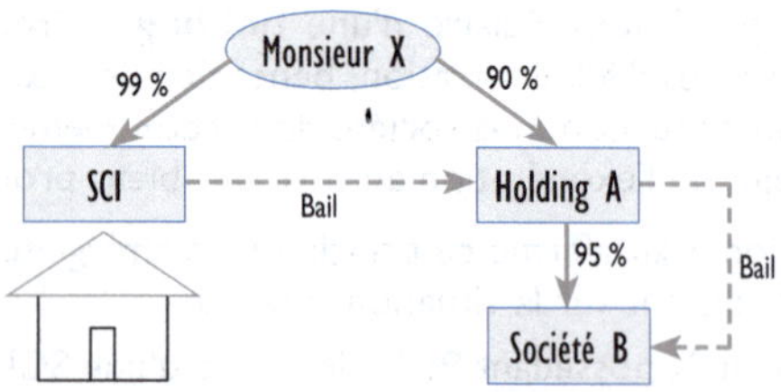

Dans cette situation, la location est bien consentie à la société dans laquelle le redevable exerce son activité professionnelle, ce qui paraît a priori répondre à la condition posée par la doctrine administrative.

Il n'est cependant pas exclu dans une telle situation que l'Administration demande que l'exonération des biens immobiliers soit limitée au **pourcentage de participation** directe détenu par la société holding dans sa filiale, par souci de parallélisme avec la solution – au demeurant très rigoureuse comme nous l'avons indiqué – qu'elle retient dans le cas des biens immobiliers détenus par une holding et loués à une filiale *(voir § 1590)*.

1598 La même solution devrait s'appliquer en cas de détention de l'immeuble en direct par la personne physique : si l'immeuble est partiellement utilisé à des fins professionnelles, l'exonération ne s'applique bien entendu qu'à due concurrence.

1599 Cette position paraît avoir été confirmée récemment. Un parlementaire avait rappelé que dans le cas où l'immeuble est utilisé par la filiale d'une société holding animatrice, il convenait de le donner en location à cette dernière, laquelle doit le sous-louer à la société utilisatrice, car l'exonération est refusée si la location est consentie directement à la filiale (simple rappel des positions indiquées ci-dessus). La question était de savoir si l'Administration était prête à étendre cette

exonération au cas dans lequel un bien immobilier faisant partie du patrimoine privé du redevable est directement donné en location à la filiale opérationnelle de la holding animatrice. L'Administration a répondu que puisque l'exonération s'applique aux seuls biens et droits immobiliers affectés à l'activité opérationnelle de la société constitutive de l'outil de travail du redevable (CGI art. 975, III)**, elle ne peut s'étendre aux biens détenus par le redevable affectés à une société autre que constitutive de son outil professionnel** (rép. Brugnera n° 20302, JO 2 février 2021, AN quest. p. 934)**. La solution la plus sûre paraît donc bien celle de la location à la holding animatrice.**

On aurait cependant souhaité, sinon davantage de souplesse, du moins davantage de clarté dans l'expression de la position administrative. En effet, cette réponse peut aussi se lire comme signifiant que, comme à travers la sous-location les biens immobiliers sont « affectés » à une société (la filiale) autre que celle qui constitue le bien professionnel (la holding), l'exonération ne peut pas s'appliquer. Une telle lecture serait bien entendu absurde puisqu'elle signifierait l'application d'un traitement différent de l'immobilier professionnel selon que le groupe comporte à sa tête une holding animatrice ou non.

1600 **(Réservé)**

Sociétés holding et droits de mutation : les « pactes Dutreil transmission »

1620 **Dans certains cas, les droits de mutation calculés sur les parts ou actions de sociétés transmises en cas de décès ou entre vifs (donations) peuvent bénéficier d'une exonération à hauteur de 75 % de leur valeur** (CGI art. 787 B).

Champ d'application du dispositif : les holdings sont-elles concernées ?

1621 **Normalement, les sociétés concernées sont celles qui exercent une activité industrielle, commerciale, artisanale, agricole ou libérale** (CGI art. 787 B, al. 1er).

Il n'est pas exigé que ces sociétés exercent ces activités à titre exclusif. Cependant, l'Administration exige que lesdites activités soient exercées à titre prépondérant (rép. Bobe n° 94047, JO 24 octobre 2006, AN quest. p. 11064 ; BOFiP-ENR-DMTG-10-20-40-10-§ 20-21/12/2021).

1622 **Ce caractère prépondérant s'apprécie d'après la doctrine administrative au regard de deux critères cumulatifs :**

– le chiffre d'affaires procuré par l'activité industrielle, commerciale, artisanale, agricole ou libérale doit représenter au moins 50 % du chiffre d'affaires total de la société ;

– la valeur vénale de l'actif brut immobilisé et circulant affecté à cette activité doit représenter au moins 50 % de la valeur vénale l'actif net total de la société (BOFiP-ENR-DMTG-10-20-40-10-§ 20-21/12/2021).

La doctrine administrative antérieure se limitait, pour ce deuxième ratio, au seul actif immobilisé, mais le Conseil d'État a annulé pour excès de pouvoir le passage du BOFiP en question, considérant que la prépondérance industrielle et commerciale s'apprécie au vu d'un faisceau d'indices déterminés d'après la nature de l'activité et les conditions de son exercice, étant précisé que la faiblesse du taux d'immobilisation de l'actif brut n'est pas davantage l'indice d'une activité civile que

son importance serait celui d'une activité industrielle et commerciale (CE 23 janvier 2020, n° 435562, concl. R. Victor, Revue Dr. Fisc. 2020 n° 8 avec note B. Lignereux).

Au cas particulier, la société dont les titres avaient été transmis ayant une importante activité de **promotion immobilière**, les immeubles qu'elle détenait étaient inscrits en **stocks**.

De la même façon, la Cour de cassation a considéré que la prépondérance de l'activité ne peut pas se mesurer en fonction de critères objectifs et prédéterminés, mais en considération d'un faisceau d'indices déterminés d'après la nature de l'activité et les conditions de son exercice (cass. com. 14 octobre 2020, n° 18-17955).

Elle précise aussi que prive sa décision de base légale la Cour d'appel qui relève que les titres de la filiale animée représentent 61,24 % de la valeur comptable brute des actifs, sans se référer à la **valeur vénale** de cette participation. La doctrine administrative, on l'a vu, a été modifiée en ce sens.

1623 S'agissant plus particulièrement des **sociétés holding**, le caractère financier de leur activité devrait les exclure normalement du dispositif d'exonération qui nous occupe.

Cependant, l'Administration accepte d'étendre l'application du dispositif aux transmissions à titre gratuit de parts ou actions de sociétés **holding animatrices** de leur groupe, c'est-à-dire aux sociétés qui, outre la gestion d'un portefeuille de participations ont pour **activité principale** :
– la participation active à la conduite de la politique de leur groupe et au contrôle de leurs filiales ;
– et, le cas échéant et à titre purement interne, la fourniture à ces filiales de services spécifiques, administratifs, juridiques, comptables, financiers et immobiliers (BOFiP-ENR-DMTG-10-20-40-10-§ 50-21/12/2021).

Ce caractère principal doit être retenu notamment lorsque la **valeur vénale des titres** de ses filiales exerçant une activité commerciale, industrielle, artisanale, agricole ou libérale représente **plus de la moitié** de son actif total (BOFiP-ENR-DMTG-10-20-40-10-§ 50-21/12/2021).

La loi précise que ce caractère animateur s'apprécie au moment de la conclusion du pacte Dutreil (ou de la transmission en cas d'engagement « réputé acquis »), mais aussi qu'il doit être rempli jusqu'au terme des engagements collectif (le cas échéant unilatéral, puisque le régime du pacte Dutreil a été étendu aux sociétés unipersonnelles), et individuel de conservation (CGI art. 787 B, c bis ; loi 2022-1157 du 16 août 2022, JO du 17 ; BOFiP-ENR-DMTG-10-20-40-10-§ 55-21/12/2021). Rappelons que la Cour de Cassation avait estimé, avant l'intervention du législateur, que la condition tenant au caractère animateur de la holding devait uniquement être satisfaite au jour de la transmission et non sur toute la période de conservation des titres (cass. com. 25 mai 2022, n° 19-25513).

Nous renvoyons aux paragraphes *1555 à 1570* pour un examen détaillé de cette notion de « holding animatrice ».

1624 En revanche, les parts et actions de **holdings passives**, simples gestionnaires d'un portefeuille mobilier, ne bénéficient pas en tant que telles du dispositif qui nous occupe ; pour autant, l'exonération peut leur être appliquée d'une autre manière.

ÉTUDE PARTICULIÈRE

Évaluation des titres de sociétés holding : la « décote de holding » et les autres décotes

La question de l'évaluation de la valeur vénale des titres de sociétés holding se pose fréquemment, que ce soit pour le calcul du patrimoine taxable à l'ISF ou pour celui de l'assiette des droits de mutation.

Dans son guide relatif à *« l'évaluation des entreprises et des titres de sociétés »*, dont la dernière version date de Novembre 2006, l'Administration évoque plusieurs fois le cas des sociétés holding.

À titre général, l'Administration préconise que l'évaluation de la valeur vénale d'une société résulte de la combinaison de plusieurs méthodes, à savoir :

– la méthode de la valeur mathématique (VM) ;
– la méthode de la valeur de productivité (VP) ;
– la méthode de la marge brute d'autofinancement (MBA) ;
– et la méthode des multiples de l'EBE ou du RE.

Ces différentes méthodes, qui sont décrites dans la fiche 2 annexée au guide en question, doivent faire l'objet de pondérations.

Même si les pondérations proposées le sont à titre purement indicatif, il est intéressant de signaler que l'Administration prend soin d'indiquer (Fiche 3, p. 72) que, s'agissant des « Sociétés à activité non commerciale et non industrielle (holdings patrimoniales) », les pondérations pouvant être appliquées sont de (4 VM + V. Rent.)/5 ou de (3 VM + V. Rent.)/4.

Cependant, elle indique un peu plus loin (Fiche 3 - page 83) que lorsque l'évaluation porte sur un paquet de titres minoritaires, la valeur de rentabilité doit entrer davantage en compte dans la pondération, puisqu'elle mentionne dans ce cas un ratio de (2 VM + V. Rent.) /33.

La V. Rent., valeur de rentabilité, est soit une valeur issue de l'une des méthodes mentionnées plus haut (valeur de productivité, de MBA, d'EBE ou RE), soit la moyenne (pondérée le cas échéant) des valeurs découlant de ces différentes méthodes.

Pour l'évaluation des holdings de groupe, l'Administration préconise de s'appuyer sur les comptes consolidés (Fiche 4), ou, s'agissant de sociétés importantes directement comparables à un groupe coté, sur l'étude du marché boursier du secteur (Fiche 5).

L'administration consacre la Fiche 6 de son guide aux sociétés **holding patrimoniales ou financières**. Elle indique que dans la mesure où ces sociétés n'exercent pas d'activité commerciale ou industrielle propre et ont pour objet principal la gestion de leur patrimoine, elles ne présentent d'intérêt que par ledit patrimoine, justifiant précisément l'utilisation d'une approche « patrimoniale ».

Elle indique en effet (page 94) que la valeur de ces sociétés correspond à leur **valeur patrimoniale** diminuée d'une décote dite de holding destinée à prendre en compte :

– la non liquidité des actifs immobilisés ;
– la fiscalité latente sur ces actifs ;
– et éventuellement l'absence de contrôle de la holding sur les participations.

S'agissant de **titres majoritaires**, lorsque la société ne dégage pas de bénéfice, la valeur est égale à la valeur patrimoniale diminuée d'une **décote de holding** sur les titres variable **entre 20 et 30 %** en fonction de la nature de ses actifs immobilisés. Par exemple une société holding qui vient de se constituer ne présente normalement pas de plus-value sur ces actifs, donc seule la **non liquidité des actifs** doit être prise en compte et un **abattement de 20 %** apparaît suffisant.

S'agissant de **titres minoritaires**, lorsque la société ne dégage pas de bénéfice, la valeur est égale à la valeur patrimoniale diminuée d'une décote de holding comme indiqué ci-dessus. Ensuite, le caractère minoritaire des titres doit être pris en compte par l'application d'une décote de minorité variable selon les **situations entre 10 et 20 %** (page 97).

Lorsque la société dégage du bénéfice et distribue régulièrement des dividendes, il est normal d'intégrer la valeur de rendement dans la valeur moyenne des titres. Celle-ci permettra de faire ressortir le montant de la décote globale applicable. La formule de pondération doit permettre d'obtenir une valeur en cohérence avec l'abattement que l'on pratiquerait sur la valeur mathématique, si seule cette valeur était utilisée. Par exemple une moyenne simple entre la VM (sans décote de holding) et la VR entraîne une décote qui peut approcher 50 % de la valeur mathématique. Par conséquent le caractère minoritaire du titre a ainsi été pris en compte par la formule de pondération sans qu'il y ait lieu d'appliquer ensuite une décote pour minorité. En l'absence de distribution, la valeur de productivité peut être utilisée (guide page 99).
S'agissant du cas de sociétés **holding superposées**, l'Administration indique par ailleurs qu'à partir de deux niveaux d'interposition, quelles que soient les méthodes de valorisation utilisées, la valeur de la société holding de tête ne peut subir une **décote** de plus de **40 %** de sa valeur patrimoniale. En effet, les sociétés intermédiaires ne font pas l'objet de décote particulière lorsqu'elles sont de pures holdings passives.
Notons enfin qu'une **décote pour clause d'agrément** peut être appliquée en sus lorsque les titres sont minoritaires, pour les parts sociales qui ne sont pas des titres librement négociables. En revanche, l'Administration avait précisé dans ses commentaires relatifs à l'ISF que l'existence d'un **engagement collectif de conservation** de type « pacte Dutreil » *(voir §§ 1620 et s.)* n'est pas de nature à justifier l'application d'un abattement (décote) sur la valeur des titres (BOFiP-PAT-ISF-30-40-60-20-§ 20-09/09/2013).

La holding passive peut être considérée comme une « société interposée », et être signataire de l'engagement au même titre que d'autres actionnaires. En effet, la loi prévoit que *« pour le calcul du pourcentage de détention des associés signataires du pacte, il est tenu compte des titres détenus par une société possédant directement une participation dans la société dont les parts ou actions font l'objet de l'engagement collectif de conservation »* auquel elle a souscrit (CGI art. 787 B, al. 8).

L'Administration précise que l'engagement ne peut être pris que par une personne morale détenant **directement** la participation dans la société dont les titres font l'objet de l'engagement de conservation (BOFiP-ENR-DMTG-10-20-40-10-§ 88-21/12/2021).

1625 **Dans cette hypothèse, l'exonération partielle est appliquée « à la valeur des titres de la société détenus directement par le redevable, dans la limite de la fraction de la valeur réelle de l'actif brut de celle-ci représentative de la valeur de la participation indirecte ayant fait l'objet d'un engagement de conservation »** (CGI art. 787 B, al. 9).

EXEMPLE

Cas d'une société opérationnelle A détenue par :
- M. Dupont, PDG, à hauteur de 2 000 actions (20 % du capital),
- M. Dubois, à hauteur de 500 actions (5 %) directement et à hauteur de 3 000 actions (30 %) par l'intermédiaire de sa holding interposée « SC Dubois » (holding pure) dont il détient 100 % du capital.

MM. Dupont et Dubois, désireux de faire donation de leurs titres à leurs enfants, ont conclu ensemble un engagement de conservation.

Au moment de la donation, les actions de la société A étaient évaluées à 1 000 € l'une.

La situation nette de la holding SC Dubois s'élevait à 1 300 K€ et aucune dette ne figurait au passif. L'actif de cette holding était composé :
- de 3 000 actions A, inscrite au bilan de la holding pour 900 000 €,
- d'une créance sur la société A de 380 000 € (dividendes dus par la société A et non effectivement versés, portés en compte courant),
- et d'un compte bancaire pour 20 000 €.

Solution. Engagement de conservation conclu entre M. Dupont, M. Dubois et la SC Dubois.

Le montant imposable en ce qui concerne la donation de M. Dubois est la suivante :
- d'une part 500 actions × 1 000 € × 25 % (75 % d'exonération) = 125 000 € au titre des actions détenues directement par lui (5 % du capital) ;
- et, d'autre part, une quote-part de la valeur de la société holding interposée SC Dubois.

Il convient tout d'abord de déterminer la valeur des titres de la holding SC Dubois.

En retenant une approche « patrimoniale » (voir encadré « Évaluation des biens »), on pouvait évaluer la valeur des titres de la holding SC Dubois comme suit (K€) :

- Situation nette :	1 300
- Plus-value latente sur titres A :	2 100
(3 000 actions × 1 000 € - valeur bilan 900 K€)	3 400

Valeur par ailleurs ramenée à 2 720 000 € par application d'une décote de 20 % (voir *infra*).

On constate donc que l'actif réel (3 000 + 380 + 20 = 3 400 K€) de la holding SC Dubois est constitué à hauteur de (380 + 20) = 400 K€ d'actifs ne relevant pas de l'abattement « Dutreil », et pour le reste (3 000 K€) d'actifs éligibles à cet abattement, lesquels représentaient, en termes de proportions, 3 000/3 400 = 88,24 % de l'actif de la holding.

En adoptant ce raisonnement, la valeur des titres de la holding interposée SC Dubois, soit 2 720 K€, est pleinement imposable aux droits de mutation à hauteur d'une proportion de 400/3 400 (ou 11,76 %).

Dès lors, on peut considérer que la valeur imposable au titre des titres SC Dubois est la suivante :
- 2 720 K€ × 11,76 % = 320 000 €, sans abattement,
- et 2 720 K€ × 88,24 % = 2 400 000 €, avec abattement de 75 %, ce qui représentait un montant imposable de 2 400 000 × 25 % = 600 000 €.

Soit au total 320 000 + 600 000 = **920 000 €.**

En définitive, le montant de l'assiette imposable concernant les titres A détenus directement ou indirectement par M. Dubois s'élevait à 125 000 € (valeur des titres A détenus directement, après abattement « Dutreil ») + 920 000 € (valeurs imposables des titres de la holding SC Dubois) = **1 045 000 €**.

1626 **(Réservé)**

Conditions d'application de l'exonération partielle

1630 Nous nous bornerons à rappeler sommairement ci-dessous les principales conditions d'application de l'exonération partielle, sans les analyser en détail, préférant renvoyer à l'ouvrage spécialisé consacré à ces questions dans la présente collection (voir P. Fernoux « La gestion fiscale du patrimoine », La Revue Fiduciaire, 2022).

a) Engagement collectif de conservation

1631 Tout d'abord, les parts ou actions concernées doivent faire l'objet d'un **engagement collectif de conservation** d'une durée minimale de **2 ans**, en cours au jour de la transmission, pris par le défunt ou le donateur, pour lui et ses ayants cause à titre gratuit, avec d'autres associés (comme nous l'avons vu plus haut, l'engagement peut être souscrit par une personne morale interposée). En cas de démembrement, l'engagement doit être souscrit conjointement par l'usufruitier et le nu-propriétaire des titres, étant précisé qu'en cas de réunion de l'usufruit à la nue-propriété, le point de départ de l'engagement de conservation restera constitué à la date de souscription de l'engagement initial (BOFiP-ENR-DMTG-10-20-40-10-§ 90-19/05/2014).

1632 Cet engagement doit porter sur au moins 17 % des droits financiers et 34 % des droits de vote de la société, ou au moins 10 % des droits financiers et 20 % des droits de vote s'il s'agit d'une société dont les titres sont admis à la négociation sur un marché réglementé (CGI art. 787 B, b).

Pour le calcul de ces seuils, il est tenu compte de l'ensemble des associés membres de l'engagement de conservation en cours au jour de la transmission, directement ou par l'intermédiaire d'une ou plusieurs sociétés interposées, dans la limite de deux niveaux d'interposition *(voir § 1651 dans ce cas)*. Il n'est pas exigé par ailleurs que les titres de la **société interposée** soient eux-mêmes soumis à un engagement spécifique de conservation. En revanche cette société interposée est tenue à la conservation des titres de la société objet de l'engagement (BOFiP-ENR-DMTG-10-20-40-10-§ 205-21/12/2021).

EXEMPLE

Cas d'une société opérationnelle X, non cotée, détenue par :
- la holding familiale H1 (elle-même détenue par trois personnes physiques A, B et C), qui détient 25 % du capital ;
- Monsieur D, qui détient en direct 35 % du capital ;
- la holding familiale H2 (elle-même détenue par deux personnes physiques E et F), qui détient 30 % du capital ;
- et Monsieur F, dirigeant de la société X, qui, outre sa participation de 60 % dans la holding H2, détient en direct 10 % du capital de la société X.

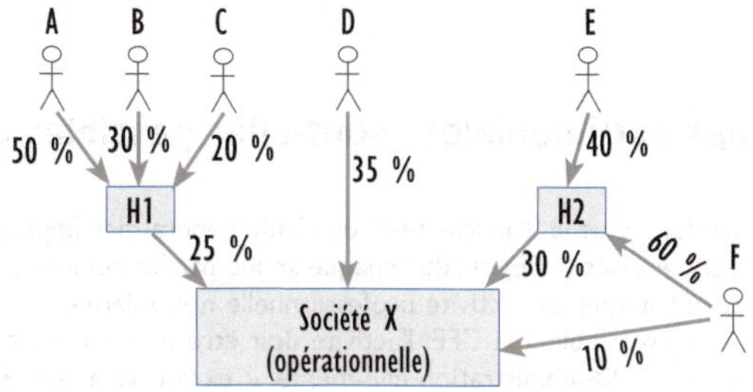

Il est précisé qu'un engagement de conservation a été conclu entre :
- la holding interposée H1,
- la holding interposée H2, mais seulement à hauteur d'une partie des titres détenus, représentant 10 % du capital de X,
- et Monsieur F.

Aucun engagement de conservation n'a été conclu sur les titres des holdings H1 et H2.

Solution. L'engagement de conservation porte sur 25 % + 10 % + 10 % = **45 %** du capital de la société X, il permet donc valablement l'obtention de l'exonération partielle de droits de mutation à titre gratuit.

1633 Lorsque des parts ou actions transmises par décès n'ont pas fait l'objet d'un engagement collectif de conservation, les héritiers ou légataires peuvent, entre eux ou avec d'autres associés, conclure un engagement collectif de conservation *post mortem*, dans les **six mois** qui suivent la transmission par décès (CGI art. 787 B, a, al. 2).

1634 Par ailleurs, il est nécessaire que l'un des associés signataire de l'engagement (ou son conjoint ou partenaire PACS) exerce une **fonction de direction** dans la société opérationnelle, au sens de l'article 975 III. 1, 1° du CGI *(voir § 1581)*.

Il n'est pas exigé que la direction de la société soit effectivement exercée par la même personne pendant la durée de l'engagement collectif. D'autre part, il est admis qu'en cas de changement de direction provoquant une vacance qui n'excède pas 3 mois, la condition de continuité de l'exercice de la fonction de direction soit considérée comme respectée (BOFiP-ENR-DMTG-10-20-40-10-§ 275-21/12/2021).

Précisons également que la fonction de direction dans la société dont les titres font l'objet d'un engagement collectif de conservation peut être exercée par une **personne morale** dès lors que cette dernière est signataire de l'engagement (BOFiP-ENR-DMTG-10-20-40-10-§ 290-21/12/2021).

1635 L'exonération partielle bénéfice également aux donations **démembrées** (donations avec réserve d'usufruit). Dans ce cas, le texte subordonne l'application de l'exonération partielle à la condition que les droits de vote de l'usufruitier soient limités dans les statuts aux seules décisions concernant l'affectation des bénéfices (CGI art. 787 B, i, al. 2).

En présence de **sociétés interposées**, l'administration indique que la limitation des droits de vote de l'usufruitier concerne les statuts de la société interposée dont les titres sont transmis, et non ceux de la société opérationnelle dont les titres sont soumis à l'engagement de conservation (BOFiP-ENR-DMTG-10-20-40-10-§ 300-21/12/2021).

1636 **(Réservé)**

ÉTUDE PARTICULIÈRE

Holdings patrimoniales : sont-elles passibles de la CFE ?

Dans sa rédaction actuelle, l'article 1447 du Code général des impôts prévoit que la cotisation foncière des entreprises (CFE) est due chaque année par les personnes physiques ou morales qui exercent à titre habituel une activité professionnelle non salariée.

Ainsi, pour être imposable à la CFE, l'activité doit être exercée à **titre professionnel**, ce qui, comme le reconnaît l'Administration elle-même, « exclut les activités limitées à la gestion d'un patrimoine privé » (BOFiP-IF-CFE-10-20-20-02/12/2015). La question se pose de savoir si la CFE est susceptible de s'appliquer aux **sociétés holding** « pures », c'est-à-dire qui se bornent à détenir des participations dont elles tirent (ou non) des dividendes, sans employer de personnel employé à rendre des prestations de services aux filiales.

À cet égard la réponse de la doctrine administrative n'apparaît pas d'une grande clarté. En effet, le BOFiP se borne à indiquer aujourd'hui que *« la gestion de son propre portefeuille de valeurs mobilières par un particulier constitue une activité relevant de la gestion d'un patrimoine privé »* et n'est pas, à ce titre imposable à la cotisation foncière des entreprises (BOFiP-IF-CFE-10-20-20-30-§ 10-12/09/2012).

Faut-il comprendre, *a contrario*, que devrait nécessairement relever d'une activité professionnelle taxable la gestion d'un portefeuille **par une société** ? Telle était en tout cas la position plus clairement exprimée par l'ancienne doctrine administrative (doc. adm. 6 E-121 n° 31, 1er septembre 1991), qui, après avoir cité des décisions de jurisprudence de 1976 et 1980 sur lesquelles nous reviendrons, indiquait que *« toutefois, la gestion de son propre portefeuille de valeurs mobilières par un particulier – et non par une personne morale – constitue une activité relevant de la gestion d'un patrimoine privé et n'est pas, à ce titre, imposable à la taxe professionnelle »*. Cette position donne lieu à un contentieux relativement abondant, l'Administration s'estimant parfois en droit de réclamer la CFE à toutes les sociétés holding, y compris les holdings « pures », au moins à hauteur de la cotisation minimale.

La position administrative se fonde sur une jurisprudence rendue sur des textes depuis longtemps abrogés.

Cette position se fonde, pour l'essentiel, sur des arrêts anciens du Conseil d'État rendus en matière de **patente**.

L'une de ces affaires concernait une société dont l'objet statutaire était « la gestion et l'administration de tous portefeuilles de valeurs mobilières et immeubles » : Bien que cette société n'ait, au cours des années concernées, procédé à **aucune opération** de vente ou d'achat de titres ou d'immeubles, et n'ait employé **aucun personnel** salarié, le Conseil d'État avait considéré que la holding avait exercé l'activité imposable d'entreprise *« de placement ou de gestion de valeurs mobilières pour son compte propre »*(CE 7 juillet 1976, n° 132). Précisons que l'article 1447 du CGI, dans sa rédaction de l'époque, prévoyait l'assujettissement à la contribution des patentes de toute personne physique ou morale exerçant *« un commerce, une industrie, une profession non comprise dans les exceptions déterminées (par le Code) »*, et que le tarif des patentes figurant à l'annexe I bis au CGI comportait précisément une rubrique « entreprise de placement ou de gestion de valeurs mobilières opérant pour son compte. » La même solution a encore prévalu un peu plus tard dans une affaire similaire (CE 25 juillet 1980, n° 14968).

Toutefois, les textes ont évolué plusieurs fois depuis ces décisions, la « contribution des patentes » devenant la « taxe professionnelle », puis la taxe professionnelle se transformant en « contribution économique territoriale », et il paraît désormais douteux que le Conseil d'État valide à présent une telle imposition.

L'assujettissement ne devrait se concevoir que dans le cas de sociétés se livrant à une véritable activité et disposant de certains moyens.

Le Conseil d'État n'a pas eu à se prononcer expressément au cours de la période récente sur le cas d'une holding pure, sans moyen ni activité autre que la gestion « passive » de ses participations. Cependant, il est intéressant d'établir un parallèle avec l'analyse qu'il a mise en œuvre en ce qui concerne la **sous-location** de biens immobiliers. De la même façon que pour la gestion d'un patrimoine de valeurs mobilières, la haute juridiction considérait jadis que, pour la contribution des patentes, ce genre d'opération devait être l'objet d'une taxation, la nomenclature comportant d'ailleurs une rubrique « entrepreneur de location d'immeubles. » Toutefois, elle a jugé en matière de taxe professionnelle que l'activité de sous-location ne pouvait entraîner une imposition qu'en présence des éléments permettant de *« caractériser l'exercice d'une profession, telles que, notamment, la régularité de l'activité et la mise en œuvre de moyens matériels et intellectuels »*(CE 12 octobre 1994, n° 122532). Le Conseil d'État a ensuite confirmé cette jurisprudence dans d'autres arrêts plus récents, en reprenant mot pour mot la même formulation avec une belle constance (CE 28 décembre 2007, n° 291197 ; CE 25 septembre 2013, n° 350893 ; on sait que désormais l'article **1447, I** du CGI règle la question en instituant un seuil de recettes de **100 000 €**).

S'agissant de la question qui nous occupe, à savoir la **gestion de portefeuille**, on relèvera que les affaires soumises au Conseil d'État dans les années récentes ont toutes concerné des sociétés spécialisées dans la gestion de valeurs mobilières.

C'est ainsi qu'a été considérée comme imposable à la taxe professionnelle une **société de capital-risque** occupant treize personnes (comme le révèle la lecture de l'arrêt de la Cour administrative d'appel : CAA Nantes 17 mai 2010, n° 09NT01626) : Le Conseil d'État s'est d'ailleurs borné, quant à lui, à relever que dans la mesure où les SCR sont des sociétés par actions ayant pour objet social la « gestion d'un portefeuille de valeurs mobilières », réglementées par des textes les obligeant à investir dans des sociétés non cotées en contrepartie d'un régime d'imposition particulier au regard de l'impôt sur les sociétés, elles doivent être regardées comme exerçant à titre habituel une activité professionnelle au sens de la taxe professionnelle (CE 10 juin 2013, n° 341889).

La même solution a été rendue le même jour en ce qui concerne une société de **gestion de portefeuille pour le compte de tiers** au sens de l'article L. 532-9 du Code monétaire et financier (CE 10 juin 2013, n° 352012).

Notons d'ailleurs que le véritable enjeu des contentieux, pour ces sociétés, résidait surtout dans le mode de calcul de la valeur ajoutée : les sociétés requérantes ont pu obtenir que leur valeur ajoutée soit bien déterminée comme pour la généralité des entreprises, c'est-à-dire sans tenir compte des produits financiers, et non selon les modalités particulières applicables aux établissements financiers.

On signalera également que la même solution a été retenue par la cour administrative d'appel de Paris pour une société se livrant à une activité de **gestion de titres de créances** (CAA Paris 14 mars 2013, n° 11PA04212). La société, filiale de plusieurs banques, avait conclu avec l'une d'elles un contrat de « swap » au terme duquel elle devait reverser la totalité des sommes reçues sur le portefeuille géré, en échange d'une rémunération fixe. Le portefeuille a d'ailleurs été activement géré, et cette activité a nécessité la présence de quatre salariés détachés par l'une des banques actionnaires. Dès lors, la cour a considéré que *« compte tenu de sa régularité et des moyens humains dont elle a nécessité la mise en œuvre »*, cette activité constituait bien une activité professionnelle imposable à la TP.

Tel n'est pas le cas des holdings pures.

On mesure ici à quel point les situations décrites ci-dessus diffèrent de celle des holdings « pures » qui se contentent de porter des participations sans exercer la moindre « activité » véritable (notamment de services aux filiales), ne mettent en œuvre **aucun moyen**, tout spécialement lorsqu'elles sont des holdings « interposées » se bornant à exercer les prérogatives habituelles d'un actionnaire **sans prétendre à un rôle de société « animatrice »** (sur ces notions, *voir §§ 1629 et s.*).

Ces holdings ont fait l'objet de très nombreux jugements de tribunaux administratifs (et d'un arrêt de cour administrative d'appel). La plupart de ces décisions, souvent après avoir souligné que la holding ne se livrait pas à une activité de gestion de valeurs mobilières pour le compte de tiers, indiquent que l'Administration n'avait pas établi que la société ait, sur les titres détenus, *« accompli des actes outrepassant le simple cadre de la gestion de son patrimoine privé »* qui auraient caractérisé une activité professionnelle (TA Toulouse 16 juin 1998, n° 95-2008 ; TA Lille 18 mai 2000, n° 97-812 ; CAA Bordeaux, 26 mars 2002, n° 99BX02069 ; TA Paris 14 novembre 2006, n° 01-1470).

Certains jugements sont un peu plus précis et insistent sur l'absence de **caractère habituel ou répété** des opérations sur titres réalisées par la société holding. C'est ainsi que l'une de ces décisions indique que la holding n'avait procédé à *« aucune opération de vente ou d'achat de titres depuis sa création »*(TA Amiens 4 mai 2006, n° 03-1006), et qu'une autre relève l'absence *« d'opérations spéculatives faites de manière habituelle et répétée »*(TA Nantes 5 mai 2000, n° 95-1639).
On observera que peu nombreuses sont celles de ces décisions qui éprouvent en outre le besoin de souligner l'absence de moyens humains de la holding en relevant que la société n'emploie **aucun personnel** salarié (TA Amiens 4 mai 2006 précité).
En revanche, plusieurs jugements insistent expressément sur le fait que la **forme juridique** commerciale ne peut suffire en elle-même à préjuger de la nature de l'activité de la société et donc à la rendre imposable à la CFE : les holdings constituées sous la forme de sociétés commerciales (SA, SARL, SAS) doivent donc, en la matière, être traitées de la même façon que les **sociétés civiles** (TA Amiens et TA Nantes précités ; TA Dijon 21 novembre 2000, n° 00-116).
La seule décision disponible du Conseil d'État en la matière concerne le cas d'une société holding ayant une très importante activité de **prestation de services**. Le Conseil d'État a souligné que permettent notamment de caractériser une activité professionnelle non salariée au sens de l'article 1447 du CGI *« la régularité de l'activité et la mise en œuvre de moyens matériels et intellectuels »*.
Alors même que la holding en cause gérait des titres de participation et non de placement, et que la composition de son portefeuille n'avait que très peu évolué sur la période, elle a été reconnue comme exerçant une activité professionnelle car près du quart des 100 salariés qu'elle employait était affecté à des activités de contrôle de gestion et d'audit des filiales : son activité consistait donc non seulement en la prise de participations et la gestion de ces participations, mais aussi en la fourniture de prestations de services aux sociétés ainsi détenues (CE 4 décembre 2017, n° 392132, Sté Crédit Agricole Assurances).
Il apparaît donc plutôt clairement que si une société holding nantie d'importants moyens et facturant des prestations de services relève des prévisions de l'article 1447 du CGI, il n'en va absolument pas de même d'une holding pure, ne disposant d'aucun moyen particulier et ne facturant aucune prestation.
Nous ne pouvons qu'appeler de nos vœux une clarification rapide de la doctrine administrative dans le sens de l'exonération des holdings pures, ce qui permettrait d'éviter le foisonnement de petits contentieux observé actuellement. À défaut, il reviendra au Conseil d'État d'apporter une réponse définitive à la question. Encore faut-il qu'il en soit saisi, ce qui n'est pas certain compte tenu de la modicité des sommes en jeu dans ces situations.

b) Engagement individuel

1640 À compter de la transmission, les héritiers, donataires ou légataires doivent poursuivre l'engagement collectif jusqu'à son terme. Ils doivent par ailleurs s'engager, dans la déclaration de succession ou dans l'acte de donation, pour eux et leurs ayants cause à titre gratuit, à conserver les parts ou actions transmises pendant une durée de **4 ans** à compter de la fin de l'engagement collectif.

Il s'agit cette fois d'un engagement individuel, c'est-à-dire que sa rupture par l'un des signataires du pacte ne remet pas en cause l'exonération dont ont pu bénéficier les autres signataires.

À noter que les titres reçus peuvent être **apportés à une holding** pendant la durée de l'engagement individuel à une holding, possibilité qui a été étendue aux apports effectués en période d'engagement collectif (loi 2018-1317 du 28 décembre 2018 de finances pour 2019). L'apport n'emporte pas rupture de l'engagement de conservation sous réserve, notamment, que l'actif brut de la société bénéficiaire de l'apport soit composé à plus de 50 % de participations dans la société soumises aux engagements de conservation, que les bénéficiaires de l'exonération en détiennent au moins les 75 % du capital et des droits de vote et que l'un d'entre eux en assure la direction. En outre, la société bénéficiaire de l'apport et les apporteurs doivent conserver respectivement les titres apportés et les parts reçues en échange de l'apport jusqu'au terme des engagements de conservation. En cas d'apport de titres d'une société possédant directement une participation dans l'entreprise faisant l'objet du « pacte Dutreil », l'actif brut de la société bénéficiaire de l'apport doit être composé à plus de 50 % de participations directes, ou indirectes avec un niveau d'interposition au plus, soumises aux obligations de conservation et la société bénéficiaire de l'apport doit s'engager à conserver ces participations jusqu'au terme des engagements de conservation. Les héritiers, donataires ou légataires associés de la société bénéficiaire des apports doivent conserver, pendant cette même durée, les titres reçus en contrepartie de l'apport. La circonstance que les apporteurs **apportent chacun à une holding distincte** ne fait pas en elle-même a priori obstacle à l'application de cette dérogation sous réserve que chacun des apporteurs et chacune des sociétés bénéficiaires des apports, pris isolément, respectent l'ensemble des conditions précitées (rép. Patriat, JO. Sén. 3 septembre 2020 n° 6410).

1641 Par ailleurs, il convient que l'une des **fonctions de direction** mentionnées à l'article **975 III. 1, 1°** du **CGI** *(voir § 1581)* soit exercée pendant trois années à compter de la transmission par l'un des associés membre de l'engagement collectif de conservation, ou par l'un des héritiers, donataires ou légataires ayant souscrit l'engagement individuel de conservation (CGI art. 787 B, d).

1642 **(Réservé)**

Montant de l'exonération en présence de sociétés interposées

1650 En présence d'**un seul niveau d'interposition**, l'exonération partielle de 75 % va pouvoir s'appliquer à la valeur des titres de la société interposée, c'est-à-dire de la société qui a souscrit l'engagement de conservation.

Dans ce cas, l'exonération est calculée en proportion de la valeur vénale de l'actif brut de cette société représentative de la participation soumise à l'engagement collectif de conservation (BOFiP-ENR-DMTG-10-20-40-10-§ 430-21/12/2021).

EXEMPLE

Cas d'une holding patrimoniale (interposée) H détenant 80 % des titres d'une société opérationnelle A, pour lesquels elle a pris un engagement de conservation respectant les conditions énoncées plus haut. Les titres en question figurent à hauteur de 8 millions d'euros au bilan de la holding H, lequel fait également apparaître d'autres actifs pour 4 millions d'euros, étant précisé que ces autres actifs ne recèlent aucune plus-value latente (leur valeur vénale est égale à leur valeur comptable).

Le passif de la holding est quant à lui composé de capitaux propres à hauteur de 10 millions d'euros, et de dettes pour 2 millions d'euros.

La valeur vénale de l'ensemble des titres de la société A est estimée à 20 millions d'euros.

Solution. La valeur réelle des titres A figurant au bilan de la holding H est de 20 M€ × 80 % = 16 M€. Ces titres représentent donc 16/(16 + 4) = 80 % de l'actif brut réel de la holding.

La valeur des titres de la holding H peut être estimée à 16 + 4 - 2 = 18 millions d'euros.

En cas de mutation à titre gratuit portant sur les titres de la holding H, ceux-ci pourront faire l'objet de l'exonération partielle à hauteur de 80 % de leur valeur, soit 80 % × 18 M = 14,4 M€.

Toutes autres conditions supposées remplies, l'assiette des droits de mutation sur les titres de la holding sera de 14,4 × 25 % + (18 - 14,4) = 7,2 M€.

1651 En présence d'un **double niveau d'interposition**, l'exonération est susceptible de s'appliquer aux titres de la première société interposée, qui détient des titres dans une seconde société interposée, elle-même signataire de l'engagement de conservation portant sur les titres d'une troisième société (opérationnelle) :

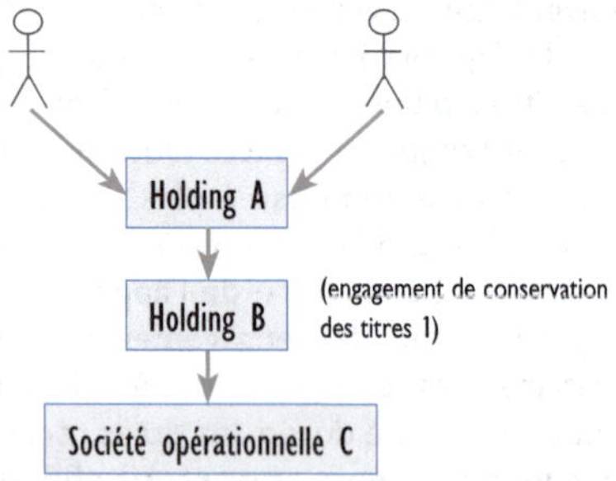

Dans ce cas, l'exonération partielle s'applique à la valeur des titres de la société détenue, à proportion de la valeur vénale de l'actif brut de celle-ci représentative de la valeur de la participation indirecte soumise à engagement de conservation (BOFiP-ENR-DMTG-10-20-40-10-§ 440-21/12/2021).

1652 L'Administration indique que la fraction de la valeur des titres de cette société susceptible de bénéficier de l'exonération partielle s'obtient de la manière suivante (BOFiP-ENR-DMTG-10-20-40-§ 440-21/12/2021) :

a) Tout d'abord, il convient de déterminer la valeur de la participation indirecte C qui a fait l'objet d'un engagement de conservation, laquelle se calcule ainsi :

$$\begin{array}{c}\text{Valeur de la participation possédée}\\ \text{par la société A dans la société B}\end{array} \times \frac{\text{Valeur de la participation C}}{\text{Valeur de l'actif brut de la société B}}$$

b) Puis, cette valeur de la participation indirecte C permet de déterminer la fraction de la valeur des titres à laquelle s'applique l'exonération partielle :

$$\text{Valeur des titres A} \times \frac{\text{Valeur de la participation C}}{\text{Valeur de l'actif brut de la société A}}$$

Les valeurs dont il est question ci-dessus SONT les valeurs réelles (vénales), et non les valeurs comptables.

EXEMPLE

Cas d'une cascade de sociétés, la société holding A détenant 90 % des titres d'une sous-holding B, laquelle détient, entre autres participations, 70 % du capital d'une société C.

La sous-holding B a conclu, avec d'autres associés de C, un engagement de conservation sur les titres de la société C.

Le bilan de la holding de tête **A** se compose :
- des titres de la sous-holding B, inscrits à son actif pour 9 millions d'euros ;
- de divers autres actifs pour 1 million d'euros. Sa situation nette est de 10 millions d'euros (aucun endettement).

Le bilan de la sous-holding **B** se compose quant à lui :
- des titres de la société C, inscrits à son actif pour 5 millions d'euros ;
- d'autres titres de participation pour 10 millions d'euros ;
- d'actifs divers pour 5 millions d'euros.

La société B étant endettée à hauteur de 6 millions d'euros, sa situation nette s'élève à 14 millions d'euros.

La valeur de la société **C** est estimée à 10 millions d'euros, et celle des autres participations détenues par B à 12 millions d'euros.

Solution. Calcul en deux temps comme le préconise l'Administration.

a) Déterminer tout d'abord la valeur de la participation indirecte C qui a fait l'objet d'un engagement de conservation.

1) Proportion entre la valeur de la participation C dans l'actif brut de la sous-holding B :

Valeur de la participation C (K€) : (10 000 K€ × 80 %)	8 000
Valeur totale des actifs détenus :	
- titres C (voir ci-dessus)	8 000
- autres titres (valeur comptable 10 M€, valeur réelle 12 M€)	12 000
- autres actifs	5 000
Total :	25 000

La proportion en question est donc de (8 000/25 000) = 32 %.

2) La « valeur de la participation possédée par la société A dans la société B » nécessite de déterminer tout d'abord la valeur de la société B.

Par simplification, nous retiendrons la situation nette réévaluée de B (sur les méthodes de valorisation, voir ci-dessus), qui est de 25 000 K € (actifs réévalués, voir ci-dessus) - endettement 6 000 K€ = 19 000 K€.

Dès lors, la valeur de la participation de la société A dans la société B est de 19 000 K€ × 90 % = 17 100 K€.

3) Donc la « *valeur de la participation indirecte C qui a fait l'objet d'un engagement de conservation* » est égale à : 17 100 K€ (valeur de la participation possédée par la société A dans la société B) × 32 % (valeur de la participation C / Valeur de l'actif brut de la société B) = 5 472 K€.

b) Il convient ensuite de déterminer, pour les actionnaires personnes physiques de la holding A, la valeur de leurs titres à laquelle s'applique l'exonération partielle.

1) La valeur des titres de la holding A, compte tenu de la valeur réelle de la participation détenue par A dans B (17 100 K€, contre une valeur comptable de 9 000 K€, soit une plus-value latente de 8 100 K€) peut être évaluée à 18 100 K€ (situation nette comptable de 10 000 K€ augmentée de la plus-value latente de 8 100 K€).

Valorisation volontairement simplifiée pour les besoins de l'exemple ; il n'est pas notamment pratiqué ici de « décote de holding » (voir ci-dessus).

2) Ratio « *valeur de la participation C / Valeur de l'actif brut de la société A* » : 5 472 K€ / 18 100 K€ = 30,23 %.

3) Ainsi, les titres A (dont la valeur est, rappelons-le, de 18 100 K€) peuvent faire l'objet d'un abattement à hauteur de 30,23 % de leur valeur, soit 18 100 K€ × 30,23 % = 5 472 K€.

Soit en définitive un abattement de 5 472 K€ × 75 % = 4 104 K€.

La valeur taxable des titres de la holding A est donc de 18 100 K€ - 4 104 K€ = **13 996 K€**.

1653 **(Réservé)**

Paiement différé et fractionné des droits de mutation : application aux titres de holdings

1670 Dans le but de favoriser la transmission des entreprises, la législation permet que dans certains cas le paiement des droits de mutation dus sur les transmissions à titre gratuit (successions et donations) peut être **différé** pendant **5 ans** à compter de la date d'exigibilité des droits, et, à l'issue de ce délai, **fractionné** sur une période de **dix ans** (CGI, ann. III art. 397 A). Cette disposition s'applique également en cas de donation faite en démembrement (BOFiP-ENR-DG-50-20-50-§ 20-03/02/2016).

En pratique, le redevable n'acquitte tout d'abord que les seuls intérêts pendant le différé de 5 ans, puis, pendant les 10 années suivante, des semestrialités correspondant à la fois aux remboursements et aux intérêts correspondants.

1671 Le **taux d'intérêt** applicable est normalement égal au taux effectif moyen pratiqué par les établissements de crédit pour des prêts immobiliers à taux fixe aux particuliers, après réduction du tiers (soit un taux de 1,20 % pour les demandes formulées en 2022).

Cependant, lorsque la valeur nominale des titres compris dans la part taxable de chaque héritier ou légataire est supérieure à **10 %** de la valeur du capital social, ou plus globalement, lorsque plus **d'un tiers** du capital social est transmis (CGI, ann. III art. 404 GA), le taux ci-dessus est lui-même réduit de deux tiers (soit un taux de 0,40 % pour les demandes formulées en 2022).

Holdings concernées

1672 S'agissant de la transmission de parts ou actions, le texte réserve l'application de la mesure aux sociétés non cotées en bourse, et la subordonne à la condition que le bénéficiaire reçoive au moins 5 % du capital social *(voir § 1674)*. Surtout, il réserve la mesure aux sociétés ayant une activité industrielle, commerciale, artisanale, agricole ou libérale, ce qui devrait normalement exclure du bénéfice du paiement différé et fractionné les mutations portant sur des parts ou actions de **sociétés holding**.

L'Administration a eu l'occasion de préciser que le régime ne s'applique pas aux parts de sociétés civiles immobilières, même si ces dernières détiennent des biens immobiliers affectés à l'entreprise objet de la transmission (rép. Dubourg n° 16921, JO 6 mars 1995, AN quest. p. 1245, non reprise au BOFiP).

1673 Cependant, par exception l'Administration admet que le bénéfice de la mesure soit étendu aux transmissions à titre gratuit de parts ou actions de sociétés holding animatrices effectives de leur groupe (BOFiP-ENR-DG-50-20-50-§ 160-03/02/2016).

Les sociétés holding admises au bénéfice de cette solution sont celles qui, outre la gestion d'un portefeuille de participation :
– assurent la gestion de la trésorerie du groupe ;
– effectuent au profit des sociétés du groupe des prestations de services correspondant à des fonctions de direction, de gestion, de coordination ou de contrôle ;
– se livrent le cas échéant à des activités de recherche et de développement au profit du groupe (BOFiP-ENR-DG-50-20-50-§ 170-03/02/2016).

Bien que se rapportant également à la notion de « holding animatrice », cette définition est donc assez sensiblement différente de celle qui est évoquée plus haut, notamment *§ 1555* en ce qui concerne l'exonération d'IFI applicable aux biens et droits immobiliers à vocation professionnelle. Ici, en effet, l'accent est mis avant tout sur les prestations de services (sous toutes leurs formes, y compris la gestion de trésorerie), alors que cet aspect est plutôt accessoire pour la « holding animatrice IFI et pacte Dutreil transmission » *(voir §§ 1559 et 1561)*. On pourrait donc tout à fait concevoir, par exemple, qu'une holding puisse être considérée comme animatrice au sens des dispositions qui nous occupent, alors qu'elle ne le serait pas forcément au sens de l'IFI ou du pacte Dutreil transmission (ou l'inverse).

1674 L'Administration indique que la qualification de holding animatrice d'un groupe de sociétés doit être **justifiée** auprès du service des impôts, par présentation des pièces suivantes :
– le **rapport de gestion du groupe** prévu à l'article L. 233-26 du Code de commerce pour l'établissement des comptes consolidés de l'année qui précède le décès ou la donation (rapport permettant, indique-t-elle, d'apprécier le rôle économique de la société holding au sein du groupe),
– et une attestation du **commissaire aux comptes** qualifiant sous sa responsabilité la nature de l'activité de la société holding (BOFiP-ENR-DG-50-20-50-§ 180-03/02/2016).

Dans le cas d'une holding exemptée d'établir des comptes consolidés, la présentation du rapport de gestion du groupe peut être remplacée par celle du rapport de gestion de la société holding elle-même.

Il s'agit par exemple les « petits groupes » ne dépassant pas deux des trois seuils prévus à l'article L. 123-16 du Code de commerce, à savoir 48 millions d'euros de chiffre d'affaires, 24 millions de total de bilan et 250 salariés (chiffres applicables à compter du 1er juillet 2016 en vertu du décret n° 2015-903 du 23 juillet 2015).

Par ailleurs, en cas de transmission des titres d'une holding animatrice constituée depuis moins d'un exercice, l'Administration admet que la seule attestation du commissaire aux comptes constitue un justificatif suffisant.

Transmissions éligibles - Cas des démembrements

1675 Pour que l'opération soit éligible au paiement différé et fractionné, le **bénéficiaire** de la donation ou de la succession doit recevoir **5 % au moins du capital** de la société. En revanche aucune condition de détention du capital (ni d'ailleurs de fonction exercée) n'est exigée du **donateur** ou du défunt (BOFiP-ENR-DG-50-20-50-§ 190-03/02/2016).

Les titres en question peuvent être transmis non seulement en pleine propriété, mais aussi en nue-propriété ou en usufruit (BOFiP-ENR-DG-50-20-50-§ 20-03/02/2016).

Le seuil de détention est considéré comme atteint dès lors que la **valeur** de la nue-propriété ou de l'usufruit atteint au moins 5 % du capital de la société émettrice (BOFiP-ENR-DG-50-20-50-§ 220-03/02/2016). Cependant, lorsque la transmission porte sur la **nue-propriété** des titres, il suffit que le donataire reçoive 5 % du capital de la société émettrice (BOFiP-ENR-DG-50-20-50-§ 220-03/02/2016), comme le commande d'ailleurs le texte.

EXEMPLE

a) Cas d'une société anonyme dont Monsieur X, âgé de 70 ans, détient 5 % du capital. L'intéressé fait donation de la nue-propriété de ses titres : compte tenu de son âge et du barème prévu l'article 669 du CGI, la valeur de cette nue-propriété est égale à 60 % de la pleine valeur des titres. Bien que la donation corresponde à 5 % × 60 % = 3 % de la valeur nominale de la société, la donation peut bénéficier du paiement différé et fractionné puisque la nue-propriété porte sur 5 % du capital.

b) Cas d'une société anonyme dont Monsieur Y, âgé de 72 ans détient 6 % du capital. L'intéressé fait donation de l'usufruit de ses titres à son neveu, âgé de 40 ans, et de la nue-propriété à son petit-neveu, âgé de 20 ans.
- Les droits afférents à la donation faite au neveu **usufruitier** ne pourront pas bénéficier du paiement fractionné, puisque cette donation correspond à une valeur de 6 % × 80 % (valeur de la NP au regard de l'article 669 du CGI compte tenu des 40 ans de l'usufruitier) soit **4,8 %**.
- En revanche, la donation consentie au petit-neveu **nu-propriétaire** pourra bénéficier du régime, bien que la donation corresponde à une valeur de 6 % × 20 % (valeur de la NP) soit 1,2 %, puisque les titres attribués représentent au moins 5 % du capital.

Impact des opérations sur titres ultérieures

1676 La cession (c'est-à-dire tout transfert de propriété à titre gratuit ou onéreux) de plus d'**un tiers** des biens ayant bénéficié du paiement différé et fractionné entraîne l'exigibilité immédiate des droits (CGI, ann. III art. 404 GD, al. 1er). Cependant, si cette cession de plus d'un tiers résulte d'un **apport** en société, l'opération n'entraîne pas déchéance du régime de faveur lorsque le bénéficiaire prend dans l'acte d'apport l'engagement de conserver les titres reçus en contrepartie de son apport jusqu'à l'échéance du dernier terme du paiement différé (CGI, ann. III art. 404 GD, al. 2).

L'Administration précise que l'apport pur et simple par les donataires à une société de plus du tiers des parts d'une société **holding animatrice** d'un groupe de sociétés bénéficiant du régime du paiement différé et fractionné n'entraîne pas l'exigibilité immédiate des droits en suspens pour le donateur qui a pris en charge les droits de mutation à titre gratuit afférents aux titres objets de l'apport, sous réserve que les cédants prennent l'engagement de conserver les titres reçus (BOFiP-ENR-DG-50-20-50-§ 460-03/02/2016).

Par ailleurs les opérations de **fusion** ou de scission concernant des sociétés dont les titres bénéficient du paiement différé et fractionné n'entraînent pas la déchéance du paiement différé et fractionné (BOFiP-ENR-DG-50-20-50-§ 490-03/02/2016).

1677 **(Réservé)**

Quelles sont les modalités d'imposition des plus-values ?

IMPÔT SUR LE REVENU ANNÉE N
SUR LES PLUS-VALUES DE N-1

PFU*DE 12,8 %

PLUS-VALUE IMPOSABLE APRÈS ABATTEMENT FIXE DE 500 000 € POUR LE DIRIGEANT DE PME PARTANT EN RETRAITE

OPTION POSSIBLE POUR LE BARÈME PROGRESSIF

+

PS* DE 17,20 % (6,8 % CSG PAYÉE EN ANNÉE **N** DÉDUCTIBLE DU REVENU GLOBAL ANNÉE **N** SI OPTION POUR LE BARÈME)

TITRES ACQUIS APRÈS 2018

TITRES ACQUIS AVANT 2018

PLUS-VALUE IMPOSABLE APRÈS ABATTEMENT

- ABATTEMENT DE DROIT COMMUN (50 % OU 65 %)
- ABATTEMENT RENFORCÉ POUR LES PME NOUVELLES (50 %, 65 % OU 85 %)
- ABATTEMENT DE 500 000 POUR LE DIRIGEANT DE PME PARTA EN RETRAIT — OU — OPTION POU LES ABATTEME PROPORTIONN (SANS CUMU POSSIBLE AV L'ABATTEMEN DE 500 000

PS = PRÉLÈVEMENTS SOCIAUX
PFU = PRÉLÈVEMENT FORFAITAIRE UNIQUE

Chapitre 4-5

FISCALITÉ DIRECTE DES PERSONNES PHYSIQUES ASSOCIÉES DE HOLDING

L'essentiel

Le dispositif (dit « Madelin ») permettant une réduction d'impôt sur le revenu en cas de souscription au capital d'une PME est susceptible de s'appliquer aux sociétés holding, à certaines conditions.

Par ailleurs, les plus-values tirées de la cession par une personne physique de titres d'une société soumise à l'IS appartenant à son patrimoine privé sont désormais taxées soit au « prélèvement forfaitaire unique » (PFU), soit au barème progressif de l'impôt sur le revenu mais avec, le cas échéant, l'application d'abattements dépendant de la durée de détention des titres cédés. Le législateur a cependant mis en place certains régimes d'abattement plus favorables, et il importe de vérifier dans quelle mesure ces abattements « renforcés » sont susceptibles de s'appliquer aux cessions de titres de sociétés holding.

Réduction d'impôt pour souscription au capital des PME : application aux holdings

1750 Les personnes physiques peuvent bénéficier d'une réduction d'impôt sur le revenu lorsqu'elles effectuent des versements au titre de la souscription, directe ou indirecte, au capital initial ou aux augmentations de capital de certaines PME non cotées (dispositif dit « Madelin PME », CGI art. 199 terdecies-0 A, I à V et VI quater).

Après quelques indications générales sur les conditions d'application de ce régime *(voir § 1751)*, nous indiquerons dans quelles conditions ce dernier peut s'appliquer aux sociétés holding *(voir § 1755)*.

Conditions générales d'application du régime

1751 Pour les souscriptions effectuées depuis le **1er janvier 2016**, la réduction d'impôt s'applique aux versements effectués au titre de souscriptions en numéraire réalisées dans les mêmes conditions que celles prévues pour la réduction d'ISF-PME, c'est-à-dire notamment des sociétés répondant à la définition européenne des **PME** (moins de 250 salariés et chiffre d'affaires annuel n'excède pas 50 M€ ou le total de bilan 43 M€) de **moins de sept ans**.

Le contribuable peut souscrire au capital initial de sociétés éligibles, ainsi qu'aux augmentations de capital de sociétés dont il n'est ni associé ni actionnaire, ou d'une société dont il est déjà associé ou actionnaire, sous réserve dans ce dernier cas que ces souscriptions constituent un « investissement de suivi », c'est-à-dire remplissent les trois conditions mentionnées à l'article 885-0 V bis du CGI dans sa rédaction en vigueur au 31 décembre 2017. Cet investissement de suivi peut être réalisé après l'expiration de la période de 7 ans.

Quel abattement s'applique en cas de cession de titres de holding par un particulier ?

PRINCIPE

LE PARTICULIER QUI CÈDE DES TITRES DE HOLDING
ACQUIS OU SOUSCRITS AVANT 2018

+

QUI OPTE, L'ANNÉE DE LA CESSION,
POUR LE BARÈME PROGRESSIF DE L'IR
(CASE 2OP)

▼

PEUT BÉNÉFICIER D'ABATTEMENTS POUR LE CALCUL DE L'IR
— MAIS PAS DES PRÉLÈVEMENTS SOCIAUX —

ABATTEMENT POUR DURÉE DE DÉTENTION

(ALLANT DE 50 % À 65 %)

- **HOLDING NON ANIMATRICE (HNA)** : ✓
- **HOLDING ANIMATRICE (HA)** : ✓

ABATTEMENT RENFORCÉ

RÉSERVÉ AUX TITRES DE PME DE MOINS DE 10 ANS À LA DATE DE SOUSCRIPTION OU D'ACQUISITION (ALLANT DE 50 % À 85 %)

- **HOLDING NON ANIMATRICE (HNA)** : ✗
- **HOLDING ANIMATRICE (HA)** : ✓

  ⚠ LE RESPECT DES CONDITIONS TENANT À LA SOCIÉTÉ DONT LES TITRES SONT CÉDÉS S'APPRÉCIE AU NIVEAU DE LA SOCIÉTÉ HOLDING ET DE CHACUNE DE SES FILIALES

ABATTEMENT RETRAITE *

RÉSERVÉ AUX DIRIGEANTS DE PME PARTANT À LA RETRAITE (ABATTEMENT FIXE DE 500 000 €)

* APPLICABLE AUSSI EN CAS DE PFU

- **HOLDING NON ANIMATRICE (HNA)** : ✓

  SI ACTIF BRUT COMPTABLE COMPREND AU MOINS 90 % DE TITRES ÉMIS PAR DES SOCIÉTÉS OPÉRATIONNELLES AINSI QUE DES AVANCES EN COMPTE COURANT À CES MÊMES SOCIÉTÉS

  ⚠ UN SEUL NIVEAU D'INTERPOSITION POSSIBLE

- **HOLDING ANIMATRICE (HA)** : ✓

  ASSIMILÉE À UNE SOCIÉTÉ OPÉRATIONNELL
  — CE 13 JUIN 201
  N° 395495 —

Comme pour la réduction d'ISF, les souscriptions ne doivent conférer aux souscripteurs que les seuls droits résultant de la qualité d'actionnaire ou d'associé, à l'exclusion de toute autre contrepartie notamment sous forme de garantie en capital, de tarifs préférentiels ou d'accès prioritaire aux biens produits ou aux services rendus par la société, et les souscriptions réalisées au capital d'une société dans les douze mois suivant le remboursement, total ou partiel, par cette société de ses apports précédents n'ouvrent pas droit à la réduction d'IR.

Les activités concernées sont celles qui sont indiquées au *§ 1601*, avec l'exclusion des activités de construction.

Les mêmes règles qu'en matière d'ISF-PME s'appliquent également en ce qui concerne (CGI art. 885-0 V bis dans sa rédaction en vigueur au 31 décembre 2017) :
– la composition des actifs, à savoir l'exclusion des métaux précieux, œuvres d'art, objets de collection, d'antiquités, chevaux de course ou de concours ou, sauf si l'objet même de son activité consiste en leur consommation ou en leur vente au détail, vins ou d'alcools,
– la localisation de la société, à savoir un siège de direction effective dans un État de l'UE ou partie à l'accord sur l'EEE ayant conclu avec la France une convention d'assistance administrative en vue de lutter contre la fraude et l'évasion fiscales,
– l'effectif de la société, qui doit compter au moins 2 salariés à la clôture de l'exercice qui suit la souscription ayant ouvert droit à la réduction, ou un salarié dans le cas de l'artisanat,
– la situation de la société, qui ne doit pas pouvoir être qualifiée d'entreprise en difficulté,
– et le montant total des versements reçus au titre des souscriptions, qui ne doivent pas excéder 15 M€.

1752 Les versements ouvrant droit à la réduction d'impôt sont retenus dans la limite annuelle de **50 000 €** pour les contribuables célibataires, veufs ou divorcés et de **100 000 €** pour les contribuables, mariés ou liés par un Pacs, soumis à imposition commune, et la réduction d'impôt sur le revenu est égale à **25 %** du montant des versements effectués.

1753 (Réservé)

Cas des souscriptions via des sociétés holding

1755 L'avantage fiscal s'applique également lorsque la société bénéficiaire de la souscription remplit les conditions qui étaient prévues pour la réduction d'ISF-PME via une holding.

Ainsi, la holding doit réunir l'ensemble des conditions applicables à la société opérationnelle, à l'exception notamment des conditions relatives à la nature de l'activité de la société et à l'effectif salarié minimal (ainsi que, pour les souscriptions effectuées depuis 2016, les conditions liées à l'âge de la société et au plafond de 15 M€).

En outre, la holding ne doit pas être associée ou actionnaire de la société au capital de laquelle elle réinvestit, étant précisé cependant que cette condition n'est pas exigée lorsque le réinvestissement constitue un « investissement de suivi » au sens déjà évoqué.

Au surplus, la société holding doit :
– avoir pour objet exclusif de détenir des participations dans des sociétés exerçant l'une des activités éligibles,
– avoir exclusivement pour mandataires sociaux des personnes physiques,
– et communiquer un document d'information à chaque investisseur, avant la souscription de ses titres.

Enfin, en cas de souscription au capital de **holdings animatrices**, la société doit être constituée et contrôler au moins une filiale depuis au moins 12 mois.

1756 (Réservé)

Plus-values sur titres des particuliers : régime général

1800 Pour les impositions dont le fait générateur intervient depuis le 1er janvier 2018, les plus-values sur titres réalisées par des personnes physiques dans le cadre de la gestion de leur patrimoine privé sont soumises :
– à un **prélèvement forfaitaire unique** (PFU) de 12,8 %,
– ou au **barème progressif** de l'impôt sur le revenu sur **option** globale du contribuable (réservée aux titres acquis ou souscrits avant le 1er janvier 2018). Dans ce dernier cas, les plus-values de cession sont réduites le cas échéant par le jeu d'**abattements** pour durée de détention *(voir § 1801)*.

À cette taxation s'ajoutent les prélèvements sociaux, pour un total de 17,2 %, ce qui en cas d'application du PFU porte le prélèvement total à **30 %**.

L'application du PFU paraît souvent a priori plus avantageuse que l'imposition au taux progressif. Ainsi, pour une personne imposée au taux marginal de 41 %, en tenant compte de l'application de l'abattement de 65 % (tout en gardant à l'esprit que ses conditions de durée de détention ne sont pas toujours remplies) l'imposition sera de 41 % × 35 % = **14,35 %** donc supérieure aux 12,8 % du PFU.

Cela ne sera pas le cas, bien évidemment, des personnes moins imposées (application du taux marginal de 30 % par exemple : imposition à 30 % × 35 % = **10,5 %**).

Cependant, l'option pour l'application du barème de l'IR a également pour conséquence la possibilité de **déduire une fraction de la CSG** acquittée sur le revenu global de l'année de son paiement (déduction de 6,8 points sur les 9,9 points de CSG acquittée). Toujours en retenant le cas d'une imposition au taux marginal de 41 %, l'économie d'impôt procurée par cette déduction s'élèverait à 6,8 % × 41 % = 2,788 %. Ainsi, l'imposition au barème serait en définitive de 14,35 – 2,788 = **11,562 %**, finalement plus avantageuse que le PFU de 12,8 %.

On rappelle qu'en cas d'abattements, les prélèvements sociaux sont dus sur le montant brut de la plus-value, avant application de ces abattements.

Attention toutefois, cette option est une **option globale**, qui concerne l'ensemble des revenus de l'année éligibles au PFU, y compris les revenus mobiliers. Elle a aussi pour effet de rendre applicable l'abattement de 40 % dans le cas des dividendes.

1801 En cas d'option pour le barème progressif, les plus-values de cession sont réduites d'un **abattement** égal à :

– **50 %** du montant des gains nets ou des distributions lorsque les actions, parts, droits ou titres sont détenus depuis au moins **deux ans** et moins de huit ans à la date de la cession ;

– **65 %** du montant des gains nets ou des distributions lorsque les actions, parts, droits ou titres sont détenus depuis au moins **huit ans** à la date de la cession (CGI art. 150-0D, 1 ter).

CAS DES PLUS-VALUES D'APPORT

Dans la mesure où l'article 150-0 D du CGI relatif à l'abattement de droit commun qui nous occupe vise (à l'exception de certaines opérations dûment précisées), tous les gains nets mentionnés au I de l'article 150-0 A, les **plus-values d'apport** placées sous le régime du **report** d'imposition de l'article 150-0 B ter du CGI (apports à une société « contrôlée » effectués depuis le 14 novembre 2012 : *voir § 110*) sont susceptibles de bénéficier des abattements en question.

Mais encore faut-il, bien entendu, que les opérations d'apport en question aient été réalisées à une date à laquelle les abattements étaient applicables, c'est-à-dire normalement à compter du **1er janvier 2013**.

1802 Cette durée de détention est décomptée à partir de la date de souscription ou d'acquisition des actions, parts, droits ou titres cédés (ou à partir de la date d'inscription des titres en compte en cas de cession par une personne physique de titres acquis sur un marché réglementé ou organisé). Quant au terme de la durée de détention, il s'agit de la date du fait générateur de l'imposition, c'est-à-dire la date du transfert de la propriété juridique des actions, parts, droits ou titres.

L'administration indique que lorsque, préalablement à la cession, la société dont les actions, parts, droits ou titres sont cédés est devenue assujettie à l'IS (option à cet impôt, ou transformation en société passible de cet impôt), la durée de détention des actions, parts, droits ou titres cédés est décomptée comme indiqué ci-dessus, sans tenir compte du changement de régime fiscal de la société (BOFiP-RPPM-PVBMI-20-20-20-20-§ 10-20/12/2019).

S'agissant des règles relatives au décompte de la durée de détention dans le cas des actions démembrées, voir BOFiP-RPPM-PVBMI-20-20-20-20-§ 40-20/12/2019.

1803 En cas de cession de titres reçus à la suite d'une opération d'échange de titres, l'administration distingue deux situations différentes :

– si l'opération a bénéficié du **sursis** d'imposition prévu à l'article 150-0 B du CGI (opérations de fusion, scission, offre publique, ou d'apport de titres à une société soumise à l'IS non contrôlée, ou effectué avant le 14 novembre 2012 : *voir § 101*), le point de départ à retenir pour le décompte de la durée de détention est la date d'acquisition ou de souscription des titres remis à l'échange (BOFiP-RPPM-PVBMI-20-20-20-20-§ 30-20/12/2019, point 2) ;

– mais si l'opération a bénéficié du **report** d'imposition prévu à l'article 150-0 B ter du CGI (comme en cas d'apport de titres à une société soumise à l'IS « contrôlée » effectué depuis le 14 novembre 2012 : *voir § 110*), le point de départ à retenir est la date à laquelle les titres cédés ont été reçus en contrepartie de l'apport (BOFiP-RPPM-PVBMI-20-20-20-20-§ 30-20/12/2019, point 2, renvoi 2).

1804 L'administration considérait que les abattements devaient s'appliquer non seulement aux plus-values réalisées mais également le cas échéant aux **moins-values** subies lors de la cession de titres ou droits considérés (BOFiP-RPPM-PVBMI-20-20-10-§ 1-20/03/2015 ; BOFiP-RPPM-PVBMI-20-20-20-10-§ 10-04/03/2016). Cependant, le Conseil d'État, saisi d'un recours pour excès de pouvoir, a annulé la doctrine administrative sur ce point (CE 12 novembre 2015, n° 390265), jugeant que les gains nets imposables sont calculés après imputation par le contribuable sur les différentes plus-values qu'il a réalisées, avant tout abattement, des moins-values qu'il a subies. La doctrine administrative a depuis lors été modifiée (BOFiP-RPPM-PVBMI-20-20-20-10-§ 10-20/12/2019).

1805 (Réservé)

1806 Lorsque les titres cédés ont été acquis à des dates différentes, deux situations sont susceptibles de se présenter.

Dans le cas où les titres cédés sont identifiables ou individualisables (titres numérotés ou titres inscrits sur un registre tenu par la société émettrice), la plus-value est déterminée pour chaque action à partir de son prix effectif d'acquisition ou de souscription, et la durée de détention est calculée en retenant la durée effective de détention.

En revanche, dans le cas où ces titres sont fongibles ou non individualisables, il convient :
– de calculer la **plus-value** à partir d'un prix d'acquisition représenté par la **valeur moyenne pondérée** d'acquisition des titres (CGI art. 150-0 D, 3, al. 1er) ;
– mais, pour déterminer les abattements applicables, de calculer les durées de détention en considérant que les titres cédés sont réputés ceux qui ont été acquis ou souscrits aux dates les plus anciennes (méthode « **premier entré, premier sorti** »).

EXEMPLE

inspiré de celui donné par l'administration (BOFiP-RPPM-PVBMI-20-20-20-20-§ 180-20/12/2019).

Cas d'un contribuable ayant réalisé les opérations suivantes :
- 25 mars 2014 : Acquisition de 250 actions pour un prix unitaire de 100 € ;
- 14 septembre 2015 : Acquisition de 500 actions pour un prix unitaire de 130 € ;
- 23 décembre 2015 : Cession de 100 actions pour un prix unitaire de cession de 150 € ;
- 15 janvier 2021 : Acquisition de 300 actions pour un prix unitaire de 220 € ;
- 15 mai 2021 : Acquisition de 350 actions pour un prix unitaire de 200 € ;
- 30 juillet 2022 : Cession de 1 100 actions pour un prix unitaire de cession de 350 €.

La plus-value réalisée en 2022 s'élève à 185,38 € par action (350 - 164,62), compte tenu d'un PMP unitaire de 164,62 €, comme l'indique le tableau ci-après :

Date	Quantité	Prix unitaire	Total	PMP	Prix de vente
25/03/2014	250	100,00	25 000,00	100,00	
14/09/2015	500	130,00	65 000,00	120,00	
23/12/2015	– 100	120,00	– 12 000,00	120,00	150,00
15/01/2021	300	220,00	66 000,00	151,58	
05/05/2021	350	200,00	70 000,00	164,62	
30/07/2022	– 1 100	164,62	– 181 076,92	164,62	350,00

La plus-value totale de 1100 × 185,38 € = 203918 € doit être scindée en trois parties, compte tenu de la durée de détention des actions cédées, calculée selon la règle FIFO :

Date	Quantité	Commentaires	
25/03/2014	150	⩾ 8 ans	(250, moins 100 cédées en 12/2015)
14/09/2015	500	⩾ 2 ans < 8 ans	
15/01/2021	300	< 2 ans	
05/05/2021	150	< 2 ans	(sur les 350 acquises en 05/2021)
Total	**1 100**		

Compte tenu des abattements applicables, la plus-value nette imposable est donc finalement de 139498 € :

Date	Quantité	Plus-value	Taux abattement	PV imposable
25/03/2014	150	27 807,00	65 %	9 732,45
14/09/2015	500	92 690,00	50 %	46 345,00
15/01/2021	300	55 614,00	0 %	55 614,00
05/05/2021	150	27 807,00	0 %	27 807,00
Total	**1 100**	**203 918,00**		**139 498,45**

(La plus-value imposable aux prélèvements sociaux restant quant à elle de 203918 €)

1807 **S'agissant des éventuels compléments de prix reçus par le cédant en exécution d'une clause d'indexation (clause d'« earn-out ») en relation directe avec l'activité de la société dont les titres ou droits sont l'objet du contrat de cession** *(voir § 434)*, **ces gains sont réduits de l'abattement pour durée de détention appliqué lors de la cession considérée.**

Cependant, le Conseil constitutionnel a jugé que ces dispositions ne sauraient, sans créer de rupture caractérisée de l'égalité devant les charges publiques, avoir pour effet de faire obstacle à l'application de l'abattement pour durée de détention lorsque, à la date de la cession des titres, la condition de durée de détention était satisfaite, soit que cette cession a été réalisée avant le 1er janvier 2013, soit qu'elle n'a pas dégagé de plus-value (cons. const., décision du 14 janvier 2016, n° 2015-515 QPC).

Dès lors que, quelle que soit la date de son versement, le taux d'abattement applicable au complément de prix est le même que celui appliqué à la cession (BOFiP-RPPM-PVBMI-20-20-20-10-§ 80-20/12/2019).

Lorsque, lors de la cession des actions, plusieurs taux d'abattement pour durée de détention ont été appliqués à la plus-value (situation dans laquelle les titres cédés ont été acquis à des dates différentes), le complément de prix doit être réparti par durée de détention des actions au prorata des quantités cédées. Les montants du complément de prix résultant de cette répartition sont réduits des abattements pour durée de détention aux mêmes taux que ceux appliqués à la plus-value de cession.

1808 **(Réservé)**

1809 **Précisons par ailleurs que le « revenu fiscal de référence » est déterminé, comme en matière de prélèvements sociaux, en retenant le montant des gains nets de cession, avant application de l'abattement pour durée de détention** (BOFiP-RPPM-PVBMI-20-20-20-10-§ 30-20/12/2019).

Ceci a notamment une conséquence en ce qui concerne le calcul de la « contribution exceptionnelle sur les hauts revenus » éventuellement due, dans la mesure où cette contribution est précisément assise sur ce revenu fiscal de référence.

La contribution exceptionnelle sur les hauts revenus

Cette contribution est calculée en appliquant au revenu fiscal de référence un taux d'imposition de :

– **3 %** à la fraction de revenu fiscal de référence supérieure à 250 000 € et inférieure ou égale à 500 000 € pour les contribuables célibataires, veufs, séparés ou divorcés et supérieure à 500 000 € et inférieure ou égale à 1 000 000 € pour les contribuables soumis à imposition commune ;

– **4 %** à la fraction de revenu fiscal de référence supérieure à 500 000 € pour les contribuables célibataires, veufs, séparés ou divorcés et supérieure à 1 000 000 € pour les contribuables soumis à imposition commune (CGI art. 223 sexies issue de la loi 2011-1977 du 28 décembre 2011 de finances pour 2012, art. 2).

Un mécanisme de quotient est prévu en présence de revenus d'un montant exceptionnel, ce qui peut être le cas pour les plus-values de cession. L'application de ce quotient est subordonnée à la réunion de trois conditions :

– le contribuable doit avoir bénéficié, au titre de chacune des deux années précédant celle de l'imposition, d'un revenu fiscal de référence inférieur ou égal au seuil d'imposition à la contribution (250 000 € pour les contribuables célibataires, veufs, séparés ou divorcés ; 500 000 € pour les conjoints ou partenaires de PACS soumis à imposition commune) ;

– le revenu fiscal de référence de l'année d'imposition doit être supérieur ou égal à une fois et demie la moyenne des revenus fiscaux de référence des deux années précédant celle de l'imposition ;

– le contribuable doit avoir été passible de l'impôt sur le revenu au titre des deux années précédant celle de l'imposition pour plus de la moitié de ses revenus de source française ou étrangère de même nature que ceux entrant dans la composition du revenu fiscal de référence (BOFiP-IR-CHR-§ 140-11/07/2017).

1810 **Ces règles générales rappelées, il convient d'examiner les « abattements renforcés » et d'examiner s'ils peuvent s'appliquer en cas de cession de titres de sociétés holding.**

1811 **(Réservé)**

Abattements renforcés : dans quelle mesure sont-ils applicables aux titres de sociétés holding ?

1821 **Les plus-values sur certaines cessions d'actions ou de parts bénéficient d'abattements spécifiques, plus favorables. Il s'agit :**

– des cessions d'actions ou de parts de PME de moins de dix ans *(voir § 1830)* **;**

– des cessions d'actions ou de parts de PME opérées dans le cadre d'un départ à la retraite *(voir § 1850)*.

En revanche, plus aucun abattement renforcé ne s'applique, à compter du 1er janvier 2018, pour les cessions opérées au sein d'un groupe familial.

Nous examinons ci-après dans quelle mesure ces différents régimes sont susceptibles de s'appliquer aux cessions de titres de sociétés holding effectuées par des personnes physiques dans le cadre de la gestion de leur patrimoine privé.

Notons que ces régimes s'appliquent également aux cessions de titres détenus indirectement, par personne interposée, par exemple en cas de cession de titres par une société civile de portefeuille relevant du régime fiscal des sociétés de personnes c'est-à-dire non soumise à l'IS, et dont les parts sont détenues par des personnes physiques (BOFiP-RPPM-PVBMI-20-20-10-§ 10-20/12/2019).

1822 Les plus-values de cession d'actions ou parts de PME de moins de dix ans bénéficient d'abattements « renforcés », à savoir :
– 50 % du montant des gains nets ou des distributions lorsque les actions, parts, droits ou titres sont détenus depuis au moins un an et moins de quatre ans à la date de la cession ;
– 65 % de leur montant lorsque les actions, parts ou droits sont détenus depuis au moins quatre ans et moins de huit ans à la date de la cession ;
– 85 % de leur montant lorsque les actions, parts ou droits sont détenus depuis au moins huit ans à la date de la cession (CGI art. 150-0D, 1 quater A) *(voir § 1830)*.

1823 Les plus-values de cession d'actions ou de parts de PME opérées dans le cadre d'un départ à la retraite sont susceptibles de bénéficier quant à elles d'un abattement fixe de 500 000 € *(voir § 1850)*.

1824 (Réservé)

PME de moins de dix ans

1830 La première catégorie de plus-values visées par les abattements renforcés concerne les titres de PME de moins de dix ans à la date de souscription ou d'acquisition des titres.

1831 Les conditions à respecter sont les suivantes (CGI art. 150-0D, 1 quater B) :
– la société dont les titres sont cédés doit être une PME au sens du droit de l'Union européenne (voir encadré ci-dessous) ;
– elle doit avoir été créée depuis moins de 10 ans à la date de souscription ou d'acquisition des titres ou droits cédés ;
– elle ne doit pas être issue d'une concentration, d'une restructuration, d'une extension ou d'une reprise d'activités préexistantes ;
– elle ne doit pas accorder de garantie en capital à ses actionnaires ou associés en contrepartie de leur souscription ;
– elle doit être passible de l'impôt sur les bénéfices ou d'un impôt équivalent ;
– elle doit être établie dans un État membre de l'Espace économique européen ayant conclu avec la France une convention d'assistance administrative en vue de lutter contre la fraude et l'évasion fiscales ;
– elle doit exercer une **activité opérationnelle**, c'est-à-dire une activité commerciale au sens des articles 34 ou 35 du CGI, industrielle, artisanale, libérale ou agricole, à l'exception de la gestion de son propre patrimoine mobilier ou immobilier.

1832 Par opposition à ce dernier critère d'activité, le texte étend cependant le bénéfice des abattements renforcés aux sociétés **holding animatrices** au sens du dernier alinéa du VI quater de l'article 199 terdecies-0 A du CGI.

En vertu de ce texte, une société holding animatrice s'entend d'une « *société qui, outre la gestion d'un portefeuille de participations, participe activement à la conduite de la politique de leur groupe et au contrôle de leurs filiales et rend le cas échéant et à titre purement interne des services spécifiques, administratifs, juridiques, comptables, financiers et immobiliers* ».

Dans ce cas, il est précisé que tant la société holding que **chacune des sociétés** dans lesquelles elle détient des participations doivent respecter toutes les conditions mentionnées au *§ 1831* ci-dessus.

1833 **Les deux premiers critères mentionnés au** *§ 1831*, **à savoir la qualité de PME et le fait d'avoir été créée depuis moins de 10 ans s'appliquent au moment de la souscription ou de l'acquisition des titres par le cédant.**

C'est ainsi que la société dont les titres sont cédés peut fort bien avoir été créée depuis plus de 10 ans à la date de cession des titres (BOFiP-RPPM-PVBMI-20-30-10-§ 60-20/12/2019).

S'agissant de la condition tenant à la qualité de PME, elle s'apprécie à la date de clôture du dernier exercice précédant la date de souscription ou d'acquisition des titres ou, à défaut d'exercice clos (lorsque la société est nouvellement créée), à la date du premier exercice clos suivant la date de souscription ou d'acquisition des titres (BOFiP-RPPM-PVBMI-20-30-10-§ 140-20/12/2019).

Les quatre dernières conditions mentionnées au *§ 1831* s'apprécient de manière continue depuis la date de création de la société.

1834 **Lorsque les titres cédés ont été reçus dans le cadre d'une opération d'échange de titres ayant bénéficié du sursis d'imposition prévu à l'article 150-0 B du CGI (cas par exemple d'une opération d'apport de titres à une société soumise à l'IS réalisée avant le 14 novembre 2012,** *voir §§ 101 et s.*), **l'administration indique que les différentes conditions énumérées au** *§ 1831* **sont à apprécier au niveau de la société dont les titres ont été reçus lors de l'échange, et qui font l'objet de la cession** (BOFiP-RPPM-PVBMI-20-30-10-§ 270-20/12/2019).

En revanche, lorsqu'un apport est réalisé sous le régime du report d'imposition prévu à l'article 150-0 B ter du CGI (cas par exemple d'un apport de titres à une société contrôlée à compter du 14 novembre 2012, *voir § 110*), **la plus-value en report doit être déterminée après application le cas échéant des abattements renforcés qui nous occupent, lorsque les conditions du** *§ 1831* **sont respectées par la société dont les titres sont apportés. La plus-value réalisée sur une cession ultérieure pourra quant à elle bénéficier des abattements renforcés si, au moment de cette cession, la société émettrice des titres cédés (issus de l'apport) respecte les conditions en question** (BOFiP-RPPM-PVBMI-20-30-10-§ 280-20/12/2019).

La PME européenne

1835 **De nombreux textes fiscaux font référence aux petites et moyennes entreprises au sens de la réglementation communautaire [c'est-à-dire satisfaisant à la définition donnée à l'annexe I du règlement n° 651/2014 de la Commission européenne du 17 juin 2014** (BOFiP-BIC-RICI-10-10-50-§§ 60 à 140-13/07/2021)**].**

1836 **D'un point de vue général, sont considérées comme « PME communautaires » les sociétés qui respectent chacun des deux critères suivants :**
– elles doivent employer un effectif salarié inférieur à 250 personnes ;
– et elles ne doivent pas avoir un chiffre d'affaires annuel excédant 50 millions d'euros, ni un total de bilan excédant 43 millions d'euros.

1837 **Mais ces seuils s'apprécient différemment selon que l'entreprise est qualifiée d'« autonome », de « partenaire » ou de « liée ».**

Une entreprise est qualifiée d'autonome si les conditions suivantes sont satisfaites :
– elle n'a pas de participation de 25 % ou plus dans une autre entreprise ;
– elle n'est pas détenue à 25 % ou plus par une autre entreprise ou par un organisme public (ou conjointement par plusieurs entreprises ou organismes).

Il est cependant admis qu'une entreprise continue d'être qualifiée d'« autonome », même lorsqu'elle est détenue à hauteur d'au moins 25 % par certains types d'investisseurs (à condition cependant que ceux-ci ne soient pas « liés » au sens indiqué ci-dessous) :
- sociétés publiques de participation, sociétés de capital-risque, personnes physiques ou groupes de personnes physiques ayant une activité régulière de capital-risque investissant en fonds propres d'entreprises non cotées, dès lors que le total d'investissement dans une même entreprise n'excède pas 1,25 million d'euros ;
- universités, centres de recherche et investisseurs institutionnels, y compris les fonds de développement régional ;
- autorités locales autonomes ayant un budget annuel inférieur à 10 millions d'euros et moins de 5 000 habitants.

1838 **Une entreprise est qualifiée d'« entreprise partenaire » avec une autre lorsque l'une des deux entreprises possède dans l'autre une participation d'au moins 25 %, mais inférieure à 50 %.**

1839 **Enfin, une entreprise est qualifiée d'« entreprise liée » avec une autre lorsque l'une des deux entreprises détient la majorité des droits de vote dans l'autre entreprise ou exerce sur elle une influence dominante.**

1840 **En ce qui concerne une entreprise autonome, les seuils mentionnés au** *§ 1836* **ci-dessus s'appliquent simplement sur la base des comptes de cette seule entreprise.**

1841 **En revanche, en ce qui concerne une entreprise partenaire, doit être ajoutée, aux données propres de l'entreprise (effectifs, chiffre d'affaires et total de bilan) une certaine proportion des données correspondantes de l' (ou des) entreprise(s) partenaire(s), déterminée en fonction du pourcentage de détention du capital (ou des droits de vote s'il est plus élevé) de cette entreprise.**

Cependant, seules les données des entreprises partenaires situées immédiatement en amont ou en aval de l'entreprise concernée doivent être prises en compte.

1842 **Enfin, en ce qui concerne une entreprise liée, les chiffres des entreprises concernées doivent être purement et simplement additionnés dans leur intégralité.**

EXEMPLE

1 - Entreprises partenaires. Cas d'une société holding H comprenant 3 salariés et réalisant un chiffre d'affaires de 300 000 € HT correspondant à la refacturation de ses prestations à différentes sociétés. Cette holding, dont le total du bilan s'élève à 5 M€, détient des participations dans deux sociétés :
- une société A dont elle détient 35 % du capital. Cette société emploie 40 personnes et réalise un chiffre d'affaires de 28 M€. Son total de bilan s'élève à 18 M€ ;
- une société B dont elle détient 40 % du capital mais 45 % des droits de vote. Cette société emploie 240 personnes et réalise un chiffre d'affaires de 80 M€. Son total de bilan s'élève à 50 M€ ;
- la société B détient par ailleurs 30 % du capital d'une société C, qui emploie 20 personnes et réalise un chiffre d'affaires de 12 M€. Son total de bilan s'élève à 10 M€.

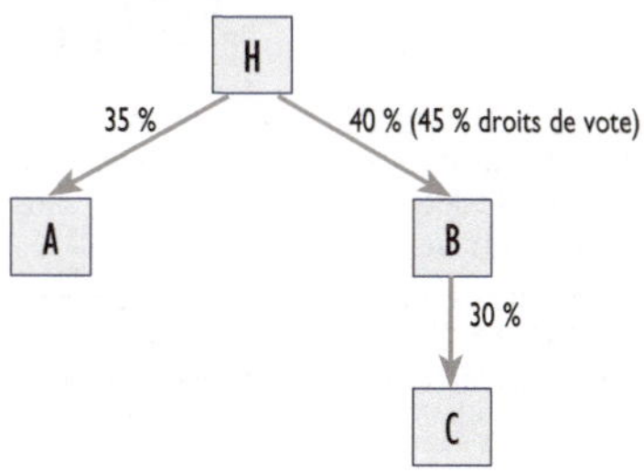

En ce qui concerne le critère des effectifs, pour déterminer si la holding H est une PME au sens communautaire, il y aura lieu d'ajouter le personnel des sociétés H, A et B de la manière suivante (les effectifs de la société C ne seront pas retenus puisque la société en question ne se situe pas, dans la chaîne de participations, « immédiatement en aval » de la holding H) :

Holding H :	100 % × 3 =	3
Société A :	35 % × 40 =	14
Société B (% droits de vote) :	45 % × 240 =	108
Total :		125

La holding H peut donc être considérée comme une PME communautaire au sens des effectifs. Reste à examiner les critères du total de bilan et du chiffre d'affaires.

Total de bilan (K€) :

Holding H :	100 % × 5 000 K€ =	5 000
Société A :	35 % × 18 000 K€ =	6 300
Société B (% droits de vote) :	45 % × 50 000 K€ =	22 500
Total :		33 800

Chiffre d'affaires (K€) :

Holding H :	100 % × 300 K€ =	300
Société A :	35 % × 28 000 K€ =	9 800
Société B (% droits de vote) :	45 % × 80 000 K€ =	36 000
Total :		46 100

Si le total de bilan (33,8 M€) ne dépasse pas le seuil de 43 M€, il n'en va pas de même du chiffre d'affaires (46,1 M€). La holding H ne peut donc pas être considérée comme une PME au sens communautaire.

Exemple 2 - Entreprises liées. Cas d'une société holding H comprenant 3 salariés et réalisant un chiffre d'affaires de 300 000 € HT correspondant à la refacturation de ses prestations à différentes sociétés. Cette holding, dont le total du bilan s'élève à 5 M€, détient des participations dans deux sociétés :

- une société A dont elle détient 55 % du capital. Cette société emploie 40 personnes et réalise un chiffre d'affaires de 28 M€. Son total de bilan s'élève à 18 M€ ;
- une société B dont elle détient 70 % du capital. Cette société emploie 240 personnes et réalise un chiffre d'affaires de 80 M€. Son total de bilan s'élève à 50 M€ ;
- la société B détient par ailleurs 60 % du capital d'une société C, qui emploie 20 personnes et réalise un chiffre d'affaires de 12 M€. Son total de bilan s'élève à 10 M€.

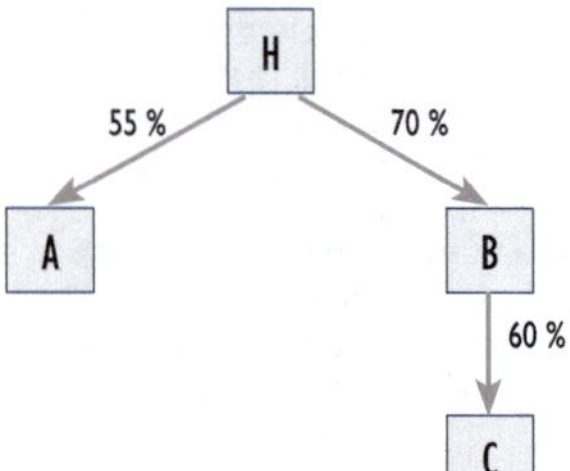

S'agissant des effectifs, il y a lieu d'additionner purement et simplement celui des quatre sociétés (y compris C), d'où un effectif total de 3 + 40 + 240 + 20 = 303 personnes. La holding H ne peut donc pas être considérée comme une PME au sens communautaire, sans qu'il y ait lieu d'examiner les critères de total de bilan et de chiffre d'affaires.

De toute manière, le total de bilan à retenir serait de : 5 + 18 + 50 + 10 = 83 M€ et le chiffre d'affaires de : 0,3 + 28 + 80 + 12 = 120,3 M€, donc toutes les limites sont en tout état de cause dépassées. La holding H ne peut pas être considérée comme une PME au sens communautaire.

1843 **(Réservé)**

Régime des départs en retraite

1850 **La loi prévoit des modalités d'imposition particulières pour les plus-values de cession de titres de PME européennes réalisées par les dirigeants en vue de leur départ à la retraite** (CGI art. 150-0 D ter).

En effet, pour les cessions réalisées entre le 1er janvier 2018 et le 31 décembre 2024, ces plus-values peuvent être réduites d'un abattement fixe de 500 000 €.

Pour les cessions réalisées entre le 1er janvier 2014 et le 31 décembre 2017, cet abattement se cumulait avec un « abattement renforcé » pour durée de détention pouvant aller jusqu'à 85 %. Désormais, l'abattement fixe est exclusif de tout abattement proportionnel pour durée de détention.

Conditions d'application

1851 **Les conditions d'application du régime sont assez nombreuses, elles tiennent à la fois au cédant** *(voir § 1850)*, **et à la société dont les titres sont cédés** *(voir § 1860)*.

Conditions tenant au cédant

1852 **Pour bénéficier du régime qui nous occupe :**

– le cédant doit avoir occupé des fonctions de direction dans la société dont les titres ou droit sont cédés, de manière continue pendant les 5 années précédant la cession ;

– il doit avoir détenu directement ou par personne interposée ou par l'intermédiaire de son conjoint ou de leurs ascendants ou descendants ou de leurs frères et sœurs, de manière continue pendant les 5 années précédant la cession, au moins 25 % des droits de vote ou des droits dans les bénéfices sociaux de la société dont les titres ou droits sont cédés ;

– il doit, pendant les deux années suivant ou précédant la cession, cesser toute fonction dans la société dont les titres sont cédés et faire valoir ses droits à la retraite ;

Ce délai est porté à 3 ans lorsque le cédant a fait valoir ses droits à la retraite entre le 1er janvier 2019 et le 31 décembre 2021 et que ce départ en retraite précède la cession (Loi 2021-1900 du 30 décembre 2021 art. 19, III).

– en cas de cession à une société, il ne doit pas détenir de participation dans cette dernière.

1853 Ces **fonctions de direction** sont les suivantes :

– gérant nommé conformément aux statuts d'une société à responsabilité limitée ou en commandite par actions ;

– associé en nom d'une société de personnes ;

– président, directeur général, président du conseil de surveillance ou membre du directoire d'une société par actions.

Elles doivent être effectivement exercées, et donner lieu à une **rémunération normale**, dans les catégories imposables à l'impôt sur le revenu des traitements et salaires, bénéfices industriels et commerciaux, bénéfices agricoles, bénéfices non commerciaux et revenus des gérants et associés mentionnés à l'article 62, au regard des rémunérations du même type versées au titre de fonctions analogues dans l'entreprise ou dans des entreprises similaires établies en France.

Par ailleurs, cette rémunération doit représenter plus de la **moitié des revenus** à raison desquels l'intéressé est soumis à l'impôt sur le revenu dans les mêmes catégories, à l'exclusion des revenus non professionnels (CGI art. 150-0 D ter, II, 2° a).

Par symétrie avec les règles applicables en matière d'IFI, et jadis d'ISF *(voir § 1582)*, l'exercice d'une **profession libérale** dans la société dont les titres sont cédés devrait être assimilé à l'exercice d'une fonction de direction pour le régime fiscal qui nous occupe. Telle était du moins la position de l'Administration pour l'article 150-0 D ter tel qu'il s'est appliqué jusqu'au 31 décembre 2017 (BOFiP-RPPM-PVBMI-20-30-30-40-§ 30-04/03/2016). Cependant, cette tolérance n'existe plus désormais (BOFiP-RPPM-PVBMI-20-40-10-40-§ 40-05/07/2022).

Qu'en est-il des conditions liées à l'exercice personnel des fonctions par le cédant, dans le cas où la cession des titres est effectuée par un couple marié ?

La question s'est posée dans le cas d'un couple, soumis à imposition commune et marié sous le régime de la communauté, dont chacun des membres avait cédé les 25 % du capital qu'il détenait dans le capital d'une SAS, alors que seule l'épouse respectait la condition d'exercice de fonctions de direction pendant 5 ans avant la cession (le mari ayant déjà pris sa retraite plusieurs années auparavant).

Le Conseil d'État a indiqué que le bénéfice de l'abattement est subordonné au respect de plusieurs conditions relatives à la personne du **cédant**, tenant notamment à l'exercice effectif de fonctions de direction et à la cessation de toute fonction au sein de la société dont les titres sont cédés, et que le respect de ces conditions s'apprécie, dans le cas d'un **couple marié**, au niveau de **chaque conjoint** pris isolément, sans qu'y fasse obstacle le fait que les personnes mariées sont soumises à une imposition commune de leurs revenus, ni la circonstance que les époux sont mariés sous le régime de la communauté (CE 10 décembre 2014, n° 371437 ; BOFiP-RPPM-PVBMI-20-40-10-40-§ 10-05/07/2022).

Inversement, si chacun des époux ou partenaires liés par un PACS remplit l'ensemble des conditions prévues, chacun bénéficie de l'abattement fixe de 500 000 € mentionné à l'article 150-0 D ter du CGI au titre de ses gains (BOFiP-RPPM-PVBMI-20-40-10-40-§ 10-05/07/2022).

1854 On précise que lorsque le cédant est dirigeant de **plusieurs sociétés**, la condition relative au niveau de rémunération de la fonction de direction exercée dans la société dont les titres sont cédés s'apprécie par rapport aux rémunérations perçues au titre :
– des fonctions de direction exercées par le cédant dans cette dernière société ou dans ses filiales ;
– des fonctions de direction exercées par le cédant dans des sociétés dont les activités sont, soit similaires, soit connexes et complémentaires, à celles de la société dont les titres ou droits sont cédés.

Ainsi, lorsque le cédant exerce, dans la société dont les titres ou droits sont cédés, une fonction de direction **non rémunérée** et exerce par ailleurs des fonctions de direction rémunérées dans des **filiales de cette société** (ou dans des sociétés dont les activités sont, soit similaires, soit connexes et complémentaires, à celles de cette même société), ces rémunérations sont retenues au numérateur pour le calcul de la proportion de 50 % (BOFiP-RPPM-PVBMI-20-40-10-40-§ 110-05/07/2022).

Lorsque la rémunération du cédant pour sa fonction de direction dans la société dont les titres sont cédés est **versée par une ou plusieurs des filiales** de cette société (ou par une ou plusieurs autres sociétés du groupe auquel appartient cette même société), il est admis que la rémunération de la fonction de direction soit retenue au numérateur du rapport (BOFiP-RPPM-PVBMI-20-40-10-40-§ 130-05/07/2022).

1855 En cas de cession de titres reçus depuis moins de 5 ans à la suite d'une opération d'**échange de titres**, l'administration distingue deux situations différentes :
– si l'opération a bénéficié du **sursis** d'imposition prévu à l'article 150-0 B du CGI (opérations de fusion, scission, offre publique, ou d'apport de titres à une société soumise à l'IS non contrôlée, ou effectuée avant le 14 novembre 2012 : *voir § 101*), la condition tenant à l'exercice de la fonction de direction est appréciée **à la fois** au niveau de la société dont les titres ou droits sont cédés (pour la période allant de l'échange jusqu'à la cession) et au niveau de la société dont les titres ont été remis à l'échange (pour la période restante). Ainsi, la condition est considérée comme remplie lorsque, pendant les 5 années précédant la cession, le cédant a exercé successivement et de manière continue une fonction de direction dans ces deux sociétés (BOFiP-RPPM-PVBMI-20-40-10-40-§ 160-05/07/2022) ;
– si en revanche l'opération a bénéficié du **report** d'imposition prévu à l'article 150-0 B ter du CGI (comme en cas d'apport de titres à une société soumise à l'IS « contrôlée » effectués depuis le 14 novembre 2012 : *voir § 110*), la condition est appréciée seulement au niveau de la société dont les titres ou droits sont cédés (pour la période allant de l'apport jusqu'à la cession) : lorsque la cession intervient **moins de cinq ans** après l'opération d'**apport**, la condition n'est donc **pas satisfaite** (BOFiP-RPPM-PVBMI-20-40-10-40-§ 180-05/07/2022).

EXEMPLE

1. Monsieur Dupont est actionnaire à 80 % de la société A (SA), et PDG de cette société depuis 2006, date à laquelle il avait acquis ses titres pour 500 000 €. En mars 2016, il a apporté ses actions à la holding H (SAS), société non contrôlée mais dont il est devenu président, et a reçu, en échange des titres A apportés, des actions H pour une valeur de 1,5 million d'euros. En juin 2022, Monsieur Dupont a vendu les titres de la holding H pour 2 millions d'euros et fait valoir ses droits à la retraite.

Solution. La plus-value réalisée en 2016 a été placée en **sursis**. Lors de son départ à la retraite, Monsieur Dupont pourra bénéficier du régime d'abattement prévu en pareil cas, puisqu'il sera réputé avoir exercé des fonctions de direction au sein de A+H depuis 2016.

Sa plus-value de 1,5 million d'euros (2 000 000 - 500 000) sera réduite de l'abattement fixe de 500 000 €.

2. Monsieur Durand est actionnaire à 90 % de la société B (SA), et PDG de cette société depuis 1997, date à laquelle il avait acquis ses titres pour 300 000 €. En février 2019, il a apporté ses actions à la holding H (SAS), qu'il contrôle, et dont il est devenu président. Il a reçu, en échange des titres B apportés, des actions H pour une valeur de 1 million d'euros. En mai 2022, Monsieur Dupont vend les titres de la holding H pour 1,5 million d'euros et fait valoir ses droits à la retraite.

Solution. La plus-value d'apport réalisée en 2019 a bénéficié d'un **report** d'imposition. Elle s'est élevée à 700 000 € (1 000 000 - 300 000), montant éligible à l'abattement de droit commun de 65 % puisque les titres apportés étaient détenus depuis plus de 8 ans (1997). La plus-value placée en report était donc de 700 000 - 65 % = 245 000 €.

Lors de la cession de ses titres en 2022, Monsieur Dupont ne pourra pas bénéficier du régime d'abattement spécifique prévu en cas de départ à la retraite, puisqu'il ne sera réputé avoir détenu les titres cédés que depuis l'apport de 2019, et n'avoir exercé ses fonctions de direction (au sein de H) que depuis cette même année 2019.

Sa plus-value de 500 000 € (1,5 - 1 M€) sera seulement éligible à l'abattement de droit commun de 50 % (sauf application du PFU) puisqu'il sera réputé détenir ses titres depuis 2019, donc depuis plus de 2 ans mais moins de 8 ans *(voir § 1803)*.

En définitive, la plus-value fiscalement imposable en 2022 sera de 250 000 + 245 000 (plus-value en report de 2019) = **495 000 €**.

1856 **(Réservé)**

Conditions tenant à la société

1860 **La société dont les titres sont cédés doit :**
– être soumise à l'impôt sur les sociétés ou à un impôt équivalent ;
– et avoir son siège social en France ou dans un autre État de l'Union européenne (ou un État membre de l'Espace économique européen ayant conclu avec la France une convention d'assistance administrative en vue de lutter contre la fraude et l'évasion fiscales).

Par ailleurs, les titres cédés doivent avoir été **détenus depuis** au moins **un an** à la date de la cession.

1861 La société dont les titres sont cédés doit être une « PME communautaire » au sens de l'annexe I du règlement (UE) n° 651/2014 de la Commission du 17 juin 2014 (voir encadré supra), et cette condition s'apprécie à la date de clôture de chacun des deux derniers exercices qui précèdent la date de la cession.

1862 La société doit exercer une **activité opérationnelle**, puisque le texte indique que la société dont les titres sont cédés doit, de manière continue au cours des **5 années** précédant la cession (renvoi à l'article 150-0 B ter) :
– exercer une activité commerciale, industrielle, artisanale, libérale, agricole ou financière, à l'exception de la gestion de son propre patrimoine mobilier ou immobilier ;
– ou avoir pour objet social exclusif de **détenir des participations** dans des sociétés exerçant les activités en question (CGI art. 150-0 D ter, II, 3° b).

1863 Pour l'administration, cette dernière condition est considérée comme remplie si la société est :
– une société **holding animatrice** de son groupe (BOFiP-RPPM-PVBMI-20-40-10-20-§ 40-20/12/2019) ;
– ou une société **holding non animatrice** si un certain nombre de conditions se trouvent remplies.

En ce qui concerne les holdings animatrices, il a été jugé que le bénéfice du régime doit être refusé lorsque la participation active et continue de la holding à la politique du groupe ne peut pas être établie pendant les 5 années précédant la cession, mais seulement sur les 3 années précédant ladite cession : en l'espèce la convention d'animation n'avait été signée que 3 ans avant et seuls les procès-verbaux des conseils d'administration des 3 dernières années justifiaient du rôle décisif de la holding dans la gestion du groupe (CAA Nantes 22 octobre 2015, n° 14NT00291).

Le Conseil d'État a précisé cette notion de « holding animatrice » au sens du texte qui nous occupe, en indiquant qu'il s'agit d'une « *société holding qui a pour* **activité principale**, *outre la gestion d'un portefeuille de participations, la participation active à la conduite de la politique du groupe et au contrôle de ses filiales et, le cas échéant et à titre purement interne, la fourniture de services spécifiques, administratifs, juridiques, comptables, financiers et immobiliers, est animatrice de son groupe* », et qu'elle doit donc être regardée comme une société exerçant une activité opérationnelle (CE 13 juin 2018 précité, n° 395495, concl. Y. Bénard).

Dans cette affaire, dans laquelle il a validé la qualification de holding animatrice dont se prévalait le contribuable, le Conseil d'État a relevé que la holding en question détenait 95 % du capital de sa filiale, que son PDG était également celui de la filiale, et que des personnalités qualifiées indépendantes, spécialisées dans le secteur d'activité de la filiale, étaient membres du conseil d'administration de la holding. Il a aussi souligné que les procès-verbaux de conseils d'administration de la holding attestaient de sa participation à la conduite de la politique de sa filiale et de ses sous-filiales, et faisaient état de plusieurs actions concrètes (recherche d'opérations de croissance externe, détermination de projets de recherche et de développement) allant au-delà des attributions d'un simple actionnaire. Enfin, les sociétés avaient conclu une convention d'assistance en matière administrative et en matière de stratégie et de développement, précisant que la holding prendrait part activement à la stratégie et au développement de sa filiale.

Il a souligné enfin que la valeur des titres de la filiale représentait 56,2 % de l'actif de la holding et que la valeur de cette participation avait d'ailleurs dû représenter bien davantage dans les années antérieures car la filiale avait entre-temps versé d'importants dividendes à sa holding. Cette possibilité de démontrer le caractère « principal » de l'activité d'animation par référence à la valeur de la participation détenue devrait, espérons-le, coupera court à bien des contentieux.

1864 S'agissant de la seconde catégorie (holdings « non animatrices » éligibles), ce sont les sociétés qui ne font qu'exercer les prérogatives usuelles d'un actionnaire (droits de vote et droits financiers), et dont **l'objet social exclusif** est la détention de participations, soit dans des sociétés opérationnelles (c'est-à-dire exerçant une activité commerciale, industrielle, artisanale, libérale, agricole ou financière à l'exception de la gestion de leur propre patrimoine mobilier ou immobilier, voir supra), soit dans des sociétés **holding animatrices** de groupe (BOFiP-RPPM-PVBMI-20-40-10-20-§ 60-20/12/2019).

Cela étant, l'administration n'autorise **qu'un seul niveau d'interposition**, puisqu'elle précise qu'il ne peut y avoir qu'une société holding non animatrice entre l'actionnaire cédant et la société opérationnelle ou la société holding animatrice (BOFiP-RPPM-PVBMI-20-40-10-20-§ 60-20/12/2019, « Remarque 1 »).

1865 Le critère d'objet social « exclusif » prévu par la loi risquant d'être parfois difficile à respecter en pratique, l'administration admet, à titre de règle pratique, que cette condition est considérée comme satisfaite dès lors que l'actif brut comptable de la holding est représenté à hauteur de 90 % au moins en parts, titres de capital ou donnant accès au capital émis par des sociétés opérationnelles (ou des sociétés holding animatrices, voir ci-dessus), mais aussi en avances en compte courant à ces mêmes sociétés (BOFiP-RPPM-PVBMI-20-40-10-20-§ 60-20/12/2019, « Remarque 2 »).

1866 Par ailleurs, pour le calcul de ce pourcentage, il est prévu de faire abstraction :
– des immobilisations (corporelles ou incorporelles) mises à la disposition des filiales, ainsi que des parts de sociétés civiles immobilières ayant pour objet exclusif de détenir des immeubles mis à la disposition des filiales ;
– pendant une durée de douze mois au plus, des placements en trésorerie ou assimilés effectués en emploi des distributions reçues des filiales.

EXEMPLE

Monsieur Dubois s'apprête à vendre les titres de la société H et à faire valoir ses droits à la retraite. La société H est une holding, qui n'a pas le caractère de holding animatrice, et possède deux filiales opérationnelles F1 et F2 exerçant toutes deux une activité industrielle et commerciale. La holding H possède par ailleurs un immeuble qui est donné en location à la société F2 (immeuble d'exploitation), et un autre donné en location à des tiers :

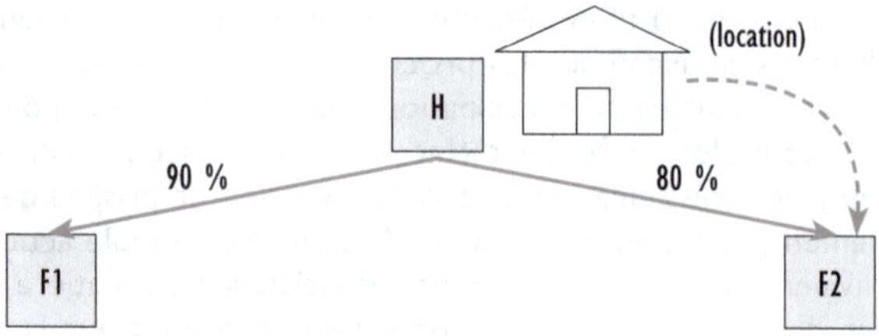

L'actif du bilan de la holding H se présente de la manière suivante (K€) :

Titres de F1	1 500
Titres de F2	4 000
Immeuble A (location à F2)	2 500
Immeuble B (location à un tiers)	1 200
Avance en compte courant à F1	800
Comptes bancaires et placements divers	2 000
Total	12 000

La holding H a reçu, au cours des 12 derniers mois, 500 K€ de distributions de ses filiales F1 et F2.

Solution. Ici les actifs non éligibles au ratio de 90 % sont l'immeuble B, non donné en location à une filiale, et la trésorerie. Encore faut-il, cette dernière, tenir compte des distributions récentes reçues des filiales : voir plus haut.

Le pourcentage ci-dessus n'étant que de 77,5 %, donc inférieur à 90 %, la cession des titres ne peut pas bénéficier des abattements renforcés prévus dans le cadre des départs à la retraite.

1867 **En application des principes déjà mentionnés** *(voir § 1862)*, **ce ratio de 90 % doit être respecté de manière continue au cours des cinq années précédant la cession. Cependant, l'administration admet que cette proportion ne se trouve vérifiée qu'au moment de l'établissement des bilans des exercices clos au cours des cinq années précédant la cession** (BOFiP-RPPM-PVBMI-20-40-10-20-§ 60-20/12/2019).

1868 **(Réservé)**

Modalités d'application

1875 **La cession doit normalement porter sur l'intégralité des titres, mais elle peut être partielle si elle porte sur un nombre de titres ou sur un nombre de droits démembrés conférant au cédant plus de 50 % des droits de vote de la société ou, dans le cas d'une détention du seul usufruit, sur un nombre de droits démembrés conférant au cédant plus de 50 % des droits dans les bénéfices sociaux de la société** (CGI art. 150-0 D II. 1°).

En cas de **cessions échelonnées** dans le temps, il est prévu que plusieurs cessions puissent ouvrir droits à l'abattement de 500 000 €, pourvu que certaines conditions soient remplies.

En effet, pour ces cessions échelonnées, deux cas sont prévus :
- cas où la **cessation des fonctions** et le **départ à la retraite** interviennent à la **même date** : pour l'appréciation de la condition de cession totale (ou, le cas échéant, majoritaire), sont prises en compte les cessions intervenues **avant et après** le départ à la retraite (ou la cessation des fonctions), sous réserve qu'il ne s'écoule pas un délai supérieur à **24 mois** entre la première et la dernière des cessions prises en compte (BOFiP-RPPM-PVBMI-20-40-10-30-§ 40-05/07/2022).
- cas où la **cessation des fonctions** et le **départ à la retraite** interviennent à des **dates différentes** : pour l'appréciation de la condition, sont prises en compte, cumulativement, toute cession intervenue dans les **24 mois précédant** la cessation des fonctions ou le départ à la

retraite (dernier de ces deux événements) et toute cession intervenue dans les **24 mois suivant** la cessation des fonctions ou le départ à la retraite (premier de ces deux événements), à la condition qu'il ne s'écoule pas un délai supérieur à **24 mois** entre la première et la dernière des cessions échelonnées cumulativement prises en compte : ainsi, toute cession prise en compte doit être distante de moins de 2 ans de chacun des 2 événements (BOFiP-RPPM-PVBMI-20-40-10-30-§ 50-05/07/2022).

Des conditions particulières de délai (délai de 24 mois porté à 36 mois) s'appliquent pour les départs à la retraite intervenus entre le 1er janvier 2019 et le 31 décembre 2021 (loi n° 2021-1900 du 30 décembre 2021 de finances pour 2022, art. 19, III).

1876 **Lorsque le dirigeant de la société en détient les titres par l'intermédiaire d'une personne interposée, la condition tenant à la cession totale ou partielle des titres de la société s'apprécie en tenant compte des titres détenus par le dirigeant par l'intermédiaire de cette personne interposée, les conditions liées au cédant (fonctions de direction, etc.) s'appréciant quant à elles au niveau de l'associé personne physique de la personne interposée** (BOFiP-RPPM-PVBMI-20-40-10-30-§ 90-05/07/2022).

Sont considérés comme personnes interposées les sociétés ou groupements exerçant une activité civile telle que l'acquisition et la gestion d'un portefeuille de valeurs mobilières et de droits sociaux qui sont soumis au régime d'imposition des sociétés de personnes visées à l'article 8 du CGI et dont les bénéfices sont imposés entre les noms des associés (BOFiP-RPPM-PVBMI-20-40-10-30-§ 90-05/07/2022).

Il s'agira par exemple d'une holding pure constituée sous la forme de société civile et n'ayant pas opté pour l'IS.

EXEMPLE

(donné par l'administration). Soit le dirigeant d'une société A qui détient 70 % du capital de cette société (droits de vote et droits financiers) :
- directement, à hauteur de 40 % ;
- et par l'intermédiaire d'une personne interposée, à hauteur de 30 % (le dirigeant détient 50 % du capital de la personne interposée, qui détient elle-même 60 % du capital de la société A).

Pour bénéficier du dispositif, ce dirigeant doit céder plus de 50 % des droits de vote de la société A. Pour ce faire, s'il cède l'intégralité des droits de vote qu'il détient directement dans la société A, la personne interposée doit céder quant à elle plus de 20 % des droits de vote qu'elle détient dans cette même société A (soit indirectement plus de 10 % par le dirigeant concerné).

Les autres associés personnes physiques de la personne interposée (non-dirigeants de la société A) ne peuvent prétendre au bénéfice du dispositif (BOFiP-RPPM-PVBMI-20-40-10-30-§ 90-05/07/2022).

1877 **(Réservé)**

1878 **Signalons qu'il existe des règles particulières pour la déduction de la CSG afférente aux plus-values de cession de titres réalisées par les dirigeants de sociétés à l'occasion de leur départ à la retraite et bénéficiant de l'abattement de 500 000 €.**

Dans ce cas en effet, le montant de la fraction de CSG déductible (normalement 6,8 points sur un total de 9,9 points) ne l'est qu'à hauteur du rapport entre le montant du revenu soumis à l'impôt sur le revenu et le montant de ce même revenu soumis à la contribution (CGI art. 154 quinquies II, issu de la loi de finances pour 2018, n° 2017-1837 du 30 décembre 2017, art. 67).

EXEMPLE

Soit un dirigeant de PME qui cède en 2020 à l'occasion de son départ en retraite l'intégralité de ses titres, qu'il détient depuis plus de 8 ans, réalisant à cette occasion une plus-value de 700 000 €.

Le montant de plus-value imposable à l'impôt sur le revenu sera de 200 000 € :

Plus-value	**700 000 €**
Abattement fixe	**- 500 000 €**
Montant net imposable	**200 000 €**

La CSG de 9,9 % sera due sur le montant total (brut) de la plus-value avant abattements, soit 700 000 € : elle sera donc de 700 000 × 9,9 % = 69 300 € (sur un total de prélèvements sociaux de 17,2 % soit 108 500 €).

Le montant théorique de la CSG déductible est normalement de **47 600 €** (6,8 %), mais la déduction sera limitée à 200 000 / 700 000 de ce montant, soit **19 040 €**.

Annexes

Annexe 1 - Code général des impôts

Annexe 2 - Directives

Annexe 3 - Jurisprudence

Annexe 4 - Formulaires

Annexe 1 - **CODE GÉNÉRAL DES IMPÔTS**

CGI art. 38, 7, 38, 7 bis et 38, 9

7. Le profit ou la perte résultant de l'échange d'actions effectué dans le cadre d'une offre publique d'échange, de la conversion ou de l'échange d'obligations en actions, réalisé conformément à la réglementation en vigueur, est compris dans le résultat de l'exercice au cours duquel les actions reçues en échange sont cédées. Dans ce cas, le profit ou la perte résultant de la cession ultérieure de ces titres est déterminé par rapport à la valeur que les actions remises à l'échange ou les obligations converties ou échangées avaient du point de vue fiscal ; le délai de deux ans mentionné à l'article 39 duodecies s'apprécie à compter de la date d'acquisition des actions remises à l'échange.

Toutefois, en cas d'échange ou de conversion avec soulte, la plus-value réalisée est, à concurrence du montant de la soulte reçue, comprise dans le bénéfice de l'exercice au cours duquel intervient l'échange ou la conversion. Il en est de même en cas d'échange d'actions assorties de droits de souscription d'obligations, attachés ou non, et de conversion d'obligations en actions assorties des mêmes droits, de la fraction de la plus-value qui correspond à la valeur réelle de ces droits à la date de l'opération d'échange ou de conversion ou au prix de ces droits calculé dans les conditions du deuxième alinéa du 1° du 8 du présent article s'ils sont échangés ou convertis pour un prix unique. Le montant imposable peut bénéficier du régime des plus-values à long terme prévu à l'article 39 duodecies, dans la limite de la plus-value réalisée sur les actions détenues depuis deux ans au moins.

Ces dispositions ne sont pas applicables si le total de la soulte et, le cas échéant, du prix des droits mentionnés au deuxième alinéa dépasse 10 % de la valeur nominale des actions attribuées ou si ce total excède la plus-value réalisée.

Lorsque, à l'occasion d'une opération d'échange d'actions mentionnée au premier alinéa, l'un des coéchangistes garantit, par un contrat d'instrument financier, à une date fixée dans l'offre et comprise entre douze et soixante mois suivant la date de clôture de cette offre, le cours des actions remises à l'échange dont il est l'émetteur, le profit ou la perte résultant de l'échange d'actions est soumis aux dispositions de ce premier alinéa et le profit résultant de l'attribution de ce contrat d'instrument financier n'est pas compris dans les résultats de l'exercice de l'échange ; les sommes reçues par le coéchangiste sont comprises, selon le cas, dans les résultats de l'exercice de cession du contrat ou de celui de la mise en œuvre de la garantie prévue par le contrat. Dans ce dernier cas, les sommes reçues peuvent bénéficier du régime des plus-values à long terme prévu à l'article 39 duodecies si les actions remises et reçues à l'échange relèvent de ce régime, respectivement à la date de l'opération d'échange et à l'échéance du contrat en cause, et si l'action dont le cours est garanti par ce contrat ainsi que ce dernier ont été conservés jusqu'à cette échéance. Pour l'appréciation de cette dernière condition, les contrats conservés jusqu'à la date de leur échéance sont affectés par priorité aux actions encore détenues à cette date.

Lorsqu'une entreprise remet à l'échange plusieurs titres en application des modalités d'échange, la valeur mentionnée à la deuxième phrase du premier alinéa correspond au total de la valeur que chacun de ces titres avait du point de vue fiscal ; le délai de deux ans mentionné au même alinéa s'apprécie à compter de la date d'acquisition ou de souscription la plus récente des actions remises à l'échange par cette entreprise.

Lorsqu'une entreprise reçoit à l'occasion d'une opération d'échange ou de conversion plusieurs titres en application des modalités d'échange ou des bases de la conversion, la valeur mentionnée à la deuxième phrase du premier alinéa est répartie proportionnellement à la valeur réelle à la date de cette opération ou à la valeur résultant de leur première cotation si les titres reçus sont des actions assorties de droits de souscription d'actions, attachés ou non, émises pour un prix unique à l'occasion d'une telle opération.

Pour les opérations réalisées au cours d'exercices clos à compter du 31 décembre 1994, les dispositions du présent 7 ne sont pas applicables si l'un des coéchangistes remet à l'échange des actions émises lors d'une augmentation de capital réalisée depuis moins de trois ans par une société qui détient directement ou indirectement une participation supérieure à 5 % du capital de l'autre société avec laquelle l'échange est réalisé ou par une société dont plus de 5 % du capital est détenu directement ou indirectement par cette autre société.

Les augmentations de capital visées au septième alinéa sont celles résultant :
a - d'un apport en numéraire ;
b - d'un apport de créances ou de titres exclus du régime des plus-values à long terme en application du I de l'article 219 ;
c - de l'absorption d'une société dont l'actif est composé principalement de numéraire ou de droits cités au b ou de l'apport d'actions ou de parts d'une telle société.

Les dispositions du présent article s'appliquent aux opérations d'échange portant sur des certificats d'investissement, des certificats coopératifs d'investissement, des certificats pétroliers, des certificats de droit de vote, des actions à dividende prioritaire sans droit de vote et des actions de préférence, ainsi qu'à la conversion d'actions ordinaires en actions à dividende prioritaire sans droit de vote ou en actions de préférence, d'actions de préférence en actions de préférence d'une autre catégorie, d'actions à dividende prioritaire sans droit de vote ou d'actions de préférence en actions ordinaires et à la conversion d'actions en certificats mutualistes ou paritaires.

Les dispositions du présent 7 s'appliquent au remboursement, par la société émettrice, des porteurs d'obligations remboursables en actions, lorsque cette même société procède à l'opération susvisée par émission concomitante d'actions.

7 bis. Le profit ou la perte réalisé lors de l'échange de droits sociaux résultant d'une fusion ou d'une scission de sociétés peut être compris dans le résultat de l'exercice au cours duquel les droits sociaux reçus en échange sont cédés. Dans ce cas, le profit ou la perte résultant de la cession ultérieure de ces droits sociaux est déterminé par rapport à la valeur que les droits sociaux remis à l'échange avaient du point de vue fiscal.

En cas de scission de société, la valeur fiscale des titres de chaque société bénéficiaire des apports reçus en contrepartie de ceux-ci est égale au produit de la valeur fiscale des titres de la société scindée par le rapport existant à la date de l'opération de scission entre la valeur réelle des titres de chaque société bénéficiaire dans le cadre de cette opération et la valeur réelle des titres de la société scindée.

Toutefois, en cas d'échange avec soulte, la plus-value réalisée est, à concurrence du montant de la soulte reçue, comprise dans le bénéfice de l'exercice au cours duquel intervient l'échange. Le montant imposable peut bénéficier du régime des plus-values à long terme prévu à l'article 39 duodecies, dans la limite de la plus-value réalisée sur les titres détenus depuis deux ans au moins.

Ces dispositions ne sont pas applicables si la soulte dépasse 10 % de la valeur nominale des parts ou des actions attribuées ou si la soulte excède la plus-value réalisée.

9. 1° L'application de la méthode d'évaluation prévue à l'article L. 232-5 du code de commerce n'a pas d'incidence sur les résultats imposables, par dérogation aux 1 et 2 du présent article ;

2° Toutefois, les dispositions du dix-septième alinéa du 5° du 1 de l'article 39 sont applicables à la fraction de la provision constituée à raison de l'écart d'équivalence négatif, qui correspond à la dépréciation définie au dix-huitième alinéa du 5° du 1 de l'article 39, des titres évalués selon cette méthode. L'excédent éventuel de cette provision n'est pas déductible pour l'assiette de l'impôt.

Les provisions qui sont transférées au poste d'écart d'équivalence ainsi que celles devenues sans objet en raison de l'application de la méthode d'évaluation mentionnée au 1°, sont immédiatement rapportées aux résultats imposables. Les provisions pour dépréciation des titres ainsi transférées sont comprises dans les plus-values à long terme de l'exercice visées au 1 du I de l'article 39 quindecies ;

3° En cas de cession de titres mentionnés au 2°, la plus-value ou la moins-value est déterminée en fonction de leur prix de revient ;

4° Un décret définit les modalités d'application du présent article ainsi que les obligations déclaratives des entreprises qui appliquent la méthode d'évaluation prévue au 1°.

CGI art. 39, 1, art. 39, 2, art. 39, 12 et art. 39, 13

1. Le bénéfice net est établi sous déduction de toutes charges, celles-ci comprenant, sous réserve des dispositions du 5, notamment :

1° Les frais généraux de toute nature, les dépenses de personnel et de main-d'œuvre, le loyer des immeubles dont l'entreprise est locataire.

Toutefois les rémunérations ne sont admises en déduction des résultats que dans la mesure où elles correspondent à un travail effectif et ne sont pas excessives eu égard à l'importance du service rendu. Cette disposition s'applique à toutes les rémunérations directes ou indirectes, y compris les indemnités, allocations, avantages en nature et remboursements de frais.

....

2. Les sanctions pécuniaires et pénalités de toute nature mises à la charge des contrevenants à des obligations légales ne sont pas admises en déduction des bénéfices soumis à l'impôt.

Il en est de même du versement libératoire prévu à l'article L. 221-4 du code de l'énergie.

.....

12. Lorsqu'il existe des liens de dépendance entre l'entreprise concédante et l'entreprise concessionnaire, le montant des redevances prises en compte pour le calcul du résultat net imposable selon le régime mentionné au 1 de l'article 39 terdecies n'est déductible du résultat imposable de l'entreprise concessionnaire que dans le rapport existant entre le taux réduit prévu au deuxième alinéa du a du I de l'article 219 et le taux normal prévu au deuxième alinéa du même I. Le présent alinéa n'est pas applicable lorsque l'entreprise concessionnaire apporte, dans le cadre de la documentation mentionnée à l'avant-dernière phrase du dixième alinéa de l'article 39 terdecies, la preuve que l'exploitation de la licence ou du procédé concédé, d'une part, lui crée, sur l'ensemble de la période de concession, une valeur ajoutée et, d'autre part, est réelle et ne peut être regardée comme constitutive d'un montage artificiel dont le but serait de contourner la législation fiscale française.

Des liens de dépendance sont réputés exister entre deux entreprises :
a - lorsque l'une détient directement ou par personne interposée la majorité du capital social de l'autre ou y exerce en fait le pouvoir de décision ;
b - lorsqu'elles sont placées l'une et l'autre, dans les conditions définies au a, sous le contrôle d'une même tierce entreprise.

13. Sont exclues des charges déductibles pour l'établissement de l'impôt les aides de toute nature consenties à une autre entreprise, à l'exception des aides à caractère commercial.

Le premier alinéa ne s'applique pas aux aides consenties en application d'un accord constaté ou homologué dans les conditions prévues à l'article L. 611-8 du code de commerce ni aux aides consenties aux entreprises pour lesquelles une procédure de sauvegarde, de redressement judiciaire ou de liquidation judiciaire est ouverte.

Les aides mentionnées au deuxième alinéa qui ne revêtent pas un caractère commercial sont déductibles à hauteur de la situation nette négative de l'entreprise qui en bénéficie et, pour le montant excédant cette situation nette négative, à proportion des participations détenues par d'autres personnes que l'entreprise qui consent les aides.

Le présent 13 n'est pas applicable aux abandons de créances mentionnés au 9° du 1 du présent article.

Nota. Conformément au II de l'article 7 de la loi n° 2022-1157 du 16 août 2022, ces dispositions s'appliquent aux acquisitions de fonds commerciaux intervenues à compter du 18 juillet 2022.

CGI art. 39 quaterdecies

1. Le montant net des plus-values à court terme peut être réparti par parts égales sur l'année de leur réalisation et sur les deux années suivantes.

Il s'entend de l'excédent de ces plus-values sur les moins-values de même nature qui ont été effectivement subies au cours du même exercice.

Ces dispositions ne sont pas applicables aux plus-values nettes à court terme réalisées par les entreprises soumises à l'impôt sur les sociétés au cours des exercices ouverts à compter du 1er janvier 1987.

1 bis. Par dérogation aux dispositions du 1, la réintégration aux bénéfices imposables du montant net des plus-values à court terme réalisées à l'occasion d'opérations de reconversion par les entreprises qui ont obtenu l'agrément prévu à l'article 1465 peut être étalée sur dix ans, sans que la somme rattachée aux bénéfices de chaque année puisse être inférieure au dixième de ce montant.

1 ter. Par dérogation aux dispositions du 1, la plus-value nette à court terme afférente à des biens amortissables, réalisée à la suite de la perception d'indemnités d'assurances ou de l'expropriation d'immeubles figurant à l'actif, peut être répartie, par fractions égales, sur plusieurs exercices à compter de celui suivant la réalisation de la plus-value.

Chaque fraction est égale au rapport du montant de cette plus-value nette, dans la limite du montant global de la plus-value nette à court terme de l'exercice au cours duquel elle est réalisée, à la durée moyenne d'amortissement déjà pratiquée sur les biens détruits ou expropriés, pondérée en fonction du prix d'acquisition de ces biens et limitée à quinze ans.

1 quater. Par dérogation aux dispositions du 1, la plus-value à court terme provenant de la cession, avant le 31 décembre 2010, d'un navire de pêche ou de parts de copropriété d'un tel navire et réalisée en cours d'exploitation par une entreprise de pêche maritime ou dont l'activité est de fréter des navires de pêche peut être répartie par parts égales, sur les sept exercices suivant l'exercice de la cession, lorsque l'entreprise acquiert au cours de ce dernier ou prend l'engagement d'acquérir dans un délai de dix-huit mois à compter de la cession, pour les besoins de son exploitation, un ou des navires de pêche neufs ou d'occasion ou des parts de copropriété de tels navires à un prix au moins égal au prix de cession.

Si les sommes réinvesties sont inférieures au prix de cession, le montant bénéficiant de la répartition est limité au produit de la plus-value à court terme par le rapport entre le prix de cession affecté à l'acquisition du navire et la totalité de ce prix. Dans ce cas, la régularisation à effectuer est comprise dans le résultat imposable de l'exercice en cours à l'expiration du délai de dix-huit mois fixé au premier alinéa, majorée d'un montant égal au produit de cette régularisation par le taux de l'intérêt de retard prévu à l'article 1727.

Lorsque l'entreprise visée au premier alinéa est une société soumise au régime d'imposition prévu à l'article 8, la condition tenant à la nature de l'activité de cette entreprise doit être également remplie par ses associés personnes morales.

Si le navire mentionné au premier alinéa est acquis d'occasion, sa durée résiduelle d'utilisation doit être d'au moins dix ans et sa construction doit être achevée depuis dix ans au plus ; ces deux dernières conditions ne sont pas exigées si l'entreprise justifie n'avoir pu y satisfaire, pour un navire de pêche correspondant à ses besoins, malgré ses diligences et pour des raisons indépendantes de sa volonté.

L'engagement mentionné au premier alinéa doit être annexé à la déclaration de résultat de l'exercice de la cession.

Les dispositions du premier alinéa ne sont pas applicables aux plus-values soumises aux dispositions de l'article 223 F.

Nota. Modifications effectuées en conséquence de l'article 44-I et V-3° de la loi n° 2015-991 du 7 août 2015.

1 quinquies. Le profit constaté à l'occasion du rachat par son débiteur d'une créance liée à une dette à moyen et long termes auprès d'un établissement de crédit ou d'une société de financement pour un prix inférieur à son montant nominal peut être réparti, pour sa partie correspondant à la différence entre l'actualisation de la somme du capital et des intérêts restant dus à la date du rachat, actualisés à un taux égal au taux à échéance constante dont la maturité est la plus proche de la durée restant à courir de la date de rachat jusqu'à la date de chaque échéance, et le prix de rachat de la créance, par fractions égales, sur les cinq exercices suivant le rachat. La fraction du profit prise en compte dans le résultat imposable est majorée d'un montant égal au produit de cette fraction par une fois et demie le taux de l'intérêt de retard prévu à l'article 1727.

Le premier alinéa ne s'applique ni aux établissements de crédit, ni aux sociétés de financement, ni aux rachats dont le débiteur et le créancier ont la qualité d'entreprises liées au sens du 12 de l'article 39. Toutefois, dans ce dernier cas, lorsque la créance a été acquise par le créancier auprès d'une personne à laquelle elle n'est pas liée au sens du 12 de l'article 39, le premier alinéa reste applicable, dans les mêmes conditions, à concurrence de la fraction du profit constaté par le débiteur qui n'excède pas la différence entre la valeur actualisée de la créance et son prix d'acquisition par le créancier.

Les présentes dispositions sont applicables à la double condition que le capital social de la société à la clôture de l'exercice au cours duquel intervient le rachat soit supérieur à celui à l'ouverture du même exercice et que le rapport entre le montant des dettes à moyen et long termes et le montant formé par le total de l'actif brut calculé à la clôture de l'exercice au cours duquel intervient le rachat soit inférieur d'au moins 10 % à ce même rapport calculé à l'ouverture du même exercice. Pour le calcul de ce rapport à la clôture de l'exercice, l'actif brut est diminué de la perte comptable de l'exercice.

Ces dispositions cessent de s'appliquer lorsqu'à la clôture d'un des cinq exercices suivant celui du rachat de la créance, ce même rapport est supérieur à celui constaté à l'ouverture de l'exercice de rachat. Dans ce cas, les fractions de profit non encore imposées sont comprises dans le bénéfice imposable de l'exercice du dépassement, dans les conditions prévues à la dernière phrase du premier alinéa.

2. En cas de cession ou de cessation totale d'entreprise ou de cession de l'un des navires ou de l'une des parts de copropriété de navire mentionnés au 1 quater, les plus-values ou les profits, majorés dans les conditions du 1 quinquies, dont l'imposition a été différée en application des dispositions qui précèdent sont rapportés au bénéfice imposable de l'exercice clos lors de cette opération, sous réserve des dispositions des articles 41 et 210 A à 210 C.

Sous réserve des dispositions du troisième alinéa du 1, les dispositions du premier alinéa ne sont pas applicables en cas d'apport d'une entreprise individuelle à une société dans les conditions prévues à l'article 151 octies si la société bénéficiaire de l'apport prend l'engagement dans l'acte d'apport de réintégrer à ses résultats les plus-values à court terme comme aurait dû le faire l'entreprise apporteuse.

2 bis. La moins-value résultant de la cession, moins de deux ans après leur émission, de titres de participation acquis en contrepartie d'un apport réalisé et dont la valeur réelle à la date de leur émission est inférieure à leur valeur d'inscription en comptabilité n'est pas déductible, dans la limite du montant résultant de la différence entre la valeur d'inscription en comptabilité desdits titres et leur valeur réelle à la date de leur émission.

3. Le cas échéant, l'excédent des moins-values à court terme constaté au cours d'un exercice est déduit des bénéfices de cet exercice.

CGI art. 57

Pour l'établissement de l'impôt sur le revenu dû par les entreprises qui sont sous la dépendance ou qui possèdent le contrôle d'entreprises situées hors de France, les bénéfices indirectement transférés à ces dernières, soit par voie de majoration ou de diminution des prix d'achat ou de vente, soit par tout autre moyen, sont incorporés aux résultats accusés par les comptabilités. Il est procédé de même à l'égard des entreprises qui sont sous la dépendance d'une entreprise ou d'un groupe possédant également le contrôle d'entreprises situées hors de France.

La condition de dépendance ou de contrôle n'est pas exigée lorsque le transfert s'effectue avec des entreprises établies dans un État étranger ou dans un territoire situé hors de France dont le régime fiscal est privilégié au sens du deuxième alinéa de l'article 238 A ou établies ou constituées dans un État ou territoire non coopératif au sens de l'article 238-0 A.

En cas de défaut de réponse à la demande faite en application de l'article L. 13 B du livre des procédures fiscales ou en cas d'absence de production ou de production partielle de la documentation mentionnée au III de l'article L. 13 AA et à l'article L. 13 AB du même livre, les bases d'imposition concernées par la demande sont évaluées par l'administration à partir des éléments dont elle dispose et en suivant la procédure contradictoire définie aux articles L. 57 à L. 61 du même livre.

À défaut d'éléments précis pour opérer les rectifications prévues aux premier, deuxième et troisième alinéas, les produits imposables sont déterminés par comparaison avec ceux des entreprises similaires exploitées normalement.

CGI art. 115

1. En cas de fusion ou de scission de sociétés, l'attribution de titres, sommes ou valeurs aux membres de la société apporteuse en contrepartie de l'annulation des titres de cette société n'est pas considérée comme une distribution de revenus mobiliers.

Ces dispositions s'appliquent aux opérations de fusion ou de scission de sociétés de placement à prépondérance immobilière à capital variable mentionnées au 3° nonies de l'article 208, sous réserve que la société bénéficiaire des apports s'engage, dans l'acte de fusion, à se substituer à la société absorbée pour les obligations de distribution prévues au II de l'article L. 214-69 du code monétaire et financier. En cas de scission, ces obligations doivent être reprises par les sociétés bénéficiaires des apports au prorata du montant de l'actif réel apporté, apprécié à la date d'effet de l'opération.

2. Le 1 s'applique en cas d'attribution de titres représentatifs d'un apport partiel d'actif d'une branche complète d'activité aux membres de la société apporteuse, lorsque :

a) L'apport est placé sous le régime de l'article 210 A ;
b) La société apporteuse dispose encore au moins d'une branche complète d'activité après la réalisation de l'apport ;
c) Cette attribution, proportionnelle aux droits des associés dans le capital, a lieu dans un délai d'un an à compter de la réalisation de l'apport.

Lorsque l'attribution est faite au profit d'une entreprise, les titres répartis doivent être inscrits au bilan pour une valeur égale au produit de la valeur comptable des titres de la société apporteuse et du rapport existant, à la date de l'opération d'apport, entre la valeur réelle des titres répartis et celle des titres de la société apporteuse. La valeur comptable des titres de la société apporteuse est réduite à due concurrence.

Lorsque la valeur fiscale des titres de la société apporteuse est différente de leur valeur comptable, la plus-value de cession de ces titres ainsi que celle des titres répartis sont déterminées à partir de cette valeur fiscale qui doit être répartie selon les mêmes modalités que celles qui sont prévues à l'avant-dernier alinéa du présent 2.

2 bis. Lorsque l'apport partiel d'actif n'est pas représentatif d'une branche complète d'activité ou lorsque la condition du b du 2 n'est pas remplie, le 2 s'applique sur agrément délivré à la société apporteuse dans les conditions prévues à l'article 1649 nonies. La demande d'agrément doit être déposée préalablement à la réalisation de l'apport.

L'agrément est délivré lorsque :

a) Les conditions prévues aux a, b et c du 3 de l'article 210 B sont remplies ;

b) L'attribution est justifiée par un motif économique, se traduisant notamment par l'exercice par la société apporteuse d'une activité autonome et l'amélioration des structures, ainsi que par une association entre les parties formalisée par un engagement de conservation des titres de la société apporteuse par ses associés pendant trois ans à compter de la réalisation de l'apport.

Toutefois, l'obligation de conservation des titres de la société apporteuse ainsi que l'obligation de conservation des titres mentionnée au a du 3 de l'article 210 B ne sont exigées que des associés qui détiennent dans cette société, à la date d'approbation de l'apport, 5 % au moins des droits de vote ou qui y exercent ou y ont exercé, dans les six mois précédant cette date, directement ou par l'intermédiaire de leurs mandataires sociaux ou préposés, des fonctions de direction, d'administration ou de surveillance et détiennent au moins 0,1 % des droits de vote dans la société.

3. Les dispositions des 1, 2 et 2 bis ne sont pas applicables aux opérations de fusion, scission et apport partiel d'actif par lesquelles une société non exonérée de l'impôt sur les sociétés fait apport de tout ou partie de ses biens à une société d'investissement à capital variable.

Nota. Conformément à l'article 23 III B de la loi n° 2017-1775 du 28 décembre 2017 de finances rectificative pour 2017, les présentes dispositions s'appliquent aux opérations d'attribution de titres représentatifs d'apports partiels d'actif réalisés à compter du 1er janvier 2018.

CGI art. 119 bis

1. Les revenus de capitaux mobiliers entrant dans les prévisions des articles 118,119, 238 septies B et 1678 bis donnent lieu à l'application d'une retenue à la source dont le taux est fixé par le 1 de l'article 187, lorsqu'ils bénéficient à des personnes qui ont leur siège en France ou à l'étranger ou qui n'ont pas leur domicile fiscal en France.

Toutefois, les produits des titres de créances mentionnés au premier alinéa de l'article 124 B sont placés en dehors du champ d'application de la retenue à la source. Il en est de même pour la prime de remboursement visée à l'article 238 septies A.

Les revenus des titres émis à compter du 1er janvier 1987, tels qu'ils sont définis aux articles 118,119 et 238 septies B, sont placés hors du champ d'application de la retenue à la source.

2. Les produits visés aux articles 108 à 117 bis donnent lieu à l'application d'une retenue à la source dont le taux est fixé par l'article 187 lorsqu'ils bénéficient à des personnes qui n'ont pas leur domicile fiscal ou leur siège en France, autres que des organismes de placement collectif constitués sur le fondement d'un droit étranger situés dans un État membre de l'Union européenne ou dans un autre État ou territoire ayant conclu avec la France une convention d'assistance administrative en vue de lutter contre la fraude et l'évasion fiscales et qui satisfont aux deux conditions suivantes :

1° Lever des capitaux auprès d'un certain nombre d'investisseurs en vue de les investir, conformément à une politique d'investissement définie, dans l'intérêt de ces investisseurs ;

2° Présenter des caractéristiques similaires à celles d'organismes de placement collectif de droit français relevant de la section 1, des paragraphes 1,2,3,5 et 6 de la sous-section 2, de la sous-section 3, ou de la sous-section 4 de la section 2 du chapitre IV du titre Ier du livre II du code monétaire et financier.

Les stipulations de la convention d'assistance administrative mentionnée au premier alinéa du présent 2 et leur mise en œuvre doivent effectivement permettre à l'administration des impôts d'obtenir des autorités de l'État dans lequel l'organisme de placement collectif constitué sur le fondement d'un droit étranger mentionné au même alinéa est situé les informations nécessaires à la vérification du respect par cet organisme des conditions prévues aux 1° et 2°.

La retenue à la source s'applique également lorsque ces produits sont payés hors de France dans un État ou territoire non coopératif au sens de l'article 238-0 A du présent code.

Toutefois, la retenue à la source ne s'applique pas aux sommes visées au premier alinéa du a de l'article 111.

La retenue à la source ne s'applique pas aux distributions des sociétés de capital-risque qui fonctionnent dans les conditions prévues à l'article 1er-1 de la loi n° 85-695 du 11 juillet 1985 modifiée lorsque :

a) la distribution entre dans les prévisions du 5 de l'article 39 terdecies ;

b) le bénéficiaire effectif est une personne morale qui a son siège de direction effective dans un État ayant conclu avec la France une convention fiscale comportant une clause d'assistance administrative pour l'application du droit interne ;

c) la distribution est comprise dans des bénéfices déclarés dans cet État mais bénéficie d'une exonération d'impôt.

Les produits mentionnés au premier alinéa du présent 2 distribués par des sociétés mentionnées au 3° nonies de l'article 208, par des sociétés mentionnées au I et au premier alinéa du II de l'article 208 C et, pour la part des produits distribués à des bénéficiaires autres que des sociétés mentionnées au 3° nonies de l'article 208 qui les détiennent dans les conditions mentionnées au III bis de l'article 208 C, par des sociétés mentionnées au même III bis, ayant leur siège en France, donnent lieu à l'application d'une retenue à la source au taux prévu au 2° de l'article 219 bis lorsqu'ils sont prélevés sur des résultats exonérés en application de l'article 208 C ou du 3° nonies de l'article 208 et qu'ils bénéficient à des organismes de placement collectif de droit français relevant de la section 1, des paragraphes 1,2,3,5 et 6 de la sous-section 2, de la sous-section 3, ou de la sous-section 4 de la section 2 du chapitre IV du titre Ier du livre II du code monétaire et financier ou à ceux constitués sur le fondement d'un droit étranger mentionnés au premier alinéa et satisfaisant aux conditions prévues aux 1° et 2° du présent 2.

La retenue à la source mentionnée à l'avant-dernier alinéa du présent 2 n'est pas libératoire de l'impôt sur le revenu ou de l'impôt sur les sociétés et ne donne lieu ni à restitution ni à imputation.

CGI art. 119 ter

1. La retenue à la source prévue au 2 de l'article 119 bis n'est pas applicable aux dividendes distribués à une personne morale qui remplit les conditions énumérées au 2 du présent article par une société ou un organisme soumis à l'impôt sur les sociétés au taux normal.

2. Pour bénéficier de l'exonération prévue au 1, la personne morale doit justifier auprès du débiteur ou de la personne qui assure le paiement de ces revenus qu'elle est le bénéficiaire effectif des dividendes et qu'elle remplit les conditions suivantes :

a) Avoir son siège de direction effective dans un État membre de l'Union européenne ou dans un autre État partie à l'accord sur l'Espace économique européen ayant conclu avec la France une convention d'assistance administrative en vue de lutter contre la fraude et l'évasion fiscales et n'être pas considérée, aux termes d'une convention en matière de double imposition conclue avec un État tiers, comme ayant sa résidence fiscale hors de l'Union européenne ou de l'Espace économique européen ;

b) Revêtir l'une des formes énumérées à la partie A de l'annexe I à la directive 2011/96/UE du Conseil du 30 novembre 2011 concernant le régime fiscal commun applicable aux sociétés mères et filiales d'États membres différents ou une forme équivalente lorsque la société a son siège de direction effective dans un État partie à l'accord sur l'Espace économique européen ;

c) Détenir directement, de façon ininterrompue depuis deux ans ou plus et en pleine propriété ou en nue-propriété, 10 % au moins du capital de la personne morale qui distribue les dividendes, ou prendre l'engagement de conserver cette participation de façon ininterrompue pendant un délai de deux ans au moins et désigner, comme en matière de taxes sur le chiffre d'affaires, un représentant qui est responsable du paiement de la retenue à la source visée au 1 en cas de non-respect de cet engagement ;

Le taux de participation mentionné au premier alinéa du présent c est ramené à 5 % lorsque la personne morale qui est le bénéficiaire effectif des dividendes détient des participations satisfaisant aux conditions prévues à l'article 145 et se trouve privée de toute possibilité d'imputer la retenue à la source prévue au 2 de l'article 119 bis ;

d) Être passible, dans l'État membre de l'Union européenne ou dans l'État partie à l'accord sur l'Espace économique européen où elle a son siège de direction effective, de l'impôt sur les sociétés de cet État, sans possibilité d'option et sans en être exonérée ;

e) (abrogé).

2 bis. Les dispositions du 1 s'appliquent aux dividendes distribués aux établissements stables des personnes morales remplissant les conditions fixées au 2, lorsque ces établissements stables sont situés en France, dans un autre État membre de l'Union européenne ou dans un autre État partie à l'accord sur l'Espace économique européen ayant conclu avec la France une convention d'assistance administrative en vue de lutter contre la fraude et l'évasion fiscales.

3. Le 1 ne s'applique pas aux dividendes distribués dans le cadre d'un montage ou d'une série de montages qui, ayant été mis en place pour obtenir, à titre d'objectif principal ou au titre d'un des objectifs principaux, un avantage fiscal allant à l'encontre de l'objet ou de la finalité de ce même 1, n'est pas authentique compte tenu de l'ensemble des faits et circonstances pertinents.

Un montage peut comprendre plusieurs étapes ou parties.

Pour l'application du présent 3, un montage ou une série de montages est considéré comme non authentique dans la mesure où ce montage ou cette série de montages n'est pas mis en place pour des motifs commerciaux valables qui reflètent la réalité économique.

4. Un décret précise en tant que de besoin les modalités d'application des présentes dispositions.

CGI art. 119 quater

1. La retenue à la source prévue au 1 de l'article 119 bis ainsi que le prélèvement prévu au III de l'article 125 A ne sont pas applicables aux intérêts entendus, pour l'application du présent article, comme les revenus des créances de toute nature, à l'exclusion des pénalités pour paiement tardif, payés par une société anonyme, une société par actions simplifiée, une société en commandite par actions, une société à responsabilité limitée, un établissement public à caractère industriel ou commercial ou une entreprise publique qui est passible de l'impôt sur les sociétés sans en être exonéré ou un établissement stable satisfaisant aux mêmes conditions d'imposition et dépendant d'une personne morale qui remplit les conditions énumérées aux a à c du 2, à une personne morale qui est son associée ou à un établissement stable dépendant d'une personne morale qui est son associée.

Pour l'application du présent article, la qualité de personne morale associée d'une autre personne morale est reconnue à toute personne morale lorsqu'elle détient une participation directe d'au moins 25 % dans le capital de l'autre personne morale ou lorsque l'autre personne morale détient une participation directe d'au moins 25 % dans son capital ou lorsqu'une troisième personne morale détient une participation directe d'au moins 25 % dans son capital et dans le capital de l'autre personne morale et à condition dans tous les cas que cette participation soit détenue de façon ininterrompue depuis deux ans au moins ou fasse l'objet d'un engagement selon lequel elle sera conservée de façon ininterrompue pendant un délai de deux ans au moins. Si cet engagement est pris par une personne morale qui n'a pas son siège de direction effective en France, il donne lieu à la désignation d'un représentant qui est responsable du paiement de la retenue à la source mentionnée au premier alinéa en cas de non-respect de cet engagement.

Dans le cas où les intérêts sont payés par un établissement stable, la personne morale bénéficiaire ou la personne morale dont dépend l'établissement stable bénéficiaire est considérée comme associée de l'établissement payeur si elle est associée de la personne morale dont il dépend.

2. Pour bénéficier de l'exonération prévue au premier alinéa du 1, la personne morale bénéficiaire doit justifier auprès du débiteur ou de la personne qui assure le paiement de ces revenus qu'elle en est le bénéficiaire effectif et qu'elle remplit les conditions suivantes :

a. Avoir son siège de direction effective dans un État membre de la Communauté européenne ;

b. Revêtir l'une des formes énumérées sur une liste établie par arrêté du ministre chargé de l'économie conformément à l'annexe à la directive 2003/49/ CE du Conseil du 3 juin 2003 concernant un régime fiscal commun applicable aux paiements d'intérêts et de redevances effectués entre les sociétés associées d'États membres différents ;

c. Être passible, y compris au titre de ces revenus, dans l'État membre où elle a son siège de direction effective, de l'impôt sur les sociétés de cet État sans en être exonérée ;

d. Lorsque la reconnaissance de sa qualité de société associée du débiteur de ces revenus en dépend, détenir la participation mentionnée au deuxième alinéa du 1.

Si le bénéficiaire des revenus est un établissement stable, il doit justifier auprès du débiteur ou de la personne qui assure le paiement des revenus qu'il est le bénéficiaire effectif de ces revenus, que ces revenus sont soumis dans l'État membre où il se situe à l'impôt sur les sociétés ou à un impôt équivalent de cet État et que la personne morale dont il dépend remplit les conditions énoncées aux a à d.

3. Les dispositions du 1 ne s'appliquent pas lorsque les revenus payés bénéficient à une personne morale ou à un établissement stable d'une personne morale contrôlée directement ou indirectement par un ou plusieurs résidents d'États qui ne sont pas membres de la Communauté européenne et si la chaîne de participations a comme objet principal ou comme un de ses objets principaux de tirer avantage des dispositions du 1.

Lorsqu'en raison des relations spéciales existant entre le payeur et le bénéficiaire effectif des intérêts ou de celles que l'un et l'autre entretiennent avec un tiers, le montant des intérêts excède le montant dont seraient convenus le payeur et le bénéficiaire effectif en l'absence de telles relations, les dispositions du 1 ne s'appliquent qu'à ce dernier montant.

4. Un décret précise en tant que de besoin les modalités d'application des présentes dispositions.

CGI art. 119 quinquies

Les retenues ou prélèvements à la source prévus aux articles 119 bis, 182 A bis, 182 B, 244 bis, 244 bis A et 244 bis B ne sont pas applicables aux revenus et profits perçus ou réalisés par une personne morale qui justifie auprès du débiteur ou de la personne qui assure le paiement de ces revenus qu'elle remplit, au titre de l'exercice au cours duquel elle les perçoit ou les réalise, les conditions suivantes :

1° Son siège et, le cas échéant, l'établissement stable dans le résultat duquel les revenus et profits sont inclus sont situés dans un État membre de l'Union européenne ou dans un autre État partie à l'accord sur l'Espace économique européen ayant conclu avec la France une convention d'assistance administrative en vue de lutter contre la fraude et l'évasion fiscales ainsi qu'une convention d'assistance mutuelle en matière de recouvrement ayant une portée similaire à celle prévue par la directive 2010/24/UE du Conseil du 16 mars 2010 concernant l'assistance mutuelle en matière de recouvrement des créances relatives aux taxes, impôts, droits et autres mesures et n'étant pas non coopératif au sens de l'article 238-0 A ou, pour les retenues à la source prévues à l'article 119 bis, dans un État non membre de l'Union européenne ou qui n'est pas un État partie à l'accord sur l'Espace économique européen ayant conclu avec la France les conventions mentionnées au présent 1°, sous réserve que cet État ne soit pas non coopératif au sens de l'article 238-0 A et que la participation détenue dans la société ou l'organisme distributeur ne permette pas au bénéficiaire de participer de manière effective à la gestion ou au contrôle de cette société ou de cet organisme ;

2° Son résultat fiscal ou, le cas échéant, celui de l'établissement stable dans le résultat duquel les revenus et profits sont inclus, calculé selon les règles de l'État ou du territoire où est situé son siège ou l'établissement stable, est déficitaire ;

3° Elle fait, à la date de la perception du revenu ou de la réalisation du profit, l'objet d'une procédure comparable à celle mentionnée à l'article L. 640-1 du code de commerce. À défaut d'existence d'une telle procédure, elle est, à cette date, en état de cessation des paiements et son redressement est manifestement impossible.

Nota : Conformément au II de l'article 42 de la loi n° 2019-1479 du 28 décembre 2019, ces dispositions s'appliquent aux exercices ouverts à compter du 1er janvier 2020.

CGI art. 123 bis

1. Lorsqu'une personne physique domiciliée en France détient directement ou indirectement 10 % au moins des actions, parts, droits financiers ou droits de vote dans une entité juridique-personne morale, organisme, fiducie ou institution comparable-établie ou constituée hors de France et soumise à un régime fiscal privilégié, les bénéfices ou les revenus positifs de cette entité juridique sont réputés constituer un revenu de capitaux mobiliers de cette personne physique dans la proportion des actions, parts ou droits financiers qu'elle détient directement ou indirectement lorsque l'actif ou les biens de la personne morale, de l'organisme, de la fiducie ou de l'institution comparable sont principalement constitués de valeurs mobilières, de créances, de dépôts ou de comptes courants.

Pour l'application du premier alinéa, le caractère privilégié d'un régime fiscal est déterminé conformément aux dispositions de l'article 238 A par comparaison avec le régime fiscal applicable à une société ou collectivité mentionnée au 1 de l'article 206.

2. Les actions, parts, droits financiers ou droits de vote détenus indirectement par la personne physique mentionnée au 1, s'entendent des actions, parts, droits financiers ou droits de vote détenus par l'intermédiaire d'une chaîne d'actions, de parts, de droits financiers ou de droits de vote ; l'appréciation du pourcentage des actions, parts, droits financiers ou droits de vote ainsi détenus s'opère en multipliant entre eux les taux de détention desdites actions ou parts, des droits financiers ou des droits de vote successifs.

La détention indirecte s'entend également des actions, parts, droits financiers ou droits de vote détenus directement ou indirectement par le conjoint de la personne physique, ou leurs ascendants ou descendants. Toutefois, ces actions, parts, droits financiers ou droits de vote ne sont pas pris en compte pour le calcul du revenu de capitaux mobiliers de la personne physique mentionné au 1.

3. Les bénéfices ou les revenus positifs mentionnés au 1 sont réputés acquis le premier jour du mois qui suit la clôture de l'exercice de l'entité juridique établie ou constituée hors de France ou, en l'absence d'exercice clos au cours d'une année, le 31 décembre. Ils sont déterminés selon les règles fixées par le présent code comme si l'entité juridique était imposable à l'impôt sur les sociétés en France. L'impôt acquitté localement sur les bénéfices ou revenus positifs en cause par l'entité juridique est déductible du revenu réputé constituer un revenu de capitaux mobiliers de la personne physique, dans la proportion mentionnée au 1, à condition d'être comparable à l'impôt sur les sociétés.

Toutefois, lorsque l'entité juridique est établie ou constituée dans un État ou territoire n'ayant pas conclu de convention d'assistance administrative avec la France, ou qui est non coopératif au sens de l'article 238-0 A le revenu imposable de la personne physique ne peut être inférieur au produit de la fraction de l'actif net ou de la valeur nette des biens de la personne morale, de l'organisme, de la fiducie ou de l'institution comparable, calculée dans les conditions fixées au 1, par un taux égal à celui mentionné au 3° du 1 de l'article 39.

4. Les revenus distribués ou payés à une personne physique mentionnée au 1 par une entité juridique ne constituent pas des revenus imposables au sens de l'article 120, sauf pour la partie qui excède le revenu imposable mentionné au 3.

4 bis. Le 1 n'est pas applicable, lorsque l'entité juridique est établie ou constituée dans un État membre de l'Union européenne ou un autre État ou territoire ayant conclu avec la France une convention d'assistance administrative en vue de lutter contre la fraude et l'évasion fiscales ainsi qu'une convention d'assistance mutuelle en matière de recouvrement ayant une portée similaire à celle prévue par la directive 2010/24/ UE du Conseil du 16 mars 2010 concernant l'assistance mutuelle en matière de recouvrement des créances relatives aux taxes, impôts, droits et autres mesures et qui n'est pas un État ou territoire non coopératif au sens de l'article 238-0 A, si l'exploitation de l'entreprise ou la détention des actions, parts, droits financiers ou droits de vote de cette entité juridique par la personne domiciliée en France ne peut être regardée comme constitutive d'un montage artificiel dont le but serait de contourner la législation fiscale française.

Lorsque l'entité juridique est établie ou constituée dans un État ou territoire ne répondant pas aux conditions mentionnées au premier alinéa du présent 4 bis, le 1 n'est pas applicable si la personne domiciliée en France démontre que l'exploitation de l'entreprise ou la détention des actions, parts, droits financiers ou droits de vote de cette entité juridique a principalement un objet et un effet autres que de permettre la localisation de bénéfices ou de revenus dans un État ou territoire où elle est soumise à un régime fiscal privilégié.

4 ter. La condition de détention de 10 % prévue au 1 est présumée satisfaite :

a) Par le constituant ou le bénéficiaire réputé constituant d'un trust, au sens de l'article 792-0 bis. La preuve contraire ne peut résulter uniquement du caractère irrévocable du trust et du pouvoir discrétionnaire de gestion de son administrateur ;

b) Ou par la personne physique qui a transféré des biens ou droits à une entité juridique située dans un État ou un territoire non coopératif, au sens de l'article 238-0 A.

5. Un décret en Conseil d'État fixe les conditions d'application des dispositions qui précèdent et notamment les obligations déclaratives des personnes physiques.

CGI art. 145

1. Le régime fiscal des sociétés mères, tel qu'il est défini à l'article 216, est applicable aux sociétés et autres organismes soumis à l'impôt sur les sociétés au taux normal qui détiennent des participations satisfaisant aux conditions ci-après :

a. Les titres de participation doivent revêtir la forme nominative ou être déposés ou inscrits dans un compte tenu par l'un des intermédiaires suivants :

– les intermédiaires habilités à exercer les activités de tenue de compte-conservation d'instruments financiers mentionnés aux 2° à 7° de l'article L. 542-1 du code monétaire et financier ;

– les établissements de crédit habilités à exercer dans l'Union européenne l'activité de conservation et administration de valeurs mobilières mentionnée au 12 de l'annexe I de la directive 2013/36/UE du Parlement européen et du Conseil du 26 juin 2013 concernant l'accès à l'activité des établissements de crédit et la surveillance prudentielle des établissements de crédit et des entreprises d'investissement, modifiant la directive 2002/87/CE et abrogeant les directives 2006/48/CE et 2006/49/CE, ainsi que les entreprises d'investissement habilitées à exercer dans l'Union européenne l'activité de conservation et administration d'instruments financiers pour le compte de clients mentionnée au 1 de la section B de l'annexe I de la directive 2014/65/UE du Parlement européen et du Conseil du 15 mai 2014 concernant les marchés d'instruments financiers et modifiant la directive 2002/92/CE et la directive 2011/61/ UE ;

– les intermédiaires habilités à exercer les activités de tenue de compte-conservation qui, d'une part, sont situés dans un autre État ou territoire ayant conclu avec la France une convention d'assistance administrative en vue de lutter contre la fraude et l'évasion fiscales dont les stipulations et la mise en œuvre permettent à l'administration d'obtenir des autorités de cet État ou territoire les informations nécessaires à la vérification des conditions d'application du présent article et de l'article 216 du présent code relatives à la nature et à la durée de conservation des titres ainsi qu'aux droits détenus et qui, d'autre part, sont soumis à des obligations professionnelles équivalentes à celles prévues en application du 1° du VI de l'article L. 621-7 du code monétaire et financier pour les teneurs de compte-conservateurs autres que les personnes morales émettrices ;

b. Les titres de participation doivent être détenus en pleine propriété ou en nue-propriété et doivent représenter au moins 5 % du capital de la société émettrice ou, à défaut d'atteindre ce seuil, au moins 2,5 % du capital et 5 % des droits de vote de la société émettrice à la condition, dans ce dernier cas, que la société participante soit contrôlée par un ou plusieurs organismes à but non lucratif mentionnés au 1 bis de l'article 206 ; ce pourcentage s'apprécie à la date de mise en paiement des produits de la participation.

Si, à la date mentionnée au premier alinéa, la participation dans le capital de la société émettrice est réduite à moins de 5 % du fait de l'exercice d'options de souscription d'actions dans les conditions prévues à l'article L. 225-183 du code de commerce, le régime des sociétés mères lui reste applicable si ce pourcentage est à nouveau atteint à la suite de la première augmentation de capital suivant cette date et au plus tard dans un délai de trois ans ;

c. Les titres de participation doivent avoir été conservés pendant un délai de deux ans lorsque les titres représentent au moins 5 % du capital de la société émettrice ou pendant un délai de cinq ans lorsque les titres représentent 2,5 % du capital et 5 % des droits de vote de la société émettrice. En cas de non-respect du délai de conservation, la société participante est tenue de verser au Trésor une somme égale au montant de l'impôt dont elle a été exonérée indûment, majoré de l'intérêt de retard. Ce versement est exigible dans les trois mois suivant la cession.

Lorsque les titres de participation sont apportés sous le bénéfice du régime prévu par l'article 210 A, le délai de conservation est décompté à partir de la date de souscription ou d'acquisition par la société apporteuse jusqu'à la date de cession par la société bénéficiaire de l'apport.

Les titres échangés dans le cadre d'opérations dont le profit ou la perte ne sont pas compris dans le résultat de l'exercice de leur réalisation en application des 7 à 7 ter de l'article 38 et 2 de l'article 115 sont réputés détenus jusqu'à la cession des titres reçus en échange.

Le délai mentionné au premier alinéa du présent c n'est pas interrompu en cas de fusion entre la personne morale participante et la société émettrice si l'opération est placée sous le régime prévu à l'article 210 A.

Les titres prêtés, mis en pension ou remis en garantie dans les conditions prévues aux articles 38 bis à 38 bis-0 A bis ne peuvent être pris en compte par les parties au contrat en cause pour l'application du régime défini au présent article. De même, les titres mentionnés à l'article 38 bis A ne sont pas pris en compte pour l'application de ce régime.

Les titres que le constituant a transférés dans un patrimoine fiduciaire dans les conditions prévues à l'article 238 quater B sont pris en compte pour l'appréciation du seuil de détention du capital mentionné au b du présent 1 et sont soumis au régime prévu au présent article à condition, lorsque des droits de vote sont attachés aux titres transférés, que le constituant conserve l'exercice de ces droits ou que le fiduciaire exerce ces droits dans le sens déterminé par le constituant, sous réserve des éventuelles limitations convenues par les parties au contrat établissant la fiducie pour protéger les intérêts financiers du ou des créanciers bénéficiaires de la fiducie. Le délai de conservation mentionné au premier alinéa du c n'est pas interrompu par le transfert des titres dans le patrimoine fiduciaire.

Pour l'application du premier alinéa du présent c, en cas de fusion ou de scission sans échange de titres au sens du 3° du II de l'article L. 236-3 du code de commerce placée sous le régime prévu à l'article 210 A du présent code, les titres de la société absorbée ou scindée sont réputés détenus par la société participante depuis la date de leur souscription ou acquisition jusqu'à la date de la cession des titres de la société absorbante ou bénéficiaire.

Toutefois, lorsque la cession de titres de la société absorbante ou bénéficiaire intervient moins de deux ans après l'opération de fusion ou de scission, elle est réputée porter sur les titres de la société absorbée ou scindée à concurrence du nombre de titres cédés auquel est appliqué le rapport entre la valeur vénale de ces titres et la somme de cette même valeur et de la valeur vénale des titres de la société absorbante ou bénéficiaire au jour de la fusion ou de la scission, dans la limite du nombre de titres détenus à cette date, et elle est réputée porter sur les titres de la société absorbante ou bénéficiaire de l'apport à hauteur du reliquat des titres cédés.

Lorsque, en application du huitième alinéa du présent c, les conditions de durée et de seuil de détention ne sont pas remplies, à la date de la cession, pour les titres de la société absorbée ou scindée ou ceux de la société absorbante ou bénéficiaire, le régime fiscal des sociétés mères n'est pas applicable aux titres ne respectant pas ces conditions.

Ces dispositions s'appliquent également en cas de cession dans les cinq ans de la fusion ou de la scission par la société mère de titres de la société absorbante ou bénéficiaire lorsque l'application du régime fiscal des sociétés mères est subordonnée au respect d'un seuil minimal de participation de 2,5 % du capital et de 5 % des droits de vote tel que défini au premier alinéa du présent c.

2. à 4. (Abrogés pour la détermination des résultats des exercices ouverts à compter du 1er janvier 1993).

4. bis et 5. (Abrogés).

6. Le régime fiscal des sociétés mères n'est pas applicable :

a) Aux produits des actions de sociétés d'investissement ;

b) Aux produits des titres d'une société, dans la proportion où les bénéfices ainsi distribués sont déductibles du résultat imposable de cette société ;

c) (Abrogé) ;

d) Aux produits des titres d'une société établie dans un État ou territoire non coopératif, au sens de l'article 238-0 A autre que ceux mentionnés au 2° du 2 bis du même article 238-0 A, sauf si la société mère apporte la preuve que les opérations de la société établie hors de France dans laquelle est prise la participation correspondent à des opérations réelles qui n'ont ni pour objet ni pour effet de permettre, dans un but de fraude fiscale, la localisation de bénéfices dans un État ou territoire non coopératif ;

e) Aux produits des parts de sociétés immobilières inscrites en stock à l'actif de sociétés qui exercent une activité de marchand de biens, au sens du 1° du I de l'article 35 ;

f) Aux dividendes distribués aux actionnaires des sociétés immobilières pour le commerce et l'industrie et prélevés sur les bénéfices exonérés mentionnés à l'avant-dernier alinéa du 3° quater de l'article 208 ;

g) Aux dividendes distribués aux actionnaires des sociétés agréées pour le financement des télécommunications mentionnées à l'article 1er de la loi de finances rectificative pour 1969 (n° 69-1160 du 24 décembre 1969) et des sociétés qui redistribuent les dividendes d'une société immobilière pour le commerce et l'industrie en application du dernier alinéa du 3° quinquies de l'article 208 ;

h) Aux produits et plus-values nets distribués par les sociétés de capital-risque exonérés en application du 3° septies du même article 208 ;

i) Aux bénéfices distribués aux actionnaires :

– des sociétés d'investissements immobiliers cotées et de leurs filiales mentionnées à l'article 208 C et prélevés sur les bénéfices exonérés en application du premier alinéa du II du même article et non réintégrés en application du IV dudit article ;

– des sociétés étrangères ayant une activité identique à celles mentionnées au même article 208 C et qui sont exonérées, dans l'État où elles ont leur siège de direction effective, de l'impôt sur les sociétés de cet État ;

j) Aux revenus et profits distribués aux actionnaires de sociétés de placement à prépondérance immobilière à capital variable mentionnées au 3° nonies de l'article 208 et à ceux de leurs filiales ayant opté pour le régime prévu au II de l'article 208 C ;

k) (Abrogé).

7. (Abrogé) ;

8. (Transféré sous le paragraphe 6 d ci-dessus) ;

9. Une participation détenue en application des articles L. 512-47, L. 512-55 et L. 512-106 du code monétaire et financier ou de l'article 3 de la loi n° 2006-1615 du 18 décembre 2006 ratifiant l'ordonnance n° 2006-1048 du 25 août 2006 relative aux sociétés anonymes coopératives d'intérêt collectif pour l'accession à la propriété qui remplit les conditions ouvrant droit au régime fiscal des sociétés mères autres que celle relative au taux de participation au capital de la société émettrice peut ouvrir droit à ce régime lorsque son prix de revient, apprécié collectivement ou individuellement pour les entités visées ci-dessus, est au moins égal à 22 800 000 €.

Nota. Conformément au II de l'article 43 de la loi n° 2019-1479 du 28 décembre 2019, ces dispositions s'appliquent à compter du 21 juillet 2019.

CGI art. 150-0 B

Sous réserve des dispositions de l'article 150-0 B ter, les dispositions de l'article 150-0 A ne sont pas applicables, au titre de l'année de l'échange des titres, aux plus-values et moins-values réalisées dans le cadre d'une opération d'offre publique, de fusion, de scission, d'absorption d'un fonds commun de placement par une société d'investissement à capital variable, de conversion, de division, ou de regroupement, réalisée conformément à la réglementation en vigueur ou d'un apport de titres à une société soumise à l'impôt sur les sociétés.

Ces dispositions s'appliquent aux opérations d'échange ou d'apport de titres mentionnées au premier alinéa réalisées en France, dans un autre État membre de l'Union européenne ou dans un État ou territoire ayant conclu avec la France une convention fiscale contenant une clause d'assistance administrative en vue de lutter contre la fraude et l'évasion fiscales, ainsi qu'aux opérations, autres que les opérations d'apport de titres à une société soumise à l'impôt sur les sociétés, pour lesquelles le dépositaire des titres échangés est établi en France, dans un autre État membre de l'Union européenne ou dans un État ou territoire ayant conclu avec la France une convention fiscale contenant une clause d'assistance administrative en vue de lutter contre la fraude et l'évasion fiscales.

Ces dispositions sont également applicables aux échanges avec soulte à condition que celle-ci n'excède pas 10 % de la valeur nominale des titres reçus. Toutefois, la plus-value est, à concurrence du montant de cette soulte, imposée au titre de l'année de l'échange.

CGI art. 150-0 B ter

I. – L'imposition de la plus-value réalisée, directement ou par personne interposée, dans le cadre d'un apport de valeurs mobilières, de droits sociaux, de titres ou de droits s'y rapportant tels que définis à l'article 150-0 A à une société soumise à l'impôt sur les sociétés ou à un impôt équivalent est reportée si les conditions prévues au III du présent article sont remplies. Le contribuable mentionne le montant de la plus-value dans la déclaration prévue à l'article 170.

Ces dispositions sont également applicables lorsque l'apport est réalisé avec soulte à condition que celle-ci n'excède pas 10 % de la valeur nominale des titres reçus. Toutefois, la plus-value est, à concurrence du montant de cette soulte, imposée au titre de l'année de l'apport.

Il est mis fin au report d'imposition à l'occasion :

1° De la cession à titre onéreux, du rachat, du remboursement ou de l'annulation des titres reçus en rémunération de l'apport ;

2° De la cession à titre onéreux, du rachat, du remboursement ou de l'annulation des titres apportés, si cet événement intervient dans un délai, décompté de date à date, de trois ans à compter de l'apport des titres. Toutefois, il n'est pas mis fin au report d'imposition lorsque la société bénéficiaire de l'apport cède les titres dans un délai de trois ans à compter de la date de l'apport et prend l'engagement d'investir le produit de leur cession, dans un délai de deux ans à compter de la date de la cession et à hauteur d'au moins 60 % du montant de ce produit :

a) Dans le financement de moyens permanents d'exploitation affectés à son activité commerciale au sens des articles 34 ou 35, industrielle, artisanale, libérale, agricole ou financière. Les activités de gestion de son propre patrimoine mobilier ou immobilier sont exclues du bénéfice de cette dérogation ;

b) Dans l'acquisition d'une fraction du capital d'une ou de plusieurs sociétés exerçant une activité mentionnée au a du présent 2°, sous la même exclusion, et répondant aux conditions prévues au c du 3° du II de l'article 150-0 D ter. Le réinvestissement ainsi opéré doit avoir pour effet de lui conférer le contrôle de chacune de ces sociétés au sens du 2° du III du présent article ;

c) Dans la souscription en numéraire au capital initial ou à l'augmentation de capital d'une ou de plusieurs sociétés répondant aux conditions prévues au premier alinéa du b et au c du 3° du II de l'article 150-0 D ter ;

d) Ou dans la souscription de parts ou actions de fonds communs de placement à risques, de fonds professionnels de capital investissement, de sociétés de libre partenariat ou de sociétés de capital-risque respectant les conditions prévues, respectivement, aux articles L. 214-28, L. 214-160 et L. 214-162-1 du code monétaire et financier et à l'article 1er-1 de la loi n° 85-695 du 11 juillet 1985 portant diverses dispositions d'ordre économique et financier, ou d'organismes similaires d'un autre État membre de l'Union européenne ou d'un autre État partie à l'accord sur l'Espace économique européen ayant conclu avec la France une convention d'assistance administrative en vue de lutter contre la fraude et l'évasion fiscales. Cette souscription s'entend de la signature, par la société bénéficiaire de l'apport, d'un ou plusieurs engagements de souscription de parts ou actions auprès de fonds, sociétés ou organismes qu'ils désignent. Par chaque engagement de souscription, la société bénéficiaire de l'apport s'engage à souscrire un montant minimal, pris en compte pour l'appréciation du respect du quota mentionné à la deuxième phrase du présent 2°, que le fonds, la société ou l'organisme désigné s'engage à appeler dans un délai de cinq ans suivant la signature de chaque engagement. Dans ce même délai de cinq ans, les sommes que la société s'est engagée à verser dans les conditions prévues à la phrase précédente doivent être effectivement versées au fonds, à la société ou à l'organisme. L'actif de ces fonds, sociétés ou organismes doit être constitué, à l'expiration du même délai de cinq ans, à hauteur d'au moins 75 % par des parts ou actions reçues en contrepartie de souscriptions en numéraire au capital initial ou à l'augmentation de capital de sociétés mentionnées à la première phrase du b du présent 2°, ou par des parts ou actions émises par de telles sociétés lorsque leur acquisition en confère le contrôle au sens du 2° du III du présent article ou lorsque le fonds, la société ou l'organisme est partie à un pacte d'associés ou d'actionnaires et détient plus d'un quart du capital et des droits de vote de la société concernée par ce pacte à l'issue de cette acquisition. Outre le respect du quota de 75 % précité, les sociétés de libre partenariat définies à l'article L. 214-162-1 du code monétaire et financier doivent respecter, dans ce même délai, les quotas prévus aux articles L. 214-28 et L. 214-160 du même code.

Le non-respect de la condition de réinvestissement prévue au présent 2° ou des quotas d'investissement mentionnés au d met fin au report d'imposition au titre de l'année au cours de laquelle expire le délai de deux ans mentionné au premier alinéa du présent 2° ou le délai de cinq ans mentionné au d.

Le non-respect de la condition prévue à la quatrième phrase du d du présent 2° met fin au report d'imposition au titre de l'année au cours de laquelle expire le délai de cinq ans mentionné à la même quatrième phrase.

Lorsque le produit de la cession est réinvesti dans les conditions prévues au présent 2°, les biens ou les titres concernés sont conservés pendant un délai d'au moins douze mois, décompté depuis la date de leur inscription à l'actif de la société. Toutefois, les parts ou actions de fonds, sociétés ou organismes souscrites dans les conditions du d du présent 2° sont conservées jusqu'à l'expiration du délai de cinq ans mentionné au même d. Le non-respect de cette condition de conservation met fin au report d'imposition au titre de l'année au cours de laquelle cette condition cesse d'être respectée.

Lorsque le contrat de cession prévoit une clause stipulant le versement d'un ou plusieurs compléments de prix au sens du 2 du I de l'article 150-0 A en faveur de la société cédante, le produit de la cession au sens du premier alinéa du présent 2° s'entend du prix de cession augmenté desdits compléments de prix perçus. Dans ce cas, le prix de cession doit être réinvesti, dans le délai de deux ans à compter de la date de cession, à hauteur d'au moins 60 % de son montant dans les conditions prévues au présent 2°. À défaut, le report d'imposition prend fin au titre de l'année au cours de laquelle le délai de deux ans expire. Pour chaque complément de prix perçu, la société dispose d'un nouveau délai de deux ans à compter de la date de sa perception pour réinvestir, dans les conditions prévues au présent 2°, le reliquat nécessaire au maintien du respect du seuil minimal de 60 % du montant du produit de la cession défini à la première phrase du présent alinéa. À défaut, le report d'imposition prend fin au titre de l'année au cours de laquelle le nouveau délai de deux ans expire ;

De même, en cas de réinvestissement du reliquat mentionné à l'avant-dernier alinéa du présent 2° dans la souscription de parts ou actions mentionnées au d, le non-respect de la condition prévue à la quatrième phrase du même d ou le non-respect des quotas d'investissement mentionnés au même d met fin au report d'imposition au titre de l'année d'expiration du délai de cinq ans mentionné audit d. Pour l'application du présent alinéa, le délai de cinq ans est décompté à partir de la date de souscription mentionnée à la première phrase du présent alinéa ;

3° De la cession à titre onéreux, du rachat, du remboursement ou de l'annulation des parts ou droits dans les sociétés ou groupements interposés ;

4° Ou, si cet événement est antérieur, lorsque le contribuable transfère son domicile fiscal hors de France dans les conditions prévues à l'article 167 bis.

La fin du report d'imposition entraîne l'imposition de la plus-value dans les conditions prévues au 2 ter de l'article 200 A, sans préjudice de l'intérêt de retard prévu à l'article 1727, décompté de la date de l'apport des titres, en cas de manquement à l'une des conditions mentionnées au 2° du présent I.

II. – En cas de transmission par voie de donation ou de don manuel des titres mentionnés au 1° du I du présent article, le donataire mentionne, dans la proportion des titres transmis, le montant de la plus-value en report dans la déclaration prévue à l'article 170 si la société mentionnée au 2° du même I est contrôlée par le donataire dans les conditions prévues au 2° du III. Ces conditions sont appréciées à la date de la transmission, en tenant compte des droits détenus par le donataire à l'issue de celle-ci.

La plus-value en report est imposée au nom du donataire et dans les conditions prévues à l'article 150-0 A :

1° En cas de cession, d'apport, de remboursement ou d'annulation des titres dans un délai de cinq ans à compter de leur acquisition. Ce délai est porté à dix ans en cas d'investissement réalisé dans les conditions prévues au d du 2° du I ;

2° Ou lorsque l'une des conditions mentionnées au 2° du I du présent article n'est pas respectée. Le non-respect de l'une de ces conditions met fin au report d'imposition dans les mêmes conditions que celles décrites au même 2°. L'intérêt de retard prévu à l'article 1727, décompté de la date de l'apport des titres par le donateur, est applicable.

Les frais afférents à l'acquisition à titre gratuit sont imputés sur le montant de la plus-value en report.

Le 1° du présent II ne s'applique pas en cas d'invalidité correspondant au classement dans la deuxième ou troisième des catégories prévues à l'article L. 341-4 du code de la sécurité sociale, de licenciement ou de décès du donataire ou de son conjoint ou partenaire lié par un pacte civil de solidarité soumis à une imposition commune.

III. – Le report d'imposition est subordonné aux conditions suivantes :

1° L'apport de titres est réalisé en France ou dans un État membre de l'Union européenne ou dans un État ou territoire ayant conclu avec la France une convention fiscale contenant une clause d'assistance administrative en vue de lutter contre la fraude et l'évasion fiscales ;

2° La société bénéficiaire de l'apport est contrôlée par le contribuable. Cette condition est appréciée à la date de l'apport, en tenant compte des droits détenus par le contribuable à l'issue de celui-ci. Pour l'application de cette condition, un contribuable est considéré comme contrôlant une société :

a) Lorsque la majorité des droits de vote ou des droits dans les bénéfices sociaux de la société est détenue, directement ou indirectement, par le contribuable ou par l'intermédiaire de son conjoint ou de leurs ascendants ou descendants ou de leurs frères et sœurs ;

b) Lorsqu'il dispose seul de la majorité des droits de vote ou des droits dans les bénéfices sociaux de cette société en vertu d'un accord conclu avec d'autres associés ou actionnaires ;

c) Ou lorsqu'il y exerce en fait le pouvoir de décision.

Le contribuable est présumé exercer ce contrôle lorsqu'il dispose, directement ou indirectement, d'une fraction des droits de vote ou des droits dans les bénéfices sociaux égale ou supérieure à 33,33 % et qu'aucun autre associé ou actionnaire ne détient, directement ou indirectement, une fraction supérieure à la sienne.

Le contribuable et une ou plusieurs personnes agissant de concert sont considérés comme contrôlant conjointement une société lorsqu'ils déterminent en fait les décisions prises en assemblée générale.

IV. – Par dérogation aux 1° et 3° du I, le report d'imposition de la plus-value mentionné au même I ou son maintien en application du présent alinéa est maintenu lorsque les titres reçus en rémunération du dernier apport ou échange ayant ouvert droit au report d'imposition mentionné audit I ou à son maintien font l'objet d'une nouvelle opération d'apport ou d'échange dans les conditions prévues au présent article ou à l'article 150-0 B.

Le contribuable mentionne chaque année, dans la déclaration prévue à l'article 170, le montant des plus-values dont le report est maintenu en application du premier alinéa du présent IV.

Il est mis fin au report d'imposition de la plus-value mentionné au I et maintenu en application du premier alinéa du présent IV en cas :

1° De cession à titre onéreux, de rachat, de remboursement ou d'annulation des titres reçus par le contribuable en contrepartie du dernier apport ou échange ayant ouvert droit au report d'imposition ou à son maintien ;

2° De survenance de l'un des événements mentionnés aux 3° et 4° du I ;

3° De survenance, dans la société bénéficiaire de l'apport ayant ouvert droit au report d'imposition ou dans l'une des sociétés bénéficiaires d'un apport ou échange ayant ouvert droit au maintien de ce report en application du premier alinéa du présent IV, d'un événement mentionné au 2° du I mettant fin au report d'imposition.

V. – En cas de survenance d'un des événements prévus aux 1° à 4° du I et aux 1° à 3° du IV, il est mis fin au report d'imposition de la plus-value dans la proportion des titres cédés à titre onéreux, rachetés, remboursés ou annulés.

V bis. – Lorsque les titres apportés dans les conditions prévues au I du présent article sont grevés d'un report d'imposition mis en œuvre en application du II de l'article 92 B, de l'article 92 B decies, de l'article 150 A bis et des I ter et II de l'article 160, dans leur rédaction en vigueur avant le 1er janvier 2000, de l'article 150-0 C, dans sa rédaction en vigueur avant le 1er janvier 2006, de l'article 150-0 D bis, dans sa rédaction antérieure au 1er janvier 2014, ou de l'article 150-0 B bis, ledit report d'imposition est maintenu de plein droit et expire lors de la survenance d'un événement mettant fin au report d'imposition mentionné au I du présent article dans les conditions prévues à ce même I ou au IV.

Il est également mis fin au report d'imposition mis en œuvre en application de l'article 92 B decies, du dernier alinéa du 1 du I ter et du II de l'article 160, dans leur rédaction en vigueur avant le 1er janvier 2000, de l'article 150-0 C, dans sa rédaction en vigueur avant le 1er janvier 2006, de l'article 150-0 D bis, dans sa rédaction en vigueur avant le 1er janvier 2014, ou de l'article 150-0 B bis en cas de transmission, dans les conditions prévues par ces mêmes articles, des titres reçus en rémunération de l'apport mentionné au I du présent article ou des titres mentionnés au 1° du IV.

VI. – Un décret fixe les conditions d'application du présent article, notamment les obligations déclaratives des contribuables, des sociétés bénéficiaires de l'apport des titres et des fonds, sociétés ou organismes mentionnés au d du 2° du I. Il fixe par ailleurs les modalités d'appréciation du respect des quotas mentionnés au même d.

Nota. Conformément à l'article 106 de la loi n° 2019-1479 du 29 décembre 2019, les dispositions modifiées par le A du présent article s'appliquent aux cessions de titres apportés réalisées à compter du 1er janvier 2020 et celles modifiées par le B du même article s'appliquent aux transmissions par voie de donation ou de don manuel réalisées à compter du 1er janvier 2020.

CGI art. 150-0 D

1. Les gains nets mentionnés au I de l'article 150-0 A sont constitués par la différence entre le prix effectif de cession des titres ou droits, net des frais et taxes acquittés par le cédant, et leur prix effectif d'acquisition par celui-ci diminué, le cas échéant, des réductions d'impôt effectivement obtenues dans les conditions prévues à l'article 199 terdecies-0 A, ou, en cas d'acquisition à titre gratuit, leur valeur retenue pour la détermination des droits de mutation.

Les gains nets résultant de la cession à titre onéreux ou retirés du rachat d'actions, de parts de sociétés, de droits démembrés portant sur ces actions ou parts, ou de titres représentatifs de ces mêmes actions, parts ou droits, mentionnés à l'article 150-0 A, ainsi que les distributions mentionnées aux 7,7 bis et aux deux derniers alinéas du 8 du II du même article, à l'article 150-0 F et au 1 du II de l'article 163 quinquies C sont réduits d'un abattement déterminé dans les conditions prévues, selon le cas, au 1 ter ou au 1 quater du présent article.

Le complément de prix prévu au 2 du I de l'article 150-0 A, afférent à la cession d'actions, de parts ou de droits mentionnés au deuxième alinéa du présent 1, est réduit de l'abattement prévu au même alinéa, quelle que soit la date à laquelle est intervenue la cession à laquelle il se rapporte, lorsque les conditions prévues, selon le cas, aux 1 ter ou 1 quater du présent article sont remplies.

L'abattement précité ne s'applique pas à l'avantage mentionné à l'article 80 bis constaté à l'occasion de la levée d'options attribuées avant le 20 juin 2007, ni au gain net mentionné au I de l'article 163 bis G, ni au reliquat du gain net imposable après application de l'abattement fixe prévu au 1 du I de l'article 150-0 D ter.

1 bis (Supprimé)

1 ter. A. - L'abattement mentionné au 1 est égal à :

a) 50 % du montant des gains nets ou des distributions lorsque les actions, parts, droits ou titres sont détenus depuis au moins deux ans et moins de huit ans à la date de la cession ou de la distribution ;

b) 65 % du montant des gains nets ou des distributions lorsque les actions, parts, droits ou titres sont détenus depuis au moins huit ans à la date de la cession ou de la distribution.

Cet abattement s'applique aux gains nets de cession à titre onéreux ou de rachat de parts ou d'actions d'organismes de placement collectif en valeurs mobilières ou de placements collectifs, relevant des articles L. 214-24-24 à L. 214-32-1, L. 214-139 à L. 214-147 et L. 214-152 à L. 214-166 du code monétaire et financier, ou de dissolution de tels organismes ou placements, à condition qu'ils emploient plus de 75 % de leurs actifs en parts ou actions de sociétés. Ce quota doit être respecté au plus tard lors de la clôture de l'exercice suivant celui de la constitution de l'organisme ou du placement collectif et, de manière continue, jusqu'à la date de la cession ou du rachat des actions, parts ou droits ou de la dissolution de cet organisme ou placement collectif. Toutefois, cette condition ne s'applique pas aux gains nets mentionnés au 8 du II de l'article 150-0 A du présent code et aux gains nets de cession ou de rachat de parts de fonds communs de placement à risques mentionnés aux articles L. 214-28, L. 214-30 et L. 214-31 du code monétaire et financier et de parts ou actions de fonds professionnels de capital investissement mentionnés à l'article L. 214-159 du même code.

L'abattement précité s'applique aux distributions mentionnées aux 7 et 7 bis du II de l'article 150-0 A du présent code, à condition que les fonds mentionnés à ce même 7 et les organismes ou les placements collectifs mentionnés à ce même 7 bis emploient plus de 75 % de leurs actifs en actions ou parts de sociétés ou en droits portant sur ces actions ou parts. Ce quota doit être respecté au plus tard lors de la clôture de l'exercice suivant celui de la constitution du fonds, de l'organisme ou du placement collectif et de manière continue jusqu'à la date de la distribution. Toutefois, cette condition ne s'applique pas aux distributions effectuées par des fonds communs de placement à risques mentionnés aux articles L. 214-28, L. 214-30 et L. 214-31 du code monétaire et financier et de fonds professionnels de capital investissement mentionnés à l'article L. 214-159 du même code.

Les conditions mentionnées aux quatrième et cinquième alinéas du présent A s'appliquent également aux entités de même nature constituées sur le fondement d'un droit étranger.

Par dérogation aux mêmes quatrième et cinquième alinéas, pour les organismes constitués avant le 1er janvier 2014, le quota de 75 % doit être respecté au plus tard lors de la clôture du premier exercice ouvert à compter de cette même date et de manière continue jusqu'à la date de la cession, du rachat ou de la dissolution ou jusqu'à la date de la distribution.

B. - L'abattement mentionné au A s'applique sous réserve du respect des conditions suivantes :

1° Les actions, parts, droits ou titres ont été acquis ou souscrits antérieurement au 1er janvier 2018 ;

2° Les gains nets, distributions ou compléments de prix considérés sont imposés dans les conditions prévues au 2 de l'article 200 A.

1 quater. Par dérogation au 1 ter, les gains nets résultant de la cession à titre onéreux ou retirés du rachat d'actions ou de parts de sociétés ou de droits démembrés portant sur ces actions ou parts, mentionnés à l'article 150-0 A, sont réduits d'un abattement au taux mentionné au A lorsque les conditions prévues au B sont remplies.

A. - Le taux de l'abattement est égal à :

1° 50 % de leur montant lorsque les actions, parts ou droits sont détenus depuis au moins un an et moins de quatre ans à la date de la cession ;

2° 65 % de leur montant lorsque les actions, parts ou droits sont détenus depuis au moins quatre ans et moins de huit ans à la date de la cession ;

3° 85 % de leur montant lorsque les actions, parts ou droits sont détenus depuis au moins huit ans à la date de la cession.

B. - L'abattement mentionné au A s'applique sous réserve du respect de l'ensemble des conditions suivantes :

1° Les conditions mentionnées au B du 1 ter sont remplies ;

2° La société émettrice des actions, parts ou droits cédés remplit l'ensemble des conditions suivantes :

a) Elle est créée depuis moins de dix ans et n'est pas issue d'une concentration, d'une restructuration, d'une extension ou d'une reprise d'activités préexistantes. Cette condition s'apprécie à la date de souscription ou d'acquisition des droits cédés ;

b) Elle est une petite ou moyenne entreprise au sens de l'annexe I du règlement (UE) n° 651/2014 de la Commission du 17 juin 2014 déclarant certaines catégories d'aides compatibles avec le marché intérieur en application des articles 107 et 108 du traité. Cette condition est appréciée à la date de clôture du dernier exercice précédant la date de souscription ou d'acquisition de ces droits ou, à défaut d'exercice clos, à la date du premier exercice clos suivant la date de souscription ou d'acquisition de ces droits ;

c) Elle n'accorde aucune garantie en capital à ses associés ou actionnaires en contrepartie de leurs souscriptions ;

d) Elle est passible de l'impôt sur les bénéfices ou d'un impôt équivalent ;

e) Elle a son siège social dans un État membre de l'Union européenne ou dans un autre État partie à l'accord sur l'Espace économique européen ayant conclu avec la France une convention d'assistance administrative en vue de lutter contre la fraude et l'évasion fiscales ;

f) Elle exerce une activité commerciale au sens des articles 34 ou 35, industrielle, artisanale, libérale ou agricole. Les activités de gestion de son propre patrimoine mobilier ou immobilier sont exclues.

Lorsque la société émettrice des droits cédés est une société holding animatrice qui, outre la gestion d'un portefeuille de participations, participe activement à la conduite de la politique de son groupe et au contrôle de ses filiales et rend, le cas échéant et à titre purement interne, des services spécifiques, administratifs, juridiques, comptables, financiers et immobiliers, le respect des conditions mentionnées au présent 2° s'apprécie au niveau de la société émettrice et de chacune des sociétés dans laquelle elle détient des participations.

Les conditions prévues aux quatrième à avant-dernier alinéas du présent 2° s'apprécient de manière continue depuis la date de création de la société.

C. - L'abattement mentionné au A ne s'applique pas :

1° Aux gains nets de cession ou de rachat de parts ou d'actions d'organismes de placement collectif en valeurs mobilières ou de placements collectifs relevant des articles L. 214-24-24 à L. 214-32-1, L. 214-139 à L. 214-147 et L. 214-152 à L. 214-166 du code monétaire et financier ou d'entités de même nature constituées sur le fondement d'un droit étranger ou de dissolution de tels organismes, placements ou entités ;

2° Aux distributions mentionnées aux 7 et 7 bis et aux deux derniers alinéas du 8 du II de l'article 150-0 A, à l'article 150-0 F et au 1 du II de l'article 163 quinquies C, y compris lorsqu'elles sont effectuées par des entités de même nature constituées sur le fondement d'un droit étranger ;

3° Aux gains mentionnés aux 3,4 bis, 4 ter et 5 du II et, le cas échéant, au 2 du III de l'article 150-0 A.

1 quinquies. Pour l'application de l'abattement mentionné au 1, la durée de détention est décomptée à partir de la date de souscription ou d'acquisition des actions, parts, droits ou titres, et :

1° En cas de cession d'actions, parts, droits ou titres effectuée par une personne interposée, à partir de la date de souscription ou d'acquisition des actions, parts, droits ou titres par la personne interposée ;

2° En cas de vente ultérieure d'actions, parts, droits ou titres reçus à l'occasion d'opérations mentionnées à l'article 150-0 B ou au II de l'article 150 UB, à partir de la date de souscription ou d'acquisition des actions, parts, droits ou titres remis à l'échange ;

3° En cas de cession d'actions, parts, droits ou titres après la clôture d'un plan d'épargne en actions défini à l'article 163 quinquies D ou leur retrait dudit plan, à partir de la date à laquelle le cédant a cessé de bénéficier, pour ces actions, parts, droits ou titres, des avantages prévus aux 5° bis et 5° ter de l'article 157 ;

4° En cas de cession à titre onéreux d'actions, parts, droits ou titres reçus en rémunération d'un apport réalisé sous le régime prévu au I ter de l'article 93 quater, au a du I de l'article 151 octies ou aux I et II de l'article 151 octies A, à partir de la date à laquelle l'apporteur a commencé son activité commerciale, industrielle, artisanale, libérale ou agricole ;

5° En cas de cession d'actions, parts, droits ou titres effectuée par une fiducie :

a) Lorsque les actions, parts, droits ou titres ont été acquis ou souscrits par la fiducie, à partir de la date d'acquisition ou de souscription de ces actions, parts, droits ou titres par la fiducie ;

b) Lorsque les actions, parts, droits ou titres ont été transférés dans le patrimoine fiduciaire dans les conditions prévues à l'article 238 quater N, à partir de la date d'acquisition ou de souscription des actions, parts, droits ou titres par le constituant ;

6° En cas de cession d'actions, parts, droits ou titres reçus dans les conditions prévues à l'article 238 quater Q :

a) Lorsque le cédant est le constituant initial de la fiducie :
– lorsque les actions, parts, droits ou titres ont été transférés par le constituant dans le patrimoine fiduciaire dans les conditions prévues à l'article 238 quater N, à partir de la date d'acquisition ou de souscription des actions, parts, droits ou titres par le constituant ;
– lorsque les actions, parts, droits ou titres n'ont pas été transférés dans le patrimoine fiduciaire dans les conditions prévues au même article 238 quater N, à partir de la date d'acquisition ou de souscription des actions, parts, droits ou titres par la fiducie ;

b) Lorsque le cédant n'est pas le constituant initial de la fiducie, à partir de la date d'acquisition de droits représentatifs des biens ou droits du patrimoine fiduciaire si les actions, parts, droits ou titres cédés figuraient dans le patrimoine fiduciaire lors de l'acquisition de ces droits, à partir de la date d'acquisition ou de souscription des actions, parts, droits ou titres par la fiducie dans les autres situations.

7° En cas de cession d'actions gratuites attribuées dans les conditions définies aux articles L. 225-197-1 à L. 225-197-5, L. 22-10-59 et L. 22-10-60 du code de commerce, à partir de la date d'acquisition prévue au sixième alinéa du I de l'article L. 225-197-1 du code de commerce ;

8° En cas de cession ou de rachat des parts ou actions du nouveau fonds commun de placement ou de la nouvelle société d'investissement à capital variable créés dans le cadre d'une scission réalisée en application des articles L. 214-7-4, L. 214-8-7, L. 214-24-33 et L. 214-24-41 du code monétaire et financier, en cas de dissolution de ce fonds ou de cette société ainsi que pour les distributions mentionnées aux 7 et 7 bis ainsi qu'aux deux derniers alinéas du 8 du II de l'article 150-0 A du présent code, à partir de la date d'acquisition ou de souscription des parts ou actions de l'ancien fonds commun de placement ou de l'ancienne société d'investissement à capital variable.

En cas de cessions antérieures de titres ou droits de la société concernée pour lesquels le gain net a été déterminé en retenant un prix d'acquisition calculé suivant la règle de la valeur moyenne pondérée d'acquisition prévue au premier alinéa du 3, le nombre de titres ou droits cédés antérieurement est réputé avoir été prélevé en priorité sur les titres ou droits acquis ou souscrits aux dates les plus anciennes.

Pour les distributions mentionnées aux 7,7 bis et aux deux derniers alinéas du 8 du II de l'article 150-0 A, à l'article 150-0 F et au 1 du II de l'article 163 quinquies C, la durée de détention est décomptée à partir de la date d'acquisition ou de souscription des titres du fonds, de l'entité ou de la société de capital-risque concerné, sous réserve du 8° du présent 1 quinquies.

Pour l'application du dernier alinéa du A du 1 ter, en cas de cession à titre onéreux ou de rachat de parts ou d'actions d'organismes de placement collectif en valeurs mobilières ou de placements collectifs, constitués avant le 1er janvier 2014, ou en cas de distributions effectuées par de tels organismes, la durée de détention est décomptée :

– à partir de la date de souscription ou d'acquisition de ces parts ou actions, lorsque les parts ou actions ont été souscrites ou acquises à une date où l'organisme respecte le quota d'investissement mentionné aux quatrième et cinquième alinéas du même A du 1 ter ;

– à partir de la date de respect du quota d'investissement mentionné à l'avant-dernier alinéa du présent 1 quinquies lorsque les parts ou actions ont été souscrites ou acquises à une date antérieure.

2. Le prix d'acquisition des titres ou droits à retenir par le cessionnaire pour la détermination du gain net de cession des titres ou droits concernés est, le cas échéant, augmenté du complément de prix mentionné au 2 du I de l'article 150-0 A.

2 bis. (Abrogé).

3. En cas de cession d'un ou plusieurs titres appartenant à une série de titres de même nature acquis pour des prix différents, le prix d'acquisition à retenir est la valeur moyenne pondérée d'acquisition de ces titres.

Le détachement de droits de souscription ou d'attribution emporte les conséquences suivantes :

a. Le prix d'acquisition des actions ou parts antérieurement détenues et permettant de participer à l'opération ne fait l'objet d'aucune modification ;

b. Le prix d'acquisition des droits détachés est, s'ils font l'objet d'une cession, réputé nul ;

c. Le prix d'acquisition des actions ou parts reçues à l'occasion de l'opération est réputé égal au prix des droits acquis dans ce but à titre onéreux, augmenté, s'il y a lieu, de la somme versée par le souscripteur.

4. Pour l'ensemble des titres admis aux négociations sur un marché réglementé acquis avant le 1er janvier 1979, le contribuable peut retenir, comme prix d'acquisition, le cours au comptant le plus élevé de l'année 1978.

Pour l'ensemble des valeurs françaises à revenu variable, il peut également retenir le cours moyen de cotation au comptant de ces titres pendant l'année 1972.

Ces dispositions ne sont pas applicables lorsque la cession porte sur des droits sociaux qui, détenus directement ou indirectement dans les bénéfices sociaux par le cédant ou son conjoint, leurs ascendants et leurs descendants, ont dépassé ensemble 25 % de ces bénéfices à un moment quelconque au cours des cinq dernières années. Pour ces droits, le contribuable peut substituer au prix d'acquisition la valeur de ces droits au 1er janvier 1949 si elle est supérieure.

5. En cas de cession de titres après la clôture d'un plan d'épargne en actions défini à l'article 163 quinquies D ou leur retrait dudit plan, le prix d'acquisition est réputé égal à leur valeur à la date où le cédant a cessé de bénéficier, pour ces titres, des avantages prévus aux 5° bis et 5° ter de l'article 157.

6. Le gain net réalisé depuis l'ouverture d'un plan d'épargne en actions défini à l'article 163 quinquies D s'entend de la différence entre la valeur liquidative du plan ou la valeur de rachat pour les contrats de capitalisation à la date du retrait et le montant des versements effectués sur le plan depuis la date de son ouverture, à l'exception de ceux afférents aux retraits ou rachats n'ayant pas entraîné la clôture du plan.

7. Le prix d'acquisition des titres acquis en vertu d'un engagement d'épargne à long terme est réputé égal au dernier cours coté au comptant de ces titres précédant l'expiration de cet engagement.

8. Pour les actions acquises dans les conditions prévues aux articles L. 225-177 à L. 225-186, L. 22-10-56 et L. 22-10-57 du code de commerce, le prix d'acquisition des titres à retenir par le cessionnaire pour la détermination du gain net est le prix de souscription ou d'achat des actions augmenté de l'avantage défini à l'article 80 bis du présent code.

8 bis. En cas de cession de parts ou actions acquises dans le cadre d'une opération mentionnée au 4 de l'article L. 313-7 du code monétaire et financier, le prix d'acquisition à retenir est égal au prix convenu pour l'acceptation de la promesse unilatérale de vente compte non tenu des sommes correspondant aux versements effectués à titre de loyers.

8 ter. Le gain net mentionné au 6 du II de l'article 150-0 A est égal à la différence entre le montant du remboursement et le prix ou la valeur d'acquisition ou de souscription des titres rachetés.

9. En cas de vente ultérieure ou de rachat mentionné au 6 du II de l'article 150-0 A de titres reçus à l'occasion d'une opération mentionnée à l'article 150-0 B, au quatrième alinéa de l'article 150 A bis en vigueur avant la publication de la loi de finances pour 2004 (n° 2003-1311 du 30 décembre 2003) et au II de l'article 150 UB le gain net est calculé à partir du prix ou de la valeur d'acquisition des titres échangés, diminué du montant de la soulte reçue, qui n'a pas fait l'objet d'une imposition au titre de l'année de l'échange, ou majoré de la soulte versée lors de cet échange.

9 bis. En cas de cession à titre onéreux ou de rachat de parts de fonds communs de placement à risques ou de fonds professionnels spécialisés relevant de l'article L. 214-37 du code monétaire et financier dans sa rédaction antérieure à l'ordonnance n° 2013-676 du 25 juillet 2013 modifiant le cadre juridique de la gestion d'actifs ou de fonds professionnels de capital investissement pour lesquelles le contribuable a perçu une distribution mentionnée au 7 du II de l'article 150-0 A, le prix d'acquisition ou de souscription est diminué à concurrence du montant des sommes ou valeurs ainsi distribuées qui n'a pas été imposé en application du même 7.

10. En cas d'absorption d'une société d'investissement à capital variable par un fonds commun de placement réalisée conformément à la réglementation en vigueur, les gains nets résultant de la cession ou du rachat des parts reçues en échange ou de la dissolution du fonds absorbant sont réputés être constitués par la différence entre le prix effectif de cession ou de rachat des parts reçues en échange, net des frais et taxes acquittés par le cédant, et le prix de souscription ou d'achat des actions de la société d'investissement à capital variable absorbée remises à l'échange.

10 bis. Pour le calcul des gains nets résultant de la cession ou du rachat des parts ou actions ou de la dissolution des fonds communs de placement ou sociétés d'investissement à capital variable issus d'une scission réalisée en application des articles L. 214-7-4, L. 214-8-7, L. 214-24-33 et L. 214-24-41 du code monétaire et financier, le prix d'acquisition est déterminé en retenant le prix ou la valeur d'acquisition des actions ou parts de l'entité dont l'actif a été scindé, dans le rapport existant entre la valeur liquidative de chacune des entités issues de la scission à la date de cette dernière et la somme arithmétique desdites valeurs liquidatives.

11. Les moins-values subies au cours d'une année sont imputées exclusivement sur les plus-values de même nature, retenues pour leur montant brut avant application, le cas échéant, des abattements mentionnés aux 1 ter ou 1 quater du présent article ou à l'article 150-0 D ter, imposables au titre de la même année.

En cas de solde positif, les plus-values subsistantes sont réduites, le cas échéant, des moins-values de même nature subies au titre des années antérieures jusqu'à la dixième inclusivement, puis des abattements mentionnés au premier alinéa du présent 11.

En cas de solde négatif, l'excédent de moins-values mentionnées au même premier alinéa non imputé est reporté et est imputé dans les mêmes conditions au titre des années suivantes jusqu'à la dixième inclusivement.

12. Les pertes constatées en cas d'annulation de valeurs mobilières, de droits sociaux, ou de titres assimilés sont imputables, dans les conditions mentionnées au 11, l'année au cours de laquelle intervient soit la réduction du capital de la société, en exécution d'un plan de redressement mentionné à l'article L. 631-19 du code de commerce, soit la cession de l'entreprise ordonnée par le tribunal en application de l'article L. 631-22 de ce code, soit le jugement de clôture de la liquidation judiciaire, soit la réduction totale du capital de la société en application du deuxième alinéa des articles L. 223-42 ou L. 225-248 dudit code dès lors que les pertes sont égales ou supérieures aux capitaux propres.

Par exception aux dispositions du premier alinéa, préalablement à l'annulation des titres, les pertes sur valeurs mobilières, droits sociaux ou titres assimilés peuvent, sur option expresse du détenteur, être imputées dans les conditions prévues au 11, à compter de l'année au cours de laquelle intervient le jugement ordonnant la cession de l'entreprise en application de l'article L. 631-22 du code de commerce, en l'absence de tout plan de continuation, ou prononçant sa liquidation judiciaire. L'option porte sur l'ensemble des valeurs mobilières, droits sociaux ou titres assimilés détenus dans la société faisant l'objet de la procédure collective. En cas d'infirmation du jugement ou de résolution du plan de cession, la perte imputée ou reportée est reprise au titre de l'année au cours de laquelle intervient cet événement.

Les dispositions des premier et deuxième alinéas ne s'appliquent pas :

a. Aux pertes constatées afférentes à des valeurs mobilières ou des droits sociaux détenus, dans le cadre d'engagements d'épargne à long terme définis à l'article 163 bis A, dans un plan d'épargne d'entreprise mentionné à l'article 163 bis B ou dans un plan d'épargne en actions défini à l'article 163 quinquies D ;

b. Aux pertes constatées par les personnes à l'encontre desquelles le tribunal a prononcé au titre des sociétés en cause l'une des condamnations mentionnées aux articles L. 651-2, L. 653-4, L. 653-5, L. 653-6, L. 653-8, L. 654-2 ou L. 654-6 du code de commerce. Lorsque l'une de ces condamnations est prononcée à l'encontre d'un contribuable ayant exercé l'option prévue au deuxième alinéa, la perte ainsi imputée ou reportée est reprise au titre de l'année de la condamnation.

13. L'imputation des pertes mentionnées au 12 est opérée dans la limite du prix effectif d'acquisition des titres par le cédant ou, en cas d'acquisition à titre gratuit, de la valeur retenue pour l'assiette des droits de mutation. Lorsque les titres ont été reçus, à compter du 1er janvier 2000, dans le cadre d'une opération d'échange dans les conditions prévues à l'article 150-0 B, le prix d'acquisition à retenir est celui des titres remis à l'échange, diminué du montant de la soulte reçue, qui n'a pas fait l'objet d'une imposition au titre de l'année de l'échange, ou majoré de la soulte versée lors de cet échange.

La perte nette constatée est minorée, en tant qu'elle se rapporte aux titres concernés, du montant :
a. Des sommes ou valeurs remboursées dans la limite du prix d'acquisition des titres correspondants.
b. Des sommes ayant ouvert droit à la réduction d'impôt en application de l'article 199 unvicies.
c. abrogé

14. Par voie de réclamation présentée dans le délai prévu au livre des procédures fiscales en matière d'impôt sur le revenu, le prix de cession des titres ou des droits retenu pour la détermination des gains nets mentionnés au 1 du I de l'article 150-0 A est diminué du montant du versement effectué par le cédant en exécution de la clause du contrat de cession par laquelle le cédant s'engage à reverser au cessionnaire tout ou partie du prix de cession en cas de révélation, dans les comptes de la société dont les titres sont l'objet du contrat, d'une dette ayant son origine antérieurement à la cession ou d'une surestimation de valeurs d'actif figurant au bilan de cette même société à la date de la cession.

Le montant des sommes reçues en exécution d'une telle clause de garantie de passif ou d'actif net diminue le prix d'acquisition des valeurs mobilières ou des droits sociaux à retenir par le cessionnaire pour la détermination du gain net de cession des titres concernés.

Nota. Conformément au II de l'article 21 de la loi n° 2021-1900 du 30 décembre 2021, ces dispositions s'appliquent aux scissions réalisées à compter de l'entrée en vigueur du I de l'article 77 de la loi n° 2019-486 du 22 mai 2019 relative à la croissance et la transformation des entreprises.

CGI art. 150-0 D bis (abrogé)

I.-1. L'imposition de la plus-value retirée de la cession à titre onéreux d'actions ou de parts de sociétés ou de droits démembrés portant sur ces actions ou parts peut être reportée si les conditions prévues au II sont remplies.

Le report est subordonné à la condition que le contribuable en fasse la demande et déclare le montant de la plus-value dans la déclaration prévue à l'article 170.

2. Le complément de prix prévu au 2 du I de l'article 150-0 A, afférent à la cession de titres ou droits mentionnés au 1 du présent I, fait également l'objet du report d'imposition prévu à ce même 1 et appliqué lors de cette cession.

II. - Le bénéfice du report d'imposition prévu au 1 du I est subordonné au respect des conditions suivantes :

1°. Les titres ou droits cédés doivent avoir été détenus de manière continue depuis plus de huit ans ;

1° bis. Les titres ou droits détenus par le cédant, directement ou par personne interposée ou par l'intermédiaire du conjoint, de leurs ascendants et descendants ou de leurs frères et sœurs, doivent avoir représenté, de manière continue pendant les huit années précédant la cession, au moins 10 % des droits de vote ou des droits dans les bénéfices sociaux de la société dont les titres ou droits sont cédés ;

2°. La société dont les actions, parts ou droits sont cédés :

a) Est passible de l'impôt sur les sociétés ou d'un impôt équivalent ou soumise sur option à cet impôt ;

b) Exerce une activité commerciale, industrielle, artisanale, libérale, agricole ou financière, à l'exception de la gestion de son propre patrimoine mobilier ou immobilier, ou a pour objet social exclusif de détenir des participations dans des sociétés exerçant les activités précitées.

Cette condition s'apprécie de manière continue pendant les huit années précédant la cession ;

c) A son siège social dans un État membre de l'Union européenne ou dans un autre État partie à l'accord sur l'Espace économique européen ayant conclu avec la France une convention d'assistance administrative en vue de lutter contre la fraude et l'évasion fiscales ;

3°. Le report d'imposition est, en outre, subordonné au respect des conditions suivantes :

a) Le cédant prend l'engagement d'investir le produit de la cession des titres ou droits, dans un délai de vingt-quatre mois et à hauteur d'au moins 50 % du montant de la plus-value net des prélèvements sociaux, dans la souscription en numéraire au capital initial ou à l'augmentation de capital d'une ou de plusieurs sociétés ou dans la souscription dans un ou plusieurs fonds communs de placement à risques ou sociétés de capital-risque respectant au minimum, respectivement, le quota d'investissement de 50 % prévu au I de l'article L. 214-28 du code monétaire et financier et celui prévu au troisième alinéa du 1° de l'article 1-1 de la loi n° 85-695 du 11 juillet 1985 portant diverses dispositions d'ordre économique et financier ;

b) La société bénéficiaire de l'apport doit exercer l'une des activités mentionnées au premier alinéa du b du 2° et répondre aux conditions prévues aux a et c du même 2° ;

c) Les titres représentatifs de l'apport en numéraire doivent être entièrement libérés au moment de la souscription ou de l'augmentation de capital ou, au plus tard, à l'issue du délai mentionné au a du présent 3° et représenter au moins 5 % des droits de vote et des droits dans les bénéfices sociaux de la société ;

d) Les titres représentatifs de l'apport en numéraire doivent être détenus directement et en pleine propriété par le contribuable pendant au moins cinq ans ;

e) (abrogé)

f) La société bénéficiaire de l'apport ne doit pas avoir procédé à un remboursement d'apport au bénéfice du cédant, de son conjoint, de leurs ascendants et descendants ou de leurs frères et sœurs au cours des douze mois précédant le remploi du produit de la cession.

II bis. - Lorsque le cédant effectue son réinvestissement conformément à l'engagement pris en application du a du 3° du II, la plus-value en report d'imposition n'est imposable qu'à hauteur du montant de la plus-value net des prélèvements sociaux qui n'a pas fait l'objet d'un réinvestissement dans les vingt-quatre mois suivant la cession. L'impôt sur la plus-value exigible dans ces conditions est accompagné de l'intérêt de retard prévu à l'article 1727, décompté à partir de la date à laquelle cet impôt aurait dû être acquitté. La fraction de plus-value réinvestie reste en report d'imposition.

III. - Le report d'imposition prévu au présent article est exclusif de l'application des articles 199 terdecies-0 A et 885-0 V bis.

Le non-respect de l'une des conditions prévues au II entraîne l'exigibilité immédiate de l'impôt sur la plus-value, sans préjudice de l'intérêt de retard prévu à l'article 1727, décompté de la date à laquelle cet impôt aurait dû être acquitté.

L'imposition de la plus-value antérieurement reportée peut, à la demande du contribuable, être reportée de nouveau lorsque les titres souscrits conformément au 3° du II font l'objet d'une opération d'échange dans les conditions prévues à l'article 150-0 B. Dans ce cas, le délai de cinq ans est apprécié à compter de la date de souscription des titres échangés.

III bis. - Lorsque les titres font l'objet d'une transmission, d'un rachat ou d'une annulation ou, si cet événement est antérieur, lorsque le contribuable transfère son domicile fiscal hors de France dans les conditions prévues à l'article 167 bis, avant le délai prévu au d du 3° du II du présent article, le report d'imposition prévu au I est remis en cause dans les conditions du deuxième alinéa du III.

Lorsque les titres ayant fait l'objet de l'apport prévu au a du 3° du II sont détenus depuis plus de cinq ans, la plus-value en report d'imposition est définitivement exonérée. Cette exonération est applicable avant l'expiration du délai de cinq ans en cas de licenciement, d'invalidité correspondant au classement dans les deuxième ou troisième des catégories prévues à l'article L. 341-4 du code de la sécurité sociale, du décès du contribuable ou de l'un des époux soumis à imposition commune ou en cas de liquidation judiciaire de la société.

Le deuxième alinéa ne s'applique pas en cas de remboursement des apports avant la dixième année suivant celle de l'apport en numéraire.

IV. - En cas de cession de titres ou droits mentionnés au 1 du I appartenant à une série de titres ou droits de même nature, acquis ou souscrits à des dates différentes, les titres ou droits cédés sont ceux acquis ou souscrits aux dates les plus anciennes.

V. - Pour l'application du 1° du II, la durée de détention est décomptée à partir du 1er janvier de l'année d'acquisition ou de souscription des titres ou droits, et :

1° En cas de cession de titres ou droits effectuée par une personne interposée, à partir du 1er janvier de l'année d'acquisition ou de souscription des titres ou droits par la personne interposée ;

2° En cas de vente ultérieure de titres ou droits reçus à l'occasion d'opérations mentionnées à l'article 150-0 B ou au II de l'article 150 UB, à partir du 1er janvier de l'année d'acquisition des titres ou droits remis à l'échange ;

3° En cas de cession de titres ou droits après la clôture d'un plan d'épargne en actions défini à l'article 163 quinquies D ou leur retrait au-delà de la huitième année, à partir du 1er janvier de l'année au cours de laquelle le cédant a cessé de bénéficier, pour ces titres, des avantages prévus aux 5° bis et 5° ter de l'article 157 ;

4° En cas de cession à titre onéreux de titres ou droits reçus en rémunération d'un apport réalisé sous le régime prévu au I ter de l'article 93 quater, au a du I de l'article 151 octies ou aux I et II de l'article 151 octies A, à partir du 1er janvier de l'année au cours de laquelle l'apporteur a commencé son activité commerciale, industrielle, artisanale, libérale ou agricole ;

5° Abrogé

6° Abrogé

7° (Supprimé)

8° En cas de cession de titres ou droits effectuée par une fiducie :

a) Lorsque les titres ou droits ont été acquis ou souscrits par la fiducie, à partir du 1er janvier de l'année d'acquisition ou de souscription de ces titres ou droits par la fiducie ;

b) Lorsque les titres ou droits ont été transférés dans le patrimoine fiduciaire dans les conditions prévues à l'article 238 quater N, à partir du 1er janvier de l'année d'acquisition ou de souscription des titres par le constituant ;

9° En cas de cession de titres ou droits reçus dans les conditions prévues à l'article 238 quater Q :

a) Lorsque le cédant est le constituant initial de la fiducie :
– lorsque les titres ou droits ont été transférés par le constituant dans le patrimoine fiduciaire dans les conditions de l'article 238 quater N, à partir du 1er janvier de l'année d'acquisition ou de souscription des titres ou droits par le constituant ;

– lorsque les titres ou droits n'ont pas été transférés dans le patrimoine fiduciaire dans les conditions de l'article 238 quater N, à partir du 1er janvier de l'année d'acquisition ou de souscription des titres ou droits par la fiducie ;

b) Lorsque le cédant n'est pas le constituant initial de la fiducie, à partir du 1er janvier de l'année d'acquisition de droits représentatifs des biens ou droits du patrimoine fiduciaire si les titres ou droits cédés figuraient dans le patrimoine fiduciaire lors de l'acquisition de ces droits, et à partir du 1er janvier de l'année d'acquisition ou de souscription des titres ou droits par la fiducie dans les autres situations.

CGI art. 150-0 D ter

I. - 1. Les gains nets mentionnés au 1 de l'article 150-0 D et déterminés dans les conditions prévues au même article 150-0 D, retirés de la cession à titre onéreux ou du rachat par la société émettrice d'actions, de parts de sociétés, ou de droits démembrés portant sur ces actions ou parts, sont réduits d'un abattement fixe de 500 000 € lorsque les conditions prévues au II du présent article sont remplies.

L'abattement fixe prévu au premier alinéa du présent 1 s'applique à l'ensemble des gains afférents à des actions, parts, ou droits démembrés portant sur ces actions ou parts, émises par une même société et, si cette société est issue d'une scission intervenue au cours des deux années précédant la cession à titre onéreux ou le rachat, par les autres sociétés issues de cette même scission.

2. Le complément de prix prévu au 2 du I de l'article 150-0 A, afférent à la cession de titres ou de droits mentionnés au 1 du présent I, est réduit de l'abattement fixe prévu au même 1, à hauteur de la fraction non utilisée lors de cette cession.

II. - Le bénéfice de l'abattement fixe mentionné au 1 du I est subordonné au respect des conditions suivantes :

1° La cession porte sur l'intégralité des actions, parts ou droits détenus par le cédant dans la société dont les titres ou droits sont cédés ou sur plus de 50 % des droits de vote ou, dans le cas où seul l'usufruit est détenu, sur plus de 50 % des droits dans les bénéfices sociaux de cette société ;

2° Le cédant doit :

a) Avoir exercé au sein de la société dont les titres ou droits sont cédés, de manière continue pendant les cinq années précédant la cession, l'une des fonctions suivantes :

- gérant nommé conformément aux statuts d'une société à responsabilité limitée ou en commandite par actions ;

- associé en nom d'une société de personnes ;

- président, directeur général, président du conseil de surveillance ou membre du directoire d'une société par actions.

Ces fonctions doivent être effectivement exercées et donner lieu à une rémunération normale, dans les catégories imposables à l'impôt sur le revenu des traitements et salaires, bénéfices industriels et commerciaux, bénéfices agricoles, bénéfices non commerciaux et revenus des gérants et associés mentionnés à l'article 62, au regard des rémunérations du même type versées au titre de fonctions analogues dans l'entreprise ou dans des entreprises similaires établies en France. Cette rémunération doit représenter plus de la moitié des revenus à raison desquels l'intéressé est soumis à l'impôt sur le revenu dans les mêmes catégories, à l'exclusion des revenus non professionnels ;

b) Avoir détenu directement ou par l'intermédiaire d'une société qui relève des articles 8 à 8 ter ou par l'intermédiaire de son conjoint ou partenaire lié par un pacte civil de solidarité ou de leurs ascendants ou descendants ou de leurs frères et sœurs, de manière continue pendant les cinq années précédant la cession, au moins 25 % des droits de vote ou des droits dans les bénéfices sociaux de la société dont les titres ou droits sont cédés ;

c) Cesser toute fonction dans la société dont les titres ou droits sont cédés et faire valoir ses droits à la retraite dans les deux années suivant ou précédant la cession ;

3° La société dont les titres ou droits sont cédés répond aux conditions suivantes :

a) Elle est une petite ou moyenne entreprise au sens de l'annexe I du règlement (UE) n° 651/2014 de la Commission du 17 juin 2014 déclarant certaines catégories d'aides compatibles avec le marché intérieur en application des articles 107 et 108 du traité. Cette condition s'apprécie à la date de clôture de chacun des deux derniers exercices qui précèdent la date de la cession ;

b) Elle exerce une activité mentionnée au a du 2° du I de l'article 150-0 B ter, sous la même exclusion, ou a pour objet social exclusif de détenir des participations dans des sociétés exerçant les activités éligibles mentionnées à ce même a.

Cette condition s'apprécie de manière continue pendant les cinq années précédant la cession ;

c) Elle est soumise à l'impôt sur les sociétés dans les conditions de droit commun ou y serait soumise dans les mêmes conditions si l'activité était exercée en France et a son siège de direction effective dans un État membre de l'Union européenne ou dans un autre État partie à l'accord sur l'Espace économique européen ayant conclu avec la France une convention d'assistance administrative en vue de lutter contre la fraude et l'évasion fiscales ;

4° Les titres ou droits cédés doivent avoir été détenus depuis au moins un an à la date de la cession. Ce délai est décompté suivant les modalités prévues au 1 quinquies de l'article 150-0 D ;

5° En cas de cession des titres ou droits à une entreprise, le cédant ne détient pas, directement ou indirectement, de droits de vote ou de droits dans les bénéfices sociaux de l'entreprise cessionnaire.

III. - L'abattement fixe mentionné au I ne s'applique pas :

1° Aux gains nets mentionnés aux articles 238 bis HK et 238 bis HS ;

2° Aux gains nets de cession d'actions de sociétés d'investissement mentionnées aux 1° bis et 3° septies de l'article 208 et de sociétés unipersonnelles d'investissement à risque pendant la période au cours de laquelle elles bénéficient de l'exonération d'impôt sur les sociétés prévue à l'article 208 D, ainsi que des sociétés de même nature établies hors de France et soumises à un régime fiscal équivalent ;

3° Aux gains nets de cession d'actions des sociétés de placement à prépondérance immobilière à capital variable régies par les articles L. 214-62 à L. 214-70 du code monétaire et financier et des sociétés de même nature établies hors de France et soumises à un régime fiscal équivalent ;

4° À l'avantage mentionné à l'article 80 bis du présent code constaté à l'occasion de la levée d'options attribuées avant le 20 juin 2007, ni au gain net mentionné au second alinéa du I de l'article 163 bis G.

IV. - En cas de non-respect de la condition prévue au 5° du II à un moment quelconque au cours des trois années suivant la cession des titres ou droits, l'abattement fixe prévu au I est remis en cause au titre de l'année au cours de laquelle la condition précitée cesse d'être remplie. Il en est de même, au titre de l'année d'échéance du délai mentionné au c du 2° du II, lorsque l'une des conditions prévues au 1° ou au c du 2° du même II n'est pas remplie au terme de ce délai. La plus-value est alors réduite, le cas échéant, de l'abattement prévu aux 1 ter ou 1 quater de l'article 150-0 D.

Nota. Conformément aux dispositions du C du VI de l'article 28 de la loi n° 2017-1837 du 30 décembre 2017, ces dispositions s'appliquent aux cessions et rachats réalisés du 1er janvier 2018 au 31 décembre 2022 ainsi que, le cas échéant, aux compléments de prix afférents à ces mêmes opérations et perçus entre ces mêmes dates.

Toutefois, le complément de prix perçu à compter du 1er janvier 2018 et afférent à une cession pour laquelle s'est appliqué l'abattement fixe prévu à l'article 150-0 D ter, dans sa rédaction antérieure à ladite loi, est réduit le cas échéant de la fraction d'abattement fixe non utilisée au titre de cette même cession. Dans ce cas, l'abattement mentionné aux 1 ter ou 1 quater de l'article 150-0 D, dans sa rédaction résultant de ladite loi, ne s'applique pas au reliquat de gain net imposable. Ce dernier abattement peut toutefois s'appliquer lorsque le contribuable renonce au bénéfice de l'abattement fixe précité.

CGI art. 155 A

I. Les sommes perçues par une personne domiciliée ou établie hors de France en rémunération de services rendus par une ou plusieurs personnes domiciliées ou établies en France sont imposables au nom de ces dernières :

– soit, lorsque celles-ci contrôlent directement ou indirectement la personne qui perçoit la rémunération des services ;

– soit, lorsqu'elles n'établissent pas que cette personne exerce, de manière prépondérante, une activité industrielle ou commerciale, autre que la prestation de services ;

– soit, en tout état de cause, lorsque la personne qui perçoit la rémunération des services est domiciliée ou établie dans un État étranger ou un territoire situé hors de France où elle est soumise à un régime fiscal privilégié au sens mentionné à l'article 238 A.

II. Les règles prévues au I ci-dessus sont également applicables aux personnes domiciliées hors de France pour les services rendus en France.

III. La personne qui perçoit la rémunération des services est solidairement responsable, à hauteur de cette rémunération, des impositions dues par la personne qui les rend.

Nota. Dans sa décision n° 2010-70 QPC du 26 novembre 2010 (NOR : CSCX1030157S), le Conseil constitutionnel a déclaré, sous la réserve énoncée au considérant 4, l'article 155 A du code général des impôts conforme à la Constitution.

CGI art. 167 bis

I. – 1. Les contribuables fiscalement domiciliés en France pendant au moins six des dix années précédant le transfert de leur domicile fiscal hors de France sont imposables lors de ce transfert au titre des plus-values latentes constatées sur les droits sociaux, valeurs, titres ou droits mentionnés au 1 du I de l'article 150-0 A détenus, directement ou indirectement, par les membres de leur foyer fiscal à la date de ce transfert lorsque ces mêmes droits sociaux, valeurs, titres ou droits représentent au moins 50 % des bénéfices sociaux d'une société ou lorsque la valeur globale desdits droits sociaux, valeurs, titres ou droits, déterminée dans les conditions prévues au premier alinéa du 2, excède 800 000 € à cette même date.

Les contribuables fiscalement domiciliés en France pendant au moins six années au cours des dix dernières années sont imposables lors du transfert de leur domicile fiscal hors de France sur la valeur des créances trouvant leur origine dans une clause de complément de prix mentionnée au 2 du I de l'article 150-0 A.

2. La plus-value constatée dans les conditions du premier alinéa du 1 du présent I est déterminée par différence entre la valeur des droits sociaux, valeurs, titres ou droits lors du transfert du domicile fiscal hors de France, déterminée selon les règles prévues à l'article 758 et au dernier alinéa du I de l'article 973, et leur prix d'acquisition par le contribuable ou, en cas d'acquisition à titre gratuit, leur valeur retenue pour la détermination des droits de mutation.

Lorsque les droits sociaux, valeurs, titres ou droits mentionnés au premier alinéa du 1 du présent I ont été reçus lors d'une opération d'échange bénéficiant du sursis d'imposition prévu à l'article 150-0 B avant le transfert de domicile fiscal du contribuable, la plus-value constatée est calculée à partir du prix ou de la valeur d'acquisition des titres remis à l'échange diminué du montant de la soulte reçue, qui n'a pas fait l'objet d'une imposition au titre de l'année de l'échange, ou majoré de la soulte versée lors de cet échange.

Les créances mentionnées au dernier alinéa du 1 du présent I sont évaluées à leur valeur réelle au moment du transfert du domicile fiscal hors de France de leur titulaire.

2 bis. La plus-value calculée dans les conditions prévues au premier alinéa du 2 est réduite, le cas échéant, de l'abattement mentionné aux 1 ter ou 1 quater de l'article 150-0 D, dans les conditions prévues aux 1 à 1 quinquies de ce même article.

Pour l'application du premier alinéa du présent 2 bis à l'abattement prévu aux 1 ter ou 1 quater de l'article 150-0 D, le transfert du domicile fiscal est assimilé à une cession à titre onéreux.

3. La plus-value calculée dans les conditions prévues au premier alinéa du 2 est réduite, le cas échéant, de l'abattement fixe mentionné au 1 du I de l'article 150-0 D ter, dans les conditions et suivant les modalités prévues à ce même article.

Pour l'application du premier alinéa du présent 3 à l'abattement fixe mentionné à l'article 150-0 D ter, le transfert du domicile fiscal est assimilé à une cession à titre onéreux si les conditions suivantes sont cumulativement remplies :

a) Le contribuable a fait valoir ses droits à la retraite avant le transfert de son domicile fiscal ;

b) Le contribuable domicilié fiscalement hors de France cède les titres mentionnés au premier alinéa du 1 dans les deux ans suivant son départ à la retraite

4. Abrogé.

5. Les moins-values latentes calculées selon les modalités prévues au premier alinéa du 2 ne sont pas imputables sur les plus-values calculées selon les mêmes modalités ni sur d'autres plus-values, quelles que soient leurs modalités d'imposition.

II. – Lorsqu'un contribuable transfère son domicile fiscal hors de France, les plus-values de cession ou d'échange de droits sociaux, valeurs, titres ou droits dont l'imposition a été reportée en application du II de l'article 92 B, de l'article 92 B decies et des I ter et II de l'article 160, dans leur rédaction en vigueur avant le 1er janvier 2000, de l'article 150-0 C, dans sa rédaction en vigueur avant le 1er janvier 2006 et, des articles 150-0 B bis, 150-0 B ter et 150-0 B quater sont également imposables lors de ce transfert.

II bis. 1. – Sous réserve du 1 bis, l'impôt sur le revenu relatif aux plus-values et créances déterminées dans les conditions prévues aux I et II du présent article est établi dans les conditions prévues aux 1 ou 2 de l'article 200 A.

Lorsque l'impôt est établi dans les conditions prévues au 2 de l'article 200 A, celui-ci est égal à la différence entre, d'une part, le montant de l'impôt résultant de l'application de l'article 197 à l'ensemble des revenus de sources française et étrangère mentionnés au 1 de l'article 167 auxquels s'ajoutent les plus-values et créances imposables en vertu des I et II du présent article et, d'autre part, le montant de l'impôt établi dans les conditions prévues à l'article 197 pour les seuls revenus de sources française et étrangère mentionnés au 1 de l'article 167.

Le taux d'imposition des plus-values et créances mentionnées aux I et II du présent article et imposées dans les conditions du deuxième alinéa du présent 1 est égal au rapport entre, d'une part, l'impôt calculé dans les conditions du même deuxième alinéa et, d'autre part, la somme des plus-values et créances déterminées dans les conditions des I et II.

1 bis. Le taux d'imposition des plus-values mentionnées au II dont l'imposition a été reportée en application de l'article 150-0 B ter est déterminé dans les conditions prévues au 2 ter de l'article 200 A.

2. Abrogé.

III. – Pour l'application du présent article, le transfert hors de France du domicile fiscal d'un contribuable est réputé intervenir le jour précédant celui à compter duquel ce contribuable cesse d'être soumis en France à une obligation fiscale sur l'ensemble de ses revenus.

IV. – Il est sursis au paiement de l'impôt afférent aux plus-values et créances constatées dans les conditions prévues au I du présent article et aux plus-values imposables en application du II, lorsque le contribuable transfère son domicile fiscal hors de France dans un État membre de l'Union européenne ou dans un autre État ou territoire ayant conclu avec la France une convention d'assistance administrative en vue de lutter contre la fraude et l'évasion fiscales ainsi qu'une convention d'assistance mutuelle en matière de recouvrement ayant une portée similaire à celle prévue par la directive 2010/24/UE du Conseil du 16 mars 2010 concernant l'assistance mutuelle en matière de recouvrement des créances relatives aux taxes, impôts, droits et autres mesures, et qui n'est pas un État ou territoire non coopératif au sens de l'article 238-0 A.

V. – Sur demande expresse du contribuable, il peut également être sursis au paiement de l'impôt afférent aux plus-values et créances constatées dans les conditions prévues au I et aux plus-values imposables en application du II lorsque le contribuable :

a) Transfère son domicile fiscal hors de France dans un État ou territoire autre que ceux mentionnés au IV ;

b) Après avoir transféré son domicile fiscal hors de France dans un État ou territoire mentionné au IV, le transfère à nouveau dans un État ou territoire autre que ceux mentionnés au même IV.

Dans les cas mentionnés aux a et b du présent V, le sursis de paiement est subordonné à la condition que le contribuable déclare le montant des plus-values et créances constatées dans les conditions du I ou imposables en application du II, désigne un représentant établi en France autorisé à recevoir les communications relatives à l'assiette, au recouvrement et au contentieux de l'impôt et constitue auprès du comptable public compétent, préalablement à son départ, des garanties propres à assurer le recouvrement de la créance du Trésor.

Le montant des garanties que le contribuable est tenu de constituer préalablement à son transfert de domicile fiscal hors de France pour bénéficier du sursis de paiement prévu au présent V est égal à 12,8 % du montant total des plus-values et créances mentionnées aux I et II, retenues pour leur montant brut sans qu'il soit fait application, le cas échéant, des abattements mentionnés aux 2 bis et 3 du I. Toutefois, le montant des garanties afférentes à l'impôt sur les plus-values mentionnées au 1 bis du II bis est déterminé par application du taux mentionné au même 1 bis à ces mêmes plus-values.

Dans le mois suivant la réception de l'avis d'imposition émis au titre de l'impôt afférent aux plus-values et créances mentionnées aux I et II, le contribuable constitue, le cas échéant, un complément de garanties pour assurer le recouvrement de l'impôt calculé dans les conditions du II bis à hauteur de la différence entre ce montant d'impôt et le montant de la garantie constituée préalablement au transfert du domicile fiscal hors de France.

Lorsque le montant d'impôt calculé dans les conditions du II bis est inférieur au montant des garanties constituées préalablement au transfert de domicile fiscal hors de France, le contribuable peut demander au comptable chargé du recouvrement la levée de ces garanties à hauteur de la différence entre le montant de ces garanties et le montant d'impôt précité.

VI. – Les sursis de paiement prévus aux IV et V ont pour effet de suspendre la prescription de l'action en recouvrement jusqu'à la date de l'événement entraînant leur expiration. Ils sont assimilés au sursis de paiement mentionné à l'article L. 277 du livre des procédures fiscales pour l'application des articles L. 208 et L. 279 du même livre.

VII. – 1. Les sursis de paiement prévus aux IV et V expirent au moment où intervient l'un des événements suivants :

a) La cession, le rachat, le remboursement ou l'annulation des droits sociaux, valeurs, titres ou droits pour lesquels des plus-values ont été constatées dans les conditions du I ou dont l'acquisition intervenue avant le transfert du domicile fiscal hors de France a ouvert droit au bénéfice des dispositions mentionnées au II de l'article 92 B, à l'article 92 B decies et aux I ter et II de l'article 160, dans leur rédaction en vigueur avant le 1er janvier 2000, et à l'article 150-0 C, dans sa rédaction en vigueur avant le 1er janvier 2006, à l'exception des cessions auxquelles les reports d'imposition prévus à l'article 150-0 B ter s'appliquent. La cession s'entend des transmissions à titre onéreux, à l'exception des opérations d'échange ou d'apport intervenues après le transfert du domicile fiscal hors de France, entrant dans le champ d'application des articles 150-0 B ou 150-0 B ter et portant sur des droits sociaux, valeurs, titres ou droits pour lesquels des plus-values ont été constatées dans les conditions du I du présent article.

b) La donation de :

1° Droits sociaux, valeurs, titres ou droits pour lesquels des plus-values ont été constatées dans les conditions du I lorsque le donateur est fiscalement domicilié dans un État ou territoire autre que ceux mentionnés au IV, sauf s'il démontre que la donation n'est pas faite avec pour motif principal d'éluder l'impôt établi dans les conditions du II bis ;

2° Titres pour lesquels des plus-values de cession ou d'échange ont été reportées en application de l'article 92 B decies, du dernier alinéa du 1 du I ter et du II de l'article 160, dans leur rédaction en vigueur avant le 1er janvier 2000, de l'article 150-0 C, dans sa rédaction en vigueur avant le 1er janvier 2006, ou de l'article 150-0 B bis ;

c) Le décès du contribuable, pour l'impôt calculé en application du II bis afférent aux plus-values mentionnées à l'article 92 B decies, au dernier alinéa du 1 du I ter et au II de l'article 160, dans leur rédaction en vigueur avant le 1er janvier 2000, à l'article 150-0 C, dans sa rédaction en vigueur avant le 1er janvier 2006, ou à l'article 150-0 B bis ;

d) La perception d'un complément de prix, ainsi que, pour les créances mentionnées au second alinéa du 1 du I, l'apport de la créance, sa cession à titre onéreux ou sa donation lorsque le donateur est fiscalement domicilié dans un État ou territoire autre que ceux mentionnés au IV, sauf s'il démontre que la donation n'est pas faite avec pour motif principal d'éluder l'impôt établi dans les conditions du II bis ;

d bis) Abrogé ;

e) Abrogé ;

f) La cession à titre onéreux, le rachat, le remboursement ou l'annulation des titres ou droits reçus en rémunération de l'apport ou des titres ou droits apportés ou des parts ou droits dans les sociétés ou groupements interposés conformément à l'article 150-0 B ter, pour l'impôt afférent aux plus-values de cession reportées en application du même article.

1 bis. Pour l'impôt afférent aux plus-values constatées dans les conditions du I, les droits sociaux, valeurs, titres ou droits mentionnés aux a et b du 1 s'entendent :

1° De ceux mentionnés au premier alinéa du 1 du I ;

2° De ceux reçus lors d'une opération d'échange ou d'apport entrant dans le champ d'application de l'article 150-0 B intervenue après le transfert du domicile fiscal hors de France ;

3° De ceux mentionnés aux 1°, 2° et 3° du I de l'article 150-0 B ter lorsque les titres sur lesquels une plus-value a été constatée dans les conditions du I du présent article lors du transfert du domicile fiscal hors de France ont fait l'objet, après ce transfert, d'une opération d'apport entrant dans le champ d'application de l'article 150-0 B ter. ;

2. À l'expiration d'un délai de deux ans suivant le transfert de domicile fiscal hors de France ou lorsque le contribuable transfère de nouveau son domicile fiscal en France si cet événement est antérieur, l'impôt calculé dans les conditions du II bis afférent aux plus-values latentes mentionnées au premier alinéa du 1 du I est dégrevé d'office, ou restitué s'il avait fait l'objet d'un paiement immédiat lors du transfert de domicile fiscal hors de France, lorsque les titres mentionnés au même alinéa ou les titres reçus lors d'une opération d'échange entrant dans le champ d'application de l'article 150-0 B intervenue après le transfert de domicile fiscal hors de France demeurent, à cette date, dans le patrimoine du contribuable. Par dérogation, ce délai est porté à cinq ans lorsque la valeur globale définie au premier alinéa du 1 du I du présent article excède 2,57 millions d'euros à la date du transfert du domicile fiscal hors de France du contribuable.

L'impôt calculé dans les conditions du II bis afférent aux plus-values latentes mentionnées au premier alinéa du 1 du I est également dégrevé, ou restitué s'il avait fait l'objet d'un paiement immédiat lors du transfert de domicile fiscal hors de France, en cas de décès du contribuable ou, pour sa fraction se rapportant aux droits sociaux, valeurs, titres ou droits donnés, en cas de donation des titres mentionnés au même alinéa ou des titres reçus lors d'une opération d'échange entrant dans le champ d'application de l'article 150-0 B intervenue après le transfert de domicile fiscal hors de France, lorsque le donateur est fiscalement domicilié dans un État ou territoire mentionné au IV ou, s'il est fiscalement domicilié dans un autre État ou territoire, à la condition qu'il démontre que la donation n'est pas faite avec pour motif principal d'éluder l'impôt établi dans les conditions du II bis.

L'impôt calculé dans les conditions du même II bis afférent aux plus-values mentionnées au premier alinéa du 1 du I est également dégrevé, pour sa fraction se rapportant aux droits sociaux, valeurs, titres ou droits mentionnés au même alinéa faisant l'objet d'une cession ou d'un rachat entrant dans le champ d'application du III de l'article 150-0 A, à la condition que le contribuable soit fiscalement domicilié dans un État ou territoire mentionné au IV du présent article à la date de cette cession ou de ce rachat.

3. Lorsque le contribuable transfère de nouveau son domicile fiscal en France et que les titres auxquels se rapporte la plus-value imposable dans les conditions prévues au II figurent dans son patrimoine, il est, pour l'impôt afférent à ces titres, replacé dans la même situation fiscale que s'il n'avait jamais quitté le territoire français.

Lorsque le contribuable transmet à titre gratuit, alors qu'il est domicilié hors de France, des titres dont l'acquisition a ouvert droit au bénéfice des dispositions du II de l'article 92 B ou de celles du premier alinéa du 1 ou du 4 du I ter de l'article 160, dans leur rédaction en vigueur avant le 1er janvier 2000, ou de l'article 150-0 B ter, la fraction de l'impôt établi dans les conditions du II bis du présent article se rapportant aux titres ainsi transmis est dégrevée ou, si elle avait fait l'objet d'un paiement immédiat lors du transfert du domicile fiscal hors de France, restituée.

4. L'impôt calculé en application du II bis se rapportant aux créances mentionnées au dernier alinéa du 1 du I est dégrevé, ou restitué s'il avait fait l'objet d'un paiement immédiat lors du transfert du domicile fiscal hors de France, en cas de rétablissement du domicile fiscal en France ou, lorsque le contribuable est encore fiscalement domicilié à l'étranger, lors de son décès ou de la donation des créances, lorsque le donateur est fiscalement domicilié dans un État ou territoire mentionné au IV ou, s'il est fiscalement domicilié dans un autre État ou territoire, à la condition que le donateur démontre que cette dernière opération n'est pas faite avec pour motif principal d'éluder l'impôt établi dans les conditions du II bis. L'impôt est dégrevé ou restitué pour la fraction se rapportant à la créance encore dans le patrimoine du contribuable au jour du rétablissement du domicile fiscal en France ou du décès ou pour la fraction se rapportant à la créance ayant fait l'objet d'une donation, déduction faite des éventuels compléments de prix perçus entre la date du transfert du domicile fiscal hors de France et celle du rétablissement du domicile fiscal en France, du décès ou de la donation.

VIII. – 1. Si, à la survenance de l'un des événements mentionnés aux a et b du 1 du VII, le montant de la plus-value de cession ou, en cas d'acquisition à titre gratuit, l'accroissement de valeur des titres depuis leur entrée dans le patrimoine du contribuable est inférieur au montant de plus-value déterminé dans les conditions du I, l'impôt calculé en application du II bis afférent à la plus-value latente constatée conformément au I sur les titres concernés par l'un des événements précités est retenu dans la limite de son montant recalculé sur la base de la différence entre le prix, en cas de cession ou de rachat, ou la valeur, dans les autres cas, des titres concernés à la date de l'événement mentionné aux a ou b du 1 du VII, d'une part, et leur prix ou valeur d'acquisition retenu pour l'application du 2 du I, diminué, le cas échéant, de la soulte reçue ou majoré de la soulte versée lors de l'opération d'échange ou d'apport répondant aux conditions d'application des articles 150-0 B ou 150-0 B ter intervenue après le transfert de domicile fiscal hors de France, d'autre part.

Le surplus d'impôt est dégrevé d'office ou restitué s'il avait fait l'objet d'un paiement immédiat lors du transfert de domicile fiscal hors de France. Dans ce cas, le contribuable fournit, à l'appui de la déclaration mentionnée au premier alinéa du 3 du IX, les éléments de calcul retenus.

2. Si, à la survenance de l'un des événements mentionnés aux a et b du 1 du VII, le contribuable réalise une perte ou constate que les titres ont une valeur moindre que leur valeur d'entrée dans son patrimoine, l'impôt calculé en application du II bis afférent à la plus-value latente constatée conformément au I sur les titres concernés par l'un des événements précités est dégrevé, ou restitué s'il avait fait l'objet d'un paiement immédiat lors du transfert de domicile fiscal hors de France.

3. Si, lors de la survenance de la cession à titre onéreux des titres, l'abattement prévu aux 1 ter ou 1 quater de l'article 150-0 D ou à l'article 150-0 D ter est supérieur à l'abattement appliqué conformément, selon le cas, au 2 bis ou au 3 du I du présent article, l'impôt calculé en application du II bis afférent à la plus-value latente constatée conformément au I sur les titres concernés par ladite cession est retenu dans la limite de son montant assis sur l'assiette réduite de ce nouvel abattement.

4. Si, lors de la survenance de l'un des événements prévus au a du 1 du VII, du présent article le contribuable réalise une plus-value imposée en France conformément aux dispositions des articles 244 bis A ou 244 bis B, l'impôt calculé dans les conditions du II bis afférent à la plus-value latente constatée conformément au I sur les titres concernés par l'un des événements précités est dégrevé ou restitué s'il avait fait l'objet d'un paiement l'année suivant le transfert de domicile fiscal hors de France.

4 bis. La moins-value réalisée par un contribuable fiscalement domicilié dans un État ou territoire mentionné au IV lors de l'un des événements mentionnés au a du 1 du VII et relative à des titres pour lesquels une plus-value avait été constatée conformément au I lors du transfert de son domicile fiscal hors de France est imputable, dans les conditions prévues au 11 de l'article 150-0 D :

a) Sur les plus-values réalisées par ce même contribuable lors de la survenance de l'un des événements mentionnés au a du 1 du VII et relatives à des titres pour lesquels une plus-value avait été constatée conformément au I lors du transfert de son domicile fiscal hors de France ;

b) Sur les plus-values imposables en application de l'article 244 bis B ;

c) Lorsque le contribuable transfère de nouveau son domicile fiscal en France, sur les plus-values imposables conformément à l'article 150-0 A.

La moins-value de cession ou de rachat de droits sociaux, valeurs, titres ou droits déterminée conformément aux articles 150-0 A ou 244 bis B est imputable, dans les conditions prévues au 11 de l'article 150-0 D, sur les plus-values mentionnées au a du présent 4 bis.

5. L'impôt éventuellement acquitté par le contribuable dans son État ou territoire de résidence dans les cas prévus au a du 1 du VII est imputable, dans la limite de l'impôt définitif dû en France :

a) Sur les prélèvements prévus à l'article L. 136-6 du code de la sécurité sociale et à l'article 15 de l'ordonnance n° 96-50 du 24 janvier 1996 relative au remboursement de la dette sociale puis sur le prélèvement prévu au 1° du I de l'article 235 ter afférents à la plus-value calculée en application du premier alinéa du 2 du I et des 1 et 4 bis, à proportion du rapport entre, d'une part, cette même plus-value et, d'autre part, l'assiette de l'impôt acquitté hors de France ;

b) Puis, pour le reliquat, sur l'impôt sur le revenu afférent à la plus-value calculée en application des 2 à 3 du I et des 1,3 et 4 bis, à proportion du rapport entre, d'une part, cette même plus-value et, d'autre part, l'assiette de l'impôt acquitté hors de France.

VIII bis. – 1. (abrogé)

2. Lors de la survenance de chaque événement prévu au VII, le montant d'impôt sur le revenu dû, à dégrever ou à restituer, est calculé en appliquant à la plus-value ou créance définitive concernée par ledit événement le taux d'imposition défini au II bis.

Cependant, sur demande expresse du contribuable, lorsque le montant d'impôt sur le revenu a été déterminé dans les conditions prévues au deuxième alinéa du 1 du II bis, l'impôt dû, à dégrever ou à restituer, peut être calculé en appliquant le même deuxième alinéa du 1 du II bis à l'ensemble des plus-values et créances définitives puis en retenant le montant d'impôt ainsi calculé correspondant à la seule plus-value ou créance concernée par l'événement mentionné au VII.

Cette option, qui doit être exercée lors de la survenance du premier événement prévu au VII affectant une plus-value ou une créance mentionnée aux I ou II, est irrévocable et s'applique à l'ensemble des plus-values et créances déterminées dans les conditions prévues à ces mêmes I et II.

Le surplus d'impôt sur le revenu est dégrevé ou restitué. Dans ce cas, le contribuable fournit, à l'appui de la déclaration mentionnée au 3 du IX, les éléments de calcul retenus.

IX. – 1. Le contribuable qui transfère son domicile fiscal hors de France est tenu de déclarer les plus-values et les créances imposables en application des I et II sur la déclaration mentionnée au 1 de l'article 170 l'année suivant celle du transfert dans le délai prévu à l'article 175.

2. Lorsqu'il bénéficie du sursis de paiement au titre d'une créance mentionnée au second alinéa du 1 du I ou d'une plus-value imposable en application du II, il déclare chaque année sur la déclaration mentionnée au 1 du présent IX le montant cumulé des impôts en sursis de paiement à ce titre et indique sur un formulaire établi par l'administration, joint en annexe, le montant des plus-values et des créances constatées conformément au second alinéa du 1 du I et au II et l'impôt afférent aux plus-values et aux créances pour lesquelles le sursis de paiement n'est pas expiré.

Lorsque le contribuable qui bénéficie du sursis de paiement au titre d'une créance mentionnée au second alinéa du 1 du I ou d'une plus-value imposable en application du II bénéficie par ailleurs de ce sursis au titre d'une plus-value mentionnée au premier alinéa du 1 du I, il déclare sur la déclaration mentionnée au premier alinéa du présent IX le montant cumulé des impôts en sursis de paiement au titre de l'ensemble de ces plus-values et créances et indique sur le formulaire mentionné au même premier alinéa le montant des plus-values et créances constatées conformément au I et au II et l'impôt afférent aux plus-values et créances pour lesquelles le sursis de paiement n'est pas expiré.

3. Dans le délai prévu à l'article 175, il déclare, l'année suivant celle de l'expiration du sursis de paiement, sur le même formulaire joint à la déclaration prévue au 1 de l'article 170, la nature et la date de l'événement entraînant l'expiration du sursis de paiement ainsi que le montant de l'impôt exigible afférent aux plus-values et aux créances constatées dans les conditions du I du présent article et modifiées, le cas échéant, dans les conditions du VIII, ou imposables en application du II. Il fournit, à l'appui de cette déclaration, les éléments de calcul retenus. L'impôt définitif est acquitté au moment du dépôt de ce formulaire.

Lorsque le contribuable n'a pas bénéficié d'un sursis de paiement en application des IV et V, il demande, dans le délai prévu à l'article 175, l'année suivant la survenance de l'un des événements prévus aux a et b du 1 du VII et lorsqu'il se trouve dans l'un des cas prévus au VIII, la restitution de l'impôt calculé en application du II bis et acquitté l'année suivant son transfert de domicile fiscal hors de France afférent à la plus-value latente constatée sur les titres et créances concernés par l'un des événements précités.

L'année suivant la survenance de l'un des événements prévus aux 2 à 4 du VII et dans le délai prévu à l'article 175, le contribuable déclare la nature ainsi que la date de ces événements et demande le dégrèvement ou la restitution de l'impôt calculé en application du II bis afférent aux plus-values constatées sur les titres et créances concernés par l'un de ces événements.

4. Le défaut de production de la déclaration et du formulaire mentionnés aux 1 et 2 ou l'omission de tout ou partie des renseignements qui doivent y figurer entraîne l'exigibilité immédiate de l'impôt en sursis de paiement.

5. Dans les deux mois suivant chaque transfert de domicile fiscal, les contribuables sont tenus d'informer l'administration fiscale de l'adresse du nouveau domicile fiscal.

X. – Un décret fixe les conditions d'application du présent article, notamment les obligations déclaratives des contribuables.

Nota. Conformément à l'article 112 III de la loi n° 2018-1317 du 28 décembre 2018, l'article 167 bis, dans sa rédaction résultant du I, s'applique aux transferts de domicile fiscal hors de France intervenus à compter du 1er janvier 2019. Toutefois, le b du 1 du V de l'article 167 bis du code général des impôts, dans sa rédaction résultant du I, s'applique également aux contribuables qui, ayant transféré leur domicile fiscal hors de France avant cette date dans un État mentionné au IV de l'article 167 bis, dans sa rédaction en vigueur jusqu'au 31 décembre 2018, le transfèrent à nouveau à compter du 1er janvier 2019 dans un État ou territoire autre que ceux mentionnés au même IV.

CGI art. 182 B

I. – Donnent lieu à l'application d'une retenue à la source lorsqu'ils sont payés par un débiteur qui exerce une activité en France à des personnes ou des sociétés, relevant de l'impôt sur le revenu ou de l'impôt sur les sociétés, qui n'ont pas dans ce pays d'installation professionnelle permanente :

a. Les sommes versées en rémunération d'une activité déployée en France dans l'exercice de l'une des professions mentionnées à l'article 92 ;

b. Les produits définis à l'article 92 et perçus par les inventeurs ou au titre de droits d'auteur, ceux perçus par les obtenteurs de nouvelles variétés végétales au sens des articles L. 623-1 à L. 623-35 du code de la propriété intellectuelle ainsi que tous produits tirés de la propriété industrielle ou commerciale et de droits assimilés ;

c. Les sommes payées en rémunération des prestations de toute nature fournies ou utilisées en France.

d. Les sommes, y compris les salaires, correspondant à des prestations sportives fournies ou utilisées en France, nonobstant les dispositions de l'article 182 A.

I bis. – La base de la retenue est constituée par le montant brut des sommes ou produits versés. Lorsque le bénéficiaire de ces sommes ou produits est une personne morale ou un organisme dont les résultats ne sont pas imposés à l'impôt sur le revenu entre les mains d'un associé et dont le siège ou l'établissement stable dans le résultat duquel les sommes ou produits sont inclus est situé dans un État membre de l'Union européenne ou dans un autre État partie à l'accord sur l'Espace économique européen ayant conclu avec la France une convention d'assistance administrative en vue de lutter contre la fraude et l'évasion fiscales et n'étant pas non coopératif au sens de l'article 238-0 A, la base de cette retenue est déterminée sous déduction d'un abattement représentatif de charges égal à 10 % de ces sommes ou produits.

II. – Le taux de la retenue est celui prévu au deuxième alinéa du I de l'article 219.

Il est ramené à 15 % pour les rémunérations visées au d du I.

La retenue s'impute sur le montant de l'impôt sur le revenu établi dans les conditions prévues à l'article 197 A. Lorsqu'elle excède ce montant, le contribuable peut demander le remboursement de l'excédent de retenue opéré.

III. – Le taux de la retenue est porté à 75 % lorsque les sommes et produits, autres que les salaires, mentionnés au I sont payés à des personnes domiciliées ou établies dans un État ou territoire non coopératif au sens de l'article 238-0 A autre que ceux mentionnés au 2° du 2 bis du même article 238-0 A, sauf si le débiteur apporte la preuve que ces sommes correspondent à des opérations réelles qui ont principalement un objet et un effet autres que de permettre leur localisation dans un État ou territoire non coopératif. Cette retenue est libératoire de l'impôt sur le revenu et n'est pas remboursable.

Nota. Modifications effectuées en conséquence de l'article 84-I F 2° et III D de la loi n° 2017-1837 du 30 décembre 2017.

CGI art. 182 B bis

1. La retenue à la source prévue à l'article 182 B n'est pas applicable aux redevances payées par une personne morale revêtant une des formes énumérées au premier alinéa du 1 de l'article 119 quater ou par un établissement stable à une personne morale qui est son associée ou à un établissement stable dépendant d'une personne morale qui est son associée. Pour l'application du présent article, la qualité de personne morale associée d'une personne morale et de personne morale associée d'un établissement stable est reconnue conformément aux deuxième et troisième alinéas du 1 de l'article 119 quater.

Pour l'application du présent article, les redevances s'entendent des paiements de toute nature reçus à titre de rémunération pour l'usage ou la concession de l'usage d'un droit d'auteur sur une œuvre littéraire, artistique ou scientifique, y compris les films cinématographiques et les logiciels informatiques, d'un brevet, d'une marque de produits ou de services, d'un dessin ou d'un modèle, d'un plan, d'une formule ou d'un procédé secret, ainsi que pour des informations ayant trait à une expérience acquise dans le domaine industriel, commercial ou scientifique. Les paiements reçus pour l'usage ou la concession de l'usage d'un droit relatif à des équipements industriels, commerciaux ou scientifiques sont considérés comme des redevances.

2. L'exonération prévue au 1 est soumise aux mêmes conditions et justifications que celles prévues à l'article 119 quater.

3. Les dispositions du 1 ne s'appliquent pas lorsque les redevances payées bénéficient à une personne morale ou à un établissement stable d'une personne morale contrôlée directement ou indirectement par un ou plusieurs résidents d'États qui ne sont pas membres de la Communauté européenne et si la chaîne de participations a comme objet principal ou comme un de ses objets principaux de tirer avantage des dispositions du 1.

Lorsque, en raison des relations spéciales existant entre le payeur et le bénéficiaire effectif des redevances ou de celles que l'un et l'autre entretiennent avec un tiers, le montant des redevances excède le montant dont seraient convenus le payeur et le bénéficiaire effectif en l'absence de telles relations, les dispositions du 1 ne s'appliquent qu'à ce dernier montant.

4. Un décret précise en tant que de besoin les modalités d'application du présent article.

Nota. Aux termes du I de l'article 15 de l'ordonnance n° 2019-1169 du 13 novembre 2019, les dispositions issues de la présente ordonnance entrent en vigueur à la date d'entrée en vigueur du décret pris pour son application et au plus tard le 15 décembre 2019.

CGI art. 205 A

Pour l'établissement de l'impôt sur les sociétés, il n'est pas tenu compte d'un montage ou d'une série de montages qui, ayant été mis en place pour obtenir, à titre d'objectif principal ou au titre d'un des objectifs principaux, un avantage fiscal allant à l'encontre de l'objet ou de la finalité du droit fiscal applicable, ne sont pas authentiques compte tenu de l'ensemble des faits et circonstances pertinents.

Un montage peut comprendre plusieurs étapes ou parties.

Aux fins du présent article, un montage ou une série de montages est considéré comme non authentique dans la mesure où ce montage ou cette série de montages n'est pas mis en place pour des motifs commerciaux valables qui reflètent la réalité économique.

Ces dispositions s'appliquent sous réserve de celles prévues au III de l'article 210-0 A.

Nota. Conformément à l'article 108 III de la loi n° 2018-1317 du 28 décembre 2018, l'article 205 A, dans sa rédaction résultant du I présent article, s'applique aux exercices ouverts à compter du 1er janvier 2019.

CGI art. 209

I. – Sous réserve des dispositions de la présente section, les bénéfices passibles de l'impôt sur les sociétés sont déterminés d'après les règles fixées par les articles 34 à 45,53 A à 57,108 à 117,237 ter A et 302 septies A bis et en tenant compte uniquement des bénéfices réalisés dans les entreprises exploitées en France, de ceux mentionnés aux a, e, e bis et e ter du I de l'article 164 B ainsi que de ceux dont l'imposition est attribuée à la France par une convention internationale relative aux doubles impositions.

Toutefois, par dérogation aux dispositions du deuxième alinéa de l'article 37, l'impôt sur les sociétés dû par les entreprises créées à compter du 1er janvier 1984 est établi, lorsqu'aucun bilan n'est dressé au cours de la première année civile d'activité, sur les bénéfices de la période écoulée depuis le commencement des opérations jusqu'à la date de clôture du premier exercice et, au plus tard, jusqu'au 31 décembre de l'année suivant celle de la création.

Sous réserve de l'option prévue à l'article 220 quinquies, en cas de déficit subi pendant un exercice, ce déficit est considéré comme une charge de l'exercice suivant et déduit du bénéfice réalisé pendant ledit exercice dans la limite d'un montant de 1 000 000 € majoré de 50 % du montant correspondant au bénéfice imposable dudit exercice excédant ce premier montant. Si ce bénéfice n'est pas suffisant pour que la déduction puisse être intégralement opérée, l'excédent du déficit est reporté dans les mêmes conditions sur les exercices suivants. Il en est de même de la fraction de déficit non admise en déduction en application de la première phrase du présent alinéa.

Pour les sociétés auxquelles sont consentis des abandons de créances dans le cadre d'un accord constaté ou homologué dans les conditions prévues à l'article L. 611-8 du code de commerce ou lors d'une procédure de sauvegarde, de redressement judiciaire ou de liquidation judiciaire ouverte à leur nom, la limite de 1 000 000 € mentionnée au troisième alinéa du présent I est majorée du montant desdits abandons de créances.

Pour les sociétés auxquelles sont consentis des abandons de créances mentionnés au 9° du 1 de l'article 39, la limite de 1 000 000 € mentionnée au troisième alinéa du présent I est majorée du montant de ces abandons de créances.

II. – 1. En cas de fusion ou opération assimilée placée sous le régime de l'article 210 A, les déficits antérieurs, les charges financières nettes non déduites mentionnées au 1 du VIII de l'article 212 bis et la capacité de déduction inemployée mentionnée au 2 du même VIII par la société absorbée ou apporteuse sont transférés, sous réserve d'un agrément délivré dans les conditions prévues à l'article 1649 nonies, à la ou aux sociétés bénéficiaires des apports, et imputables sur ses ou leurs bénéfices ultérieurs dans les conditions prévues respectivement au troisième alinéa du I du présent article et aux 1 et 2 du VIII de l'article 212 bis.

En cas de scission ou d'apport partiel d'actif, les déficits transférés sont ceux afférents à la branche d'activité apportée.

L'agrément est délivré lorsque :

a. L'opération est justifiée du point de vue économique et obéit à des motivations principales autres que fiscales ;

b) L'activité à l'origine des déficits ou des intérêts dont le transfert est demandé n'a pas fait l'objet par la société absorbée ou apporteuse, pendant la période au titre de laquelle ces déficits et ces intérêts ont été constatés, de changement significatif, notamment en termes de clientèle, d'emploi, de moyens d'exploitation effectivement mis en œuvre, de nature et de volume d'activité ;

c) L'activité à l'origine des déficits ou des intérêts dont le transfert est demandé est poursuivie par la ou les sociétés absorbantes ou bénéficiaires des apports pendant un délai minimal de trois ans, sans faire l'objet, pendant cette période, de changement significatif, notamment en termes de clientèle, d'emploi, de moyens d'exploitation effectivement mis en œuvre, de nature et de volume d'activité ;

d) Les déficits et intérêts susceptibles d'être transférés ne proviennent ni de la gestion d'un patrimoine mobilier par des sociétés dont l'actif est principalement composé de participations financières dans d'autres sociétés ou groupements assimilés ni de la gestion d'un patrimoine immobilier. Cette disposition ne s'applique pas aux organismes mentionnés aux articles L. 411-2 et L. 481-1 du code de la construction et de l'habitation.

2. Le transfert des déficits antérieurs, des charges financières nettes non déduites et de la capacité de déduction inemployée prévus au 1 est dispensé d'agrément lorsque :

a) Le montant cumulé des déficits antérieurs, des charges financières nettes non déduites et de la capacité de déduction inemployée, transférés est inférieur à 200 000 € ;

b) La condition prévue au d du même 1 est respectée ;

c) Durant la période au cours de laquelle ces déficits, ces charges financières et cette capacité de déduction inemployée ont été constatés, la société absorbée n'a pas cédé ou cessé l'exploitation d'un fonds de commerce ou d'un établissement.

Le présent 2 ne s'applique pas en cas de scission ou d'apport partiel d'actif d'une ou plusieurs branches complètes d'activité.

II bis. – En cas de reprise d'un passif excédant la valeur réelle de l'actif qui est transféré à l'occasion d'une opération mentionnée au 3° du I de l'article 210-0 A, la charge correspondant à cet excédent ne peut être déduite.

II ter. – En cas de fusion ou opération assimilée placée sous le régime des articles 210 A à 210 C, les dépenses servant au calcul du rapport défini au III de l'article 238 réalisées par la société absorbée ou apporteuse sont prises en compte, au titre des exercices ultérieurs, pour le calcul du même rapport par la société absorbante ou bénéficiaire des apports. L'éventuel résultat net négatif de cession, de concession ou de sous-concession mentionné au II du même article 238 réalisé par la société absorbée ou apporteuse est imputable, par la société absorbante ou bénéficiaire des apports, sur les résultats nets ultérieurs de cession, de concession ou de sous-concession de ces mêmes actifs, biens ou services ou familles de biens ou services, dans les conditions prévues audit article 238.

En cas de scission ou d'apport partiel d'actif, les dépenses et le résultat net négatif transférés sont ceux afférents à l'actif incorporel apporté.

III. – (Abrogé)

III bis. – En cas d'option pour le régime défini à l'article 209-0 B, les déficits reportables à l'ouverture du premier exercice couvert par cette option ne peuvent pas être imputés sur les bénéfices réalisés au titre des exercices clos au cours de la ou des périodes décennales visées au III dudit article. Ces déficits peuvent être, soit déduits, dans les conditions prévues aux I et II du présent article, des résultats de l'exercice au titre duquel ce régime cesse de s'appliquer et des exercices suivants, soit imputés sur la somme mentionnée au deuxième alinéa du V de l'article 209-0 B.

IV. – 1. Pour la détermination du résultat imposable des sociétés d'assurance mutuelles, le droit d'adhésion versé par un sociétaire au cours de l'exercice de son adhésion et inscrit en comptabilité au compte « fonds d'établissement » est considéré comme un apport à hauteur d'un montant égal au rapport entre le montant minimal de la marge de solvabilité exigée par la réglementation et le nombre de sociétaires, constaté à la clôture de l'exercice précédent. Lorsque la marge de solvabilité effectivement constituée est inférieure au montant minimal réglementaire, le premier terme de ce rapport est majoré du montant de cette insuffisance.

2. Les sommes prélevées sur le compte « fonds d'établissement » sont rapportées au résultat imposable de l'exercice en cours à la date de ce prélèvement, dans la limite de celles ayant bénéficié des dispositions du 1.

3. La disposition du 2 n'est pas applicable en cas d'imputation de pertes sur le compte « fonds d'établissement » ; les pertes ainsi annulées cessent d'être reportables.

V. – Pour la détermination du résultat imposable des entreprises bénéficiant ou ayant bénéficié du régime défini à l'article 209-0 B, le montant des plus ou moins-values provenant de la cession de navires éligibles à ce régime et réalisées pendant ou après la période couverte par l'option visée au III de ce même article est réduit à concurrence du rapport existant entre la durée de détention pendant la période couverte par cette option et la durée totale de détention. La durée de détention couverte par l'option est décomptée à partir de la date de début d'exploitation du navire dans le cadre du régime défini à l'article 209-0 B par l'entreprise cédante lorsque cette dernière a acquis l'intégralité des parts de la société propriétaire du navire, puis a acquis le navire dans le cadre d'une opération bénéficiant des dispositions des articles 210 A, 210 B et 210 C.

Les dispositions du premier alinéa ne s'appliquent pas en cas de sortie du régime prévu à l'article 209-0 B dans les conditions prévues aux b et d du IV dudit article, ou de cession de navires pendant la période mentionnée au III de ce même article à des sociétés n'ayant pas opté pour le régime prévu à l'article 209-0 B précité et liées directement ou indirectement au sens du 12 de l'article 39.

VI. – Le dix-neuvième alinéa du 5° du 1 de l'article 39 s'applique distinctement aux titres de sociétés à prépondérance immobilière définis au troisième alinéa du a du I de l'article 219 et aux autres titres de sociétés à prépondérance immobilière.

VII. – Les frais liés à l'acquisition de titres de participation définis au dix-septième alinéa du 5° du 1 de l'article 39 ne sont pas déductibles au titre de leur exercice d'engagement mais sont incorporés au prix de revient de ces titres. Pour l'application des dispositions de la phrase précédente, les frais d'acquisition s'entendent des droits de mutation, honoraires, commissions et frais d'actes liés à l'acquisition.

La fraction du prix de revient des titres mentionnés au premier alinéa correspondant à ces frais d'acquisition peut être amortie sur cinq ans à compter de la date d'acquisition des titres.

VII bis. – Lorsque des titres de participation mentionnés au troisième alinéa du a quinquies du I de l'article 219 ont été acquis dans le cadre d'une opération d'augmentation de capital libérée par compensation avec des créances liquides et exigibles qui ont été acquises auprès d'une entreprise tierce non liée, au sens du 12 de l'article 39, à l'entreprise qui acquiert les titres, ni à l'entreprise émettrice, le profit imposable est déterminé en tenant compte de la valeur réelle des titres reçus en contrepartie. Les liens de dépendance mentionnés à la première phrase du présent VII bis sont appréciés à la date de l'acquisition des titres et au cours des douze mois qui précèdent et qui suivent cette date.

Pour l'application du premier alinéa du présent VII bis, il n'est toutefois pas exigé que l'entreprise auprès de laquelle les créances ont été acquises ne soit pas liée à l'entreprise émettrice lorsque l'augmentation de capital est effectuée dans le cadre d'un protocole de conciliation constaté ou homologué dans les conditions prévues à l'article L. 611-8 du code de commerce ou d'un plan de sauvegarde ou de redressement.

VIII. – Pour les sociétés coopératives d'intérêt collectif, la part des excédents mis en réserves impartageables est déductible de l'assiette de l'impôt sur les sociétés.

IX. – (Abrogé).

X. – Ne sont pas déductibles de l'assiette de l'impôt sur les sociétés :

1° Les cotisations versées au fonds de garantie des dépôts et de résolution en application de la première phrase du I de l'article L. 312-7 du code monétaire et financier pour financer les interventions prévues aux III et IV de l'article L. 312-5 du même code ;

2° Les contributions prévues aux articles 69,70 et 71 du règlement (UE) n° 806/2014 du Parlement européen et du Conseil, du 15 juillet 2014, établissant des règles et une procédure uniformes pour la résolution des établissements de crédit et de certaines entreprises d'investissement dans le cadre d'un mécanisme de résolution unique et d'un Fonds de résolution bancaire unique, et modifiant le règlement (UE) n° 1093/2010.

Nota. Conformément au II de l'article 32 de la loi n° 2020-1721 du 29 décembre 2020, ces dispositions s'appliquent aux exercices clos à compter du 31 décembre 2020.

CGI art. 210-0 A

I. – Les dispositions prévues au 7 bis de l'article 38, au I ter et au V de l'article 93 quater, aux articles 112,115,120, 121,151 octies, 151 octies A, 151 octies B, 151 nonies, 208 C, 208 C bis, 210 A à 210 C, 210 F, aux deuxième et troisième alinéas du II de l'article 220 quinquies et aux articles 223 A à 223 U, sont applicables :

1° S'agissant des fusions, aux opérations par lesquelles :

a. Une ou plusieurs sociétés absorbées transmettent, par suite et au moment de leur dissolution sans liquidation, l'ensemble de leur patrimoine à une autre société préexistante absorbante, moyennant l'attribution à leurs associés de titres de la société absorbante et, éventuellement, d'une soulte ne dépassant pas 10 % de la valeur nominale de ces titres ;

b. Deux ou plusieurs sociétés absorbées transmettent, par suite et au moment de leur dissolution sans liquidation, l'ensemble de leur patrimoine à une société absorbante qu'elles constituent, moyennant l'attribution à leurs associés de titres de la société absorbante et, éventuellement, d'une soulte ne dépassant pas 10 % de la valeur nominale de ces titres ;

2° S'agissant des scissions, aux opérations par lesquelles la société scindée transmet, par suite et au moment de sa dissolution sans liquidation, l'ensemble de son patrimoine à deux ou plusieurs sociétés préexistantes ou nouvelles, moyennant l'attribution aux associés de la société scindée, proportionnellement à leurs droits dans le capital, de titres des sociétés bénéficiaires des apports et, éventuellement, d'une soulte ne dépassant pas 10 % de la valeur nominale de ces titres ;

3° Aux opérations décrites au 1° et au 2° pour lesquelles il n'est pas procédé à l'échange de titres de la société absorbante ou bénéficiaire de l'apport contre les titres de la société absorbée ou scindée lorsque ces titres sont détenus soit par la société absorbante ou bénéficiaire de l'apport, soit par la société absorbée ou scindée, soit par une société qui détient la totalité des titres de la société absorbante ou bénéficiaire et de la société absorbée ou scindée ;

4° S'agissant des apports partiels d'actifs, aux opérations par lesquelles une société apporte, sans être dissoute, l'ensemble ou une ou plusieurs branches complètes de son activité à une autre société, moyennant la remise de titres représentatifs du capital social de la société bénéficiaire de l'apport.

II. – Sont exclues des dispositions prévues au 7 bis de l'article 38, au I ter et au V de l'article 93 quater, aux articles 115,151 octies, 151 octies A, 151 octies B, 151 nonies, 210 A à 210 C et aux deuxième et troisième alinéas du II de l'article 220 quinquies, les opérations de fusion, de scission et d'apport partiel d'actif n'entrant pas dans le champ d'application de la directive 2009/133/ CE du Conseil du 19 octobre 2009 concernant le régime fiscal commun applicable aux fusions, scissions, scissions partielles, apports d'actifs et échanges d'actions intéressant des sociétés d'États membres différents, ainsi qu'au transfert du siège statutaire d'une SE ou d'une SCE d'un État membre à un autre, lorsqu'une société, apporteuse ou bénéficiaire d'un apport, a son siège dans un État ou territoire n'ayant pas conclu avec la France une convention fiscale contenant une clause d'assistance administrative en vue de lutter contre la fraude et l'évasion fiscales.

III. – Ne peuvent pas bénéficier des dispositions prévues au 7 bis de l'article 38, aux I ter et V de l'article 93 quater, aux articles 112,115,120,121,151 octies, 151 octies A, 151 octies B, 151 nonies, 208 C, 208 C bis, 210 A à 210 C, 210 F, aux deuxième et troisième alinéas du II de l'article 220 quinquies et aux articles 223 A à 223 U, les opérations de fusion, de scission ou d'apport partiel d'actif ayant comme objectif principal ou comme un de leurs objectifs principaux la fraude ou l'évasion fiscales.

Pour l'application du premier alinéa du présent III, l'opération est regardée, sauf preuve contraire appréciée dans le cadre d'une procédure de contrôle contradictoire en application de l'article L. 10 du livre des procédures fiscales, comme ayant pour objectif principal ou pour un de ses objectifs principaux la fraude ou l'évasion fiscales lorsqu'elle n'est pas effectuée pour des motifs économiques valables, tels que la restructuration ou la rationalisation des activités des sociétés participant à l'opération.

IV. – Lorsque les opérations de fusion, de scission ou d'apport partiel d'actif, placées sous le régime de l'article 210 A, sont réalisées au profit d'une personne morale étrangère, la société apporteuse est tenue de souscrire, par voie électronique, dans le même délai que sa déclaration de résultat de l'exercice au cours duquel l'opération a été réalisée, une déclaration spéciale, conforme à un modèle établi par l'administration, permettant d'apprécier les motifs et conséquences de cette opération.

Un décret fixe le contenu de cette déclaration.

Nota. Conformément au II de l'article 44 de la loi n° 2019-1479 du 28 décembre 2019, ces dispositions sont applicables aux opérations réalisées à compter du 21 juillet 2019.

CGI art. 210 A

1. Les plus-values nettes et les profits dégagés sur l'ensemble des éléments d'actif apportés du fait d'une fusion ne sont pas soumis à l'impôt sur les sociétés.

Il en est de même de la plus-value éventuellement dégagée par la société absorbante lors de l'annulation des actions ou parts de son propre capital qu'elle reçoit ou qui correspondent à ses droits dans la société absorbée.

L'inscription à l'actif de la société absorbante du mali technique de fusion consécutif à l'annulation des titres de la société absorbée ne peut donner lieu à aucune déduction ultérieure.

Lorsque la société absorbante a acquis les titres de la société absorbée moins de deux ans avant la fusion, l'éventuelle moins-value à court terme réalisée à l'occasion de l'annulation de ces titres de participation n'est pas déductible à hauteur du montant des produits de ces titres qui a ouvert droit à l'application du régime prévu aux articles 145 et 216 depuis leur acquisition.

2. L'impôt sur les sociétés n'est applicable aux provisions figurant au bilan de la société absorbée que si elles deviennent sans objet.

3. L'application de ces dispositions est subordonnée à la condition que la société absorbante s'engage, dans l'acte de fusion, à respecter les prescriptions suivantes :

a. Elle doit reprendre à son passif :

d'une part, les provisions dont l'imposition est différée ;

d'autre part, la réserve spéciale où la société absorbée a porté les plus-values à long terme soumises antérieurement au taux réduit de 10 %, de 15 %, de 18 %, de 19 % ou de 25 % ainsi que la réserve où ont été portées les provisions pour fluctuation des cours en application du sixième alinéa du 5° du 1 de l'article 39 ;

b. Elle doit se substituer à la société absorbée pour la réintégration des résultats dont la prise en compte avait été différée pour l'imposition de cette dernière ;

c. Elle doit calculer les plus-values réalisées ultérieurement à l'occasion de la cession des immobilisations non amortissables qui lui sont apportées d'après la valeur qu'elles avaient, du point de vue fiscal, dans les écritures de la société absorbée ;

d. Elle doit réintégrer dans ses bénéfices imposables les plus-values dégagées lors de l'apport des biens amortissables. La réintégration des plus-values est effectuée par parts égales sur une période de quinze ans pour les constructions et les droits qui se rapportent à des constructions ainsi que pour les plantations et les agencements et aménagements des terrains amortissables sur une période au moins égale à cette durée ; dans les autres cas, la réintégration s'effectue par parts égales sur une période de cinq ans. Lorsque le total des plus-values nettes sur les constructions, les plantations et les agencements et aménagements des terrains excède 90 p. 100 de la plus-value nette globale sur éléments amortissables, la réintégration des plus-values afférentes aux constructions, aux plantations et aux agencements et aménagements des terrains est effectuée par parts égales sur une période égale à la durée moyenne pondérée d'amortissement de ces biens. Toutefois, la cession d'un bien amortissable entraîne l'imposition immédiate de la fraction de la plus-value afférente à ce bien qui n'a pas encore été réintégrée. En contrepartie, les amortissements et les plus-values ultérieurs afférents aux éléments amortissables sont calculés d'après la valeur qui leur a été attribuée lors de l'apport ;

À compter de l'exercice au cours duquel la société absorbante déduit de son résultat imposable, en application du troisième alinéa du 2° du 1 de l'article 39, l'amortissement d'un fonds commercial pratiqué en comptabilité, ce fonds relève du présent d. Lorsqu'il ne donne pas lieu à un amortissement déduit du résultat imposable, le fonds commercial reçu relève du c du présent 3.

e) Elle doit inscrire à son bilan les éléments autres que les immobilisations pour la valeur qu'ils avaient, du point de vue fiscal, dans les écritures de la société absorbée. À défaut, elle doit comprendre dans ses résultats de l'exercice au cours duquel intervient l'opération le profit correspondant à la différence entre la nouvelle valeur de ces éléments et la valeur qu'ils avaient, du point de vue fiscal, dans les écritures de la société absorbée.

4. (Dispositions devenues sans objet pour les exercices ouverts à compter du 1er janvier 1997-Loi n° 97-1026 du 10 novembre 1997, article 2).

5. Les droits afférents à un contrat de crédit-bail conclu dans les conditions prévues aux 1 et 2 de l'article L. 313-7 du code monétaire et financier sont assimilés à des éléments de l'actif immobilisé, amortissables ou non amortissables dans les conditions prévues à l'article 39 duodecies A.

Pour l'application du c du 3, en cas de cession ultérieure des droits mentionnés à l'alinéa précédent qui sont assimilés à des éléments non amortissables ou de cession du terrain, la plus-value est calculée d'après la valeur que ces droits avaient, du point de vue fiscal, dans les écritures de la société absorbée.

Ces dispositions s'appliquent aux droits afférents aux contrats de crédit-bail portant sur des éléments incorporels amortissables d'un fonds de commerce ou d'un fonds artisanal.

6. Pour l'application du présent article, les titres du portefeuille dont le résultat de cession est exclu du régime des plus ou moins-values à long terme conformément à l'article 219 sont assimilés à des éléments de l'actif immobilisé.

Pour l'application du c du 3, en cas de cession ultérieure des titres mentionnés au premier alinéa, la plus-value est calculée d'après la valeur que ces titres avaient, du point de vue fiscal, dans les écritures de la société absorbée.

Nota. Conformément au II de l'article 7 de la loi n° 2022-1157 du 16 août 2022, ces dispositions s'appliquent aux acquisitions de fonds commerciaux intervenues à compter du 18 juillet 2022.

CGI art. 210 B

1. L'article 210 A s'applique à l'apport partiel d'actif d'une ou plusieurs branches complètes d'activité ou d'éléments assimilés.

Le même article 210 A s'applique à la scission de société comportant au moins deux branches complètes d'activité lorsque chacune des sociétés bénéficiaires reçoit une ou plusieurs de ces branches.

Les apports de participations portant sur plus de 50 p. 100 du capital de la société dont les titres sont apportés ou, si un tel pourcentage du capital est déjà détenu par la société bénéficiaire, les apports venant renforcer cette détention sont assimilés à une branche complète d'activité, sous réserve que la société apporteuse respecte les règles et conditions prévues aux troisième et quatrième alinéas du 7 bis de l'article 38. Il en est de même, d'une part, des apports de participations conférant à la société bénéficiaire des apports la détention directe de plus de 30 % des droits de vote de la société dont les titres sont apportés lorsqu'aucun autre associé ne détient, directement ou indirectement, une fraction des droits de vote supérieure et, d'autre part, des apports de participations conférant à la société bénéficiaire des apports, qui détient d'ores et déjà plus de 30 % des droits de vote de la société dont les titres sont apportés, la fraction des droits de vote la plus élevée dans la société.

2. Les plus-values de cession afférentes aux titres remis en contrepartie de l'apport sont calculées par référence à la valeur que les biens apportés avaient, du point de vue fiscal, dans les écritures de la société apporteuse.

Les plus-values ou moins-values dégagées sur les titres répartis dans les conditions prévues au 2 de l'article 115 ne sont pas retenues pour l'assiette de l'impôt sur les sociétés dû par la personne morale apporteuse.

3. En l'absence d'apport d'une ou plusieurs branches complètes d'activité ou d'éléments assimilés, les dispositions de l'article 210 A s'appliquent aux apports partiels d'actif et aux scissions sur agrément délivré dans les conditions prévues à l'article 1649 nonies.

L'agrément est délivré lorsque, compte tenu des éléments faisant l'objet de l'apport :

a. L'opération est justifiée par un motif économique, se traduisant notamment par l'exercice par la société bénéficiaire de l'apport d'une activité autonome et l'amélioration des structures, ainsi que par une association entre les parties formalisée par un engagement de conservation pendant trois ans des titres remis en contrepartie de l'apport ;

b. L'article 210-0 A est respecté ;

c. Les modalités de l'opération permettent d'assurer l'imposition future des plus-values mises en sursis d'imposition.

Pour les opérations de scission, l'obligation de conservation des titres mentionnée au a n'est exigée que des associés qui détiennent dans la société scindée, à la date d'approbation de la scission, 5 % au moins des droits de vote ou qui y exercent ou y ont exercé dans les six mois précédant cette date, directement ou par l'intermédiaire de leurs mandataires sociaux ou préposés, des fonctions de direction, d'administration ou de surveillance et détiennent au moins 0,1 % des droits de vote dans la société.

Nota. Conformément à l'article 23 III A de la loi n° 2017-1775 du 28 décembre 2017 de finances rectificative pour 2017, les présentes dispositions s'appliquent aux opérations de fusion, de scission ou d'apport partiel d'actif réalisées à compter du 1er janvier 2018.

CGI art. 210 B bis (abrogé au 1er janvier 2018)

1. Les titres représentatifs d'un apport partiel d'actif ou d'une scission grevés de l'engagement de conservation de trois ans mentionné à l'article 210 B peuvent être apportés, sans remise en cause du régime prévu à l'article 210 A ou sans que l'amende prévue à l'article 1734 ter A ne soit appliquée, sous réserve du respect des conditions suivantes :

a. Les titres sont apportés dans le cadre d'une fusion, d'une scission ou d'un apport partiel d'actif placé sous le régime de l'article 210 A ;

b. La société bénéficiaire de l'apport conserve les titres reçus jusqu'à l'expiration du délai de conservation prévu à l'article 210 B.

L'engagement de conservation est souscrit dans l'acte d'apport par les sociétés apporteuse et bénéficiaire de l'apport.

En cas d'apports successifs au cours du délai de conservation prévu à l'article 210 B, toutes les sociétés apporteuses et bénéficiaires des apports doivent souscrire cet engagement dans le même acte pour chaque opération d'apport.

2. Le non-respect de l'une des dispositions prévues au 1 entraîne la déchéance rétroactive du régime de l'article 210 A appliqué à l'opération initiale d'apport partiel d'actif rémunérée par les titres grevés de l'engagement de conservation.

La société bénéficiaire de l'apport qui ne souscrit pas l'engagement de conservation ou ne respecte pas, totalement ou partiellement, l'obligation de conservation des titres représentatifs d'une scission est seule redevable de l'amende prévue à l'article 1734 ter A. La société apporteuse, ou les sociétés apporteuses en cas d'apports successifs, sont solidairement responsables du paiement de cette amende.

CGI art. 210 C

1. Les dispositions des articles 210 A et 210 B s'appliquent aux opérations auxquelles participent exclusivement des personnes morales ou organismes passibles de l'impôt sur les sociétés.

2. Ces dispositions ne sont applicables aux opérations de fusion, de scission et d'apport partiel d'actif d'une branche complète d'activité réalisées au profit de personnes morales étrangères par des personnes morales françaises que si les éléments apportés sont effectivement rattachés à un établissement stable de la personne morale étrangère situé en France.

3. Les dispositions des articles 210 A à 210 B ne sont pas applicables aux opérations de fusion, scission et apport partiel d'actif par lesquelles une société non exonérée de l'impôt sur les sociétés fait apport de tout ou partie de ses biens à une société d'investissement à capital variable.

Nota. Conformément à l'article 23 III A de la loi n° 2017-1775 du 28 décembre 2017 de finances rectificative pour 2017, les présentes dispositions s'appliquent aux opérations de fusion, de scission ou d'apport partiel d'actif réalisées à compter du 1er janvier 2018.

CGI art. 212

I. – Les intérêts afférents aux sommes laissées ou mises à disposition d'une entreprise par une entreprise liée, directement ou indirectement, au sens du 12 de l'article 39, sont déductibles :

a) Dans la limite de ceux calculés d'après le taux prévu au premier alinéa du 3° du 1 du même article 39 ou, s'ils sont supérieurs, d'après le taux que cette entreprise emprunteuse aurait pu obtenir d'établissements ou d'organismes financiers indépendants dans des conditions analogues ;

b) Et, sous réserve que l'entreprise débitrice démontre, à la demande de l'administration, que l'entreprise qui a mis les sommes à sa disposition est, au titre de l'exercice en cours, assujettie à raison de ces mêmes intérêts à un impôt sur le revenu ou sur les bénéfices dont le montant est au moins égal au quart de l'impôt sur les bénéfices déterminé dans les conditions de droit commun et au taux normal prévu au deuxième alinéa du I de l'article 219.

Dans l'hypothèse où l'entreprise prêteuse est domiciliée ou établie à l'étranger, l'impôt sur les bénéfices déterminé dans les conditions de droit commun et au taux normal prévu au deuxième alinéa du I de l'article 219 s'entend de celui dont elle aurait été redevable en France sur les intérêts perçus si elle y avait été domiciliée ou établie.

Lorsque l'entreprise prêteuse est une société ou un groupement soumis au régime d'imposition prévu à l'article 8 ou un organisme de placement collectif relevant des articles L. 214-1 à L. 214-191 du code monétaire et financier ou un organisme de même nature constitué sur le fondement d'un droit étranger et situé dans un État membre de l'Union européenne ou dans un autre État ou territoire ayant conclu avec la France une convention d'assistance administrative en vue de lutter contre la fraude et l'évasion fiscales et qui n'est pas un État non coopératif au sens de l'article 238-0 A, le présent b ne s'applique que s'il existe également des liens de dépendance, au sens du 12 de l'article 39, entre cette société, ce groupement ou cet organisme et un ou plusieurs détenteurs de parts de cette société, de ce groupement ou de cet organisme. Dans cette hypothèse, l'impôt sur ces intérêts est apprécié au niveau de ces détenteurs de parts.

II. – 1. Lorsque le montant des intérêts servis par une entreprise à l'ensemble des entreprises liées directement ou indirectement au sens du 12 de l'article 39 et déductibles conformément au I excède simultanément au titre d'un même exercice les trois limites suivantes :

a) Le produit correspondant au montant desdits intérêts multiplié par le rapport existant entre une fois et demie le montant des capitaux propres, apprécié au choix de l'entreprise à l'ouverture ou à la clôture de l'exercice et le montant moyen des sommes laissées ou mises à disposition par l'ensemble des entreprises liées directement ou indirectement au sens du 12 de l'article 39 au cours de l'exercice,

b) 25 % du résultat courant avant impôts préalablement majoré desdits intérêts, des amortissements pris en compte pour la détermination de ce même résultat et de la quote-part de loyers de crédit-bail prise en compte pour la détermination du prix de cession du bien à l'issue du contrat,

c) Le montant des intérêts servis à cette entreprise par des entreprises liées directement ou indirectement au sens du 12 de l'article 39,

la fraction des intérêts excédant la plus élevée de ces limites ne peut être déduite au titre de cet exercice, sauf si cette fraction est inférieure à 150 000 €.

Toutefois, cette fraction d'intérêts non déductible immédiatement peut être déduite au titre de l'exercice suivant à concurrence de la différence calculée au titre de cet exercice entre la limite mentionnée au b et le montant des intérêts admis en déduction en vertu du I. Le solde non imputé à la clôture de cet exercice est déductible au titre des exercices postérieurs dans le respect des mêmes conditions sous déduction d'une décote de 5 % appliquée à l'ouverture de chacun de ces exercices.

2. Les dispositions prévues au 1 ne s'appliquent pas aux intérêts dus à raison des sommes ayant servi à financer :

1° Des opérations de financement réalisées dans le cadre d'une convention de gestion centralisée de la trésorerie d'un groupe par l'entreprise chargée de cette gestion centralisée ;

2° L'acquisition de biens donnés en location dans les conditions prévues aux 1 et 2 de l'article L. 313-7 du code monétaire et financier.

Ces dispositions ne s'appliquent pas non plus aux intérêts dus par les établissements de crédit ou les sociétés de financement mentionnés à l'article L. 511-1 du code monétaire et financier.

Les sommes et intérêts mentionnés au premier alinéa, ainsi que les intérêts servis à ces entreprises ou ces établissements pour les opérations prévues aux 1° et 2°, ne sont pas pris en compte pour le calcul de la fraction mentionnée au cinquième alinéa du 1 et pour la détermination des limites fixées aux a et c du 1 ainsi que de la majoration d'intérêts indiquée au b du 1.

3. Pour l'application du 1, sont assimilés à des intérêts servis à une entreprise liée directement ou indirectement au sens du 12 de l'article 39 et admis en déduction en vertu du I du présent article, les intérêts qui rémunèrent des sommes laissées ou mises à disposition dont le remboursement est garanti par une sûreté accordée par une entreprise liée au débiteur, ou par une entreprise dont l'engagement est garanti par une sûreté accordée par une entreprise liée au débiteur, à proportion de la part de ces sommes dont le remboursement est ainsi garanti. Toutefois, les intérêts rémunérant des sommes dont le remboursement est garanti directement ou indirectement par une sûreté accordée par une entreprise ne sont pas pris en compte pour la détermination de la limite mentionnée au c du 1 applicable à l'entreprise ayant accordé cette sûreté.

Lorsque le remboursement est garanti par une sûreté réelle, la part des sommes dont le remboursement est garanti est réputée égale au rapport entre, d'une part, un montant égal à la valeur du bien à la date où la sûreté a été constituée sur lui ou, si le bien n'existe pas encore, à sa valeur estimée à cette même date et, d'autre part, le montant initial des sommes laissées ou mises à disposition. Ce rapport est révisé en cas de modification de la convention constituant la sûreté.

Pour l'application du a du 1, les sommes dont le remboursement est garanti dans les conditions définies au premier alinéa sont assimilées, pour leur fraction ainsi garantie, à des sommes laissées ou mises à disposition par une entreprise liée directement ou indirectement au sens du 12 de l'article 39.

Les intérêts mentionnés à la première phrase du premier alinéa sont assimilés à des intérêts versés à une société liée directement ou indirectement au sens du 12 de l'article 39 n'appartenant pas au groupe pour l'application des quinzième et seizième alinéas de l'article 223 B.

Le présent 3 n'est pas applicable aux sommes laissées ou mises à disposition :

1° À raison d'obligations émises dans le cadre d'une offre au public au sens de l'article L. 411-1 du code monétaire et financier ou d'une réglementation étrangère équivalente ;

2° Pour leur fraction dont le remboursement est exclusivement garanti par le nantissement des titres du débiteur, ou de créances sur ce débiteur, ou des titres d'une société détenant directement ou indirectement le débiteur lorsque le détenteur de ces titres et le débiteur sont membres d'un même groupe mentionné à l'article 223 A ou à l'article 223 A bis ;

3° À la suite du remboursement d'une dette préalable, rendu obligatoire par la prise de contrôle du débiteur ou en exécution d'une procédure de sauvegarde ou d'un redressement judiciaire, dans la limite du capital remboursé et des intérêts échus à cette occasion ;

4° À raison d'emprunts contractés antérieurement au 1er janvier 2011 à l'occasion d'une opération d'acquisition de titres ou de son refinancement ;

5° À raison d'emprunts contractés par une société civile ayant pour objet la construction d'immeubles en vue de la vente et garantis par l'un ou plusieurs de ses associés, sous réserve toutefois que, d'une part, la quotité garantie par le ou les associés n'excède pas pour chaque emprunt la proportion de leurs droits dans ladite société civile et, d'autre part, que les sommes empruntées ne soient pas à nouveau mises à disposition par cette société à une autre entreprise qui lui est liée au sens du 12 de l'article 39.

III. – Les dispositions du II ne s'appliquent pas si l'entreprise apporte la preuve que le ratio d'endettement du groupe auquel elle appartient est supérieur ou égal à son propre ratio d'endettement au titre de l'exercice mentionné au II.

Pour l'application des dispositions du premier alinéa, le groupe s'entend de l'ensemble des entreprises françaises ou étrangères placées sous le contrôle exclusif d'une même société ou personne morale, au sens du II de l'article L. 233-16 du code de commerce. L'appréciation des droits de vote détenus indirectement par la société ou personne morale s'opère en additionnant les pourcentages de droits de vote détenus par chaque entreprise du groupe.

Le ratio d'endettement de l'entreprise mentionné au premier alinéa correspond au rapport existant entre le montant total de ses dettes et le montant de ses capitaux propres. Le ratio d'endettement du groupe est déterminé en tenant compte des dettes, à l'exception de celles envers des entreprises appartenant au groupe, et des capitaux propres, minorés du coût d'acquisition des titres des entreprises contrôlées et retraités des opérations réciproques réalisées entre les entreprises appartenant au groupe, figurant au bilan du dernier exercice clos de l'ensemble des entreprises appartenant au groupe.

IV. – Les dispositions du deuxième alinéa du 3° du 1 de l'article 39 ne sont pas applicables aux sociétés régies par la loi n° 47-1775 du 10 septembre 1947 portant statut de la coopération.

Nota. Conformément à l'article 84 I de la loi n° 2017-1837 du 30 décembre 2017, les présentes dispositions s'appliquent aux exercices ouverts à compter du 1er janvier 2018.

CGI art. 212 bis

I. – Les charges financières nettes supportées par une entreprise non membre d'un groupe, au sens des articles 223 A ou 223 A bis, sont déductibles du résultat fiscal soumis à l'impôt sur les sociétés dans la limite du plus élevé des deux montants suivants :

1° Trois millions d'euros ;

2° 30 % de son résultat déterminé dans les conditions du II.

Le montant mentionné au 1° du présent I s'entend par exercice, le cas échéant ramené à douze mois.

II. – Le résultat mentionné au 2° du I est déterminé en corrigeant le résultat fiscal soumis à l'impôt sur les sociétés aux taux mentionnés au deuxième alinéa et au b du I de l'article 219 des montants suivants :

1° Les charges financières nettes déterminées conformément au III du présent article ;

2° Les amortissements admis en déduction, nets des reprises imposables et des fractions de plus ou moins-values correspondant à des amortissements déduits, à des amortissements expressément exclus des charges déductibles, ou à des amortissements qui ont été différés en méconnaissance des dispositions de l'article 39 B ;

3° Les provisions pour dépréciation admises en déduction, nettes des reprises de provision pour dépréciation imposables ;

4° Les gains et pertes soumis aux taux mentionnés au a du I et au IV de l'article 219.

Le résultat fiscal mentionné au premier alinéa du présent II s'entend de celui obtenu avant imputation des déficits et avant application des dispositions du présent article. Il tient compte des déductions pour l'assiette de l'impôt et des abattements déduits pour cette même assiette.

En cas d'exercice de l'option mentionnée au V, le résultat mentionné au 2° du I ne tient compte ni du résultat afférent aux contrats mentionnés au 3 du III déterminé dans les conditions du II, ni du résultat mentionné au b du 2 du IV.

III. – 1. Pour l'application du I du présent article, les charges financières nettes s'entendent de l'excédent de charges financières déductibles après application du I de l'article 212, par rapport aux produits financiers imposables et aux autres revenus équivalents perçus par l'entreprise.

2. Les charges et produits financiers mentionnés au 1 du présent III correspondent aux intérêts sur toutes les formes de dette, c'est-à-dire ceux afférents aux sommes laissées ou mises à disposition de l'entreprise ou par l'entreprise, y compris :

a) Les paiements effectués dans le cadre de prêts participatifs ou d'emprunts obligataires ;

b) Les montants déboursés au titre de financements alternatifs ;

c) L'amortissement des intérêts capitalisés inclus dans le coût d'origine d'un actif et, le cas échéant, la part des intérêts inclus dans la valeur nette comptable des actifs sortis du bilan ;

d) Les montants mesurés par référence à un rendement financier déterminés par comparaison avec des entreprises similaires exploitées normalement au sens de l'article 57 ;

e) Les intérêts payés au titre d'instruments dérivés ou de contrats de couverture portant sur les emprunts de l'entreprise ;

f) Les gains et pertes de change relatifs à des prêts, des emprunts et des instruments liés à des financements ;

g) Les frais de garantie relatifs à des opérations de financement ;

h) Les frais de dossier liés à la dette ;

i) Le montant des loyers, déduction faite de l'amortissement, de l'amortissement financier pratiqué par le bailleur en application du I de l'article 39 C et des frais et prestations accessoires facturés au preneur en cas d'opération de crédit-bail, de location avec option d'achat ou de location de biens mobiliers conclue entre entreprises liées au sens du 12 de l'article 39 ;

j) Tous les autres coûts ou produits équivalents à des intérêts.

Les charges et produits à retenir pour déterminer les charges financières nettes d'un exercice s'entendent des charges engagées et des produits acquis au cours de cet exercice.

3. Les charges financières nettes mentionnées au 1 du présent III n'incluent pas les charges financières nettes supportées par le délégataire, concessionnaire et partenaire privé et afférentes aux biens acquis ou construits par lui dans le cadre :

1° D'une délégation de service public mentionnée à l'article 38 de la loi n° 93-122 du 29 janvier 1993 relative à la prévention de la corruption et à la transparence de la vie économique et des procédures publiques, dans sa rédaction antérieure à l'entrée en vigueur de l'ordonnance n° 2016-65 du 29 janvier 2016 relative aux contrats de concession ;

2° D'un contrat de concession de travaux publics, tel que défini par l'ordonnance n° 2009-864 du 15 juillet 2009 relative aux contrats de concession de travaux publics, dans sa rédaction antérieure à l'entrée en vigueur de l'ordonnance n° 2016-65 du 29 janvier 2016 précitée ;

3° D'un contrat de concession mentionné à l'article L. 2224-31 du code général des collectivités territoriales ;

4° D'un contrat de partenariat, tel que défini par l'ordonnance n° 2004-559 du 17 juin 2004 sur les contrats de partenariat, dans sa rédaction antérieure à l'entrée en vigueur de l'ordonnance n° 2015-899 du 23 juillet 2015 relative aux marchés publics ;

5° D'un bail emphytéotique prévu à l'article L. 1311-2 du code général des collectivités territoriales, dans sa rédaction antérieure à l'entrée en vigueur de l'ordonnance n° 2016-65 du 29 janvier 2016 précitée, ou à l'article L. 6148-2 du code de la santé publique, dans sa rédaction antérieure à l'entrée en vigueur de l'ordonnance n° 2015-899 du 23 juillet 2015 précitée ;

6° D'un contrat ayant un objet équivalent aux contrats mentionnés aux 1° à 5° du présent 3, conclu avec un pouvoir adjudicateur ou une entité adjudicatrice d'un autre État membre de l'Union européenne.

Les charges financières nettes mentionnées au premier alinéa du présent 3 s'entendent également de celles supportées par la société dont l'objet unique est la détention de titres de sociétés agissant exclusivement en tant que délégataire, concessionnaire ou partenaire privé dans le cadre de contrats mentionnés aux 1° à 6°.

Le présent 3 s'applique aux charges financières supportées dans le cadre des contrats mentionnés aux 1° à 6° signés avant le 29 décembre 2012.

IV. – 1. Par exception aux I, VI et VII du présent article, sont déductibles, dans les conditions déterminées aux 2 et 3 du présent IV, les charges financières nettes mentionnées au 1 du III supportées par le cocontractant d'un pouvoir adjudicateur, d'une entité adjudicatrice ou d'une autorité concédante et afférentes aux biens acquis ou construits par lui dans le cadre :

1° D'un marché de partenariat prévu à l'article 67 de l'ordonnance n° 2015-899 du 23 juillet 2015 précitée ;

2° D'un contrat de concession prévu aux I, II ou III de l'article 6 de l'ordonnance n° 2016-65 du 29 janvier 2016 précitée ;

3° D'un bail emphytéotique mentionné au 5° du 3 du III du présent article ;

4° D'un contrat en cours d'exécution conclu avant l'entrée en vigueur des dispositions mentionnées aux 1° à 3° du présent 1 et qui, eu égard à son objet, aurait relevé du champ d'application de ces dispositions ;

5° D'un contrat ayant un objet équivalent aux contrats mentionnés aux mêmes 1° à 3°, conclu avec un pouvoir adjudicateur, une entité adjudicatrice ou une autorité concédante d'un autre État membre de l'Union européenne.

Le présent 1 s'applique aux charges financières nettes supportées dans le cadre des contrats mentionnés aux 1° à 5° signés à compter du 29 décembre 2012 et pour lesquels soit une consultation a été engagée, soit un avis d'appel à la concurrence ou un avis de concession a été envoyé à la publication, soit une procédure d'approbation par décret a été initiée avant la date de promulgation de la loi n° 2018-1317 du 28 décembre 2018 de finances pour 2019.

2. Les charges financières nettes afférentes aux contrats mentionnés au 1 du présent IV sont déductibles dans la limite du plus élevé des deux montants suivants :

a) Trois millions d'euros ;

b) 30 % du résultat afférent à ces contrats et déterminé dans les conditions du II.

3. Les charges financières nettes non admises en déduction au titre d'un exercice, en application du 2 du présent IV, sont déductibles, au titre de cet exercice, à hauteur de 75 % de leur montant.

V. – Les charges financières nettes mentionnées au 3 du III et au 1 du IV sont celles afférentes à des emprunts utilisés exclusivement pour financer des projets d'infrastructures publiques à long terme lorsque l'opérateur du projet, les charges financières, les actifs et les revenus se situent tous dans l'Union européenne.

Le 3 du III et le IV s'appliquent sur option de l'entreprise mentionnée au I. Cette option doit être notifiée au plus tard à la date limite de dépôt de la déclaration de résultat du premier exercice au titre duquel elle est demandée. Elle est irrévocable et formulée pour une période de dix années et est renouvelable au terme de cette période ;

VI. – L'entreprise, membre d'un groupe consolidé, peut en outre déduire 75 % du montant des charges financières nettes non admises en déduction en application du I lorsque le ratio entre ses fonds propres et l'ensemble de ses actifs est égal ou supérieur à ce même ratio déterminé au niveau du groupe consolidé auquel elle appartient.

Pour l'application du premier alinéa du présent VI :

1° Les charges financières nettes s'entendent de celles déterminées conformément au III avant application du VIII ;

2° Le groupe consolidé s'entend de l'ensemble des entreprises françaises et étrangères dont les comptes sont consolidés par intégration globale pour l'établissement des comptes consolidés au sens de l'article L. 233-18 du code de commerce ou au sens des normes comptables internationales mentionnées à l'article L. 233-24 du même code ;

3° Le ratio entre les fonds propres et l'ensemble des actifs d'une entreprise est considéré comme égal au ratio équivalent du groupe consolidé auquel elle appartient lorsque le premier ratio est inférieur au second ratio de deux points de pourcentage au maximum ;

4° Les fonds propres et l'ensemble des actifs de l'entreprise et du groupe consolidé auquel elle appartient sont évalués selon la même méthode que celle utilisée dans les comptes consolidés mentionnés au 2° du présent VI.

VI bis. - 1. Les charges financières nettes mentionnées au 1 du III supportées par l'entreprise définie au 2 du présent VI bis, qui ne sont pas admises en déduction au titre d'un exercice en application du I, sont déductibles, au titre de ce même exercice, à hauteur de 75 % de leur montant.

2. Le présent VI bis s'applique à l'entreprise qui, au titre de l'exercice mentionné au 1, n'est pas membre d'un groupe consolidé au sens du 2° du VI et ne dispose d'aucun établissement hors de France, ni d'aucune entreprise associée au sens des quatre premiers alinéas du 4 de l'article 2 de la directive (UE) 2016/1164 du Conseil du 12 juillet 2016 établissant des règles pour lutter contre les pratiques d'évasion fiscale qui ont une incidence directe sur le fonctionnement du marché intérieur.

3. Les IV et VIII du présent article ne s'appliquent pas à l'entreprise définie au 2 du présent VI bis pour l'exercice au titre duquel elle a déduit ses charges financières dans les conditions prévues au 1.

VII. – 1. Par exception au I, lorsque le montant moyen des sommes laissées ou mises à disposition par l'ensemble des entreprises liées directement ou indirectement au sens du 12 de l'article 39, au cours d'un exercice, excède, au titre de cet exercice, une fois et demie le montant des fonds propres, apprécié au choix de l'entreprise, à l'ouverture ou à la clôture de l'exercice, les charges financières nettes déterminées conformément au III du présent article sont déductibles :

a) Pour une fraction de leur montant, dans la limite du plus élevé des deux montants prévus au I retenue à hauteur de ce montant multiplié par la même fraction. Cette fraction est égale au rapport existant entre, au numérateur, le montant moyen des sommes laissées ou mises à disposition de l'entreprise au cours de l'exercice par des entreprises qui ne sont pas liées directement ou indirectement au sens du 12 de l'article 39 ajouté à une fois et demie le montant des fonds propres mentionnés au premier alinéa du présent 1 et, au dénominateur, le montant moyen de la totalité des sommes laissées ou mises à disposition de l'entreprise au cours de l'exercice ;

b) Pour leur solde, dans la limite du plus élevé des deux montants, entre un million d'euros et 10 % du résultat déterminé dans les conditions du II, retenue à hauteur de ce montant multiplié par le rapport existant entre, au numérateur, le montant des sommes laissées ou mises à disposition de l'entreprise par des entreprises liées directement ou indirectement au sens du 12 de l'article 39 excédant une fois et demie le montant des fonds propres mentionnés au premier alinéa du présent 1 et, au dénominateur, le montant moyen de la totalité des sommes laissées ou mises à disposition de l'entreprise au cours de l'exercice.

Le montant d'un million d'euros mentionné au b s'entend par exercice, le cas échéant ramené à douze mois.

Les charges financières nettes non admises en déduction en application du même b au titre d'un exercice peuvent être déduites au titre des exercices suivants conformément au 1 du VIII à hauteur d'un tiers de leur montant.

Lorsque l'entreprise remplit les conditions prévues au premier alinéa du présent 1, elle ne peut bénéficier des dispositions du VI.

2. Pour l'application du 1 du présent VII, sont considérées comme des sommes laissées ou mises à disposition de l'entreprise par des entreprises qui ne lui sont pas liées directement ou indirectement au sens du 12 de l'article 39 les sommes afférentes :

a) A des opérations de financement réalisées, dans le cadre d'une convention de gestion centralisée de la trésorerie d'entreprises liées, au sens du même 12 de l'article 39, par l'une de ces entreprises chargée de cette gestion centralisée au profit de laquelle les sommes sont mises à disposition ;

b) A l'acquisition de biens donnés en location dans les conditions prévues aux 1 et 2 de l'article L. 313-7 du code monétaire et financier.

Sont également considérées comme des sommes laissées ou mises à disposition de l'entreprise par des entreprises qui ne lui sont pas liées directement ou indirectement au sens du 12 de l'article 39 du présent code les sommes laissées ou mises à disposition des établissements de crédit ou des sociétés de financement mentionnés à l'article L. 511-1 du code monétaire et financier.

3. Le 1 du présent VII ne s'applique pas si l'entreprise apporte la preuve que le ratio d'endettement du groupe consolidé auquel elle appartient est supérieur ou égal à son propre ratio d'endettement au titre de l'exercice mentionné au même 1.

Pour l'application du premier alinéa du présent 3 :

a) Le groupe consolidé s'entend de celui défini au 2° du VI ;

b) Le ratio d'endettement de l'entreprise correspond au rapport existant entre le montant total de ses dettes et le montant de ses fonds propres. Le ratio d'endettement du groupe consolidé est déterminé en tenant compte des dettes, à l'exception de celles envers des entreprises appartenant au groupe consolidé ;

c) Le ratio d'endettement de l'entreprise est considéré comme égal au ratio d'endettement du groupe consolidé auquel elle appartient lorsque le premier ratio est supérieur au second ratio de deux points de pourcentage au maximum ;

d) Les dettes et les fonds propres de l'entreprise et du groupe consolidé auquel elle appartient sont évalués selon la même méthode que celle utilisée dans les comptes consolidés mentionnés au même 2°.

VIII. – 1. Les charges financières nettes non admises en déduction en application des I et VI ainsi que du a du 1 du VII et celles reportables au titre de l'avant-dernier alinéa du même 1 au titre des exercices antérieurs peuvent être déduites à hauteur d'un montant égal à la différence positive entre la limite mentionnée au I appliquée au titre de l'exercice ou, lorsque la condition mentionnée au premier alinéa du 1 du VII est remplie, la limite mentionnée au a du même 1 appliquée au titre de l'exercice et les charges financières nettes de l'exercice minorées, le cas échéant, de celles soumises au plafonnement du b dudit 1. Les charges financières nettes non admises en déduction après application du présent 1 peuvent être déduites dans les mêmes conditions au titre des exercices suivants.

2. La capacité de déduction inemployée, entendue comme la différence positive entre la limite mentionnée au I appliquée au titre de l'exercice et les charges financières nettes admises en déduction au titre de l'exercice en application des I et VI ainsi que du 1 du présent VIII, peut être utilisée au titre des cinq exercices suivants pour déduire du résultat de ces exercices le montant de charges financières nettes non admises en déduction après application des I et VI. Cette capacité de déduction inemployée ne peut être utilisée pour déduire des charges financières en report conformément au 1 du présent VIII.

IX. – Un décret fixe les obligations déclaratives incombant aux entreprises mentionnées au I.

Nota. Modification effectuée en conséquence de l'article 84-I F 5° de la loi n° 2017-1837 du 30 décembre 2017.

CGI art. 216

I. Les produits nets des participations, ouvrant droit à l'application du régime des sociétés mères et visées à l'article 145, touchés au cours d'un exercice par une société mère, peuvent être retranchés du bénéfice net total de celle-ci, défalcation faite d'une quote-part de frais et charges.

La quote-part de frais et charges prévue au premier alinéa du présent I est fixée à 5 % du produit total des participations, crédit d'impôt compris. Ce taux est fixé à 1 % de ce même produit, crédit d'impôt compris, perçu :

1° Par une société membre d'un groupe mentionné aux articles 223 A ou 223 A bis à raison d'une participation dans une autre société membre de ce groupe ;

2° Par une société membre d'un groupe mentionné aux mêmes articles 223 A ou 223 A bis à raison d'une participation dans une société soumise à un impôt équivalent à l'impôt sur les sociétés dans un État membre de l'Union européenne ou dans un autre État partie à l'accord sur l'Espace économique européen ayant conclu avec la France une convention d'assistance administrative en vue de lutter contre la fraude et l'évasion fiscales qui, si elle était établie en France, remplirait les conditions pour être membre de ce groupe, en application desdits articles 223 A ou 223 A bis, autres que celle d'être soumise à l'impôt sur les sociétés en France ;

3° Ou par une société non membre d'un groupe à raison d'une participation dans une société soumise à un impôt équivalent à l'impôt sur les sociétés dans un État membre de l'Union européenne ou dans un autre État partie à l'accord sur l'Espace économique européen ayant conclu avec la France une convention d'assistance administrative en vue de lutter contre la fraude et l'évasion fiscales, sous réserve que ces sociétés eussent rempli les conditions pour constituer un groupe, si la seconde société était établie en France. Le présent 3° ne s'applique pas lorsque la première société n'est pas membre d'un groupe uniquement du fait de l'absence des options et des accords à formuler en application du I et du premier alinéa du III de l'article 223 A et du I de l'article 223 A bis.

Dans le cas mentionné au sixième alinéa du c du 1 de l'article 145, le présent I s'applique à la part de bénéfice du constituant déterminée dans les conditions prévues à l'article 238 quater F correspondant aux produits nets des titres de participation ouvrant droit à l'application du régime des sociétés mères précité.

II. (Abrogé à compter de la détermination des résultats des exercices ouverts à compter du 1er janvier 1993).

III. (Périmé).

Nota. Modification effectuée en conséquence de l'article 43-I-4° de la loi n° 2019-1479 du 28 décembre 2019.

CGI art. 216 A

Lorsqu'ils ne sont pas déductibles des résultats imposables d'une société créancière, les abandons de créances consentis par celle-ci à une autre société dans laquelle elle détient une participation au sens de l'article 145 ne sont pas pris en compte pour la détermination des résultats imposables de la société débitrice.

Pour bénéficier de cette disposition, la société débitrice doit s'engager à augmenter son capital au profit de la société créancière, d'une somme au moins égale aux abandons de créances visés au premier alinéa. L'engagement doit être joint à la déclaration de résultats de l'exercice au cours duquel les abandons sont intervenus ; l'augmentation de capital doit être effectuée, en numéraire ou par conversion de créance, avant la clôture du second exercice suivant.

En cas de manquement à l'engagement pris, la société débitrice doit rapporter le montant des abandons accordés aux résultats imposables de l'exercice au cours duquel ceux-ci sont intervenus.

CGI art. 219, I-a ter et I-a quinquies

a ter. Le régime des plus-values et moins-values à long terme cesse de s'appliquer au résultat de la cession de titres du portefeuille réalisée au cours d'un exercice ouvert à compter du 1er janvier 1994 à l'exclusion des parts ou actions de sociétés revêtant le caractère de titres de participation et des parts de fonds commun de placement à risques, de fonds professionnel de capital investissement ou de société de capital risque qui remplissent les conditions prévues au II ou au III bis de l'article 163 quinquies B ou à l'article 1er-1 de la loi n° 85-695 du 11 juillet 1985 portant diverses dispositions d'ordre économique et financier et qui sont détenues par l'entreprise depuis au moins cinq ans.

Pour les exercices ouverts à compter de la même date, le régime des plus ou moins-values à long terme cesse également de s'appliquer en ce qui concerne les titres de sociétés dont l'actif est constitué principalement par des titres exclus de ce régime ou dont l'activité consiste de manière prépondérante en la gestion des mêmes valeurs pour leur propre compte, à l'exception des moins-values afférentes aux titres de ces sociétés à hauteur du montant des produits de ces titres qui a ouvert droit à l'application du régime prévu aux articles 145 et 216 au cours de l'exercice au titre duquel ces moins-values ont été constatées et des cinq exercices précédents. Il ne s'applique pas non plus aux titres émis par les organismes de placement collectif immobilier, les organismes professionnels de placement collectif immobilier ou par les organismes de droit étranger ayant un objet équivalent mentionnés au 5° du I de l'article L. 214-36 du code monétaire et financier.

Pour l'application des premier et deuxième alinéas, constituent des titres de participation les parts ou actions de sociétés revêtant ce caractère sur le plan comptable. Il en va de même des actions acquises en exécution d'une offre publique d'achat ou d'échange par l'entreprise qui en est l'initiatrice ainsi que des titres ouvrant droit au régime des sociétés mères ou, lorsque leur prix de revient est au moins égal à 22 800 000 €, qui remplissent les conditions ouvrant droit à ce régime autres que la détention de 5 % au moins du capital de la société émettrice, si ces actions ou titres sont inscrits en comptabilité au compte de titres de participation ou à une subdivision spéciale d'un autre compte du bilan correspondant à leur qualification comptable.

Les provisions pour dépréciation afférentes aux titres exclus du régime des plus ou moins-values en application des premier et deuxième alinéas cessent d'être soumises à ce même régime, à l'exception des provisions pour dépréciation des titres de sociétés mentionnés à la première phrase du deuxième alinéa à hauteur du montant des produits de ces titres qui a ouvert droit à l'application du régime prévu aux articles 145 et 216 au cours de l'exercice au titre duquel les provisions ont été comptabilisées et des cinq exercices précédents.

Lorsque l'entreprise transfère des titres du compte de titres de participation à un autre compte du bilan, la plus-value ou la moins-value, égale à la différence existant entre leur valeur réelle à la date du transfert et celle qu'ils avaient sur le plan fiscal, n'est pas retenue, pour le calcul du résultat ou de la plus-value ou moins-value nette à long terme, au titre de l'exercice de ce transfert ; elle est comprise dans le résultat imposable de l'exercice de cession des titres en cause et soumise au régime fiscal qui lui aurait été appliqué lors du transfert des titres. Le résultat imposable de la cession des titres transférés est calculé par référence à leur valeur réelle à la date du transfert. Le délai mentionné à l'article 39 duodecies est apprécié à cette date.

Ces règles s'appliquent lorsque l'entreprise transfère des titres d'un compte du bilan au compte de titres de participation ou procède à des transferts entre l'un des comptes du bilan et l'une des subdivisions spéciales mentionnées au troisième alinéa, sous réserve que le premier terme de la différence mentionnée au cinquième alinéa s'entend, pour les titres cotés, du cours moyen des trente derniers jours précédant celui du transfert et, pour les titres non cotés, de leur valeur probable de négociation et sans préjudice de l'application des dispositions de l'article 38 bis A.

Les dispositions des cinquième et sixième alinéas ne sont pas applicables aux transferts entre le compte de titres de participation et les subdivisions spéciales mentionnées au troisième alinéa.

Les titres inscrits au compte de titres de participation ou à l'une des subdivisions spéciales mentionnées au troisième alinéa qui cessent de remplir les conditions mentionnées à ce même alinéa doivent être transférés hors de ce compte ou de cette subdivision à la date à laquelle ces conditions ne sont plus remplies. À défaut d'un tel transfert, les titres maintenus à ce compte ou à cette subdivision sont réputés transférés pour l'application des cinquième, sixième et dixième alinéas ; les dispositions prévues au douzième alinéa en cas d'omission s'appliquent.

Lorsqu'elles reçoivent un emploi non conforme à leur objet ou qu'elles deviennent sans objet au cours d'un exercice clos après la date du transfert des titres, les provisions pour dépréciation constituées antérieurement à cette date à raison de ces titres sont rapportées aux plus-values à long terme ou au résultat imposable au taux prévu au deuxième alinéa du I, selon qu'elles sont afférentes à des titres qui, avant leur transfert, constituaient ou non des titres de participation ; les provisions rapportées s'imputent alors en priorité sur les dotations les plus anciennes.

Les provisions pour dépréciation constituées après le transfert à raison des titres transférés mentionnés aux cinquième et sixième alinéas sont déterminées par référence à la valeur des titres concernés à la date du transfert.

Les entreprises qui appliquent les dispositions des cinquième et sixième alinéas doivent, pour les titres transférés, joindre à la déclaration de résultats de l'exercice du transfert et des exercices suivants un état conforme au modèle fourni par l'administration faisant apparaître, pour chaque catégorie de titres de même nature, la date de transfert, le nombre et la valeur des titres transférés, le montant de la plus-value ou de la moins-value et le régime d'imposition qui lui est applicable, à cette date, le montant des provisions constituées avant ou après le transfert et le montant de ces provisions qui a été rapporté au résultat imposable.

Le défaut de production de l'état mentionné au onzième alinéa ou l'omission des valeurs ou provisions qui doivent y être portées entraînent l'imposition immédiate des plus-values et des provisions omises ; les moins-values ne peuvent être déduites que des résultats imposables de l'exercice au cours duquel les titres considérés sont cédés ;

......

a quinquies. Pour les exercices ouverts à compter du 1er janvier 2006, le montant net des plus-values à long terme afférentes à des titres de participation fait l'objet d'une imposition séparée au taux de 8 %. Ce taux est fixé à 0 % pour les exercices ouverts à compter du 1er janvier 2007.

Une quote-part de frais et charges égale à 12 % du montant brut des plus-values de cession est prise en compte pour la détermination du résultat imposable.

Les titres de participation mentionnés au premier alinéa sont les titres de participation revêtant ce caractère sur le plan comptable, les actions acquises en exécution d'une offre publique d'achat ou d'échange par l'entreprise qui en est l'initiatrice et les titres ouvrant droit au régime des sociétés mères à condition de détenir au moins 5 % des droits de vote de la société émettrice, si ces actions ou titres sont inscrits en comptabilité au compte titres de participation ou à une subdivision spéciale d'un autre compte du bilan correspondant à leur qualification comptable, à l'exception des titres des sociétés à prépondérance immobilière définis au troisième alinéa du a.

La fraction des moins-values à long terme existant à l'ouverture du premier des exercices ouverts à compter du 1er janvier 2006 afférente à des éléments exclus du bénéfice des taux définis au premier alinéa demeure imputable sur les plus-values à long terme imposées au taux visé au a, sous réserve de justifier la ou les cessions de ces éléments. Elle est majorée, le cas échéant, des provisions dotées au titre de ces mêmes éléments et non réintégrées à cette date, dans la limite des moins-values à long terme reportables à l'ouverture du premier des exercices ouverts à compter du 1er janvier 2006.

La fraction des moins-values à long terme existant à l'ouverture du premier des exercices ouverts à compter du 1er janvier 2006, non imputable en vertu des dispositions du quatrième alinéa, peut être déduite des plus-values à long terme afférentes aux titres de participation définis au troisième alinéa imposables au titre des seuls exercices ouverts en 2006. Le solde de cette fraction et l'excédent éventuel des moins-values à long terme afférentes aux titres de participation définis au troisième alinéa constaté au titre des exercices ouverts à compter du 1er janvier 2006 ne sont plus imputables ou reportables à partir des exercices ouverts à compter du 1er janvier 2007.

CGI art. 219, 2 a septies

a septies) Lorsqu'il existe des liens de dépendance entre l'entreprise cédante et l'entreprise cessionnaire au sens du 12 de l'article 39, la déduction des moins-values de cession de titres de participation définis au dix-septième alinéa du 5° du 1 de l'article 39, autres que ceux mentionnés au a sexies-0 bis du présent I, et détenus depuis moins de deux ans, intervient à la première des dates suivantes :

1°) La date à laquelle l'entreprise cédante cesse d'être soumise à l'impôt sur les sociétés ou est absorbée par une entreprise qui, à l'issue de l'absorption, n'est pas liée à l'entreprise détenant les titres cédés ;

2°) La date à laquelle les titres cédés cessent d'être détenus par une entreprise liée à l'entreprise cédante, à l'exception du cas où la société dont les titres ont été cédés a été absorbée par une autre entreprise liée ou qui le devient à cette occasion et pour toute la période où elle demeure liée ;

3°) La date correspondant à l'expiration d'un délai de deux ans, décompté à partir du jour où l'entreprise cédante a acquis les titres.

L'imposition est établie au nom de l'entreprise cédante ou, en cas d'absorption dans des conditions autres que celles mentionnées au 1°, de l'entreprise absorbante, selon le régime de moins-value qui aurait été applicable si l'entreprise avait cédé les titres à cette date et, le cas échéant, les avait détenus depuis la date d'acquisition par l'entreprise absorbée.

L'entreprise joint à sa déclaration de résultat au titre de chaque exercice concerné un état conforme au modèle fourni par l'administration, faisant apparaître les éléments nécessaires au calcul des moins-values et ceux relatifs à l'identification de l'entreprise qui détient les titres, explicitant les liens de dépendance qui les unissent.

CGI art. 220

1. a) Sur justifications, la retenue à la source à laquelle ont donné ouverture les revenus des capitaux mobiliers, visés aux articles 108 à 119,238 septies B et 1678 bis, perçus par la société ou la personne morale est imputée sur le montant de l'impôt à sa charge en vertu du présent chapitre.

Toutefois, la déduction à opérer de ce chef ne peut excéder la fraction de ce dernier impôt correspondant au montant desdits revenus.

Lorsque ces revenus sont perçus à raison de biens ou droits préalablement détenus par la personne, ou une autre personne qui lui est liée au sens du 12 de l'article 39, qui, dans le contrat ayant conféré au contribuable la détention de ces biens ou droits ou dans un contrat y afférent, s'est engagée à en retrouver ou s'est réservé la possibilité d'en retrouver ultérieurement la détention, ce montant est diminué des charges engagées pour l'acquisition de ces revenus par le contribuable et les personnes qui lui sont liées, y compris :
– les moins-values de cession de ces biens ou droits ;
– les sommes, autres que le prix d'acquisition de ces biens ou droits, versées à cette autre personne ou aux personnes qui lui sont liées, au sens du 12 de l'article 39.

Toutefois, les troisième à cinquième alinéas du présent a ne s'appliquent pas si le contribuable apporte la preuve que la conclusion du contrat n'avait pas principalement pour objet ou pour effet de lui faire bénéficier du crédit d'impôt.

b) En ce qui concerne les revenus de source étrangère visés aux articles 120 à 123, l'imputation est limitée au montant du crédit correspondant à l'impôt retenu à la source à l'étranger ou à la décote en tenant lieu, tel qu'il est prévu par les conventions internationales.

c) En ce qui concerne les dividendes et produits distribués par les sociétés d'investissement visées aux 1° bis et 1° bis A de l'article 208 et les sociétés de capital-risque visées au 3° septies du même article au titre de l'exercice précédent, la société ou personne morale actionnaire a droit à l'imputation d'une quote-part du montant total des crédits d'impôt attachés aux produits du portefeuille encaissés, au cours de cet exercice, par la société distributrice. Le droit à imputation de chaque société ou personne morale actionnaire est déterminé en proportion de sa part dans les dividendes distribués, au titre du même exercice. Il ne peut excéder celui normalement attaché aux revenus distribués par les sociétés françaises ordinaires. Le montant à imputer est compris dans les bases de l'impôt sur les sociétés.

Lorsque les sociétés d'investissement admises au bénéfice du régime prévu aux 1° et 1° bis A de l'article 208 ne peuvent transférer à leurs actionnaires tout ou partie des crédits d'impôt attachés aux produits de leur portefeuille encaissés au cours d'un exercice, les crédits non utilisés sont susceptibles d'être reportés sur les quatre exercices suivants. Cette disposition est applicable aux crédits d'impôt afférents aux revenus encaissés au cours d'exercices ouverts postérieurement au 31 décembre 1966.

2. (Disposition périmée).

3. (Abrogé)

4. Les dispositions du 1 ne sont pas applicables aux établissements publics, associations et autres collectivités imposés en vertu du 5 de l'article 206. Elles ne sont également pas applicables aux produits déductibles du bénéfice net en vertu du I de l'article 216.

4. bis (Sans objet).

5. Les conditions d'application du 1 sont fixées par décret en Conseil d'État.

CGI art. 221, 5

5. a) Le changement de l'objet social ou de l'activité réelle d'une société emporte cessation d'entreprise. Il en est de même en cas de disparition des moyens de production nécessaires à la poursuite de l'exploitation pendant une durée de plus de douze mois, sauf en cas de force majeure, ou lorsque cette disparition est suivie d'une cession de la majorité des droits sociaux.

Toutefois, dans les situations mentionnées au premier alinéa du présent a, l'article 221 bis est applicable, sauf en ce qui concerne les provisions dont la déduction est prévue par des dispositions légales particulières.

b) Le changement d'activité réelle d'une société s'entend notamment :

1°) De l'adjonction d'une activité entraînant, au titre de l'exercice de sa survenance ou de l'exercice suivant, une augmentation de plus de 50 % par rapport à l'exercice précédant celui de l'adjonction :

soit du chiffre d'affaires de la société ;

soit de l'effectif moyen du personnel et du montant brut des éléments de l'actif immobilisé de la société ;

2°) De l'abandon ou du transfert, même partiel, d'une ou de plusieurs activités entraînant, au titre de l'exercice de sa survenance ou de l'exercice suivant, une diminution de plus de 50 % par rapport à l'exercice précédant celui de l'abandon ou du transfert :

soit du chiffre d'affaires de la société ;

soit de l'effectif moyen du personnel et du montant brut des éléments de l'actif immobilisé de la société.

c) Sur agrément délivré par le ministre chargé du budget selon les modalités prévues à l'article 1649 nonies, ne sont pas considérées comme emportant cessation d'entreprise :

1°) La disparition temporaire des moyens de production pendant une durée de plus de douze mois mentionnée au a lorsque l'interruption et la reprise sont justifiées par des motivations principales autres que fiscales ;

2°) Les opérations mentionnées au b lorsqu'elles sont indispensables à la poursuite de l'activité à l'origine des déficits et à la pérennité des emplois.

CGI art. 223 A

I. – Une société, ci-après désignée par les mots : « société mère », peut se constituer seule redevable de l'impôt sur les sociétés dû sur l'ensemble des résultats du groupe formé par elle-même et les sociétés dont elle détient 95 % au moins du capital de manière continue au cours de l'exercice, directement ou indirectement par l'intermédiaire de sociétés ou d'établissements stables membres du groupe, ci-après désignés par les mots : « sociétés du groupe », ou de sociétés ou d'établissements stables, ci-après désignés par les mots : « sociétés intermédiaires », détenus à 95 % au moins par la société mère de manière continue au cours de l'exercice, directement ou indirectement par l'intermédiaire de sociétés du groupe ou de sociétés intermédiaires.

Une société, également désignée par les mots : « société mère », dont le capital est détenu, de manière continue au cours de l'exercice, à 95 % au moins par une société ou un établissement stable soumis à un impôt équivalent à l'impôt sur les sociétés dans un État membre de l'Union européenne ou dans un autre État partie à l'accord sur l'Espace économique européen ayant conclu avec la France une convention d'assistance administrative en vue de lutter contre la fraude et l'évasion fiscales, ci-après désigné par les mots : « entité mère non résidente », directement ou indirectement par l'intermédiaire de sociétés ou d'établissements stables détenus à 95 % au moins par l'entité mère non résidente et soumis à un impôt équivalent à l'impôt sur les sociétés dans les mêmes États, ci-après désignés par les mots : « sociétés étrangères », peut aussi se constituer seule redevable de l'impôt sur les sociétés dû sur l'ensemble des résultats du groupe formé par elle-même et les sociétés détenues par l'entité mère non résidente dans les conditions prévues au premier alinéa du présent I, directement ou indirectement par l'intermédiaire de la société mère, de sociétés étrangères, de sociétés intermédiaires ou de sociétés membres du groupe.

Le capital de la société mère mentionnée au même premier alinéa ne doit pas être détenu à 95 % au moins, directement ou indirectement, par une autre personne morale soumise à l'impôt sur les sociétés dans les conditions de droit commun ou selon les modalités prévues à l'article 214. Le capital de l'entité mère non résidente ne doit pas être détenu à 95 % au moins, directement ou indirectement, par une autre personne morale soumise à l'impôt sur les sociétés dans les conditions de droit commun ou selon les modalités prévues au même article 214 ou par une autre personne morale soumise à un impôt équivalent à l'impôt sur les sociétés dans un État mentionné au deuxième alinéa du présent I. Le capital de la société mère mentionnée au même deuxième alinéa ne doit pas être détenu indirectement par l'entité mère non résidente par l'intermédiaire de sociétés ou d'établissements stables qui peuvent eux-mêmes se constituer seuls redevables de l'impôt sur les sociétés dans les conditions décrites audit deuxième alinéa. Toutefois, le capital de la société mère mentionnée au premier alinéa du présent I peut être détenu indirectement à 95 % ou plus par une autre personne morale soumise à l'impôt sur les sociétés dans les conditions de droit commun ou selon les modalités prévues à l'article 214, par l'intermédiaire d'une ou plusieurs personnes morales non soumises à cet impôt dans ces mêmes conditions ou par l'intermédiaire d'une ou plusieurs personnes morales qui y sont soumises dans ces mêmes conditions et dont le capital n'est pas détenu, directement ou indirectement, par cette autre personne morale à 95 % au moins. Le capital de l'entité mère non résidente peut être détenu indirectement à 95 % ou plus par une autre personne morale soumise à un impôt équivalent à l'impôt sur les sociétés dans un État mentionné au deuxième alinéa du présent I ou par une autre personne morale soumise à l'impôt sur les sociétés dans les conditions de droit commun ou selon les modalités prévues à l'article 214, par l'intermédiaire d'une ou plusieurs personnes morales qui ne sont soumises ni à cet impôt dans ces mêmes conditions, ni à un impôt équivalent dans un État mentionné au deuxième alinéa du présent I, ou par l'intermédiaire d'une ou plusieurs personnes morales qui y sont soumises dans ces mêmes conditions et dont le capital n'est pas détenu, directement ou indirectement, par cette autre personne morale à 95 % au moins.

Par exception au premier alinéa, lorsqu'une personne morale soumise à l'impôt sur les sociétés dans les conditions de droit commun établit des comptes combinés en application de l'article L. 345-2 du code des assurances, de l'article L. 212-7 du code de la mutualité ou de l'article L. 931-34 du code de la sécurité sociale en tant qu'entreprise combinante, elle peut se constituer seule redevable de l'impôt sur les sociétés dû sur l'ensemble des résultats du groupe formé par elle-même, les personnes morales soumises à l'impôt sur les sociétés dans les conditions de droit commun dénuées de capital qui sont membres du périmètre de combinaison et qui ont avec elle, en vertu d'un accord, soit une direction commune, soit des services communs assez étendus pour engendrer un comportement commercial, technique ou financier commun, soit des liens importants et durables en vertu de dispositions réglementaires, statutaires ou contractuelles, et les sociétés dont elle et les personnes morales combinées détiennent 95 % au moins du capital, directement ou indirectement par l'intermédiaire de sociétés ou d'établissements stables membres du groupe, ci-après désignés par les termes : « sociétés du groupe », ou de sociétés ou d'établissements stables, ci-après désignés par les termes : « sociétés intermédiaires », dont la société mère et ces mêmes personnes morales combinées détiennent 95 % au moins du capital, directement ou indirectement par l'intermédiaire de sociétés du groupe ou de sociétés intermédiaires. Les conditions relatives aux liens entre les personnes morales mentionnées à la phrase précédente et à la détention des sociétés membres du groupe par ces personnes morales s'apprécient de manière continue au cours de l'exercice. Les autres dispositions des premier et troisième alinéas du présent I s'appliquent à la société mère du groupe formé dans les conditions prévues au présent alinéa.

Par exception au premier alinéa, lorsqu'une personne morale soumise à l'impôt sur les sociétés dans les conditions de droit commun est un organe central mentionné à l'article L. 511-30 du code monétaire et financier ou une caisse départementale ou interdépartementale mentionnée à l'article L. 512-55 du même code titulaire d'un agrément collectif délivré par l'Autorité de contrôle prudentiel et de résolution pour elle-même et pour les caisses locales qui la détiennent, elle peut se constituer seule redevable de l'impôt sur les sociétés dû sur l'ensemble des résultats du groupe formé par elle-même, les banques, caisses et sociétés mentionnées aux articles L. 512-11, L. 512-20, L. 512-55, L. 512-60, L. 512-69 et L. 512-86 du même code soumises à l'impôt sur les sociétés dans les conditions de droit commun qui lui sont affiliées au sens de l'article L. 511-31 du même code ou bénéficiant d'un même agrément collectif délivré par l'Autorité de contrôle prudentiel et de résolution, et les sociétés dont elle et les banques, caisses et sociétés précitées détiennent 95 % au moins du capital, directement ou indirectement par l'intermédiaire de sociétés ou d'établissements stables membres du groupe, ci-après désignés par les termes : « sociétés du groupe », ou de sociétés ou d'établissements stables, ci-après désignés par les termes : « sociétés intermédiaires », dont la société mère et ces mêmes banques, caisses et sociétés détiennent 95 % au moins du capital, directement ou indirectement par l'intermédiaire de sociétés du groupe ou de sociétés intermédiaires. Les conditions relatives aux liens entre les personnes morales mentionnées à la première phrase et à la détention des sociétés membres du groupe par ces personnes morales s'apprécient de manière continue au cours de l'exercice. Les autres dispositions des premier et troisième alinéas du présent I s'appliquent à la société mère du groupe formé dans les conditions prévues au présent alinéa.

Pour le calcul du taux de détention du capital, il est fait abstraction, dans la limite de 10 % du capital de la société, des titres émis dans les conditions prévues aux articles L. 225-177 à L. 225-184, L. 225-197-1 à L. 225-197-5 du code de commerce et aux articles L. 3332-18 à L. 3332-24 du code du travail ou par une réglementation étrangère équivalente ainsi que des titres attribués, après rachat, dans les mêmes conditions, par une société à ses salariés non mandataires. Ce mode particulier de calcul ne s'applique plus à compter de l'exercice au cours duquel le détenteur des titres émis ou attribués dans les conditions qui précèdent cède ses titres ou cesse toute fonction dans la société. Toutefois, si la cession des titres ou la cessation de fonction a pour effet de réduire, au cours d'un exercice, à moins de 95 % la participation dans le capital d'une société filiale, ce capital est néanmoins réputé avoir été détenu selon les modalités fixées au premier, au deuxième, au quatrième ou au cinquième alinéas du présent I si le pourcentage de 95 % est à nouveau atteint à l'expiration du délai prévu au deuxième alinéa du 1 de l'article 223 pour le dépôt de la déclaration de résultat de l'exercice. Si la cessation de fonction intervient au cours de la période de conservation prévue au septième alinéa du I de l'article L. 225-197-1 du code de commerce ou par une réglementation étrangère équivalente, il continue à être fait abstraction des actions dont la conservation est requise dans les conditions qui précèdent, jusqu'à l'expiration de la période précitée. Pour l'application du présent article, la détention de 95 % au moins du capital d'une société s'entend de la détention en pleine propriété de 95 % au moins des droits à dividendes et de 95 % au moins des droits de vote attachés aux titres émis par cette société. Toutefois, les titres que le constituant a transférés dans un patrimoine fiduciaire dans les conditions prévues à l'article 238 quater B sont également pris en compte pour l'appréciation du seuil de détention du capital à condition que ces titres soient assortis de droits à dividendes et de droits de vote et que le constituant conserve l'exercice des droits de vote ou que le fiduciaire exerce ces droits dans le sens déterminé par le constituant, sous réserve des éventuelles limitations convenues par les parties au contrat établissant la fiducie pour protéger les intérêts financiers du ou des créanciers bénéficiaires de la fiducie.

II. – Les sociétés du groupe restent soumises à l'obligation de déclarer leurs résultats qui peuvent être vérifiés dans les conditions prévues par les articles L. 13, L. 47 et L. 57 du livre des procédures fiscales. La société mère supporte, au regard des droits et des pénalités visées à l'article 2 de la loi n° 87-502 du 8 juillet 1987 modifiant les procédures fiscales et douanières, les conséquences des infractions commises par les sociétés du groupe.

III. – Seules peuvent être membres du groupe les sociétés ou les établissements stables qui ont donné leur accord et dont les résultats sont soumis à l'impôt sur les sociétés dans les conditions de droit commun ou selon les modalités prévues à l'article 214. Seules peuvent être qualifiées de sociétés intermédiaires les sociétés ou les établissements stables qui ont donné leur accord et dont les résultats sont soumis à un impôt équivalent à l'impôt sur les sociétés dans un État membre de l'Union européenne ou dans un autre État partie à l'accord sur l'Espace économique européen ayant conclu avec la France une convention d'assistance administrative en vue de lutter contre la fraude et l'évasion fiscales. Pour se constituer société mère dans les conditions du deuxième alinéa du I, une société doit accompagner son option de l'accord de l'entité mère non résidente et des sociétés étrangères mentionnées au même deuxième alinéa. Pour être membre d'un groupe formé dans les conditions dudit deuxième alinéa, une société doit accompagner son accord de celui de l'entité mère non résidente et des sociétés étrangères. Les sociétés membres d'un groupe dans les conditions du même deuxième alinéa ne peuvent simultanément se constituer seules redevables de l'impôt sur les sociétés pour les résultats d'un autre groupe dans les conditions prévues au présent article. Lorsque la société mère opte pour l'application du régime défini au quatrième ou au cinquième alinéa du I, toutes les personnes morales dénuées de capital définies au quatrième alinéa du même I et toutes les banques, caisses et sociétés mentionnées aux articles L. 512-11, L. 512-20, L. 512-55, L. 512-60, L. 512-69 et L. 512-86 du code monétaire et financier ou bénéficiant du même agrément collectif, à l'exception des filiales dont le capital est détenu à 95 % au moins sont obligatoirement membres du groupe et ne peuvent simultanément être mères d'un autre groupe formé dans les conditions prévues au présent article.

Les sociétés du groupe et, sous réserve de la réglementation étrangère qui leur est applicable, les sociétés intermédiaires, l'entité mère non résidente et les sociétés étrangères doivent ouvrir et clore leurs exercices aux mêmes dates ; les exercices ont en principe, une durée de douze mois. Par exception, la durée d'un exercice des sociétés du groupe peut être inférieure ou supérieure à douze mois, sans préjudice des dispositions de l'article 37. Cette exception ne peut s'appliquer qu'une seule fois au cours d'une période couverte par une même option. La modification de la date de clôture de l'exercice doit être notifiée au plus tard à l'expiration du délai prévu au deuxième alinéa du 1 de l'article 223 pour le dépôt de la déclaration de résultat de l'exercice précédant le premier exercice concerné. Les options mentionnées aux premier, deuxième, quatrième ou cinquième alinéas du I du présent article sont notifiées au plus tard à l'expiration du délai prévu au deuxième alinéa du 1 de l'article 223 pour le dépôt de la déclaration de résultat de l'exercice précédant celui au titre duquel le régime défini au présent article s'applique. Elles sont valables pour une période de cinq exercices. Les accords mentionnés au premier alinéa du présent III sont formulés au plus tard à l'expiration du délai prévu pour le dépôt de la déclaration de résultat de l'exercice précédant celui où la société devient membre du groupe ou devient une société intermédiaire, devient une société étrangère ou une entité mère non résidente, ou dans les trois mois de l'acquisition des titres d'une société du groupe, d'une autre société intermédiaire, d'une société étrangère ou d'une entité mère non résidente. Les options et les accords sont renouvelés par tacite reconduction, sauf dénonciation au plus tard à l'expiration du délai prévu au 1 de l'article 223 pour le dépôt de la déclaration de résultat du dernier exercice de chaque période.

Pour chacun des exercices arrêtés au cours de la période de validité de l'option, la société mère notifie à l'administration, au plus tard à la date mentionnée au deuxième alinéa du présent III, une liste des sociétés membres du groupe comportant la désignation, le cas échéant, de l'entité mère non résidente, des sociétés intermédiaires et des sociétés étrangères, ainsi que des sociétés qui cessent d'être membres du groupe ou qui cessent d'être qualifiées de sociétés intermédiaires ou de sociétés étrangères. À défaut, le résultat d'ensemble est déterminé à partir du résultat des sociétés mentionnées sur la dernière liste notifiée régulièrement si ces sociétés continuent à remplir les conditions prévues à la présente section.

Chaque société du groupe est tenue solidairement au paiement de l'impôt sur les sociétés et, le cas échéant, des intérêts de retard, majorations et amendes fiscales correspondantes, dont la société mère est redevable, à hauteur de l'impôt et des pénalités qui seraient dus par la société si celle-ci n'était pas membre du groupe.

Nota. Conformément à l'article 19 de l'ordonnance n° 2020-1142 du 16 septembre 2020, ces dispositions entrent en vigueur le 1er janvier 2021.

CGI art. 223 A bis

I. - Par exception à la première phrase du premier alinéa du I de l'article 223 A, lorsqu'un établissement public industriel et commercial soumis à l'impôt sur les sociétés dans les conditions de droit commun établit des comptes consolidés dans les conditions prévues au premier alinéa de l'article L. 233-18 du code de commerce, il peut se constituer seul redevable de l'impôt sur les sociétés dû sur l'ensemble des résultats du groupe formé par lui-même, les établissements publics industriels et commerciaux également soumis à l'impôt sur les sociétés dans les conditions de droit commun qui sont membres de son périmètre de consolidation et les sociétés que lui-même et les établissements publics industriels et commerciaux membres du groupe détiennent dans les conditions prévues à l'article 223 A, lorsqu'il assure pour l'ensemble du groupe le contrôle et le pilotage stratégique et des missions transversales ou mutualisées.

Les autres dispositions du même article 223 A s'appliquent aux établissements industriels et commerciaux et aux sociétés membres d'un groupe au sens du présent article.

II. - L'établissement qui se constitue seul redevable de l'impôt sur les sociétés selon le premier alinéa du I ne peut pas être contrôlé par un autre établissement qui remplit lui-même les conditions exposées au même alinéa.

Lorsqu'un établissement public industriel et commercial se constitue seul redevable de l'impôt sur les sociétés, tous les établissements publics industriels et commerciaux mentionnés audit alinéa sont obligatoirement membres du groupe.

Un établissement public membre du groupe ne peut pas se constituer seul redevable de l'impôt sur les sociétés pour les résultats d'un autre groupe dans les conditions prévues à l'article 223 A.

III. - Les règles prévues aux articles 223 B à 223 U sont applicables aux établissements publics industriels et commerciaux et aux sociétés membres d'un groupe au sens du présent article.

Nota. Aux termes du II de l'article 63 de la loi n° 2014-1665 du 29 décembre 2014, les dispositions de l'article 223 A bis telles qu'elles résultent du B du I du même article 63 s'appliquent aux exercices ouverts à compter du 1er janvier 2015.

CGI art. 223 B

Le résultat d'ensemble est déterminé par la société mère en faisant la somme algébrique des résultats de chacune des sociétés du groupe, déterminés dans les conditions de droit commun ou selon les modalités prévues à l'article 214.

Les produits de participation perçus par une société du groupe d'une société membre du groupe depuis plus d'un exercice et les produits de participation perçus par une société du groupe d'une société soumise à un impôt équivalent à l'impôt sur les sociétés dans un État membre de l'Union européenne ou dans un autre État partie à l'accord sur l'Espace économique européen ayant conclu avec la France une convention d'assistance administrative en vue de lutter contre la fraude et l'évasion fiscales qui, si elle était établie en France, remplirait depuis plus d'un exercice les conditions pour être membre de ce groupe, en application des articles 223 A ou 223 A bis, autres que celle d'être soumise à l'impôt sur les sociétés en France, sont retranchés du résultat d'ensemble à hauteur de 99 % de leur montant s'ils n'ouvrent pas droit à l'application du régime mentionné au 1 de l'article 145. Les produits de participation perçus par une société non membre d'un groupe à raison d'une participation dans une société soumise à un impôt équivalent à l'impôt sur les sociétés dans ces mêmes États sont retranchés du bénéfice net à hauteur de 99 % de leur montant sous réserve que ces sociétés eussent rempli les conditions pour constituer un groupe, en application des articles 223 A ou 223 A bis, si la seconde société était établie en France. La phrase précédente ne s'applique pas lorsque la première société n'est pas membre d'un groupe uniquement du fait de l'absence des options et des accords à formuler en application du I et du premier alinéa du III de l'article 223 A et du I de l'article 223 A bis. Lorsque les titres n'ont pas été conservés pendant un délai de deux ans, leur prix de revient est diminué, pour la détermination de la plus-value ou moins-value de cession, du montant des produits de participation y afférents dont le montant a été retranché du résultat d'ensemble ou du bénéfice net en application du présent alinéa. Lorsque les titres mentionnés à la première phrase du deuxième alinéa du a ter du I de l'article 219 sont conservés pendant au moins deux ans, leur prix de revient est diminué, pour la détermination de la moins-value de cession, du montant des produits de participation y afférents dont le montant a été retranché du résultat d'ensemble ou du bénéfice net en application du présent alinéa, au cours de l'exercice au titre duquel cette moins-value a été constatée et des cinq exercices précédents.

Le résultat d'ensemble est majoré du montant des dotations complémentaires aux provisions constituées par une société après son entrée dans le groupe, à raison des créances qu'elle détient sur d'autres sociétés du groupe, des titres détenus dans d'autres sociétés du groupe et exclus du régime des plus-values ou moins-values à long terme conformément à l'article 219 ou des risques qu'elle encourt du fait de telles sociétés. Il est également majoré du montant des dotations complémentaires aux provisions constituées par une société après son entrée dans le groupe, à raison des créances qu'elle détient sur des sociétés intermédiaires, sur des sociétés étrangères ou sur l'entité mère non résidente, des titres détenus dans de telles sociétés et exclus du régime des plus-values ou moins-values à long terme conformément à l'article 219 ou des risques qu'elle encourt du fait de telles sociétés, à l'exception de la fraction de ces dotations pour laquelle la société mère apporte la preuve qu'elle n'est pas liée, directement ou indirectement, aux déficits et moins-values nettes à long terme de sociétés du groupe retenus pour la détermination du résultat d'ensemble et de la plus-value ou moins-value nette à long terme d'ensemble. En cas de cession d'un élément d'actif entre sociétés du groupe, les dotations aux provisions pour dépréciation de cet élément d'actif effectuées postérieurement à la cession sont rapportées au résultat d'ensemble, à hauteur de l'excédent des plus-values ou profits sur les moins-values ou pertes afférent à ce même élément, qui n'a pas été pris en compte, en application du premier alinéa de l'article 223 F, pour le calcul du résultat ou de la plus ou moins-value nette à long terme d'ensemble du groupe. Lorsqu'en application du deuxième alinéa de l'article 223 F, la société mère comprend dans le résultat d'ensemble le résultat ou la plus ou moins-value non pris en compte lors de sa réalisation, la fraction de la provision qui n'a pas été déduite en application de la deuxième phrase du présent alinéa, ni rapportée en application du quinzième alinéa du 5° du 1 de l'article 39, est retranchée du résultat d'ensemble. Celui-ci est également minoré du montant des provisions rapportées en application du quinzième alinéa du 5° du 1 de l'article 39 qui correspondent aux dotations complémentaires non retenues en application du présent alinéa si les sociétés citées aux première et troisième phrases de cet alinéa ou détenues, directement ou indirectement, par les sociétés intermédiaires, l'entité mère non résidente ou les sociétés étrangères mentionnées à la deuxième phrase du même alinéa sont membres du groupe ou, s'agissant des provisions mentionnées aux première et deuxième phrases, d'un même groupe créé ou élargi dans les conditions prévues aux c, d, e, f, g, h, i ou j du 6 de l'article 223 L au titre de l'exercice au cours duquel ces provisions sont rapportées ;

Le montant de la rémunération prévue à l'article L. 225-45 du code de commerce et des tantièmes déduits du résultat des sociétés filiales du groupe, et de celui de la société mère mentionnée au deuxième alinéa du I de l'article 223 A, du présent code est ajouté au résultat d'ensemble.

L'avantage consenti entre des sociétés du groupe résultant de la livraison de biens autres que ceux composant l'actif immobilisé ou de la prestation de services, pour un prix inférieur à leur valeur réelle mais au moins égal à leur prix de revient, n'est pas pris en compte pour la détermination du bénéfice net mentionné aux 1 et 2 de l'article 38 et ne constitue pas un revenu distribué.

Lorsqu'une société a acheté les titres d'une autre société qui est ou qui devient membre du même groupe ou les titres d'une société intermédiaire ou d'une société étrangère aux personnes qui la contrôlent, directement ou indirectement, ou à des sociétés que ces personnes contrôlent, directement ou indirectement, au sens de l'article L. 233-3 du code de commerce, les charges financières déduites pour la détermination du résultat d'ensemble sont rapportées à ce résultat pour une fraction égale au rapport du prix d'acquisition de ces titres, limité, le cas échéant, à la valeur vénale des titres des sociétés du groupe directement ou indirectement détenues par la société intermédiaire ou par la société étrangère acquise, à la somme du montant moyen des dettes, de chaque exercice, des entreprises membres du groupe. Le prix d'acquisition à retenir est réduit du montant des fonds apportés à la société cessionnaire lors d'une augmentation du capital réalisée simultanément à l'acquisition des titres à condition que ces fonds soient apportés à la société cessionnaire par une personne autre qu'une société membre du groupe ou, s'ils sont apportés par une société du groupe, qu'ils ne proviennent pas de crédits consentis par une personne non membre de ce groupe. La réintégration s'applique pendant l'exercice d'acquisition des titres et les huit exercices suivants.

Le sixième alinéa s'applique même si la société directement ou indirectement rachetée n'est pas ou ne devient pas membre du même groupe que la société cessionnaire, dès lors que la première est absorbée par la seconde ou par une société membre ou devenant membre du même groupe que la société cessionnaire.

Les dispositions du sixième alinéa ne s'appliquent pas :

a. Si la cession est opérée entre sociétés membres du même groupe ;

b. Au titre des exercices au cours desquels la société directement ou indirectement rachetée n'est plus membre du groupe, sous réserve que sa sortie du groupe ne résulte pas d'une fusion avec une autre société du groupe.

c. Si les titres cédés à la société membre du groupe ont été acquis, directement ou par l'intermédiaire de l'acquisition d'une société qui contrôle, directement ou indirectement, la société rachetée au sens de l'article L. 233-3 du code de commerce immédiatement auparavant, auprès de personnes autres que celles mentionnées au sixième alinéa, et en vue de rétrocession.

d. au titre des exercices au cours desquels la société qui détient les titres de la société rachetée n'est plus contrôlée par les personnes visées à la première phrase du sixième alinéa.

Le solde de la fraction des intérêts non déductibles immédiatement, mentionnés au dernier alinéa du présent article dans sa rédaction antérieure à la loi n° 2018-1317 du 28 décembre 2018 de finances pour 2019, non imputé à la clôture du dernier exercice ouvert avant le 1er janvier 2019 est déductible dans les mêmes conditions que les charges financières nettes non admises en déduction mentionnées au 1 du VIII de l'article 223 B bis.

Nota. Conformément aux articles 32, II, A et 34, II de la loi n° 2018-1317 du 28 décembre 2018, ces dispositions s'appliquent aux exercices ouverts à compter du 1er janvier 2019.

CGI art. 223 B bis

I. – Les charges financières nettes supportées par le groupe sont déductibles du résultat d'ensemble, dans la limite du plus élevé des deux montants suivants :

1° Trois millions d'euros ;

2° 30 % du résultat du groupe déterminé dans les conditions du II.

Le montant de trois millions d'euros mentionné au 1° du présent I s'entend par exercice, le cas échéant ramené à douze mois.

II. – Le résultat mentionné au 2° du I est déterminé en corrigeant le résultat d'ensemble soumis à l'impôt sur les sociétés aux taux mentionnés au deuxième alinéa et au b du I de l'article 219 des montants suivants :

1° Les charges financières nettes déterminées conformément au III du présent article ;

2° La somme des amortissements admis en déduction du résultat de chaque société membre du groupe, nette des reprises imposables et des fractions de plus ou moins-values correspondant à des amortissements déduits, à des amortissements expressément exclus des charges déductibles, ou à des amortissements qui ont été différés en contravention aux dispositions de l'article 39 B ;

3° La somme des provisions pour dépréciation admises en déduction du résultat de chaque société membre du groupe, nette des reprises de provision pour dépréciation imposables ;

4° La somme algébrique des gains et pertes constatés par chaque société membre du groupe et soumis aux taux mentionnés au a du I et au IV de l'article 219. Les montants mentionnés aux 2° à 4° du présent II s'entendent de ceux qui, pour la détermination du résultat d'ensemble de l'exercice, ne donnent pas lieu aux retraitements prévus aux articles 223 B et 223 F.

Le résultat fiscal mentionné au premier alinéa du présent II s'entend de celui obtenu avant imputation des déficits et avant application des dispositions du présent article. Il tient compte des déductions pour l'assiette de l'impôt et des abattements déduits pour cette même assiette. En cas d'exercice de l'option mentionnée au V, le résultat mentionné au 2° du I ne tient compte ni du résultat afférent aux contrats mentionnés au 3 du III de l'article 212 bis déterminé dans les conditions du présent II, ni du résultat mentionné au b du 2 du IV du présent article.

III. – Pour l'application du I, les charges financières nettes supportées par le groupe s'entendent de la somme algébrique des charges et produits financiers de l'ensemble des sociétés membres du groupe tels que définis au III de l'article 212 bis.

IV. – 1. Par exception aux I, VI et VII du présent article, sont déductibles, dans les conditions déterminées aux 2 et 3 du présent IV, les charges financières nettes mentionnées au III supportées par le cocontractant d'un pouvoir adjudicateur, d'une entité adjudicatrice ou d'une autorité concédante et afférentes aux biens acquis ou construits par lui dans le cadre des contrats mentionnés aux 1° à 5° du 1 du IV de l'article 212 bis.

Le présent 1 s'applique aux charges financières nettes supportées dans le cadre des contrats mentionnés au premier alinéa signés à compter du 29 décembre 2012 et pour lesquels soit une consultation a été engagée, soit un avis d'appel à la concurrence ou un avis de concession a été envoyé à la publication, soit une procédure d'approbation par décret a été initiée avant la date de promulgation de la loi n° 2018-1317 du 28 décembre 2018 de finances pour 2019.

2. Les charges financières nettes afférentes aux contrats mentionnés au 1 du présent IV sont déductibles dans la limite du plus élevé des deux montants suivants :

a) Trois millions d'euros ;

b) 30 % du résultat afférent à ces contrats et déterminé dans les conditions du II.

3. Les charges financières nettes non admises en déduction au titre d'un exercice, en application du 2 du présent IV, sont déductibles, au titre de cet exercice, à hauteur de 75 % de leur montant.

V. – Les charges financières nettes mentionnées au 1 du IV sont celles afférentes à des emprunts utilisés exclusivement pour financer des projets d'infrastructures publiques à long terme lorsque l'opérateur du projet, les charges financières, les actifs et les revenus se situent tous dans l'Union européenne.

Le 3 du III de l'article 212 bis et le IV du présent article s'appliquent sur option de la société mère du groupe mentionné au I. Cette option doit être notifiée au plus tard à la date limite de dépôt de la déclaration de résultat du premier exercice au titre duquel elle est demandée. Elle est irrévocable et formulée pour une période de dix années et est renouvelable au terme de cette période.

VI. – Le résultat d'ensemble du groupe est en outre minoré de 75 % du montant des charges financières nettes non admises en déduction en application du I lorsque le ratio entre les fonds propres et l'ensemble des actifs déterminé au niveau du groupe est égal ou supérieur à ce même ratio déterminé au niveau du groupe consolidé auquel les sociétés membres du groupe appartiennent.

Pour l'application du premier alinéa du présent VI :

1° Les charges financières nettes s'entendent de celles déterminées conformément au III avant application du VIII ;

2° Le groupe consolidé s'entend de l'ensemble des entreprises françaises et étrangères dont les comptes sont consolidés par intégration globale pour l'établissement des comptes consolidés au sens de l'article L. 233-18 du code de commerce ou au sens des normes comptables internationales mentionnées à l'article L. 233-24 du même code ;

3° Le ratio entre les fonds propres et l'ensemble des actifs déterminé au niveau du groupe est considéré comme égal au ratio équivalent du groupe consolidé auquel les sociétés membres du groupe appartiennent, si le premier ratio est inférieur au second ratio de deux points de pourcentage au maximum ;

4° Les fonds propres et l'ensemble des actifs déterminés au niveau du groupe et du groupe consolidé sont évalués selon la même méthode que celle utilisée dans les comptes consolidés mentionnés au 2° du présent VI.

VII. – 1. Par exception au I, lorsque le montant moyen des sommes laissées ou mises à disposition d'entreprises membres du groupe par l'ensemble des entreprises non membres du groupe liées directement ou indirectement au sens du 12 de l'article 39, au cours d'un exercice, excède, au titre de cet exercice, une fois et demie le montant des fonds propres déterminés au niveau du groupe conformément au 4° du VI du présent article, apprécié au choix de l'entreprise à l'ouverture ou à la clôture de l'exercice, les charges financières nettes déterminées conformément au III sont déductibles :

a) Pour une fraction de leur montant, dans la limite du plus élevé des deux montants prévus au I retenue à hauteur de ce montant multiplié par la même fraction. Cette fraction est égale au rapport existant entre, au numérateur, le montant moyen des sommes laissées ou mises à disposition des entreprises membres du groupe au cours de l'exercice par des entreprises non membres du groupe qui ne sont pas liées directement ou indirectement au sens du 12 de l'article 39 ajouté à une fois et demie le montant des fonds propres mentionnés au premier alinéa du présent 1 et, au dénominateur, le montant moyen de la totalité des sommes laissées ou mises à disposition des entreprises membres du groupe, au cours de l'exercice, par des entreprises non membres du groupe ;

b) Pour leur solde, dans la limite du plus élevé des deux montants, entre un million d'euros et 10 % du résultat déterminé dans les conditions du II, retenue à hauteur de ce montant multiplié par le rapport existant entre, au numérateur, le montant des sommes laissées ou mises à disposition des entreprises membres du groupe par des entreprises non membres du groupe liées directement ou indirectement au sens du 12 de l'article 39 excédant une fois et demie le montant des fonds propres mentionnés au premier alinéa du présent 1 et, au dénominateur, le montant moyen de la totalité des sommes laissées ou mises à disposition des entreprises membres du groupe, au cours de l'exercice, par des entreprises non membres du groupe.

Le montant d'un million d'euros mentionné au b s'entend par exercice, le cas échéant ramené à douze mois.

Les charges financières nettes non admises en déduction en application du même b au titre d'un exercice peuvent être déduites au titre des exercices suivants conformément au 1 du VIII à hauteur d'un tiers de leur montant.

Lorsque le groupe remplit les conditions prévues au premier alinéa du présent 1, il ne peut bénéficier du VI.

2. Pour l'application du 1 du présent VII, sont considérées comme des sommes laissées ou mises à disposition des entreprises membres du groupe par des entreprises non membres du groupe qui ne sont pas liées directement ou indirectement au sens du 12 de l'article 39, les sommes afférentes :

a) A des opérations de financement réalisées dans le cadre d'une convention de gestion centralisée de la trésorerie d'entreprises liées au sens du même 12 par l'une d'elles chargée de cette gestion centralisée au profit de laquelle les sommes sont mises à disposition ;

b) A l'acquisition de biens donnés en location dans les conditions prévues aux 1 et 2 de l'article L. 313-7 du code monétaire et financier.

Sont également considérées comme des sommes laissées ou mises à disposition de l'entreprise par des entreprises qui ne lui sont pas liées directement ou indirectement au sens du 12 de l'article 39 du présent code les sommes laissées ou mises à disposition des établissements de crédit ou des sociétés de financement mentionnés à l'article L. 511-1 du code monétaire et financier.

3. Le 1 du présent VII ne s'applique pas si le groupe apporte la preuve que le ratio d'endettement du groupe consolidé auquel les sociétés membres du groupe appartiennent est supérieur ou égal au ratio d'endettement déterminé au niveau du groupe au titre de l'exercice mentionné au même 1.

Pour l'application du premier alinéa du présent 3 :

a) Le groupe consolidé s'entend de celui défini au 2° du VI ;

b) Le ratio d'endettement déterminé au niveau du groupe correspond au rapport existant entre le montant total des dettes du groupe et le montant des fonds propres du groupe. Le ratio d'endettement du groupe consolidé est déterminé en tenant compte des dettes, à l'exception de celles envers des entreprises appartenant au groupe consolidé ;

c) Le ratio d'endettement déterminé au niveau du groupe est considéré comme égal au ratio d'endettement du groupe consolidé auquel les sociétés membres du groupe appartiennent, si le premier ratio est supérieur au second ratio de deux points de pourcentage au maximum ;

d) Les dettes et les fonds propres déterminés au niveau du groupe et du groupe consolidé sont évalués selon la même méthode que celle utilisée dans les comptes consolidés mentionnés au même 2°.

VIII. – 1. Les charges financières nettes non déduites en application des I et VI ainsi que du a du 1 du VII et celles reportables au titre de l'avant-dernier alinéa du même 1 au titre des exercices antérieurs peuvent être déduites à hauteur d'un montant égal à la différence positive entre la limite mentionnée au I appliquée au titre de l'exercice ou, lorsque la condition mentionnée au premier alinéa du 1 du VII est remplie, la limite mentionnée au a du même 1 appliquée au titre de l'exercice et les charges financières nettes de l'exercice minorées, le cas échéant, de celles soumises au plafonnement du b dudit 1 des sociétés du groupe. Les charges financières nettes non déduites après application du présent 1 peuvent être déduites dans les mêmes conditions au titre des exercices suivants.

2. La capacité de déduction inemployée, entendue comme la différence positive entre la limite mentionnée au I appliquée au titre de l'exercice et les charges financières nettes admises en déduction au titre de l'exercice en application des I et VI ainsi que du 1 du présent VIII, peut être utilisée au titre des cinq exercices suivants pour déduire du résultat d'ensemble le montant de charges financières nettes non admises en déduction après application des I et VI. Cette capacité de déduction inemployée ne peut être utilisée pour déduire des charges financières en report conformément au 1 du présent VIII.

IX. – Un décret fixe les obligations déclaratives de la société mère du groupe mentionné au I.

Nota. Modification effectuée en conséquence de l'article 84-I F 5° de la loi n° 2017-1837 du 30 décembre 2017.

CGI art. 223 C

Le bénéfice d'ensemble est imposé selon les modalités prévues au deuxième alinéa du paragraphe I de l'article 219. Le résultat net d'ensemble bénéficiaire obtenu en application de l'article 223 H, lorsque l'option pour le régime prévu à l'article 238 est exercée, est soustrait du bénéfice d'ensemble pour être imposé séparément selon les modalités prévues au deuxième alinéa du a du I de l'article 219. Toutefois, ce résultat net n'est pas imposable lorsqu'il est utilisé pour compenser le déficit d'ensemble de l'exercice.

Le déficit ainsi imputé ne peut plus être reporté sur les bénéfices des exercices ultérieurs. Le déficit d'ensemble est reporté dans les conditions prévues au troisième alinéa du I de l'article 209.

Nota. Conformément au II de l'article 50 de la loi n° 2019-1479 du 28 décembre 2019, ces dispositions s'appliquent aux exercices clos à compter du 31 décembre 2019.

CGI art. 223 D

La plus-value nette ou la moins-value nette à long terme d'ensemble est déterminée par la société mère en faisant la somme algébrique des plus-values ou des moins-values nettes à long terme de chacune des sociétés du groupe, déterminées et imposables selon les modalités prévues aux articles 39 duodecies à 39 quindecies.

Les dispositions de l'article 39 quindecies sont applicables à la plus-value et à la moins-value nette à long terme d'ensemble.

La plus-value nette à long terme d'ensemble fait l'objet d'une imposition séparée dans les conditions prévues au a bis du I de l'article 219.

Le montant net d'impôt de la plus-value nette à long terme d'ensemble doit être porté, au bilan de la société mère, à la réserve spéciale prévue à l'article 209 quater.

L'inscription à cette réserve spéciale cesse pour les plus-values imposées au titre des exercices ouverts à compter du 1er janvier 2004.

Le montant des dotations complémentaires aux provisions constituées par une société après son entrée dans le groupe à raison des participations détenues dans d'autres sociétés du groupe est ajouté à la plus-value nette à long terme d'ensemble ou déduit de la moins-value nette à long terme d'ensemble. Le montant des dotations complémentaires aux provisions constituées par une société après son entrée dans le groupe à raison des participations détenues dans des sociétés intermédiaires, dans des sociétés étrangères ou dans une entité mère non résidente, à l'exception de la fraction de ces dotations pour laquelle la société mère apporte la preuve qu'elle n'est pas liée, directement ou indirectement, aux déficits et moins-values nettes à long terme de sociétés du groupe retenus pour la détermination du résultat d'ensemble et de la plus-value ou moins-value nette à long terme d'ensemble, est ajouté à la plus-value nette à long terme d'ensemble ou déduit de la moins-value nette à long terme d'ensemble. En cas de cession entre sociétés du groupe de titres éligibles au régime des plus ou moins-values à long terme, les dotations aux provisions pour dépréciation de ces titres effectuées postérieurement à la cession sont également ajoutées à la plus-value nette à long terme d'ensemble ou retranchées de la moins-value nette à long terme d'ensemble, à hauteur de l'excédent des plus-values ou profits sur les moins-values ou pertes afférent à ces mêmes titres, qui n'a pas été pris en compte, en application du premier alinéa de l'article 223 F, pour le calcul du résultat ou de la plus ou moins-value nette à long terme d'ensemble. Lorsque, en application du troisième alinéa de l'article 223 F, la société mère comprend dans la plus ou moins-value nette à long terme d'ensemble la plus ou moins-value non prise en compte lors de sa réalisation, la fraction de la provision qui n'a pas été retenue en application de la deuxième phrase du présent alinéa, ni rapportée en application du seizième alinéa du 5° du 1 de l'article 39, est, selon le cas, retranchée de la plus-value nette à long terme d'ensemble ou ajoutée à la moins-value nette à long terme d'ensemble. Le montant des provisions rapportées en application de la première phrase du seizième alinéa du 5° du 1 de l'article 39 qui correspondent aux dotations complémentaires non retenues en application du présent alinéa est déduit de la plus-value nette à long terme d'ensemble ou ajouté à la moins-value nette à long terme d'ensemble si les sociétés citées aux première et troisième phrases de cet alinéa ou détenues, directement ou indirectement, par les sociétés intermédiaires, par les sociétés étrangères ou par l'entité mère non résidente mentionnées à la deuxième phrase du même alinéa sont membres du groupe ou, s'agissant des provisions mentionnées aux première et deuxième phrases, d'un même groupe créé ou élargi dans les conditions prévues aux c, d, e, f, g, h, i ou j du 6 de l'article 223 L au titre de l'exercice au cours duquel les provisions sont rapportées.

Nota. Conformément au II de l'article 71 de la loi n° 2014-1655 du 29 décembre 2014 de finances rectificative pour 2014, ces dispositions s'appliquent aux exercices clos à compter du 31 décembre 2014.

CGI art. 223 E

Les déficits retenus pour la détermination du résultat d'ensemble ne sont pas déductibles des résultats de la société qui les a subis. Il en est de même des moins-values nettes à long terme retenues pour le calcul de la plus-value ou de la moins-value nette à long terme d'ensemble.

Lorsque, consécutivement à un transfert de propriété de titres effectué dans les dix-huit mois de l'ouverture d'une procédure de sauvegarde ou de redressement judiciaire ou à la suite de l'ouverture d'une procédure de liquidation judiciaire concernant une ou plusieurs sociétés membres d'un groupe, le capital d'une ou plusieurs sociétés filiales membres du groupe vient à ne plus être détenu à hauteur de 95 % au moins par la société mère du groupe dans les conditions prévues par les premier, quatrième ou cinquième alinéas du I (1) de l'article 223 A, chacune desdites filiales conserve, nonobstant les dispositions du premier alinéa du présent article, le droit d'imputer sur son bénéfice ou ses plus-values nettes à long terme, selon les modalités prévues au troisième alinéa du I de l'article 209 ou à l'article 39 quindecies, une fraction du déficit d'ensemble ou de la moins-value nette à long terme d'ensemble du groupe, entendus comme le déficit d'ensemble ou la moins-value nette à long terme d'ensemble du groupe encore reportables à la clôture de l'exercice du groupe précédant celui au cours duquel intervient le transfert de propriété susvisé, égale aux déficits ou moins-values nettes à long terme subies par la filiale concernée. Le montant du déficit d'ensemble ou de la moins-value nette à long terme d'ensemble imputable au niveau de la société mère du groupe est réduit à due concurrence du montant imputable au niveau des filiales susvisées en application du présent alinéa. Le présent alinéa ne s'applique pas à la fraction du déficit d'ensemble susceptible d'être imputée dans les conditions prévues à l'article 223 G.

Nota. Conformément au II de l'article 71 de la loi n° 2014-1655 du 29 décembre 2014 de finances rectificative pour 2014, ces dispositions s'appliquent aux exercices clos à compter du 31 décembre 2014.

CGI art. 223 F

La fraction de la plus-value ou de la moins-value afférente à la cession entre sociétés du groupe d'un élément d'actif immobilisé, acquise depuis sa date d'inscription au bilan de la société du groupe qui a effectué la première cession, n'est pas retenue pour le calcul du résultat ou de la plus-value ou de la moins-value nette à long terme d'ensemble au titre de l'exercice de cette cession. Cette disposition est également applicable à la fraction, calculée dans les conditions prévues à la phrase précédente, du résultat afférent à la cession entre sociétés du groupe de titres du portefeuille exclus du régime des plus-values ou moins-values à long terme conformément à l'article 219 et au transfert de titres visé au cinquième ou au sixième alinéa du a ter du I de l'article 219 et retenu dans le résultat imposable de la société cédante lors de la cession de ces titres à une autre société du groupe, ainsi qu'à la fraction, calculée dans les mêmes conditions, du résultat ou de la plus-value ou de la moins-value nette à long terme d'ensemble afférent à la cession par une société du groupe à une société intermédiaire, à une société étrangère ou à l'entité mère non résidente de titres d'une autre société du groupe (1). Une somme égale au montant des suppléments d'amortissements pratiqués par la société cessionnaire d'un bien amortissable est réintégrée au résultat d'ensemble au titre de chaque exercice ; il en est de même de l'amortissement différé en contravention aux dispositions de l'article 39 B, lors de la cession du bien. Le régime défini par ces dispositions n'est pas applicable aux apports placés sous le régime de l'article 210 A.

La quote-part de frais et charges prévue au deuxième alinéa du a quinquies du I de l'article 219 afférente à la plus-value non retenue pour le calcul de la plus-value ou de la moins-value nette à long terme d'ensemble en application du premier alinéa n'est pas prise en compte pour la détermination du résultat d'ensemble au titre de l'exercice de cession des titres.

Lors de la cession hors du groupe du bien ou de la sortie du groupe d'une société qui l'a cédé ou de celle qui en est propriétaire, la société mère doit comprendre dans le résultat ou plus-value ou moins-value nette à long terme d'ensemble, le résultat ou la plus-value ou la moins-value qui n'a pas été retenu lors de sa réalisation. Il en est de même lors de la sortie du groupe d'une société dont les titres ont fait l'objet d'une cession à une société intermédiaire, à une société étrangère ou à l'entité mère non résidente ou, à concurrence du résultat ou de la plus-value ou de la moins-value afférent aux titres cédés, lors de la cession par une société intermédiaire, par une société étrangère ou par l'entité mère non résidente à une société autre qu'une société du groupe, une société intermédiaire, une société étrangère ou l'entité mère non résidente de titres, ayant préalablement fait l'objet d'une cession à une société intermédiaire, à une société étrangère ou à l'entité mère non résidente, d'une société qui demeure dans le groupe (1). Cette règle s'applique également en cas d'apport d'une immobilisation amortissable entre sociétés du groupe, lorsque cet apport bénéficie des dispositions de l'article 210 A.

La quote-part de frais et charges prévue au deuxième alinéa du a quinquies du I de l'article 219 s'applique au montant brut des plus-values de cession compris dans la plus-value ou la moins-value nette à long terme d'ensemble en application du troisième alinéa.

Les dispositions de cet article ne sont pas applicables aux biens mentionnés au 4 de l'article 39.

Nota. Conformément au II de l'article 71 de la loi n° 2014-1655 du 29 décembre 2014 de finances rectificative pour 2014, ces dispositions s'appliquent aux exercices clos à compter du 31 décembre 2014.

CGI art. 223 G

1. Lorsque la société mère opte pour le régime prévu au paragraphe I de l'article 220 quinquies :

a) Le déficit d'ensemble déclaré au titre d'un exercice est imputé sur le bénéfice d'ensemble ou, le cas échéant, sur le bénéfice que la société mère a déclaré au titre de l'exercice précédant l'application du régime défini à la présente section, dans les conditions prévues à l'article 220 quinquies ;

b) (Sans objet).

2. Une société filiale du groupe ne peut pas exercer l'option prévue au paragraphe I de l'article 220 quinquies.

3. Par exception aux dispositions de l'article 220 quinquies, les créances constatées par une société filiale du groupe au titre d'exercices précédant celui à compter duquel son résultat a été pris en compte pour la détermination du résultat d'ensemble peuvent être cédées à la société mère à leur valeur nominale. Dans ce cas, la société mère peut utiliser ces créances pour le paiement de l'impôt sur les sociétés dû à raison du résultat d'ensemble à hauteur du montant de l'impôt sur les sociétés auquel aurait été soumise la société filiale si elle avait été imposée distinctement.

CGI art. 223 I

1. a) Les déficits subis par une société du groupe au titre d'exercices antérieurs à son entrée dans le groupe ne sont imputables que sur son bénéfice, dans les limites et conditions prévues au troisième alinéa du I de l'article 209 ;

b) La quote-part de déficits qui correspond aux suppléments d'amortissements résultant de la réévaluation de ses immobilisations par une société du groupe, est rapportée au résultat d'ensemble, si cette réévaluation est réalisée dans les écritures d'un exercice clos entre le 31 décembre 1986 et la date d'ouverture d'un exercice au cours duquel la société est devenue membre du groupe ;

c) Les charges financières nettes non déduites mentionnées au 1 du VIII des articles 212 bis et 223 B bis et la capacité de déduction inemployée mentionnée au 2 des mêmes VIII qu'une société n'a pas utilisées au titre des exercices antérieurs à son entrée dans le groupe ne peuvent pas être utilisées à compter de son entrée dans le groupe. Ces montants sont de nouveau utilisables dans les conditions prévues au VIII de l'article 212 bis après sa sortie du groupe. Pour l'application du présent c, le délai mentionné au 2 du VIII de l'article 212 bis est suspendu à compter de l'entrée de la société dans le groupe jusqu'à sa sortie du groupe.

2. Les moins-values nettes à long terme constatées par une société du groupe au titre d'exercices antérieurs à son entrée dans le groupe ne peuvent être imputées que sur ses plus-values nettes à long terme, dans les conditions prévues à l'article 39 quindecies.

3. Si une société du groupe cède ou apporte un bien réévalué au cours de la période définie au b du 1, le déficit ou la moins-value nette à long terme subis par cette société au titre de l'exercice de cession sont rapportés au résultat ou à la plus-value ou moins-value nette à long terme d'ensemble de cet exercice à hauteur du montant de la plus-value de réévaluation afférente à ce bien, diminué des sommes réintégrées selon les modalités prévues au même b du 1.

Si le bien mentionné au premier alinéa est cédé ou apporté à une autre société du groupe, le montant de la plus-value de réévaluation défini au même alinéa est réintégré au résultat d'ensemble de l'exercice de cession ou d'apport.

4. Pour l'application du présent article, le bénéfice ou la plus-value nette à long terme de la société est diminué, le cas échéant, du montant des profits ou des plus-values à long terme qui résultent des abandons de créances ou des subventions directes ou indirectes qui lui sont consentis lorsqu'ils sont déductibles pour le calcul du bénéfice net de la société qui les consent, des cessions visées à l'article 223 F ainsi que d'une réévaluation libre des éléments d'actif de cette société et augmenté du montant des pertes ou des moins-values à long terme qui résultent des cessions visées à l'article 223 F ; ils sont également diminués du montant des plus-values de cession d'immobilisations non amortissables qui ont fait l'objet d'un apport ayant bénéficié des dispositions de l'article 210 A ainsi que des plus-values réintégrées en application du d du 3 du même article. De même, le déficit ou la moins-value nette à long terme de la société, mentionné au b du 1 et au 3, est augmenté de ces profits ou plus-values. Pour l'application de la limite prévue au troisième alinéa du I de l'article 209, le bénéfice imposable s'entend du bénéfice de la société déterminé selon les modalités prévues au présent 4.

5. Dans les situations visées aux c, d, e, f, i ou j du 6 de l'article 223 L, et sous réserve, le cas échéant, de l'obtention de l'agrément prévu au 6, la fraction du déficit qui n'a pu être reportée au titre d'un exercice dans les conditions prévues à l'article 223 S peut, dans la mesure où ce déficit correspond à celui de la société mère absorbée ou à celui des sociétés membres du groupe ayant cessé et qui font partie du nouveau groupe ou à celui des sociétés membres du groupe ayant cessé qui ont été absorbées par les sociétés précitées ou scindées au profit de celles-ci antérieurement à la cessation de ce groupe sous le régime prévu à l'article 210 A, s'imputer sur les résultats, déterminés selon les modalités prévues au 4 et par dérogation au a du 1, des sociétés mentionnées ci-dessus. Cette fraction de déficit s'impute dans les limites et conditions prévues au troisième alinéa du I de l'article 209.

La fraction du déficit transférée en application du 7 peut, dans la mesure où cette fraction correspond au déficit des sociétés apportées qui font partie du nouveau groupe et au déficit des sociétés qui ont été absorbées par ces sociétés apportées ou scindées au profit de ces dernières sous le régime prévu à l'article 210 A, s'imputer sur les résultats, déterminés selon les modalités prévues au 4 et par dérogation au a du 1, des sociétés mentionnées ci-dessus qui font partie du nouveau groupe.

6. Dans les situations visées aux c ou e du 6 de l'article 223 L, les déficits de la société absorbée ou scindée, déterminés dans les conditions prévues à l'article 223 S, les charges financières nettes non déduites mentionnées au 1 du VIII de l'article 223 B bis et la capacité de déduction inemployée mentionnée au 2 du même VIII sont transférés au profit de la ou des sociétés bénéficiaires des apports sous réserve d'un agrément délivré dans les conditions prévues à l'article 1649 nonies.

L'agrément est délivré lorsque :

a. L'opération est placée sous le régime prévu à l'article 210 A ;

b. Elle est justifiée du point de vue économique et obéit à des motivations principales autres que fiscales ;

c) Les déficits, les charges financières nettes non déduites et la capacité de déduction inemployée mentionnés au premier alinéa proviennent de la société absorbée ou scindée, ou des sociétés membres du groupe auquel il a été mis fin qui font partie du nouveau groupe et pour lesquelles le bénéfice des dispositions prévues au 5 est demandé, ou des sociétés membres du groupe auquel il a été mis fin et qui ont été absorbées par des sociétés membres de ce groupe ou scindées au profit de celles-ci, sous le régime prévu au même article 210 A, antérieurement à l'entrée dans le nouveau groupe de ces sociétés et pour lesquelles le bénéfice des dispositions prévues au 5 du présent article est demandé, sous réserve du respect, par ces sociétés absorbées ou scindées ou qui font partie du nouveau groupe, des conditions mentionnées aux b, c et d du 1 du II de l'article 209.

Les déficits ainsi que les charges financières nettes non déduites et la capacité de déduction inemployée sont utilisables sur les bénéfices ultérieurs dans les conditions prévues respectivement au troisième alinéa du I de l'article 209 et au VIII de l'article 223 B bis.

L'agrément n'est pas requis lorsque les conditions prévues au 2 du II de l'article 209 sont remplies et que les déficits, les charges financières nettes non déduites et la capacité de déduction inemployée mentionnés au premier alinéa du présent c proviennent de la société absorbée ou des sociétés membres du groupe auquel il a été mis fin, qui font partie du nouveau groupe et pour lesquelles le bénéfice des dispositions prévues au 5 est demandé, ou des sociétés membres du groupe auquel il a été mis fin et qui ont été absorbées par des sociétés membres de ce groupe ou scindées au profit de celles-ci, sous le régime prévu à l'article 210 A, antérieurement à l'entrée dans le nouveau groupe de ces sociétés et pour lesquelles le bénéfice des dispositions prévues au 5 du présent article est demandé.

7. Dans la situation visée au g du 6 de l'article 223 L, une fraction du déficit d'ensemble du groupe auquel appartenaient les sociétés apportées peut être transférée à la personne morale bénéficiaire de l'apport sous réserve d'un agrément délivré dans les conditions prévues à l'article 1649 nonies.

L'agrément est délivré lorsque :

a) L'opération est placée sous le régime combiné de l'article 210 B et du 2 de l'article 115 ou, en cas d'apport par une entité mère non résidente, l'opération répond aux conditions prévues à l'article 210 B et au 2 de l'article 115 ;

b) Ces opérations sont justifiées du point de vue économique et répondent à des motivations principales autres que fiscales ;

c) La fraction du déficit d'ensemble mentionnée au premier alinéa provient des sociétés apportées qui sont membres du groupe formé par la personne morale précitée et pour lesquelles le bénéfice des dispositions prévues au deuxième alinéa du 5 est demandé ainsi que des sociétés membres du groupe auquel appartenaient les sociétés apportées et qui ont été absorbées par les sociétés apportées ou scindées au profit de celles-ci sous le régime prévu à l'article 210 A, et pour lesquelles le bénéfice des dispositions prévues au 5 du présent article est demandé, sous réserve du respect, par ces sociétés, des conditions mentionnées aux b, c et d du 1 du II de l'article 209.

Les déficits transférés sont imputables sur les bénéfices ultérieurs dans les conditions prévues au troisième alinéa du I de l'article 209.

Nota. Conformément au II de l'article 53 de la loi n° 2019-1479 du 28 décembre 2019, ces dispositions s'appliquent aux opérations réalisées à compter du 1er janvier 2020.

CGI art. 223 K

Si une société filiale sort du groupe, le déficit déclaré par elle au titre d'un exercice postérieur à sa sortie du groupe ne constitue pas, pour l'application des dispositions de l'article 220 quinquies, une charge déductible du bénéfice antérieur pris en compte pour la détermination du résultat d'ensemble.

CGI art. 223 L

1. (sans objet).

2. Les sociétés du groupe ne peuvent pas bénéficier du crédit d'impôt mentionné aux articles 220 quater et 220 quater A.

3. Les déductions effectuées par des sociétés du groupe au titre des dispositions du 2 de l'article 39 quinquies A et du II de l'article 217 undecies à raison des sommes versées pour la souscription au capital d'autres sociétés du même groupe sont réintégrées au résultat d'ensemble.

4. (Abrogé)

5. Pour le calcul de la participation et de la réserve spéciale de participation prévues par les articles L. 3321-1 à L. 3326-2 du code du travail, chaque société du groupe retient le bénéfice imposable de l'exercice et l'impôt sur les sociétés déterminés comme si elle était imposée séparément.

6. a) (Abrogé).

b) (Périmé).

c) Lorsqu'une société soumise à l'impôt sur les sociétés absorbe une société mère définie aux premier, deuxième, quatrième ou cinquième alinéas du I de l'article 223 A et remplit, avant ou du fait de cette fusion, les conditions prévues à l'un de ces alinéas, elle peut se constituer, depuis l'ouverture de l'exercice de la fusion, seule redevable des impôts mentionnés à l'un de ces alinéas dus par le groupe qu'elle forme avec les sociétés membres de celui qui avait été constitué par la société absorbée si, au plus tard à l'expiration du délai prévu au deuxième alinéa du III de l'article 223 A décompté de la date de la réalisation de la fusion, elle exerce l'une des options mentionnées aux premier, deuxième, quatrième ou cinquième alinéas du I de l'article 223 A et accompagne celle-ci d'un document sur l'identité des sociétés membres de ce dernier groupe qui entrent dans le nouveau groupe. Cette disposition s'applique aux fusions qui prennent effet au premier jour de l'exercice de la société absorbée au cours de l'opération.

La durée du premier exercice des sociétés du groupe issu de la fusion peut être inférieure ou supérieure à douze mois, sans préjudice de l'application des dispositions de l'article 37. L'option mentionnée au premier alinéa comporte l'indication de la durée de cet exercice.

La société absorbante procède, au titre de l'exercice de réalisation de la fusion, aux réintégrations prévues aux articles 223 F et 223 R du fait de la sortie de la société absorbée et des sociétés membres du groupe que cette dernière avait formé ; ces sommes sont déterminées à la clôture de l'exercice précédent après imputation, le cas échéant, du déficit d'ensemble ou de la moins-value nette à long terme d'ensemble qui étaient encore reportables à la date d'effet de la fusion.

Dans la situation visée au premier alinéa, par exception aux dispositions de la première phrase du 1 de l'article 223 N, la société mère acquitte les acomptes d'impôt sur les sociétés dus par les sociétés membres du groupe au titre de l'année ou de l'exercice d'entrée dans le groupe.

Les quatre premiers alinéas du présent c s'appliquent :

1° Lorsqu'une société soumise à l'impôt sur les sociétés absorbe une entité mère non résidente ou une société étrangère, sous réserve que la société absorbante remplisse, avant ou du fait de cette fusion, les conditions prévues aux premier ou deuxième alinéas du I de l'article 223 A pour être société mère et forme un groupe depuis l'ouverture de l'exercice de la fusion, dans les conditions prévues aux mêmes premier ou deuxième alinéas, avec les sociétés membres du premier groupe ;

2° Lorsqu'une entité mère non résidente est absorbée par une autre société ou un autre établissement stable remplissant les conditions définies au deuxième alinéa du I de l'article 223 A, sous réserve qu'un nouveau groupe soit formé par une société qui remplit, avant ou du fait de la fusion, les conditions prévues aux premier ou deuxième alinéas du même I pour être société mère et forme un groupe depuis l'ouverture de l'exercice de la fusion, dans les conditions prévues aux mêmes premier ou deuxième alinéas, avec les sociétés membres du premier groupe. Dans ce cas, les réintégrations mentionnées au troisième alinéa du présent c sont effectuées par la société mère du nouveau groupe.

d. Si, au cours d'un exercice, le capital d'une société mère définie aux premier, deuxième, quatrième ou cinquième alinéas du I de l'article 223 A vient à être détenu, directement ou indirectement par l'intermédiaire de sociétés soumises à l'impôt sur les sociétés dans les conditions de droit commun ou selon les modalités prévues à l'article 214, à 95 % au moins par une autre personne morale passible de l'impôt sur les sociétés, ce capital est réputé avoir été détenu selon les modalités prévues à la quatrième phrase du troisième alinéa du I de l'article 223 A si le pourcentage de 95 % n'est plus atteint à la clôture de l'exercice à la condition que les sociétés concernées indiquent à l'administration les modalités de l'opération et ses justifications juridiques, économiques ou sociales.

Si ce pourcentage est encore atteint à cette date, la société mère demeure seule redevable de l'impôt dû sur le résultat d'ensemble du groupe afférent à cet exercice, selon les modalités prévues aux articles 223 A à 223 U, par exception aux dispositions de la présente section.

Dans cette situation, si la personne morale mentionnée au premier alinéa remplit les conditions mentionnées aux premier, deuxième, quatrième et cinquième alinéas du I de l'article 223 A et souhaite constituer un groupe avec les sociétés qui composaient celui qui avait été formé par la société mère visée au même alinéa, ou faire entrer celles-ci dans le groupe dont elle est déjà membre, l'option prévue aux premier, deuxième, quatrième ou cinquième alinéas du I de l'article 223 A est exercée au plus tard à l'expiration du délai prévu au deuxième alinéa du III du même article, décompté de la date de clôture de l'exercice considéré. Cette option est accompagnée du document mentionné au premier alinéa du c.

La durée du premier exercice des sociétés du groupe ainsi formé peut être inférieure ou supérieure à douze mois, sans préjudice de l'application des dispositions de l'article 37. L'option mentionnée au troisième alinéa ci-dessus comporte l'indication de la durée de cet exercice.

La société mère visée au premier alinéa ajoute au résultat d'ensemble de l'exercice qui y est également mentionné les sommes dont la réintégration est prévue aux articles 223 F et 223 R du fait de la sortie du groupe de toutes les sociétés qui le composaient.

Les cinq premiers alinéas du présent d s'appliquent :

1° Lorsque le capital d'une entité mère non résidente ou d'une société étrangère vient à être détenu dans les conditions prévues au premier alinéa du présent d par une autre personne morale passible de l'impôt sur les sociétés. Si le pourcentage de détention de 95 % est encore atteint à la date de clôture de l'exercice, cette personne morale peut constituer un groupe en application des premier ou deuxième alinéas du I de l'article 223 A avec les sociétés qui étaient membres du premier groupe ou faire entrer celles-ci dans le groupe dont elle est déjà membre, dans les conditions définies aux troisième à cinquième alinéas du présent d ;

2° Lorsque le capital d'une entité mère non résidente vient à être détenu à 95 % au moins par une autre société ou un autre établissement stable remplissant les conditions définies au deuxième alinéa du I de l'article 223 A. Si le pourcentage de détention de 95 % est encore atteint à la date de clôture de l'exercice, une société qui remplit les conditions prévues aux premier ou deuxième alinéas du même I pour être société mère peut constituer un nouveau groupe, dans les conditions prévues aux mêmes premier ou deuxième alinéas, avec les sociétés membres du premier groupe ou faire entrer celles-ci dans le groupe dont elle est déjà membre, dans les conditions définies aux troisième à cinquième alinéas du présent d.

e. Les dispositions des quatre premiers alinéas du c sont applicables lorsque la société mère d'un groupe mentionnée aux premier, deuxième, quatrième ou cinquième alinéas du I de l'article 223 A fait l'objet d'une scission dans les conditions prévues à l'article 210 B. Chaque société bénéficiaire des apports procède aux réintégrations mentionnées au troisième alinéa du c, d'une part, à raison des sommes affectées à la branche qu'elle a reçue et, d'autre part, à raison d'une fraction des sommes qui ne peuvent être affectées aux branches apportées ; cette fraction est égale au rapport existant entre la valeur de l'actif net qu'elle a reçu et la valeur totale de l'actif net de la société scindée, telles que ces valeurs apparaissent dans le traité de scission.

Pour l'application des dispositions du présent e, la société absorbante et la société absorbée visées au c s'entendent respectivement de chacune des sociétés bénéficiaires des apports et de la société scindée.

Lorsque l'entité mère non résidente fait l'objet d'une scission dans les conditions prévues au 1 du même article 210 B, les 1° et 2° du c du présent article s'appliquent, respectivement, lorsque la société bénéficiaire des apports est une personne morale passible de l'impôt sur les sociétés ou est une autre société ou un autre établissement stable remplissant les conditions définies au deuxième alinéa du I de l'article 223 A.

f) Dans la situation mentionnée au troisième alinéa de l'article 223 S, le premier groupe est considéré comme cessant d'exister à la date de clôture de l'exercice qui précède le premier exercice du nouveau groupe.

La durée du premier exercice des sociétés du nouveau groupe ainsi formé peut être inférieure ou supérieure à douze mois, sans préjudice de l'application de l'article 37. L'option mentionnée au troisième alinéa de l'article 223 S comporte l'indication de la durée de cet exercice.

La société mère du premier groupe ajoute au résultat d'ensemble de l'exercice mentionné au premier alinéa les sommes dont la réintégration est prévue aux articles 223 F et 223 R du fait de la sortie du groupe de toutes les sociétés qui le composaient.

g) Lorsque, à la suite d'une opération d'apport et d'attribution bénéficiant des dispositions du 2 de l'article 115, effectuée par la société mère d'un groupe définie aux premier, deuxième, quatrième ou cinquième alinéas du I de l'article 223 A, le capital d'une ou plusieurs sociétés membres du groupe est détenu à 95 % ou plus, directement ou indirectement, par une personne morale soumise à l'impôt sur les sociétés autre que la société mère du groupe, cette personne morale peut se constituer seule redevable de l'impôt dû par elle et les sociétés apportées à compter de l'exercice au cours duquel intervient l'apport si, à la clôture de cet exercice, elle satisfait aux conditions prévues au premier, deuxième, quatrième ou cinquième alinéa du I de l'article 223 A. De même, lorsque, à la suite d'une opération d'apport et d'attribution qui répond aux conditions permettant de bénéficier des dispositions du 2 de l'article 115 et qui n'est pas une opération mentionnée au 3 du même article, effectuée par l'entité mère non résidente, le capital d'une ou plusieurs sociétés, autres que la société mère, membres du groupe formé dans les conditions prévues au deuxième alinéa du I de l'article 223 A, n'est plus détenu dans les conditions précitées par l'entité mère non résidente, une personne morale soumise à l'impôt sur les sociétés peut se constituer seule redevable de l'impôt dû par elle-même et par lesdites sociétés à compter de l'exercice au cours duquel intervient l'apport si, à la clôture de cet exercice, elle satisfait aux conditions prévues aux premier ou deuxième alinéas du I du même article 223 A.

Cette disposition s'applique aux apports qui prennent effet à la date d'ouverture de l'exercice des sociétés apportées. Elle est subordonnée à l'exercice, par la personne morale mentionnée au premier alinéa, de l'option mentionnée au premier, deuxième, quatrième ou cinquième alinéas du I de l'article 223 A et à l'accord des sociétés apportées membres du nouveau groupe, au plus tard à la date d'expiration du délai prévu au deuxième alinéa du III de l'article 223 A décompté de la date de réalisation de l'apport. L'option est accompagnée d'un document sur l'identité des sociétés apportées qui ont donné leur accord pour être membres du nouveau groupe.

La durée du premier exercice des sociétés du groupe issu de l'apport peut être inférieure ou supérieure à douze mois, sans préjudice de l'application de l'article 37. L'option mentionnée au deuxième alinéa comporte l'indication de la durée de cet exercice.

h) Lorsqu'une société filiale membre d'un groupe cesse de faire partie dudit groupe en raison d'un transfert de propriété entrant dans les prévisions du second alinéa de l'article 223 E et que ladite société remplit les conditions prévues par les premier, deuxième, quatrième ou cinquième alinéas du I de l'article 223 A, ladite société peut constituer, avec effet à la date d'ouverture de l'exercice au titre duquel elle a cessé de faire partie du groupe susmentionné, un nouveau groupe avec les sociétés qu'elle détient à hauteur de 95 % au moins dans les conditions prévues par les premier, deuxième, quatrième ou cinquième alinéas du I de l'article 223 A et qui faisaient partie du groupe susvisé, ou avec les sociétés avec lesquelles elle peut former un groupe dans les conditions prévues au deuxième alinéa du I du même article 223 A qui faisaient partie du même groupe susvisé.

L'option prévue par lesdits alinéas doit être exercée au plus tard à l'expiration du délai prévu au deuxième alinéa du III de l'article 223 A décompté de la date de réalisation du transfert de propriété concerné. Cette option est accompagnée du document mentionné au premier alinéa du c.

La durée du premier exercice des sociétés du groupe ainsi formé peut être inférieure ou supérieure à douze mois, sans préjudice de l'application de l'article 37. L'option mentionnée au deuxième alinéa comporte l'indication de la durée de cet exercice.

Le présent h s'applique également lorsque le capital des sociétés qui y sont visées vient à être détenu, dans les conditions prévues par les premier, deuxième, quatrième ou cinquième alinéas du I de l'article 223 A, par une société qui remplit les conditions prévues à l'un de ces alinéas, étant précisé que, dans cette situation, le nouveau groupe comprend cette dernière société en tant que société mère et les premières sociétés visées au présent alinéa en tant que filiales.

i) Lorsque le capital d'une société mère définie aux premier, deuxième, quatrième ou cinquième alinéas du I de l'article 223 A est détenu ou vient à être détenu, directement ou indirectement, par l'intermédiaire de sociétés intermédiaires et, le cas échéant, de sociétés soumises à l'impôt sur les sociétés dans les conditions de droit commun ou selon les modalités prévues aux articles 214, à 95 % au moins par une autre personne morale passible de l'impôt sur les sociétés qui remplit les conditions prévues aux premier, deuxième, quatrième ou cinquième alinéas du I de l'article 223 A, cette personne morale peut, sous réserve des dispositions de ce même article, constituer un groupe avec les sociétés qui composent celui qui a été formé par la société mère concernée ou faire entrer celles-ci dans le groupe dont elle est déjà membre.

Dans cette situation, l'option prévue aux premier, deuxième, quatrième ou cinquième alinéas du I de l'article 223 A est exercée au plus tard à l'expiration du délai prévu au deuxième alinéa du III du même article, décompté de la date de clôture de l'exercice précédant celui au titre duquel l'option est exercée. Cette option est accompagnée du document mentionné au premier alinéa du c.

La durée du premier exercice des sociétés du groupe ainsi formé peut être inférieure ou supérieure à douze mois, sans préjudice de l'application de l'article 37. L'option mentionnée au deuxième alinéa comporte l'indication de la durée de cet exercice.

Le groupe de la société mère visée au premier alinéa est considéré comme cessant d'exister à la date de clôture de l'exercice qui précède celui au titre duquel est exercée l'option visée au deuxième alinéa. La société mère concernée ajoute au résultat d'ensemble de cet exercice les sommes dont la réintégration est prévue aux articles 223 F et 223 R du fait de la cessation du groupe.

j) Lorsque le capital d'une société mère définie au premier alinéa du I de l'article 223 A est détenu ou vient à être détenu dans les conditions prévues au deuxième alinéa du même I, elle peut entrer dans le groupe formé par une société mère qui remplit les conditions du même deuxième alinéa ou se constituer elle-même société mère au sens dudit deuxième alinéa.

Dans le cas prévu au premier alinéa du présent j, l'option prévue au deuxième alinéa du I de l'article 223 A est exercée au plus tard à l'expiration du délai prévu au deuxième alinéa du III du même article, décompté de la date de clôture de l'exercice précédant celui au titre duquel l'option est exercée. Cette option est accompagnée du document mentionné au premier alinéa du c du présent 6.

La durée du premier exercice des sociétés du groupe ainsi formé peut être inférieure ou supérieure à douze mois, sans préjudice de l'application de l'article 37. L'option mentionnée au deuxième alinéa du présent j comporte l'indication de la durée de cet exercice.

Les groupes des sociétés mères qui deviennent membres d'un groupe formé dans les conditions prévues au premier alinéa du présent j sont considérés comme cessant d'exister à la date de clôture de l'exercice qui précède celui au titre duquel est exercée l'option mentionnée au deuxième alinéa. Les sociétés mères concernées ajoutent au résultat d'ensemble de cet exercice les sommes dont la réintégration est prévue aux articles 223 F et 223 R du fait de la cessation de leur groupe.

Nota. Conformément à l'article 23 III A de la loi n° 2017-1775 du 28 décembre 2017 de finances rectificative pour 2017, les présentes dispositions s'appliquent aux opérations de fusion, de scission ou d'apport partiel d'actif réalisées à compter du 1er janvier 2018.

CGI art. 223 N

1. Chaque société du groupe est tenue de verser les acomptes prévus à l'article 1668 pour la période de douze mois ouverte à compter du début de l'exercice au titre duquel cette société entre dans le groupe. Si la liquidation de l'impôt dû à raison du résultat imposable de cette période par la société mère fait apparaître que les acomptes versés sont supérieurs à l'impôt dû, l'excédent est restitué à la société mère dans le délai prévu au 2 de l'article 1668. Dans ce cas, la cotisation totale d'impôt visée au 4 bis de l'article 1668 est celle de la société mère de ce groupe, sous réserve que la société qui est entrée dans le groupe soit toujours membre de ce groupe à la clôture de l'exercice. (1)

2. Lorsqu'une société cesse d'être membre du groupe, les acomptes dus par celle-ci pour la période de douze mois ouverte à compter du début de l'exercice au titre duquel la société ne fait plus partie du groupe sont versés pour le compte de cette société par la société mère. 3. (Sans objet).

Nota. Loi n° 2009-1674 du 30 décembre 2009 article 33 XIII :

(1) Ces dispositions s'appliquent aux exercices ouverts à compter du 1er janvier 2010.

CGI art. 223 O

1. La société mère est substituée aux sociétés du groupe pour l'imputation sur le montant de l'impôt sur les sociétés dont elle est redevable au titre de chaque exercice :

a. Des crédits d'impôt attachés aux produits reçus par une société du groupe et qui n'ont pas ouvert droit à l'application du régime des sociétés mères visé aux articles 145 et 216 ;

b. Des crédits d'impôt pour dépenses de recherche dégagés par chaque société du groupe en application de l'article 244 quater B ; l'article 199 ter B s'applique à la somme de ces crédits d'impôt ;

c. Des crédits d'impôt dégagés par chaque société du groupe en application de l'article 244 quater C ; l'article 199 ter C s'applique à la somme de ces crédits d'impôt ;

d. Des crédits d'impôt pour investissement dégagés par chaque société du groupe en application de l'article 244 quater E ; les dispositions de l'article 199 ter D s'appliquent à la somme de ces crédits d'impôts ;

e. Des réductions d'impôt dégagées par chaque société du groupe en application de l'article 238 bis ;

f. Des crédits d'impôt dégagés par chaque société du groupe en application de l'article 244 quater F ; les dispositions de l'article 199 ter E s'appliquent à la somme de ces crédits d'impôt ;

g. Des crédits d'impôt dégagés par chaque société du groupe en application de l'article 220 sexies ; les dispositions de l'article 220 F s'appliquent à la somme de ces crédits d'impôt ;

h. (Abrogé) ;

i. (Abrogé) ;

j. (Périmé) ;

k. Des crédits d'impôt dégagés par chaque société du groupe en application de l'article 244 quater J ; les dispositions de l'article 220 K s'appliquent à la somme de ces crédits d'impôt ;

l. (Périmé) ;

m. Des crédits d'impôt dégagés par chaque société du groupe en application de l'article 244 quater M ; les dispositions de l'article 199 ter L s'appliquent à la somme de ces crédits d'impôt ;

n. Des crédits d'impôt dégagés par chaque société du groupe en application de l'article 244 quater L ; les dispositions de l'article 220 M s'appliquent à la somme de ces crédits ;

o. (Périmé) ;

p. Des crédits d'impôt dégagés par chaque société du groupe en application de l'article 244 quater O ; les dispositions de l'article 220 P s'appliquent à la somme de ces crédits d'impôt ;

q. Des crédits d'impôt dégagés par chaque société du groupe en application de l'article 220 octies ; les dispositions de l'article 220 Q s'appliquent à la somme de ces crédits d'impôt ;

r. Des crédits d'impôt dégagés par chaque société du groupe en application de l'article 220 nonies, les dispositions de l'article 220 R s'appliquent à la somme de ces crédits d'impôt ;

s. Des crédits d'impôt dégagés par chaque société du groupe en application de l'article 220 quindecies ; l'article 220 S s'applique à la somme de ces crédits d'impôts ;

t. Des réductions d'impôt dégagées par chaque société du groupe en application de l'article 220 undecies A ;

u. Des crédits d'impôt dégagés par chaque société du groupe en application de l'article 244 quater Q ; l'article 220 U s'applique à la somme de ces crédits d'impôt ;

v. (Périmé) ;

w. Des crédits d'impôt dégagés par chaque société du groupe en application de l'article 220 terdecies ;

x. Des crédits d'impôt dégagés par chaque société du groupe en application de l'article 244 quater T ; l'article 220 Y s'applique à la somme de ces crédits d'impôt ;

y. Des crédits d'impôt dégagés par chaque société du groupe en application de l'article 244 quater U ; l'article 220 Z s'applique à la somme de ces crédits d'impôt ;

z. Des crédits d'impôt dégagés par chaque société du groupe en application de l'article 220 quaterdecies ; les dispositions de l'article 220 Z bis s'appliquent à la somme des crédits d'impôt ;

z bis. Des crédits d'impôt dégagés par chaque société du groupe en application de l'article 244 quater V ; les dispositions de l'article 220 Z ter s'appliquent à la somme de ces crédits d'impôt ;

z ter. Des crédits d'impôt dégagés par chaque société du groupe en application de l'article 244 quater W ; l'article 220 Z quater s'applique à la somme de ces crédits d'impôt.

2. (Abrogé).

Nota. Conformément à l'article 27 IV de la loi n° 2018-771 du 5 septembre 2018, les présentes dispositions s'appliquent aux périodes d'imposition et exercices ouverts à compter du 1er janvier 2019.

Conformément au V de l'article 90 de la loi n° 2010-1657 du 29 décembre 2010, les dispositions de l'article 220 O telles qu'elles résultent du D du II dudit article s'appliquent aux prêts émis du 1er janvier 2011 au 31 décembre 2021.

Conformément au B du V de l'article 86 de la loi n° 2017-1837 du 30 décembre 2017, modifié par l'article 155 de la loi n° 2018-1317 du 28 décembre 2018 et devenu B du IV dudit article 86, le c du 1 de l'article 223 O devant être abrogé est rétabli.

Les dispositions de l'article 223 O telles qu'elles résultent du 2° du I dudit article 86 s'appliquent aux rémunérations versées à compter du 1er janvier 2019.

CGI art. 223 Q

La société mère souscrit la déclaration du résultat d'ensemble de chaque exercice dans les conditions prévues à l'article 223. Elle y joint un état des rectifications prévues au cinquième alinéa de l'article 223 B et à l'article 223 F, ainsi que de celles prévues aux deuxième, troisième, sixième et dix-septième alinéas de l'article 223 B et à l'article 223 D qui sont afférentes à des sociétés du groupe détenues par l'intermédiaire d'une société intermédiaire.

Les déclarations que doivent souscrire les sociétés du groupe pour chaque exercice sont celles prévues à l'article 223 pour le régime du bénéfice réel normal.

Nota. Ces dispositions s'appliquent aux exercices ouverts à compter du 1er janvier 2016.

CGI art. 223 R

En cas de sortie du groupe de l'une des sociétés mentionnées au cinquième alinéa de l'article 223 B dans sa rédaction en vigueur pour les exercices ouverts avant le 1er janvier 2019, les subventions indirectes qui proviennent d'une remise de biens composant l'actif immobilisé ou de titres de portefeuille exclus du régime des plus-values ou moins-values à long terme conformément à l'article 219 pour un prix différent de leur valeur réelle, déduites pour la détermination du résultat des exercices ouverts avant le 1er janvier 2019, sont rapportées par la société mère au résultat d'ensemble de l'exercice de sortie de l'une de ces sociétés. De même, la société mère rapporte à ce résultat les autres subventions indirectes, les subventions directes et les abandons de créances, également mentionnés à cet alinéa, qui ont été déduits du résultat d'ensemble de l'un des cinq exercices précédant celui de la sortie s'il a été ouvert avant le 1er janvier 2019.

Les deuxième et troisième alinéas de l'article 223 F et le premier alinéa du présent article ne sont pas applicables lorsque la sortie du groupe ou la perte de la qualité de société intermédiaire ou de société étrangère résulte d'une fusion placée sous le régime prévu à l'article 210 A de l'une des sociétés mentionnées aux deuxième et troisième alinéas de l'article 223 F et au premier alinéa du présent article avec une autre société membre du groupe, une société intermédiaire, une société étrangère ou l'entité mère non résidente. Les sommes mentionnées aux mêmes deuxième et troisième alinéas de l'article 223 F et premier alinéa du présent article sont alors comprises dans le résultat d'ensemble lorsque cette dernière société sort du groupe, ou perd la qualité de société intermédiaire, de société étrangère ou d'entité mère non résidente, ou, en cas de fusions successives placées sous le régime prévu à l'article 210 A avec une société membre du groupe, une société intermédiaire, une société étrangère ou l'entité mère non résidente, lorsque la dernière société absorbante sort du groupe ou perd la qualité de société intermédiaire, de société étrangère ou d'entité mère non résidente. Il en est de même en cas d'absorption à la suite d'une fusion de la société mère par une autre société du groupe conformément au dernier alinéa de l'article 223 S. Dans cette situation, les sommes mentionnées aux deuxième et troisième alinéas de l'article 223 F et au premier alinéa du présent article sont comprises dans le résultat d'ensemble lors de la cessation du groupe formé par la société absorbante ou, en cas de fusions successives dans les conditions prévues au dernier alinéa de l'article 223 S, lors de la cessation du groupe formé par la dernière société absorbante.

Lorsqu'un groupe bénéficie des dispositions prévues au 5 de l'article 223 I, la partie du déficit afférente à une société, calculée dans les conditions prévues audit 5 et qui demeure reportable, ne peut plus être imputée si cette société sort du groupe, à moins que la sortie du groupe de cette société ne résulte de sa fusion avec une autre société du groupe placée sous le régime prévu à l'article 210 A. Il en est de même lorsqu'une telle société sort du groupe, à raison de la partie du déficit afférente à une société qu'elle avait absorbée au sein du groupe ayant cessé, ou qui avait été scindée à son profit au sein du groupe ayant cessé, calculée dans les conditions prévues au 5 de l'article 223 et qui demeure reportable, à moins que la sortie du groupe ne résulte de sa fusion avec une autre société du groupe placée sous le régime prévu à l'article 210 A. Le bénéfice des dispositions prévues au 5 de l'article 223 I est maintenu en cas de fusion de la société titulaire du déficit imputable dans les conditions prévues audit 5 avec une autre société du groupe, sous réserve de l'agrément prévu au II de l'article 209.

Nota. Conformément à l'article 32 II B de la loi n° 2018-1317 du 28 décembre 2018, par dérogation au A du II dudit article, l'article 223 L, les deux dernières phrases du deuxième alinéa de l'article 223 R et l'article 223 S du code général des impôts dans leur rédaction résultant du I du même article s'appliquent aux exercices clos à compter du 31 décembre 2018.

CGI art. 223 S

Les dispositions prévues à la présente section en cas de sortie du groupe d'une société s'appliquent lorsqu'une société du groupe cesse de remplir les conditions prévues pour l'application du régime défini à cette section.

Il en est de même si la société mère ne renouvelle pas celle des options prévues à l'article 223 A ou à l'article 223 A bis qu'elle a exercée ou reste seule membre du groupe ou lorsque le groupe cesse d'exister parce qu'il ne satisfait pas à l'une des conditions prévues à la présente section.

Lorsqu'une personne morale membre d'un groupe formé en application du quatrième alinéa du I de l'article 223 A, autre que la société mère, opte pour devenir société mère de ce groupe, cette option entraîne la cessation du premier groupe. Lorsqu'une personne morale, autre que la société mère d'un groupe formé en application du deuxième alinéa du même I, opte pour devenir société mère de ce groupe, cette option entraîne la cessation du premier groupe.

Si le régime prévu à l'article 223 A ou à l'article 223 A bis cesse de s'appliquer à toutes les sociétés du groupe, la société mère doit comprendre dans son résultat imposable de l'exercice au cours duquel ce régime n'est plus applicable les sommes qui doivent être rapportées au résultat ou à la plus-value ou moins-value nette à long terme d'ensemble en application des dispositions de la présente section en cas de sortie du groupe d'une société.

Le déficit d'ensemble ou la moins-value nette à long terme d'ensemble subis par le groupe pendant la période d'application du régime défini à l'article 223 A ou à l'article 223 A bis et encore reportables à l'expiration de cette période sont imputables par la société qui était redevable des impôts mentionnés audit article dus par le groupe, sur son bénéfice ou sa plus-value nette à long terme, selon les modalités prévues au troisième alinéa du I de l'article 209 ou à l'article 39 quindecies. En cas d'absorption par la société mère de toutes les autres sociétés du groupe, emportant changement de son objet social ou de son activité réelle au sens des dispositions du 5 de l'article 221, cette disposition s'applique à la fraction de ce déficit ou de cette moins-value qui ne correspond pas à ceux subis par la société mère.

Les intérêts qui n'ont pu être admis en déduction du résultat d'ensemble en application des quatorzième à dix-huitième alinéas de l'article 223 B, et qui sont encore reportables à l'expiration de la période d'application du régime défini à l'article 223 A ou à l'article 223 A bis, sont imputables par la société qui était redevable des impôts mentionnés à l'article 223 A ou à l'article 223 A bis dus par le groupe, sur ses résultats selon les modalités prévues au sixième alinéa du 1 du II de l'article 212.

Nota. Ces dispositions s'appliquent aux exercices ouverts à compter du 1er janvier 2016.

CGI art. 223 T

Lorsque les titres d'une société membre du groupe ont été transférés dans un patrimoine fiduciaire dans les conditions mentionnées au sixième alinéa du I de l'article 223 A, par un constituant qui est lui-même une société membre du groupe, la part de bénéfice pour laquelle le constituant est imposé en application de l'article 238 quater F est déterminée en faisant application des règles prévues aux articles 223 B, 223 D et 223 F, comme si les titres étaient directement détenus par le constituant.

Nota. Conformément à l'article 71 II de la loi n° 2014-1655 du 29 décembre 2014 de finances rectificative pour 2014, ces dispositions s'appliquent aux exercices clos à compter du 31 décembre 2014.

CGI art. 223 U

Un décret fixe les obligations déclaratives de la société mère et des filiales du groupe défini aux articles 223 A à 223 S.

CGI art. 231

I. Les produits nets des participations, ouvrant droit à l'application du régime des sociétés mères et visées à l'article 145, touchés au cours d'un exercice par une société mère, peuvent être retranchés du bénéfice net total de celle-ci, défalcation faite d'une quote-part de frais et charges.

La quote-part de frais et charges visée au premier alinéa est fixée uniformément à 5 % du produit total des participations, crédit d'impôt compris. Ce taux est fixé à 1 % de ce même produit, crédit d'impôt compris, perçu par une société membre d'un groupe mentionné aux articles 223 A ou 223 A bis à raison d'une participation dans une autre société membre de ce groupe, ou par une société membre d'un groupe à raison d'une participation dans une société soumise à un impôt équivalent à l'impôt sur les sociétés dans un État membre de l'Union européenne ou dans un autre État partie à l'accord sur l'Espace économique européen ayant conclu avec la France une convention d'assistance administrative en vue de lutter contre la fraude et l'évasion fiscales qui, si elle était établie en France, remplirait les conditions pour être membre de ce groupe, en application des articles 223 A ou 223 A bis, autres que celle d'être soumise à l'impôt sur les sociétés en France.

Dans le cas mentionné au dernier alinéa du 1 de l'article 145, les deux premiers alinéas du présent I s'appliquent à la part de bénéfice du constituant déterminée dans les conditions prévues à l'article 238 quater F correspondant aux produits nets des titres de participation ouvrant droit à l'application du régime des sociétés mères précité.

II. (Abrogé à compter de la détermination des résultats des exercices ouverts à compter du 1er janvier 1993).

III. (Périmé).

Nota. Ces dispositions s'appliquent aux exercices ouverts à compter du 1er janvier 2016.

CGI art. 238

I. – Les entreprises soumises de plein droit ou sur option à un régime réel d'imposition peuvent, dans les conditions prévues au présent article, soumettre à une imposition séparée au taux prévu au deuxième alinéa du a du I de l'article 219 le résultat net de la concession de licences d'exploitation des éléments présentant le caractère d'actifs incorporels immobilisés suivants :

1° Les brevets, les certificats d'utilité et les certificats complémentaires de protection rattachés à un brevet ;

2° Les certificats d'obtention végétale ;

3° Les logiciels protégés par le droit d'auteur ;

4° Les procédés de fabrication industriels qui :
a) Constituent le résultat d'opérations de recherche ;
b) Sont l'accessoire indispensable de l'exploitation d'une invention mentionnée au 1° ;
c) Font l'objet d'une licence d'exploitation unique avec l'invention ;

5° Les inventions dont la brevetabilité a été certifiée par l'Institut national de la propriété industrielle.

Le présent 5° s'applique aux contribuables dont le chiffre d'affaires mondial du groupe auquel ils appartiennent n'excède pas cinquante millions d'euros et dont les revenus bruts issus de la totalité des actifs incorporels mentionnés au présent I ne dépassent pas 7,5 millions d'euros par an, en moyenne sur les cinq derniers exercices. Pour l'application de ces dispositions, le groupe s'entend de l'ensemble des entreprises françaises ou étrangères placées sous le contrôle d'une même société ou personne morale, au sens de l'article L. 233-16 du code de commerce.

Lorsque les sociétés de personnes mentionnées aux articles 8 et 238 bis L du présent code ou les groupements mentionnés aux articles 239 quater, 239 quater B et 239 quater C ne sont pas soumis à l'impôt sur les sociétés et déterminent un résultat net selon les modalités prévues au présent article, leurs associés sont personnellement imposés au taux prévu au deuxième alinéa du a du I de l'article 219 pour la part de ce résultat correspondant à leurs droits dans ces sociétés ou ces groupements, à condition qu'il s'agisse de redevables de l'impôt sur les sociétés ou de personnes physiques participant à l'exploitation au sens du 1° bis du I de l'article 156.

II. – 1. Le résultat net de la concession est déterminé par différence entre les revenus, acquis au cours de l'exercice, tirés des actifs éligibles et les dépenses de recherche et de développement qui se rattachent directement à ces actifs et qui sont réalisées, directement ou indirectement par l'entreprise, au cours du même exercice. Au titre du premier exercice pour lequel le revenu net est calculé, celui-ci est diminué de l'ensemble des dépenses en lien direct avec la création, l'acquisition et le développement de l'actif incorporel, y compris celles réalisées antérieurement au cours des exercices ouverts à compter de la date à laquelle l'option pour le présent régime est exercée par l'entreprise dans les conditions prévues au V.

2. Lorsque le résultat net déterminé au 1 est négatif, il est imputé sur les résultats nets de concession du même actif, du même bien ou service ou de la même famille de biens ou services réalisés au cours des exercices suivants.

III. – 1. Pour la détermination du résultat net imposé en application du I, le résultat net bénéficiaire déterminé au 1 du II est multiplié par le rapport existant entre, au numérateur, les dépenses de recherche et de développement en lien direct avec la création et le développement de l'actif incorporel réalisées directement par le contribuable ou par des entreprises sans lien de dépendance au sens du 12 de l'article 39 avec celui-ci et, au dénominateur, l'intégralité des dépenses de recherche et de développement ou d'acquisition en lien direct avec la création, l'acquisition et le développement de l'actif incorporel et réalisées directement ou indirectement par le contribuable.

Pour l'application du rapport mentionné au premier alinéa du présent 1, il n'est pas tenu compte des coûts afférents aux emprunts, aux terrains et aux bâtiments.

2. Le rapport mentionné au 1 est calculé au titre de chaque exercice et tient compte des dépenses réalisées par le contribuable au titre de cet exercice ainsi que de celles réalisées au titre des exercices antérieurs.

Par dérogation au premier alinéa du présent 2, le contribuable peut ne tenir compte, au titre des dépenses réalisées au cours des exercices antérieurs, que de celles réalisées au titre des exercices ouverts à compter du 1er janvier 2019.

Les dépenses du numérateur sont retenues pour 130 % de leur montant. Le rapport obtenu est arrondi au nombre entier supérieur et ne peut pas excéder 100 %.

3. Par dérogation au 1, le contribuable peut, en raison de circonstances exceptionnelles et après obtention d'un agrément délivré dans les conditions prévues à l'article 1649 nonies, substituer au rapport défini au 1 du présent III un rapport de remplacement représentant la proportion de la valeur de l'actif éligible qui serait effectivement attribuable aux activités de recherche et développement réalisées directement par le contribuable ou par des entreprises sans lien de dépendance au sens du 12 de l'article 39 avec celui-ci.

La proportion de la valeur mentionnée au premier alinéa du présent 3 correspond à celle que lui reconnaîtraient des personnes sans lien de dépendance avec le contribuable au sens du 12 de l'article 39 qui auraient engagé, dans des conditions analogues, ces activités de recherche et développement.

L'agrément mentionné au premier alinéa du présent 3 est délivré lorsque :

a) Le rapport mentionné au 1 est supérieur à 32,5 % ;

b) Le rapport de remplacement mentionné au premier alinéa du présent 3 est significativement supérieur au rapport défini au 1 du fait de circonstances exceptionnelles indépendantes de la volonté du contribuable.

L'agrément est valable pour une période de cinq exercices sous réserve que les conditions mentionnées aux a et b du présent 3 continuent d'être satisfaites à la clôture de chacun des exercices concernés.

Par dérogation à l'article 1649 nonies, la demande d'agrément est déposée au moins six mois avant la date limite de déclaration de résultat du premier exercice au titre duquel le bénéfice du rapport de remplacement est sollicité.

IV. – Les II et III peuvent être calculés distinctement pour chacun des actifs mentionnés au I ou en faisant masse des actifs concourant à la production d'un bien ou service identifié ou d'une famille de biens ou services. Lorsque les frais en cause se rattachent à plusieurs actifs ou groupes d'actifs, l'entreprise les affecte au prorata de la valeur ajoutée qu'ils procurent à chaque actif ou groupe d'actifs ou, par défaut, à proportion du revenu que génère chaque actif ou chaque groupe d'actifs.

Lorsque l'entreprise effectue un suivi par bien ou service ou par famille de biens ou services, elle justifie ce choix au regard de l'impossibilité pour elle de l'effectuer, selon le cas, par actif ou par bien ou service, en respectant une permanence et une cohérence dans la méthode retenue.

V. – L'option pour le régime prévu au présent article est formulée pour chaque actif, bien ou service ou famille de biens ou services dans la déclaration de résultat de l'exercice au titre duquel elle est exercée. Une annexe jointe à la déclaration de résultat détaille, pour chaque actif, bien ou service ou famille de biens ou services, les calculs réalisés pour l'application des II et III.

Cette annexe fait apparaître distinctement la liste des inventions mentionnées au 5° du I ainsi que la somme des résultats nets issus de cette catégorie d'actifs.

Le cas échéant, cette annexe fait apparaître distinctement la liste des actifs pour lesquels le résultat net imposé en application du I a été calculé en faisant usage du rapport de remplacement prévu au 3 du III et la somme des résultats nets issus de cette catégorie d'actifs.

L'entreprise qui cesse d'appliquer le régime prévu au présent article au titre d'un exercice donné en perd définitivement le bénéfice pour chaque actif, bien ou service ou famille de biens ou services concerné.

VI. – Le présent article est également applicable dans les mêmes conditions au résultat net d'une sous-concession d'un actif incorporel mentionné au I. Les redevances dues par l'entreprise sous-concédante sont prises en compte dans le résultat net de sous-concession calculé conformément au 1 du II et au dénominateur du ratio mentionné au 1 du III.

VII. – Le présent article est également applicable dans les mêmes conditions au résultat net de cession d'un actif incorporel mentionné au I lorsque les conditions supplémentaires suivantes sont remplies :

1° L'actif incorporel n'a pas été acquis à titre onéreux depuis moins de deux ans ;

2° Il n'existe pas de liens de dépendance entre l'entreprise cédante et l'entreprise cessionnaire au sens du 12 de l'article 39.

Nota. Conformément au II de l'article 56 de la loi n° 2019-1479 du 28 décembre 2019, ces dispositions s'appliquent aux exercices clos à compter du 31 décembre 2019.

CGI art. 238-0 A

1. Sont considérés comme non coopératifs, à la date du 1er janvier 2010, les États et territoires dont la situation au regard de la transparence et de l'échange d'informations en matière fiscale a fait l'objet d'un examen par l'Organisation de coopération et de développement économiques et qui, à cette date, n'ont pas conclu avec la France une convention d'assistance administrative permettant l'échange de tout renseignement nécessaire à l'application de la législation fiscale des parties, ni signé avec au moins douze États ou territoires une telle convention.

La liste des États et territoires non coopératifs est fixée par un arrêté des ministres chargés de l'économie et du budget après avis du ministre des affaires étrangères.

2. La liste mentionnée au 1 est mise à jour, au moins une fois chaque année, dans les conditions suivantes :

a) En sont retirés les États ou territoires ayant conclu avec la France une convention d'assistance administrative permettant d'échanger tout renseignement nécessaire à l'application de la législation fiscale des parties ;

b) Y sont ajoutés ceux des États ou territoires ayant conclu avec la France une convention d'assistance administrative dont les stipulations ou la mise en œuvre n'ont pas permis à l'administration des impôts d'obtenir les renseignements nécessaires à l'application de la législation fiscale française, ainsi que les États et territoires qui n'ont pas conclu avec la France de convention d'assistance administrative permettant l'échange de tout renseignement nécessaire à l'application de la législation fiscale des parties et auxquels la France avait proposé, avant le 1er janvier de l'année précédente, la conclusion d'une telle convention ;

c) En sont retirés ou y sont ajoutés les États ou territoires n'ayant pas conclu avec la France une convention d'assistance administrative, auxquels la France n'avait pas proposé la conclusion d'une telle convention avant le 1er janvier de l'année précédente, et dont le forum mondial sur la transparence et l'échange d'informations en matière fiscale, créé par la décision du conseil de l'Organisation de coopération et de développement économiques en date du 17 septembre 2009, considère, selon le cas, qu'ils procèdent, ou non, à l'échange de tout renseignement nécessaire à l'application des législations fiscales.

2 bis. Nonobstant le 2, sont inscrits sur la liste mentionnée au 1 les États et territoires, autres que ceux de la République française, figurant à la date de publication de l'arrêté mentionné au même 1 sur l'annexe I, le cas échéant actualisée, relative à la liste de l'Union européenne des pays et territoires non coopératifs à des fins fiscales, des conclusions adoptées par le Conseil de l'Union européenne le 5 décembre 2017, pour l'un des motifs suivants :

1° Ils ne respectent pas le critère, défini à l'annexe V des conclusions du Conseil de l'Union européenne citées ci-dessus, relatif aux États ou territoires facilitant la création de structures ou de dispositifs extraterritoriaux destinés à attirer des bénéfices qui n'y reflètent pas une activité économique réelle ;

2° Ils ne respectent pas au moins un des autres critères définis à la même annexe V.

2 ter. L'arrêté des ministres chargés de l'économie et du budget modifiant la liste indique le motif qui, en application du 2 et des 1° ou 2° du 2 bis, justifie l'ajout ou le retrait d'un État ou territoire.

3. Les dispositions du présent code et du livre des procédures fiscales relatives aux États ou territoires non coopératifs s'appliquent à ceux qui sont ajoutés à cette liste par arrêté pris en application des 2 et 2 bis, à compter du premier jour du troisième mois qui suit la publication de celui-ci. Elles cessent de s'appliquer à la date de publication de l'arrêté qui les retire de cette liste.

Nota. Conformément aux dispositions du IV de l'article 31 de la loi n° 2018-898 du 23 octobre 2018, ces dispositions telles qu'elles résultent du I dudit article s'appliquent à compter du premier jour du deuxième mois qui suit la publication de ladite loi.

CGI art. 238 A

Les intérêts, arrérages et autres produits des obligations, créances, dépôts et cautionnements, les redevances de cession ou concession de licences d'exploitation, de brevets d'invention, de marques de fabrique, procédés ou formules de fabrication et autres droits analogues ou les rémunérations de services, payés ou dus par une personne physique ou morale domiciliée ou établie en France à des personnes physiques ou morales qui sont domiciliées ou établies dans un État étranger ou un territoire situé hors de France et y sont soumises à un régime fiscal privilégié, ne sont admis comme charges déductibles pour l'établissement de l'impôt que si le débiteur apporte la preuve que les dépenses correspondent à des opérations réelles et qu'elles ne présentent pas un caractère anormal ou exagéré.

Pour l'application du premier alinéa, les personnes sont regardées comme soumises à un régime fiscal privilégié dans l'État ou le territoire considéré si elles n'y sont pas imposables ou si elles y sont assujetties à des impôts sur les bénéfices ou les revenus dont le montant est inférieur de plus de la moitié à celui de l'impôt sur les bénéfices ou sur les revenus dont elles auraient été redevables dans les conditions de droit commun en France, si elles y avaient été domiciliées ou établies.

Toutefois, les intérêts, arrérages et autres produits des obligations, créances, dépôts et cautionnements, à l'exception de ceux dus au titre d'emprunts conclus avant le 1er mars 2010 ou conclus à compter de cette date mais assimilables à ces derniers, ainsi que les redevances de cession ou concession de licences d'exploitation, de brevets d'invention, de marques de fabrique, procédés ou formules de fabrication et autres droits analogues ou les rémunérations de services, payés ou dus par une personne physique ou morale domiciliée ou établie en France à des personnes physiques ou morales qui sont domiciliées ou établies dans un État ou territoire non coopératif au sens de l'article 238-0 A, ne sont pas admis comme charges déductibles pour l'établissement de l'impôt, sauf si le débiteur apporte la preuve mentionnée au premier alinéa et démontre que les opérations auxquelles correspondent les dépenses ont principalement un objet et un effet autres que de permettre la localisation de ces dépenses dans un État ou territoire non coopératif.

Les premier et troisième alinéas s'appliquent également à tout versement effectué sur un compte tenu dans un organisme financier établi dans un des États ou territoires visés, respectivement, aux premier et troisième alinéas.

Nota. Loi n° 2009-1674 du 30 décembre 2009 de finances rectificative pour 2009 art. 22 VII 2 : les présentes dispositions sont applicables aux exercices ouverts à compter du 1er janvier 2011.

CGI art. 238 bis JB

L'entreprise qui procède à une réévaluation d'ensemble des immobilisations corporelles et financières dans les conditions prévues à l'article L. 123-18 du code de commerce peut ne pas prendre en compte l'écart de réévaluation qu'elle constate pour la détermination du résultat imposable de l'exercice au titre duquel elle procède à cette réévaluation.

L'application du premier alinéa du présent article est subordonnée à l'engagement de l'entreprise :

1° De calculer la plus-value ou la moins-value réalisée ultérieurement lors de la cession des immobilisations non amortissables d'après leur valeur non réévaluée ;

2° De réintégrer l'écart de réévaluation afférent aux immobilisations amortissables dans ses bénéfices imposables. La réintégration de l'écart de réévaluation est effectuée par parts égales sur une période de quinze ans pour les constructions ainsi que pour les plantations et les agencements et aménagements des terrains amortissables sur une période au moins égale à cette durée, et par parts égales sur une durée de cinq ans pour les autres immobilisations.

La cession d'une immobilisation amortissable entraîne l'imposition immédiate de la fraction de l'écart de réévaluation afférent à ce bien qui n'a pas encore été réintégrée à la date de la cession.

L'entreprise qui a procédé à une réévaluation d'ensemble dans les conditions prévues au premier alinéa calcule les amortissements, provisions et plus-values de cession ultérieurs afférents aux immobilisations amortissables d'après la valeur qui leur a été attribuée lors de la réévaluation.

L'entreprise qui applique les dispositions du même premier alinéa joint à la déclaration de résultats de l'exercice de réévaluation et des exercices suivants un état conforme au modèle fourni par l'administration faisant apparaître les renseignements nécessaires au calcul des amortissements, des provisions ou des plus-values ou moins-values afférents aux immobilisations qui ont fait l'objet d'une réévaluation.

Nota. Conformément au II de l'article 31 de la loi n° 2020-1721 du 29 décembre 2020, ces dispositions s'appliquent à la première opération de réévaluation constatée au terme d'un exercice clos à compter du 31 décembre 2020 jusqu'au 31 décembre 2022.

CGI art. 238 quindecies

I. – Les plus-values soumises au régime des articles 39 duodecies à 39 quindecies et réalisées dans le cadre d'une activité commerciale, industrielle, artisanale, libérale ou agricole à l'occasion de la transmission d'une entreprise individuelle ou d'une branche complète d'activité autres que celles mentionnées au V sont exonérées pour :

1° La totalité de leur montant lorsque le prix stipulé des éléments transmis ou leur valeur vénale, auxquels sont ajoutées les charges en capital et les indemnités stipulées au profit du cédant, à quelque titre et pour quelque cause que ce soit, est inférieur ou égal à 500 000 € ;

2° Une partie de leur montant lorsque le prix stipulé des éléments transmis ou leur valeur vénale, auxquels sont ajoutées les charges en capital et les indemnités stipulées au profit du cédant, à quelque titre et pour quelque cause que ce soit, est supérieur à 500 000 € et inférieur à 1 000 000 €.

Pour l'application du 2°, le montant exonéré des plus-values est déterminé en leur appliquant un taux égal au rapport entre, au numérateur, la différence entre le montant de 1 000 000 € et la valeur des éléments transmis et, au dénominateur, le montant de 500 000 €.

II. – L'exonération prévue au I est subordonnée aux conditions suivantes :

1 L'activité doit avoir été exercée pendant au moins cinq ans ;

2 La personne à l'origine de la transmission est :

a) Une entreprise dont les résultats sont soumis à l'impôt sur le revenu ou un contribuable qui exerce son activité professionnelle dans le cadre d'une société dont les bénéfices sont, en application des articles 8 et 8 ter, soumis en son nom à l'impôt sur le revenu ;

b) Un organisme sans but lucratif ;

c) Une collectivité territoriale, un établissement public de coopération intercommunale ou l'un de leurs établissements publics ;

d) Une société soumise à l'impôt sur les sociétés qui répond cumulativement aux conditions suivantes :

1° elle emploie moins de deux cent cinquante salariés et soit a réalisé un chiffre d'affaires annuel inférieur à 50 millions d'euros au cours de l'exercice, soit a un total de bilan inférieur à 43 millions d'euros ;

2° son capital ou ses droits de vote ne sont pas détenus à hauteur de 25 % ou plus par une entreprise ou par plusieurs entreprises ne répondant pas aux conditions du précédent alinéa de manière continue au cours de l'exercice. Pour la détermination de ce pourcentage, les participations de sociétés de capital-risque, des fonds communs de placement à risques, des fonds professionnels spécialisés relevant de l'article L. 214-37 du code monétaire et financier dans sa rédaction antérieure à l'ordonnance n° 2013-676 du 25 juillet 2013 modifiant le cadre juridique de la gestion d'actifs, des fonds professionnels de capital investissement, des sociétés de libre partenariat, des sociétés de développement régional, des sociétés financières d'innovation et des sociétés unipersonnelles d'investissement à risque ne sont pas prises en compte à la condition qu'il n'existe pas de lien de dépendance au sens du 12 de l'article 39 entre la société en cause et ces dernières sociétés ou ces fonds. Cette condition s'apprécie de manière continue au cours de l'exercice ;

Pour l'application du présent d, le bénéfice des dispositions du I est subordonné au respect du règlement (UE) n° 1407/2013 de la Commission du 18 décembre 2013 relatif à l'application des articles 107 et 108 du traité sur le fonctionnement de l'Union européenne aux aides de minimis, du règlement (UE) n° 1408/2013 de la Commission du 18 décembre 2013 relatif à l'application des articles 107 et 108 du traité sur le fonctionnement de l'Union européenne aux aides de minimis dans le secteur de l'agriculture ou du règlement (UE) n° 717/2014 de la Commission du 27 juin 2014 concernant l'application des articles 107 et 108 du traité sur le fonctionnement de l'Union européenne aux aides de minimis dans le secteur de la pêche et de l'aquaculture ;

3 En cas de transmission à titre onéreux, le cédant ou, s'il s'agit d'une société, l'un de ses associés qui détient directement ou indirectement au moins 50 % des droits de vote ou des droits dans les bénéfices sociaux ou y exerce la direction effective n'exerce pas, en droit ou en fait, la direction effective de l'entreprise cessionnaire ou ne détient pas, directement ou indirectement, plus de 50 % des droits de vote ou des droits dans les bénéfices sociaux de cette entreprise.

III. – Est assimilée à une branche complète d'activité l'intégralité des droits ou parts détenus par un contribuable qui exerce son activité professionnelle dans le cadre d'une société dont les bénéfices sont, en application des articles 8 et 8 ter, soumis en son nom à l'impôt sur le revenu et qui sont considérés comme des éléments d'actif affectés à l'exercice de la profession au sens du I de l'article 151 nonies.

Lorsqu'il est satisfait aux conditions prévues aux 1 à 3 du II, les plus-values réalisées à l'occasion de la transmission de droits ou parts mentionnés au premier alinéa du présent III sont exonérées pour :

1° La totalité de leur montant lorsque la valeur vénale des droits ou parts transmis est inférieure ou égale à 500 000 € ;

2° Une partie de leur montant lorsque la valeur vénale des droits ou parts transmis est supérieure à 500 000 € et inférieure à 1 000 000 €.

Pour l'application du 2°, le montant exonéré des plus-values est déterminé en leur appliquant un taux égal au rapport entre, au numérateur, la différence entre le montant de 1 000 000 € et la valeur des titres transmis et, au dénominateur, le montant de 500 000 €.

Pour la détermination des seuils mentionnés aux 1° et 2°, il est tenu compte de la transmission de l'intégralité des droits ou parts définis au premier alinéa ainsi que des transmissions réalisées au cours des cinq années précédentes.

Par dérogation au V, les dispositions du présent III s'appliquent aux plus-values réalisées sur les droits ou parts de sociétés dont l'actif est principalement constitué de biens immobiliers bâtis ou non bâtis affectés par la société à sa propre exploitation ou de droits ou parts de sociétés dont l'actif est principalement constitué des mêmes biens, droits ou parts.

En cas de transmission à titre onéreux de droits ou de parts ouvrant droit à l'exonération prévue au deuxième alinéa, le cédant ne doit pas détenir directement ou indirectement de droits de vote ou de droits dans les bénéfices sociaux de l'entreprise cessionnaire.

IV. – L'exonération prévue aux I et III est remise en cause si le cédant relève de l'une des situations mentionnées au 3 du II et au dernier alinéa du III à un moment quelconque au cours des trois années qui suivent la réalisation de l'opération ayant bénéficié du régime prévu au présent article.

V. – Sont imposées dans les conditions de droit commun les plus-values réalisées à l'occasion de la transmission de l'entreprise individuelle ou de la branche complète d'activité portant sur :

1° Des biens immobiliers bâtis ou non bâtis ;

2° Des droits ou parts de sociétés dont l'actif est principalement constitué de biens immobiliers bâtis ou non bâtis ou de droits ou parts de sociétés dont l'actif est principalement constitué des mêmes biens, droits ou parts.

VI. – Pour l'application des dispositions prévues aux III et V, les droits afférents à un contrat de crédit-bail conclu dans les conditions prévues au 2 de l'article L. 313-7 du code monétaire et financier sont assimilés à des éléments de l'actif.

Pour l'application des dispositions prévues au III, les biens mentionnés au I du A de l'article 1594-0 G ne sont pas considérés comme affectés à l'exploitation de l'activité.

VII. – La transmission d'une activité qui fait l'objet d'un contrat de location-gérance ou d'un contrat comparable peut bénéficier du régime défini au I si les conditions suivantes sont simultanément satisfaites :

1° L'activité est exercée depuis au moins cinq ans au moment de la mise en location ;

2° La transmission est réalisée au profit du locataire ou, dans le respect du contrat, de toute autre personne, sous réserve que cette transmission porte sur l'intégralité des éléments concourant à l'exploitation de l'activité qui a fait l'objet du contrat de location-gérance ou d'un contrat comparable.

Pour l'appréciation des seuils mentionnés aux 1° et 2° du I, il est tenu compte du prix stipulé des éléments de l'activité donnée en location ou de leur valeur vénale, auxquels sont ajoutées les charges en capital et les indemnités stipulées au profit du cédant, à quelque titre et pour quelque cause que ce soit.

VIII. – L'option pour le bénéfice du régime défini au présent article est exclusive de celui des régimes prévus au I de l'article 41, au I ter de l'article 93 quater, aux articles 151 septies, 151 octies et 151 octies A, au II de l'article 151 nonies et aux articles 210 A à 210 C.

IX. – Les dispositions du présent article s'appliquent aux transmissions réalisées à compter du 1er janvier 2006.

CGI art. 256 C

I. – Les personnes assujetties qui ont en France le siège de leur activité économique ou un établissement stable ou, à défaut, leur domicile ou leur résidence habituelle, à l'exception des établissements stables de ces assujettis qui ne sont pas situés en France, et qui sont étroitement liées entre elles sur les plans financier, économique et de l'organisation peuvent demander, pour l'application des dispositions du présent chapitre, à constituer un seul assujetti au sens de l'article 256 A.

II. – 1. Sont considérés comme liés entre eux sur le plan financier les assujettis contrôlés en droit, directement ou indirectement, par une même personne, y compris cette dernière. Cette condition est satisfaite lorsqu'un assujetti ou une personne morale non assujettie, détient plus de 50 % du capital d'un autre assujetti, directement ou indirectement par l'intermédiaire d'autres assujettis ou personnes morales non assujetties, ou plus de 50 % des droits de vote d'un autre assujetti ou d'une personne morale non assujettie dans les mêmes conditions.

Sont également considérés comme liés entre eux sur le plan financier :

a) Les organes centraux, caisses et fédérations mentionnés aux articles L. 511-30, L. 512-55 et au b de l'article L. 512-1-1 du code monétaire et financier ainsi que leurs adhérents ou affiliés mentionnés aux articles L. 512-11, L. 512-20, L. 512-55, L. 512-60, L. 512-69 et L. 512-86 du même code ;

b) Les membres des groupements prévus aux articles L. 931-2-1 et L. 931-2-2 du code de la sécurité sociale, à l'article L. 111-4-2 du code de la mutualité ainsi qu'aux articles L. 322-1-2 et L. 322-1-3 et au 5° de l'article L. 356-1 du code des assurances ;

c) Les personnes qui respectent les conditions pour établir des comptes combinés en application de l'article L. 345-2 du code des assurances, de l'article L. 212-7 du code de la mutualité ou de l'article L. 931-34 du code de la sécurité sociale ;

d) Les associations constituées conformément à l'accord du 25 avril 1996 portant dispositions communes à l'AGIRC et à l'ARRCO, chargées d'assurer la gouvernance d'un groupe paritaire de protection sociale dans les conditions prévues par l'accord du 8 juillet 2009 sur la gouvernance des groupes paritaires de protection sociale, et les associations et groupements d'intérêt économique contrôlés par ces associations sommitales, comptant parmi leurs membres soit au moins une fédération ou institution de retraite complémentaire régie par le titre II du livre IX du code de la sécurité sociale, soit au moins une association ou un groupement d'intérêt économique comptant parmi ses membres au moins une telle fédération ou institution ;

e) Les sociétés de coordination mentionnées à l'article L. 423-1-2 du code de la construction et de l'habitation et les organismes qui détiennent leur capital.

2. Sont considérés comme liés entre eux sur le plan économique les assujettis exerçant :

a) Soit une activité principale de même nature ;

b) Soit des activités interdépendantes, complémentaires ou poursuivant un objectif économique commun ; c) Soit une activité réalisée en totalité ou en partie au bénéfice des autres membres.

3. Sont considérés comme liés entre eux sur le plan de l'organisation les assujettis :

a) Qui sont en droit ou en fait, directement ou indirectement, sous une direction commune, ou,

b) Qui organisent leurs activités totalement ou partiellement en concertation.

4. Les liens financier, économique et de l'organisation mentionnés au I doivent exister lors de l'exercice de l'option mentionnée au 3 du III et de manière continue pendant toute la période couverte par la demande.

III. – 1. Une personne assujettie ne peut être membre que d'un seul assujetti unique. Un assujetti unique ne peut pas être membre d'un autre assujetti unique.

2. Les membres de l'assujetti unique désignent parmi eux un représentant qui s'engage à accomplir les obligations déclaratives ainsi que toute formalité en matière de taxe sur la valeur ajoutée incombant à l'assujetti unique et, en cas d'opérations imposables, à acquitter la taxe en son nom ainsi qu'à obtenir le remboursement de crédit de taxe sur la valeur ajoutée. Chaque membre de l'assujetti unique reste tenu solidairement au paiement de la taxe sur la valeur ajoutée et, le cas échéant, des intérêts de retard, majorations et amendes fiscales correspondantes dont l'assujetti unique est redevable, à hauteur des droits et pénalités dont il serait redevable s'il n'était pas membre de l'assujetti unique.

L'assujetti unique doit déposer ses déclarations de chiffre d'affaires selon les modalités prévues au premier alinéa du 2 de l'article 287.

3. La création de l'assujetti unique s'effectue sur option formulée par son représentant auprès du service des impôts dont celui-ci dépend. Elle ne peut être exercée qu'avec l'accord de chacun des membres de l'assujetti unique.

L'option est formulée au plus tard le 31 octobre de l'année qui précède son application. Elle prend effet au 1er janvier de l'année qui suit celle au cours de laquelle elle a été exprimée et couvre obligatoirement une période de trois années civiles.

Tout membre d'un assujetti unique n'est plus un assujetti au sens de l'article 256 A. Il en constitue un secteur d'activité.

À l'issue de la période obligatoire mentionnée au deuxième alinéa du présent 3 et sur accord exprès de chacun des membres de l'assujetti unique, il peut être mis fin à l'assujetti unique sur dénonciation de l'option formulée par son représentant. Cette dénonciation prend effet à compter du premier jour du deuxième mois qui suit celui au cours duquel elle est intervenue.

Nonobstant la période obligatoire mentionnée au même deuxième alinéa, l'assujetti unique cesse de plein droit à la date à laquelle les conditions mentionnées aux I et II ne sont plus remplies. Il en va notamment ainsi en cas de sortie de son pénultième membre. Le représentant en informe l'administration sans délai.

4. L'introduction d'un nouveau membre de l'assujetti unique ne peut intervenir qu'à l'issue de la période obligatoire mentionnée au deuxième alinéa du 3 du présent III, sauf si cette introduction concerne un assujetti qui, au jour de prise d'effet de l'option mentionnée au même deuxième alinéa, ne remplissait pas les conditions de liens mentionnées aux I et II. Cette introduction est subordonnée au respect des conditions de liens mentionnées aux mêmes I et II et doit être formulée par le représentant de l'assujetti unique accompagnée de l'accord exprès du membre concerné. Elle prend effet le 1er janvier de l'année qui suit celle au cours de laquelle elle a été formulée.

À l'issue de la période obligatoire mentionnée au deuxième alinéa du 3 du présent III, tout membre d'un assujetti unique peut décider de s'en retirer à compter du 1er janvier de l'année suivante avec l'accord du représentant de l'assujetti unique. Le représentant informe l'administration de cette décision au plus tard le 31 octobre de l'année qui précède celle de la sortie du membre.

L'appartenance d'un membre à l'assujetti unique cesse de plein droit à compter du premier jour du mois suivant celui au cours duquel ce membre ne remplit plus les conditions de liens mentionnées aux I et II. Le représentant en informe l'administration sans délai.

5. Chaque année, le représentant communique à l'administration, au plus tard le 31 janvier, la liste des membres de l'assujetti unique appréciée au 1er janvier de la même année.

6. Le crédit de taxe sur la valeur ajoutée constaté par un membre de l'assujetti unique au titre d'une période antérieure à l'entrée en vigueur de l'option prévue au présent III ne peut faire l'objet d'un report sur une déclaration déposée par l'assujetti unique. Ce crédit donne lieu à remboursement à ce membre dans les conditions prévues au IV de l'article 271.

Le crédit de taxe sur la valeur ajoutée constaté sur la déclaration mentionnée au 2 de l'article 287 souscrite par l'assujetti unique pendant l'application du régime optionnel prévu au I du présent article lui est définitivement acquis.

7. L'existence de l'assujetti unique aux fins d'application des règles de la taxe sur la valeur ajoutée est sans incidence sur les autres impôts, taxes, droits et prélèvements de toute nature dont sont redevables ses membres.

Nota. Conformément au III de l'article 162 de la loi n° 2020-1721 du 29 décembre 2020, les présentes dispositions entrent en vigueur le 1er janvier 2022.

CGI art. 286, III

III. – L'option formulée au titre du III de l'article 256 C vaut déclaration au sens des 1° et 2° du I du présent article pour l'assujetti unique constitué en application de l'article 256 C. Elle précise la dénomination, la domiciliation et le représentant de l'assujetti unique ainsi que la nature des activités de chacun de ses membres. La déclaration comporte la liste des membres ainsi que les numéros individuels d'identification à la taxe sur la valeur ajoutée qui leur ont été attribués avant leur entrée dans l'assujetti unique.

Chaque membre de l'assujetti unique constitué en application du même article 256 C est tenu de remplir les obligations mentionnées aux 3°, 3° bis et 4° du I du présent article.

Nota. Conformément au III de l'article 162 de la loi n° 2020-1721 du 29 décembre 2020, les présentes dispositions entrent en vigueur le 1er janvier 2022.

CGI art. 787 B

Sont exonérées de droits de mutation à titre gratuit, à concurrence de 75 % de leur valeur, les parts ou les actions d'une société ayant une activité industrielle, commerciale, artisanale, agricole ou libérale transmises par décès, entre vifs ou, en pleine propriété, à un fonds de pérennité mentionné à l'article 177 de la loi n° 2019-486 du 22 mai 2019 relative à la croissance et la transformation des entreprises si les conditions suivantes sont réunies :

a. Les parts ou les actions mentionnées ci-dessus doivent faire l'objet d'un engagement collectif de conservation d'une durée minimale de deux ans en cours au jour de la transmission, qui a été pris par le défunt ou le donateur, pour lui et ses ayants cause à titre gratuit, avec d'autres associés. Le présent engagement peut être pris par une personne seule, pour elle et ses ayants cause à titre gratuit, sous les mêmes conditions ;

Lorsque les parts ou actions transmises par décès n'ont pas fait l'objet d'un engagement collectif de conservation, un ou des héritiers ou légataires peuvent entre eux ou avec d'autres associés conclure dans les six mois qui suivent la transmission l'engagement prévu au premier alinéa ;

b. 1. L'engagement collectif de conservation doit porter sur au moins 10 % des droits financiers et 20 % des droits de vote attachés aux titres émis par la société s'ils sont admis à la négociation sur un marché réglementé ou, à défaut, sur au moins 17 % des droits financiers et 34 % des droits de vote, y compris les parts ou actions transmises.

Ces pourcentages doivent être respectés tout au long de la durée de l'engagement collectif de conservation. Les associés de l'engagement collectif de conservation peuvent effectuer entre eux des cessions ou donations des titres soumis à l'engagement. Ils peuvent également admettre un nouvel associé dans l'engagement collectif à condition que cet engagement collectif soit reconduit pour une durée minimale de deux ans.

L'engagement collectif de conservation est opposable à l'administration à compter de la date de l'enregistrement de l'acte qui le constate. Dans le cas de titres admis à la négociation sur un marché réglementé, l'engagement collectif de conservation est soumis aux dispositions de l'article L. 233-11 du code de commerce.

2. L'engagement collectif de conservation est réputé acquis lorsque les parts ou actions détenues depuis deux ans au moins, directement ou indirectement dans les conditions prévues au 3 du présent b, par une personne physique seule ou avec son conjoint, le partenaire avec lequel elle est liée par un pacte civil de solidarité ou son concubin notoire atteignent les seuils prévus au premier alinéa du 1, sous réserve que cette personne ou son conjoint, le partenaire lié à elle par un pacte civil de solidarité ou son concubin notoire exerce depuis deux ans au moins dans la société concernée son activité professionnelle principale ou l'une des fonctions énumérées au 1° du 1 du III de l'article 975 lorsque la société est soumise à l'impôt sur les sociétés. En cas de détention indirecte, l'exonération partielle est accordée dans les proportions et sous les conditions prévues au 3 du présent b.

3. Pour le calcul des pourcentages prévus au premier alinéa du 1, il est tenu compte des titres détenus par une société possédant directement une participation dans la société dont les parts ou actions font l'objet de l'engagement collectif de conservation visé au a et auquel elle a souscrit.

La valeur des titres de cette société qui sont transmis bénéficie de l'exonération partielle à proportion de la valeur réelle de son actif brut qui correspond à la participation ayant fait l'objet de l'engagement collectif de conservation ;

L'exonération s'applique également lorsque la société détenue directement par le redevable possède une participation dans une société qui détient les titres de la société dont les parts ou actions font l'objet de l'engagement de conservation.

Dans cette hypothèse, l'exonération partielle est appliquée à la valeur des titres de la société détenus directement par le redevable, dans la limite de la fraction de la valeur réelle de l'actif brut de celle-ci représentative de la valeur de la participation indirecte ayant fait l'objet d'un engagement de conservation.

Le bénéfice de l'exonération partielle est subordonné à la condition que les participations soient conservées inchangées à chaque niveau d'interposition pendant toute la durée de l'engagement collectif. Toutefois, le bénéfice du régime de faveur n'est pas remis en cause en cas d'augmentation de la participation détenue par les sociétés interposées.

c. Chacun des héritiers, donataires ou légataires prend l'engagement dans la déclaration de succession ou l'acte de donation, pour lui et ses ayants cause à titre gratuit, de conserver les parts ou les actions transmises pendant une durée de quatre ans à compter de la date d'expiration du délai visé au a.

Le cas échéant, la société dont les titres sont transmis, qui possède directement ou indirectement dans les conditions prévues au 3 du b une participation dans la société dont les parts ou actions font l'objet de l'engagement collectif de conservation mentionné au a, doit conserver cette participation durant cette même période ;

c bis. La condition d'exercice par la société d'une activité industrielle, commerciale, artisanale, agricole ou libérale, prévue au premier alinéa du présent article, doit être satisfaite à compter de la conclusion de l'engagement de conservation prévu au premier alinéa du a et jusqu'au terme de l'engagement de conservation prévu au c. Par dérogation, cette condition doit être satisfaite, dans le cas prévu au second alinéa du a, à compter de la transmission des titres et, dans le cas prévu au 2 du b, depuis deux ans au moins à la date de cette transmission.

d. L'un des associés mentionnés au a ou l'un des héritiers, donataires ou légataires mentionnés au c exerce effectivement dans la société dont les parts ou actions font l'objet de l'engagement collectif de conservation, pendant la durée de l'engagement prévu au a et pendant les trois années qui suivent la date de la transmission, son activité professionnelle principale si celle-ci est une société de personnes visée aux articles 8 et 8 ter, ou l'une des fonctions énumérées au 1° du 1 du III de l'article 975 lorsque celle-ci est soumise à l'impôt sur les sociétés, de plein droit ou sur option ;

d bis. Les parts ou actions ne sont pas inscrites sur un compte PME innovation mentionné à l'article L. 221-32-4 du code monétaire et financier. Le non-respect de cette condition par l'un des signataires jusqu'au terme du délai mentionné au c entraîne la remise en cause de l'exonération partielle dont il a bénéficié ;

e. La déclaration de succession ou l'acte de donation doit être appuyée d'une attestation de la société dont les parts ou actions font l'objet de l'engagement collectif de conservation certifiant que les conditions prévues aux a et b ont été remplies jusqu'au jour de la transmission.

L'héritier, le donataire ou le légataire adresse, sur demande de l'administration et dans un délai de trois mois à compter de cette demande, une attestation, que la société dont les parts ou actions font l'objet des engagements de conservation mentionnés aux a et c lui transmet, certifiant que les conditions prévues aux a à d ont été respectées de manière continue depuis la date de la transmission.

Dans un délai de trois mois à compter du terme de l'engagement de conservation mentionné au c, l'héritier, le donataire ou le légataire adresse à l'administration une attestation, que la société lui transmet, certifiant que les conditions prévues aux a à d ont été respectées jusqu'à leur terme.

En cas de détention indirecte des parts ou actions faisant l'objet des engagements de conservation mentionnés aux a et c, chacune des sociétés composant la chaîne de participation transmet aux personnes soumises à ces engagements, dans les cas prévus aux deuxième et troisième alinéas du présent e, une attestation certifiant du respect, à son niveau, des obligations de conservation prévues aux a et c ;

e bis. En cas de non-respect de la condition prévue au a par l'un des signataires, l'exonération partielle n'est pas remise en cause à l'égard des signataires autres que le cédant si :

1° Soit les titres que ces autres signataires détiennent ensemble respectent la condition prévue au b et ceux-ci les conservent jusqu'au terme initialement prévu ;

2° Soit le cessionnaire s'associe à l'engagement collectif à raison des titres cédés afin que le pourcentage prévu au b demeure respecté. Dans ce cas, l'engagement collectif est reconduit pour une durée minimale de deux ans pour l'ensemble des signataires.

e ter. En cas de non-respect de la condition de conservation prévue au a, par l'un des héritiers, donataires ou légataires à la suite de la cession ou de la donation, à un autre associé de l'engagement mentionné au a d'une partie des parts ou actions qui lui ont été transmises à titre gratuit, l'exonération partielle n'est remise en cause pour le cédant ou le donateur qu'à hauteur des seules parts ou actions cédées ou données ;

f. En cas de non-respect des conditions prévues aux a et c par suite d'un apport partiellement rémunéré par la prise en charge d'une soulte consécutive à un partage ou d'un apport pur et simple de titres d'une société ayant une activité industrielle, commerciale, artisanale, agricole ou libérale à une société dont la valeur réelle de l'actif brut est, à l'issue de l'apport et jusqu'au terme des engagements de conservation mentionnés aux a et c, composée à plus de 50 % de participations dans la société soumises à ces engagements, l'exonération partielle n'est pas remise en cause si les conditions suivantes sont réunies :

1° Les trois-quarts au moins du capital et des droits de vote y afférents de la société bénéficiaire de l'apport sont, à l'issue de l'apport, détenus par les personnes soumises aux obligations de conservation prévues aux a et c. Cette société est dirigée directement par une ou plusieurs de ces personnes. Les conditions tenant à la composition de l'actif de la société, à la détention de son capital et à sa direction doivent être respectées à l'issue de l'opération d'apport et jusqu'au terme des engagements mentionnés aux a et c ;

2° La société bénéficiaire de l'apport prend l'engagement de conserver les titres apportés jusqu'au terme des engagements mentionnés aux a et c ;

3° Les personnes mentionnées au 1°, associées de la société bénéficiaire des apports, doivent conserver, pendant la durée mentionnée au 2°, les titres reçus en contrepartie de l'opération d'apport.

Le présent f s'applique également, sous les mêmes conditions, à l'apport de titres d'une société possédant directement une participation dans la société dont les parts ou actions font l'objet de l'engagement de conservation mentionné aux a ou c. Dans ce cas, à l'issue de l'apport et jusqu'au terme des engagements de conservation mentionnés aux a et c, la valeur réelle de l'actif brut de la société bénéficiaire de l'apport est composée à plus de 50 % de participations indirectes dans la société soumises aux obligations de conservation prévues aux a et c ;

g) En cas de non-respect des conditions prévues aux a ou b, par suite d'une fusion ou d'une scission au sens de l'article 817 A, d'une augmentation de capital ou d'une offre publique d'échange préalable à une fusion ou une scission dès lors que cette fusion ou cette scission est opérée dans l'année qui suit la clôture de l'offre publique d'échange, l'exonération partielle accordée lors d'une mutation à titre gratuit avant l'une de ces opérations n'est pas remise en cause si les signataires respectent l'engagement prévu au a jusqu'à son terme. Les titres reçus en contrepartie de ces opérations doivent être conservés jusqu'au même terme. De même, cette exonération n'est pas non plus remise en cause lorsque la condition prévue au b n'est pas respectée par suite d'une annulation des titres pour cause de pertes ou de liquidation judiciaire ;

h) En cas de non-respect de la condition prévue au c par suite d'une fusion ou d'une scission au sens de l'article 817 A, d'une augmentation de capital, ou d'une offre publique d'échange préalable à une fusion ou une scission dès lors que cette fusion ou cette scission est opérée dans l'année qui suit la clôture de l'offre publique d'échange, l'exonération partielle accordée lors de la mutation à titre gratuit n'est pas remise en cause si les titres reçus en contrepartie de ces opérations sont conservés par le signataire de l'engagement jusqu'à son terme.

De même, cette exonération n'est pas remise en cause lorsque la condition prévue aux b ou c n'est pas respectée par suite d'une annulation des titres pour cause de pertes ou de liquidation judiciaire ;

i) En cas de non-respect de la condition prévue au c par suite d'une donation, l'exonération partielle accordée au titre de la mutation à titre gratuit n'est pas remise en cause, à condition que le ou les donataires soient le ou les descendants du donateur et que le ou les donataires poursuivent l'engagement prévu au c jusqu'à son terme.

Les dispositions du présent article s'appliquent en cas de donation avec réserve d'usufruit à la condition que les droits de vote de l'usufruitier soient statutairement limités aux décisions concernant l'affectation des bénéfices.

Un décret en Conseil d'État détermine les modalités d'application du présent article, notamment les obligations déclaratives incombant aux redevables et aux sociétés.

Nota. Se reporter aux conditions d'application prévues à l'article 8 de la loi n° 2022-1157 du 16 août 2022.

CGI art. 964

Il est institué un impôt annuel sur les actifs immobiliers désigné sous le nom d'impôt sur la fortune immobilière.

Sont soumises à cet impôt, lorsque la valeur de leurs actifs mentionnés à l'article 965 est supérieure à 1 300 000 € :

1° Les personnes physiques ayant leur domicile fiscal en France, à raison de leurs actifs mentionnés au même article 965 situés en France ou hors de France.

Toutefois, les personnes physiques mentionnées au premier alinéa du présent 1° qui n'ont pas été fiscalement domiciliées en France au cours des cinq années civiles précédant celle au cours de laquelle elles ont leur domicile fiscal en France ne sont imposables qu'à raison des actifs mentionnés au 2°.

Cette disposition s'applique au titre de chaque année au cours de laquelle le redevable conserve son domicile fiscal en France, jusqu'au 31 décembre de la cinquième année qui suit celle au cours de laquelle le domicile fiscal a été établi en France ;

2° Les personnes physiques n'ayant pas leur domicile fiscal en France, à raison des biens et droits immobiliers mentionnés au 1° de l'article 965 situés en France et des parts ou actions de sociétés ou organismes mentionnés au 2° du même article 965, à hauteur de la fraction de leur valeur représentative de ces mêmes biens et droits immobiliers.

Sauf dans les cas prévus aux a et b du 4 de l'article 6, les couples mariés font l'objet d'une imposition commune.

Les partenaires liés par un pacte civil de solidarité défini à l'article 515-1 du code civil et les personnes vivant en concubinage notoire font l'objet d'une imposition commune.

Les conditions d'assujettissement sont appréciées au 1er janvier de chaque année.

CGI art. 965

L'assiette de l'impôt sur la fortune immobilière est constituée par la valeur nette au 1er janvier de l'année :

1° De l'ensemble des biens et droits immobiliers appartenant aux personnes mentionnées à l'article 964 ainsi qu'à leurs enfants mineurs, lorsqu'elles ont l'administration légale des biens de ceux-ci ;

2° Des parts ou actions des sociétés et organismes établis en France ou hors de France appartenant aux personnes mentionnées au 1° du présent article, à hauteur de la fraction de leur valeur représentative de biens ou droits immobiliers détenus directement ou indirectement par la société ou l'organisme.

Pour déterminer la fraction mentionnée au premier alinéa du présent 2°, il est appliqué à la valeur des parts ou actions déterminée conformément aux dispositions de l'article 973 un coefficient correspondant au rapport entre, d'une part, la valeur vénale réelle des biens ou droits immobiliers imposables et, le cas échéant, la valeur des parts ou actions représentatives de ces mêmes biens et, d'autre part, la valeur vénale réelle de l'ensemble des actifs de la société ou de l'organisme mentionné au premier alinéa du présent 2°.

Ne sont pas prises en compte les parts ou actions de sociétés ou d'organismes mentionnés au même premier alinéa qui ont pour activité une activité industrielle, commerciale, artisanale, agricole ou libérale dont le redevable détient directement et, le cas échéant, indirectement, seul ou conjointement avec les personnes mentionnées au 1°, moins de 10 % du capital et des droits de vote.

Ne sont pas prises en compte, pour la détermination de la fraction mentionnée au premier alinéa du présent 2°, les parts ou actions de sociétés ou d'organismes qui ont pour activité une activité industrielle, commerciale, artisanale, agricole ou libérale détenues, directement ou indirectement, par la société ou l'organisme mentionné au même premier alinéa, lorsque le redevable détient indirectement et, le cas échéant, directement, seul ou conjointement avec les personnes mentionnées au 1°, moins de 10 % du capital et des droits de vote de ces sociétés ou organismes.

Par exception aux troisième et quatrième alinéas du présent 2°, sont pris en compte pour la détermination de la fraction mentionnée au premier alinéa du présent 2°, sous réserve des exclusions prévues aux a et b du présent 2°, les biens et droits immobiliers détenus directement par les sociétés ou organismes que le redevable, seul ou conjointement avec les personnes mentionnées au 1° du présent article, contrôle au sens du 2° du III de l'article 150-0 B ter, ou dont le redevable ou l'une des personnes mentionnées au 1° du présent article se réserve la jouissance en fait ou en droit.

Ne sont pas retenus pour le calcul de la fraction mentionnée au premier alinéa du présent 2° :

a) Les biens ou droits immobiliers détenus directement par la société ou l'organisme mentionné au même premier alinéa ou par une société ou un organisme dont la société ou l'organisme mentionné audit premier alinéa détient directement ou indirectement des parts ou actions, lorsque ces biens ou droits immobiliers sont affectés à l'activité industrielle, commerciale, artisanale, agricole ou libérale de la société ou de l'organisme qui les détient ;

b) Lorsque le redevable détient directement ou indirectement des parts ou actions d'une société ou d'un organisme ayant pour activité une activité industrielle, commerciale, artisanale, agricole ou libérale, les biens ou droits immobiliers détenus directement ou indirectement par cette société ou cet organisme affectés à son activité industrielle, commerciale, artisanale, agricole ou libérale ; à celle de la société ou de l'organisme qui les détient directement ; ou à celle d'une société ou d'un organisme dans lesquels la société ou l'organisme détient directement ou par personne interposée la majorité des droits de vote ou exerce en fait le pouvoir de décision.

3° Aucun rehaussement n'est effectué si le redevable, de bonne foi, démontre qu'il n'était pas en mesure de disposer des informations nécessaires à l'estimation de la fraction de la valeur des parts ou actions mentionnées au premier alinéa du 2° du présent article représentative des biens ou droits immobiliers qu'il détient indirectement.

Le premier alinéa du présent 3° ne s'applique pas si le redevable contrôle, au sens du 2° du III de l'article 150-0 B ter, la société ou l'organisme qui détient directement les biens ou droits immobiliers imposables ou si l'une des personnes mentionnée au 1° du présent article se réserve, en fait ou en droit, la jouissance des biens ou droits immobiliers que le redevable détient indirectement ou si le redevable détient directement ou indirectement, seul ou conjointement avec les personnes mentionnées au même 1°, plus de 10 % du capital ou des droits de vote de la société ou de l'organisme qui détient directement les biens ou droits immobiliers imposables.

CGI art. 966

I. – Pour l'application de l'article 965, n'est pas considérée comme une activité industrielle, commerciale, artisanale, agricole ou libérale l'exercice par une société ou un organisme d'une activité de gestion de son propre patrimoine immobilier.

II. – Pour l'application de l'article 965, sont considérées comme des activités commerciales les activités mentionnées aux articles 34 et 35, à l'exception de celles mentionnées au I du présent article.

Sont également considérées comme des activités commerciales les activités de sociétés qui, outre la gestion d'un portefeuille de participations, participent activement à la conduite de la politique de leur groupe et au contrôle de leurs filiales et rendent, le cas échéant et à titre purement interne, des services spécifiques, administratifs, juridiques, comptables, financiers et immobiliers.

CGI art. 967

L'article 754 B est applicable à l'impôt sur la fortune immobilière.

CGI art. 968

Les actifs mentionnés à l'article 965 grevés d'un usufruit, d'un droit d'habitation ou d'un droit d'usage accordé à titre personnel sont compris dans le patrimoine de l'usufruitier ou du titulaire du droit pour leur valeur en pleine propriété.

Toutefois, à condition, pour l'usufruit, que le droit constitué ne soit ni vendu ni cédé à titre gratuit par son titulaire, ces actifs grevés de l'usufruit ou du droit d'usage ou d'habitation sont compris, respectivement, dans les patrimoines de l'usufruitier ou du nu-propriétaire suivant les proportions fixées par l'article 669 lorsque :

1° La constitution de l'usufruit résulte de l'application de l'article 757 du code civil, de l'article 767 du même code dans sa rédaction antérieure à la loi n° 2001-1135 du 3 décembre 2001 relative aux droits du conjoint survivant et des enfants adultérins et modernisant diverses dispositions de droit successoral, de l'article 1094 dudit code dans sa rédaction antérieure à la loi n° 2006-728 du 23 juin 2006 portant réforme des successions et des libéralités ou de l'article 1098 du même code. Les biens dont la propriété est démembrée en application d'autres dispositions, notamment de l'article 1094-1 du même code, ne peuvent faire l'objet de cette imposition répartie ;

2° Le démembrement de propriété résulte de la vente d'un bien dont le vendeur s'est réservé l'usufruit, le droit d'usage ou d'habitation et que l'acquéreur n'est pas l'une des personnes mentionnées à l'article 751 du présent code ;

3° L'usufruit ou le droit d'usage ou d'habitation a été réservé par le donateur d'un bien ayant fait l'objet d'un don ou d'un legs à l'État, à un département, à une commune ou à un syndicat de communes ou à leurs établissements publics, à un établissement public national à caractère administratif ou à une association reconnue d'utilité publique.

CGI art. 968 bis

Les actifs mentionnés à l'article 965 acquis en commun dans les conditions prévues à l'article 754 A sont inclus dans le patrimoine de chacun des contractants au prorata des sommes investies par chacun des survivants dans le contrat.

CGI art. 969

Les actifs mentionnés à l'article 965 transférés dans un patrimoine fiduciaire ou ceux éventuellement acquis en remploi sont compris dans le patrimoine du constituant pour leur valeur vénale nette.

CGI art. 970

Les actifs mentionnés à l'article 965 placés dans un trust défini à l'article 792-0 bis sont compris, pour leur valeur vénale nette au 1er janvier de l'année d'imposition, selon le cas, dans le patrimoine du constituant ou dans celui du bénéficiaire qui est réputé être un constituant en application du II du même article 792-0 bis.

Le premier alinéa du présent article ne s'applique pas aux trusts irrévocables dont les bénéficiaires exclusifs relèvent de l'article 795 ou sont des organismes de même nature relevant de l'article 795-0 A et dont l'administrateur est soumis à la loi d'un État ou territoire ayant conclu avec la France une convention d'assistance administrative en vue de lutter contre la fraude et l'évasion fiscales.

CGI art. 971

I. – Les droits afférents à un contrat de crédit-bail conclu dans les conditions prévues au 2 de l'article L. 313-7 du code monétaire et financier sont compris, pour la valeur des actifs mentionnés à l'article 965 qui font l'objet du contrat appréciée au 1er janvier de l'année d'imposition, sous déduction du montant des loyers et du montant de l'option d'achat restant à courir jusqu'à l'expiration du bail, dans le patrimoine du preneur, qu'il soit le redevable mentionné au 1° du même article 965 ou une société ou un organisme mentionné au 2° dudit article 965.

II. – Les droits afférents à un contrat de location-accession régi par la loi n° 84-595 du 12 juillet 1984 définissant la location-accession à la propriété immobilière pour la valeur des actifs mentionnés à l'article 965 qui font l'objet du contrat appréciée au 1er janvier de l'année d'imposition, sous déduction des redevances et du montant de l'option d'achat restant à courir jusqu'au terme du délai prévu pour la levée d'option, sont également compris dans le patrimoine de l'accédant.

CGI art. 972

La valeur de rachat des contrats d'assurance rachetables et des bons ou contrats de capitalisation exprimés en unités de compte mentionnées au deuxième alinéa de l'article L. 131-1 du code des assurances est incluse dans le patrimoine du souscripteur à hauteur de la fraction de leur valeur représentative des unités de compte constituées des actifs mentionnés à l'article 965 appréciée dans les conditions prévues au même article 965 et à l'article 972 bis.

CGI art. 972 bis

Pour l'application de l'article 965 et sous les mêmes conditions, ne sont pas retenues pour la détermination de l'assiette de l'impôt, lorsque le redevable détient moins de 10 % des droits de l'organisme de placement collectif, seul et le cas échéant conjointement avec les personnes mentionnées au 1° du même article 965, et que l'actif de l'organisme de placement collectif est composé directement ou indirectement, à hauteur de moins de 20 %, de biens ou droits immobiliers imposables dans les conditions prévues au 2° dudit article 965, les parts ou actions :

1° D'organismes de placement collectif en valeurs mobilières mentionnés à l'article L. 214-2 du code monétaire et financier ;

2° De fonds d'investissement à vocation générale mentionnés à l'article L. 214-24-24 du même code, de fonds de capital investissement mentionnés à l'article L. 214-27 dudit code, de fonds de fonds alternatifs mentionnés à l'article L.

214-139 du même code, de fonds professionnels à vocation générale mentionnés à l'article L. 214-143 du même code, de fonds déclarés mentionnés à l'article L. 214-152 du même code et de fonds d'épargne salariale mentionnés à l'article L. 214-163 du même code, à l'exception des fonds relevant de l'une de ces catégories qui réservent la souscription ou l'acquisition de leurs parts ou actions en application de l'article L. 214-26-1 du même code ;

3° De sociétés d'investissement à capital fixe mentionnées à l'article L. 214-127 du même code et d'organismes de financement mentionnés à l'article L. 214-166-1 du même code.

CGI art. 972 ter

Pour l'application de l'article 965 et sous les mêmes conditions, ne sont pas retenues pour la détermination de l'assiette de l'impôt les actions de sociétés d'investissements immobiliers mentionnées au I de l'article 208 C lorsque le redevable détient, directement et, le cas échéant, indirectement, seul ou conjointement avec les personnes mentionnées au 1° de l'article 965, moins de 5 % du capital et des droits de vote de la société.

CGI art. 973

I. - La valeur des actifs mentionnés à l'article 965 est déterminée suivant les règles en vigueur en matière de droits de mutation par décès.

Par dérogation au deuxième alinéa de l'article 761, un abattement de 30 % est effectué sur la valeur vénale réelle de l'immeuble lorsque celui-ci est occupé à titre de résidence principale par son propriétaire. En cas d'imposition commune, un seul immeuble est susceptible de bénéficier de l'abattement précité.

Les valeurs mobilières cotées sur un marché sont évaluées selon le dernier cours connu ou selon la moyenne des trente derniers cours qui précèdent la date d'imposition.

II. - Pour la valorisation des parts ou actions mentionnées au 2° de l'article 965, ne sont pas prises en compte les dettes contractées directement ou indirectement, par une société ou un organisme :

1° Pour l'acquisition d'un bien ou droit immobilier imposable à une personne mentionnée au 1° de l'article 965 qui contrôle, au sens du 2° du III de l'article 150-0 B ter, seule ou conjointement avec les autres personnes mentionnées au 1° de l'article 965, la société ou l'organisme mentionné au premier alinéa du présent II ;

2° Auprès d'une personne mentionnée au 1° de l'article 965, pour l'acquisition d'un bien ou droit immobilier imposable ou pour des dépenses mentionnées aux 2° et 3° du I de l'article 974 afférentes à ces mêmes actifs, à proportion de la participation que détient cette personne dans la société ou l'organisme, seule ou conjointement avec les autres personnes mentionnées au 1° de l'article 965 ;

3° Auprès d'une personne mentionnée au 2° du III de l'article 974, pour l'acquisition d'un bien ou droit immobilier imposable ou pour des dépenses mentionnées aux 2° et 3° du I du même article 974 afférentes à ces mêmes actifs, à proportion de la participation que détient cette personne dans la société ou l'organisme, seule ou conjointement avec les autres personnes mentionnées au 1° de l'article 965 ;

4° Auprès d'une société ou d'un organisme contrôlé, au sens du 2° du III de l'article 150-0 B ter, directement ou par l'intermédiaire d'une ou de plusieurs sociétés ou organismes interposés, par l'une des personnes mentionnées au 1° de l'article 965, seule ou conjointement avec les autres personnes mentionnées au même 1°, leurs ascendants ou descendants ou leurs frères et sœurs, pour l'acquisition d'un bien ou droit immobilier imposable ou pour des dépenses mentionnées aux 2° et 3° du I de l'article 974 afférentes à ces mêmes actifs, à proportion de la participation que détient cette personne dans la société ou l'organisme, seule ou conjointement avec les autres personnes mentionnées au 1° de l'article 965.

Les 1°, 2° et 4° du présent II ne s'appliquent pas si le redevable justifie que le prêt n'a pas été contracté dans un objectif principalement fiscal.

Le 3° du présent II ne s'applique pas si le redevable justifie du caractère normal des conditions du prêt, notamment du respect du terme des échéances, du montant et du caractère effectif des remboursements.

CGI art. 974

I. - Sont déductibles de la valeur des biens ou droits immobiliers et des parts ou actions taxables les dettes, existantes au 1er janvier de l'année d'imposition, contractées par l'une des personnes mentionnées au 1° de l'article 965 et effectivement supportées par celle-ci, afférentes à des actifs imposables et, le cas échéant, à proportion de la fraction de leur valeur imposable :

1° Afférentes à des dépenses d'acquisition de biens ou droits immobiliers ;

2° Afférentes à des dépenses de réparation et d'entretien effectivement supportées par le propriétaire ou supportées pour le compte du locataire par le propriétaire dont celui-ci n'a pu obtenir le remboursement, au 31 décembre de l'année du départ du locataire ;

3° Afférentes à des dépenses d'amélioration, de construction, de reconstruction ou d'agrandissement ;

4° Afférentes aux impositions, autres que celles incombant normalement à l'occupant, dues à raison desdites propriétés. Ne relèvent pas de cette catégorie les impositions dues à raison des revenus générés par lesdites propriétés ;

5° Afférentes aux dépenses d'acquisition des parts ou actions mentionnées au 2° de l'article 965 au prorata de la valeur des actifs mentionnés au 1° du même article 965.

II. - Les dettes mentionnées au I correspondant à des prêts prévoyant le remboursement du capital au terme du contrat contractés pour l'achat d'un bien ou droit immobilier imposable sont déductibles chaque année à hauteur du montant total de l'emprunt diminué d'une somme égale à ce même montant multiplié par le nombre d'années écoulées depuis le versement du prêt et divisé par le nombre d'années total de l'emprunt.

Les dettes mentionnées au même I correspondant à des prêts ne prévoyant pas de terme pour le remboursement du capital, contractées pour l'achat d'un bien ou droit immobilier imposable, sont déductibles chaque année à hauteur du montant total de l'emprunt diminué d'une somme égale à un vingtième de ce montant par année écoulée depuis le versement du prêt.

III. - Ne sont pas déductibles les dettes mentionnées aux I et II correspondant à des prêts :

1° Contractés directement, ou indirectement par l'intermédiaire d'une ou plusieurs sociétés ou organismes interposés, auprès du redevable, de son conjoint, du partenaire lié par un pacte civil de solidarité ou du concubin notoire mentionnés à l'article 964, des enfants mineurs de ces personnes lorsqu'elles ont l'administration légale des biens de ceux-ci ;

2° Contractés directement, ou indirectement par l'intermédiaire d'une ou de plusieurs sociétés ou organismes interposés, auprès d'un ascendant, descendant autre que celui mentionné au 1°, frère ou sœur de l'une des personnes physiques mentionnées au même 1°, sauf si le redevable justifie du caractère normal des conditions du prêt, notamment du respect du terme des échéances, du montant et du caractère effectif des remboursements ;

3° Contractés par l'une des personnes mentionnées au 1° auprès d'une société ou organisme que, seule ou conjointement avec son conjoint, son partenaire lié par un pacte civil de solidarité ou son concubin notoire mentionnés à l'article 964, leurs ascendants ou descendants ou leurs frères et sœurs, elle contrôle au sens du 2° du III de l'article 150-0 B ter, directement ou par l'intermédiaire d'une ou de plusieurs sociétés ou organismes interposés, sauf si le redevable justifie du caractère normal des conditions du prêt, notamment du respect du terme des échéances, du montant et du caractère effectif des remboursements.

IV. - Lorsque la valeur vénale des biens ou droits immobiliers et des parts ou actions taxables excède 5 millions d'euros et que le montant total des dettes admises en déduction en application des I, II et III au titre d'une même année d'imposition excède 60 % de cette valeur, le montant des dettes excédant ce seuil n'est admis en déduction qu'à hauteur de 50 % de cet excédent.

Ne sont pas retenues pour l'application du premier alinéa du présent IV les dettes dont le redevable justifie qu'elles n'ont pas été contractées dans un objectif principalement fiscal.

CGI art. 975

I. - Sont exonérés les biens ou droits immobiliers mentionnés au 1° de l'article 965 et les parts ou actions mentionnées au 2° du même article 965 représentatives de ces mêmes biens ou droits, lorsque ces biens ou droits immobiliers sont affectés à l'activité principale industrielle, commerciale, artisanale, agricole ou libérale des personnes mentionnées au 1° dudit article 965.

Les biens ou droits mentionnés au premier alinéa du présent I affectés à différentes activités pour lesquelles le redevable remplit les conditions prévues au même premier alinéa sont également exonérés lorsque les différentes activités professionnelles exercées sont soit similaires, soit connexes et complémentaires. Toutefois, pour l'application du présent alinéa, la condition d'activité principale s'apprécie au regard de l'ensemble des activités précitées.

II. - Sont également exonérés les biens ou droits immobiliers mentionnés au 1° de l'article 965 et les parts ou actions mentionnées au 2° du même article 965 représentatives de ces mêmes biens ou droits, lorsque ces biens et droits immobiliers sont affectés à l'activité industrielle, commerciale, artisanale, agricole ou libérale d'une société de personnes soumise à l'impôt sur le revenu mentionnée aux articles 8 et 8 ter dans laquelle les personnes mentionnées au premier alinéa du I du présent article exercent leur activité principale.

Les biens ou droits mentionnés au premier alinéa du présent II affectés à l'activité industrielle, commerciale, artisanale, agricole ou libérale de plusieurs sociétés de personnes dans lesquelles le redevable remplit les conditions prévues au même premier alinéa sont également exonérés lorsque les sociétés ont des activités soit similaires, soit connexes et complémentaires. Toutefois, pour l'application du présent alinéa, la condition d'activité principale s'apprécie au regard de l'ensemble des sociétés précitées.

III. - 1. Sont également exonérés les biens ou droits immobiliers mentionnés au 1° de l'article 965 et les parts ou actions mentionnées au 2° du même article 965 représentatives de ces mêmes biens ou droits, lorsque ces biens et droits immobiliers sont affectés à l'activité industrielle, commerciale, artisanale, agricole ou libérale d'une société soumise, de droit ou sur option, à l'impôt sur les sociétés, sous réserve que le redevable :

1° Exerce dans la société la fonction de gérant, nommé conformément aux statuts d'une société à responsabilité limitée ou en commandite par actions, d'associé en nom d'une société de personnes ou de président, directeur général, président du conseil de surveillance ou membre du directoire d'une société par actions.

Les fonctions mentionnées au premier alinéa du présent 1° doivent être effectivement exercées et donner lieu à une rémunération normale, dans les catégories imposables à l'impôt sur le revenu des traitements et salaires, bénéfices industriels et commerciaux, bénéfices agricoles, bénéfices non commerciaux et revenus des gérants et associés mentionnés à l'article 62, au regard des rémunérations du même type versées au titre de fonctions analogues dans l'entreprise ou dans des entreprises similaires établies en France. Cette rémunération doit représenter plus de la moitié des revenus à raison desquels l'intéressé est soumis à l'impôt sur le revenu dans les mêmes catégories, à l'exclusion des revenus non professionnels ;

2° Détienne 25 % au moins des droits de vote attachés aux titres émis par la société, directement ou par l'intermédiaire de son conjoint, de leurs ascendants ou descendants ou de leurs frères et sœurs.

Les titres détenus dans les mêmes conditions dans une société possédant une participation dans la société dans laquelle le redevable exerce ses fonctions sont pris en compte à proportion de cette participation.

Le respect de la condition de détention de 25 % au moins des droits de vote attachés aux titres émis par la société prévue au premier alinéa du 2° n'est pas exigé après une augmentation de capital si, à compter de la date de cette dernière, le redevable remplit les trois conditions suivantes :

a) Il a respecté cette condition au cours des cinq années ayant précédé l'augmentation de capital ;

b) Il détient 12,5 % au moins des droits de vote attachés aux titres émis par la société, directement ou par l'intermédiaire de son conjoint, de leurs ascendants ou descendants ou de leurs frères et sœurs ;

c) Il est partie à un pacte conclu avec d'autres associés ou actionnaires représentant au total 25 % au moins des droits de vote et exerçant un pouvoir d'orientation dans la société.

Par dérogation au premier alinéa du 2°, la condition de détention de 25 % au moins des droits de vote attachés aux titres émis par la société n'est pas exigée des gérants et associés mentionnés à l'article 62.

2. Sont également exonérés les biens ou droits immobiliers mentionnés au 1 affectés à l'activité industrielle, commerciale, artisanale, agricole ou libérale d'une société soumise, de droit ou sur option, à l'impôt sur les sociétés dont les parts ou actions sont détenues directement par le gérant, nommé conformément aux statuts d'une société à responsabilité limitée ou en commandite par actions, le président, le directeur général, le président du conseil de surveillance ou le membre du directoire d'une société par actions, qui remplit les conditions prévues au 1° du même 1, lorsque la valeur des titres qu'il détient dans cette société excède 50 % de la valeur brute du patrimoine total du redevable, y compris les biens ou droits immobiliers précités.

IV. - 1. Sont également exonérés les biens ou droits immobiliers mentionnés au 1° de l'article 965 et les parts ou actions mentionnées au 2° du même article 965 représentatives de ces mêmes biens ou droits, lorsque ces biens et droits immobiliers sont affectés à l'activité industrielle, commerciale, artisanale, agricole ou libérale de plusieurs sociétés soumises, de droit ou sur option, à l'impôt sur les sociétés lorsque chaque participation, prise isolément, satisfait aux conditions prévues au III. Toutefois, la condition de rémunération prévue à la seconde phrase du second alinéa du 1° du 1 du même III est respectée si la somme des rémunérations perçues au titre des fonctions énumérées au premier alinéa du même 1° dans les sociétés dont le redevable possède des parts ou actions représente plus de la moitié des revenus mentionnés à la même phrase.

Lorsque les sociétés mentionnées au premier alinéa du présent 1 ont des activités soit similaires, soit connexes et complémentaires, la condition de rémunération normale s'apprécie au regard des fonctions exercées dans l'ensemble des sociétés dont les parts ou actions répondent aux conditions du III.

2. Sont également exonérés les biens ou droits immobiliers mentionnés au 1 du présent IV affectés par le redevable mentionné aux I ou II dans une ou plusieurs sociétés soumises à l'impôt sur les sociétés lorsque chaque participation, prise isolément, satisfait aux conditions prévues au III.

V. - Pour l'application du présent article, les activités commerciales s'entendent de celles définies à l'article 966.

Par exception au premier alinéa du présent V, est considérée comme une activité commerciale pour l'application des I à IV :

1° L'exercice d'une activité de location de locaux d'habitation loués meublés ou destinés à être loués meublés, par une personne mentionnée au 1° de l'article 965 ou par une société ou organisme, sous réserve, s'agissant des personnes mentionnées au même 1°, qu'elles réalisent plus de 23 000 € de recettes annuelles et retirent de cette activité plus de 50 % des revenus à raison desquels le foyer fiscal auquel elles appartiennent est soumis à l'impôt sur le revenu dans les catégories des traitements et salaires, bénéfices industriels et commerciaux, bénéfices agricoles, bénéfices non commerciaux, revenus des gérants et associés mentionnés à l'article 62 ;

2° L'exercice, par une personne mentionnée au 1° de l'article 965 ou par une société ou un organisme, d'une activité de location d'établissements commerciaux ou industriels munis du mobilier ou du matériel nécessaire à leur exploitation.

VI. - Les biens ou droits immobiliers affectés à des sociétés mentionnées aux II à IV qui n'en ont pas la propriété sont exonérés à hauteur de la participation du redevable dans les sociétés auxquelles ils sont affectés.

CGI art. 976

I. - Les propriétés en nature de bois et forêts sont exonérées à concurrence des trois quarts de leur valeur imposable si les conditions prévues au 2° du 2 de l'article 793 sont satisfaites.

II. - Les parts de groupements forestiers sont exonérées à concurrence des trois quarts de la fraction de la valeur nette correspondant aux biens mentionnés au 3° du 1 de l'article 793 et sous les mêmes conditions.

III. - Les biens donnés à bail à long terme dans les conditions prévues aux articles L. 416-1 à L. 416-6, L. 416-8 et L. 416-9 du code rural et de la pêche maritime et ceux donnés à bail cessible dans les conditions prévues aux articles L. 418-1 à L. 418-5 du même code sont exonérés à condition, d'une part, que la durée du bail soit au minimum de dix-huit ans et, d'autre part, que le preneur utilise le bien dans l'exercice de sa profession principale et qu'il soit le conjoint, le partenaire lié par un pacte civil de solidarité ou le concubin notoire du bailleur, l'un de leurs frères et sœurs, l'un de leurs ascendants ou descendants ou le conjoint, le partenaire lié par un pacte civil de solidarité ou le concubin notoire de l'un de leurs ascendants ou descendants.

À défaut de remplir les deux dernières conditions du premier alinéa du présent III, ces mêmes biens sont exonérés à concurrence des trois quarts de leur valeur lorsque la valeur totale des biens loués, quel que soit le nombre de baux, n'excède pas 101 897 € et pour moitié au-delà de cette limite, sous réserve que la durée du bail soit au minimum de dix-huit ans et que les descendants du preneur ne soient pas contractuellement privés de la faculté de bénéficier de l'article L. 411-35 du code rural et de la pêche maritime.

IV. - Sous les conditions prévues au 4° du 1 de l'article 793, les parts de groupements fonciers agricoles et de groupements agricoles fonciers soumis à la loi n° 62-933 du 8 août 1962 complémentaire à la loi d'orientation agricole et à l'article 11 de la loi n° 70-1299 du 31 décembre 1970 relative aux groupements fonciers agricoles sont exonérées, sous réserve que ces parts soient représentatives d'apports constitués par des immeubles ou des droits immobiliers à destination agricole et que les baux consentis par le groupement ainsi que leurs preneurs répondent aux conditions prévues au premier alinéa du III du présent article.

À défaut de remplir les deux dernières conditions du premier alinéa du présent IV, ces mêmes biens sont, sous réserve que les baux à long terme ou les baux cessibles consentis par le groupement répondent aux conditions prévues au second alinéa du III, exonérés à concurrence des trois quarts de leur valeur si la valeur totale des parts détenues n'excède pas 101 897 € et pour moitié au-delà de cette limite.

V. - Les biens ruraux et les parts de groupements fonciers agricoles et de groupements agricoles fonciers représentatives de ces mêmes biens, donnés à bail dans les conditions prévues au premier alinéa du III à une société à objet principalement agricole contrôlée à plus de 50 % par les personnes mentionnées au même premier alinéa, sont exonérés à concurrence de la participation détenue dans la société locataire par celles des personnes précitées qui y exercent leur activité professionnelle principale.

Les biens ruraux et les parts de groupements fonciers agricoles et de groupements agricoles fonciers représentatives de ces mêmes biens, donnés à bail dans les conditions prévues au premier alinéa du III, lorsqu'ils sont mis à la disposition d'une société mentionnée au premier alinéa du présent V ou lorsque le droit au bail y afférent est apporté à une société de même nature, dans les conditions prévues, respectivement, aux articles L. 411-37 et L. 411-38 du code rural et de la pêche maritime, sont exonérés dans les mêmes proportions et sous les mêmes conditions que celles définies au premier alinéa du présent V.

CGI art. 977

1. Le tarif de l'impôt est fixé à :

Fraction de la valeur nette taxable du patrimoine	Tarif applicable (en pourcentage)
N'excédant pas 800 000 €	0
Supérieure à 800 000 € et inférieure ou égale à 1 300 000 €	0,50
Supérieure à 1 300 000 € et inférieure ou égale à 2 570 000 €	0,70
Supérieure à 2 570 000 € et inférieure ou égale à 5 000 000 €	1
Supérieure à 5 000 000 € et inférieure ou égale à 10 000 000 €	1,25
Supérieure à 10 000 000 €	1,50

2. Pour les redevables dont le patrimoine imposable a une valeur nette taxable égale ou supérieure à 1 300 000 € et inférieure à 1 400 000 €, le montant de l'impôt calculé selon le tarif prévu au tableau du 1 est réduit d'une somme égale à 17 500 € – 1,25 % P, où P est la valeur nette taxable du patrimoine.

CGI art. 978

I. - Le redevable peut imputer sur l'impôt sur la fortune immobilière, dans la limite de 50 000 €, 75 % du montant des dons en numéraire et dons en pleine propriété de titres de sociétés admis aux négociations sur un marché réglementé français ou étranger effectués au profit :

1° Des établissements de recherche, d'enseignement supérieur ou d'enseignement artistique publics ou privés, d'intérêt général, à but non lucratif et des établissements d'enseignement supérieur consulaire mentionnés à l'article L. 711-17 du code de commerce ;

2° Des fondations reconnues d'utilité publique répondant aux conditions fixées au a du 1 de l'article 200 ;

3° Des entreprises d'insertion et des entreprises de travail temporaire d'insertion mentionnées, respectivement, aux articles L. 5132-5 et L. 5132-6 du code du travail ;

4° Des associations intermédiaires mentionnées à l'article L. 5132-7 du même code ;

5° Des ateliers et chantiers d'insertion mentionnés à l'article L. 5132-15 dudit code ;

6° Des entreprises adaptées mentionnées à l'article L. 5213-13 du même code ;

7° Des groupements d'employeurs régis par les articles L. 1253-1 à L. 1253-24 du code du travail qui bénéficient du label GEIQ délivré par le Comité national de coordination et d'évaluation des groupements d'employeurs pour l'insertion et la qualification et qui organisent des parcours d'insertion et de qualification dans les conditions mentionnées à l'article L. 6325-17 du même code ;

8° De l'Agence nationale de la recherche ;

9° Des fondations universitaires et des fondations partenariales mentionnées, respectivement, aux articles L. 719-12 et L. 719-13 du code de l'éducation, lorsqu'elles répondent aux conditions fixées au b du 1 de l'article 200 du présent code ;

10° Des associations reconnues d'utilité publique de financement et d'accompagnement de la création et de la reprise d'entreprises dont la liste est fixée par arrêté conjoint des ministres chargés de l'économie et du budget.

Ouvrent également droit à la réduction d'impôt les dons et versements effectués au profit d'organismes agréés dans les conditions prévues à l'article 1649 nonies dont le siège est situé dans un État membre de l'Union européenne ou dans un autre État partie à l'accord sur l'Espace économique européen ayant conclu avec la France une convention d'assistance administrative en vue de lutter contre la fraude et l'évasion fiscales. L'agrément est accordé aux organismes poursuivant des objectifs et présentant des caractéristiques similaires à ceux des organismes dont le siège est situé en France entrant dans le champ d'application du présent I.

Lorsque les dons et versements ont été effectués au profit d'un organisme non agréé dont le siège est situé dans un État membre de l'Union européenne ou dans un autre État partie à l'accord sur l'Espace économique européen ayant conclu avec la France une convention d'assistance administrative en vue de lutter contre la fraude et l'évasion fiscales, la réduction d'impôt obtenue fait l'objet d'une reprise, sauf lorsque le contribuable a produit dans le délai de dépôt de déclaration les pièces justificatives attestant que cet organisme poursuit des objectifs et présente des caractéristiques similaires à ceux des organismes dont le siège est situé en France répondant aux conditions fixées par le présent article.

Un décret fixe les conditions d'application des douzième et treizième alinéas du présent I, notamment la durée de validité ainsi que les modalités de délivrance, de publicité et de retrait de l'agrément.

II. - Les dons ouvrant droit à l'avantage fiscal mentionné au I sont ceux effectués à compter du jour suivant la date limite de dépôt de la déclaration mentionnée à l'article 982 au titre de l'année précédant celle de l'imposition et jusqu'à la date limite de dépôt de cette même déclaration au titre de l'année d'imposition.

III. - La fraction du versement ayant donné lieu à l'avantage fiscal mentionné au I ne peut donner lieu à un autre avantage fiscal au titre d'un autre impôt.

IV. - Le bénéfice de l'avantage fiscal prévu au I est subordonné au respect du règlement (UE) n° 1407/2013 de la Commission du 18 décembre 2013 relatif à l'application des articles 107 et 108 du traité sur le fonctionnement de l'Union européenne aux aides de minimis et à la condition que le redevable présente, à la demande de l'administration fiscale, des pièces justificatives attestant le total du montant et la date des versements ainsi que l'identité des bénéficiaires.

V. - Un décret fixe les obligations déclaratives incombant aux redevables et aux personnes mentionnées au I.

CGI art. 979

I. - L'impôt sur la fortune immobilière du redevable ayant son domicile fiscal en France est réduit de la différence entre, d'une part, le total de cet impôt et des impôts dus en France et à l'étranger au titre des revenus et produits de l'année précédente, calculés avant imputation des seuls crédits d'impôt représentatifs d'une imposition acquittée à l'étranger et des retenues non libératoires et, d'autre part, 75 % du total des revenus mondiaux nets de frais professionnels de l'année précédente, après déduction des seuls déficits catégoriels dont l'imputation est autorisée par l'article 156, ainsi que des revenus exonérés d'impôt sur le revenu et des produits soumis à un prélèvement libératoire réalisés au cours de la même année en France ou hors de France.

Les revenus distribués à une société passible de l'impôt sur les sociétés contrôlée par le redevable sont réintégrés dans le calcul prévu au premier alinéa du présent I si l'existence de cette société et le choix d'y recourir ont pour objet principal d'éluder tout ou partie de l'impôt sur la fortune immobilière en bénéficiant d'un avantage fiscal allant à l'encontre de l'objet ou de la finalité du même premier alinéa. Seule est réintégrée la part des revenus distribués correspondant à une diminution artificielle des revenus pris en compte pour le calcul prévu audit premier alinéa.

En cas de désaccord sur les rectifications notifiées sur le fondement du deuxième alinéa du présent I, le litige est soumis aux dispositions des trois derniers alinéas de l'article L. 64 du livre des procédures fiscales.

II. - Les plus-values ainsi que tous les revenus sont déterminés sans considération des exonérations, seuils, réductions et abattements prévus au présent code, à l'exception de ceux représentatifs de frais professionnels.

Lorsque l'impôt sur le revenu a frappé des revenus de personnes dont les biens n'entrent pas dans l'assiette de l'impôt sur la fortune immobilière, il est réduit suivant le pourcentage du revenu de ces personnes par rapport au revenu total.

CGI art. 980

Le montant des impôts dont les caractéristiques sont similaires à celles de l'impôt sur la fortune immobilière acquitté, le cas échéant, hors de France est imputable sur l'impôt exigible en France. Cette imputation est limitée à l'impôt sur la fortune immobilière acquitté au titre des biens et droits immobiliers situés hors de France ou sur la valeur des parts et actions définies au 2° de l'article 965 représentative de ces mêmes biens.

CGI art. 981

L'impôt sur la fortune immobilière est contrôlé, sauf dispositions contraires, comme en matière de droits d'enregistrement.

CGI art. 982

I. - 1. Les redevables mentionnent la valeur brute et la valeur nette taxable des actifs mentionnés à l'article 965 sur la déclaration annuelle prévue à l'article 170. Ils joignent à cette déclaration des annexes conformes à un modèle établi par l'administration, sur lesquelles ils mentionnent et évaluent les éléments de ces mêmes actifs.

La valeur brute et la valeur nette taxable des actifs mentionnés à l'article 965 des concubins notoires et de ceux des enfants mineurs, lorsque les concubins ont l'administration légale de leurs biens, sont portées sur la déclaration de l'un ou l'autre des concubins, à laquelle sont jointes les annexes mentionnées au premier alinéa du présent 1.

2. Les conjoints, sauf dans les cas prévus aux a et b du 4 de l'article 6 et les partenaires liés par un pacte civil de solidarité défini à l'article 515-1 du code civil doivent conjointement signer la déclaration prévue au 1 du présent I.

3. En cas de décès du redevable, le 2 de l'article 204 est applicable.

II. - Un décret détermine les modalités d'application du I, notamment les obligations déclaratives incombant aux redevables et aux sociétés ou organismes mentionnés à l'article 965.

CGI art. 983

Les personnes possédant des actifs mentionnés à l'article 965 situés en France sans y avoir leur domicile fiscal ainsi que les personnes mentionnées au 2 de l'article 4 B peuvent être invitées par le service des impôts à désigner un représentant en France dans les conditions prévues à l'article 164 D.

Toutefois, l'obligation de désigner un représentant fiscal ne s'applique ni aux personnes qui ont leur domicile fiscal dans un autre État membre de l'Union européenne ou dans un autre État partie à l'accord sur l'Espace économique européen ayant conclu avec la France une convention d'assistance administrative en vue de lutter contre la fraude et l'évasion fiscales ainsi qu'une convention d'assistance mutuelle en matière de recouvrement de l'impôt, ni aux personnes mentionnées au 2 du même article 4 B qui exercent leurs fonctions ou sont chargées de mission dans l'un de ces États.

CGI art. 1693 ter

1. Par dérogation aux dispositions de l'article 1692, un redevable de la taxe sur la valeur ajoutée peut choisir d'acquitter la taxe sur la valeur ajoutée et les taxes, contributions et redevances déclarées sur l'annexe à la déclaration prévue au 2 de l'article 287 dues par des membres du groupe qu'il constitue avec des assujettis dont il détient, directement ou indirectement, plus de la moitié du capital ou des droits de vote, et d'obtenir le remboursement des excédents de taxe déductible dont ceux-ci bénéficient.

Cette option ne peut être exercée qu'avec l'accord des membres du groupe intéressés.

L'option peut aussi être exercée par un organe central ou une caisse départementale ou interdépartementale ayant opté pour le régime mentionné au cinquième alinéa du I de l'article 223 A, pour l'ensemble des banques, caisses et sociétés mentionnées à ce même alinéa.

Elle ne concerne que les groupes dont les membres remplissent les conditions cumulatives suivantes :

a) Ils relèvent des catégories mentionnées au I de l'article 1649 quater B quater et sont soumis aux modalités déclaratives prévues par cet article ;

b) Ils ouvrent et clôturent leurs exercices comptables aux mêmes dates ;

c) Ils déposent leurs déclarations dans les conditions prévues au premier alinéa du 2 de l'article 287.

La détention mentionnée au premier alinéa du présent article doit être continue sur la période couverte par l'option.

2. Le redevable mentionné au 1 formule l'option auprès du service des impôts dont il dépend. Celle-ci prend effet pour le paiement de la taxe sur la valeur ajoutée, ainsi que des taxes, contributions et redevances mentionnées au 1 exigibles, à compter du premier jour du premier exercice comptable suivant celui au cours duquel elle a été exprimée.

À compter du troisième exercice comptable suivant celui de prise d'effet de l'option, celle-ci peut être dénoncée par le redevable mentionné au 1 dans le délai d'un mois qui suit la clôture de l'exercice précédent. Cette dénonciation prend effet à compter du premier jour de l'exercice qu'elle vise.

Le redevable mentionné au 1 peut, avec leur accord, exclure certains membres du groupe ou en introduire de nouveaux. Ces modifications ne peuvent prendre effet qu'à compter du second exercice compris dans la période d'option. Elles s'opèrent selon des modalités analogues à celles décrites au premier alinéa. L'introduction de nouveaux membres dans le groupe est sans incidence sur la durée initiale de l'option.

L'appartenance d'un membre au groupe cesse à compter du premier jour du mois suivant celui au cours duquel les conditions mentionnées au 1 cessent d'être remplies.

3. Chaque mois, aux dates fixées par arrêté conjoint des ministres chargés de l'économie et du budget, les assujettis membres du groupe déposent leurs déclarations mentionnées au 2 de l'article 287 et le redevable mentionné au 1 du présent article :

a) Dépose une déclaration récapitulative conforme au modèle défini par l'administration ;

b) Acquitte un montant de taxe sur la valeur ajoutée égal à la différence entre la somme des taxes nettes dues et la somme des crédits de taxe portés sur les déclarations prévues au 2 de l'article 287, déposées au titre du même mois par chacun des membres du groupe. Lorsque ce solde est négatif, le redevable mentionné au 1 du présent article peut soit en obtenir le remboursement auprès de l'administration dans les conditions fixées par décret en Conseil d'État, soit le reporter sur la déclaration déposée au titre du mois suivant. En cas de dénonciation ou de caducité de l'option, le crédit de taxe existant à l'issue de la période couverte par l'option fait l'objet d'une restitution au redevable mentionné au 1 ;

c) Acquitte les taxes, contributions et redevances mentionnées au 1 qui figurent sur les déclarations mentionnées au b.

4. Les déclarations mentionnées au c du 1 et l'annexe mentionnée au premier alinéa du 1 restent soumises au contrôle de l'administration dans les conditions prévues par le livre des procédures fiscales. Le redevable mentionné au 1 acquitte les droits et les intérêts de retard et pénalités mentionnés au chapitre II du livre II en conséquence des infractions commises par les assujettis membres du groupe.

5. Chaque assujetti membre du groupe est tenu solidairement avec le redevable mentionné au 1 au paiement de la taxe sur la valeur ajoutée, des taxes, contributions et redevances mentionnées au 1 et, le cas échéant, des pénalités correspondantes que le redevable mentionné au 1 est chargé d'acquitter, à hauteur des droits et pénalités dont il serait redevable si l'option mentionnée au 1 n'avait pas été exercée.

Nota. Conformément au II de l'article 71 de la loi n° 2014-1655 du 29 décembre 2014 de finances rectificative pour 2014, ces dispositions s'appliquent aux exercices clos à compter du 31 décembre 2014.

CGI, ann. III art. 313 BK

L'article 281 F et le I de l'article 281 H s'appliquent en cas d'exonération partielle d'impôt sur la fortune immobilière prévue à l'article 976 du code général des impôts.

CGI, ann. III art. 313 BL

En cas d'exonération partielle d'impôt sur la fortune immobilière prévue à l'article 976 du code général des impôts, le certificat mentionné au a du 3° du 1 et au a du 2° du 2 de l'article 793 du même code est produit lors du dépôt de la déclaration souscrite au titre de l'impôt sur la fortune immobilière comportant des biens entrant dans le champ d'application de l'exonération partielle et pour lesquels le bénéfice de ces dispositions est demandé pour la première fois.

Le certificat ne doit pas être établi depuis plus de six mois lors du dépôt de la déclaration d'impôt sur la fortune immobilière auprès du service des impôts. Pour les parts de groupement forestier ou de société d'épargne forestière, il ne doit pas être établi depuis plus de deux ans.

Un nouveau certificat est produit tous les dix ans ainsi qu'un bilan de la mise en œuvre du document de gestion durable dans les conditions prévues à l'article 281 H bis. À défaut, les biens correspondant ne bénéficient plus de l'exonération partielle précitée pour les années restant à courir.

CGI, ann. III art. 313 BM

Avant la fin de l'année d'imposition au titre de laquelle l'exonération partielle prévue à l'article 976 du code général des impôts est demandée pour la première fois, la direction départementale ou, le cas échéant, régionale des finances publiques adresse la liste des redevables de l'impôt sur la fortune immobilière, précisant la situation des biens et la référence du certificat mentionné au a du 3° du 1 et au a du 2° du 2 de l'article 793 du code général des impôts, à la direction départementale des territoires ou à la direction départementale des territoires et de la mer ayant délivré le certificat.

CGI, ann. III art. 313 BN

Dans le cas de l'exonération d'impôt sur la fortune immobilière prévue à l'article 976 du code général des impôts, les engagements prévus au b du 3° du 1 et au b du 2° du 2 de l'article 793 du même code prennent effet à compter du 1er janvier de l'année pour laquelle le bénéfice de l'exonération partielle est demandé pour la première fois.

CGI, ann. III art. 313 BN bis

Pour l'application des articles 199 terdecies-0 A et 885-0 V bis du code général des impôts, les articles 299-0 septies et 299 octies A continuent de s'appliquer dans leur rédaction en vigueur au 31 décembre 2017.

CGI, ann. III art. 313 BO

Les pièces justificatives mentionnées à l'article 978 du code général des impôts s'entendent des attestations délivrées par les organismes bénéficiaires des dons, répondant à un modèle fixé par arrêté et comportant les éléments suivants :

1° Les nom et adresse de l'organisme bénéficiaire ;

2° L'objet de l'organisme bénéficiaire ;

3° Les nom, prénoms et adresse du donateur ;

4° La nature, la forme, le mode de versement, la date et le montant du don.

CGI, ann. III art. 313 BP

La demande d'agrément mentionnée au douzième alinéa du I de l'article 978 du code général des impôts est présentée en langue française sur papier libre, conformément à un modèle fixé par arrêté des ministres chargés de l'économie et du budget, auprès des services centraux de la direction générale des finances publiques par l'organisme ayant son siège dans un État membre de l'Union européenne ou dans un État partie à l'Espace économique européen ayant conclu avec la France une convention fiscale contenant une clause d'assistance administrative en vue de lutter contre la fraude et l'évasion fiscales.

Sont jointes à la demande les pièces justificatives dont la liste est fixée par arrêté et leur traduction en langue française, attestant que l'organisme poursuit des objectifs et présente des caractéristiques similaires aux organismes dont le siège est situé en France répondant aux conditions prévues à l'article 978 du code général des impôts.

Les demandes de renouvellement d'agrément sont présentées selon les mêmes modalités.

CGI, ann. III art. 313 BQ

I. - La décision d'agrément est prise par le ministre chargé du budget. Sa décision est notifiée à l'organisme ; elle est motivée en cas de refus.

II. - L'agrément accordé au titre d'une première demande porte sur la période comprise entre la date de sa notification et le 31 décembre de la troisième année qui suit cette date.

Les demandes de renouvellement sont présentées au plus tard le 30 juin de la dernière année couverte par l'agrément. En cas de renouvellement, l'agrément est accordé pour une période de trois ans courant à compter du 1er janvier suivant. En cas de refus de renouvellement d'agrément, l'agrément en cours produit ses effets jusqu'à son terme.

III. - La liste des organismes agréés est publiée sur le site internet de la direction générale des finances publiques. Cette liste est actualisée à chaque décision d'agrément.

IV. - L'agrément peut être retiré par décision motivée du ministre chargé du budget lorsqu'il est établi que l'organisme, en totalité ou en partie, ne poursuit plus d'objectifs ou ne présente plus de caractéristiques similaires aux organismes dont le siège est situé en France répondant aux conditions prévues au I de l'article 978 du code général des impôts. Cette décision est notifiée à l'organisme et la liste mentionnée au III est actualisée.

CGI, ann. III art. 313 BQ bis

I. - Le montant des dons aux organismes mentionnés aux douzième et treizième alinéas du I de l'article 978 du code général des impôts est mentionné distinctement sur la déclaration d'impôt sur la fortune immobilière prévue à l'article 982 du même code.

II. - Pour l'application du treizième alinéa du I de l'article 978 précité, les pièces à fournir dans le délai de dépôt de la déclaration sont celles mentionnées au deuxième alinéa de l'article 313 BP.

LPF, art. L. 64

Afin d'en restituer le véritable caractère, l'administration est en droit d'écarter, comme ne lui étant pas opposables, les actes constitutifs d'un abus de droit, soit que ces actes ont un caractère fictif, soit que, recherchant le bénéfice d'une application littérale des textes ou de décisions à l'encontre des objectifs poursuivis par leurs auteurs, ils n'ont pu être inspirés par aucun autre motif que celui d'éluder ou d'atténuer les charges fiscales que l'intéressé, si ces actes n'avaient pas été passés ou réalisés, aurait normalement supportées eu égard à sa situation ou à ses activités réelles.

En cas de désaccord sur les rectifications notifiées sur le fondement du présent article, le litige est soumis, à la demande du contribuable, à l'avis du comité de l'abus de droit fiscal. L'administration peut également soumettre le litige à l'avis du comité.

Les avis rendus font l'objet d'un rapport annuel qui est rendu public.

Nota. Conformément à l'article 202 V de la loi n° 2018-1317 du 28 décembre 2018, les dispositions de l'article L. 64 du livre des procédures fiscales, dans leur rédaction résultant du IV dudit article, s'appliquent aux rectifications notifiées à compter du 1er janvier 2019.

LPF, art. L. 64 A

Afin d'en restituer le véritable caractère et sous réserve de l'application de l'article 205 A du code général des impôts, l'administration est en droit d'écarter, comme ne lui étant pas opposables, les actes qui, recherchant le bénéfice d'une application littérale des textes ou de décisions à l'encontre des objectifs poursuivis par leurs auteurs, ont pour motif principal d'éluder ou d'atténuer les charges fiscales que l'intéressé, si ces actes n'avaient pas été passés ou réalisés, aurait normalement supportées eu égard à sa situation ou à ses activités réelles.

En cas de désaccord sur les rectifications notifiées sur le fondement du présent article, le litige peut être soumis, à la demande du contribuable ou de l'administration, à l'avis du comité mentionné au deuxième alinéa de l'article L. 64 du présent livre.

Annexe 2 - **DIRECTIVES**

DIRECTIVE 2011/96/UE du 30 novembre 2011 (JO L 345 du 29 décembre 2011, p. 8)

concernant le régime fiscal commun applicable aux sociétés mères et filiales d'États membres différents

Modifiée par la Directive 2013/13/UE du 13 mai 2013, JO L. 141 du 28 mai 2013, p. 30, et par la Directive 2014/86/UE du 8 juillet 2014, JO L. 219 du 25 juillet 2014, p. 40

LE CONSEIL DE L'UNION EUROPÉENNE,

vu le traité sur le fonctionnement de l'Union européenne, et notamment son article 115,

vu la proposition de la Commission européenne,

après transmission du projet d'acte législatif aux parlements nationaux,

vu l'avis du Parlement européen [Avis du 4 mai 2011 (non encore paru au Journal officiel)],

vu l'avis du Comité économique et social européen (JO C 107 du 6 avril 2011, p. 73),

statuant conformément à une procédure législative spéciale,
considérant ce qui suit :

(1) La directive 90/435/CEE du Conseil du 23 juillet 1990 concernant le régime fiscal commun applicable aux sociétés mères et filiales d'États membres différents (JO L 225 du 20 août 1990, p. 6) a été modifiée à plusieurs reprises et de façon substantielle (Voir annexe II, partie A). Étant donné que des modifications supplémentaires doivent être apportées, il convient, dans un souci de clarté, de procéder à la refonte de ladite directive.

(2) À la lumière de l'arrêt de la Cour de justice du 6 mai 2008 dans l'affaire C-133/06 (Recueil 2008, p. I-03189), il est jugé nécessaire de reformuler le libellé de l'article 4, paragraphe 3, deuxième alinéa, de la directive 90/435/CEE, afin de clarifier que les dispositions qui y sont visées sont adoptées par le Conseil conformément à la procédure prévue par le traité. Il convient en outre de mettre à jour les annexes de ladite directive.

(3) L'objectif de la présente directive est d'exonérer de retenue à la source les dividendes et autres bénéfices distribués par des filiales à leur société mère, et d'éliminer la double imposition de ces revenus au niveau de la société mère.

(4) Les regroupements de sociétés d'États membres différents peuvent être nécessaires pour créer dans l'Union des conditions analogues à celles d'un marché intérieur et pour assurer ainsi le bon fonctionnement d'un tel marché intérieur. Ces opérations ne devraient pas être entravées par des restrictions, des désavantages ou des distorsions découlant en particulier des dispositions fiscales des États membres. Il importe, par conséquent, de prévoir pour ces regroupements des règles fiscales neutres au regard de la concurrence afin de permettre aux entreprises de s'adapter aux exigences du marché intérieur, d'accroître leur productivité et de renforcer leur position concurrentielle sur le plan international.

(5) Les regroupements en question peuvent aboutir à la création de groupes de sociétés mères et filiales.

(6) Avant l'entrée en vigueur de la directive 90/435/CEE, les dispositions fiscales régissant les relations entre sociétés mères et filiales d'États membres différents variaient sensiblement d'un État membre à l'autre et étaient, en général, moins favorables que celles applicables aux relations entre sociétés mères et filiales d'un même État membre. La coopération entre sociétés d'États membres différents était, de ce fait, pénalisée par rapport à la coopération entre sociétés d'un même État membre. Il convenait d'éliminer cette pénalisation par l'instauration d'un régime commun et de faciliter ainsi les regroupements de sociétés à l'échelle de l'Union.

(7) Lorsqu'une société mère reçoit, à titre d'associée de sa société filiale, des bénéfices distribués, l'État membre de la société mère doit ou bien s'abstenir d'imposer ces bénéfices, ou bien les imposer, tout en autorisant cette société à déduire du montant de son impôt la fraction de l'impôt de la filiale afférente à ces bénéfices.

(8) Il convient par ailleurs, pour assurer la neutralité fiscale, d'exempter de retenue à la source les bénéfices qu'une société filiale distribue à sa société mère.

(9) Les distributions de bénéfices à un établissement stable de la société mère, et leur réception par celui-ci, devraient donner lieu au même traitement que celui qui s'applique entre une filiale et sa société mère. Cela devrait inclure les cas où une société mère et sa filiale se situent dans le même État membre et l'établissement stable se situe dans un autre État membre. Par ailleurs, il apparaît que les cas où l'établissement stable et la filiale se situent dans le même État membre peuvent, sans préjudice de l'application des principes du traité, être traités par l'État membre concerné sur la base de son droit national.

(10) Pour ce qui est du traitement des établissements stables, il se peut que les États membres doivent déterminer les conditions et les instruments juridiques qui leur permettront de protéger les revenus fiscaux nationaux et de lutter contre le contournement des lois nationales, conformément aux principes du traité et en tenant compte des règles fiscales reconnues au niveau international.

(11) Lorsque les groupes sont organisés en chaînes de sociétés et lorsque les bénéfices sont distribués à la société mère par le canal de sa chaîne de filiales, la double imposition devrait être éliminée par exonération ou par crédit d'impôt. Dans le cas du crédit d'impôt, la société mère devrait donc pouvoir déduire tout impôt payé par n'importe laquelle des filiales de la chaîne, pour autant que les conditions imposées par la présente directive soient remplies.

(12) La présente directive ne devrait pas porter atteinte aux obligations des États membres concernant les délais de transposition en droit national des directives indiqués à l'annexe II, partie B.

A ADOPTÉ LA PRÉSENTE DIRECTIVE :

Article premier

1. Chaque État membre applique la présente directive :

a) aux distributions de bénéfices reçus par des sociétés de cet État membre et provenant de leurs filiales d'autres États membres ;

b) aux distributions de bénéfices effectuées par des sociétés de cet État membre à des sociétés d'autres États membres dont elles sont les filiales ;

c) aux distributions de bénéfices perçues par des établissements stables, situés dans cet État membre, de sociétés d'autres États membres, et provenant de leurs filiales situées dans un État membre autre que celui où est situé l'établissement stable ;

d) aux distributions de bénéfices effectuées par des sociétés de cet État membre à des établissements stables, situés dans un autre État membre, de sociétés du même État membre dont elles sont des filiales.

2. La présente directive ne fait pas obstacle à l'application de dispositions nationales ou conventionnelles nécessaires afin d'éviter les fraudes et abus.

Article 2

Aux fins de l'application de la présente directive, on entend par :

a) *« société d'un État membre » : toute société* :

i) qui revêt une des formes énumérées à l'annexe I, partie A ;

ii) qui, selon la législation fiscale d'un État membre, est considérée comme ayant dans cet État membre son domicile fiscal et qui, aux termes d'une convention en matière de double imposition conclue avec un État tiers, n'est pas considérée comme ayant son domicile fiscal hors de l'Union ;

iii) qui, en outre, est assujettie, sans possibilité d'option et sans en être exonérée, à l'un des impôts énumérés à l'annexe I, partie B, ou à tout autre impôt qui viendrait se substituer à l'un de ces impôts.

b) *« établissement stable »* : toute installation fixe d'affaires située dans un État membre dans laquelle l'activité d'une société d'un autre État membre est exercée en tout ou en partie, dans la mesure où les bénéfices de cette installation d'affaires sont assujettis à l'impôt dans l'État membre dans lequel elle se situe en vertu du traité fiscal bilatéral applicable ou, en l'absence d'un tel traité, en vertu du droit national.

Article 3

1. Aux fins de l'application de la présente directive :

a) la qualité de société mère est reconnue :

i) au moins à une société d'un État membre qui remplit les conditions énoncées à l'article 2 et qui détient, dans le capital d'une société d'un autre État membre remplissant les mêmes conditions, une participation minimale de 10 % ;

ii) dans les mêmes conditions, à une société d'un État membre qui détient une participation d'au moins 10 % dans le capital d'une société du même État membre, participation détenue en tout ou en partie par un établissement stable de la première société situé dans un autre État membre.

b) « société filiale » : une société dont le capital comprend la participation visée au point a).

2. Par dérogation au paragraphe 1, les États membres ont la faculté :

a) par voie d'accord bilatéral, de remplacer le critère de participation dans le capital par celui de détention des droits de vote ;

b) de ne pas appliquer la présente directive à celles de leurs sociétés qui ne conservent pas, pendant une période ininterrompue d'au moins deux ans, une participation donnant droit à la qualité de société mère, ni aux sociétés dans lesquelles une société d'un autre État membre ne conserve pas, pendant une période ininterrompue d'au moins deux ans, une telle participation.

Article 4

1. Lorsqu'une société mère ou son établissement stable perçoit, au titre de l'association entre la société mère et sa filiale, des bénéfices distribués autrement qu'à l'occasion de la liquidation de cette dernière, l'État membre de la société mère et l'État membre de son établissement stable :

a) soit s'abstiennent d'imposer ces bénéfices dans la mesure où ces derniers ne sont pas déductibles par la filiale, et les imposent dans la mesure où ils sont déductibles par la filiale ;

b) soit les imposent tout en autorisant la société mère et l'établissement stable à déduire du montant de leur impôt la fraction de l'impôt sur les sociétés afférente à ces bénéfices et acquittée par la filiale et toute sous-filiale, à condition qu'à chaque niveau la société et sa sous-filiale relèvent des définitions de l'article 2 et respectent les exigences prévues à l'article 3, dans la limite du montant dû de l'impôt correspondant.

2. Rien dans la présente directive n'empêche l'État membre de la société mère de considérer une filiale comme fiscalement transparente sur la base de l'évaluation par cet État membre des caractéristiques juridiques de la filiale au titre de la législation en vertu de laquelle elle a été constituée et, par conséquent, d'imposer la société mère sur la part des bénéfices de la filiale qui lui revient au moment où naissent ces bénéfices. Dans ce cas, l'État membre de la société mère s'abstient d'imposer les bénéfices distribués de la filiale.

Lorsqu'il détermine la part des bénéfices de la filiale qui revient à la société mère au moment où naissent ces bénéfices, l'État membre de la société mère exonère ces bénéfices ou autorise la société mère à déduire du montant de l'impôt dû la fraction de l'impôt sur les sociétés afférente à la part des bénéfices de la société mère que sa filiale et toute sous-filiale ont acquittée, à condition qu'à chaque niveau la société et sa sous-filiale relèvent des définitions de l'article 2 et respectent les exigences prévues à l'article 3, dans la limite du montant dû de l'impôt correspondant.

3. Tout État membre garde la faculté de prévoir que des charges se rapportant à la participation et des moins-values résultant de la distribution des bénéfices de la société filiale ne sont pas déductibles du bénéfice imposable de la société mère.

Si, dans ce cas, les frais de gestion se rapportant à la participation sont fixés forfaitairement, le montant forfaitaire ne peut excéder 5 % des bénéfices distribués par la société filiale.

4. Les paragraphes 1 et 2 s'appliquent jusqu'à la date de mise en place effective d'un système commun d'imposition des sociétés.

5. Le Conseil, statuant à l'unanimité conformément à une procédure législative spéciale, et après consultation du Parlement européen et du Comité économique et social, adopte en temps utile les dispositions applicables à compter de la date de l'entrée en vigueur effective du système commun d'imposition des sociétés.

Article 5

Les bénéfices distribués par une filiale à sa société mère sont exonérés de retenue à la source.

Article 6

L'État membre dont relève la société mère ne peut percevoir de retenue à la source sur les bénéfices que cette société reçoit de sa filiale.

Article 7

1. L'expression « retenue à la source » utilisée dans la présente directive ne comprend pas le paiement anticipé ou préalable (précompte) de l'impôt sur les sociétés à l'État membre où est située la filiale, effectué en liaison avec la distribution des bénéfices à la société mère.

2. La présente directive n'affecte pas l'application de dispositions nationales ou conventionnelles visant à supprimer ou à atténuer la double imposition économique des dividendes, en particulier les dispositions relatives au paiement de crédits d'impôt aux bénéficiaires de dividendes.

Article 8

1. Les États membres mettent en vigueur les dispositions législatives, réglementaires et administratives nécessaires pour se conformer à la présente directive au plus tard le 18 janvier 2012. Ils en informent immédiatement la Commission.

Lorsque les États membres adoptent ces dispositions, celles-ci contiennent une référence à la présente directive ou sont accompagnées d'une telle référence lors de leur publication officielle. Les modalités de cette référence sont arrêtées par les États membres.

2. Les États membres communiquent à la Commission le texte des dispositions essentielles de droit interne qu'ils adoptent dans le domaine régi par la présente directive, ainsi qu'un tableau de concordance entre celles-ci et la présente directive.

Article 9

La directive 90/435/CEE, telle que modifiée par les actes visés à l'annexe II, partie A, est abrogée, sans préjudice des obligations des États membres en ce qui concerne les délais de transposition en droit national des directives indiqués à l'annexe II, partie B.

Les références faites à la directive abrogée s'entendent comme faites à la présente directive et sont à lire selon le tableau de correspondance figurant à l'annexe III.

Article 10

La présente directive entre en vigueur le vingtième jour suivant celui de sa publication au Journal officiel de l'Union européenne.

Article 11

Les États membres sont destinataires de la présente directive.

Annexe I

Voir page suivante

ANNEXE I

PARTIE A

Liste des sociétés visées à l'article 2, point a) i)

a) les sociétés constituées conformément au règlement (CE) nº 2157/2001 du Conseil du 8 octobre 2001 relatif au statut de la société européenne (SE) (1), et à la directive 2001/86/CE du Conseil du 8 octobre 2001 complétant le statut de la société européenne pour ce qui concerne l'implication des travailleurs (2) et les sociétés coopératives constituées conformément au règlement (CE) nº 1435/2003 du Conseil du 22 juillet 2003 relatif au statut de la société coopérative européenne (SEC) (3) et à la directive 2003/72/CE du Conseil du 22 juillet 2003 complétant le statut de la société coopérative européenne pour ce qui concerne l'implication des travailleurs (4);

b) les sociétés de droit belge dénommées «société anonyme»/«naamloze vennootschap», «société en commandite par actions»/«commanditaire vennootschap op aandelen», «société privée à responsabilité limitée»/«besloten vennootschap met beperkte aansprakelijkheid», «société coopérative à responsabilité limitée»/«coöperatieve vennootschap met beperkte aansprakelijkheid», «société coopérative à responsabilité illimitée»/«coöperatieve vennootschap met onbeperkte aansprakelijkheid», «société en nom collectif»/«vennootschap onder firma», «société en commandite simple»/«gewone commanditaire vennootschap», les entreprises publiques qui ont adopté l'une des formes juridiques susmentionnées, ainsi que les autres sociétés constituées conformément au droit belge et assujetties à l'impôt sur les sociétés en Belgique;

c) les sociétés de droit bulgare dénommées «събирателно дружество», «командитно дружество», «дружество с ограничена отговорност», «акционерно дружество», «командитно дружество с акции», «неперсонифицирано дружество», «кооперации», «кооперативни съюзи», «държавни предприятия», constituées conformément au droit bulgare et exerçant des activités commerciales;

d) les sociétés de droit tchèque dénommées «akciová společnost», «společnost s ručením omezeným»;

e) les sociétés de droit danois dénommées «aktieselskab» et «anpartsselskab». Les autres sociétés soumises à l'impôt conformément à la loi sur l'impôt des sociétés, dans la mesure où leur revenu imposable est calculé et imposé selon les règles générales de la législation fiscale applicable aux «aktieselskaber»;

f) les sociétés de droit allemand dénommées «Aktiengesellschaft», «Kommanditgesellschaft auf Aktien», «Gesellschaft mit beschränkter Haftung», «Versicherungsverein auf Gegenseitigkeit», «Erwerbs- und Wirtschaftsgenossenschaft», «Betriebe gewerblicher Art von juristischen Personen des öffentlichen Rechts», ainsi que les autres sociétés constituées conformément au droit allemand et assujetties à l'impôt sur les sociétés en Allemagne;

g) les sociétés de droit estonien dénommées «täisühing», «usaldusühing», «osaühing», «aktsiaselts», «tulundusühistu»;

h) les sociétés constituées ou existant conformément au droit irlandais, les établissements enregistrés sous le régime du «Industrial and Provident Societies Act», les «building societies» enregistrées sous le régime des «Building Societies ACTS» et les «trustee savings banks» au sens du «Trustee Savings Banks Act, 1989»;

i) les sociétés de droit grec dénommées «ανώνυμη εταιρεία», «εταιρεία περιορισμένης ευθύνης (Ε.Π.Ε.)», ainsi que les autres sociétés constituées conformément au droit grec et assujetties à l'impôt sur les sociétés en Grèce;

(1) JO L 294 du 10.11.2001, p. 1.
(2) JO L 294 du 10.11.2001, p. 22.
(3) JO L 207 du 18.8.2003, p. 1.
(4) JO L 207 du 18.8.2003, p. 25.

j) les sociétés de droit espagnol dénommées «sociedad anónima», «sociedad comanditaria por acciones», «sociedad de responsabilidad limitada», ainsi que les entités de droit public qui opèrent sous le régime du droit privé. Autres entités constituées conformément au droit espagnol et assujetties à l'impôt sur les sociétés en Espagne («Impuesto sobre sociedades»);

k) les sociétés de droit français dénommées «société anonyme», «société en commandite par actions», «société à responsabilité limitée», «société par actions simplifiée», «société d'assurance mutuelle», «caisses d'épargne et de prévoyance», «sociétés civiles» assujetties de plein droit à l'impôt sur les sociétés, «coopératives» et «unions de coopératives», les établissements et entreprises publics à caractère industriel et commercial, ainsi que les autres sociétés constituées conformément au droit français et assujetties à l'impôt sur les sociétés en France;

l) les sociétés de droit italien dénommées «società per azioni», «società in accomandita per azioni», «società a responsabilità limitata», «società cooperative», «società di mutua assicurazione», et les entités privées et publiques qui exercent exclusivement ou principalement des activités commerciales;

m) en vertu du droit chypriote: «εταιρείες» telles qu'elles sont définies dans la législation concernant l'impôt sur le revenu;

n) les sociétés de droit letton dénommées «akciju sabiedrība», «sabiedrība ar ierobežotu atbildību»;

o) les sociétés constituées selon le droit lituanien;

p) les sociétés de droit luxembourgeois dénommées «société anonyme», «société en commandite par actions», «société à responsabilité limitée»,«société coopérative», «société coopérative organisée comme une société anonyme», «association d'assurances mutuelles», «association d'épargne-pension», «entreprise de nature commerciale, industrielle ou minière de l'État, des communes, des syndicats de communes, des établissements publics et des autres personnes morales de droit public», ainsi que les autres sociétés constituées conformément au droit luxembourgeois et assujetties à l'impôt sur les sociétés au Luxembourg;

q) les sociétés de droit hongrois dénommées «közkereseti társaság», «betéti társaság», «közös vállalat», «korlátolt felelősségű társaság», «részvénytársaság», «egyesülés», «szövetkezet»;

r) les sociétés de droit maltais dénommées «Kumpaniji ta' Responsabilita' Limitata», «Soċjetajiet en commandite li l-kapital taghhom maqsum f'azzjonijiet»;

s) les sociétés de droit néerlandais dénommées «naamloze vennootschap», «besloten vennootschap met beperkte aansprakelijkheid», «open commanditaire vennootschap», «coöperatie», «onderlinge waarborgmaatschappij», «fonds voor gemene rekening», «vereniging op coöperatieve grondslag» et «vereniging welke op onderlinge grondslag als verzekeraar of kredietinstelling optreedt», ainsi que les autres sociétés constituées conformément au droit néerlandais et assujetties à l'impôt sur les sociétés aux Pays-Bas;

t) les sociétés de droit autrichien dénommées «Aktiengesellschaft», «Gesellschaft mit beschränkter Haftung», «Versicherungsvereine auf Gegenseitigkeit», «Erwerbs- und Wirtschaftsgenossenschaften», «Betriebe gewerblicher Art von Körperschaften des öffentlichen Rechts», «Sparkassen», ainsi que les autres sociétés constituées conformément au droit autrichien et assujetties à l'impôt sur les sociétés en Autriche;

u) les sociétés de droit polonais dénommées: «spółka akcyjna», «spółka z ograniczoną odpowiedzialnością», «spółka komandytowo-akcyjna»;

v) les sociétés commerciales ou sociétés civiles de forme commerciale et les coopératives et entreprises publiques qui sont constituées conformément au droit portugais;

w) les sociétés de droit roumain dénommées «societăţi pe acţiuni», «societăţi în comandită pe acţiuni», «societăţi cu răspundere limitată», «societăţi în nume colectiv», «societăţi în comandită simplă»;

x) les sociétés de droit slovène dénommées «delniška družba», «komanditna družba», «družba z omejeno odgovornostjo»;

y) les sociétés de droit slovaque dénommées «akciová spoločnosť», «spoločnosť s ručením obmedzeným», «komanditná spoločnosť»;

z) les sociétés de droit finlandais dénommées «osakeyhtiö/aktiebolag», «osuuskunta»/«andelslag»,«säästöpankki»/«sparbank» et «vakuutusyhtiö»/«försäkringsbolag»;

aa) les sociétés de droit suédois dénommées «aktiebolag», «försäkringsaktiebolag», «ekonomiska föreningar», «sparbanker», «ömsesidiga försäkringsbolag», «försäkringsföreningar»;

ab) les sociétés constituées conformément au droit du Royaume-Uni;

ka) les sociétés de droit croate dénommées «dioničko društvo», «društvo s ograničenom odgovornošću», ainsi que les autres sociétés constituées conformément au droit croate et assujetties à l'impôt sur les bénéfices en Croatie.

PARTIE B

Liste des impôts visés à l'article 2, point a) iii)

— impôt des sociétés/vennootschapsbelasting en Belgique,

— корпоративен данък en Bulgarie,

— daň z příjmů právnických osob en République tchèque,

— selskabsskat au Danemark,

— Körperschaftssteuer en Allemagne,

— tulumaks en Estonie,

— corporation tax en Irlande,

— φόρος εισοδήματος νομικών προσώπων κερδοσκοπικού χαρακτήρα en Grèce,

— impuesto sobre sociedades en Espagne,

— impôt sur les sociétés en France,

— «porez na dobit» en Croatie,

— imposta sul reddito delle società en Italie,

— φόρος εισοδήματος à Chypre,

— uzņēmumu ienākuma nodoklis en Lettonie,

— pelno mokestis en Lituanie,

— impôt sur le revenu des collectivités au Luxembourg,

— társasági adó, osztalékadó en Hongrie,

— taxxa fuq l-income à Malte,

— vennootschapsbelasting aux Pays-Bas,

— Körperschaftssteuer en Autriche,

— podatek dochodowy od osób prawnych en Pologne,

— imposto sobre o rendimento das pessoas colectivas au Portugal,

— impozit pe profit en Roumanie,

— davek od dobička pravnih oseb en Slovénie,

— daň z príjmov právnických osôb en Slovaquie,

— yhteisöjen tulovero/inkomstskatten för samfund en Finlande,

— statlig inkomstskatt en Suède,

— corporation tax au Royaume-Uni.

DIRECTIVE 2003/49/CE du 3 juin 2003 (JO L 157 du 26 juin 2003, p. 49)

concernant un régime fiscal commun applicable aux paiements d'intérêts et de redevances effectués entre des sociétés associées d'États membres différents

Modifiée par les directives

2004/66/CE du Conseil du 26 avril 2004	JOUE L 168	du	1er mai 2004, p. 35
2004/76/CE du Conseil du 29 avril 2004	JOUE L 195	du	2 juin 2004, p. 33
2006/98/CE du Conseil du 20 novembre 2006	JOUE L 363	du	20 décembre 2006, p. 129
2013/13/UE du Conseil du 13 mai 2013	JOUE L 141	du	28 mai 2013, p. 30

LE CONSEIL DE L'UNION EUROPÉENNE,

vu le traité instituant la Communauté européenne, et notamment son article 94,

vu la proposition de la Commission (JO C 123 du 22 avril 1998, p. 9),

vu l'avis du Parlement européen (JO C 313 du 12 octobre 1998, p. 151),

vu l'avis du Comité économique et social européen (JO C 284 du 14 septembre 1998, p. 50),

considérant ce qui suit :

(1) Dans un marché unique ayant les caractéristiques d'un marché intérieur, les opérations entre sociétés d'États membres différents ne devraient pas être soumises à des conditions fiscales moins favorables que celles qui sont applicables aux mêmes opérations effectuées entre sociétés du même État membre.

(2) Cette exigence n'est pas satisfaite actuellement en ce qui concerne les paiements d'intérêts et de redevances. Les législations fiscales nationales, combinées, le cas échéant, avec les conventions bilatérales ou multilatérales, ne peuvent pas toujours assurer l'élimination des doubles impositions et leur application entraîne souvent des formalités administratives trop lourdes et des charges de trésorerie pour les entreprises concernées.

(3) Il est nécessaire de faire en sorte que les paiements d'intérêts et de redevances soient soumis une fois à l'impôt dans un État membre.

(4) La suppression de toute imposition sur les paiements d'intérêts et de redevances dans l'État membre d'où ces paiements proviennent, que cette imposition soit perçue par voie de retenue à la source ou recouvrée par voie de rôle, constitue la solution la plus appropriée pour éliminer les formalités et les problèmes susmentionnés et réaliser l'égalité de traitement fiscal entre opérations nationales et opérations transfrontalières. Il est en particulier nécessaire de supprimer les impositions grevant ces paiements lorsqu'ils sont effectués entre sociétés associées d'États membres différents ou entre des établissements stables de ces sociétés.

(5) Le régime doit uniquement s'appliquer au montant des paiements d'intérêts ou de redevances dont seraient convenus le payeur et le bénéficiaire effectif en l'absence de relations spéciales.

(6) Il convient en outre de ne pas priver les États membres de la possibilité de prendre les mesures nécessaires pour combattre les fraudes et les abus.

(7) La Grèce et le Portugal doivent, pour des raisons budgétaires, être autorisés à bénéficier d'une période transitoire afin de pouvoir réduire progressivement les prélèvements fiscaux opérés, par retenue à la source ou par voie de rôle, sur les paiements d'intérêts et de redevances, jusqu'à ce qu'ils puissent appliquer les dispositions de l'article 1er.

(8) L'Espagne, qui a lancé un plan de stimulation du potentiel technologique de son pays, devrait être autorisée, pour des raisons budgétaires, à ne pas appliquer, pendant une période transitoire, les dispositions de l'article 1er sur le paiement de redevances.

(9) Il est nécessaire que la Commission fasse rapport au Conseil sur le fonctionnement de la présente directive trois ans après la date pour laquelle elle doit être transposée, notamment en vue d'en étendre le champ d'application à d'autres sociétés ou entreprises et de réexaminer le champ d'application de la définition des intérêts et des redevances afin de poursuivre la nécessaire convergence avec les dispositions traitant des intérêts et des redevances dans la législation nationale et dans les conventions bilatérales ou multilatérales en matière de double imposition.

(10) Étant donné que les objectifs de l'action envisagée, à savoir l'établissement d'un régime fiscal commun applicable aux paiements d'intérêts et de redevances effectués entre des sociétés associées d'États membres différents, ne peuvent pas être réalisés de manière suffisante par les États membres et peuvent donc être mieux réalisés au niveau communautaire, la Communauté peut prendre des mesures, conformément au principe de subsidiarité consacré à l'article 5 du traité. Conformément au principe de proportionnalité tel qu'énoncé audit article, la présente directive n'excède pas ce qui est nécessaire pour atteindre ces objectifs.

A ARRÊTÉ LA PRÉSENTE DIRECTIVE :

Article premier

Champ d'application et procédure

1. Les paiements d'intérêts et de redevances échus dans un État membre sont exonérés de toute imposition, retenue à la source ou recouvrée par voie de rôle, dans cet État d'origine, lorsque le bénéficiaire des intérêts ou redevances est une société d'un autre État membre ou un établissement stable, situé dans un autre État membre, d'une société d'un État membre.

2. Un paiement effectué par une société d'un État membre ou par un établissement stable situé dans un autre État membre est réputé échu dans cet État membre, ci-après dénommé « État d'origine ».

3. Un établissement stable n'est considéré comme payeur d'intérêts ou de redevances que si les paiements concernés constituent, dans l'État membre dans lequel il est situé, une charge fiscalement déductible pour cet établissement stable.

4. Une société d'un État membre n'est considérée comme bénéficiaire des intérêts ou des redevances que si elle les perçoit pour son compte propre et non comme représentant, par exemple comme administrateur fiduciaire ou signataire autorisé, d'une autre personne.

5. Un établissement stable n'est considéré comme bénéficiaire des intérêts ou des redevances que :

a) si la créance, le droit ou l'utilisation d'informations générateurs d'intérêts ou de redevances se rattachent effectivement à cet établissement,

et

b) si les paiements d'intérêts et de redevances constituent des recettes auxquelles est applicable, dans l'État membre où cet établissement stable se situe, l'un des impôts mentionnés à l'article 3, point a) iii), ou, dans le cas de la Belgique, l'« impôt des non-résidents/belasting der niet-verblijfhouders » ou, dans le cas de l'Espagne, l'« Impuesto sobre la Renta de no Residentes », ou un impôt de nature identique ou analogue qui serait établi après la date d'entrée en vigueur de la présente directive et qui s'ajouterait à ces impôts actuels ou les remplacerait.

6. Lorsqu'un établissement stable d'une société d'un État membre est considéré comme payeur ou bénéficiaire d'intérêts ou de redevances, aucune autre partie de la société n'est considérée comme payeur ou bénéficiaire des intérêts ou redevances concernés au sens du présent article.

7. Le présent article n'est applicable que lorsque la société qui a payé les intérêts et les redevances ou la société dont l'établissement stable est considéré comme ayant payé les intérêts et les redevances est une société associée de la société qui est bénéficiaire des paiements en question ou dont l'établissement stable est considéré comme étant bénéficiaire des intérêts ou des redevances en question.

8. Le présent article n'est pas applicable lorsque des intérêts ou des redevances sont payés par ou à un établissement stable, situé dans un État tiers, d'une société d'un État membre et que l'activité de la société est exercée entièrement ou partiellement par cet établissement stable.

9. Le présent article n'empêche pas un État membre de tenir compte, lors de l'application de son droit fiscal, des intérêts et des redevances perçus par ses sociétés, les établissements stables de ses sociétés ou par des établissements stables situés dans cet État membre.

10. Un État membre a la faculté de ne pas appliquer la présente directive à une société d'un autre État membre ou à un établissement stable d'une société d'un autre État membre lorsque les conditions prévues à l'article 3, point b), n'ont pas été remplies pendant une période ininterrompue d'au moins deux ans.

11. L'État d'origine peut exiger que, au moment du paiement des intérêts ou des redevances, le respect des conditions définies dans le présent article et l'article 3 soit prouvé au moyen d'une attestation. S'il n'est pas prouvé au moment du paiement que les conditions définies dans le présent article sont remplies, l'État membre est libre de demander une retenue à la source.

12. L'État membre d'origine peut subordonner l'exonération prévue par la présente directive au fait qu'il a rendu une décision qui accorde actuellement l'exonération à la suite d'une attestation certifiant que les conditions exigées dans le présent article et l'article 3 sont remplies. Une décision d'exonération est rendue au plus tard dans les trois mois suivant la production de l'attestation et des informations justificatives que l'État d'origine peut raisonnablement demander, et est valable pour une période d'un an au moins après qu'elle a été rendue.

13. Aux fins de l'application des paragraphes 11 et 12, l'attestation à fournir doit, pour chaque contrat de paiement, être valable pour une durée d'un an au moins mais de trois ans au maximum à compter de la date à laquelle elle a été établie et doit contenir les informations suivantes :

a) la preuve du lieu de résidence fiscal de la société bénéficiaire et, au besoin, la preuve de l'existence d'un établissement stable certifiée par l'administration fiscale de l'État membre dans lequel la société bénéficiaire a sa résidence fiscale ou dans lequel l'établissement stable est situé ;

b) l'indication de la qualité de bénéficiaire de la société en question conformément au paragraphe 4 ou une indication que les conditions visées au paragraphe 5 sont remplies lorsque le bénéficiaire du paiement est un établissement stable ;

c) l'indication que les conditions visées à l'article 3, point a) iii), sont remplies par la société bénéficiaire ;

d) l'indication de la détention d'une participation minimale ou d'un nombre minimal de droits de vote conformément à l'article 3, point b) ;

e) l'indication de la date depuis laquelle la participation visée au point d) existe.

Les États membres peuvent, en outre, demander la justification juridique des paiements effectués au titre du contrat (par exemple, contrat de prêt ou contrat de licence).

14. Si les conditions requises pour l'exonération ne sont plus remplies, la société bénéficiaire ou l'établissement stable en informe immédiatement la société ou l'établissement stable prestataire et, si l'État d'origine l'exige, l'autorité compétente de cet État.

15. Si la société ou l'établissement stable prestataire a retenu à la source un impôt devant faire l'objet d'une exonération au titre du présent article, une demande de remboursement peut être introduite pour ce prélèvement à la source. L'État membre peut réclamer les informations visées au paragraphe 13. La demande de remboursement doit être présentée dans le délai fixé. Ce délai est de deux ans au moins à partir de la date à laquelle les intérêts ou les redevances sont payés.

16. L'État d'origine rembourse l'excédent d'impôt retenu à la source dans un délai d'un an à compter de la réception de la demande et des informations justificatives qu'il peut raisonnablement demander. Si l'impôt retenu à la source n'a pas été remboursé dans ce délai, la société bénéficiaire ou l'établissement stable a droit, à l'expiration de ce délai d'un an, à des intérêts sur l'impôt qui est remboursé à un taux correspondant au taux d'intérêt national applicable dans des cas comparables en vertu de la législation nationale de l'État d'origine.

Article 2

Définition des intérêts et des redevances

Aux fins de la présente directive, on entend par :

a) « intérêts » : les revenus des créances de toute nature, assorties ou non de garanties hypothécaires ou d'une clause de participation aux bénéfices du débiteur, et notamment les revenus d'obligations ou d'emprunts, y compris les primes et lots attachés à ces obligations ou emprunts. Les pénalités pour paiement tardif ne sont pas considérées comme des intérêts ;

b) « redevances » : les paiements de toute nature reçus à titre de rémunération pour l'usage ou la concession de l'usage d'un droit d'auteur sur une œuvre littéraire, artistique ou scientifique, y compris les films cinématographiques et les logiciels informatiques, d'un brevet, d'une marque de fabrique ou de commerce, d'un dessin ou d'un modèle, d'un plan, d'une formule ou d'un procédé secret, ainsi que pour des informations ayant trait à une expérience acquise dans le domaine industriel, commercial ou scientifique. Les paiements reçus pour l'usage ou la concession de l'usage d'un droit concernant des équipements industriels, commerciaux ou scientifiques sont considérés comme des redevances.

Article 3

Définition d'une société associée d'une autre société et d'un établissement stable d'une société

Aux fins de la présente directive :

a) on entend par « société d'un État membre » toute société :

i) qui présente l'une des formes énumérées à l'annexe, et

ii) qui est considérée, en vertu de la législation fiscale d'un État membre, comme y ayant sa résidence fiscale et qui, aux termes d'une convention en matière de double imposition sur le revenu conclue avec un État tiers, n'est pas considérée comme ayant sa résidence fiscale en dehors de la Communauté, et

iii) qui est assujettie à l'un des impôts énumérés ci-dessous sans bénéficier d'une exonération, ou à tout impôt de nature identique ou analogue qui serait établi après la date d'entrée en vigueur de la présente directive et qui se substituerait à l'un des impôts existants ou qui s'y ajouterait :

— «impôt des sociétés/vennootschapsbelasting» en Belgique,

— «selskabsskat» au Danemark,

— «Körperschaftsteuer» en Allemagne,

— «Φόρος εισοδήματος νομικών προσώπων» en Grèce,

— «impuesto sobre sociedades» en Espagne,

— «impôt sur les sociétés» en France,

— «porez na dobit» en Croatie,

— «corporation tax» en Irlande,

— «imposta sul reddito delle persone giuridiche» en Italie,

— «impôt sur le revenu des collectivités» au Luxembourg,

— «vennootschapsbelasting» aux Pays-Bas,

— «Körperschaftsteuer» en Autriche,

— «imposto sobre o rendimento da pessoas colectivas» au Portugal,

— «yhteisöjen tulovero/inkomstskatten för samfund» en Finlande,

— «statlig inkomstskatt» en Suède,

— «corporation tax» au Royaume-Uni,

— «Daň z příjmů právnických osob» in the Czech Republic,

— «Tulumaks» en Estonie,

— «φόρος εισοδήματος» à Chypre,

— «Uzņēmumu ienākuma nodoklis» en Lettonie,

— «Pelno mokestis» en Lituanie,

— «Társasági adó» en Hongrie,

— «Taxxa fuq l-income» à Malte,

— «Podatek dochodowy od osób prawnych» en Pologne,

— «Davek od dobička pravnih oseb» en Slovénie,

— «Daň z príjmov právnických osôb» en Slovaquie,

— корпоративен данък en Bulgarie,

— impozit pe profit, impozitul pe veniturile obţinute din România de nerezidenţi en Roumanie;

b) la qualité de « société associée » d'une autre société est reconnue, au moins, à toute société

i) lorsqu'elle détient une participation directe d'au moins 25 % dans le capital de l'autre société, ou

ii) lorsque l'autre société détient une participation directe d'au moins 25 % dans son capital, ou

iii) lorsqu'une troisième société détient une participation directe d'au moins 25 % dans son capital et dans le capital de l'autre société.

Les participations ne peuvent concerner que des sociétés établies dans la Communauté.

Les États membres ont toutefois la faculté de remplacer le critère de la participation minimale dans le capital par un critère de détention minimale de droits de vote ;

c) on entend par « établissement stable » toute installation fixe d'affaires située dans un État membre dans laquelle l'activité d'une société d'un autre État membre est exercée en tout ou partie.

Article 4

Exclusion de certains paiements en tant qu'intérêts ou redevances

1. L'État membre d'origine n'est pas tenu de faire bénéficier des avantages de la présente directive dans les cas suivants :

a) les paiements assimilés à des distributions de bénéfices ou à un remboursement de capital en vertu de la législation de l'État d'origine ;

b) les paiements résultant de créances assorties d'une clause de participation aux bénéfices du payeur ;

c) les paiements résultant de créances habilitant le créancier à échanger son droit aux intérêts contre un droit de participation aux bénéfices du payeur ;

d) les paiements résultant de créances ne prévoyant pas le remboursement du principal ou pour lesquelles le remboursement est dû plus de 50 ans après la date d'émission.

2. Lorsqu'en raison des relations spéciales existant entre le payeur et le bénéficiaire effectif des intérêts ou des redevances, ou de celles que l'un et l'autre entretiennent avec un tiers, le montant des intérêts ou des redevances excède le montant dont seraient convenus le payeur et le bénéficiaire effectif en l'absence de telles relations, les dispositions de la présente directive ne s'appliquent qu'à ce dernier montant.

Article 5

Fraudes et abus

1. La présente directive ne fait pas obstacle à l'application des dispositions nationales ou des dispositions fondées sur des conventions, qui sont nécessaires pour prévenir les fraudes ou les abus.

2. Les États membres peuvent, dans le cas d'opérations dont l'objectif principal ou l'un des objectifs principaux est la fraude ou l'évasion fiscales ou les abus, retirer le bénéfice de la présente directive ou refuser d'appliquer celle-ci.

Article 6

Mesures transitoires en faveur de la République tchèque, de la Grèce, de l'Espagne, de la Lettonie, de la Lituanie, de la Pologne, du Portugal et de la Slovaquie

1. La Grèce, la Lettonie, la Pologne et le Portugal sont autorisés à ne pas appliquer l'article 1er jusqu'à la date d'application indiquée à l'article 7, paragraphes 2 et 3, de la directive 2003/48/CE du Conseil du 3 juin 2003 en matière de fiscalité des revenus de l'épargne sous forme de paiements d'intérêt (JO L 157 du 26 juin 03, p. 38). Pendant une période transitoire prenant fin huit ans à partir de cette date, le taux de l'impôt appliqué aux paiements d'intérêts ou de redevances effectués au profit d'une société associée d'un autre État membre ou d'un établissement stable d'une société associée d'un État membre situé dans un autre État membre ne peut pas dépasser 10 % pendant les quatre premières années et 5 % pendant les quatre dernières années.

La Lituanie est autorisée à ne pas appliquer l'article 1er jusqu'à la date d'application indiquée à l'article 17, paragraphes 2 et 3, de la directive 2003/48/CE. Pendant une période transitoire prenant fin six ans à partir de cette date, le taux de l'impôt appliqué aux paiements de redevances effectués au profit d'une société associée d'un autre État membre ou d'un établissement stable d'une société associée d'un État membre situé dans un autre État membre ne peut pas dépasser 10 %. Le taux de l'impôt appliqué aux paiements d'intérêts effectués au profit d'une société associée d'un autre État membre ou d'un établissement stable situé dans un autre État membre ne peut pas dépasser 10 % pendant les quatre premières années de la période de transition de six ans et, pendant les deux années suivantes, le taux de l'impôt sur ces paiements d'intérêts ne peut pas dépasser 5 %.

L'Espagne et la République tchèque sont autorisées, uniquement pour ce qui concerne les paiements de redevances, à ne pas appliquer l'article 1 er jusqu'à la date d'application indiquée à l'article 17, paragraphes 2 et 3, de la directive 2003/48/CE. Pendant une période transitoire prenant fin six ans à partir de cette date, le taux de l'impôt appliqué aux paiements de redevances effectués au profit d'une société associée d'un autre État membre ou d'un établissement stable d'une société associée d'un État membre situé dans un autre État membre ne peut pas dépasser 10 %. La Slovaquie est autorisée, uniquement pour ce qui concerne les paiements de redevances, à ne pas appliquer les dispositions de l'article 1er pendant une période de transition de deux ans commençant le 1er mai 2004.

Ces mesures transitoires sont toutefois subordonnées à l'application durable de tout taux d'impôt inférieur à ceux indiqués aux premier, deuxième et troisième alinéas prévu par les conventions bilatérales conclues entre la République tchèque, la Grèce, l'Espagne, la Lettonie, la Lituanie, la Pologne, le Portugal ou la Slovaquie et d'autres États membres. Avant la fin des périodes transitoires visées au présent paragraphe, le Conseil peut décider à l'unanimité, sur proposition de la Commission, de proroger éventuellement les périodes transitoires prévues.

2. Lorsqu'une société d'un État membre ou un établissement stable, situé dans cet État membre, d'une société d'un État membre :
– reçoit des intérêts ou des redevances d'une société associée de Grèce, de Lettonie, de Lituanie, de Pologne ou du Portugal,
– reçoit des redevances d'une société associée de la République tchèque, d'Espagne ou de Slovaquie,

– reçoit des intérêts ou des redevances d'un établissement stable d'une société associée d'un État membre situé en Grèce, en Lettonie, en Lituanie, en Pologne ou au Portugal,

ou

– reçoit des redevances d'un établissement stable d'une société associée d'un État membre situé en République tchèque, en Espagne ou en Slovaquie,

le premier État membre accorde, sur l'impôt grevant le revenu de la société ou de l'établissement stable qui a reçu ces revenus, une réduction égale à l'impôt payé en République tchèque, en Grèce, en Espagne, en Lettonie, en Lituanie, en Pologne, au Portugal ou en Slovaquie sur ces revenus conformément au paragraphe 1.

3. La réduction d'impôt prévue au paragraphe 2 ne peut dépasser le plus faible des deux montants suivants :

a) l'impôt dû en République tchèque, en Grèce, en Espagne en Lettonie, en Lituanie, en Pologne, au Portugal ou en Slovaquie sur de tels revenus conformément au paragraphe 1,

ou

b) la fraction de l'impôt dû par la société ou l'établissement stable bénéficiaire des intérêts ou des redevances, calculé avant la réduction d'impôt, correspondant à ces revenus selon la législation nationale de l'État membre dont relève la société ou dans lequel l'établissement stable est situé.

Article 7

Mise en œuvre

1. Les États membres mettent en vigueur les dispositions législatives, réglementaires et administratives nécessaires pour se conformer à la présente directive au plus tard le 1er janvier 2004. Ils en informent immédiatement la Commission.

Lorsque les États membres adoptent ces dispositions, celles-ci contiennent une référence à la présente directive ou sont accompagnées d'une telle référence lors de leur publication officielle. Les modalités de cette référence sont arrêtées par les États membres.

2. Les États membres communiquent à la Commission le texte des dispositions essentielles de droit interne qu'ils adoptent dans le domaine régi par la présente directive, ainsi qu'un tableau de correspondance entre les dispositions de la présente directive et les dispositions nationales adoptées.

Article 8

Réexamen

Au plus tard le 31 décembre 2006, la Commission fait rapport au Conseil sur l'application de la présente directive, notamment en vue d'en étendre le champ d'application à des sociétés ou à des entreprises autres que celles indiquées à l'article 3 et dans l'annexe.

Article 9

Clause de délimitation

La présente directive n'affecte pas l'application de dispositions nationales ou de dispositions fondées sur une convention, qui vont au-delà des dispositions de la présente directive et visent à éliminer ou à atténuer la double imposition des intérêts et des redevances dans l'État d'origine.

Article 10

Entrée en vigueur

La présente directive entre en vigueur le jour de sa publication au *Journal officiel de l'Union européenne*.

Article 11

Destinataires de la directive

Les États membres sont destinataires de la présente directive.

LISTE DES SOCIÉTÉS VISÉES À L'ARTICLE 3, POINT A), DE LA DIRECTIVE

a) Les sociétés de droit belge dénommées «naamloze vennootschap»/«société anonyme», «commanditaire vennootschap op aandelen»/«société en commandite par action», «besloten vennootschap met beperkte aansprakelijkheid»/«société privée à responsabilité limitée», ainsi que les entités de droit public qui opèrent sous le régime du droit privé;

aa) les sociétés de droit bulgare dénommées: «събирателното дружество», «командитното дружество», «дружеството с ограничена отговорност», «акционерното дружество», «командитното дружество с акции», «кооперации», «кооперативни съюзи», «държавни предприятия» constituées conformément au droit bulgare et exerçant des activités commerciales;

ab) les sociétés de droit roumain dénommées: «societăţi pe acţiuni», «societăţi în comandită pe acţiuni», «societăţi cu răspundere limitată»;

b) les sociétés de droit danois dénommées «aktieselskab» et «anpartsselskab»;

c) les sociétés de droit allemand dénommées «Aktiengesellschaft», «Kommanditgesellschaft auf Aktien», «Gesellschaft mit beschränkter Haftung» et «bergrechtliche Gewerkschaft»;

d) les sociétés de droit hellénique dénommées «ανώνυμη εταιρία»;

e) les sociétés de droit espagnol dénommées «sociedad anónima», «sociedad comanditaria por acciones», «sociedad de responsabilidad limitada», ainsi que les entités de droit public qui opèrent sous le régime du droit privé;

f) les sociétés de droit français dénommées «société anonyme», «société en commandite par actions», «société à responsabilité limitée», ainsi que les établissements et les entreprises publics à caractère industriel et commercial;

g) les sociétés de droit irlandais dénommées «public companies limited by shares or by guarantee», «private companies limited by shares or by guarantee», les établissements enregistrés sous le régime des «Industrial and Provident Societies Acts», ou les «building societies» enregistrées sous le régime des «Building Societies Acts»;

h) les sociétés de droit italien dénommées «società per azioni», «società in accomandita per azioni», «società a responsabilità limitata», ainsi que les entités publiques et privées qui exercent des activités industrielles et commerciales;

i) les sociétés de droit luxembourgeois dénommées «société anonyme», «société en commandite par actions» et «société à responsabilité limitée»;

j) les sociétés de droit néerlandais dénommées «naamloze vennootschap» et «besloten vennootschap met beperkte aansprakelijkheid»;

k) les sociétés de droit autrichien dénommées «Aktiengesellschaft» et «Gesellschaft mit beschränkter Haftung»;

l) les sociétés commerciales ou sociétés civiles de forme commerciale, ainsi que les coopératives et les entreprises publiques qui sont constituées conformément au droit portugais;

m) les sociétés de droit finlandais dénommées «osakeyhtiö/aktiebolag», «osuuskunta/andelsbolag», «säästöpankki/sparbank» et «vakuutusyhtiö/försäkringsbolag»;

n) les sociétés de droit suédois dénommées «aktiebolag» et «försäkringsaktiebolag»;

o) les société constituées conformément au droit du Royaume-Uni;

p) les sociétés de droit tchèque dénommées «akciová společnost», «společnost s ručením omezeným», «veřejná obchodní společnost», «komanditní společnost», «družstvo»;

q) les sociétés de droit estonien dénommées «täisühing», «usaldusühing», «osaühing», «aktsiaselts», «tulundusühistu»;

r) les sociétés de droit chypriote dénommées sociétés constituées conformément au droit des sociétés, organismes publics ainsi que tout autre organisme assimilé à une société par la législation relative à l'impôt sur le revenu;

s) les sociétés de droit letton dénommées «akciju sabiedrība», «sabiedrība ar ierobežotu atbildību»;

t) les sociétés constituées conformément au droit de la Lituanie;

u) les sociétés de droit hongrois dénommées «közkereseti társaság», «betéti társaság», «közös vállalat», «korlátolt felelősségű társaság», «részvénytársaság», «egyesülés», «közhasznú társaság», «szövetkezet»;

v) les sociétés de droit maltais dénommées «Kumpaniji ta' Responsabilita' Limitata», «Soċjetajiet in akkomandita li l-kapital tagħhom maqsum f'azzjonijiet»;

w) les sociétés de droit polonais dénommées «spółka akcyjna», «spółka z ograniczoną odpowiedzialnością»;

x) les sociétés de droit slovène dénommées «delniška družba», «komanditna delniška družba», «komanditna družba», «družba z omejeno odgovornostjo», «družba z neomejeno odgovornostjo»;

y) les sociétés de droit slovaque dénommées «akciová spoločnos», «spoločnosť s ručením obmedzeným», «komanditná spoločnos», «verejná obchodná spoločnos», «družstvo»;

z) les sociétés de droit croate dénommées «dioničko društvo», «društvo s ograničenom odgovornošću», ainsi que les autres sociétés constituées conformément au droit croate et assujetties à l'impôt sur les bénéfices en Croatie.

DIRECTIVE 2009/133/CE du 19 octobre 2009 (JO L 310 du 25 novembre 2009, p. 34)

concernant le régime fiscal commun applicable aux fusions, scissions, scissions partielles, apports d'actifs et échanges d'actions intéressant des sociétés d'États membres différents, ainsi qu'au transfert du siège statutaire d'une SE ou d'une SCE d'un État membre à un autre (version codifiée)

Modifiée par la Directive 2013/13/UE du Conseil du 13 mai 2013

JOUE L 141 du 28 mai 2013, p. 30

LE CONSEIL DE L'UNION EUROPÉENNE,

vu le traité instituant la Communauté économique européenne, et notamment son article 94,

vu la proposition de la Commission,

vu l'avis du Parlement européen [Avis du 13 janvier 2009 (non encore paru au Journal officiel],

vu l'avis du Comité économique et social européen (JO C 100 du 30 avril 2009, p. 153),

considérant ce qui suit :

(1) La directive 90/434/CEE du Conseil du 23 juillet 1990 concernant le régime fiscal commun applicable aux fusions, scissions, scissions partielles, apports d'actifs et échanges d'actions intéressant des sociétés d'États membres différents, ainsi qu'au transfert du siège statutaire d'une SE ou d'une SCE d'un État membre à un autre (JO L 225 du 20 août 1990, p. 1) a été modifiée à plusieurs reprises et de façon substantielle (Voir annexe II, partie A). Il convient, dans un souci de clarté et de rationalité, de procéder à la codification de ladite directive.

(2) Les fusions, scissions, scissions partielles, apports d'actifs et échanges d'actions intéressant des sociétés d'États membres différents peuvent être nécessaires pour créer dans la Communauté des conditions analogues à celles d'un marché intérieur et pour assurer ainsi le bon fonctionnement d'un tel marché intérieur. Ces opérations ne devraient pas être entravées par des restrictions, des désavantages ou des distorsions particuliers découlant en particulier des dispositions fiscales des États membres. Il importe, par conséquent, de prévoir pour ces opérations des règles fiscales neutres au regard de la concurrence afin de permettre aux entreprises de s'adapter aux exigences du marché intérieur, d'accroître leur productivité et de renforcer leur position concurrentielle sur le plan international.

(3) Des dispositions d'ordre fiscal pénalisent actuellement ces opérations par rapport à celles qui intéressent des sociétés d'un même État membre. Il est nécessaire d'éliminer cette pénalisation.

(4) Il n'est pas possible d'atteindre cet objectif par une extension, au plan communautaire, des régimes internes en vigueur dans les États membres, les différences entre ces régimes étant susceptibles de provoquer des distorsions. Seul un régime fiscal commun peut constituer une solution satisfaisante à cet égard.

(5) Le régime fiscal commun devrait éviter une imposition à l'occasion d'une fusion, d'une scission, d'une scission partielle, d'un apport d'actifs ou d'un échange d'actions, tout en sauvegardant les intérêts financiers de l'État membre de la société apporteuse ou acquise.

(6) En ce qui concerne les fusions, les scissions et les apports d'actifs, ces opérations ont normalement pour résultat soit la transformation de la société apporteuse en établissement stable de la société bénéficiaire de l'apport, soit le rattachement des actifs à un établissement stable de cette dernière société.

(7) Le régime du report, jusqu'à leur réalisation effective, de l'imposition des plus-values afférentes aux biens apportés, appliqué à ceux de ces biens qui sont affectés à cet établissement stable, permet d'éviter l'imposition des plus-values correspondantes, tout en assurant leur imposition ultérieure par l'État membre de la société apporteuse, au moment de leur réalisation.

(8) Bien que les sociétés figurant sur la liste de l'annexe I, partie A, soient des sociétés assujetties dans l'État membre de leur résidence, certaines peuvent être considérées comme fiscalement transparentes par d'autres États membres. Pour préserver l'effectivité de la présente directive, les États membres qui considèrent des sociétés contribuables non résidentes comme fiscalement transparentes devraient leur accorder les avantages de la présente directive. Néanmoins, les États membres devraient pouvoir ne pas appliquer les dispositions pertinentes de la présente directive lorsqu'ils imposent un associé direct ou indirect de ces contribuables.

(9) Il convient également de définir le régime fiscal à appliquer à certaines provisions, réserves ou pertes de la société apporteuse et de régler les problèmes fiscaux qui se posent lorsqu'une des deux sociétés détient une participation dans le capital de l'autre.

(10) L'attribution aux associés de la société apporteuse de titres de la société bénéficiaire ou acquérante ne devrait, par elle-même, donner lieu à aucune imposition dans le chef de ces associés.

(11) La décision d'une SE ou d'une SCE de réorganiser ses activités en transférant son siège statutaire ne devrait pas être entravée par des règles fiscales discriminatoires ou par des restrictions, pénalisations ou distorsions découlant de législations fiscales nationales contraires au droit communautaire. Le transfert, ou un événement lié à ce transfert, peut donner lieu à une certaine forme d'imposition dans l'État membre duquel le siège est transféré.

Lorsque les actifs de la SE ou de la SCE demeurent effectivement rattachés à un établissement stable situé dans l'État membre duquel le siège statutaire a été transféré, cet établissement stable devrait bénéficier d'avantages similaires à ceux prévus par les articles 4, 5 et 6. En outre, l'imposition des associés à l'occasion du transfert du siège statutaire devrait être exclue.

(12) La présente directive ne traite pas des pertes subies par un établissement stable dans un autre État membre qui sont comptabilisées dans l'État membre de résidence d'une SE ou d'une SCE. En particulier, lorsque le siège statutaire d'une SE ou d'une SCE est transféré dans un autre État membre, ce transfert n'empêche pas l'ancien État membre de résidence de réintégrer en temps voulu les pertes de l'établissement stable.

(13) Il convient de prévoir la faculté, pour les États membres, de refuser le bénéfice de l'application de la présente directive lorsque l'opération de fusion, de scission, de scission partielle, d'apport d'actifs, d'échange d'actions ou de transfert du siège statutaire d'une SE ou d'une SCE a pour objectif la fraude ou l'évasion fiscales, ou a pour effet qu'une société, que celle-ci participe ou non à l'opération, ne remplit plus les conditions requises pour la représentation des travailleurs dans les organes de la société.

(14) L'un des objectifs de la présente directive est d'éliminer les entraves au fonctionnement du marché intérieur, telles que la double imposition. Dans la mesure où les dispositions de la présente directive ne permettent pas d'atteindre complètement cet objectif, les États membres devraient prendre les mesures nécessaires pour le réaliser.

(15) La présente directive ne doit pas porter atteinte aux obligations des États membres concernant les délais de transposition en droit national et d'application des directives indiqués à l'annexe II, partie B,

A ARRÊTÉ LA PRÉSENTE DIRECTIVE :

CHAPITRE I

Dispositions générales

Article premier

Chaque État membre applique la présente directive aux opérations suivantes :

a) opérations de fusion, de scission, de scission partielle, d'apport d'actifs et d'échange d'actions qui concernent des sociétés de deux ou plusieurs États membres ;

b) transfert du siège statutaire, d'un État membre à un autre, d'une société européenne (Societas Europaea ou SE), créée par le règlement (CE) n° 2157/2001 du Conseil du 8 octobre 2001 relatif au statut de la société européenne (SE) (JO L 294 du 10 novembre 2001, p. 1) et d'une société coopérative européenne (SCE), créée par le règlement (CE) n° 1435/2003 du Conseil du 22 juillet 2003 relatif au statut de la société coopérative européenne (SEC) (JO L 207 du 18 août 2003, p. 1).

Article 2

Aux fins de l'application de la présente directive, on entend par :

a) « fusion », l'opération par laquelle :

i) une ou plusieurs sociétés transfèrent, par suite et au moment de leur dissolution sans liquidation, l'ensemble de leur patrimoine, activement et passivement, à une autre société préexistante, moyennant l'attribution à leurs associés de titres représentatifs du capital social de l'autre société et, éventuellement, d'une soulte en espèces ne dépassant pas 10 % de la valeur nominale ou, à défaut de valeur nominale, du pair comptable de ces titres ;

ii) deux ou plusieurs sociétés transfèrent, par suite et au moment de leur dissolution sans liquidation, l'ensemble de leur patrimoine, activement et passivement, à une société qu'elles constituent, moyennant l'attribution à leurs associés de titres représentatifs du capital social de la société nouvelle et, éventuellement, d'une soulte en espèces ne dépassant pas 10 % de la valeur nominale ou, à défaut de valeur nominale, du pair comptable de ces titres ;

iii) une société transfère, par suite et au moment de sa dissolution sans liquidation, l'ensemble de son patrimoine, activement et passivement, à la société qui détient la totalité des titres représentatifs de son capital social ;

b) « scission », l'opération par laquelle une société transfère, par suite et au moment de sa dissolution sans liquidation, l'ensemble de son patrimoine, activement et passivement, à deux ou plusieurs sociétés préexistantes ou nouvelles, moyennant l'attribution à ses associés, selon une règle proportionnelle, de titres représentatifs du capital social des sociétés bénéficiaires de l'apport et, éventuellement, d'une soulte en espèces ne dépassant pas 10 % de la valeur nominale ou, à défaut de valeur nominale, du pair comptable de ces titres ;

c) « scission partielle », l'opération par laquelle une société transfère, sans être dissoute, une ou plusieurs branches d'activité à une ou plusieurs sociétés préexistantes ou nouvelles, en laissant au moins une branche d'activité dans la société apporteuse, en échange de l'attribution à ses associés, au prorata, de titres représentatifs du capital social des sociétés qui bénéficient des éléments d'actif et de passif et, éventuellement, d'une soulte en espèces ne dépassant pas 10 % de la valeur nominale ou, à défaut de valeur nominale, du pair comptable de ces titres ;

d) « apport d'actifs », l'opération par laquelle une société apporte, sans être dissoute, l'ensemble ou une ou plusieurs branches de son activité à une autre société, moyennant la remise de titres représentatifs du capital social de la société bénéficiaire de l'apport ;

e) « échange d'actions », l'opération par laquelle une société acquiert, dans le capital social d'une autre société, une participation ayant pour effet de lui conférer la majorité des droits de vote de cette société, ou, si elle détient déjà une telle majorité, acquiert une nouvelle participation moyennant l'attribution aux associés de l'autre société, en échange de leurs titres, de titres représentatifs du capital social de la première société et, éventuellement, d'une soulte en espèces ne dépassant pas 10 % de la valeur nominale ou, à défaut de valeur nominale, du pair comptable des titres qui sont remis en échange ;

f) « société apporteuse », la société qui transfère son patrimoine, activement et passivement, ou qui apporte l'ensemble ou une ou plusieurs branches de son activité ;

g) « société bénéficiaire », la société qui reçoit le patrimoine, activement et passivement, ou l'ensemble ou une ou plusieurs branches d'activité de la société apporteuse ;

h) « société acquise », la société dans laquelle une autre société acquiert une participation, moyennant un échange de titres ;

i) « société acquérante », la société qui acquiert une participation, moyennant un échange de titres ;

j) « branche d'activité », l'ensemble des éléments d'actif et de passif d'une division d'une société qui constituent, du point de vue de l'organisation, une exploitation autonome, c'est-à-dire un ensemble capable de fonctionner par ses propres moyens ;

k) « transfert du siège statutaire », l'opération par laquelle, sans liquidation ou création d'une nouvelle personne morale, une SE ou une SCE transfère son siège statutaire d'un État membre à un autre.

Article 3

Aux fins de l'application de la présente directive, on entend par « société d'un État membre » toute société :

a) qui revêt une des formes énumérées à l'annexe I, partie A ;

b) qui, selon la législation fiscale d'un État membre, est considérée comme ayant dans cet État membre son domicile fiscal et, aux termes d'une convention en matière de double imposition conclue avec un pays tiers, n'est pas considérée comme ayant son domicile fiscal hors de la Communauté ; et

c) qui est assujettie, sans possibilité d'option et sans en être exonérée, à l'un des impôts figurant à l'annexe I, partie B, ou à tout autre impôt qui viendrait se substituer à l'un de ces impôts.

CHAPITRE II

Règles applicables aux fusions, scissions, scissions partielles, à l'apport d'actifs et à l'échange d'actions

Article 4

1. La fusion, la scission ou la scission partielle n'entraîne aucune imposition des plus-values qui sont déterminées par la différence entre la valeur réelle des éléments d'actif et de passif transférés et leur valeur fiscale.

2. Aux fins du présent article, on entend par :

a) « valeur fiscale », la valeur qui aurait été retenue pour le calcul d'un profit ou d'une perte entrant en compte pour l'assiette de l'impôt frappant le revenu, les bénéfices ou les plus-values de la société apporteuse si ces éléments d'actif et de passif avaient été vendus lors de la fusion, de la scission ou de la scission partielle, mais indépendamment d'une telle opération ;

b) « éléments d'actif et de passif transférés », les éléments d'actif et de passif de la société apporteuse qui, par suite de la fusion, de la scission ou de la scission partielle, sont effectivement rattachés à un établissement stable de la société bénéficiaire situé dans l'État membre de la société apporteuse et qui concourent à la formation des profits ou des pertes pris en compte pour l'assiette des impôts.

3. Lorsque le paragraphe 1 s'applique et qu'un État membre considère une société apporteuse non résidente comme fiscalement transparente, sur la base de l'évaluation par cet État membre des caractéristiques juridiques de la société au titre de la législation en vertu de laquelle elle a été constituée, et qu'il impose, par conséquent, les associés au titre de leur part des bénéfices de la société apporteuse au moment où naissent ces bénéfices, l'État membre en question n'impose pas les revenus, les bénéfices ou les plus-values déterminés par la différence entre la valeur réelle des éléments d'actif et de passif transférés et leur valeur fiscale.

4. Les paragraphes 1 et 3 ne s'appliquent que si la société bénéficiaire calcule les nouveaux amortissements et les plus-values ou moins-values afférentes aux éléments d'actif et de passif transférés dans les mêmes conditions que l'auraient fait la ou les sociétés apporteuses si la fusion, la scission ou la scission partielle n'avait pas eu lieu.

5. Dans le cas où, selon la législation de l'État membre de la société apporteuse, la société bénéficiaire est admise à calculer les nouveaux amortissements ou les plus-values ou moins-values afférentes aux éléments d'actif et de passif transférés dans des conditions différentes de celles prévues au paragraphe 4, le paragraphe 1 ne s'applique pas aux éléments d'actif et de passif pour lesquels la société bénéficiaire a usé de cette faculté.

Article 5

Les États membres prennent les mesures nécessaires pour que les provisions ou réserves régulièrement constituées en franchise partielle ou totale d'impôt par la société apporteuse, sauf celles qui proviennent d'établissements stables à l'étranger, soient reprises, dans les mêmes conditions de franchise d'impôt, par les établissements stables de la société bénéficiaire situés dans l'État membre de la société apporteuse, la société bénéficiaire se substituant alors aux droits et obligations de la société apporteuse.

Article 6

Dans la mesure où les États membres appliquent, lorsque les opérations visées à l'article 1er, point a), interviennent entre sociétés de l'État membre de la société apporteuse, des dispositions permettant la reprise, par la société bénéficiaire, des pertes de la société apporteuse non encore amorties du point de vue fiscal, ils étendent le bénéfice de ces dispositions à la reprise, par les établissements stables de la société bénéficiaire situés sur leur territoire, des pertes de la société apporteuse non encore amorties du point de vue fiscal.

Article 7

1. Lorsque la société bénéficiaire détient une participation dans le capital de la société apporteuse, la plus-value obtenue par la société bénéficiaire à l'occasion de l'annulation de sa participation ne donne lieu à aucune imposition.

2. Les États membres ont la faculté de déroger au paragraphe 1 lorsque la participation détenue par la société bénéficiaire dans le capital de la société apporteuse est inférieure à 15 %.

À partir du 1er janvier 2009, le pourcentage minimal de participation est de 10 %.

Article 8

1. L'attribution, à l'occasion d'une fusion, d'une scission ou d'un échange d'actions, de titres représentatifs du capital social de la société bénéficiaire ou acquérante à un associé de la société apporteuse ou acquise, en échange de titres représentatifs du capital social de cette dernière société, ne doit, par elle-même, entraîner aucune imposition sur le revenu, les bénéfices ou les plus-values de cet associé.

2. L'attribution, à l'occasion d'une scission partielle, de titres représentatifs du capital social de la société bénéficiaire à un associé de la société apporteuse ne doit, par elle-même, entraîner aucune imposition sur le revenu, les bénéfices ou les plus-values de cet associé.

3. Lorsqu'un État membre considère un associé comme fiscalement transparent sur la base de l'évaluation par cet État membre des caractéristiques juridiques de l'associé au titre de la législation en vertu de laquelle il a été constitué, et qu'en conséquence, il impose les personnes ayant des intérêts dans l'associé au titre de leur part des bénéfices de l'associé au moment où naissent ces bénéfices, l'État membre en question n'impose pas ces personnes au titre des revenus, des bénéfices ou des plus-values résultant de l'attribution à l'associé de titres représentatifs du capital social de la société bénéficiaire ou acquérante.

4. Les paragraphes 1 et 3 ne s'appliquent que si l'associé n'attribue pas aux titres reçus en échange une valeur fiscale supérieure à la valeur que les titres échangés avaient immédiatement avant la fusion, la scission ou l'échange des actions.

5. Les paragraphes 2 et 3 ne s'appliquent que si l'associé n'attribue pas à la somme des titres reçus et des titres détenus dans le capital de la société apporteuse une valeur fiscale supérieure à la valeur que les titres détenus dans le capital de la société apporteuse avaient immédiatement avant la scission partielle.

6. L'application des paragraphes 1, 2 et 3 n'empêche pas les États membres d'imposer le profit résultant de la cession ultérieure des titres reçus de la même manière que le profit qui résulte de la cession des titres existant avant l'acquisition.

7. Aux fins du présent article, on entend par « valeur fiscale » la valeur qui servirait de base pour le calcul éventuel d'un profit ou d'une perte prise en compte pour déterminer l'assiette d'un impôt frappant les revenus, les bénéfices ou les plus-values de l'associé de la société.

8. Lorsqu'en vertu de la législation de l'État membre dont il est résident, un associé a la faculté d'opter pour un régime fiscal différent de celui défini aux paragraphes 4 et 5, les paragraphes 1, 2 et 3 ne s'appliquent pas aux titres pour lesquels cet associé aura exercé cette faculté.

9. Les paragraphes 1, 2 et 3 n'empêchent pas un État membre de prendre en compte, pour la taxation des associés, la soulte en espèces qui leur est éventuellement attribuée à l'occasion de la fusion, de la scission, de la scission partielle ou de l'échange d'actions.

Article 9

Les articles 4, 5 et 6 s'appliquent aux apports d'actifs.

CHAPITRE III

Cas particulier de l'apport d'un établissement stable

Article 10

1. Lorsque parmi les biens apportés à l'occasion d'une fusion, d'une scission, d'une scission partielle ou d'un apport d'actifs figure un établissement stable de la société apporteuse situé dans un État membre autre que celui de cette société, l'État membre dans lequel se trouve la société apporteuse renonce à tout droit d'imposer cet établissement stable.

L'État membre de la société apporteuse peut réintégrer dans les bénéfices imposables de celle-ci les pertes antérieures de l'établissement stable qui ont éventuellement été déduites du bénéfice imposable de la société dans cet État membre et qui n'ont pas été compensées.

L'État membre dans lequel est situé l'établissement stable et l'État membre de la société bénéficiaire appliquent à cet apport les dispositions de la présente directive comme si l'État membre dans lequel se trouve l'établissement stable était celui de la société apporteuse.

Le présent paragraphe s'applique aussi dans le cas où l'établissement stable est situé dans le même État membre que celui dont la société bénéficiaire est résidente.

2. Par dérogation au paragraphe 1, lorsque l'État membre de la société apporteuse applique un régime d'imposition des bénéfices réalisés au niveau mondial, cet État membre a le droit d'imposer les bénéfices ou les plus-values réalisés par l'établissement stable à la suite de la fusion, de la scission, de la scission partielle ou de l'apport d'actif, à condition d'admettre la déduction de l'impôt, qui, n'étaient les dispositions de la présente directive, aurait été réclamé au titre de ces bénéfices ou de ces plus-values dans l'État membre où est situé l'établissement stable, de la même manière et pour le même montant que cela aurait été le cas si cet impôt avait véritablement été exigé et acquitté.

CHAPITRE IV

Cas particulier des entités transparentes

Article 11

1. Lorsqu'un État membre considère une société apporteuse ou acquise non résidente comme fiscalement transparente, sur la base de l'évaluation par cet État membre des caractéristiques juridiques de la société au titre de la législation en vertu de laquelle elle a été constituée, il a le droit de ne pas appliquer les dispositions de la présente directive lorsqu'il impose un associé direct ou indirect de cette société en ce qui concerne le revenu, les bénéfices ou les plus-values de cette société.

2. Un État membre qui exerce le droit visé au paragraphe 1 admet la déduction de l'impôt qui, n'étaient les dispositions de la présente directive, aurait été réclamé à la société fiscalement transparente pour son revenu, ses bénéfices ou ses plus-values, de la même manière et pour le même montant que cet État membre l'aurait fait si cet impôt avait véritablement été exigé et acquitté.

3. Lorsqu'un État membre considère une société bénéficiaire ou acquérante non résidente comme fiscalement transparente, sur la base de l'évaluation par cet État membre des caractéristiques juridiques de la société au titre de la législation en vertu de laquelle elle a été constituée, il a le droit de ne pas appliquer l'article 8, paragraphes 1, 2 et 3.

4. Lorsqu'un État membre considère une société bénéficiaire non résidente comme fiscalement transparente, sur la base de l'évaluation par cet État membre des caractéristiques juridiques de la société au titre de la législation en vertu de laquelle elle a été constituée, cet État membre peut appliquer aux associés directs ou indirects le même traitement fiscal qu'il appliquerait si la société bénéficiaire était résidente dans cet État membre.

CHAPITRE V

Règles applicables au transfert du siège statutaire d'une se ou d'une SCE

Article 12

1. Lorsque :

a) une SE ou une SCE transfère son siège statutaire d'un État membre à un autre ; ou

b) à la suite du transfert de son siège statutaire d'un État membre à un autre État membre, une SE ou une SCE qui est résidente dans le premier État membre cesse d'être résidente dans cet État membre et devient résidente dans un autre État membre, ce transfert du siège statutaire ou la cessation de résidence n'entraîne pas d'imposition des plus-values, calculées conformément à l'article 4, paragraphe 1, dans l'État membre duquel le siège statutaire a été transféré, résultant des éléments d'actif et de passif de la SE ou de la SCE qui, à la suite de ce transfert ou de cette cessation, restent effectivement rattachés à un établissement stable de la SE ou de la SCE dans l'État membre duquel le siège statutaire a été transféré et qui concourent à la formation des profits ou des pertes pris en compte aux fins de la fiscalité.

2. Le paragraphe 1 ne s'applique que si la SE ou la SCE calcule les nouveaux amortissements et les plus-values ou moins-values afférentes aux éléments d'actif et de passif qui restent effectivement rattachés à cet établissement stable dans les mêmes conditions que si le transfert du siège statutaire n'avait pas eu lieu ou que si la SE ou la SCE n'avait pas cessé d'être résidente fiscale.

3. Lorsque, en vertu de la législation de l'État membre duquel le siège statutaire a été transféré, la SE ou la SCE est autorisée à calculer les nouveaux amortissements et les plus-values ou moins-values afférentes aux éléments d'actif et de passif restant dans cet État membre dans des conditions différentes de celles visées au paragraphe 2, le paragraphe 1 ne s'applique pas aux éléments d'actif et de passif pour lesquels la SE ou la SCE a usé de cette faculté.

Article 13

1. Lorsque :

a) une SE ou une SCE transfère son siège statutaire d'un État membre à un autre ; ou

b) à la suite du transfert de son siège statutaire d'un État membre à un autre, une SE ou une SCE qui est résidente dans le premier État membre cesse d'être résidente dans cet État membre et devient résidente dans un autre État membre,

les États membres prennent les mesures nécessaires pour que, lorsque des provisions ou réserves dûment constituées par la SE ou la SCE avant le transfert du siège statutaire sont partiellement ou totalement exemptées de l'impôt et ne proviennent pas d'établissements stables à l'étranger, ces provisions ou réserves puissent être reportées, en bénéficiant de la même exonération d'impôt, par un établissement stable d'une SE ou d'une SCE qui est situé sur le territoire de l'État membre duquel le siège statutaire a été transféré.

2. Dans la mesure où une société qui transfère son siège statutaire sur le territoire d'un État membre serait autorisée à reporter les pertes non amorties du point de vue fiscal ou à les imputer à un exercice antérieur, cet État membre autorise l'établissement stable, situé sur son territoire, de la SE ou de la SCE qui transfère son siège statutaire à reprendre les pertes non amorties du point de vue fiscal de la SE ou de la SCE, pour autant que le report des pertes ou l'imputation de celles-ci à un exercice antérieur aurait été possible dans des circonstances comparables pour une société qui continue d'avoir son siège statutaire ou qui continue d'avoir sa résidence fiscale dans cet État membre.

Article 14

1. Le transfert du siège statutaire d'une SE ou d'une SCE n'entraîne pas en soi d'imposition des revenus, bénéfices ou plus-values des associés.

2. L'application du paragraphe 1 n'empêche pas les États membres d'imposer le profit résultant de la cession ultérieure des titres représentatifs du capital social de la SE ou de la SCE qui transfère son siège statutaire.

CHAPITRE VI

Dispositions finales

Article 15

1. Un État membre peut refuser d'appliquer tout ou partie des dispositions des articles 4 à 14 ou d'en retirer le bénéfice lorsqu'une des opérations visées à l'article 1er :

a) a comme objectif principal ou comme un de ses objectifs principaux la fraude ou l'évasion fiscales ; le fait que l'opération n'est pas effectuée pour des motifs économiques valables, tels que la restructuration

ou la rationalisation des activités des sociétés participant à l'opération, peut constituer une présomption que cette opération a comme objectif principal ou comme un de ses objectifs principaux la fraude ou l'évasion fiscales ;

b) a pour effet qu'une société, que celle-ci participe ou non à l'opération, ne remplit plus les conditions requises pour la représentation des travailleurs dans les organes de la société selon les modalités applicables avant l'opération en question.

2. Le paragraphe 1, point b), s'applique aussi longtemps que et dans la mesure où aucune réglementation communautaire comportant des dispositions équivalentes en matière de représentation des travailleurs dans les organes de la société n'est applicable aux sociétés faisant l'objet de la présente directive.

Article 16

Les États membres communiquent à la Commission le texte des dispositions essentielles de droit interne qu'ils adoptent dans le domaine régi par la présente directive.

Article 17

La directive 90/434/CEE, telle que modifiée par les actes visés à l'annexe II, partie A, est abrogée, sans préjudice des obligations des États membres en ce qui concerne les délais de transposition en droit national et d'application des directives indiqués à l'annexe II, partie B.

Les références faites à la directive abrogée s'entendent comme faites à la présente directive et sont à lire selon le tableau de correspondance figurant à l'annexe III.

Article 18

La présente directive entre en vigueur le vingtième jour suivant celui de sa publication au Journal officiel de l'Union européenne.

Article 19

Les États membres sont destinataires de la présente directive.

Annexe I

Voir page suivante.

ANNEXE I

PARTIE A

LISTE DES SOCIÉTÉS VISÉES À L'ARTICLE 3, POINT a)

a) Les sociétés (SE) constituées conformément au règlement (CE) nº 2157/2001 et à la directive 2001/86/CE du Conseil du 8 octobre 2001 complétant le statut de la société européenne pour ce qui concerne l'implication des travailleurs ([1]) et les sociétés coopératives (SCE) constituées conformément au règlement (CE) nº 1435/2003 et à la directive 2003/72/CE du Conseil du 22 juillet 2003 complétant le statut de la société coopérative européenne pour ce qui concerne l'implication des travailleurs ([2]);

b) les sociétés de droit belge dénommées «société anonyme»/«naamloze vennootschap», «société en commandite par actions»/«commanditaire vennootschap op aandelen», «société privée à responsabilité limitée»/«besloten vennootschap met beperkte aansprakelijkheid», «société coopérative à responsabilité limitée»/«coöperatieve vennootschap met beperkte aansprakelijkheid», «société coopérative à responsabilité illimitée»/«coöperatieve vennootschap met onbeperkte aansprakelijkheid», «société en nom collectif»/«vennootschap onder firma», «société en commandite simple»/«gewone commanditaire vennootschap», les entités de droit public qui ont adopté une des formes juridiques mentionnées ci-dessus, ainsi que les autres sociétés constituées conformément au droit belge et assujetties à l'impôt sur les sociétés en Belgique;

c) les sociétés de droit bulgare dénommées «събирателното дружество», «командитното дружество», «дружеството с ограничена отговорност», «акционерното дружество», «командитното дружество с акции», «кооперации», «кооперативни съюзи», et «държавни предприятия» constituées conformément au droit bulgare et exerçant des activités commerciales;

d) les sociétés de droit tchèque dénommées «akciová společnost» et «společnost s ručením omezeným»;

e) les sociétés de droit danois dénommées «aktieselskab» et «anpartsselskab» ainsi que les autres sociétés assujetties à l'impôt en vertu de la législation sur l'imposition des sociétés, à condition que leurs revenus imposables soient calculés et imposés conformément à la législation fiscale générale applicable aux «aktieselskaber»;

f) les sociétés de droit allemand dénommées «Aktiengesellschaft», «Kommanditgesellschaft auf Aktien», «Gesellschaft mit beschränkter Haftung», «Versicherungsverein auf Gegenseitigkeit», «Erwerbs- und Wirtschaftsgenossenschaft», «Betriebe gewerblicher Art von juristischen Personen des öffentlichen Rechts», ainsi que les autres sociétés constituées conformément au droit allemand et assujetties à l'impôt sur les sociétés en Allemagne;

g) les sociétés de droit estonien dénommées «täisühing», «usaldusühing», «osaühing», «aktsiaselts» et «tulundusühistu»;

h) les sociétés de droit irlandais ou existant conformément au droit irlandais, les établissements enregistrés sous le régime de l'«Industrial and Provident Societies Act», les «building societies» enregistrées sous le régime des «Building Societies ACTS» et les «trustee savings banks» au sens du «Trustee Savings Banks Act» de 1989;

i) les sociétés de droit grec dénommées «ανώνυμη εταιρεία» et «εταιρεία περιωρισμένης ευθύνης (Ε.Π.Ε.)»;

j) les sociétés de droit espagnol dénommées «sociedad anónima», «sociedad comanditaria por acciones», «sociedad de responsabilidad limitada», et les entités de droit public qui opèrent sous le régime du droit privé;

([1]) JO L 294 du 10.11.2001, p. 22.
([2]) JO L 207 du 18.8.2003, p. 25.

k) les sociétés de droit français dénommées «société anonyme», «société en commandite par actions», «société à responsabilité limitée», «société par actions simplifiée», «société d'assurance mutuelle», «caisses d'épargne et de prévoyance», «sociétés civiles» assujetties de plein droit à l'impôt sur les sociétés, «coopératives» et «unions de coopératives», les établissements et entreprises publics à caractère industriel et commercial, ainsi que les autres sociétés constituées conformément au droit français et assujetties à l'impôt sur les sociétés en France;

l) les sociétés de droit italien dénommées «società per azioni», «società in accomandita per azioni», «società a responsabilità limitata», «società cooperative», «società di mutua assicurazione», et les entités privées et publiques qui exercent exclusivement ou principalement des activités commerciales;

m) les sociétés («εταιρείες») de droit chypriote telles qu'elles sont définies dans la législation concernant l'impôt sur le revenu;

n) les sociétés de droit letton dénommées «akciju sabiedrība» et «sabiedrība ar ierobežotu atbildību»;

o) les sociétés constituées conformément au droit lituanien;

p) les sociétés de droit luxembourgeois dénommées «société anonyme», «société en commandite par actions», «société à responsabilité limitée», «société coopérative», «société coopérative organisée comme une société anonyme», «association d'assurances mutuelles», «association d'épargne-pension», «entreprise de nature commerciale, industrielle ou minière de l'État, des communes, des syndicats de communes, des établissements publics et des autres personnes morales de droit public», ainsi que les autres sociétés constituées conformément au droit luxembourgeois et assujetties à l'impôt sur les sociétés au Luxembourg;

q) les sociétés de droit hongrois dénommées «közkereseti társaság», «betéti társaság», «közös vállalat», «korlátolt felelősségű társaság», «részvénytársaság», «egyesülés», «közhasznú társaság» et «szövetkezet»;

r) les sociétés de droit maltais dénommées «Kumpaniji ta' Responsabilita' Limitata» et «Soċjetajiet en commandite li l-kapital taghhom maqsum f'azzjonijiet»;

s) les sociétés de droit néerlandais dénommées «naamloze vennnootschap», «besloten vennootschap met beperkte aansprakelijkheid», «open commanditaire vennootschap», «coöperatie», «onderlinge waarborgmaatschappij», «fonds voor gemene rekening», «vereniging op coöperatieve grondslag» et «vereniging welke op onderlinge grondslag als verzekeraar of kredietinstelling optreedt», ainsi que les autres sociétés constituées conformément au droit néerlandais et assujetties à l'impôt sur les sociétés aux Pays-Bas;

t) les sociétés de droit autrichien dénommées «Aktiengesellschaft», «Gesellschaft mit beschränkter Haftung» et «Erwerbs-und Wirtschaftsgenossenschaften»;

u) les sociétés de droit polonais dénommées «spółka akcyjna» et «spółka z ograniczoną odpowiedzialnością»;

v) les sociétés commerciales ou sociétés civiles de forme commerciale, ainsi que les autres personnes morales exerçant des activités commerciales ou industrielles qui sont constituées conformément au droit portugais;

w) les sociétés de droit roumain dénommées «societăţi pe acţiuni», «societăţi în comandită pe acţiuni» et «societăţi cu răspundere limitată»;

x) les sociétés de droit slovène dénommées «delniška družba», «komanditna družba» et «družba z omejeno odgovornostjo»;

y) les sociétés de droit slovaque dénommées «akciová spoločnosť», «spoločnosť s ručením obmedzeným» et «komanditná spoločnosť»;

z) les sociétés de droit finlandais dénommées «osakeyhtiö»/«aktiebolag», «osuuskunta»/«andelslag», «säästöpankki»/«sparbank» et «vakuutusyhtiö»/«försäkringsbolag»;

aa) les sociétés de droit suédois dénommées «aktiebolag», «bankaktiebolag», «försäkringsaktiebolag», «ekonomiska föreningar», «sparbanker» et «ömsesidiga försäkringsbolag»;

ab) les sociétés constituées conformément au droit du Royaume-Uni ;

ka) les sociétés de droit croate dénommées «dioničko društvo», «društvo s ograničenom odgovornošću», ainsi que les autres sociétés constituées conformément au droit croate et assujetties à l'impôt sur les bénéfices en Croatie.

PARTIE B

LISTE DES IMPÔTS VISES À L'ARTICLE 3, POINT c)

— impôt des sociétés/vennootschapsbelasting en Belgique,

— корпоративен данък en Bulgarie,

— daň z příjmů právnických osob en République tchèque,

— selskabsskat au Danemark,

— Körperschaftssteuer en Allemagne,

— tulumaks en Estonie,

— corporation tax en Irlande,

— φόρος εισοδήματος νομικών προσώπων κερδοκοπικού χαρακτήρα en Grèce,

— impuesto sobre sociedades en Espagne,

— impôt sur les sociétés en France,

— porez na dobit en Croatie,

— imposta sul reddito delle società en Italie,

— φόρος εισοδήματος à Chypre,

— uzņēmumu ienākuma nodoklis en Lettonie,

— pelno mokestis en Lituanie,

— impôt sur le revenu des collectivités au Luxembourg,

— társasági adó en Hongrie,

— taxxa fuq l-income à Malte,

— vennootschapsbelasting aux Pays-Bas,

— Körperschaftssteuer en Autriche,

— podatek dochodowy od osób prawnych en Pologne,

— imposto sobre o rendimento das pessoas colectivas au Portugal,

— impozit pe profit en Roumanie,

— davek od dobička pravnih oseb en Slovénie,

— daň z príjmov právnických osôb en Slovaquie,

— yhteisöjen tulovero/inkomstskatten för samfund en Finlande,

— statlig inkomstskatt en Suède,

— corporation tax au Royaume-Uni.

Annexe 3 - **JURISPRUDENCE**

CAA Versailles 15 mars 2011, n° 09VE00366

Références

Cour Administrative d'Appel de Versailles

N° 09VE00366

Inédit au recueil Lebon

3e Chambre

Mme COËNT-BOCHARD, président

M. Patrick BRESSE, rapporteur

M. BRUNELLI, rapporteur public

CABINET BAKER & MC KENZIE, avocat

lecture du mardi 15 mars 2011

RÉPUBLIQUE FRANÇAISE

AU NOM DU PEUPLE FRANÇAIS

Texte intégral

Vu la requête, enregistrée le 10 février 2009 au greffe de la Cour administrative d'appel de Versailles, présentée pour la société COMPAGNIE INTERNATIONALE DES WAGONS LITS ET DU TOURISME, ayant son siège 126, rue de Charenton à Paris (75012), par Me Boutemy, avocat à la Cour ; la société COMPAGNIE INTERNATIONALE DES WAGONS LITS ET DU TOURISME demande à la Cour :

1°) d'annuler le jugement nos 0505364-0604447-0707174 en date du 12 décembre 2008 par lequel le Tribunal administratif de Cergy-Pontoise a rejeté ses demandes tendant à la décharge des cotisations supplémentaires d'impôt sur les sociétés, de contribution additionnelle à cet impôt ainsi que des intérêts de retard auxquels elle a été assujettie au titre des années 1998, 1999, 2000, 2001 et 2002 ;

2°) de prononcer la décharge sollicitée ;

3°) de mettre à la charge de l'État la somme de 15000 euros sur le fondement de l'article L. 761-1 du code de justice administrative ;

Elle soutient que la procédure d'imposition est irrégulière ; que dès lors que l'administration situe le prétendu siège de direction en France au sein de la société Accor, celle-ci devait faire l'objet d'une vérification de comptabilité assortie des garanties correspondantes pour ce qui concerne l'activité de holding de la société, prétendument localisée en France ; que le Tribunal administratif de Cergy-Pontoise a omis de statuer sur ce moyen ; que les notifications de redressement sont insuffisamment motivées au regard de l'article L. 57 du livre des procédures fiscales en ce qui concerne les montants des redressements notifiés ; que l'administration ne pouvait se contenter de demander à la requérante de procéder au chiffrage des redressements d'un montant très élevé, sans déduire les résultats des autres sociétés du groupe dont elle pouvait avoir connaissance par le biais de la procédure d'assistance administrative ; que les montants retenus sont, en outre, inappropriés, s'agissant d'une activité de holding, dès lors qu'ils ne tiennent pas compte de la nature des revenus en cause et du régime particulier des plus-values ; que les impositions ne sont pas justifiées au regard de l'article 209 du code général des impôts dès lors qu'elle dispose d'un siège effectif de direction en Belgique et n'a pas d'établissement en France ; que, de même, ne sont imposables en France, en vertu de la convention franco-belge du 10 mars 1964, que les seuls revenus des sociétés belges y disposant d'un établissement stable ; que l'administration n'établit pas que le siège de direction effective, c'est-à-dire le lieu où se prenaient les principales décisions, ne se situerait pas en Belgique ; que les décisions stratégiques relatives à l'activité de holding sont prises par le conseil d'administration qui se trouve à Bruxelles, même si quelques réunions de ce conseil ont été tenues en France ; que les circonstances que certains membres de ce conseil résident en France et que le principal actionnaire est une société française ne sont pas déterminantes ; que les éléments relevés par le tribunal administratif ne caractérisent pas l'exercice d'une activité de holding en France dès lors que le conseil d'administration siégeait en Belgique, qu'aucun pouvoir décisionnel n'existait en France en matière de gestion des participations, que la convention d'assistance conclue avec la société Accor et sans incidence sur la localisation des filiales et que la localisation du siège de direction en Belgique est attestée par l'administration fiscale belge ; que l'application de l'article 5 de la convention franco-belge doit conduire à une absence d'imposition en France ;

Vu les autres pièces du dossier ;

Vu la convention entre la France et la Belgique, tendant à éviter les doubles impositions et à établir les règles d'assistance administrative et juridique réciproque en matière d'impôts sur les revenus signée à Bruxelles le 10 mars 1964 ;

Vu le code général des impôts et le livre des procédures fiscales ;

Vu le code de justice administrative ;

Les parties ayant été régulièrement averties du jour de l'audience ;

Après avoir entendu au cours de l'audience publique du 1er février 2011 :
– le rapport de M. Bresse, président assesseur,
– les conclusions de M. Brunelli, rapporteur public,
– et les observations de Me Boutemy pour la société COMPAGNIE INTERNATIONALE DES WAGONS-LITS ET DU TOURISME ;

Vu la note en délibéré, enregistrée le 4 février 2011, produite pour la société COMPAGNIE INTERNATIONALE DES WAGONS-LITS ET DU TOURISME ;

Sur la régularité du jugement attaqué :

Considérant qu'il résulte de l'instruction que le Tribunal administratif de Cergy-Pontoise n'a pas examiné le moyen invoqué par la société COMPAGNIE INTERNATIONALE DES WAGONS-LITS ET DU TOURISME tiré de ce qu'une vérification de comptabilité devait être engagée à l'encontre de la société Accor, lequel n'était pas inopérant ; que, par suite, le jugement attaqué est entaché d'une omission à statuer et doit, dès lors, être annulé ;

Considérant qu'il y a lieu d'évoquer et de statuer immédiatement sur les demandes présentées par la société COMPAGNIE INTERNATIONALE DES WAGONS LITS ET DU TOURISME devant le Tribunal administratif de Cergy-Pontoise ;

Sur la régularité de la procédure d'imposition :

Considérant, en premier lieu, que les bénéfices de l'activité déployée par la succursale française de la société COMPAGNIE INTERNATIONALE DES WAGONS LITS ET DU TOURISME, non dotée de la personnalité juridique, ne pouvaient être imposés qu'entre les mains de cette dernière ; que, par suite, le moyen tiré de ce que le service devait engager une vérification de comptabilité de la société Accor, au siège de laquelle l'administration situe le siège effectif de la société requérante, assortie des garanties y afférentes et notamment la possibilité d'avoir un débat oral et contradictoire sur les redressements envisagés, ne peut qu'être écarté, alors même que cette société, qui est sa société mère, participe à la gestion de la succursale française ;

Considérant, en deuxième lieu, qu'en vertu de l'article L. 57 du livre des procédures fiscales, les notifications de redressements et les propositions de rectification adressées au contribuable doivent être motivées de manière à lui permettre de formuler ses observations ou de faire connaître son acceptation ; que ces dispositions impliquent notamment que le vérificateur précise le montant des redressements envisagés ; que les notifications de redressements du 19 décembre 2001, relative à l'exercice clos en 1998, du 19 décembre 2002, relative à l'exercice clos en 1999, et du 16 décembre 2003, relative à l'exercice clos en 2000, ainsi que les propositions de rectification adressées à la contribuable le 16 décembre 2004, pour l'exercice clos en 2004, et le 14 décembre 2005, pour l'exercice clos en 2005, précisent le montant du redressement en base et indiquent que ce montant est égal à la différence entre le résultat comptable total de la société et celui déjà déclaré en France au titre de l'activité ferroviaire ; que, si ces documents précisent, en outre, que ce montant pourrait être corrigé des résultats qui sont imposables dans les pays où se situe chacune des succursales d'exploitation ferroviaire, cette mention, qui offre sur ce point la possibilité d'un débat contradictoire, n'est pas de nature à faire regarder les documents en cause comme entachés d'insuffisance de motivation quant aux montants redressés, quand bien même le service n'aurait pas utilisé la procédure d'assistance administrative, la société ayant été invitée en vain, à plusieurs reprises, à fournir les éléments correspondants ; que, si la requérante fait encore valoir que le vérificateur n'a pas précisé notamment le montant des bases relevant du régime des plus-values visé au a ter du I de l'article 219 du code général des impôts bénéficiant d'un taux réduit d'imposition, aucune somme n'a été taxée selon ce régime ; qu'enfin, la contribuable ne saurait faire valoir utilement que le montant taxé est inapproprié, s'agissant d'une holding, ou encore que la motivation serait entachée d'une contradiction interne, la régularité formelle de la motivation d'une notification de redressements ou proposition de rectification ne dépendant pas du bien-fondé des redressements notifiés ; que, par suite, le moyen tiré de la violation de l'article L. 57 du livre des procédures fiscales, en ce qui concerne le montant des redressements, doit être écarté ;

Sur le bien-fondé des impositions :

Considérant qu'aux termes de l'article 209 du code général des impôts : I. Sous réserve des dispositions de la présente section, les bénéfices passibles de l'impôt sur les sociétés sont déterminés (...) en tenant compte uniquement des bénéfices réalisés dans les entreprises exploitées en France ainsi que ceux dont l'imposition est attribuée à la France par une convention internationale relative aux doubles impositions ; qu'aux termes de l'article 4 de la convention franco-belge susvisée : 1. les bénéfices industriels et commerciaux ne sont imposables que dans l'État contractant où se trouve situé l'établissement stable dont ils proviennent (...) 3. Le terme établissement stable désigne une installation fixe d'affaires où l'entreprise exerce tout ou partie de son activité. 4. Constituent notamment des établissements stables : a. un siège de direction (...) et qu'aux termes de l'article 5-1 de cette convention : Les bénéfices industriels ou commerciaux de l'établissement stable sont ceux qui proviennent de l'ensemble des opérations traitées par cet établissement (...) ;

Considérant qu'il incombe au juge de l'impôt, saisi d'une contestation relative à l'imposition en France des bénéfices d'une société étrangère, établie dans un État ayant conclu avec la France une convention fiscale bilatérale, de se placer d'abord au regard de la loi fiscale nationale pour rechercher si, à ce titre, l'imposition contestée a été valablement établie ; que, dans la négative, il lui appartient ensuite, le cas échéant, de déterminer si la société étrangère peut être assujettie à l'impôt français sur les sociétés sur le fondement des dispositions combinées du I de l'article 209 du code général des impôts et des stipulations de la convention fiscale bilatérale ;

Considérant qu'il résulte de l'instruction que la société COMPAGNIE INTERNATIONALE DES WAGONS LITS ET DU TOURISME, dont le siège social est à Bruxelles, a déclaré en France les seuls résultats liés à l'activité ferroviaire qu'elle exerce en France par l'intermédiaire de sa succursale française ; que l'administration, estimant que l'activité de holding également exercée par cette société était exploitée par l'intermédiaire d'un établissement stable situé en France, a réintégré les sommes correspondantes dans ses résultats taxables en France ;

Considérant, en premier lieu, que si la société requérante soutient que l'activité qu'elle qualifie de détention passive de titres ne serait pas dissociable de l'activité d'exploitation ferroviaire dès lors notamment que les participations détenues ont pour objet la poursuite d'activités proches de son activité ferroviaire, cette argumentation ne saurait conduire à la décharge des impositions en litige dès lors que, dans une telle hypothèse, les profits en relevant devraient être taxés en France comme produits accessoires de l'activité ferroviaire dont la société ne conteste pas qu'elle constitue une entreprise exploitée en France au sens de l'article 209 du code général des impôts ; qu'au surplus, la société elle-même a estimé devoir déclarer séparément les bénéfices résultant de son activité ferroviaire en France et les profits résultant de la détention de titres de participations ;

Considérant, en deuxième lieu, que la société COMPAGNIE INTERNATIONALE DES WAGONS LITS ET DU TOURISME fait valoir que les principales décisions stratégiques relatives à l'activité de la holding ont été prises en Belgique et que seuls quelques conseils d'administration ont été réunis en France ; que toutefois, s'agissant d'une activité de holding, laquelle n'implique que des structures administratives légères, le lieu de direction effective se trouve au lieu où se situe le centre nerveux et donc où s'organise l'essentiel de la vie de l'entreprise c'est-à-dire en pratique le lieu où se préparent effectivement et où se tiennent les réunions du conseil d'administration, lequel prend les décisions stratégiques pour la vie de la société ; qu'il résulte de l'instruction que la société Accor, dont le siège social est à Paris, a pris le contrôle de la société COMPAGNIE INTERNATIONALE DES WAGONS LITS ET DU TOURISME courant 1991 ; que l'administration justifie que les réunions du conseil d'administration des 23 avril 1997, 24 avril 1998, 23 avril 1999 et 29 mars 2000 ont eu lieu en France ; que si la société a produit en appel des exemplaires des procès-verbaux des réunions du conseil d'administration tenues les 23 avril 1999 et 29 mars 2000 faisant apparaître qu'elles se seraient tenues au siège social, ces documents, produits tardivement, diffèrent des versions des mêmes procès-verbaux remises au vérificateur lors des opérations de contrôle faisant apparaître que ces deux réunions se sont, en réalité, tenues au siège de la société Accor à Paris, et, par suite, ne peuvent être considérés comme probants ; qu'ainsi la société requérante ne démontre pas que des décisions importantes telles que la fusion des réseaux Wagonlit et Carlson, la cession des titres Compass ou encore l'acquisition des titres de la société Sphère International auraient été prises en Belgique ; qu'en outre, si le président de la société, M. Etienne Davignon, qui est également membre du conseil d'administration, est un ressortissant belge et résidait en Belgique, les autres membres du conseil d'administration, par ailleurs cadres dirigeants de la société Accor, ainsi que les principaux dirigeants, tels que les deux directeurs successifs et le directeur administratif et financier, résidaient en France ; qu'en outre, une convention d'assistance, incluant les principales tâches administratives telles que la communication externe, la gestion de la trésorerie et des financements, l'audit interne, les ressources humaines et les affaires juridiques, avait été conclue le 20 octobre 1993 avec la société mère Accor, au motif qu'à la suite de la prise de contrôle par cette société, la société COMPAGNIE INTERNATIONALE DES WAGONS LITS ET DU TOURISME lui transférait le personnel affecté à ces activités et ne disposait plus de services fonctionnels propres, seuls les responsables de la trésorerie et des affaires administratives, au nombre de deux, travaillant en Belgique ; que, si la société COMPAGNIE INTERNATIONALE DES WAGONS LITS produit quatre attestations de l'administration fiscale belge indiquant qu'un siège de direction effectif existait à Bruxelles durant les exercices contrôlés, ces documents qui ne constituent d'ailleurs pas des décisions anticipées officielles au sens de la législation fiscale belge, ne comportent aucune précision quant aux éléments permettant d'établir l'existence d'un tel siège en Belgique, pas plus d'ailleurs qu'ils ne donnent de précisions sur la nature exacte des relations existant entre la société mère Accor et la requérante qu'ils qualifient de normales ; que, de surcroît, la société requérante ne justifie pas, comme elle est seule à pouvoir le faire, avoir payé des impôts en Belgique, ni même avoir déposé pour son activité de holding une déclaration de bénéfices dans ce pays en conséquence de cette localisation ; que, dans ces conditions, compte tenu de l'ensemble des éléments qui précèdent, l'activité de holding de la société COMPAGNIE INTERNATIONALE DES WAGONS-LITS ET DU TOURISME doit être regardée comme transférée à Paris dans le prolongement de la prise de contrôle de cette société par la société Accor ; que la société requérante a ainsi exploité, dans le cadre de ses activités de holding, une entreprise en France au sens du I de l'article 209 du code général des impôts et y a disposé, pour cette activité, d'un siège de direction au sens de l'article 4-4 de la convention franco-belge susvisée et donc d'un établissement stable au sens de l'article 4-3 de la même convention justifiant la taxation en France des bénéfices en provenant ;

Considérant, en troisième lieu, que la société ne saurait utilement se prévaloir, pour l'application des dispositions du I de l'article 209 du code général des impôts, des termes de l'article 1-4 de la convention fiscale franco-belge desquels il découle qu'une personne morale ne peut avoir qu'un unique siège de direction effective dès lors que cet article est uniquement relatif à la fixation de la résidence fiscale d'une société et ne saurait faire obstacle à l'imposition dans un autre pays des bénéfices rattachables à un établissement stable ; que, pour les mêmes motifs, la société ne saurait utilement faire valoir que l'existence éventuelle en France d'un siège de direction effective déterminant la résidence fiscale ne saurait suffire à établir l'existence d'une entreprise exploitée en France, et invoquer les termes de l'instruction administrative référencée 14-B-3-03 du 22 mai 2003, laquelle est, au surplus, relative à la convention fiscale franco-algérienne ; qu'ainsi, la société COMPAGNIE INTERNATIONALE DES WAGONS LITS ET DU TOURISME ne peut soutenir que les profits résultant de l'activité de holding qu'elle exerce ne pourraient être imposés en France par application des dispositions précitées du I de l'article 209 du code général des impôts et de la convention franco-belge susvisée ;

Considérant, en quatrième lieu, que si la société COMPAGNIE INTERNATIONALE DES WAGONS LITS ET DU TOURISME soutient que le résultat retenu est inapproprié s'agissant d'une activité de holding, faute notamment de tenir compte du régime spécifique d'imposition des plus-values de cession de titres du a ter du I de l'article 219 du code général des impôts, elle n'assortit pas ce moyen de précisions suffisantes permettant d'en apprécier la pertinence ;

Considérant, en cinquième lieu, que contrairement à ce que soutient la société COMPAGNIE INTERNATIONALE DES WAGONS LITS ET DU TOURISME les impositions supplémentaires litigieuses ne pouvaient pas être mises à la charge de la société Accor dès lors qu'elles résultent de l'activité développée en France par sa propre succursale, alors même que la société Accor est sa principale actionnaire et intervient dans la gestion de sa succursale ;

Considérant qu'il résulte de tout ce qui précède que les demandes présentées par la société COMPAGNIE INTERNATIONALE DES WAGONS LITS ET DU TOURISME doivent être rejetées ;

Sur l'application des dispositions de l'article L. 761-1 du code de justice administrative :

Considérant que ces dispositions font obstacle à ce que soit mise à la charge de l'État qui n'est pas, dans la présente instance, la partie perdante, le versement d'une somme au titre des frais exposés par la société COMPAGNIE INTERNATIONALE DES WAGONS LITS ET DU TOURISME et non compris dans les dépens ;

D É C I D E :

Article 1er : Le jugement nos 0505364-0604447-0707174 en date du 12 décembre 2008 du Tribunal administratif de Cergy-Pontoise est annulé.

Article 2 : Les demandes présentées par la société COMPAGNIE INTERNATIONALE DES WAGONS LITS ET DU TOURISME devant le Tribunal ainsi que le surplus de ses conclusions présentées devant la Cour sont rejetés.

CONSEIL D'ÉTAT
statuant
au contentieux

RÉPUBLIQUE FRANÇAISE
AU NOM DU PEUPLE FRANÇAIS

N° 349345

COMPAGNIE INTERNATIONALE
DES WAGONS-LITS ET DU TOURISME

Mme Isabelle Lemesle
Rapporteur

M. Edouard Crépey
Rapporteur public

Séance du 8 novembre 2012
Lecture du 28 décembre 2012

Le Conseil d'État statuant au contentieux
(Section du contentieux, 10e sous-section)

Vu le pourvoi sommaire et le mémoire complémentaire, enregistrés les 16 mai et 16 août 2011 au secrétariat du contentieux du Conseil d'État, présentés pour la Compagnie Internationale des Wagons-lits et du Tourisme, dont le siège social est 53, boulevard Clovis à Bruxelles (B 1040) ; la Compagnie Internationale des Wagons-lits et du Tourisme demande au Conseil d'État :

1°) d'annuler l'arrêt n° 09VE00366 du 15 mars 2011 par lequel la cour administrative d'appel de Versailles, ne faisant que partiellement droit à son appel, a annulé le jugement n° 0505364-0604447-0707174 du 12 décembre 2008 du tribunal administratif de Cergy-Pontoise rejetant ses demandes tendant à la décharge des cotisations supplémentaires d'impôt sur les sociétés, de contributions additionnelles à cet impôt ainsi que des intérêts de retard auxquels elle a été assujettie au titre des années 1998 à 2002, et a rejeté le surplus de ses conclusions ;

2°) de mettre à la charge de l'État la somme de 12 000 euros au titre de l'article L. 761-1 du code de justice administrative ;

....

Vu les autres pièces du dossier ;

Vu la convention entre la France et la Belgique tendant à éviter les doubles impositions et à établir des règles d'assistance administrative et juridique réciproque en matière d'impôts sur le revenu signée à Bruxelles le 10 mars 1964 ;

Vu le code général des impôts et le livre des procédures fiscales ;

Vu le code de justice administrative ;

Après avoir entendu en séance publique :
– le rapport de Mme Isabelle Lemesle, Maître des Requêtes,
– les observations de la SCP Delaporte, Briard, Trichet, avocat de la Compagnie Internationale des Wagons-lits et du Tourisme,
– les conclusions de M. Edouard Crépey, rapporteur public ;

La parole ayant été à nouveau donnée à la SCP Delaporte, Briard, Trichet, avocat de la Compagnie Internationale des Wagons-lits et du Tourisme ;

1. Considérant qu'aux termes de l'article L. 822-1 du code de justice administrative : « Le pourvoi en cassation devant le Conseil d'État fait l'objet d'une procédure préalable d'admission. L'admission est refusée par décision juridictionnelle si le pourvoi est irrecevable ou n'est fondé sur aucun moyen sérieux » ;

2. Considérant que, pour demander l'annulation de l'arrêt qu'elle attaque, la Compagnie Internationale des Wagons-lits et du Tourisme soutient que la cour administrative d'appel de Versailles a dénaturé ses conclusions et méconnu les dispositions de l'article L. 47 du livre des procédures fiscales en répondant à un moyen qui aurait été tiré de ce que l'administration fiscale devait engager une vérification de la comptabilité de la société Accor ; qu'elle a dénaturé les pièces du dossier et méconnu les dispositions des articles L. 57 et R. 57 1 du livre des procédures fiscales en jugeant que la procédure d'imposition était régulière et que la notification de redressement était suffisamment motivée ; qu'elle a insuffisamment motivé sa décision, commis une erreur de droit au regard des dispositions de l'article 209-I du code général des impôts et des stipulations des articles 4 et 5-1 de la convention franco-belge du 10 mars 1964, et dénaturé les faits et les pièces du dossier en jugeant que son activité de holding devait être regardée comme transférée à Paris dans le prolongement de la prise de contrôle de cette société par la société Accor ;

3. Considérant qu'aucun de ces moyens n'est de nature à permettre l'admission du pourvoi ;

D É C I D E :

Article 1er : Le pourvoi de la Compagnie Internationale des Wagons-lits et du Tourisme n'est pas admis.

Article 2 : La présente décision sera notifiée à la Compagnie Internationale des Wagons-lits et du Tourisme.

CAA Versailles 21 mai 2013, n° 11VE02534

Cour Administrative d'Appel de Versailles

N° 11VE02534

Inédit au recueil Lebon

1re Chambre

M. SOUMET, président

Mme Laurence BELLE VANDERCRUYSSEN, rapporteur

Mme DIOUX-MOEBS, rapporteur public

ESPASA-MATTEI, avocat

lecture du mardi 21 mai 2013

RÉPUBLIQUE FRANÇAISE

AU NOM DU PEUPLE FRANÇAIS

Texte intégral

Vu la requête, enregistrée le 11 juillet 2011, présentée pour la COMPAGNIE INTERNATIONALE DES WAGONS LITS ET DU TOURISME, dont le siège est au 110 avenue de France à Paris (75013), par Me Espasa-Mattei, avocat ;

La COMPAGNIE INTERNATIONALE DES WAGONS LITS ET DU TOURISME demande à la Cour :

1° d'annuler le jugement n° 0805692 du 12 mai 2011 par lequel le Tribunal administratif de Cergy-Pontoise a rejeté sa demande en décharge des cotisations supplémentaires d'impôt sur les sociétés et des contributions additionnelles à cet impôt et des intérêts de retard qui lui ont été assignés au titre de l'exercice 2003 ;

2° de prononcer la décharge de ces impositions ;

3° de mettre à la charge de l'État la somme de 15000 euros sur le fondement de l'article L. 761-1 du code de justice administrative ;

La COMPAGNIE INTERNATIONALE DES WAGONS LITS ET DU TOURISME soutient, en premier lieu, que s'agissant du bien-fondé de l'imposition, l'activité holding ne peut être détachée de l'activité opérationnelle de la société belge qui employait encore 181 salariés en 2003 en Belgique pour son activité ferroviaire historique, son activité d'agence de voyages et son activité d'hôtellerie à bord de trains de nuit et ne peut être rattachée à une succursale en France ; qu'à supposer que cette activité puisse être détachée, tous les conseils d'administration se sont tenus en Belgique pour l'exercice 2003 et les autres éléments retenus constituent le faisceau d'indices retenus par la jurisprudence de la Cour, corroborant le fait que le siège de la direction effective est en Belgique ; que la circonstance que les réunions des conseils d'administration ont lieu à Paris n'est pas de nature à caractériser ou déterminer le lieu de prise des décisions ; que la majorité des personnes participant aux conseils d'administration sont des résidents belges ; que tous les conseils se sont tenus avec au moins autant de résidents belges que de résidents français ; que le président de la société est un haut fonctionnaire belge dont la réputation est irréprochable ; que le conseil d'administration avait conféré à M. A...résident français et M. C..., résident belge, la délégation légale pour la gestion journalière de l'entreprise ; que le conseil d'administration devait autoriser les cessions légales comme celles des titres de la société ACCOR ; que les attestations fiscales belges sont corroborées par les pièces versées au dossier ; qu'elle joint en annexe la déclaration à l'impôt sur les sociétés effectuée en Belgique au titre de l'exercice clos le 31 décembre 2003, l'avis d'imposition émanant des services fiscaux belges afférents à cet exercice et les échanges effectués avec l'administration fiscale belge lors du contrôle fiscal opéré par cette dernière en matière d'impôt sur les sociétés belge ; que si le tribunal relève l'existence d'une convention d'assistance incluant les principales tâches administratives, conclue avec ACCOR, cette convention ne vise pas l'activité de holding ; qu'il s'agit en l'espèce d'une convention d'assistance classique par laquelle une société mère assure certains services purement fonctionnels, comme le rappelle l'administration, pour le compte de ses filiales ; que s'agissant, en deuxième lieu, de la procédure d'imposition, cette procédure est entachée de nullité puisque les impositions mises à sa charge ont été mises en recouvrement alors même que le prétendu siège de direction exerçant l'activité de holding n'avait fait l'objet d'aucune vérification de comptabilité ; que le siège de la direction effective de la société, localisé par l'administration chez ACCOR aurait dû faire l'objet d'une vérification de comptabilité pour ce qui concernait l'activité de la holding de la société, prétendument localisée en France ; que faute de vérification de comptabilité et d'une procédure de redressement réalisée au sein du siège de la direction effective la procédure de redressement est frappée d'une irrégularité manifeste ; que la notification de redressements n'est pas suffisamment motivée ; qu'en effet elle se borne à indiquer que le montant est égal à la différence entre le résultat comptable total de la société et celui déjà déclaré en France au titre de l'activité ferroviaire ; que le montant ainsi retenu, s'agissant d'une holding, est totalement inexact ; qu'il a été très sommairement réalisé en tenant compte du résultat comptable et non du résultat fiscal ;

Vu les autres pièces du dossier ;

Vu la convention entre la France et la Belgique, tendant à éviter les doubles impositions et à établir les règles d'assistance administrative et juridique réciproque en matière d'impôts sur les revenus signée à Bruxelles le 10 mars 1964 ;

Vu le code général des impôts et le livre des procédures fiscales ;

Vu le code de justice administrative ;

Les parties ayant été régulièrement averties du jour de l'audience ;

Après avoir entendu au cours de l'audience publique du 23 avril 2013 :
– le rapport de Mme Belle, premier conseiller,
– les conclusions de Mme Dioux-Moebs, rapporteur public,
– et les observations de Me E…..... pour la société COMPAGNIE INTERNATIONALE DES WAGONS LITS ET DU TOURISME ;

Et connaissance prise de la note en délibéré, enregistrée le 23 avril 2013, présentée pour la société COMPAGNIE INTERNATIONALE DES WAGONS LITS ET DU TOURISME par Me E… ;

1. Considérant que la société COMPAGNIE INTERNATIONALE DES WAGONS LITS ET DU TOURISME, dont le siège social est à Bruxelles, a déclaré en France les seuls résultats liés à l'activité ferroviaire qu'elle y exerce par l'intermédiaire de sa succursale française ; que l'administration fiscale a réintégré, dans ses résultats taxables en France, les sommes correspondant à l'activité de holding exercée par la société en estimant qu'elle était dirigée effectivement par la succursale française et non par le siège social en Belgique ; que la société relève régulièrement appel du jugement par lequel le Tribunal administratif de Cergy-Pontoise a rejeté sa demande tendant à la décharge des cotisations supplémentaires à l'impôt sur les société et aux contributions sociales y afférentes qui lui ont été assignées au titre de l'exercice clos en 2003 ;

Sur la régularité de la procédure d'imposition :

2. Considérant, en premier lieu, que les bénéfices de l'activité de la succursale française de la société COMPAGNIE INTERNATIONALE DES WAGONS LITS ET DU TOURISME, qui dispose d'un établissement stable en France non doté de la personnalité juridique mais doté de son autonomie fiscale, ne pouvaient être imposés qu'entre les mains de cette dernière ; que, par suite, le moyen tiré de ce que le service devait engager une vérification de comptabilité de la société ACCOR ne peut qu'être écarté, alors même que cette société, qui est sa société mère, participe à la gestion de la succursale française ;

3. Considérant, en deuxième lieu, qu'en vertu de l'article L. 57 du livre des procédures fiscales, la proposition de rectification adressée au contribuable doit être motivée de manière à lui permettre de formuler ses observations ou de faire connaître son acceptation ; que ces dispositions impliquent notamment que le vérificateur précise le montant des redressements envisagés ; que la proposition de rectification adressée à la contribuable le 16 décembre 2004, pour l'exercice clos en 2003 précise le montant du redressement en base et le montant des intérêts de retard et indique que ce montant est égal à la différence entre le résultat comptable total de la société et celui déjà déclaré en France au titre de l'activité ferroviaire ; que si la contribuable fait valoir que le montant taxé serait inapproprié s'agissant d'une holding et que les montants réclamés seraient injustifiés ces circonstances, à les supposer établies, sont sans influence sur la régularité formelle de la proposition de rectification ; que, par suite, le moyen tiré de ce que les exigences de motivation prescrites par l'article L. 57 du livre des procédures fiscales n'auraient pas été respectées doit être écarté ;

Sur le bien-fondé des impositions :

4. Considérant qu'aux termes de l'article 209 du code général des impôts : « I. Sous réserve des dispositions de la présente section, les bénéfices passibles de l'impôt sur les sociétés sont déterminés (…) en tenant compte uniquement des bénéfices réalisés dans les entreprises exploitées en France ainsi que ceux dont l'imposition est attribuée à la France par une convention internationale relative aux doubles impositions « ; qu'aux termes de l'article 4 de la convention franco-belge susvisée : « 1. les bénéfices industriels et commerciaux ne sont imposables que dans l'État contractant où se trouve situé l'établissement stable dont ils proviennent (…) 3. Le terme « établissement stable « désigne une installation fixe d'affaires où l'entreprise exerce tout ou partie de son activité. 4. Constituent notamment des établissements stables : a. un siège de direction (…) « et qu'aux termes de l'article 5-1 de cette convention : « Les bénéfices industriels ou commerciaux de l'établissement stable sont ceux qui proviennent de l'ensemble des opérations traitées par cet établissement (…) « ;

5. Considérant qu'il incombe au juge de l'impôt, saisi d'une contestation relative à l'imposition en France des bénéfices d'une société étrangère, établie dans un État ayant conclu avec la France une convention fiscale bilatérale, de se placer d'abord au regard de la loi fiscale nationale pour rechercher si, à ce titre, l'imposition contestée a été valablement établie ; que, dans la négative, il lui appartient ensuite, le cas échéant, de déterminer si la société étrangère peut être assujettie à l'impôt français sur les sociétés sur le fondement des dispositions combinées du I de l'article 209 du code général des impôts et des stipulations de la convention fiscale bilatérale ;

6. Considérant, en premier lieu, que si la société requérante soutient que l'activité de holding de titres de participations ne serait pas dissociable de l'activité d'exploitation ferroviaire historiquement située en Belgique, toutefois, les profits en relevant pouvaient être taxés en France comme produits accessoires de l'activité ferroviaire dès lors que la succursale de la CIWLT est une entreprise exploitée en France au sens de l'article 209 du code général des impôts ;

7. Considérant, en deuxième lieu, que, s'agissant d'une activité de holding, le siège de la direction effective de l'entreprise se trouve être le lieu de direction effective de l'entreprise, soit le lieu où les personnes exerçant les fonctions les plus élevées élaborent et prennent effectivement les décisions stratégiques qui déterminent la conduite des affaires de l'entreprise dans son ensemble ; qu'il résulte de l'instruction que la société ACCOR, dont le siège social est à Paris, a pris le contrôle de la société COMPAGNIE INTERNATIONALE DES WAGONS LITS ET DU TOURISME en 1991

jusqu'à détenir 99,90 % de ses parts au 28 mai 1997 ; que l'administration fiscale soutient, sans être contredite, que les réunions du conseil d'administration des 5 mars 1997 et 16 février 1998, qui ont préparé la cession des titres GRANADA pour 2 millions d'euros intervenue en 2003 et qui a permis, pour l'essentiel, la distribution de dividendes à la société ACCOR qui détenait alors 99,48 % des titres de la CIWLT, ont eu lieu en France ; qu'en outre, si le président de la société M. B...D..., est un ressortissant belge et résidait en Belgique, il est également vice-président du conseil de surveillance d'ACCOR SA ; que les autres membres du conseil d'administration étaient des cadres dirigeants de la société ACCOR et, surtout, le président de ce conseil, qui dispose d'une voix prépondérante en son sein et de pouvoirs généraux, M. A..., était membre du directoire d'ACCOR SA et en charge des financements et participations ; que ces principaux dirigeants, tels que les deux directeurs successifs et le directeur administratif et financier, résidaient en France ; que la société requérante n'établit pas, comme elle l'allègue, que deux personnes exerçant des fonctions de direction seraient rémunérées au siège à Bruxelles ; qu'au surplus, lors du conseil d'administration du 19 septembre 2003 il a été décidé de vendre l'immeuble abritant la COMPAGNIE INTERNATIONALE DES WAGONS LITS ET DU TOURISME à Bruxelles et qu'il n'a pas été prévu d'y reloger la société ni une autre société du groupe ; que la tenue de la comptabilité mondiale et la centralisation de la comptabilité des succursales afférentes à l'activité ferroviaire et la tenue de la comptabilité concernant l'activité de holding s'effectuaient depuis l'établissement de Paris ; qu'au surplus, une convention d'assistance administrative de communication externe, de gestion de la trésorerie et des financements, d'audit interne, des ressources humaines et des affaires juridiques, a été conclue le 20 octobre 1993 avec la société mère ACCOR et renouvelée en 2003 puisqu'à la suite de la prise de contrôle par cette société, la société COMPAGNIE INTERNATIONALE DES WAGONS LITS ET DU TOURISME lui transférait le personnel affecté à ces activités et ne disposait plus de « services fonctionnels propres « ; qu'ainsi le lieu de préparation des décisions et le principal lieu de décision et de résidence des personnels de direction ou qui possédaient un pouvoir décisionnaire ne se trouvait pas en Belgique ; que si la société COMPAGNIE INTERNATIONALE DES WAGONS LITS produit une attestation de l'administration fiscale belge, daté du 20 décembre 2005, indiquant que le siège de direction effectif existait à Bruxelles durant l'exercice contrôlé, ce document ne comporte aucune précision factuelle permettant d'établir l'existence d'un tel siège en Belgique la société requérante ne justifiant pas, comme elle est seule en mesure de le faire, avoir payé des impôts en Belgique ; que si elle fait valoir qu'elle aurait également été imposée en Belgique, il lui appartient, seulement si elle s'y croit fondée, en cas de double imposition incompatible avec la convention fiscale franco-belge, de recourir à la procédure amiable prévue à l'article 24-3 de cette convention ; que, dans ces conditions, l'activité de holding de la société COMPAGNIE INTERNATIONALE DES WAGONS-LITS ET DU TOURISME doit être regardée comme ayant été transférée à Paris dans la logique de la prise de contrôle de cette société par la société ACCOR ; que la société requérante a ainsi exploité, dans le cadre de ses activités de holding, une entreprise en France au sens du I de l'article 209 du code général des impôts et y a disposé, pour cette activité, d'un « siège de direction « au sens de l'article 4-4 de la convention franco-belge susvisée et donc d'un « établissement stable « au sens de l'article 4-3 de la même convention justifiant la taxation en France des bénéfices en provenant, sans que la société COMPAGNIE INTERNATIONALE DES WAGONS LITS ET DU TOURISME puisse utilement se prévaloir pour établir que la société était effectivement dirigée en Belgique de ce que les conseils d'administration qui ne s'y étaient pas tenus les années précédentes, se seraient tenus, en 2003, en Belgique ;

8. Considérant qu'il résulte de tout ce qui précède que la COMPAGNIE INTERNATIONALE DES WAGONS LITS ET DU TOURISME n'est pas fondée à soutenir que c'est à tort que, par le jugement attaqué, le Tribunal administratif de Cergy-Pontoise a rejeté sa demande ; que les dispositions de l'article L. 761-1 du code de justice administrative font obstacle à ce qu'il soit mis à la charge de l'État, qui n'est pas la partie perdante dans la présente instance, la somme que la COMPAGNIE INTERNATIONALE DES WAGONS LITS ET DU TOURISME demande au titre des frais exposés par elle et non compris dans les dépens ;

DÉCIDE :

Article 1er : La requête de la COMPAGNIE INTERNATIONALE DES WAGONS LITS ET DU TOURISME est rejetée.

Annexe 4 - **FORMULAIRES**

Tableau de suivi de la dépréciation des titres mis en équivalence

(BOFiP-FORM-000059-27/10/2014)

Les deux tableaux ci-après concernent :
– d'une part, le montant de la provision pour dépréciation des titres « mis en équivalence » déterminée conformément aux dispositions de l'article 39-1.5 ° du CGI (tableau 1) ;
– d'autre part, le régime fiscal de la provision pour dépréciation global des titres « mis en équivalence » (tableau 2).

TABLEAU 1 :

Liste des participations évaluées par équivalence	Prix d'acquisition	Valeur résultant de l'application de l'article 39-1.5° du CGI	Provision pour dépréciation (art. 39-1.5° du CGI)	Valeur d'équivalence
TOTAL				

TABLEAU 2 :

	Exercice n (1)	Exercice n+1 (2)	Réintégration (3)	Déduction (4)
1. Valeur globale d'équivalence 2. Prix global d'acquisition des titres évalués par équivalence 3. Provisions pour dépréciation globale des titres (a) 4. Provisions pour dépréciation (CGI art 39-1.5°) 5. Provisions admises en déduction sur le plan fiscal (régime des moins-values à long terme) (b)				

(a) Le montant de la provision pour dépréciation globale, qui résulte de l'évaluation des titres par équivalence, ne peut excéder le prix global d'acquisition de ces mêmes titres.
(b) Le montant de la provision déductible sur le plan fiscal selon le régime des moins-values à long terme (ligne 5 col. 1 ou 2) est égal à la plus faible des valeurs mentionnées ligne 3 et ligne 4 (col. 1 ou 2). Lors de la première application de la méthode, le montant mentionné ligne 5 colonne 1 doit être reporté à la colonne 4. Au titre des exercices ultérieurs, la différence entre les colonnes 1 et 2 de la ligne 5 devra, selon le cas, être portée colonne 3 (réintégration soumise au régime des plus-values à long terme) ou colonne 4 (déduction soumise au régime des moins-values à long terme).

INDEX DES DÉCISIONS DE JURISPRUDENCE

Les numéros indiqués sont ceux des paragraphes

Cours administratives d'appel

Cours d'appel

Tribunaux de grande instance

INDEX ALPHABÉTIQUE

Les numéros indiqués sont ceux des paragraphes

BIBLIOGRAPHIE

Ouvrages

Bruno DONDERO, Ludovic DUGUET, Bruno GOUTHIÈRE, Pascal JULIEN SAINT-AMAND, Guillaume VIARDOT « *Les holdings* », Francis Lefebvre, 8e éd. 2020.

La Revue Fiduciaire, « *Fusions-Scissions-Apports partiels d'actifs* », 1re éd. 2022,

Éric CHARTIER, Éric GINTER et Bertrand MICHAUD, « *Droit communautaire et impôts directs* », La Revue Fiduciaire, 2012.

Pierre FERNOUX, « *Gestion fiscale du patrimoine* », Revue Fiduciaire, 27e éd. 2022.

Michel GERMAIN, Jean-Pierre CASIMIR, « *Dirigeants de sociétés - Juridique, fiscal, social* », Revue Fiduciaire, 7e éd. 2022.

Bruno GOUTHIÈRE, « *Les impôts dans les affaires internationales* », Francis Lefebvre, 15e éd. 2021.

Hervé KRUGER, « *Liberté de gestion et endettement des entreprises en droit fiscal* », LGDJ, 2007.

Jean-Yves MERCIER, « *L'impôt sur la fortune immobilière* », Francis Lefebvre, 2e éd. 2019.

Patrick MORGENSTERN, Laurent LECLERCQ et Jennifer PILLOT « *L'intégration fiscale* », Revue Fiduciaire, 14e éd. 2022.

Philippe OUDENOT, « *Fiscalité approfondie des sociétés* », 5e éd. LexisNexis, 2020.

Articles

Stéphane AUSTRY, Claude LOPATER, « *Titres de participation : erreur comptable, décision de gestion et connexion comptabilité-fiscalité* », Feuillet rapide F. Lefebvre, FR 30/17 pp. 6-9.

Stéphane AUSTRY, « *Nouvelles précisions sur la distinction entre titres de participation et titres de placement* », Feuillet rapide F. Lefebvre, FR 31/18 pp. 10-11.

Bruno BÉDARIDE et Sébastien PLA BUSIRIS, « *Comment organiser un groupe de sociétés à travers une holding ?* », La Semaine Juridique - Entreprises et affaires, n° 30 du 24 juillet 2014, pp. 45-51.

Ariane BEETSCHEN, « *TVA et taxe sur les salaires : Opérations financières* », Bul. fiscal F. Lefebvre, 1/02 pp. 5-12.

Ariane BEETSCHEN, « *Holdings : déductibilité de la TVA grevant les frais d'acquisition de titres de participation* », Bul. fiscal F. Lefebvre, 5/01 pp. 279-287.

Ariane BEETSCHEN, « *TVA et frais de cession de titres de participation : Sur la piste de la déduction* », Feuillet rapide F. Lefebvre, FR 11/09 pp. 10-12.

Gaëtan BERGER-PICQ, « *Déduction de la TVA par les holdings animatrices : un vrai choc de simplification ?* », Feuillet rapide F. Lefebvre, FR 33/15 pp. 3-6.

Maurice-Christian BERGERÈS, « *Les abandons de créances et la TVA* », Revue de Droit fiscal 1999 n° 49, pp. 1484-1489.

Maurice-Christian BERGERÈS et Michel GUICHARD, « *Les holdings mixtes et la TVA* », Revue de Droit fiscal 2003 n° 5, pp. 203-210.

Gauthier BLANLUET, « *Le régime français des sociétés mères à la lumière de la directive : l'exemple de l'affaire Metro Holding France* », Revue de Droit fiscal 2014 n° 41, inf. 570.

Benoît BOHNERT, « *Le caractère optionnel du régime mère-fille en droit français est conforme à la directive* », Feuillet rapide F. Lefebvre, FR 7/18 pp. 9-12.

Émilie BOKDAM-TOGNETTI, « *Articulation entre droit interne et conventions fiscales internationales, symétrie entre imposabilité des gains et déductibilité des pertes : l'ingénierie jurisprudentielle à l'œuvre* », RJF 8-9/13 p. 787.

Loup BOMMIER « *Les conventions de management conclues avec un dirigeant social constituent-elles nécessairement un acte anormal de gestion ? - Observations sur un droit de superposition* », Revue de Droit fiscal 2021 n° 13, com. 212.

Émilie BOKDAM-TOGNETTI, « *Coquilles et abus de droit : les délices de la conchyliologie* », RJF 11/13 p. 883.

Émilie BOKDAM-TOGNETTI, « *Provisions et connexion fiscalo-comptable après la décision min. c. SAS Foncière du Rond-Point : Faisons le point* », RJF 3/14 p. 195.

Émilie BOKDAM-TOGNETTI, « *Régime des sociétés mères et abus de droit : de l'arrêt Sté Pléiade à l'arrêt Groupement charbonnier Montdidierien, retour sur dix ans de jurisprudence du Conseil d'État* », Revue de Droit fiscal 2014 n° 41, inf. 566.

Émilie BOKDAM-TOGNETTI, « *La territorialité du régime français d'intégration fiscale est conforme à la liberté d'établissement* », Feuillet rapide F. Lefebvre FR 27/15 inf. 3.

Jean-Claude BOUCHARD et Odile COURJON, « *Taxe sur la valeur ajoutée - Comment un lien direct peut en cacher un autre ? À propos de l'arrêt CJCE 29 oct. 2009, AB SKF* », Revue de Droit fiscal 2009 n° 50, pp. 3-5.

Pierre-Yves BOURTOURAULT et Marc BÉNARD, « *Relations intragroupe, prix de transfert et acte anormal de gestion - Vers une convergence des règles de preuve applicables aux opérations nationales et internationales ?* », Revue de Droit fiscal 2009 n° 50, inf. 576.

Arnaud DE BROSSES et Mirouna VERBAN, « *Provision comptable/provision fiscale : Les entreprises entre le marteau et l'enclume* », Bul. fiscal F. Lefebvre, 4/14 pp. 197-201.

Pierre CARCELERO et Grégory DUMONT, « *Régime Dutreil : le Conseil d'État annule les critères de prépondérance de l'activité éligible* », Feuillet rapide F. Lefebvre, FR 18/20 n° 16.

Lise CHATAIN-AUTAJON, « *Conventions réglementées et fiscalité : les liaisons dangereuses* », Revue de Droit fiscal 2015 n° 6, com. 124.

Patrick COLLIN, « *Rémunération des dirigeants de sociétés et taxe sur les salaires* », Revue française de comptabilité, n° 484 de février 2015, pp. 24-26.

Patrick COLLIN, « *Rachat de ses propres titres par une société à l'IS pour les annuler - Avantages et inconvénients du nouveau régime fiscal* », Revue française de comptabilité, n° 490 de septembre 2015, pp. 66-68.

Patrick COLLIN, « *Holding, TVA et déductibilité : un nouveau rebondissement* », Revue française de comptabilité, n° 517 de février 2018, pp. 4-5.

Odile COURJON, Nicolas KAZANDJIAN et Bérenger RICHARD, « *Frais généraux des holdings et TVA : une décision du Conseil d'État favorable au contribuable* », Revue de Droit fiscal 2013 n° 27, inf. 369.

Maurice COZIAN, « *Financement du rachat d'entreprises : pour en finir avec un apartheid fiscal* », Revue de Droit fiscal 2006 n° 38, inf. 57.

Jérôme CUBER, « *Taxe sur les salaires et rémunérations des dirigeants : espoirs et faux espoirs* », Revue de Droit fiscal 2015 n° 10, com. 182.

Jérôme CUBER, « *Les rémunérations de dirigeants de SA sont-elles assujetties à la taxe sur les salaires malgré l'absence de lien de subordination ?* » (note sous CAA Paris 31 mars 2015 n° 14PA01455 Sté Jacques Bollinger), Revue de Droit fiscal 2015 n° 39, com. 589.

Florence DEBOISSY, « *Droit pour une société holding de déduire la TVA grevant les frais exposés en vue d'acquérir des titres lors même que l'acquisition a été réalisée par une filiale et qu'une partie du projet a été abandonnée* » (note sous CE 24 juin 2013 n° 350588), Revue de Droit fiscal 2013 n° 37, inf. 414.

Florence DEBOISSY, « *L'abus du régime des sociétés mères* », Revue de Droit fiscal 2014 n° 41, inf. 567.

Florence DEBOISSY, « Société holding et clause anti-abus : le régime mère-fille est-il réservé aux entreprises ? », Revue de Droit fiscal 2016 n° 16, inf. 287.

Florence DEBOISSY, « *L'endettement intra-groupe à l'épreuve de l'abus de droit : être ou ne pas être artificiel ?* » (note sous CE 3 décembre 2019 n° 406617), Revue de Droit fiscal 2019 n° 4, inf. 132.

Benoît DELAUNAY et François-Robert GREMONT, « *Les perspectives d'évolution de la directive mère-fille* », Revue de Droit fiscal 2014 n° 41, inf. 572.

Jean-François DESBUQUOIS, Pascal JULIEN SAINT-AMAND et Philippe NÉAU-LEDUC, « *Holdings animatrices de leur groupe. Proposition de clarification du statut* », Rapport FNDP, JCP-N 2012, 1373.

Jean-François DESBUQUOIS, Béatrice ZILBERSTEIN, « *La limite d'exonération d'ISF prévue pour les droits sociaux ne s'étend pas aux actifs des filiales* », Feuillet rapide F. Lefebvre, FR 44/15 pp. 9-11.

Marie-Amélie DEYSINE, Anne-Lyse BLANDIN, « *La fiscalité face à la définition comptable des titres de participation* », Revue de Droit fiscal 2017 n° 45, com. 531.

Sophie DORIN, « *Déduction de la TVA afférente aux frais de cession de titres : nouvelles précisions* » (note sous CAA Versailles 31 mars 2015, n° 13VE02435 SA Orange), Revue de Droit fiscal 2015 n° 30, com. 496.

Grégory DUMONT, Sylvie LEROND et Axelle DUPIRE « *Nouvelle refonte du Bofip sur le régime Dutreil-transmission* », Feuillet rapide F. Lefebvre FR 5/22 inf. 4.

Gilles ENTRAYGUES, « *L'abus du régime des sociétés mères : les avis du Comité de l'abus de droit fiscal* », Revue de Droit fiscal 2014 n° 41, inf. 568.

Léa FAULCON, Didier LOISEAU, « *Holdings animatrices : en attendant le verdict...* », Bul. fiscal F. Lefebvre, 4/15 pp. 197-201.

Emmanuelle FÉNA-LAGUENY, « *Aides intragroupe : prestations de services informatiques* », Feuillet rapide F. Lefebvre, FR 35/10 pp. 19-20.

Pierre FERNOUX, « *Holding animatrice et notion de contrôle : et si l'on voyait les choses autrement ?* », Revue de Droit Fiscal 2015 n° 3, com. 48.

Olivier FOUQUET et Catherine CHARPENTIER, « *LBO et abus de droit* » (note sous CE 27 janvier 2011 n° 320313), Revue de Droit fiscal 2011 n° 15, inf. 304.

Olivier FOUQUET, « *L'immixtion de l'administration fiscale dans la gestion des entreprises : Halte au feu !* », La Revue administrative n° 401, septembre-octobre 2014.

Olivier FOUQUET, « *Versement d'une soulte sans abus de droit : une justification admise par la juridiction* », Revue de Droit fiscal 2019 n° 42, inf. 442.

François FRULEUX et Jean-François DESBUQUOIS, « *IFI et immobilier sociétaire : Quel régime d'exclusion ou d'exonération ?* », Revue de Droit fiscal 2018 n° 29, inf. 338.

François FRULEUX, « *La Cour de cassation n'énonce pas qu'une holding animatrice nouvellement créée est éligible à l'exonération Dutreil* », Revue de Droit fiscal 2020 n° 19, inf. 150.

François FRULEUX, « *Holding animatrice nouvellement constituée et éligibilité à l'exonération Dutreil* », (note sous Cass. com. 18 mars 2020 n° 17-31.233), Revue de Droit fiscal 2020 n° 26, inf. 286.

François FRULEUX « *Exonération Dutreil, holdings animatrices et activités mixtes* », Revue de Droit fiscal 2021 n° 13, com. 195.

François FRULEUX « *Exonération Dutreil et retraitements extra-comptables* », Revue de Droit fiscal 2022 n° 28, com. 277.

François FRULEUX « *L'exonération Dutreil n'est pas conditionnée au maintien du rôle d'animation joué par la holding jusqu'au terme des engagements fiscaux* », (À propos de Cass. com. 25 mai 2022 n° 19-25.513), Revue de Droit fiscal 2022 n° 24, inf. 231.

Stéphane GELIN, « *Fiscalité des transferts de siège, un frein à la délocalisation ?* », Option Finance, 11 mars 2013.

Rémy GENTILHOMME et Virginie BLOAS, « *L'or perdu de l'apport avec soulte* », Bulletin fiscal F. Lefebvre, BF 5/17 pp. 281-289.

Guy GEST, « *Histoire et esprit du régime des sociétés mères* », Revue de Droit fiscal 2014 n° 41, inf. 565.

Bruno GIBERT, Alexis BERNARD et Benoît FOUCHER « *Les conventions de trésorerie en période de taux négatifs* », Feuillet rapide F. Lefebvre FR 10/22 inf. 1.

Ali GUENFICI, « *Les holdings pures sont-elles soumises à la CFE ?* », Revue française de comptabilité, n° 556 de Septembre 2021, pp. 12-15.

Daniel GUTMANN et E. FÉNA-LAGUENY, « *Régime mère-fille - L'affaire Technicolor : l'obscure clarté de l'article 145 du CGI* », Feuillet rapide F. Lefebvre, FR 31/14, pp. 15-17.

Daniel GUTMANN et E. FÉNA-LAGUENY, « *Régime mère-fille et obligation de conservation des titres : le dénouement de l'affaire Technicolor* », Feuillet rapide F. Lefebvre, FR 4/15, pp. 3-4.

Mohamed HAJ TAIEB « *Ce qu'il faut retenir des fiches publiées par l'Administration sur les taux d'intérêt intragroupe* », Feuillet rapide F. Lefebvre, FR 8/21 n° 3.

Daniel GUTMANN, « Le « *test de clarté* » : réflexion de méthode sur la lecture du droit français « à la lumière » de la directive mère-fille », Revue de Droit fiscal 2014 n° 41, inf. 571.

Daniel GUTMANN, « *De l'arrêt Marks & Spencer à la décision Agapes : quel bilan ?* », in Écrits de droit de l'entreprise, Mélanges en l'honneur de Patrick Serlooten, Dalloz 2015, p. 667 s.

Daniel GUTMANN, « *Quel impact de la décision « Lupa » sur le régime des cessions de titres de sociétés de personnes ?* », Feuillet rapide F. Lefebvre, FR 37/16 n° 5.

Thibault HENIQUE, « *Déduction de la TVA dans les holdings : un rappel à la règle bienvenu dans un contexte national hésitant* », Revue de Droit fiscal 2015 n° 36, com. 469.

Thibault HÉNIQUE et Arnaud MORAINE, « *Frais de cession ou de conservation de participations exposés par une holding : nouvelles précisions jurisprudentielles* » (Note sous CE 26 décembre 2013 n° 350797), Revue de Droit fiscal 2014 n° 11, inf. 207.

Henri HOVASSE, « *L'IFI à l'épreuve des sociétés patrimoniales* », Revue de Droit fiscal 2020 n° 6-7, inf. 132.

Luc JAILLAIS, « *Cession de créance : la véritable portée fiscale de la signification selon les formes du code civil* », Bul. fiscal F. Lefebvre, 5/05 pp. 375-378.

Luc JAILLAIS, Philippe GOSSET, « *Holding animatrice de groupe : entre bonnes pratiques et mises en garde* », Feuillet rapide F. Lefebvre, FR 5/17 pp. 3-5.

Bertrand JEANNIN, « *Taxe sur les salaires : l'affectation des dirigeants de holdings mixtes au secteur taxable à la TVA est toujours possible* », Revue de Droit fiscal 2012 n° 4, inf. 50.

Bertrand JEANNIN, « *Dans quelle mesure une société holding mixte peut-elle se prévaloir d'une sectorisation d'activités pour ajuster sa charge de taxe sur les salaires ?* » (note sous CAA Paris 29 janv. 2014 n° 13PA02960, Sté Cortefiel France), Revue de Droit fiscal 2015 n° 37, com. 547.

Hervé KRUGER, « *Les holdings face à la taxe sur les salaires* », Revue française de comptabilité, n° 434 de Juillet-Août 2010, pp. 29-31.

Hervé KRUGER, « *Les holdings pures sont-elles soumises à la CFE ?* », Revue Fiduciaire, FH 3564 du 16 octobre 2014, pp. 12-15.

Hervé KRUGER, « *Haro sur les ORA : La liberté de financement des entreprises est-elle soluble dans l'abus de droit ?* », Revue de Droit fiscal 2015 n° 46, com. 670.

Hervé KRUGER, « *Location à une société d'exploitation détenue par l'intermédiaire d'une holding : attention à l'ISF* », Revue Fiduciaire, FH n° 3620 du 3 décembre 2015.

Hervé KRUGER, « *Actifs non professionnels des sociétés : Risques traditionnels et nouveaux développements* », Revue française de comptabilité, n° 494 de Janvier 2016.

Hervé KRUGER, Nicolas SUSSAN, « *Régime des sociétés mères et filiales : presque centenaire mais d'une éternelle jeunesse !* », Revue française de comptabilité, n° 495 de février 2016.

Hervé KRUGER, « *Financement par emprunt d'un rachat d'actions suivi de leur annulation : une décision du Conseil d'État en demi-teinte* », Revue de Droit fiscal 2016 n° 13, com. 199.

Hervé KRUGER, « *Les holdings, des avantages fiscaux qui ne vont pas sans risques* », Revue française de comptabilité, n° 520 de mai 2018, pp. 46-47.

Hervé KRUGER, « *La holding animatrice : évolution ou révolution ?* », Revue française de comptabilité, n° 523 de Septembre 2018, pp. 10-11.

Hervé KRUGER, « *Holdings animatrices : une décision rassurante de la Cour de cassation* », Revue française de comptabilité, n° 535 d'Octobre 2019, pp. 6-7.

Hervé KRUGER, « *L'apport-cession : un mode de transmission à manier avec précaution* », Revue française de comptabilité, n° 539 de Février 2020, pp. 27-28.

Hervé KRUGER « *Avances d'une filiale à sa holding : péché véniel ou péché mortel ?* », Revue de Droit fiscal 2020 n° 40, com. 390.

Hervé KRUGER « *Pacte Dutreil et holdings mixtes : des précisions et des zones d'ombre* », Revue française de comptabilité, n° 555 de Juillet-Août 2021.

Hervé KRUGER « *Financement des entreprises : l'administration fiscale veille* », Revue française de comptabilité, n° 562 de Mars 2022 pp. 10-12.

Bertrand LACOMBE, « *Haro sur les management fees ?* », Les petites affiches, n° 103 du 23 mai 2014, pp. 4-6.

Laurent LECLERCQ, Séverine LAURATET, « *Intégrer n'est pas consolider : le régime de groupe français une nouvelle fois sanctionné* », Feuillet rapide F. Lefebvre, FR 38/15 pp. 5-7.

Pierre LE ROUX, « *Aides intragroupe - La théorie du risque manifestement excessif : quelle portée attribuer à l'arrêt Fralsen* », Feuillet rapide F. Lefebvre, FR 35/14 du 25 juillet 2014, p. 21.

Didier LOISEAU et Alice FOURNIER, « *LBO et abus de droit : une avancée encore incertaine...* », Les Petites Affiches, 11 octobre 2011 n° 202, pp. 12-14.

Robin MAUBERT, Philippe GAMITO, « *Souscription d'un contrat d'assurance de groupe et refacturation de la prime : quels enjeux TVA ?* », Revue Fiduciaire, FH n° 3589 du 9 avril 2015.

Jean-Luc MATT, « *N'est pas holding animatrice de groupe qui veut* », Revue de Droit fiscal 2018 n° 27, inf. 318.

Jean-Louis MEDUS, « *Gestion des fonds propres et stratégie d'endettement : pour une vision renouvelée de l'intérêt social* », Revue de Droit fiscal 2017 n° 10, com. 192.

Éric MEIER et Régis TORLET, « *Filiales étrangères : de la substantielle question de la substance...* » (note sous CAA Versailles 6 novembre 2012 n° 10-03020), Revue de Droit fiscal 2013 n° 23, inf. 310.

Gilles MEYER, « *Holding animatrice et pacte Dutreil : une opportunité manquée* », Revue française de comptabilité, n° 544 de Juillet-Août 2020, pp. 55-57.

Patrick MORGENSTERN, « *Amendement Charasse : le juste contrôle, sinon rien* » (note sous CE 19 fév. 2014 n° 346638 Sté Laboratoire Vibrac), Revue de Droit fiscal 2014 n° 21, com. 339.

Philippe NÉAU-LEDUC et Jean-François DESBUQUOIS, « *Bref retour sur la holding animatrice de groupe ou l'histoire d'une pierre angulaire dangereusement descellée* », Revue de Droit fiscal 2014 n° 13, inf. 238.

Philippe MARTIN, « *Le régime français des sociétés mères à la lumière de la directive : les méthodes d'interprétation du juge fiscal* », Revue de Droit fiscal 2014 n° 41, inf. 569.

Philippe OUDENOT, « *Le nouveau dispositif de plafonnement de déduction des charges financières* », Revue de Droit fiscal 2019 n° 24, inf. 295.

Philippe OUDENOT, « *Le régime des produits et charges de la propriété industrielle* », Revue de Droit fiscal 2020 n° 25, inf. 273.

Ariane PÉRIN-DUREAU, « *Apport-cession et abus de droit : élargissement de la répression ou retour à l'orthodoxie ?* », Revue de Droit fiscal 2020 n° 19, inf. 235.

Éric PICHET, « *Holdings animatrices de groupe : théorie et pratiques* », Revue de Droit fiscal 2014 n° 13, inf. 237.

Jean-Luc PIERRE, « *L'article 155 A du Code général des impôts est-il un dispositif approprié dans le droit fiscal français ?* », Revue de Droit fiscal 2020 n° 23, inf. 256.

Marie-Hélène PINARD-FABRO, « *Aides intragroupe à l'étranger : dernières avancées de la jurisprudence* », Bul. fiscal F. Lefebvre, 1/09 pp. 5-9.

Roland POIRIER, « *Garantie de passif ou réduction de prix : le Conseil d'État confirme sa jurisprudence* » (note sous CE 24 juin 2013 N° 350451), Revue de Droit fiscal 2013 n° 37, inf. 412.

Roland POIRIER, « *Holdings animatrices : de l'incomplète reconnaissance de l'activité économique en fiscalité interne aux problématiques de fiscalité internationale* », Revue de Droit fiscal 2014 n° 13, inf. 239.

Cécile RAQUIN, « *Taxe sur les salaires : règles de prise en compte des rémunérations des dirigeants de holdings mixtes et développements jurisprudentiels récents* », RJF, 8-9/11 pp. 811-815.

Virginie RESTINO, « *Déduction des intérêts d'emprunt servis entre entreprises liées : les emprunts obligataires sont, sous certaines conditions, admis comme terme de comparaison pour rapporter la preuve de la normalité d'un taux intragroupe* », Revue de Droit fiscal 2019 n° 29, inf. 341.

Florent RUAULT, « *Plus-values sur valeurs mobilières : Un sort surprenant pour les moins-values ?* », Feuillet rapide F. Lefebvre, FR 11/14 du 28 février 2014.

Yves RUTSCHMANN et Magalie BUCHERT, « *Cession d'immobilisations à prix minoré au sein de l'intégration fiscale* », Bul. fiscal F. Lefebvre, 10/11 pp. 655-658.

Olivier de SAINT-CHAFFRAY, « *Holding animatrice : l'Administration refuse toute détention de participations passives* », Feuillet rapide F. Lefebvre, FR 31/13 du 19 juillet 2013.

Olivier de SAINT-CHAFFRAY, « *Holding animatrice : L'inadaptation de la loi fiscale à la pratique des restructurations et des cessions de groupes* », Feuillet rapide F. Lefebvre, FR 5/14 du 31 janvier 2014.

Yolande SÉRANDOUR, « *TVA sur frais de cession de titres : Nouvel épisode français* », Revue de Droit fiscal 2012 n° 37, inf. 435.

Bruno SIBILLI, « *Une société mère qui souscrit un contrat d'assurance de groupe et refacture à ses filiales le coût exact de leur quote-part de la prime réalise-t-elle une opération d'assurance ?* » Revue de Droit fiscal 2014 n° 50, com. 682.

Philippe TOURNÈS, « *Récents développements jurisprudentiels concernant les secteurs d'activité distincts* », RJF, 10/08 pp. 890-893.

Les dictionnaires
Jurisprudence Sociale - Dictionnaire pratique
Social - Dictionnaire pratique

Les essentiels
Le droit du travail en infographies pratiques
Les missions des élus du CSE en infographies pratiques
Procédure disciplinaire et ruptures du CdT en infographies pratiques

Les fondamentaux du droit
Comprendre la gestion du personnel de l'entreprise
Comprendre le droit du travail

Les guides
Contrôle URSSAF
Épargne salariale et actionnariat salarié
Inaptitude physique et maladie du salarié
La retraite du salarié
Mobilité internationale des salariés
Réforme du code du travail
Ruptures conventionnelles
Télétravail

Pratiques d'experts
Le comité social et économique
Durée et aménagement du temps de travail
Les clés pour négocier un accord d'entreprise
Moi manager, mes droits et mes devoirs en droit du travail
Piloter le contrôle de gestion sociale
Procès aux prud'hommes

PAYE

Les dictionnaires
DSN - Dictionnaire pratique
Paye - Dictionnaire pratique

VIE DES AFFAIRES

Les fondamentaux du droit
Comprendre les droits du chef d'entreprise
Comprendre les enjeux du local d'entreprise
Comprendre les enjeux administratifs de l'entreprise
Comprendre la relation client et fournisseur de l'entreprise

Les guides
Créer, organiser, gérer un groupe de PME
Guide des associations
Le bail commercial
Le mémento de la SA non cotée
Le mémento de la SARL et de l'EURL
Le mémento de la SAS et de la SASU
Le mémento de la SCI
Le mémento de l'EIRL
Professions libérales
Faire échec aux impayés

Pratiques d'experts
Dirigeants de sociétés
Maîtriser le RGPD dans l'entreprise
Les clés du droit des logiciels

MÉTIERS

Pratiques d'experts
Comment réussir la transformation numérique du cabinet
L'Expert comptable augmenté

Cléon
Poche
Bureau